LES
ŒUVRES
COMPLETES
DE
VOLTAIRE

38

VOLTAIRE FOUNDATION
OXFORD

2007

ISBN 978 0 7294 0854 7

Voltaire Foundation Ltd
99 Banbury Road
Oxford OX2 6JX

www.voltaire.ox.ac.uk

A catalogue record for this book
is available from the British Library

OCV: le sigle des *Œuvres complètes de Voltaire*

PRINTED IN ENGLAND
AT THE ALDEN PRESS
OXFORD

Direction de l'édition

1968 · THEODORE BESTERMAN · 1974
1974 · W. H. BARBER · 1993
1989 · ULLA KÖLVING · 1998
1998 · HAYDN T. MASON · 2001
2000 · NICHOLAS CRONK ·

Sous le haut patronage de

L'ACADÉMIE FRANÇAISE

L'ACADÉMIE ROYALE DE LANGUE ET DE
LITTÉRATURE FRANÇAISES DE BELGIQUE

THE AMERICAN COUNCIL OF LEARNED SOCIETIES

LA BIBLIOTHÈQUE NATIONALE DE RUSSIE

THE BRITISH ACADEMY

L'INSTITUT ET MUSÉE VOLTAIRE

L'UNION ACADÉMIQUE INTERNATIONALE

Ouvrage publié avec le concours du

CENTRE NATIONAL DU LIVRE

Questions sur l'Encyclopédie, par des amateurs

II

A - ARISTÉE

sous la direction de

Nicholas Cronk et Christiane Mervaud

Secrétaire de l'édition

Paul Gibbard

Ont collaboré à ce tome

Marcus Allen, François Bessire, Christophe Cave,
Marie-Hélène Cotoni, Nicholas Cronk, Olivier Ferret,
Michael Freyne, Paul Gibbard, Russell Goulbourne,
Dominique Lussier, Laurence Macé, Christiane Mervaud,
Michel Mervaud, Paul H. Meyer, Jeanne R. Monty,
François Moureau, José-Michel Moureaux, John Renwick,
Bertram E. Schwarzbach, Arnoux Straudo,
Jeroom Vercruysse

TABLE DES MATIÈRES

QUESTIONS SUR L'ENCYCLOPÉDIE, PAR DES AMATEURS[1]

[1] Nous maintenons l'ordre des articles dans le texte de base, ordre qui n'est pas strictement alphabétique.

TABLE DES MATIÈRES

ILLUSTRATIONS

ABRÉVIATIONS

Antiquités judaïques Flavius Josèphe, *Histoire des Juifs écrite par Flavius Joseph sous le titre de Antiquitez judaïques*, trad. R. Arnaud d'Andilly, nouv. éd., 5 vol. (Paris, 1735-1736)

Arsenal Bibliothèque de l'Arsenal, Paris

Bengesco Georges Bengesco, *Voltaire: bibliographie de ses œuvres*, 4 vol. (Paris, 1882-1890)

BnC *Catalogue général des livres imprimés de la Bibliothèque nationale: auteurs, tome 214, Voltaire*, éd. H. Frémont et autres, 2 vol. (Paris, 1978)

BnF Bibliothèque nationale de France, Paris

Bodley Bodleian Library, Oxford

BV M. P. Alekseev et T. N. Kopreeva, *Bibliothèque de Voltaire: catalogue des livres* (Moscou, 1961)

CN *Corpus des notes marginales de Voltaire* (Berlin et Oxford, 1979-)

Commentaire littéral Augustin Calmet, *Commentaire littéral sur tous les livres de l'Ancien et du Nouveau Testament* [diverses éditions]

Correspondance littéraire F. M. Grimm, *Correspondance littéraire, philosophique et critique, par Grimm, Diderot, Raynal, Meister, etc.*, éd. Maurice Tourneux, 16 vol. (Paris, 1877-1882)

D	Voltaire, *Correspondence and related documents*, éd. Th. Besterman, *Œuvres complètes de Voltaire*, t.85-135 (Oxford, 1968-1977)
Dictionnaire de la Bible	Augustin Calmet, *Dictionnaire historique, critique, chronologique, géographique et littéral de la Bible*, 4 vol. (Paris, 1730)
Dictionnaire de l'Académie	*Dictionnaire de l'Académie française* [diverses éditions]
Dictionnaire de Trévoux	*Dictionnaire universel françois et latin, vulgairement appelé Dictionnaire de Trévoux* [diverses éditions]
Dictionnaire historique et critique	Pierre Bayle, *Dictionnaire historique et critique, par Monsieur Pierre Bayle*, 5ᵉ éd., 5 vol. (Amsterdam, 1740)
DP	Voltaire, *Dictionnaire philosophique* [diverses éditions]
Encyclopédie	*Encyclopédie, ou dictionnaire raisonné des sciences, des arts et des métiers, par une société de gens de lettres*, éd. J. Le Rond D'Alembert et D. Diderot, 35 vol. (Paris, 1751-1780)
Essai sur les mœurs	Voltaire, *Essai sur les mœurs et l'esprit des nations et sur les principaux faits de l'histoire depuis Charlemagne jusqu'à Louis XIII*, éd. R. Pomeau, 2 vol. (Paris, 1990)
Glossarium	Charles Du Fresne, sieur Du Cange, *Glossarium ad scriptores mediae et infimae latinitatis*, 6 vol. (Paris, 1733-1736)

Le Grand Dictionnaire historique	Louis Moreri, *Le Grand Dictionnaire historique, ou le mélange curieux de l'histoire sacrée et profane*, 7 vol. (Amsterdam, 1740)
ImV	Institut et musée Voltaire, Genève
Kehl	*Œuvres complètes de Voltaire*, éd. J. A. N. de Caritat, marquis de Condorcet, J. J. M. Decroix et Nicolas Ruault, 70 vol. (Kehl, 1784-1789)
Lettres philosophiques	Voltaire, *Lettres philosophiques*, éd. G. Lanson, rév. André M. Rousseau, 2 vol. (Paris, 1964)
M	*Œuvres complètes de Voltaire*, éd. Louis Moland, 52 vol. (Paris, 1877-1885)
ms.fr.	manuscrits français (BnF)
n.a.fr.	nouvelles acquisitions françaises (BnF)
OCV	*Œuvres complètes de Voltaire* (Oxford, 1968-) [la présente édition]
OH	Voltaire, *Œuvres historiques*, éd. R. Pomeau (Paris, 1957)
Patrologia graeca	*Patrologiae cursus completus, series graeca*, éd. J.-P. Migne, 161 vol. (Paris, 1857-1866)
Patrologia latina	*Patrologiae cursus completus, series latina*, éd. J.-P. Migne, 221 vol. (Paris, 1844-1864)
QE	Voltaire, *Questions sur l'Encyclopédie* [diverses éditions]
SVEC	*Studies on Voltaire and the eighteenth century*

Taylor	Taylor Institution, Oxford
Trapnell	William H. Trapnell, 'Survey and analysis of Voltaire's collective editions', *SVEC* 77 (1970), p.103-99
VF	Voltaire Foundation, Oxford
VST	René Pomeau, René Vaillot, Christiane Mervaud et autres, *Voltaire en son temps*, 2ᵉ éd., 2 vol. (Oxford, 1995)

L'APPARAT CRITIQUE

L'apparat critique placé au bas des pages fournit les diverses leçons ou variantes offertes par les états manuscrits ou imprimés du texte. Chaque note critique est composée du tout ou d'une partie des indications suivantes:

— Le ou les numéros de la ou des lignes auxquelles elle se rapporte; comme les titres ou sous-titres, les noms de personnages dans un dialogue ou une pièce de théâtre, et les indications scéniques échappent à cette numérotation, l'indication donne dans ce cas le numéro de la ligne précédente suivi des lettres a, b, c, etc. qui correspondent aux lignes de ces textes intercalaires.

— Les sigles désignant les états du texte, ou les sources, repris dans la variante. Des chiffres arabes, isolés ou accompagnés de lettres, désignent en général des éditions séparées de l'œuvre dont il est question; les lettres suivies de chiffres sont réservées aux recueils, w pour les éditions complètes, et T pour les œuvres dramatiques; après le sigle, l'astérisque signale un exemplaire particulier, qui d'ordinaire contient des corrections manuscrites.

— Des explications ou des commentaires de l'éditeur.

— Les deux points (:) marquant le début de la variante proprement dite, dont le texte, s'il en est besoin, est encadré par un ou plusieurs mots du texte de base. A l'intérieur de la variante, toute remarque de l'éditeur est placée entre crochets.

Les signes typographiques conventionnels suivants sont employés:

— La lettre grecque bêta β désigne le texte de base.

— Le signe de paragraphe ¶ marque l'alinéa.

— Deux traits obliques // indiquent la fin d'un chapitre ou d'une partie du texte.

— Les mots supprimés sont placés entre crochets obliques < >.

— Les mots ajoutés à la main par Voltaire ou Wagnière sont précédés, dans l'interligne supérieur, de la lettre ^{v} ou ^{w}, suivie d'une flèche verticale dirigée vers le haut ↑ ou vers le bas ↓, pour indiquer que l'addition est inscrite au-dessus ou au-dessous de la ligne. Le signe $^+$ marque la fin de l'addition, s'il y a lieu.

REMERCIEMENTS

La préparation des *Œuvres complètes de Voltaire* dépend de la compétence et de la patience du personnel de nombreuses bibliothèques de recherche partout dans le monde. Nous les remercions vivement de leur aide généreuse et dévouée.

Parmi eux, certains ont assumé une tâche plus lourde que d'autres, dont en particulier le personnel de la Bibliothèque nationale de France et de la Bibliothèque de l'Arsenal, Paris; de l'Institut et musée Voltaire, Genève; de la Taylor Institution Library, Oxford; et de la Bibliothèque nationale de Russie, Saint-Pétersbourg.

Parmi les institutions qui ont bien voulu nous fournir des renseignements ou des matériaux pour le volume présent, nous citons: British Library, Londres; Bodleian Library, Oxford; Bibliothèque publique et universitaire, Neuchâtel; et la Bibliothèque historique de la ville de Paris.

Nous remercions pour leur aide, Alain Blondy, Michel Balard et François Moureau.

AVANT-PROPOS

Ont travaillé sur le projet initial des *Questions sur l'Encyclopédie*: Marcus Allen, Jacqueline Fennetaux, Basil Guy, Hervé Hasquin, G. Norman Laidlaw, Jacques Marx, Paul H. Meyer, Hélène Monod-Cassidy, Jeanne R. Monty, Jean A. Perkins, Bertram E. Schwarzbach et Jeroom Vercruysse.

La responsabilité de l'annotation des articles du présent tome a été répartie comme suit:

François BESSIRE: Agriculture; Almanach; Arc, Jeanne d'; Arianisme.

Christophe CAVE: Alexandrie; Amplification; Apropos; Ardeur; Argent; Aristée.

Marie-Hélène COTONI: Abraham; Adam; Agar; Ararat.

Nicholas CRONK: Introduction; Académie; Anciens et modernes.

Olivier FERRET: A; ABC, ou alphabet; Ange; Annates; Anthropophages.

Russell GOULBOURNE: Abus; Abus des mots; Anatomie; Antiquité; De l'âne d'or de Machiavel; Apocalypse.

Laurence MACÉ: Abbé, abbaye; Abeilles; Adorer; Alchimiste; Apôtres.

Christiane MERVAUD: Introduction; Adultère; Amitié; Amour-propre; Anneau de Saturne; Antitrinitaires; Anthropomorphites; Aranda.

Michel MERVAUD: Alger; Alouette; Amazones; Amérique; Arabes; Arbre à pain; Arbre à suif.

François MOUREAU: Ana, anecdotes; Annales.

José-Michel MOUREAUX: Alcoran; Apostat; Anguilles.

John Renwick: Air; Apocryphe.

Bertram E. Schwarzbach: Ame; Amour; Amour socratique; Ane; De l'âne de Vérone; Apparence; Apparition.

Arnoux Straudo: Affirmation par serment; Age; Alexandre; Appointé, désappointé; Appointer, appointement.

Michael Freyne, Dominique Lussier et Paul Gibbard ont établi le texte du présent tome et son apparat critique.

———————

Les 'œuvres alphabétiques' paraissent dans les *Œuvres complètes de Voltaire* comme suit:

Tome 33: *Œuvres alphabétiques*, I
Articles pour l'*Encyclopédie* et pour le *Dictionnaire de l'Académie*.

Tome 34: *Œuvres alphabétiques*, II
Articles du fonds de Kehl.

Tomes 35-36: *Dictionnaire philosophique*

Tomes 37-43: *Questions sur l'Encyclopédie*
      37: Introduction, description des éditions, index général
      38-43: Articles 'A' - 'Zoroastre'

Plan de l'édition

Cette édition des *Questions sur l'Encyclopédie* paraît en 7 volumes (*OCV*, tomes 37-43). Le tome 37 contient l'introduction, la description complète des éditions et l'index général; les tomes 38 à 43 contiennent le texte des *Questions sur l'Encyclopédie*, les variantes et les notes sur le texte. Le présent tome ne contient donc qu'une liste abrégée des éditions, avec les sigles des éditions à partir desquelles nous présentons les variantes.

Principes de l'édition

L'édition choisie comme texte de base est W75G* – l'édition encadrée, corrigée par Voltaire. Les variantes figurant dans l'apparat critique du présent tome proviennent des sources suivantes: MS1, 70, 71N, 71A, W68 (1774), W75G, K84 et K12.

Il existe des rapports entre certains articles figurant dans les *Questions sur l'Encyclopédie* et les articles publiés pour la première fois dans l'édition de Kehl, d'après des manuscrits dits du 'fonds de Kehl'. Ceux-ci seront étudiés dans le tome 34 de la présente édition.[1]

Manuscrit

MS1

Manuscrit de l'article 'Abus' de la main de Wagnière, avec corrections de celle de Voltaire.

Paris, Bibliothèque historique de la ville de Paris: Rés. 2033, f.64-65.

---

[1] Voir aussi à ce sujet Jeanne R. Monty, 'Voltaire's debt to the *Encyclopédie* in the *Opinion en alphabet*', *Literature and history in the age of ideas: essays on the French Enlightenment presented to George R. Havens*, ed. Charles G. S. Williams (Columbus, 1975), p.152-67, et Bertram E. Schwarzbach, 'The problem of the Kehl additions to the *Dictionnaire philosophique*: sources, dating and authenticity', *SVEC* 201 (1982), p.7-66.

Editions

70

Questions sur l'Encyclopédie, par des amateurs. [Genève, Cramer] 1770-1772. 9 vol. 8°.

L'édition originale.

Bengesco 1408, BnC 3597.

Edimbourg, National Library of Scotland: BCL.B7183-7189. Londres, British Library: 1158 K10-14. Neuchâtel, Bibliothèque publique et universitaire: NUM 150.7.1. Oxford, Taylor: V8 D6 1770, V1 1770 G/1 (38-43); VF. Paris, Arsenal: 8° B 34128; BnF: Z 24726-24734. Saint-Pétersbourg, Bibliothèque nationale de Russie: BV3737.

71N

Questions sur l'Encyclopédie, par des amateurs. Nouvelle édition, soigneusement revue, corrigée et augmentée. [Neuchâtel, Société typographique] 1771-1772. 9 vol. 8°.

Bengesco 1409, BnC 3603.

Londres, University of London Library: G.L. 1771. Neuchâtel, Bibliothèque publique et universitaire: QPZ 127. Paris, BnF: Rés. Z Bengesco 225. Saint-Pétersbourg, Bibliothèque nationale de Russie: BV3738.

71A

Questions sur l'Encyclopédie, distribuées en forme de dictionnaire. Par des amateurs. Londres [Amsterdam, Rey], 1771-1772. 9 vol. 8°.

Bengesco 1410, BnC 3604.

Genève, ImV: D Questions 5/1771/3. Oxford, Taylor: V1 1770 G/1 (35-37); VF. Paris, BnF: Rés. Z Beuchot 731.

w68 (1774)

Collection complette des œuvres de Mr. de ***. Genève [Cramer; Paris, Panckoucke], 1768-1777. 30 vol. 4°.

Tomes 21-24: *Questions sur l'Encyclopédie, par des amateurs* (tomes 1-4). Genève, 1774.

Bengesco 2137, BnC 141-44, Trapnell 68.

Genève, ImV: A 1768/1. Oxford, Taylor: VF. Paris, BnF: Z 4961; Rés. M Z587.

w75g

La Henriade, divers autres poèmes et toutes les pièces relatives à l'épopée. Genève [Cramer et Bardin], 1775. 37 [ou 40] vol. 8°.

Tomes 25-30: *Questions sur l'Encyclopédie, par des amateurs* (tomes 1-6). L'édition *encadrée*.

Bengesco 2141, Trapnell 75g, BnC 158-61.

Genève, ImV: A 1775/2 (20). Oxford, Taylor: V1 1775 (20); VF. Paris, BnF: Z24822-24868, Z Beuchot 32.

w75g* (1777-1778)

Ce sigle désigne les exemplaires de w75g, corrigés par Voltaire, qui se trouvent dans la Bibliothèque de Voltaire à Saint-Pétersbourg. Sur ces exemplaires, voir Samuel Taylor, 'The definitive text of Voltaire's works: the Leningrad *encadrée*', *SVEC* 124 (1974), p.7-132.

Dans l'exemplaire 'C' (ou 'Ferney'), les tomes 2, 3 et 5 des *Questions sur l'Encyclopédie* (les tomes 26, 27 et 29 de cette édition) portent des corrections de la main de Voltaire.

Le texte de base de notre édition.

Saint-Pétersbourg, Bibliothèque nationale de Russie: Bibliothèque Voltaire, BV3472 'C' ('Ferney').

k84

Œuvres complètes de Voltaire. [Kehl] Société littéraire-typographique, 1784-1789. 70 vol. 8°.

Tomes 37-43: *Dictionnaire philosophique* (tomes 1-7).

Bengesco 2142, Trapnell k, BnC 164-69.

Genève, ImV: A 1784/1. Oxford, Taylor: VF. Paris, BnF: Rés. P Z 2209.

K12

Œuvres complètes de Voltaire. [Kehl] Société littéraire-typographique, 1785-1789. 92 vol. 12°.

Tomes 47-55: *Dictionnaire philosophique* (tomes 1-9).

Bengesco 2142, Trapnell K, BnC 189.

Genève, ImV: A 1785/4. Oxford, VF. Paris, BnF: Z 24990-25116.

QUESTIONS SUR L'ENCYCLOPÉDIE,

PAR DES AMATEURS

INTRODUCTION

Quelques gens de lettres[1] qui ont étudié l'Encyclopédie, ne proposent ici que des questions, et ne demandent que des éclaircissements; ils se déclarent douteurs et non docteurs. Ils doutent surtout de ce qu'ils avancent; ils respectent ce qu'ils

a K84, K12: Introduction / Aux questions sur l'Encyclopédie par des / amateurs

* Lancer en 1770 des *Questions sur l'Encyclopédie* nécessitait quelques explications préalables surtout de la part d'un ancien collaborateur de l'*Encyclopédie* (voir les *Articles pour l'Encyclopédie*, *OCV*, t.33, p.3-231). Dès 1752, à la fin du catalogue des 'Artistes célèbres' du *Siècle de Louis XIV*, Voltaire s'était empressé de rendre hommage à 'cet ouvrage immense et immortel' auquel a collaboré 'une société de savants remplis d'esprit et de lumières' (*OH*, p.1220). Lorsqu'il rédige son introduction aux *Questions sur l'Encyclopédie*, les 17 tomes de l'*Encyclopédie* sont parus en 1766, la publication des planches se poursuit et Panckoucke a acquis les droits de réimpression de l'ouvrage. Sollicité par ce dernier, Voltaire s'est retiré de l'entreprise. Il lui faut donc indiquer la raison d'être de ces *Questions sur l'Encyclopédie* et les situer par rapport à l'*Encyclopédie*. Sa stratégie consiste à se proclamer solidaire du clan philosophique en stigmatisant avec force les persécuteurs de ce 'palais des sciences'; mais il lui faut aussi indiquer ses réserves pour justifier ce nouvel ouvrage; il se propose seulement de présenter un 'essai de quelques articles' qui complète ou corrige sur certains points le grand dictionnaire. Son discours préliminaire n'est point imposant comme celui de D'Alembert en tête de l'*Encyclopédie*, mais indique précisément son objectif et souligne son originalité: présenter les questions de ceux qui se déclarent 'douteurs et non docteurs'. Aussi cette préface qui 'fait corps avec l'ouvrage' (D16150) est-elle présente dès l'édition originale des *Questions sur l'Encyclopédie*, dont les trois premiers tomes ont paru peu de temps avant le 10 décembre 1770 (voir D16817), probablement en novembre ou début décembre 1770.
  ¹ Voltaire présente les *QE* comme un ouvrage collectif répondant à la grande entreprise collective du temps, l'*Encyclopédie*, elle aussi signée 'par une société de gens de lettres'. Les *QE* vont accueillir un certain nombre de contributions signées de plusieurs collaborateurs. La préface de l'édition Varberg (1765) du *Dictionnaire philosophique* proclamait déjà que des 'articles entiers' étaient dus à plusieurs gens de lettres (*OCV*, t.35, p.281-85).

3

doivent respecter; ils soumettent leur raison dans toutes les choses 5
qui sont au-dessus de leur raison, et il y en a beaucoup.

L'Encyclopédie est un monument qui honore la France; aussi
fut-elle persécutée dès qu'elle fut entreprise. Le discours préliminaire qui la précéda était un vestibule d'une ordonnance magnifique et sage qui annonçait le palais des sciences;[2] mais il avertissait 10
la jalousie et l'ignorance de s'armer. On décria l'ouvrage avant
qu'il parût; la basse littérature se déchaîna; on écrivit des libelles
diffamatoires contre ceux dont le travail n'avait pas encore paru.[3]

Mais à peine l'Encyclopédie a-t-elle été achevée que l'Europe en
a reconnu l'utilité; il a fallu réimprimer en France et augmenter cet 15
ouvrage immense qui est de vingt-deux volumes *in-folio*;[4] on l'a
contrefait en Italie;[5] et des théologiens même ont embelli et fortifié

---

9   K12: la précède était

---

[2] Voltaire admirait cet 'excellent discours' (D4618) et le 23 juin 1760 il reproche à
Palissot d'avoir falsifié un passage de 'l'excellente préface que M. D'Alembert a mise
au devant de l'*Encyclopédie*' (D9005).

[3] Voltaire fait allusion à la polémique entre Diderot et le R. P. Berthier. Ce
dernier dans le premier numéro de 1751 du *Journal de Trévoux* avait déclaré que le
célèbre système des connaissances humaines du *Prospectus* de l'*Encyclopédie*, mis en
circulation en novembre 1750, n'était qu'un plagiat de Bacon. Diderot répondit par
une lettre ouverte au révérend père à laquelle le *Journal de Trévoux* répliqua à son
tour. La *Seconde Lettre de Monsieur Diderot au révérend père Berthier* fut écrite le
2 février 1751. Voir Arthur M. Wilson, *Diderot: sa vie et son œuvre*, trad. Gilles
Chahine, Annette Lorenceau et Anne Villelaur (Paris, 1985), p.106-107.

[4] La première édition comprend 17 volumes in-folio de textes (Paris et
'Neuchâtel', 1751-1765) et 11 volumes de planches (Paris, 1762-1772). 'Le tome 3
de l'*Encyclopédie* parut en octobre 1753. Un deuxième et un troisième tirage furent
décidés en février 1754 pour les tomes 1 et 2, et le tome 3 fut réimprimé de manière à
porter à 4225 le tirage total des trois premiers volumes' (J. Proust, *L'Encyclopédie*,
Paris, 1965, p.57).

[5] Il y eut deux éditions en Italie, celle de Lucques (in-folio, 1758-1776) et celle de
Livourne (in-folio, 1770-1779). Pour une description des différentes éditions de
l'*Encyclopédie*, voir John Lough, *Essays on the Encyclopédie of Diderot and
D'Alembert* (Londres, 1968), p.1-51.

4

les articles de théologie à la manière de leur pays; [6] on le contrefait chez les Suisses: [7] et les additions dont on le charge sont sans doute entièrement opposées à la méthode italienne, afin que le lecteur impartial soit en état de juger. [8]

Cependant cette entreprise n'appartenait qu'à la France; des Français seuls l'avaient conçue et exécutée. On en tira quatre mille deux cent cinquante exemplaires, [9] dont il ne reste pas un seul chez les libraires. Ceux qu'on peut trouver par un hasard heureux se vendent aujourd'hui dix-huit cents francs; ainsi tout l'ouvrage pourrait avoir opéré une circulation de sept millions six cent cinquante mille livres. Ceux qui ne considéreront que l'avantage du négoce, verront que celui des deux Indes n'en a jamais approché. Les libraires y ont gagné environ cinq cents pour cent, ce qui n'est jamais arrivé depuis près de deux siècles dans aucun commerce. [10] Si on envisage l'économie politique, on verra que plus de mille ouvriers, depuis ceux qui recherchent la première matière du papier, jusqu'à ceux qui se chargent des plus belles gravures, ont été employés et ont nourri leurs familles.

Il y a un autre prix pour les auteurs, le plaisir d'expliquer le vrai, l'avantage d'enseigner le genre humain, la gloire; car pour le faible

[6] Les éditions de Lucques et de Livourne ont adapté l'*Encyclopédie*. Voltaire fait sans doute allusion au commentaire réfutant des hérésies françaises de Giovanni Dominico Mansi. Mais les notes se réduiront de plus en plus, Clément XIII n'exécutant pas ses menaces contre l'édition de Lucques et Clément XIV se montrera plus préoccupé par la dissolution de la Compagnie de Jésus. Voir Robert Darnton, *L'Aventure de l'Encyclopédie: un best-seller au siècle des Lumières* (Paris, 1982), p.240-41, et n.133 sur le rayonnement de l'*Encyclopédie* en Italie.

[7] Voltaire pense à l'édition in-folio de Genève (1771-1776), réimpression de la première édition. D'autres éditions suisses suivront, celles, in-octavo, de Lausanne et de Berne (1772-1782), et celles, in-quarto, de Genève et de Neuchâtel (1777-1779).

[8] Voltaire fait allusion à l'*Encyclopédie d'Yverdon* (1770-1780), édition entièrement refondue et remaniée.

[9] Voir ci-dessus, n.4.

[10] Robert Darnton calcule que le profit des éditeurs, sur un investissement de quelque 70 000 livres, fut de l'ordre de 2 500 000 livres, somme énorme pour l'époque (*L'Aventure de l'Encyclopédie*, p.33).

honoraire qui en revint à deux ou trois auteurs principaux, et qui fut si disproportionné à leurs travaux immenses, il ne doit pas être compté. [11] Jamais on ne travailla avec tant d'ardeur et avec un plus noble désintéressement.

On vit bientôt des personnages recommandables dans tous les rangs, officiers généraux, magistrats, ingénieurs, véritables gens de lettres, [12] s'empresser à décorer cet ouvrage de leurs recherches, souscrire et travailler à la fois: ils ne voulaient que la satisfaction d'être utiles; ils ne voulaient point être connus; et c'est malgré eux qu'on a imprimé le nom de plusieurs. [13]

Le philosophe s'oublia pour servir les hommes; l'intérêt, l'envie et le fanatisme ne s'oublièrent pas. Quelques jésuites qui étaient en possession d'écrire sur la théologie et sur les belles-lettres, pensaient qu'il n'appartenait qu'aux journalistes de Trévoux d'enseigner la terre; ils voulurent au moins avoir part à l'Ency-

[11] Diderot reçut en tout une somme autour de 80 000 livres, rémunération modeste par rapport à son travail immense (Darnton, *L'Aventure de l'Encyclopédie*, p.33; voir aussi Wilson, *Diderot*, p.68, 185). Encore fut-il mieux payé que les autres contributeurs: Jaucourt dut vendre une maison à Paris pour pouvoir payer ses secrétaires; et un auteur comme l'abbé Yvon ne fut payé que pour ses articles parus dans les deux premiers tomes (Proust, *L'Encyclopédie*, p.71, 89).

[12] Parmi les officiers collaborateurs de l'*Encyclopédie*, on citera Boufflers, Montlovier, Saint-Lambert, Tressan; parmi les magistrats, Boucher d'Argis, Barthez, Rallier; parmi les ingénieurs, Boulanger, Eidous, Le Romain; quant aux gens de lettres, ils sont fort nombreux, de Duclos à d'Holbach, sans oublier le chevalier de Jaucourt, cheville ouvrière de l'ouvrage. L'éventail est plus large que cette énumération de Voltaire; il comprend des abbés, des pasteurs, des architectes, des savants, des médecins, des géographes. Voir Frank A. Kafker et L. Kafker, *The Encyclopedists as individuals: a dictionary of the authors of the Encyclopédie*, *SVEC* 257 (1988).

[13] A propos du *Supplément*, Voltaire le 31 janvier 1770 refuse que son nom apparaisse en premier et même il déclare que son nom 'ferait plus de tort que de bien à l'ouvrage'; il pense 'travailler sur un autre plan qui ne conviendra pas peut-être à la gravité du *Dictionnaire encyclopédique*', c'est-à-dire aux *QE* (D16123). Les motivations de ceux qui ne souhaitaient pas que leur nom apparût peuvent avoir été de divers ordres, et ne pas relever simplement de la modestie.

clopédie pour de l'argent: car il est à remarquer qu'aucun jésuite n'a donné au public ses ouvrages sans les vendre. [14]

Dieu permit en même temps que deux ou trois convulsionnaires se présentassent pour coopérer à l'Encyclopédie; [15] on avait à choisir entre ces deux extrêmes; on les rejeta tous deux également comme de raison, parce qu'on n'était d'aucun parti et qu'on se bornait à chercher la vérité. Quelques gens de lettres furent exclus aussi, parce que les places étaient prises. Ce furent autant d'ennemis qui tous se réunirent contre l'Encyclopédie dès que le premier tome parut. Les auteurs furent traités comme l'avaient été à Paris les inventeurs de l'art admirable de l'imprimerie, lorsqu'ils vinrent y débiter quelques-uns de leurs essais: on les prit pour des sorciers, on saisit juridiquement leurs livres; on commença contre eux un procès criminel. Les encyclopédistes furent accueillis précisément avec la même justice et la même sagesse. [16]

Un maître d'école connu alors dans Paris, ou du moins dans la

55

60

65

---

68   K84, K12:   Paris, [*avec note*: Abraham Chaumeix.] ou

[14] Les jésuites ont été des ennemis de l'*Encyclopédie* dès l'annonce de l'ouvrage. Ils craignaient la concurrence pour leur *Dictionnaire de Trévoux*. D'après une déclaration de D'Alembert, il semble bien que des jésuites firent des ouvertures pour collaborer à l'*Encyclopédie* (voir aussi *Le Tombeau de la Sorbonne*, OCV, t.32B, p.337). En 1752, ils étaient prêts soit à s'emparer de l'*Encyclopédie*, soit à la détruire (Wilson, *Diderot*, p.106, 135).

[15] Est-ce une allusion à une proposition janséniste que reçut Diderot de lui fournir des armes contre les jésuites? (Wilson, *Diderot*, p.108)

[16] Les premières attaques vinrent du *Journal des savants* puis elles s'amplifièrent dans le *Journal de Trévoux* qui releva très efficacement des plagiats, critiqua l'article 'Autorité' par Diderot. Mais des ennuis sérieux commencèrent lorsque l'*Encyclopédie* se trouva impliquée dans le scandale causé par la thèse de l'abbé de Prades soutenue le 18 novembre 1751, censurée le 3 janvier 1752, une commission de la Sorbonne ayant relevé dans ce texte dix propositions hérétiques. Jésuites et jansénistes accusaient les éditeurs de l'*Encyclopédie* d'avoir ourdi une conspiration contre l'Eglise. Des personnages éminents de la cour se joignirent au combat; leur chef était Boyer, ancien évêque de Mirepoix. Un arrêt du conseil du roi du 7 février 1752 interdit la publication ultérieure de l'*Encyclopédie*, sa vente et sa diffusion. Voir P. Grosclaude, *Malesherbes témoin et interprète de son temps* (Paris, 1961).

7

canaille de Paris, pour un très ardent convulsionnaire, se chargea
au nom de ses confrères de déférer l'Encyclopédie comme un   70
ouvrage contre les mœurs, la religion et l'Etat. [17] Cet homme avait
joué quelque temps sur le théâtre des marionnettes de Saint-
Médard, [18] et avait poussé la friponnerie du fanatisme jusqu'à se
faire suspendre en croix et à paraître réellement crucifié avec une
couronne d'épines sur la tête, le 2 mars 1749, dans la rue Saint-   75
Denis, vis-à-vis Saint-Leu et Saint-Giles, en présence de cent
convulsionnaires; [19] ce fut cet homme qui se porta pour délateur; il
fut à la fois l'organe des journalistes de Trévoux, des bateleurs de
Saint-Médard et d'un certain nombre d'hommes ennemis de toute
nouveauté, et encore plus, de tout mérite.   80

Il n'y avait point eu d'exemple d'un pareil procès. On accusait
les auteurs non pas de ce qu'ils avaient dit, mais de ce qu'ils diraient
un jour. *Voyez*, disait-on, *la malice; le premier tome est plein des
renvois aux derniers, donc c'est dans les derniers que sera tout le venin.*
Nous n'exagérons point: cela fut dit mot à mot. [20]   85

83-84   K84, K12: *plein de renvois*

[17] Abraham de Chaumeix, *Préjugés légitimes contre l'Encyclopédie, et essai de
réfutation de ce dictionnaire*, 8 vol. (Bruxelles et Paris, 1758-1759). Cet auteur est une
des bêtes noires de Voltaire qui ne cesse de l'attaquer dans une quinzaine d'ouvrages
et dans sa correspondance. Les tendances jansénistes de Chaumeix sont indéniables
et les *Nouvelles ecclésiastiques* en 1758 et 1759 louèrent son travail antiphilosophique
(voir J. P. Lee, 'Abraham de Chaumeix', *Dictionnaire des journalistes, 1600-1789*,
Oxford, 1999, t.1, p.219-21).

[18] Voltaire répète les accusations fausses des ennemis de Chaumeix (voir Lee,
'Abraham de Chaumeix', *Dictionnaire des journalistes*, t.1, p.220).

[19] Accusation que Voltaire précisera en 1771 dans une note ajoutée au *Russe à
Paris* (*M*, t.10, p.127). Il n'en était pas question dans *Le Pauvre Diable*, violente
satire contre Chaumeix. Cette crucifixion n'est pas à prendre au sérieux, sauf plus
ample informé.

[20] Voltaire cite peut-être de mémoire ce qu'il a entendu ou lu. Dans les *Arrêts de la
cour de parlement, portant condamnation de plusieurs livres et autres ouvrages imprimés:
extrait des registres du parlement, du 23 janvier 1759* (Paris, 1759), p.18, on lit: 'Tout le
venin répandu dans ce dictionnaire se trouve dans les renvois'. Chaumeix consacre
le chapitre 7 des *Préjugés légitimes* à l'usage des renvois: 'Les auteurs renvoient, sur

L'Encyclopédie fut supprimée sur cette divination;[21] mais enfin la raison l'emporte. Le destin de cet ouvrage a été celui de toutes les entreprises utiles, de presque tous les bons livres, comme celui de la *Sagesse* de Charon,[22] de la savante histoire composée par le sage de Thou,[23] de presque toutes les vérités neuves, des expériences contre l'horreur du vide, de la rotation de la terre, de l'usage de l'émétique, de la gravitation, de l'inoculation. Tout cela fut

90

87   71A: raison l'emporta. Le

---

les matières importantes, aux articles les plus reculés, pour y chercher les preuves de ce qu'ils avancent dans les volumes qu'ils ont donnés' (t.1, p.50; voir aussi p.xxiii, 38, 164-65).

[21] Arrêt du 7 février 1752: 'Sa Majesté a reconnu que dans ces deux volumes on a affecté d'insérer plusieurs maximes tendant à détruire l'autorité royale, à établir l'esprit d'indépendance et de révolte, et, sous des termes obscurs et équivoques, à élever les fondements de l'erreur, de la corruption des mœurs, de l'irréligion et de l'incrédulité' (cité par Wilson, *Diderot*, p.136). La publication de l'*Encyclopédie* connaît ensuite maints aléas. A la suite de l'attentat de Damiens contre Louis XV en janvier 1757, ses ennemis se déchaînent. D'Alembert, excédé, décide d'abandonner l'*Encyclopédie* en 1758. En 1759, le procureur général, Joly de Fleury, prononce un réquisitoire contre huit ouvrages subversifs qui seront condamnés par le parlement de Paris, au nombre desquels l'*Encyclopédie*. Le conseil du roi révoque le privilège; un nouveau sera accordé pour un *Recueil de mille planches gravées*. Le gouvernement feint d'ignorer que l'ouvrage va être mené à bonne fin. En 1764, Diderot découvre que le libraire Le Breton a exercé une censure préventive, sans l'en avertir, sur des textes qui lui paraissaient dangereux.

[22] Voltaire a loué Pierre Charron dans une épître 'A Hénault' (1748) dans laquelle il souligne que Charron, disciple de Montaigne, fut persécuté 'par la haine théologique' (*OCV*, t.30A, p.479-80). Animé d'une foi profonde, Charron s'est fait involontairement le véhicule du déisme en faisant de la 'preud'hommie', c'est-à-dire de la sagesse, le fondement de la piété. Son *De la sagesse* (BV719; *CN*, t.2, p.517-18) fut désavoué par le clergé dès sa parution (1601).

[23] Jacques-Auguste de Thou, *Historia sui temporis* (1604-1620); les premiers livres (1-18) furent mis à l'Index en 1609; Voltaire en possède la traduction française, l'*Histoire universelle* (Bâle, 1742, BV3297, avec traces de lecture). En 1766, Voltaire prit la défense de de Thou dans *Le Président de Thou justifié contre les accusations de Monsieur de Bury, auteur d'une Vie de Henri IV* (M, t.25, p.477-90); il l'évoque également dans le *Traité sur la tolérance* (*OCV*, t.56C, p.144, 227).

condamné d'abord, et reçu ensuite avec la reconnaissance tardive du public.

Le délateur couvert de honte est allé à Moscou[24] exercer son   95
métier de maître d'école, et là il peut se faire crucifier, s'il lui en prend envie; mais il ne peut ni nuire à l'Encyclopédie, ni séduire des magistrats. Les autres serpents qui mordaient la lime ont usé leurs dents et cessé de mordre.

Comme la plupart des savants et des hommes de génie qui ont   100
contribué avec tant de zèle à cet important ouvrage, s'occupent à présent du soin de le perfectionner et d'y ajouter même plusieurs volumes;[25] et comme dans plus d'un pays on a déjà commencé des éditions, nous avons cru devoir présenter aux amateurs de la littérature un essai de quelques articles[26] omis dans le grand   105

[24] Chaumeix, ayant perdu la protection du dauphin, partit pour la Russie en 1763 où Catherine II le combla de bienfaits. Il mourut à Saint-Pétersbourg le 15 novembre 1773. C'est Catherine II qui, dans une lettre de mai/juin 1765 à Voltaire, avait déclaré que Chaumeix était 'maître d'école à Moscou où il enseigne l'abc à des petits enfants' (D12631). L'allusion à une nouvelle crucifixion est une pure calomnie. Le nom de Chaumeix revient dans les échanges entre Catherine II et Voltaire, toujours à propos de la tolérance: voir aussi D12865, D12973, et M. Mervaud, 'Une lettre oubliée de Catherine II à Voltaire', *Revue Voltaire* 4 (2004), p.293-97.

[25] Allusion au projet de réimpression de l'édition in-folio de l'*Encyclopédie* par Panckoucke pour lequel Voltaire a été contacté par le libraire. Panckoucke, dès le 16 décembre 1768, a acquis avec le libraire Desaint et le papetier Chauchat la propriété des droits et des cuivres de l'*Encyclopédie*. Le prospectus de décembre 1769 annonce la participation de Voltaire. Panckoucke songeait à des *Suppléments*. Sur l'histoire de cette aventure encyclopédique, voir John Lough, *Essays on the Encyclopédie of Diderot and D'Alembert*, p.51-110, et Suzanne Tucoo-Chala, *Charles-Joseph Panckoucke et la librairie française, 1736-1798* (Pau et Paris, 1977), p.290-310. Voltaire devait collaborer à ce projet (voir sa correspondance avec Panckoucke, D15280, D15929, D16025). Dans une lettre à D'Alembert du 12 janvier 1770 (D16087) apparaissent les premières réticences de Voltaire. Sur la collaboration de D'Alembert, voir D15660, D15992, D16123; sur celle de Marmontel, D16115, D17530. Voltaire recruta ainsi des collaborateurs (Christin, Moultou) qu'il va utiliser pour les *QE*.

[26] L'acte de naissance des *QE* dans la correspondance est du mois de janvier 1770 en ce qui concerne des déclarations de Voltaire (voir les lettres des 5, 12 et 31 janvier 1770, D16075, D16087, D16123). Mais le 12 novembre [1769] Mme Denis mande à la comtesse d'Argental (D15994): Voltaire 'fait un ouvrage actuellement qui me plaît

dictionnaire, ou qui peuvent souffrir quelques additions, ou qui ayant été insérés par des mains étrangères, n'ont pas été traités selon les vues des directeurs de cette entreprise immense.

C'est à eux que nous dédions notre essai, dont ils pourront prendre et corriger ou laisser les articles, à leur gré, dans la grande édition que les libraires de Paris préparent.[27] Ce sont des plantes exotiques que nous leur offrons; elles ne mériteront d'entrer dans leur vaste collection qu'autant qu'elles seront cultivées par de telles mains; et c'est alors qu'elles pourront recevoir la vie.

fort, c'est un dictionnaire de belles-lettres, histoire, poésie, physique, métaphysique. C'est un ouvrage long qui l'occupera longtemps'. S'agit-il de sa contribution au projet Panckoucke ou déjà des *QE*?

[27] Panckoucke devra se résoudre à éditer seulement un *Supplément* (voir George B. Watts, 'The *Supplément* and the *Table analytique et raisonnée de l'Encyclopédie*', *French Review* 28, octobre 1954, p.4-19). Sur les difficultés rencontrées par Panckoucke aux prises avec les incohérences du gouvernement français, et sur la publication franco-étrangère éventuelle, voir Tucoo-Chala, *Charles-Joseph Panckoucke*, p.196-310.

A

Nous aurons peu de questions à faire sur cette première lettre de tous les alphabets. Cet article de l'Encyclopédie,[1] plus nécessaire qu'on ne croirait, est de César Du Marsais, qui n'était bon grammairien que parce qu'il avait dans l'esprit une dialectique très profonde et très nette. La vraie philosophie tient à tout, excepté à la fortune. Ce sage qui était pauvre, et dont l'éloge se trouve à la tête du troisième volume de l'Encyclopédie,[2] fut persécuté par

5

7   K12: du septième volume

* Tout comme l'*Encyclopédie*, les *QE* s'ouvrent sur un article consacré à la lettre *A*. Le 5 janvier 1770 (D16075), Voltaire déclare à d'Argental: 'On imprime la lettre *A* [c'est-à-dire l'ensemble des articles commençant par la lettre *A*] d'un supplément au dictionnaire encyclopédique dans le pays étranger'. Voltaire mentionne le présent article plusieurs fois dans sa correspondance. Il écrit à Cramer (lettre non datée, D16298): 'S'il n'a pas fait imprimer l'*A*, il serait [...] très essentiel qu'il le renvoyât, cela épargnerait la peine de remanier'. Dans une autre lettre (non datée, D16150), il déclare: 'On renvoie fidèlement à Monsieur Cramer la première lettre de l'alphabet et l'ABC corrigés'. Le 3 mars (D16194), Voltaire envoie à D'Alembert le premier cahier du tome 1 (comportant l'introduction, l'article 'A' et une partie de l'article 'ABC, ou alphabet'). Le 10 mars (D16216), D'Alembert transmet à Voltaire ses 'petites observations' sur l'article 'A'. On trouvera notamment dans le présent article, et dans la discussion qu'il suscite entre les deux philosophes, des réflexions sur la langue et sur la réforme orthographique que Voltaire appelle de ses vœux. L'article paraît en novembre/décembre 1770 (70, t.1).

[1] L'*Encyclopédie* comporte en fait seize articles, qui ne sont pas tous de César Chesneau Du Marsais (1676-1756), auteur des articles de grammaire dans les six premiers volumes. Les articles de grammaire considèrent le caractère *A* comme lettre et comme mot (forme verbale et préposition); deux articles de l'abbé Mallet mentionnent *A* comme 'lettre numérale' et comme 'lettre symbolique'; plusieurs articles explicitent ses utilisations comme abréviation, son emploi en tant que 'lettre de suffrage' et en particulier, à l'occasion des jugements, comme 'signe d'absolution'; un article de Diderot envisage encore la lettre A comme 'signe des passions'; Diderot en décrit aussi la calligraphie.

[2] D'Alembert signale que son éloge de Du Marsais figure à la tête du tome 7 de l'*Encyclopédie* (10 mars 1770, D16216). L'erreur de Voltaire est corrigée dans K12. Sur cet éloge, voir D7490, D7499, D7500.

12

A

l'auteur de *Marie à la Coque* qui était riche; [3] et sans les générosités du comte de Lauraguais, [4] il serait mort dans la plus extrême misère. Saisissons cette occasion de dire que jamais la nation française ne s'est plus honorée que de nos jours, par ces actions de véritable grandeur faites sans ostentation. Nous avons vu plus d'un ministre d'Etat encourager les talents dans l'indigence et demander le secret. Colbert les récompensait, mais avec l'argent de l'Etat; Fouquet avec celui de la déprédation. Ceux dont je parle ont donné de leur propre bien; et par là ils sont au-dessus de Fouquet autant que par leur naissance, leurs dignités et leur génie. [5] Comme nous ne les nommons point ils ne doivent point se fâcher. Que le lecteur pardonne cette digression qui commence notre ouvrage. [6] Elle vaut

10

15

14   K84, K12: secret. [*avec note*: M. le duc de Choiseul.] Colbert
15-16   K84, K12: donné leur
18   K84, K12: doivent pas se

[3] Jean-Joseph Languet de Gergy (1677-1753), évêque de Soissons, a donné, sous le titre de *La Vie de la vénérable mère Marguerite-Marie* (Paris, 1729, BV1912), l'histoire de Marie Alacoque. Selon Voltaire, c'est un 'ouvrage rare par l'excès du ridicule' (*La Pucelle*, *OCV*, t.7, p.521 et n.3). En avril 1740 (D2197), Voltaire écrit à Frédéric que Languet a reçu pour récompense de son ouvrage l'archevêché de Sens 'avec cent mille livres de rente', tandis qu'on 'laisse dans la misère des hommes de vrais talents'. Selon une lettre de Voltaire à d'Argental (1er février 1743, D2719), Languet persécute également 'l'auteur de *La Henriade*'. L'animosité de Voltaire à son égard provient principalement du fait que, lorsqu'il était curé de Saint-Sulpice, il avait refusé la sépulture à Mlle Lecouvreur (voir D9973).
[4] Louis-Léon-Félicité, comte de Lauraguais, puis duc de Brancas (1733-1824), 'eut occasion de voir M. Du Marsais, et fut touché de sa situation; il lui assura une pension de 1000 livres' (D'Alembert, 'Eloge de M. Du Marsais', *Encyclopédie*, t.7, p.xii). Dans l'Epître dédicatoire du traducteur de *L'Ecossaise*', Voltaire célèbre la générosité de Lauraguais (*OCV*, t.50, p.343): en 1759, Lauraguais a notamment dédommagé les Comédiens-Français du manque à gagner que représente l'exclusion des spectateurs de la scène.
[5] D'Alembert estime, au contraire, 'qu'un homme en place qui aide les gens de lettres du *bien de l'Etat*, pense et agit *plus noblement* pour elles et pour l'Etat, que celui qui leur donne des secours de son propre bien' (D16216).
[6] 'Je crois cette digression déplacée', écrit D'Alembert. 'Les secours dont il s'agit [...] ont été très modiques, [...] pour une seule personne, et de plus accordés de

13

mieux que ce que nous dirons sur la lettre *A* qui a été si bien traitée   20
par feu M. Du Marsais, et par ceux qui ont joint leur travail au sien.
Nous ne parlerons point des autres lettres, et nous renvoyons à
l'Encyclopédie qui dit tout ce qu'il faut sur cette matière. [7]

On commence à substituer la lettre *a* à la lettre *o* dans *français,
française, anglais, anglaise*, et dans tous les imparfaits, comme, *il*   25
employait, il octroyait, il ployerait, etc.; la raison n'en est-elle pas
évidente? ne faut-il pas écrire comme on parle autant qu'on le peut?
n'est-ce pas une contradiction d'écrire *oi*, et de prononcer *ai*? nous
disions autrefois, *je croyois, j'octroyois, j'employois, je ployois.*
Lorsqu'enfin on adoucit ces sons barbares, on ne songea point à   30
réformer les caractères: et le langage démentit continuellement
l'écriture. [8]

---

mauvaise grâce, et en déclarant qu'on n'aime point les gens de lettres ni les
philosophes. [...] Je crains que ces éloges, donnés dès le commencement d'un
dictionnaire dans un article qui ne les amène pas, et à propos de la voyelle *A*, ne
paraissent de l'adulation, et ne préviennent le lecteur contre un ouvrage d'ailleurs
excellent' (D16216). 'Vous avez toujours sur le bout du nez un certain homme',
répond Voltaire (D16241), qui évoque les 'grâces' que lui a accordées Choiseul.

[7] On verra par la suite que des désaccords apparaissent à la lecture de certains
articles de l'*Encyclopédie*.

[8] On sait que Voltaire est le promoteur d'une réforme orthographique censée
entériner la prononciation usuelle à la cour depuis la fin du seizième siècle, mais qui
ne sera officialisée, dans le *Dictionnaire de l'Académie*, qu'en 1835. Voir, notamment, l'avertissement de 1736 de *Zaïre* (*OCV*, t.8, p.525), la préface du *Triumvirat*
(*M*, t.6, p.179), l'article 'Français' de l'*Encyclopédie* (*OCV*, t.33, p.94), les *Carnets*
(*OCV*, t.82, p.572-82, 694) et l'article 'Epigramme' des *QE* (*M*, t.18, p.561, n.1).
Sur les variations qui sont apparues avec le temps entre la graphie et la
prononciation, voir l'article 'E' de l'*Encyclopédie* rédigé par Du Marsais, partisan
d'une réforme plus radicale de l'orthographe comme il l'affirme dans l'article
'Alphabet'. Dans l'article 'I', Beauzée exprime toutefois des réserves face à ces
réformes: 'on se charge du risque de choquer les yeux de toute la nation [...] et l'on
s'expose à une juste censure, en prenant en quelque sorte le ton législatif, dans une
matière où aucun particulier ne peut jamais être législateur, parce que l'autorité
souveraine de l'usage est incommunicable' (t.8, p.425). Voir aussi les articles
'Néographe', 'Néographisme' et 'Orthographe' de Beauzée, qui cite Voltaire parmi
les 'néographes' (t.11, p.94).

Mais quand il fallut faire rimer en vers les *ois* qu'on prononçait *ais*, avec les *ois* qu'on prononçait *ois*, les auteurs furent bien embarrassés. Tout le monde, par exemple, disait *français* dans la conversation et dans les discours publics. Mais comme la coutume vicieuse de rimer pour les yeux et non pas pour les oreilles,[9] s'était introduite parmi nous, les poètes se crurent obligés de faire rimer *françois* à *lois*, *rois*, *exploits*: et alors les mêmes académiciens qui venaient de prononcer *français* dans un discours oratoire, prononçaient *françois* dans les vers. On trouve dans une pièce de vers de Pierre Corneille, sur le passage du Rhin, assez peu connue:

> Quel spectacle d'effroi! grand Dieu, si toutefois
> Quelque chose pouvoit effrayer les *François*.[10]

Le lecteur peut remarquer quel effet produiraient aujourd'hui ces vers, si l'on prononçait comme sous François Ier *pouvoit* par un *o*; quelle cacophonie feraient *effroi*, *toutefois*, *pouvoit*, *françois*.

Dans le temps que notre langue se perfectionnait le plus, Boileau disait:

> Qu'il s'en prenne à sa muse allemande en *françois*:
> Mais laissons Chapelain pour la dernière *fois*.[11]

Aujourd'hui que tout le monde dit *français*, ce vers de Boileau lui-même paraîtrait un peu allemand.

Nous nous sommes enfin défaits de cette mauvaise habitude d'écrire le mot *français* comme on écrit *saint François*.[12] Il faut du

---

[9] Autre principe récurrent, affirmé et mis en pratique par Voltaire: voir l'article 'Rime' des *QE* (*M*, t.20, p.373), les *Lettres sur Œdipe* (*OCV*, t.1A, p.372), *La Henriade* (*OCV*, t.2, p.323, 337-38) et les *Commentaires sur Corneille* (*OCV*, t.54, p.22; t.55, p.342).

[10] 'Les victoires du roi sur les Etats de Hollande en l'année 1672', vers 311-12: le texte de Corneille porte 'des François'.

[11] Satire 9, vers 241-42.

[12] D'Alembert, qui estime 'très justes' les 'remarques sur l'orthographe de *François*', suggère encore, pour corriger cet 'autre abus de notre écriture' qu'est l'"emploi d'*ai* pour *e*', 'd'ajouter que *Français* ne représente guère mieux la prononciation, et qu'on devrait écrire *Francès*, comme *procès*' (D16216). Dans sa réponse (D16241), Voltaire réfute cette proposition.

temps pour réformer la manière d'écrire tous ces autres mots dans lesquels les yeux trompent toujours les oreilles. Vous écrivez encore, *je croyois*; et si vous prononciez *je croyois*, en faisant sentir les deux *o*, personne ne pourrait vous supporter. Pourquoi donc en ménageant nos oreilles, ne ménagez-vous pas aussi nos yeux? pourquoi n'écrivez-vous pas *je croyais*, puisque *je croyois* est absolument barbare? [13]

Vous enseignez la langue française à un étranger; il est d'abord surpris que vous prononciez *je croyais*, *j'octroyais*, *j'employais*; il vous demande pourquoi vous adoucissez la prononciation de la dernière syllabe, et pourquoi vous n'adoucissez pas la précédente; pourquoi dans la conversation vous ne dites pas *je crayais*, *j'emplayais*, etc.

Vous lui répondez, et vous devez lui répondre, qu'il y a plus de grâce et de variété à faire succéder une diphtongue à une autre. La dernière syllabe, lui dites-vous, dont le son reste dans l'oreille, doit être plus agréable et plus mélodieuse que les autres; et c'est la variété dans la prononciation de ces syllabes qui fait le charme de la prosodie.

L'étranger vous répliquera; Vous deviez m'en avertir par l'écriture comme vous m'en avertissez dans la conversation. Ne voyez-vous pas que vous m'embarrassez beaucoup lorsque vous orthographiez d'une façon et que vous prononcez d'une autre? [14]

Les plus belles langues, sans contredit, sont celles où les mêmes syllabes portent toujours une prononciation uniforme. Telle est la langue italienne. Elle n'est point hérissée de lettres qu'on est obligé de supprimer; c'est le grand vice de l'anglais et du français. Qui croirait, par exemple, que ce mot anglais *handkerchief* se prononce

80-89:   70, 71N, 71A: uniforme; vous dites *anglais*

[13] Voir les *Carnets* (*OCV*, t.82, p.577).
[14] Voir les *Carnets* (*OCV*, t.82, p.581).

ankicher? [15] et quel étranger imaginera que *paon, Laon* se prononceront en français *pan* et *Lan?* Les Italiens se sont défaits de la lettre *h* et de la lettre *x*, parce qu'ils ne la prononcent plus. [16] Que ne les imitons-nous? avons-nous oublié que l'écriture est la peinture de la voix? [17]

Vous dites *anglais, portugais, français*; mais vous dites *danois, suédois*; comment devinerai-je cette différence, si je n'apprends votre langue que dans vos livres? Et pourquoi en prononçant *anglais* et *portugais*, mettez-vous un *o* à l'un et un *a* à l'autre? Pourquoi n'avez-vous pas la mauvaise habitude d'écrire *portugois*, comme vous avez la mauvaise habitude d'écrire *anglois?* En un mot ne paraît-il pas évident que la meilleure méthode est d'écrire toujours par *a* ce qu'on prononce par *a?*

A

A, troisième personne au présent de l'indicatif du verbe *avoir*. C'est un défaut sans doute qu'un verbe ne soit qu'une seule lettre [18] et qu'on exprime *il a raison, il a de l'esprit*, comme on exprime *il est à Paris, il est à Lyon.*

Hodieque manent vestigia ruris. [19]

Il a eu choquerait horriblement l'oreille, si on n'y était pas

84-85   K84, K12: se prononcent en
85-86   K12: lettre *h* au commencement des mots, parce qu'elle n'y avait aucun son, et de la lettre *x* entièrement, parce qu'ils

[15] Dans l'exemplaire de Voltaire (BV1216), entre les pages 618 et 619 du tome 5 de l'*Encyclopédie*, on trouve l'annotation suivante, sur un signet: 'kerchief / couvre chef / han kicher / mouchoir / a larticle / langue' (*CN*, t.3, p.388 et n.415).

[16] Voir aussi les *Carnets* (*OCV*, t.82, p.581).

[17] Des remarques semblables se trouvent dans l'article 'Orthographe' des *QE* (*M*, t.20, p.157).

[18] 'Qu'importe qu'on y emploie *une seule* lettre ou plusieurs?', demande D'Alembert. 'Le seul défaut, c'est l'identité de la préposition *à*, et du verbe *a*' (D16216).

[19] Horace, *Epîtres*, livre 2, épître 1, vers 160 ('Il reste aujourd'hui encore des traces de notre rusticité', trad. F. Villeneuve, Paris, 1955).

accoutumé; plusieurs écrivains se servent souvent de cette phrase: *la différence qu'il y a*; *la distance qu'il y a entre eux*; est-il rien de plus languissant à la fois et de plus rude? N'est-il pas aisé d'éviter cette imperfection du langage en disant simplement, *la distance, la différence entre eux*? A quoi bon ce *qu'il* et cet *y a*, qui rendent le discours sec et diffus, et qui réunissent ainsi les plus grands défauts? [20]

Ne faut-il pas surtout éviter le concours de deux *a*? *Il va à Paris, il a Antoine en aversion*? [21] trois et quatre *a* sont insupportables; *Il va à Amiens, et de là à Arques*.

La poésie française proscrit ce heurtement de voyelles. [22]

> Gardez qu'une voyelle, à courir trop hâtée,
> Ne soit d'une voyelle en son chemin heurtée. [23]

Les Italiens ont été obligés de se permettre cet achoppement de sons qui détruisent l'harmonie naturelle, ces hiatus, ces bâillements que les Latins étaient soigneux d'éviter. [24]

[20] Sur 'il y a', voir l'article 'A, mot' de l'*Encyclopédie* (t.1, p.2). 'Il y a des hiatus à chaque moment au milieu des mots, et ces hiatus ne choquent point', écrit D'Alembert. 'Croit-on qu'*ilia*, intestins, soit plus choquant qu'*il y a* dans notre langue?' (D16216) 'Je fais une grande différence entre les bâillements des voyelles au milieu des mots, et les bâillements entre les mots', répond Voltaire (D16241), qui fait encore état d'une 'grande différence entre le concours des voyelles et le heurtement des voyelles': '*Il y a* longtemps que je vous aime: cet *il y a* est fort doux; *il alla à Arles* est un heurtement affreux'.

[21] 'Il *a* Antoine en aversion, n'est point proprement le concours de deux *a*', explique D'Alembert, 'parce que *an* est une voyelle nasale très différente de *a*' (D16216).

[22] 'Notre poésie [...] me paraît ridicule sur ce point', répond D'Alembert, qui qualifie de puérilité le 'soin minutieux d'éviter les hiatus dans la prose, comme le pratique l'abbé de La Bletterie', et évoque Cicéron qui 'se moque dans son *orator* de l'historien Théopompe, qui s'était trop occupé de ce soin ridicule'. Il ajoute: 'au mot *Hiatus* ou *Bâillement*, on pourrait faire à ce sujet un article plein de goût' (D16216).

[23] Boileau, *Art poétique*, chant 1, vers 107-108.

[24] Voir l'article 'Epigramme' des *QE*, les *Commentaires sur Corneille* (*OCV*, t.54, p.407) et la lettre du 24 janvier 1761 (D9572) à Deodati de' Tovazzi, auteur d'une *Dissertation sur l'excellence de la langue italienne* (Paris, 1761, BV983). Du Marsais est l'auteur d'un article 'Bâillement' dans l'*Encyclopédie*.

Pétrarque ne fait nulle difficulté de dire,

> *Muove si il vecchiarel canuto e bianco,*   120
> *Dal dolce luogo ove ha sua eta fornita.* [25]

L'Arioste a dit:

> *Non sa quel che sia Amor:* [26]

> *Doveva fortuna alla christiana fede.* [27]

> *Tanto girò che venne a una riviera* [28]   125

> *Altra aventura al buon Rinaldo accade.* [29]

Cette malheureuse cacophonie est nécessaire en italien, parce que la plus grande partie des mots de cette langue se termine en *a, e, i, o, u.* Le latin qui possède une infinité de terminaisons, ne pouvait guère admettre un pareil heurtement de voyelles; et la langue française est encore en cela plus circonspecte et plus sévère que le latin. Vous voyez très rarement dans Virgile une voyelle suivie d'un mot commençant par une voyelle: [30] ce n'est que dans un petit nombre d'occasions où il faut exprimer quelque désordre de l'esprit,

> *Arma amens capio,* [31]   135

ou lorsque deux spondées peignent un lieu vaste et désert,

---

131   K12: que la latine. Vous

---

[25] Sonnet 16, vers 1-2, mais le texte porte l'élision 'ov'ha'.

[26] *Satire sur le mariage.*

[27] *Orlando furioso,* chant 1, strophe 10.

[28] *Orlando furioso,* chant 1, strophe 13.

[29] *Orlando furioso,* chant 1, strophe 31, mais Voltaire renchérit sur les hiatus, car le texte porte 'ventura' et non 'aventura'.

[30] 'Ne faut-il pas dire: Vous voyez très rarement dans Virgile une voyelle suivie du mot commençant par *la même* voyelle?', demande D'Alembert. 'Car rien n'est plus commun, ce me semble, dans Virgile et dans tous les poètes, qu'une rencontre de *deux voyelles différentes*' (D16216).

[31] *Enéide,* livre 2, vers 314 ('Je prends mes armes, tout égaré', trad. J. Perret, Paris, 1977).

In Neptuno Aegeo. [32]

Homère, il est vrai, ne s'assujettit pas à cette règle de l'harmonie qui rejette le concours des voyelles, et surtout des A; les finesses de l'art n'étaient pas encore connues de son temps, et Homère était au-dessus de ces finesses: mais ses vers les plus harmonieux, sont ceux qui sont composés d'un assemblage heureux de voyelles et de consonnes. C'est ce que Boileau recommande, dès le premier chant de l'*Art poétique*. [33]

La lettre A chez presque toutes les nations devint une lettre sacrée, parce qu'elle était la première: les Egyptiens joignirent cette superstition à tant d'autres: de là vient que les Grecs d'Alexandrie l'appelaient *hier'alpha*; et comme *oméga* était la dernière lettre, ces mots *alpha* et *oméga* signifièrent le complément de toutes choses. [34] Ce fut l'origine de la cabale et de plus d'une mystérieuse démence. [35]

Les lettres servaient de chiffres et de notes de musique; [36] jugez quelle foule de connaissances secrètes cela produisit; *a, b, c, d, e, f,*

---

[32] *Enéide*, livre 3, vers 74. Le texte de Virgile porte d'ailleurs 'et Neptuno' ('[une terre chère] à Neptune l'Egéen').

[33] *Art poétique*, chant 1, vers 107-10.

[34] Dans l'article 'A, lettre symbolique' de l'*Encyclopédie*, l'abbé Mallet explique que 'quand les caractères phéniciens qu'on attribue à Cadmus furent adoptés en Egypte, la lettre A y fut tout à la fois un caractère de l'écriture symbolique consacrée à la religion, et de l'écriture commune usitée dans le commerce de la vie'. Dans l'article 'A, lettre numérale', il signale aussi que 'dans le langage de l'écriture *alpha* signifie le commencement et le principe de toutes choses' (t.1, p.4). Dans l'article 'Colarbasiens', Mallet évoque l'hérétique Colarbase qui estimait 'que toute la perfection et la plénitude de la vérité était dans l'alphabet grec, et que pour cela Jésus-Christ était nommé *alpha et oméga*' (t.3, p.613).

[35] Dans l'article 'Cabale' de l'*Encyclopédie*, l'abbé Pestré, se fondant sur l'*Histoire des Juifs* de Basnage (Paris, 1710, BV282), fait état de l''obscurité' de l'origine de la cabale. A la fin de l'article, D'Alembert exprime sa perplexité: ces 'rêveries' peuvent fournir aux 'philosophes' un 'spectacle assez curieux et assez intéressant' (t.4, p.486).

[36] Voir l'article 'Tablature', *Articles pour le Dictionnaire de l'Académie* (*OCV*, t.33, p.255). Cette manière de noter la musique est aussi mentionnée dans l'article 'Musique' de l'*Encyclopédie* (t.10, p.902).

g, étaient les sept cieux. [37] L'harmonie des sphères célestes était composée des sept premières lettres; et un acrostiche rendait raison de tout dans la vénérable antiquité. [38]

[37] Dans l'article 'Nombre' des *QE*, Voltaire écrit que, pour les Chaldéens, '7 était le nombre le plus merveilleux: car il n'y avait alors que sept planètes; chaque planète avait son ciel, et cela composait les sept cieux, sans qu'on sût ce que voulait dire ce mot de *ciel*' (*M*, t.20, p.128).

[38] Sur les vers acrostiches des sibylles, voir les articles 'Christianisme' et 'Religion' du *DP* (*OCV*, t.35, p.562 et n.60; t.36, p.482), *La Philosophie de l'histoire*, ch.32 (*OCV*, t.59, p.195-200), l'article 'Apocryphe' des *QE*, ci-dessous, et l'article 'Sibylle' du fonds de Kehl (*M*, t.20, p.424).

ABC, OU ALPHABET

Si M. Du Marsais vivait encore, nous lui demanderions le nom de l'alphabet. [1] Prions les savants hommes qui travaillent à l'Encyclopédie de nous dire pourquoi l'alphabet n'a point de nom dans aucune langue de l'Europe. *Alphabeth* ne signifie autre chose que *A B*, et *A B* ne signifie rien, ou tout au plus il indique deux sons; et ces deux sons n'ont aucun rapport l'un avec l'autre. *Beth* n'est point

5

* Dans l'*Encyclopédie*, il y a un article 'Alphabet' par Du Marsais. Voltaire mentionne le présent article à plusieurs reprises dans sa correspondance. Il écrit à Cramer (lettre non datée, D16298): 'Je le prie de vouloir bien remettre au porteur [...] l'article Alphabet où il y a quelque chose de très important à corriger'. Dans une autre lettre, il déclare (D16150): 'On renvoie fidèlement à Monsieur Cramer la première lettre de l'alphabet et l'ABC corrigés'. Le 3 mars 1770 (D16194), Voltaire envoie à D'Alembert le premier cahier du tome 1, qui porte les deux premières pages de l'article 'ABC, ou alphabet'. En dépit d'un possible rapprochement ponctuel avec *Dieu et les hommes* (1769), le texte entretient surtout des échos avec *La Philosophie de l'histoire*, ouvrage dans lequel Voltaire déclare: 'Je regarde un alphabet comme un monument incontestable du pays dont une nation a tiré ses premières connaissances' (ch.24, *OCV*, t.59, p.174). Comme l'a dit C. Mervaud, à propos du *DP*: 'Les sciences de la langue se prêtent à un usage militant' (*OCV*, t.35, p.149). L'étude de la diffusion des caractères permet ainsi de rappeler l'ancienneté des Phéniciens, auprès desquels les Hébreux 'vinrent s'établir si tard', et de célébrer les vertus du commerce. L'insistance sur la grande différence qui s'observe entre les langues rend improbable l'existence d'une 'langue primitive'. Paradoxalement, cette 'porte de toutes les sciences' peut enfin devenir 'science de l'erreur' lorsqu'elle se fait 'science des caractères'. L'article paraît en novembre/décembre 1770 (70, t.1).

[1] Outre deux emplois spécialisés du mot 'alphabet', l'un en théologie, l'autre pour le commerce, présentés dans deux articles distincts de l'abbé Mallet (t.1, p.297), l'*Encyclopédie* présente un long article 'Alphabet' rédigé par Du Marsais qui traite en détail de l'emploi du mot 'alphabet' en grammaire. Il retrace l'histoire de la création de l'alphabet (du mot à la langue, des symboles hiéroglyphiques aux lettres et, de là, à la 'liste des caractères' correspondant à l'alphabet), précise l'étymologie de ce terme et développe des remarques sur les différents alphabets qui sont l'occasion de souligner les défauts de notre alphabet et de prôner l'élaboration raisonnée, à partir des sons de notre langue, d'un alphabet français spécifique. Il discute aussi de l'emploi du terme dans le monde de l'édition, pour désigner les livres dont la matière est présentée selon l'ordre alphabétique.

formé d'*Alpha*; l'un est le premier, l'autre le second; et on ne sait pas pourquoi. [2]

Or comment s'est-il pu faire qu'on manque de termes, pour exprimer la porte de toutes les sciences? La connaissance des nombres, l'art de compter, ne s'appelle point *un-deux*; et le rudiment de l'art d'exprimer ses pensées, n'a dans l'Europe aucune expression propre qui le désigne.

L'alphabet est la première partie de la grammaire; ceux qui possèdent la langue arabe, dont je n'ai pas la plus légère notion, pourront m'apprendre si cette langue qui a, dit-on, quatre-vingts mots pour signifier un cheval, [3] en aurait un pour signifier l'alphabet.

Je proteste que je ne sais pas plus le chinois que l'arabe; cependant j'ai lu dans un petit vocabulaire chinois (*a*), que cette nation s'est toujours donné deux mots pour exprimer le catalogue, la liste des caractères de sa langue; l'un est *ho-tou*, l'autre *haipien*: [4]

(*a*) Premier volume de l'Histoire de la Chine de Duhalde.

16   70, 71N, 71A: pourront dire si
21   71A: mots chinois pour

[2] Par contraste avec ces propositions, dans l'Évangile de l'enfance' Jésus explique au maître 'les significations des lettres Aleph et Beth; de même quelles figures des lettres étaient droites, obliques, doublées, avaient des points, en manquaient, pourquoi une lettre précédait une autre' (*Collection d'anciens évangiles*, *OCV*, t.69, p.169-70).

[3] L'auteur de l'article 'Arabe' du *Dictionnaire de Trévoux* écrit, à propos de la langue arabe: 'Le père Ange de Saint-Joseph dit qu'elle est si féconde, qu'il y a mille noms pour signifier une épée, quatre-vingts pour le miel, cinq cents pour le lion, et deux cents pour le serpent' (t.1, p.806). Il n'est toutefois pas question du mot 'cheval'.

[4] Voir J.-B. Du Halde, *Description géographique, historique, chronologique, politique et physique de l'empire de la Chine et de la Tartarie chinoise*, 4 vol. (Paris, 1735, BV1132; La Haye, 1736). Etant 'sans alphabet', la langue chinoise a 'autant de caractères et de figures différentes, qu'il y a de mots' (t.2, p.224). L'ensemble de ces caractères est recueilli dans 'leur grand vocabulaire, qu'ils nomment *Hai pien*' (t.2, p.226). Avant que soit inventé l'usage des caractères, les Chinois se servaient, 'dans le commerce et dans les affaires, [...] de petites cordes à nœuds coulants, dont chacune avait son idée et sa signification particulière'. Ce sont ces cordes qui sont 'représentées dans deux tables, que les Chinois appellent *Ho tou*, et *Lo chu*' (t.2, p.293).

nous n'avons ni *ho-tou* ni *haipien* dans nos langues occidentales. Les Grecs n'avaient pas été plus adroits que nous, ils disaient *alphabet*. Sénèque le philosophe se sert de la phrase grecque pour exprimer 25 un vieillard comme moi qui fait des questions sur la grammaire; il l'appelle *Skedon analphabetos*. Or cet alphabet, les Grecs le tenaient des Phéniciens, de cette nation nommée *le peuple lettré* par les Hébreux mêmes, lorsque ces Hébreux vinrent s'établir si tard auprès de leur pays. 5 30

Il est à croire que les Phéniciens, en communiquant leurs caractères aux Grecs, leur rendirent un grand service en les délivrant de l'embarras de l'écriture égyptiaque que Cécrops leur avait apportée d'Egypte; 6 les Phéniciens en qualité de négociants rendaient tout aisé: et les Egyptiens en qualité d'interprètes des 35 dieux rendaient tout difficile. 7

Je m'imagine entendre un marchand phénicien abordé dans l'Achaïe, dire à un Grec son correspondant, Non seulement mes caractères sont aisés à écrire, et rendent la pensée ainsi que les sons de la voix; mais ils expriment nos dettes actives et passives. Mon 40 *aleph* que vous voulez prononcer *alpha*, vaut une once d'argent; *betha* en vaut deux; *ro* en vaut cent: *sigma* en vaut deux cents. Je vous dois deux cents onces: je vous paie un *ro*: reste un *ro* que je vous dois encore; nous aurons bientôt fait nos comptes.

24-25   70, 71N, 71A, W68: *alphabet*. [*avec note*: Epit. lib. 5.] Sénèque
29-30   70, 71N, 71A: s'établir auprès

5 'Les Phéniciens étant de si grands commerçants, cultivèrent nécessairement l'art de l'écriture; ils tinrent des registres, ils eurent des archives, leur pays fut même appelé *le pays des lettres*' (*Dieu et les hommes, OCV*, t.69, p.313). Sur la transmission de l'alphabet aux Grecs et aux Hébreux, voir aussi *La Défense de mon oncle (OCV*, t.64, p.250) et *La Bible enfin expliquée (M*, t.30, p.130, n.1). Au chapitre 13 de *La Philosophie de l'histoire*, Voltaire tirait argument de ces considérations linguistiques pour fonder l'antériorité des Phéniciens sur les Hébreux (*OCV*, t.59, p.136).
6 Idée déjà exprimée dans *La Philosophie de l'histoire*, ch.24 (*OCV*, t.59, p.173-74).
7 Le dénigrement des Egyptiens est récurrent de la part de Voltaire, depuis le *Traité sur la tolérance (OCV*, t.56C, p.173-75, note *f*), l'article 'Apis' du *DP* (*OCV*, t.35, p.358-61) et jusqu'à *La Philosophie de l'histoire*, ch.19-23 (*OCV*, t.59, p.158-71). Sur ce point, voir l'introduction de J. H. Brumfitt à ce dernier texte (p.62-64).

Les marchands furent probablement ceux qui établirent la   45
société entre les hommes, en fournissant à leurs besoins; et pour
négocier, il faut s'entendre. [8]

Les Egyptiens ne commercèrent que très tard; ils avaient la mer
en horreur: c'était leur Typhon. Les Tyriens furent navigateurs de
temps immémorial; ils lièrent ensemble les peuples que la nature   50
avait séparés, et ils réparèrent les malheurs où les révolutions de ce
globe avaient plongé souvent une grande partie du genre humain.
Les Grecs à leur tour allèrent porter leur commerce et leur alphabet
commode chez d'autres peuples qui le changèrent un peu, comme
les Grecs avaient changé celui des Tyriens. [9] Lorsque leurs mar-   55
chands, dont on fit depuis des demi-dieux, allèrent établir à
Colchos un commerce de pelleteries qu'on appela *la toison d'or*, [10]
ils donnèrent leurs lettres aux peuples de ces contrées, qui les ont
conservées et altérées. Ils n'ont point pris l'alphabet des Turcs
auxquels ils sont soumis, et dont j'espère qu'ils secoueront le joug,   60
grâce à l'impératrice de Russie. [11]

Il est très vraisemblable, (je ne dis pas très vrai, Dieu m'en
garde) que ni Tyr, ni l'Egypte, ni aucun Asiatique habitant vers la
Méditerranée, ne communiqua son alphabet aux peuples de l'Asie

---

[8] Dans *La Philosophie de l'histoire*, Voltaire souligne aussi l'importance de
l'instauration d'un alphabet commun entre nations commerçantes et, par conséquent, le rôle décisif joué par les Phéniciens dont l'alphabet 'fut certainement le plus
complet et le plus utile' (ch.13, *OCV*, t.59, p.133). Voir aussi les *Carnets* (*OCV*, t.82,
p.486).

[9] Voir aussi l'article 'Bled ou blé' des *QE*.

[10] Dans *La Toison d'or*, Voltaire regrettait que l'expédition des Argonautes 'ne
[fût] connue que par des mensonges poétiques [...] quoiqu'elle méritât d'être célèbre
par le fond, qui était très vrai et très utile' (*OCV*, t.55, p.823).

[11] A l'époque où Voltaire rédige les *QE*, Catherine II est engagée dans une
campagne militaire contre les Turcs et elle reçoit régulièrement les encouragements
de Voltaire: voir aussi *La Philosophie de l'histoire* (*OCV*, t.59, p.139, ligne 72,
variante). Sur ces questions, voir A. Lortholary, *Le Mirage russe en France au dix-
huitième siècle* (Paris, 1951), p.109-34. Catherine II remercie son panégyriste
(3 février 1771, D16999): 'J'ai reçu vos livres, Monsieur, je les dévore, je vous en
suis bien redevable, de même que pour la page dix-sept' (à laquelle figure la phrase en
question).

orientale. Si les Tyriens, ou même les Chaldéens qui habitaient   65
vers l'Euphrate, avaient, par exemple, communiqué leur méthode
aux Chinois, il en resterait quelques traces; ils auraient les signes
des vingt-deux, vingt-trois ou vingt-quatre lettres. Ils ont tout au
contraire des signes de tous les mots qui composent leur langue; et
ils en ont, nous dit-on, quatre-vingt mille: [12] cette méthode n'a rien   70
de commun avec celle de Tyr. Elle est soixante et dix-neuf mille
neuf cent soixante et seize fois plus savante, et plus embarrassée que
la nôtre. Joignez à cette prodigieuse différence, qu'ils écrivent de
haut en bas, et que les Tyriens et les Chaldéens écrivaient de droite
à gauche; les Grecs et nous de gauche à droite.   75
    Examinez les caractères tartares, indiens, siamois, japonais, vous
n'y voyez pas la moindre analogie avec l'alphabet grec et phénicien.
    Cependant tous ces peuples, en y joignant même les Hottentots
et les Cafres, prononcent à peu près les voyelles et les consonnes
comme nous, parce qu'ils ont le larynx fait de même pour   80
l'essentiel, ainsi qu'un paysan grison a le gosier fait comme la
première chanteuse de l'opéra de Naples. La différence qui fait de
ce manant une basse-taille rude, discordante, insupportable, et de
cette chanteuse un dessus de rossignol, est si imperceptible,
qu'aucun anatomiste ne peut l'apercevoir. C'est la cervelle d'un   85
sot qui ressemble comme deux gouttes d'eau à la cervelle d'un
grand génie.
    Quand nous avons dit que les marchands de Tyr enseignèrent
leur *A B C* aux Grecs, nous n'avons pas prétendu qu'ils eussent
appris aux Grecs à parler. Les Athéniens probablement s'expri-   90
maient déjà mieux que les peuples de la basse Syrie; ils avaient un
gosier plus flexible; leurs paroles étaient un plus heureux assem-

---

[12] Le chiffre, donné par Du Halde (*Description de la Chine*, t.2, p.226), se trouve
aussi dans l'article 'Caractère' de l'*Encyclopédie* et dans l'article 'Alphabet' du
Dictionnaire de Trévoux. Dans l'*Epître au roi de la Chine*, Voltaire insiste sur
l'absolue différence qu'il y a entre les Egyptiens, qui, 'dans le temps même de leurs
hiéroglyphes, eurent un alphabet', et les Chinois, qui 'n'en ont jamais eu' (*M*, t.10,
p.412, n.3).

blage de voyelles, de consonnes, et de diphtongues. [13] Le langage
des peuples de la Phénicie au contraire était rude, grossier, c'était
des Shafiroth, des Astaroth, des Shabaoth, des Chammaim, des   95
Chotihet, des Thopheth; il y aurait là de quoi faire enfuir notre
chanteuse de l'opéra de Naples. Figurez-vous les Romains
d'aujourd'hui qui auraient retenu l'ancien alphabet étrurien, et à
qui des marchands hollandais viendraient apporter celui dont ils se
servent à présent. Tous les Romains feraient fort bien de recevoir   100
leurs caractères; mais ils se garderaient bien de parler la langue
batave. C'est précisément ainsi que le peuple d'Athènes en usa avec
les matelots de Caphthor, venant de Tyr ou de Bérith: les Grecs
prirent leur alphabet qui valait mieux que celui du Misraim qui est
l'Egypte; et rebutèrent leur patois.   105

Philosophiquement parlant, et abstraction respectueuse faite de
toutes les inductions qu'on pourrait tirer des livres sacrés dont il ne
s'agit certainement pas ici, la langue primitive n'est-elle pas une
plaisante chimère? [14]

Que diriez-vous d'un homme qui voudrait rechercher quel a été   110
le cri primitif de tous les animaux, et comment il est arrivé que dans
une multitude de siècles les moutons se soient mis à bêler, les chats
à miauler, les pigeons à roucouler, les linotes à siffler? Ils
s'entendent tous parfaitement dans leurs idiomes, et beaucoup

---

[13] Dans *La Philosophie de l'histoire*, on lit: le peuple grec 'paraît né avec des
organes plus favorables aux beaux-arts que tous les autres peuples [...] avant même
qu'ils sussent écrire, on voit qu'ils eurent dans leur langue un mélange harmonieux
de consonnes douces et de voyelles qu'aucun peuple de l'Asie n'a jamais connu'
(ch.24, *OCV*, t.59, p.174). Voir encore les *Carnets* (*OCV*, t.82, p.491).

[14] Dans sa 'Dissertation sur la première langue, et sur la confusion arrivée à la
Tour de Babel', Calmet affirme tenir la langue hébraïque 'pour la langue primitive'
(*Nouvelles Dissertations*, Paris, 1720, BV617, p.11). Beauzée, auteur de l'article
'Langue' de l'*Encyclopédie*, adopte un point de vue strictement orthodoxe et dénonce
les théories qui contredisent 'le témoignage le plus authentique qui ait été rendu à la
vérité par l'auteur même de toute vérité' (t.9, p.250). Il réfute Rousseau, qui, dans le
Discours sur l'origine de l'inégalité, propose 'l'hypothèse révoltante de l'homme
supposé sauvage dans les premiers jours du monde' (t.9, p.250). *Le Spectacle de la
nature* de l'abbé Pluche est convoqué pour expliquer la 'multiplication miraculeuse
des langues' (t.9, p.254). Voir aussi l'article 'Langues' des *QE*.

mieux que nous. Le chat ne manque pas d'accourir aux miaule- [115]
ments très articulés et très variés de la chatte; c'est une merveilleuse
chose de voir dans le Mirebalais une cavale dresser ses oreilles,
frapper du pied, s'agiter aux braiements intelligibles d'un âne.
Chaque espèce a sa langue. Celle des Esquimaux et des Algonquins
ne fut point celle du Pérou. Il n'y a pas eu plus de langue primitive, [120]
et d'alphabet primitif, que de chênes primitifs et que d'herbe
primitive.

Plusieurs rabbins prétendent que la langue mère était le
samaritain; quelques autres ont assuré que c'était le bas-breton:
dans cette incertitude, on peut fort bien, sans offenser les habitants [125]
de Kimper et de Samarie, n'admettre aucune langue mère. [15]

Ne peut-on pas, sans offenser personne, supposer que l'alphabet
a commencé par des cris et des exclamations? Les petits enfants
disent d'eux-mêmes, *ah eh* quand ils voient un objet qui les frappe;
hi hi quand ils pleurent, *hu hu*, *hou hou* quand ils se moquent, *aïe* [130]
quand on les frappe? Et il ne faut pas les frapper.

A l'égard des deux petits garçons que le roi d'Egypte Psamme-
ticus (qui n'est pas un nom égyptien) fit élever pour savoir quelle
était la langue primitive, il n'est guère possible qu'ils se soient tous
deux mis à crier *bec bec* pour avoir à déjeuner. [16] [135]

Des exclamations formées par des voyelles, aussi naturelles aux
enfants que le croassement l'est aux grenouilles, il n'y a pas si loin
qu'on croirait à un alphabet complet. Il faut bien qu'une mère dise à

---

[15] Allusion probable au père Paul Yves Pezron (1640-1706), auteur de l'*Antiquité
de la nation et de la langue des Celtes, autrement appelés Gaulois* (Paris, 1703),
également stigmatisé, dans l'article 'Langues' des *QE*, avec Wachter, Ménage,
Bochart et Kircher, parmi les ignorants qui donnent 'des leçons sur la langue des
pays' où ils n'ont 'point été' (*M*, t.19, p.553).

[16] Hérodote, *Histoires*, livre 2, 'Euterpe' (trad. Ph.-E. Legrand, Paris, 1972, p.65-
66). L'anecdote est également mentionnée dans l'article 'Langue' de l'*Encyclopédie*
(t.9, p.252). Dans sa 'Dissertation sur la première langue', Calmet conclut que
'Psammétichus supposait un faux principe, en s'imaginant qu'il y avait une langue
naturelle à l'homme, dont toutes les autres sont sorties, comme des dialectes d'une
même langue, et que la terre avait produit des hommes successivement en différents
endroits du monde' (*Nouvelles Dissertations*, p.8).

son enfant l'équivalent de *viens, tiens, prends, tais-toi, approche, va-t'en*: ces mots ne sont représentatifs de rien, ils ne peignent rien; mais ils se font entendre avec un geste.

De ces rudiments informes, il y a un chemin immense pour arriver à la syntaxe. Je suis effrayé quand je songe que de ce seul mot *viens*, il faut parvenir un jour à dire, *je serais venu ma mère, avec grand plaisir, et j'aurais obéi à vos ordres qui me seront toujours chers, si en accourant vers vous je n'étais pas tombé à la renverse; et si une épine de votre jardin ne m'était pas entrée dans la jambe gauche.*

Il semble à mon imagination étonnée qu'il a fallu des siècles pour ajuster cette phrase; et bien d'autres siècles pour la peindre. [17] Ce serait ici le lieu de dire, ou de tâcher de dire, comment on exprime et comment on prononce dans toutes les langues du monde *père, mère, jour, nuit, terre, eau, boire, manger*, etc.; mais il faut éviter le ridicule autant qu'il est possible. [18]

Les caractères alphabétiques présentent à la fois les noms des choses, leur nombre, les dates des événements, les idées des hommes, devinrent bientôt des mystères aux yeux même de ceux qui avaient inventé ces signes. Les Chaldéens, les Syriens, les Egyptiens, attribuèrent quelque chose de divin à la combinaison des lettres, et à la manière de les prononcer. Ils crurent que les noms signifiaient par eux-mêmes, et qu'ils avaient en eux une force, une vertu secrète. Ils allaient jusqu'à prétendre que le nom qui signifiait

[17] Sur l'espace de temps considérable nécessaire à l'élaboration d'un langage, voir *La Philosophie de l'histoire* (ch.7, *OCV*, t.59, p.114-15).

[18] Dans l'article 'Langue' de l'*Encyclopédie*, rédigé par Beauzée, on lit: 'En quelques pays que ce soit, le mouvement le plus facile est d'ouvrir la bouche et de remuer les lèvres, ce qui donne le son le plus plein *a*, et l'une des articulations labiales *b, p, v, f* ou *m*. De là, dans toutes les *langues*, les syllabes *ab, pa, am, ma*, sont les premières que prononcent les enfants: de là viennent *papa, maman*, et autres qui ont rapport à ceux-ci' (t.9, p.261). Voltaire a peut-être en vue le président de Brosses, qui déclare dans *Traité de la formation mécanique des langues, et des principes physiques de l'étymologie*, 2 vol. (Paris, 1765, BV549): 'Dans tous les siècles, et dans toutes les contrées; on emploie la lettre de *lèvre* ou à son défaut la lettre de *dent* ou toutes les deux ensemble pour exprimer les premiers mots enfantins *papa* et *maman*' (t.1, p.244-47). Selon Voltaire (10 décembre 1770, D16815), tout ce que de Brosses 'a pillé est assez bon, et ce qui est de lui détestable'.

29

puissance était puissant de sa nature; que celui qui exprimait *ange* était angélique; que celui qui donnait l'idée de Dieu, était divin. Cette science des caractères entra nécessairement dans la magie: point d'opération magique, sans les lettres de l'alphabet. [19]

Cette porte de toutes les sciences, devint celle de toutes les erreurs; les mages de tous les pays s'en servirent pour se conduire dans le labyrinthe qu'ils s'étaient construit, et où il n'était pas permis aux autres hommes d'entrer. La manière de prononcer des consonnes et des voyelles, devint le plus profond des mystères, et souvent le plus terrible. Il y eut une manière de prononcer *Jéova*, nom de Dieu chez les Syriens et les Egyptiens; par laquelle on faisait tomber un homme raide mort.

Saint Clément d'Alexandrie rapporte (*b*) que Moïse fit mourir sur-le-champ le roi d'Egypte Nechephre, en lui soufflant ce nom dans l'oreille; et qu'ensuite il le ressuscita en prononçant le même mot. [20] Saint Clément d'Alexandrie est exact, il cite son auteur, c'est le savant Artapan; et qui pourra récuser le témoignage d'Artapan? [21]

Rien ne retarda plus les progrès de l'esprit humain, que cette profonde science de l'erreur, née chez les Asiatiques avec l'origine des vérités. L'univers fut abruti par l'art même qui devait l'éclairer.

Vous en voyez un grand exemple dans Origène, dans Clément d'Alexandrie, dans Tertullien, etc. etc. Origène dit surtout expressément, (*c*) 'si en invoquant Dieu, ou en jurant par lui, on le nomme le Dieu d'Abraham, d'Isaac et de Jacob, on fera par ces

(*b*) Stromates ou Tapisseries, livre 1.

(*c*) Origène, contre Celse, n° 202.

[19] Sur ce point, voir l'article 'A', ci-dessus.

[20] L'anecdote est souvent reprise: voir, par exemple, l'article 'Jéova' des *QE*, *La Philosophie de l'histoire* (ch.35, *OCV*, t.59, p.209) et *Un chrétien contre six Juifs* (*M*, t.29, p.569).

[21] Dans *Un chrétien contre six Juifs*, Artapan est présenté comme un 'grand homme que nous ne connaissons guère, et qui a pourtant écrit ces choses' (*M*, t.29, p.569). Dans l'article 'Certitude' de l'*Encyclopédie*, le témoignage d'auteurs de la 'trempe' d'Artapan est présenté comme 'suspect' (t.2, p.857).

noms, des choses dont la nature et la force sont telles, que les démons se soumettent à ceux qui les prononcent; mais si on le nomme d'un autre nom, comme Dieu *de la mer bruyante*, Dieu *supplantateur*, ces noms seront sans vertu, le nom d'*Israël* traduit en grec ne pourra rien opérer: mais prononcez-le en hébreu, avec les autres mots requis, vous opérerez la conjuration.'

Le même Origène dit ces paroles remarquables, 'Il y a des noms qui ont naturellement de la vertu, tels que sont ceux dont se servent les sages parmi les Egyptiens, les mages en Perse, les brahmanes dans l'Inde. Ce qu'on nomme *magie*, n'est pas un art vain et chimérique, ainsi que le prétendent les stoïciens et les épicuriens: le nom de *Sabaoth*, celui d'*Adonaï*, n'ont pas été faits pour des êtres créés; mais ils appartiennent à une théologie mystérieuse qui se rapporte au Créateur; de là vient la vertu de ces noms quand on les arrange et qu'on les prononce selon les règles, etc.'[22]

C'était en prononçant des lettres selon la méthode magique qu'on forçait la lune de descendre sur la terre.[23] Il faut pardonner à Virgile d'avoir cru ces inepties, et d'en avoir parlé sérieusement dans sa huitième églogue.

Carmina de caelo possunt deducere lunam.[24]

On fait avec des mots tomber la lune en terre.

Enfin, l'alphabet fut l'origine de toutes les connaissances de l'homme et de toutes ses sottises.

[22] *Traité d'Origène contre Celse, ou défense de la religion chrétienne contre les accusations des païens*, trad. E. Bouhéreau (Amsterdam, 1700, BV2618), livre 5, p.217-18, n° 262, et livre 1, p.13-14, n° 19: Voltaire condense le texte sans en trahir l'esprit. Les deux citations figuraient déjà dans l'article 'Religion' du *DP*; selon Voltaire, 'Origène en parlant ainsi ne donne point son sentiment particulier, il ne fait que rapporter l'opinion universelle' (*OCV*, t.36, p.481).

[23] Dans *La Philosophie de l'histoire*, Voltaire écrit, à propos des magiciens: 'Ayant connu le cours de la lune, il était tout simple qu'ils la fissent descendre sur la terre'. Le vers de Virgile qui suit est cité peu après, et traduit par: 'La voix de l'enchanteur fait descendre la lune' (ch.35, *OCV*, t.59, p.209, 210).

[24] Bucolique 8, vers 69: 'Carmina vel caelo possunt deducere lunam' ('Les incantations ont jusqu'au pouvoir de faire descendre du ciel la lune', *Bucoliques*, trad. E. de Saint-Denis, Paris, 1970).

ABBÉ, ABBAYE

Ceux qui fuient le monde sont sages: ceux qui se consacrent à Dieu sont respectables. [1] Peut-être le temps a-t-il corrompu une si sainte institution.

Aux thérapeutes juifs succédèrent les moines en Egypte, *idiotoi*, *monoi*. [2] *Idiot* ne signifiait alors que *solitaire*: ils furent bientôt corps; 5 ce qui est le contraire de solitaire, et qui n'est pas idiot dans

a   K84, K12: Abbaye / Section 2
5   K84, K12: ils firent bientôt

---

* On dispose de peu d'indices pour dater cet article. La réflexion sur la puissance temporelle des abbés initiée dès l'*Essai sur les mœurs* remonte aux années 1750 mais elle apparaît profondément renouvelée par le combat de Voltaire contre les chanoines de Saint-Claude pour mettre fin au servage en Franche-Comté, contemporain des *QE* et dont témoignent aussi les articles 'Apocalypse', 'Biens d'Eglise' et 'Christianisme'. L'article a aussi rapport à l'article 'Abbaye' du fonds de Kehl, notamment en ce qui concerne l'origine du mot 'abbé' et le monastère du Mont-Cassin. On peut d'autre part penser que Voltaire évoque des recherches encore en cours à ce sujet le 31 mars 1770 lorsqu'il interroge Gabriel Cramer sur 'des histoires de moines en neuf ou dix volumes in-folio', dénonçant les 'déclamations puériles qu'on trouve jusque dans l'*Encyclopédie*' qui 'déshonorent un dictionnaire utile dont elles augmentent la cherté' (D16267). De fait, l'article répond aux articles 'Abbaye', 'Bénéfice' et 'Commande ou commende' de l'*Encyclopédie*, tous très savants, ce qui explique la tonalité érudite de la polémique engagée ici, différente du ton incisif et ludique naguère adopté dans l'article 'Abbé' du *DP*. L'érudition ne dissimule qu'un temps le véritable but de l'article: la remise en cause radicale de ces institutions. L'article paraît en novembre/décembre 1770 (70, t.1).

[1] Même approche initialement positive du phénomène monastique dans le chapitre 139 de l'*Essai sur les mœurs* (éd. René Pomeau, 2 vol., Paris, 1990, t.2, p.279), dans la lignée de J.-P. Camus (1584-1652), évêque de Belley dont *L'Apocalypse de Meliton* (Saint-Léger, 1662) citée plus loin par Voltaire, quoique sans ménager ses critiques, avait rappelé que le nom de moine était 'saint et [...] vénérable dans toute l'antiquité' (p.114).

[2] Sur l'origine égyptienne du monacat, successivement codifié par saint Basile, Voltaire s'inspire peut-être du *Traité des bénéfices* de Fra Paolo Sarpi (Amsterdam, 1699, BV3093, p.32-33), auteur très présent à l'esprit de Voltaire dans les années 1770 qui réclame à deux reprises ses *Œuvres* in-folio en 1772 et 1773 (D17562, D18371).

l'acception ordinaire de ce terme.[3] Chaque société de moines élut son supérieur: car tout se faisait à la pluralité des voix dans les premiers temps de l'Eglise.[4] On cherchait à rentrer dans la liberté primitive de la nature humaine, en échappant par piété au tumulte et à l'esclavage inséparables des grands empires. Chaque société de moines choisit son père, son abba,[5] son abbé; quoiqu'il soit dit dans l'Evangile, *N'appelez personne votre père*.[6]

Ni les abbés, ni les moines ne furent prêtres dans les premiers siècles.[7] Ils allaient par troupes entendre la messe au prochain village.[8] Ces troupes devinrent considérables; il y eut plus de cinquante mille moines, dit-on, dans l'Egypte.

[3] Le mot latin *idiota* qui signifiait 'profane', 'non initié', est déjà utilisé au pluriel par Quintilien pour désigner la foule imbécile. Le jeu de mots, fréquent dans la correspondance tardive (D14340, D18441), figure également dans l'article 'Langues' des *QE*, de même que dans la vingt et unième niaiserie d'*Un chrétien contre six Juifs* (*M*, t.29, p.566).

[4] Le motif de l'élection est déjà présent chez Paolo Sarpi (*Traité des bénéfices*, p.35) et dans les articles 'Abbé' de l'*Encyclopédie* (t.1, p.11) et du *Dictionnaire universel* [...] *des sciences ecclésiastiques* de Charles-Louis Richard (Paris, 1760-1765, t.1, p.5). Très attaché à cette idée reprise dans l'article 'Christianisme' des *QE*, Voltaire semble cependant confondre les modalités d'élection des abbés mises en place par saint Benoît et évoquées par l'article 'Abbas' du *Glossarium ad scriptores mediae et infimae latinitatis* de Du Cange (6 vol., Paris, 1733-1736, BV1115; t.1, p.10) avec les règles de la vie monastique dans les premiers temps de l'Eglise.

[5] Etymologie syriaque mentionnée, aux côtés du mot hébreu que Voltaire néglige ici, dans tous les dictionnaires de langue de l'époque.

[6] Citation tronquée de Matthieu 23:9, reprise intégralement dans l'article 'Apôtres' des *QE*, lignes 344-47. La polémique sur le titre de père remonte à saint Jérôme (*Commentarium in Epistolam ad Galatas*, livre 2, ch.4; *Patrologia latina*, t.26, p.400), cité dans l'article 'Abbas' de Du Cange que Voltaire a lu et annoté (*CN*, t.3, p.200).

[7] Voir l'article 'Abbé' de l'*Encyclopédie*: 'parmi les anciens moines d'Egypte, quelque grande que fût l'autorité des abbés, leur première supériorité était celle du bon exemple et des vertus: ni eux, ni leurs inférieurs n'étaient prêtres, et ils étaient parfaitement soumis aux évêques' (t.1, p.8). Comme l'auteur de l'article (Mallet ou Toussaint), Voltaire suit ici les thèses de Paolo Sarpi et de J.-P. Camus qui avaient tous deux pointé du doigt dans le statut laïc des moines des premiers siècles une différence majeure entre cénobites anciens et nouveaux.

[8] Décalque de l'article 'Abbé' de l'*Encyclopédie* (t.1, p.12), lui-même emprunté à l'article 'Abbé' du *Dictionnaire de Trévoux*.

Saint Basile d'abord moine, puis évêque de Césarée en Cappadoce, fit un code pour tous les moines, au quatrième siècle.[9] Cette règle de saint Basile fut reçue en Orient et en Occident. On ne connut plus que les moines de saint Basile; ils furent partout riches; ils se mêlèrent de toutes les affaires; ils contribuèrent aux révolutions de l'empire.

On ne connaissait guère que cet ordre, lorsqu'au sixième siècle saint Benoît établit une puissance nouvelle au mont Cassin. Saint Grégoire le Grand assure dans ses dialogues (a) que Dieu lui accorda un privilège spécial, par lequel tous les bénédictins qui mourraient au mont Cassin seraient sauvés.[10] En conséquence le pape Urbain II, par une bulle de 1092, déclara l'abbé du mont Cassin chef de tous les monastères du monde.[11] Pascal II lui donna le titre d'*abbé des abbés*.[12] Il s'intitule *patriarche de la sainte religion*,

(a) Livre 2, chapitre 8.

[9] Voltaire mentionne souvent Basile comme l'un des législateurs de la vie monastique mais il semble n'avoir de ses œuvres, pourtant rééditées à Paris en 1722, qu'une connaissance indirecte, à travers l'*Histoire ecclésiastique* de Fleury notamment.

[10] Réclamés à Damilaville le 30 novembre 1762 et stigmatisés pour leur 'bêtise' (D10816 et D11000), les *Dialogues de saint Grégoire le Grand, pape*, traduits par Louis Bulteau en 1679 et possédés par Voltaire à Ferney (*Opera*, Paris, 1689; *Voltaire's catalogue of his library at Ferney*, SVEC 9, 1959, n° 1347), évoquent bien la fondation du Mont-Cassin dans le chapitre 8 du livre 2 mais sans mentionner un tel privilège, attesté depuis le onzième siècle sur la base d'une lecture erronée du chapitre 17 du même livre. Voltaire, qui connaît cette légende, a peut-être interprété à son tour erronément un passage de peu antérieur à l'évocation du Mont-Cassin: 'Il est ainsi arrivé par ce mystère, que tandis que les superbes ne regardent que la honte, et l'ignominie de la mort, les humbles reçoivent un glorieux pouvoir contre la mort même' (p.120).

[11] Bulle non mentionnée dans l'article 'Abbas' de Du Cange qui constitue la principale source de Voltaire ici. L'information provient peut-être de la *Chronica sacri Cassinensis* de Léon de Marsico (v.1045-v.1115).

[12] Titre conféré par une bulle de l'an 1113 citée dans l'article 'Abbas' par Du Cange (*Glossarium*) en face duquel Voltaire a collé un papillon (*CN*, t.3, p.200). Le titre d'abbé des abbés est mentionné dans l'article 'Abbé' du *Dictionnaire de Trévoux*

chancelier collatéral du royaume de Sicile, comte et gouverneur de la Campanie, prince de la paix, etc. etc. etc. etc. etc.[13]

Tous ces titres seraient peu de chose, s'ils n'étaient soutenus par des richesses immenses. 35

Je reçus, il n'y a pas longtemps une lettre d'un de mes correspondants d'Allemagne; la lettre commence par ces mots:[14] 'Les abbés princes de Kemptem, Elvangen, Eudertl, Murbach, Berglesgaden, Vissembourg, Prum, Stablo, Corvey, et les autres abbés qui ne sont pas princes, jouissent ensemble d'environ neuf 40 cent mille florins de revenu, qui font deux millions cinquante mille livres de votre France au cours de ce jour.[15] De là je conclus que Jésus-Christ n'était pas si à son aise qu'eux.'

(t.1, col.27) qui renvoie cependant erronément au chapitre 62 du livre 4 de la *Chronique du Mont Cassin* de Pierre Diacre, continuateur de la *Chronica* de Leon de Marsico.

[13] Voltaire ne choisit ici que certains des titres mentionnés *in extenso* dans l'article 'Abbaye' du fonds de Kehl: 'Patriarche de la sainte religion, abbé du saint monastère de Cassin, chancelier et grand chapelain de l'empire romain, abbé des abbés, chef de la hiérarchie bénédictine, chancelier collatéral du royaume de Sicile, comte et gouverneur de la Campanie, de la terre de Laboure, et de la province maritime, prince de la paix' (*M*, t.17, p.20). Voltaire a trouvé la plupart de ces titres dans l'*Histoire des ordres religieux* de Pierre Helyot (Paris, 1714-1719, t.6, p.53), ceux de 'chancelier et grand chapelain de l'empire romain' et de 'prince de la paix' étant tirés de la *Chronique* de Pierre Diacre.

[14] Echange épistolaire vraisemblablement fictif. Voltaire paraît suivre ici l'article 'Abbaye' du *Grand Dictionnaire historique* de Moreri (Paris, 1759) qui avait cité dans le même ordre – mais sans faire mention de leurs revenus – les princes abbés des abbayes de Fulde, Kempten, Saint Gall, Elwangen, Bergtesgaden, Corvey, Pruym, Stavelo, Weissembourg, Luterbourg et Norbach. Dans l'*Essai sur les mœurs*, Voltaire avait déjà livré une analyse comparée du gouvernement féodal des moines en France et en Allemagne (ch.33, t.1, p.425). Sur la puissance des abbés allemands, voir *Le Siècle de Louis XIV* (ch.35, *OH*, p.1030) et l'article 'Abbé' du *DP* (*OCV*, t.35, p.287). Dans la polémique chiffrée, Voltaire s'inspire peut-être du *Traité des bénéfices* de Paolo Sarpi mais il exagère et complique à l'envi les calculs de l'Italien.

[15] Estimation comparable dans la section 3 de l'article 'Biens d'Eglise' des *QE* où Voltaire évoque comme gros bénéfices des 'bénéfices de trente, quarante, cinquante, soixante mille florins' avant de préciser qu'un 'prince de l'empire [...] serait bien peu chrétien s'il n'avait qu'un seul évêché; il lui en faut quatre ou cinq pour constater sa catholicité' (*M*, t.17, p.590).

Je lui répondis: 'Monsieur, vous m'avouerez que les Français sont plus pieux que les Allemands dans la proportion de quatre et un vingtième à l'unité; car nos seuls bénéfices consistoriaux de moines, c'est-à-dire, ceux qui paient des annates au pape, se montent à neuf millions de rente, à quarante-neuf livres dix sols le marc avec le remède;[16] et neuf millions sont à deux millions cinquante mille livres comme un est à quatre et un vingtième. De là je conclus qu'ils ne sont pas assez riches, et qu'il faudrait qu'ils en eussent dix fois davantage. J'ai l'honneur d'être etc.'

Il me répliqua par cette courte lettre: 'Mon cher monsieur, je ne vous entends point; vous trouvez sans doute avec moi, que neuf millions de votre monnaie sont un peu trop pour ceux qui font vœu de pauvreté; et vous souhaitez qu'ils en aient quatre-vingt-dix! je vous supplie de vouloir bien m'expliquer cette énigme.'

J'eus l'honneur de lui répondre sur-le-champ. 'Mon cher monsieur, il y avait autrefois un jeune homme à qui on proposait d'épouser une femme de soixante ans, qui lui donnerait tout son bien par testament: il répondit, qu'elle n'était pas assez vieille.' L'Allemand entendit mon énigme.

Il faut savoir qu'en 1575 (b) on proposa dans le conseil de

(b) Chopin, *De sacra politia*, lib. 6.[17]

45-46 K84, K12: et seize quarante-unièmes à
48-49 K84, K12: dix sous le marc
50 K84, K12: et seize quarante-unièmes. De
n.b 70, 71N, 71A: lib. 3.

[16] Le *Dictionnaire de Trévoux* définit le remède comme 'la quantité de grains d'alliage que les monnayeurs peuvent employer dans la fabrication des espèces d'or ou d'argent, au-delà de ce que la loi a réglé. [...] Le remède de poids pour l'or, est toujours de deux felins pour marc' (t.6, col.804).

[17] Cette référence est erronée. René Choppin est bien l'auteur d'un *Traité de police ecclésiastique (De sacra politia forensi)* paru en latin en 1577 et republié en français dans les *Œuvres* de Choppin parues en 1662-1663 mais le traité ne compte que trois livres. En France, les abbés commanditaires étaient des 'ecclésiastiques séculiers qui jouissaient d'une partie des revenus d'une abbaye avec quelques honneurs, mais sans juridiction sur les religieux' pour la gouverner (Charles-Louis Richard, *Dictionnaire universel*, t.1, p.5).

Henri III roi de France, de faire ériger en commandes séculières toutes les abbayes de moines, et de donner les commandes aux 65 officiers de sa cour et de son armée: mais comme il fut depuis excommunié et assassiné, ce projet n'eut pas lieu.

Le comte d'Argenson ministre de la guerre, voulut en 1750 établir des pensions sur les bénéfices en faveur des chevaliers de l'ordre militaire de Saint-Louis; rien n'était plus simple, plus juste, 70 plus utile: il n'en put venir à bout.[18] Cependant sous Louis XIV, la princesse de Conti avait possédé l'abbaye de Saint-Denis. Avant son règne les séculiers possédaient des bénéfices, le duc de Sulli huguenot avait une abbaye.[19]

Le père de Hugues Capet, n'était riche que par ses abbayes,[20] et 75 on l'appelait *Hugues l'abbé*. On donnait des abbayes aux reines pour leurs menus plaisirs. Ogine mère de Louis d'Outremer, quitta son fils parce qu'il lui avait ôté l'abbaye de Sainte-Marie de Laon, pour la donner à sa femme Gerberge.[21] Il y a des exemples de tout. Chacun tâche de faire servir les usages, les innovations, les lois 80

64   K84, K12: en commendes séculières
65   K84, K12: les commendes aux

[18] Marc-Pierre de Voyer, comte d'Argenson (1696-1764), chancelier du duc d'Orléans, membre du conseil du roi (1742) et ministre de la guerre et responsable de la généralité d'Alsace (1743-1750), fut contré par l'ancien évêque Mirepoix. Voltaire évoquera encore cet échec dans la *Lettre d'un ecclésiastique* (*M*, t.29, p.289).

[19] Maximilien de Béthune, baron de Rosny et duc de Sully (1560-1641), dont Voltaire possédait un exemplaire annoté des *Mémoires* (Londres, 1745, BV3223). Le chapitre 175 de l'*Essai sur les mœurs* avait déjà stigmatisé comme un exemple du dérèglement de l'Eglise sous Louis XIII le fait que 'presque tous les bénéfices étaient possédés par des laïcs' et par des femmes notamment (t.2, p.576-77).

[20] Les 'abbayes de Saint-Denis, de Saint-Martin de Tours, de Saint-Germain-des-Prés' mentionnées entre 'tant d'autres' dans l'*Essai sur les mœurs* (ch.38, t.1, p.446). L'article 'Bénéfice' de l'*Encyclopédie* avait évoqué le témoignage de Grégoire de Tours, Aimoin et de 'nos anciens historiens' selon lequel 'nos rois de la première race disposaient des évêchés', usage qui 'continua sous la seconde race' (t.2, p.202).

[21] La source de Voltaire pourrait être *Le Grand Dictionnaire historique* de Moreri qui, à la fin de l'article 'Abbaye', cite 'Ogine, mère de Louis IV, et Gerberge sa femme, abbesses de Sainte-Marie-de-Laon' parmi les titulaires des bénéfices qui 'se baillaient aussi aux femmes mariées' (t.1, p.17).

anciennes, abrogées, renouvelées, mitigées, les chartes ou vraies ou supposées, le passé, le présent, l'avenir, à s'emparer des biens de ce monde; mais c'est toujours à la plus grande gloire de Dieu. Consultez l'*Apocalypse* de Méliton par l'évêque du Bellai. [22]

---

[22] Absente de l'article 'Apocalypse' du *DP*, la référence à Jean-Pierre Camus, évêque de Belley (1584-1652), est omniprésente dans les premiers volumes des *QE*, de l'article 'Apocalypse' à l'article 'Biens d'Eglise'. Sur *L'Apocalypse de Méliton*, source de Voltaire sur les 'défauts et les dangers de la vie monacale', voir ci-dessous, l'article 'Apocalypse', n.14.

ABEILLES

Les abeilles peuvent paraître supérieures à la race humaine, en ce qu'elles produisent de leur substance une substance utile, et que de toutes nos sécrétions il n'y en a pas une seule qui soit bonne à rien, pas une seule même qui ne rende le genre humain désagréable.

Ce qui m'a charmé dans les essaims qui sortent de la ruche, c'est 5 qu'ils sont beaucoup plus doux que nos enfants qui sortent du collège. Les jeunes abeilles alors ne piquent personne, du moins rarement et dans des cas extraordinaires. Elles se laissent prendre, on les porte la main nue paisiblement dans la ruche qui leur est destinée; mais dès qu'elles ont appris dans leur nouvelle maison à 10 connaître leurs intérêts, elles deviennent semblables à nous, elles font la guerre. J'ai vu des abeilles très tranquilles aller pendant six mois travailler dans un pré voisin couvert de fleurs qui leur convenaient. On vint faucher le pré, elles sortirent en fureur de

* Entre juin 1769 et février 1770, Voltaire, qui possède des ruches (D13399, D15910, D16525), reprend une réflexion théorique remontant à la lecture de *La Fable des abeilles* de Mandeville (Londres, 1724, BV2300; 1729, BV2301) et du *Spectacle de la nature* de l'abbé Pluche (Paris, 1732-1746, BV2765; 1755-1764, BV2766) dans les années 1730-1740. Comme dans nombre des premiers articles des *QE*, 'Agriculture' ou 'Air' par exemple, celle-ci apparaît nourrie par l'expérience de Ferney. A la faveur de la parution des *Lettres sur les animaux* de Charles-Georges Leroy (Nuremberg, 1768) qu'il évoque dans une lettre à Mme Du Deffand du 20 septembre 1769 (D15910), Voltaire saisit ici une nouvelle occasion d'éreinter Réaumur dont Daubenton s'était ouvertement inspiré pour l'article 'Abeille' de l'*Encyclopédie* et revient sur une question déjà abordée dans la première section de l'article 'Des lois' du *DP* (1767). Il y intègre des passages empruntés aux *Singularités de la nature* (1768), le premier inspiré de la lecture de Jean-Baptiste Simon, *Le Gouvernement admirable, ou la république des abeilles* (Paris, 1742, BV3168). Il s'agit d'un des articles les plus critiques des *QE* à l'encontre de l'*Encyclopédie*: la physionomie des abeilles et les produits de la ruche intéressent moins Voltaire que le discours politique et philosophique que suscite l'organisation de leur société. L'article paraît en novembre/décembre 1770 (70, t.1).

39

la ruche, fondirent sur les faucheurs qui leur volaient leur bien, et 15
les mirent en fuite. [1]

Je ne sais pas qui a dit le premier [2] que les abeilles avaient un roi.
Ce n'est pas probablement un républicain à qui cette idée vint dans
la tête. Je ne sais pas qui leur donna ensuite une reine au lieu d'un
roi, [3] ni qui supposa le premier que cette reine était une Messaline 20
qui avait un sérail prodigieux, qui passait sa vie à faire l'amour et à
faire ses couches, qui pondait et logeait environ quarante mille
œufs par an. [4] On a été plus loin; on a prétendu qu'elle pondait trois
espèces différentes, des reines, des esclaves nommés *bourdons*, et
des servantes nommées *ouvrières*; [5] ce qui n'est pas trop d'accord 25
avec les lois ordinaires de la nature.

On a cru qu'un physicien, d'ailleurs grand observateur, inventa
il y a quelques années les fours à poulets, inventés depuis environ
quatre mille ans par les Egyptiens, ne considérant pas l'extrême
différence de notre climat et de celui d'Egypte; [6] on a dit encore que 30

---

[1] Anecdote rapportée par Voltaire en termes quasi identiques dans sa lettre du
20 septembre 1769 à Mme Du Deffand (D15910).

[2] Lignes 17-56: passage emprunté, à quelques variantes près, au chapitre 6 des
Singularités de la nature (*M*, t.27, p.133-34).

[3] C'est la position prise par le comte de Jonval dans *Le Spectacle de la nature*
(Paris, 1732-1746, BV2765), t.1, p.244.

[4] Chiffre communément avancé: Daubenton, dans l'article 'Abeille' de l'*Encyclopédie* (t.1, p.18), avance le chiffre de 30 000 à 40 000 œufs par an, tandis que Simon
parle de 40 000 à 50 000 œufs par an, soulignant l'impossibilité pour la reine de tout
pondre (*Le Gouvernement admirable*, p.4). Buffon avance, lui, le chiffre de 30 000 à
40 000 mouches (*Histoire naturelle, générale et particulière*, Paris, 1750-1770, BV572,
livre 2, ch.1, p.13), commenté avec scepticisme par Voltaire qui considère comme
vaines les recherches portant sur la descendance supposée de la reine: 'je ne le crois
pas. Mais on le dit. Je ne l'ai jamais pu voir' (*CN*, t.1, p.587; voir aussi D15679). Sur
le gouvernement des abeilles par une reine 'qui passait sa vie à faire l'amour', voir
aussi le *DP*, article 'Des lois', section 1 (*OCV*, t.36, p.303).

[5] Par exemple, l'article 'Abeille' de l'*Encyclopédie* (t.1, p.18), mais aussi *Le
Spectacle de la nature* (t.1, p.142-43) qui cite notamment en marge le *Mémoire* de
Maraldi paru dans le recueil de l'Académie royale des sciences de 1712 (BV1639).

[6] 'On' désigne ici Daubenton, le rédacteur de l'article 'Abeille' de l'*Encyclopédie*,
largement inspiré de l'aveu même de son auteur des *Mémoires pour servir à l'histoire
des insectes* du 'physicien' Réaumur, cible principale de Voltaire dans cet article. Les

ce physicien, inventa de même le royaume des abeilles sous une reine, mère de trois espèces. [7]

Plusieurs naturalistes avaient déjà répété cette invention; il est venu un homme qui étant possesseur de six cents ruches, a cru mieux examiner son bien que ceux qui n'ayant point d'abeilles ont copié des volumes sur cette république industrieuse qu'on ne connaît guère mieux que celle des fourmis. Cet homme est M. Simon qui ne se pique de rien, qui écrit très simplement; mais qui recueille comme moi du miel et de la cire. [8] Il a de meilleurs yeux que moi, il en sait plus que M. le prieur de Jonval, et que M. le comte *du Spectacle de la nature*; il a examiné ses abeilles pendant vingt années; il nous assure qu'on s'est moqué de nous, et qu'il n'y a pas un mot de vrai dans tout ce qu'on a répété dans tant de livres.

Il prétend qu'en effet il y a dans chaque ruche une espèce de roi et de reine qui perpétuent cette race royale et qui président aux ouvrages; il les a vus, il les a dessinés, et il renvoie aux *Mille et une nuits*, et à l'*Histoire de la reine d'Achem* [9] la prétendue reine abeille avec son sérail.

35

40

45

37   70: que celles des
46   71N: ouvrages; il les a dessinés

fours à poulets, décrits et illustrés dans l'*Encyclopédie*, avaient été évoqués par Rollin, *Histoire ancienne* (Paris, 1731-1737, BV3008, t.1, p.100-101), sur la foi du témoignage imprécis de Diodore qui mentionne seulement un procédé d'incubation artificielle. Mais comme dans *La Défense de mon oncle* et dans l'article 'Apis' du *DP* où il les mentionnait déjà (*OCV*, t.64, p.254; t.35, p.360), Voltaire, qui a lu trop vite, se trompe en attribuant aux Egyptiens de l'antiquité, dont Rollin dit qu'ils utilisaient du fumier, une pratique des Egyptiens contemporains. Quoique très critique à l'égard de l'*Encyclopédie* dans cet article, Voltaire s'en est en fait largement inspiré sur ce point puisque l'article 'Poulets (fours à)' du chevalier de Jaucourt les donne comme une 'invention égyptienne [...] de la plus haute antiquité' (t.13, p.200-202).

[7] Réaumur, *Mémoires pour servir à l'histoire des insectes* (Paris, 1734-42), t.5, p.231-34.

[8] Jean-Baptiste Simon, *Le Gouvernement admirable, ou la république des abeilles* (Paris, 1742, BV3168).

[9] 'Ville capitale du royaume du même nom, dans la partie septentrionale de l'île de Sumatra, aux Indes orientales' (*Encyclopédie*, article 'Achem', t.1, p.96). On n'a

Il y a ensuite la race des bourdons qui n'a aucune relation avec la première, et enfin la grande famille des abeilles ouvrières qui sont 50 mâles et femelles, et qui forment le corps de la république. Les abeilles femelles déposent leurs œufs dans les cellules qu'elles ont formées.

Comment en effet la reine seule pourrait-elle pondre et loger quarante ou cinquante mille œufs l'un après l'autre?[10] Le système le 55 plus simple est presque toujours le véritable. Cependant, j'ai souvent cherché ce roi et cette reine, et je n'ai jamais eu le bonheur de les voir. Quelques observateurs m'ont assuré qu'ils ont vu la reine entourée de sa cour;[11] l'un d'eux l'a portée, elle et ses suivantes sur son bras nu.[12] Je n'ai point fait cette expérience; mais 60 j'ai porté dans ma main les abeilles d'un essaim qui sortaient de la mère ruche, sans qu'elles me piquassent. Il y a des gens qui n'ont

51 K84, K12: république. [*avec note*: Les ouvrières ne sont point mâles et femelles. Les abeilles appelées reines sont les seules qui pondent. Des naturalistes ont dit avoir observé que les bourdons ne fécondaient les œufs que l'un après l'autre lorsqu'ils sont dans les alvéoles, ce qui expliquerait pourquoi les ouvrières souffrent dans la ruche ce grand nombre de bourdons. Voyez les *Singularités de la nature* où 5 l'on retrouve une partie de cet article. (Volume [K12: Second volume] de Physique.)] Les

55 70, 71N, 71A: quarante mille

trouvé aucun conte oriental répondant à ce titre. Sans l'avouer, Voltaire emprunte la comparaison entre la reine des abeilles et celle d'Achem à Réaumur (*Mémoires pour servir à l'histoire des insectes*, t.5, p.273) mais il se souvient sans doute comme lui du récit de Robert Challes qui avait rapporté que les peuples d'Achem 'ne souffraient point que le fils succéd[ât] au père à moins que ce père ne l'ait eu de leur reine' et, 'afin d'être sûrs qu'ils obéissent toujours au même sang', suivaient 'le sang féminin [...] et non la tige masculine, comme on la suit partout ailleurs' (*Journal d'un voyage fait aux Indes orientales*, Rouen, 1721, BV697, t.2, p.311-12).

[10] Phrase supprimée des *Singularités de la nature:* '[...] l'autre? Il est très vraisemblable que M. Simon a raison. Le système [...]' (*M*, t.27, p.134).

[11] Tournure habituellement utilisée par Voltaire lorsqu'il évoque l'histoire naturelle; voir, par exemple, les *Dialogues d'Evhémère* (*M*, t.30, p.509).

[12] Le motif de 'l'homme aux mouches' qui prétend se faire obéir des abeilles est en fait un topos de la littérature sur la question. Réaumur cite ainsi l'anecdote rapportée

pas de foi à la réputation qu'ont les abeilles d'être méchantes, et qui en portent des essaims entiers sur leur poitrine et sur leur visage. 65

Virgile n'a chanté sur les abeilles que les erreurs de son temps. [13] Il se pourrait bien que ce roi et cette reine ne fussent autre chose qu'une ou deux abeilles qui volent par hasard à la tête des autres. Il faut bien que lorsqu'elles vont butiner les fleurs, il y en ait quelques-unes de plus diligentes; mais qu'il y ait une vraie royauté, 70 une cour, une police, c'est ce qui me paraît plus que douteux.

Plusieurs espèces d'animaux s'attroupent et vivent ensemble. On a comparé les béliers, les taureaux, à des rois, parce qu'il y a souvent un de ces animaux qui marche le premier: cette pré-éminence a frappé les yeux. On a oublié que très souvent aussi le 75 bélier et les taureaux marchent les derniers.

S'il est quelque apparence d'une royauté et d'une cour, [14] c'est dans un coq; il appelle ses poules, il laisse tomber pour elles le grain qu'il a dans son bec, il les défend, il les conduit; il ne souffre pas qu'un autre roi partage son petit Etat; il ne s'éloigne jamais de son 80 sérail. Voilà une image de la vraie royauté; elle est plus évidente dans une basse-cour que dans une ruche. [15]

On trouve dans les Proverbes attribués à Salomon, qu'*il y a quatre choses qui sont les plus petites de la terre, et qui sont plus sages*

---

dans la *Relation de l'Afrique occidentale* du père Labat d'après des mémoires de M. Bru, directeur de la Compagnie du Sénégal (*Mémoires pour servir à l'histoire des insectes*, t.5, p.257).

[13] Virgile, *Géorgiques*, chant 4, vers 554. De Virgile, Voltaire possède au moment où il rédige l'article, outre deux éditions d'œuvres complètes *Opera omnia* (Francfort, 1629, BV3418) et *Opera* (Lyon, 1653, BV3419), trois éditions des *Géorgiques* dont la toute récente traduction de Delille (Paris, 1770, BV3420) qu'il mentionne dans une lettre du 6 février 1770 (D16135) et qui l'inspire peut-être ici.

[14] Parfait exemple de l'anthropomorphisme critiqué ici par Voltaire, le comte de Jonval décrit l'abeille comme 'ne sort[ant] que fort rarement pour paraître en public et lorsqu'elle se montre [...] s'avanç[ant] avec une démarche grave, et majestueuse' (*Le Spectacle de la nature*, t.1, p.146).

[15] Réécriture du second paragraphe de l'article 'Des lois', section 1, du *DP* (*OCV*, t.36, p.302).

que les sages; les fourmis, petit peuple qui se prépare une nourriture   85
pendant la moisson; le lièvre, peuple faible qui couche sur des pierres; la
sauterelle, qui n'ayant pas des rois, voyage par troupes; le lézard qui
travaille de ses mains et qui demeure dans les palais des rois. [16] J'ignore
pourquoi Salomon a oublié les abeilles qui paraissent avoir un
instinct bien supérieur à celui des lièvres, qui ne couchent point sur   90
la pierre; et des lézards, dont j'ignore le génie. Au surplus je
préférerai toujours une abeille à une sauterelle. [17]

On nous mande qu'une société de physiciens pratiques dans la
Lusace, [18] vient de faire éclore un couvain d'abeilles dans une
ruche, où il est transporté lorsqu'il est en forme de vermisseau. Il   95
croît, il se développe dans ce nouveau berceau qui devient sa patrie;
il n'en sort que pour aller sucer des fleurs: on ne craint point de le
perdre, comme on perd souvent des essaims lorsqu'ils sont chassés
de la mère ruche. Si cette méthode peut devenir d'une exécution
aisée, elle sera très utile. Mais dans le gouvernement des animaux   100
domestiques comme dans la culture des fruits, il y a mille
inventions plus ingénieuses que profitables. Toute méthode doit
être facile pour être d'un usage commun.

De tout temps les abeilles ont fourni des descriptions, des
comparaisons, des allégories, des fables à la poésie. La fameuse   105
fable des abeilles de Mandeville fit un grand bruit en Angleterre; [19]
en voici un petit précis.

87   K84, K12: *pas de rois*

[16] Proverbes 30:24-28, également cité dans l'article 'Salomon' des *QE*.
[17] Paragraphe repris du chapitre 6 des *Singularités de la nature*.
[18] 'Province d'Allemagne dans la Saxe, bornée au N. par le Brandebourg, E. par la
Silésie, S. par la Bohême et O. par la Bisnie' (*Encyclopédie*, article 'Lusace', t.9, p.748).
[19] Mandeville, *The Fable of the bees* (Londres, 1724, BV2300; 1729, BV2301). La
première lecture de Mandeville remonte sans doute à l'époque de Cirey où Mme Du
Châtelet traduit l'ouvrage (D1065). Dans le *Traité de métaphysique*, Voltaire avait
trouvé en Mandeville un allié dans sa bataille contre Pascal pour la réhabilitation des
passions (*OCV*, t.14, p.380), mais même s'il déclare l'imiter dans *Le Marseillais et le
lion* (1768), Voltaire est à l'égard de Mandeville d'une critique remarquablement
constante comme en témoigne un autre 'précis' en prose dans l'article 'Envie' des *QE*.

Les abeilles autrefois
Parurent bien gouvernées;
Et leurs travaux et leurs rois   110
Les rendirent fortunées.
Quelques avides bourdons,
Dans les ruches se glissèrent.
Ces bourdons ne travaillèrent;
Mais ils firent des sermons.   115
Ils dirent dans leur langage,
Nous vous promettons le ciel:
Accordez-nous en partage
Votre cire et votre miel.
Les abeilles qui les crurent,   120
Sentirent bientôt la faim;
Les plus sottes en moururent.
Le roi d'un nouvel essaim
Les secourut à la fin.
Tous les esprits s'éclairèrent;   125
Ils sont tous désabusés;
Les bourdons sont écrasés,
Et les abeilles prospèrent.

Mandeville va bien plus loin; il prétend que les abeilles ne peuvent vivre à l'aise dans une grande et puissante ruche sans beaucoup de   130
vices. Nul royaume, nul Etat, dit-il, ne peuvent fleurir sans vices. Otez la vanité aux grandes dames: plus de belles manufactures de soie, plus d'ouvriers ni d'ouvrières en mille genres; une grande partie de la nation est réduite à la mendicité. Otez aux négociants l'avarice: les flottes anglaises seront anéanties. Dépouillez les   135
artistes de l'envie, l'émulation cesse; on retombe dans l'ignorance et dans la grossièreté.[20]

Il s'emporte jusqu'à dire, que les crimes mêmes sont utiles, en ce qu'ils servent à établir une bonne législation. Un voleur de grand chemin fait gagner beaucoup d'argent à celui qui le dénonce, à ceux   140

[20] Sur l'influence de Mandeville dans la réflexion voltairienne sur le luxe, voir l'introduction du *Traité de métaphysique* par W. H. Barber (*OCV*, t.14, p.378-81).

qui l'arrêtent, au geôlier qui le garde, au juge qui le condamne, et au bourreau qui l'exécute. Enfin, s'il n'y avait pas de voleurs, les serruriers mourraient de faim.[21]

Il est très vrai que la société bien gouvernée tire parti de tous les vices; mais il n'est pas vrai que ces vices soient nécessaires au bonheur du monde. On fait de très bons remèdes avec des poisons, mais ce ne sont pas les poisons qui nous font vivre.[22] En réduisant ainsi la fable des abeilles à sa juste valeur, elle pourrait devenir un ouvrage de morale utile.

---

14

[21] Mandeville, *La Fable des abeilles*, éd. L. Carrive et P. Carrive (Paris, 1998), p.75 et suiv.

[22] Même critique de Mandeville dans la lettre à Helvétius du 13 août [1760] (D9141): 'Il y a des choses que tout le monde sait mais qu'il ne faut jamais dire [...]. Il en est ainsi, ne vous en déplaise, de quelques petites propositions de votre livre; l'auteur de la fable des abeilles vous a induit dans le piège'.

ABRAHAM

Nous ne devons rien dire de ce qui est divin dans Abraham, puisque l'Ecriture a tout dit. Nous ne devons même toucher que d'une main respectueuse à ce qui appartient au profane, à ce qui tient à la géographie, à l'ordre des temps, aux mœurs, aux usages;[1] car ces usages, ces mœurs étant liés à l'histoire sacrée, ce sont des ruisseaux qui semblent conserver quelque chose de la divinité de leur source.

Abraham, quoique né vers l'Euphrate, fait une grande époque pour les Occidentaux, et n'en fait point une pour les Orientaux,

a   K84, K12: Abraham / Section 1

* C'est un des articles que Voltaire propose à la duchesse de Choiseul le 13 mars 1771 (D17076). L'article publié en 1764 dans le *DP* avait été augmenté en 1765 et en 1767. Voltaire en reprend ici certains éléments. Mais l'insistance sur les questions de chronologie le rapproche surtout du chapitre 8 de *La Défense de mon oncle*, ce qui suggérerait une date de rédaction proche de 1769. Le fonds de Kehl offre une troisième section, correspondant peut-être à ce qui avait été ébauché à Potsdam (voir *M*, t.17, p.40-44). Certains développements sont comparables à ceux du présent article: Voltaire, en effet, y raille les charmes de la vieille Sara, rappelle que de grands royaumes existaient bien avant la croissance du peuple juif, souligne qu'Abraham a été vénéré dans toute l'Asie et jusqu'aux Indes, mentionne particulièrement la vénération des musulmans, indique que le père des croyants fut même assimilé à Zoroastre par d'anciens Persans; il évoque aussi les promesses reçues de Dieu et restées sans réalisation; mais il ne s'attarde guère sur les questions de chronologie. Il préfère insister sur l'idolâtrie et le polythéisme de ces temps, s'interroger sur l'origine de la circoncision et sur les mœurs propres à la haute antiquité, et suggérer les doutes que les Juifs peuvent légitimement avoir sur la partie historique de leurs livres. L'article paraît en novembre/décembre 1770 (70, t.1).
[1] C'est là le texte qui figure en haut d'une feuille, pliée en deux, insérée dans l'exemplaire du *Dictionnaire historique et critique* de Bayle, à l'article 'Abraham' (*Œuvres diverses*, La Haye [Trévoux], 1737, BV290; *CN*, t.1, p.234), avec de légères différences à partir de 'profane' ('dans son histoire, ce qui tient à la géographie, à la chronologie, aux mœurs, aux usages du temps'). Toutefois le présent article s'écarte nettement du texte de Bayle.

chez lesquels il est pourtant aussi respecté que parmi nous.[2] Les   10
mahométans n'ont de chronologie certaine que depuis leur hégire.

La science des temps absolument perdue dans les lieux où les
grands événements sont arrivés, est venue enfin dans nos climats,
où ces faits étaient ignorés. Nous disputons sur tout ce qui s'est
passé vers l'Euphrate, le Jourdain, et le Nil; et ceux qui sont   15
aujourd'hui les maîtres du Nil, du Jourdain et de l'Euphrate,
jouissent sans disputer.[3]

Notre grande époque étant celle d'Abraham, nous différons de
soixante années sur sa naissance.[4] Voici le compte d'après les
registres.   20

(a) 'Tharé vécut soixante et dix ans, et engendra Abram, Nacor
et Aran.

(b) 'Et Tharé ayant vécu deux cent cinq ans, mourut à Haran.'

Le Seigneur dit à Abram: (c) 'Sortez de votre pays, de votre
famille, de la maison de votre père, et venez dans la terre que je   25
vous montrerai; et je vous rendrai père d'un grand peuple.'

Il paraît d'abord évident par le texte, que Tharé ayant eu
Abraham à soixante et dix ans, étant mort à deux cent cinq; et
Abraham étant sorti de la Chaldée immédiatement après la mort de
son père, il avait juste cent trente-cinq ans, lorsqu'il quitta son   30

(a) Genèse, chapitre 11, verset 26.
(b) Genèse, chapitre 11, verset 32.
(c) Genèse, chapitre 12, verset 1.

19-21   70, 71N, 71A: compte. ¶'Tharé

[2] Sur ce nom fameux dans tout l'Orient, voir l'article 'Abraham' du *DP*, *OCV*,
t.35, p.289, n.2.
[3] Voir le *DP*, *OCV*, t.35, p.290, n.8.
[4] On trouvait la même remarque dans le *DP* (voir *OCV*, t.35, p.292 et n.13), ainsi
que dans *La Philosophie de l'histoire* (*OCV*, t.59, p.144). Mais après les critiques de
Larcher, Voltaire traite plus longuement cette question dans *La Défense de mon oncle*
(*OCV*, t.64, p.210-11).

pays. [5] Et c'est à peu près le sentiment de saint Etienne (d) dans son discours aux Juifs; mais la Genèse dit aussi:

(e) 'Abram avait soixante et quinze ans, lorsqu'il sortit de Haran.'

C'est le sujet de la principale dispute sur l'âge d'Abraham; car il y en a beaucoup d'autres. Comment Abraham était-il à la fois âgé de cent trente-cinq années, et seulement de soixante et quinze? Saint Jérôme et saint Augustin disent que cette difficulté est inexplicable. Dom Calmet, qui avoue que ces deux saints n'ont pu résoudre ce problème, croit dénouer aisément le nœud, en disant qu'Abraham était le cadet des enfants de Tharé, quoique la Genèse le nomme le premier et par conséquent l'aîné. [6]

La Genèse fait naître Abraham dans la soixante et dixième année de son père; et Calmet le fait naître dans la cent trentième. Une telle conciliation a été un nouveau sujet de querelle.

Dans l'incertitude où le texte et le commentaire nous laissent, le meilleur parti est d'adorer sans disputer.

35

40

45

(d) Actes des Apôtres, chapitre 7.
(e) Genèse, chapitre 12, verset 4.

32   70, 71N, 71A: Genèse dit:

[5] Sur la traduction par Le Maistre de Sacy de Genèse 11:32 et 12:1 et sur l'interprétation de Bayle et de Voltaire, voir *La Défense de mon oncle*, *OCV*, t.64, p.306, n.6. En fait, la Genèse ne dit pas expressément que le départ d'Abraham eut lieu après la mort de Tharé. Rappelant les explications cohérentes de Larcher, J.-M. Moureaux précise que la 'succession diégétique ne reflète pas nécessairement un ordre chronologique' (*OCV*, t.64, p.307, n.10). Mais Voltaire veut, évidemment, laisser subsister dans l'Ecriture une contradiction insoluble.

[6] C'est dans le *Commentaire littéral* de Calmet à propos du chapitre 12 verset 4 de la Genèse que Voltaire a trouvé les références à saint Jérôme et à saint Augustin jugeant qu'il y avait, dans ces données contradictoires, un nœud inextricable. Le bénédictin tente, lui-même, de concilier ces données en supposant que la soixante-dixième année de Tharé est celle où il commença à avoir des enfants, mais qu'Abraham était le cadet de ses frères. Donc il naquit plus tard. Cela évite, à ses yeux, d'émettre certaines hypothèses, comme celle de deux voyages d'Abraham, l'un à soixante-quinze, l'autre à cent trente ans.

Il n'y a point d'époques dans ces anciens temps qui n'ait produit une multitude d'opinions différentes. Nous avions, suivant Moréri, soixante et dix systèmes de chronologie sur l'histoire dictée par Dieu même.[7] Depuis Moréri il s'est élevé cinq nouvelles manières de concilier les textes de l'Ecriture; ainsi voilà autant de disputes sur Abraham, qu'on lui attribue d'années dans le texte quand il sortit de Haran. Et de ces soixante et quinze systèmes il n'y en a pas un qui nous apprenne au juste ce que c'est que cette ville, ou ce village de Haran, ni en quel endroit elle était.[8] Quel est le fil qui nous conduira dans ce labyrinthe de querelles depuis le premier verset jusqu'au dernier? La résignation.

L'Esprit saint n'a voulu nous apprendre ni la chronologie, ni la physique, ni la logique; il a voulu faire de nous des hommes craignant Dieu. Ne pouvant rien comprendre, nous ne pouvons être que soumis.

Il est également difficile de bien expliquer comment Sara, femme d'Abraham, était aussi sa sœur. Abraham dit positivement au roi de Gérar Abimelec, par qui Sara avait été enlevée pour sa grande beauté à l'âge de quatre-vingt-dix ans, étant grosse d'Isaac: *Elle est véritablement ma sœur, étant fille de mon père; mais non pas de ma mère; et j'en ai fait ma femme.*[9]

48   K84, K12: point d'époque dans
65   70, 71N, 71A: Gérar, par

[7] L'*Essai sur les mœurs*, dans une phrase ajoutée en 1761 au chapitre 1 (t.1, p.208), raillait déjà les chronologistes d'Occident, aux soixante systèmes différents; ce passage est repris dans La *Défense de mon oncle* (*OCV*, t.64, p.219; voir p.329, n.21). C'est dans l'article 'Chronologie' de son *Grand Dictionnaire historique* que Moreri trouve soixante-dix opinions différentes. Dans l'article 'Chronologie' des *QE*, où il renouvelle ses critiques, Voltaire mentionnera quatre-vingts systèmes et citera la '*Compilation chronologique de l'histoire universelle*' de Lenglet Du Fresnoy.
[8] Ce que Voltaire appelle 'ce village de Haran' était une ville connue de Mésopotamie. C'était une ville frontalière commandant la grande route qui menait de Chaldée et d'Assyrie en Syrie et en Palestine. Il est fait mention de cette antique cité dans les inscriptions de Téglat-Phalasar, de Salmanasar, de Sargon.
[9] L'article 'Abraham' du *DP* mentionnait d'abord Genèse 12:11-13, où, en Egypte, Abraham avait fait passer sa femme pour sa sœur, puis l'épisode évoqué

L'Ancien Testament ne nous apprend point comment Sara était sœur de son mari. Dom Calmet, dont le jugement et la sagacité sont 70 connus de tout le monde, dit qu'elle pouvait bien être sa nièce. Ce n'était point probablement un inceste chez les Chaldéens, non plus que chez les Perses leurs voisins. Leurs mœurs changent selon les temps, et selon les lieux. On peut supposer qu'Abraham fils de Tharé idolâtre, était encore idolâtre quand il épousa Sara, [10] 75 soit qu'elle fût sa sœur, soit qu'elle fût sa nièce.

Plusieurs Pères de l'Eglise excusent moins Abraham d'avoir dit en Egypte à Sara: *Aussitôt que les Egyptiens vous auront vue, ils me tueront, et vous prendront: dites donc, je vous prie, que vous êtes ma sœur, afin que mon âme vive par votre grâce.* Elle n'avait alors que 80 soixante et cinq ans. Ainsi puisque vingt-cinq ans après elle eut un roi de Gérar pour amant, elle avait pu avec vingt-cinq ans de moins inspirer quelque passion au pharaon d'Egypte. En effet ce pharaon l'enleva, de même qu'elle fut enlevée depuis par Abimelec roi de Gérar, dans le désert. 85

82   70, 71N, 71A: elle pouvait bien avec

---

ici (*OCV*, t.35, p.293 et 294). Il s'agit de la rencontre avec le roi de Gérar Abimélek. Abraham, dans le verset 12 du chapitre 20, affirme, cette fois, la réalité de cette parenté. Voltaire inverse donc les récits, dans le présent article. Calmet, puis Chaudon, dans son *Dictionnaire anti-philosophique*, réaffirmeront que Sara et Abraham avaient le même père; et Calmet juge que seuls les mariages entre enfants issus de la même mère étaient interdits. Dans l'article 'Sara' (note A), Bayle assure aussi qu'elle était sœur d'Abraham par le père. Sur les discussions à ce propos, voir les notes 22 et 23 de l'article 'Abraham' du *DP* (*OCV*, t.35, p.294). Sur le persiflage à propos de la beauté de Sara, voir aussi *CN*, t.2, p.46, D11712 et *La Défense de mon oncle* (*OCV*, t.64, p.211), où Voltaire revient encore sur la question pour réfuter Larcher qui avait allégué l'ancienne vigueur de la race humaine, ainsi que sa frugalité, afin de rendre vraisemblable la beauté de Sara.

[10] Voltaire se plaît à mentionner l'idolâtrie première du père des croyants. Il s'appuie sur l'article 'Abraham' du *Dictionnaire historique et critique*, où Bayle écrit que c'est une opinion assez commune qu'Abraham suça avec le lait le poison de l'idolâtrie. Son père Tharé faisait des statues et enseignait qu'il les fallait adorer; d'après quelques Juifs, Abraham continua ce métier, donc fit des idoles et en vendit (note A). Calmet, dans l'article 'Abram' de son *Dictionnaire de la Bible*, indique aussi que, selon certains, il fréquenta, au début, les cultes superstitieux.

Abraham avait reçu en présent à la cour de Pharaon, *beaucoup de bœufs, de brebis, d'ânes et d'ânesses, de chameaux, de chevaux, de serviteurs et de servantes.* [11] Ces présents, qui sont considérables, prouvent que les pharaons étaient déjà d'assez grands rois. Le pays de l'Egypte était donc déjà très peuplé. Mais pour rendre la contrée habitable, pour y bâtir des villes, il avait fallu des travaux immenses, faire écouler dans une multitude de canaux les eaux du Nil, qui inondaient l'Egypte tous les ans, pendant quatre ou cinq mois, et qui croupissaient ensuite sur la terre; il avait fallu élever ces villes vingt pieds au moins au-dessus de ces canaux. Des travaux si considérables semblaient demander quelques milliers de siècles.

Il n'y a guère que quatre cents ans entre le déluge et le temps où nous plaçons le voyage d'Abraham chez les Egyptiens. Ce peuple devait être bien ingénieux et d'un travail bien infatigable pour avoir, en si peu de temps, inventé les arts et toutes les sciences; dompté le Nil, et changé toute la face du pays. Probablement même plusieurs grandes pyramides étaient déjà bâties, puisqu'on voit, quelque temps après, que l'art d'embaumer les morts était perfectionné; et les pyramides n'étaient que les tombeaux où l'on déposait les corps des princes avec les plus augustes cérémonies. [12]

90

95

10

10

---

86 70, 71N, 71A: Abraham reçut en
96 70, 71N, 71A: quelques siècles

[11] Bayle, dans l'article 'Sara' (note B) de son *Dictionnaire historique et critique*, estime que, d'après cette histoire, Abraham craignait plus la mort que le déshonneur conjugal, mais que son envie d'être bien traité est plus blâmable que la peur d'être tué. Il cite saint Augustin réfutant les brutales critiques de Faustus le manichéen, mais aussi saint Jérôme qualifiant de 'foedam necessitatem' le comportement d'Abraham. Il conclut qu'on ne peut guère disculper Abraham et Sara. Calmet évoque ces diverses positions dans son article 'Sara'. Mais Voltaire pourrait surtout mentionner le trentième chapitre de *Christianity as old as creation* de Tindal. Il avait marqué d'un signet le développement sur le mariage incestueux d'Abraham et sur la manière dont il s'est enrichi grâce à sa femme (voir N. L. Torrey, *Voltaire and the English deists*, North Haven, 1967, p.112). Lui-même reprend souvent cette critique railleuse. Voir, par exemple, *Les Questions de Zapata*: 'Fi, qu'il est vilain de vendre sa femme!' (*OCV*, t.62, p.386)
[12] Le chapitre 16 de *La Philosophie de l'histoire* contient le même développement et souligne qu'il avait fallu des siècles pour établir un tel empire.

L'opinion de cette grande ancienneté des pyramides est d'autant plus vraisemblable, que trois cents ans auparavant, c'est-à-dire, cent années après l'époque hébraïque du déluge de Noé, les Asiatiques avaient bâti dans les plaines de Sennaar une tour, qui devait aller jusqu'aux cieux. Saint Jérôme, dans son commentaire sur Isaïe, dit que cette tour avait déjà quatre mille pas de hauteur, [13] lorsque Dieu descendit pour détruire cet ouvrage.

Supposons que ces pas soient seulement de deux pieds et demi de roi, cela fait dix mille pieds; par conséquent la tour de Babel était vingt fois plus haute que les pyramides d'Egypte, qui n'ont qu'environ cinq cents pieds. Or quelle prodigieuse quantité d'instruments n'avait pas été nécessaire pour élever un tel édifice! Tous les arts devaient y avoir concouru en foule. [14] Les commentateurs en concluent que les hommes de ce temps-là étaient incomparablement plus grands, plus forts, plus industrieux que nos nations modernes.

C'est là ce que l'on peut remarquer à propos d'Abraham, touchant les arts et les sciences.

A l'égard de sa personne, il est vraisemblable qu'il fut un homme considérable. Les Persans, les Chaldéens le revendiquaient. L'ancienne religion des mages s'appelait de temps immémorial, *Kish-Ibrahim*, *Milat-Ibrahim*. Et l'on convient que le mot *Ibrahim* est précisément celui d'Abraham; rien n'étant plus ordinaire aux Asiatiques, qui écrivaient rarement les voyelles, que de changer l'*i* en *a*, et l'*a* en *i* dans la prononciation. [15]

108   70, 71N, 71A: l'époque du déluge, les
126   70, 71N, 71A: mages l'appelait

[13] 'Vingt mille pieds' dit l'article 'Babel' du *DP*. Pour saint Jérôme, cité par Calmet, et pour la transcription, par Voltaire, de 4000 pas en 20 000 pieds, ce qui équivaudrait à 6000 mètres environ, voir la note 5 de cet article (*OCV*, t.35, p.394).
[14] Comparer *La Défense de mon oncle*: 'Pour qu'il y ait tant de rois, et qu'on bâtisse de si belles tours, il est clair qu'il faut bien des siècles' (*OCV*, t.64, p.220).
[15] *La Philosophie de l'histoire* affirme déjà qu'Arabes, Chaldéens, Persans s'approprient Abraham (ch.16, *OCV*, t.59, p.142-43). L'article du *DP*, dans les

On a prétendu même qu'Abraham était le Brama des Indiens, dont la notion était parvenue aux peuples de l'Euphrate qui commerçaient de temps immémorial dans l'Inde.[16]

Les Arabes le regardaient comme le fondateur de la Mecque. Mahomet dans son Koran voit toujours en lui le plus respectable de ses prédécesseurs.[17] Voici comme il en parle au troisième sura ou chapitre. *Abraham n'était ni juif, ni chrétien; il était un musulman orthodoxe; il n'était point du nombre de ceux qui donnent des compagnons à Dieu.*[18]

La témérité de l'esprit humain a été poussée jusqu'à imaginer que les Juifs ne se dirent descendants d'Abraham que dans des temps très postérieurs, lorsqu'ils eurent enfin un établissement fixe dans la Palestine. Ils étaient étrangers, haïs et méprisés de leurs voisins. Ils voulurent, dit-on, se donner quelque relief en se faisant passer pour les descendants d'Abraham révéré dans une grande partie de l'Asie.[19] La foi que nous devons aux livres sacrés des Juifs, tranche toutes ces difficultés.

Des critiques non moins hardis font d'autres objections sur le

---

additions de 1765 et 1767, le dit 'fameux dans l'Inde et dans la Perse' (*OCV*, t.35, p.294) et insiste sur son origine chaldéenne ou persane. *La Défense de mon oncle* précise que les Guèbres l'appellent Ebrahim et lui donnent un surnom équivalant à Zoroastre (*OCV*, t.64, p.213). Voir aussi les signets placés dans l'ouvrage de Thomas Hyde, *Veterum Persarum et Parthorum et Medorum religionis historia*: 'abram', 'abram', 'Kish / ibrahim' et 'abraham / ebrahim / zer / ateuct' (*CN*, t.4, p.577 et 581).

[16] Voir le *DP*, *OCV*, t.35, p.295 et n.26.

[17] L'article du *DP* mentionnait déjà que les Arabes faisaient d'Abraham le fondateur de La Mecque. Sur les informations données par Bayle et Calmet à ce propos, sur les vingt-cinq mentions d'Abraham dans le Coran, voir le *DP*, *OCV*, t.35, p.290, n.6.

[18] Ce texte est proche de nos traductions modernes du Coran, 3:67: 'Abraham n'était ni juif ni chrétien / mais il était un vrai croyant [ou 'attaché à la foi de ses pères'] soumis à Dieu; / il n'était pas au nombre des polythéistes' (*Le Coran*, trad. D. Masson, Paris, 1967).

[19] Tout ce qui précède tend à établir que les Juifs ont imaginé une figure du patriarche à partir d'un modèle déjà célèbre dans toute l'Asie, ce qui avait été suggéré dans l'addition de 1767 à l'article du *DP*: 'Les Juifs dans la suite des temps se vantèrent d'en être descendus' (*OCV*, t.35, p.295).

commerce immédiat qu'Abraham eut avec Dieu, sur ses combats et
sur ses victoires.   150

Le Seigneur lui apparut après sa sortie d'Egypte, et lui dit: *Jetez*
les yeux vers l'aquilon, l'orient, le midi et l'occident; (*f*) *je vous donne*
pour toujours à vous et à votre postérité jusqu'à la fin des siècles, in
sempiternum, à tout jamais, tout le pays que vous voyez.

Le Seigneur, par un second serment, lui promit ensuite (*g*) *tout*   155
ce qui est depuis le Nil jusqu'à l'Euphrate.

Ces critiques demandent comment Dieu a pu promettre ce pays
immense que les Juifs n'ont jamais possédé;[20] et comment Dieu a
pu leur donner *à tout jamais* la petite partie de la Palestine dont ils
sont chassés depuis si longtemps?   160

Le Seigneur ajoute encore à ces promesses, que la postérité
d'Abraham sera aussi nombreuse que la poussière de la terre. (*h*) *Si*
on peut compter la poussière de la terre, on pourra compter aussi vos
descendants.

Nos critiques insistent; et disent qu'il n'y a pas aujourd'hui sur la   165
surface de la terre quatre cent mille Juifs, quoiqu'ils aient toujours
regardé le mariage comme un devoir sacré, et que leur plus grand
objet ait été la population.

On répond à ces difficultés, que l'Eglise, substituée à la
synagogue, est la véritable race d'Abraham; et qu'en effet elle   170
est très nombreuse.

(*f*) Genèse, chapitre 13, versets 14 et 15.
(*g*) Genèse, chapitre 15, verset 18.
(*h*) Genèse, chapitre 15, verset 18.

[20] Pour les deux promesses du Seigneur à Abraham voir Genèse 13:14-15 et 15:18.
A la deuxième de ses références, Voltaire avait placé un signet dans le *Commentaire*
littéral de Calmet, portant 'promesse a abram' (*CN*, t.2, p.46). Le commentateur
justifiait par l'infidélité des Hébreux le fait que ces promesses n'aient pas été
réalisées. Voltaire mentionne ces promesses dans *La Défense de mon oncle* et
explique par cette attente d'un empire immense la haine des Juifs pour 'tous les
peuples qui habitaient depuis l'Euphrate jusqu'à la Méditerranée' (*OCV*, t.64,
p.225). Il y revient dans *A Warburton*, en suivant Calmet pour les limites
géographiques de cette terre promise (*OCV*, t.64, p.464).

Il est vrai qu'elle ne possède pas la Palestine; mais elle peut la posséder un jour, comme elle l'a déjà conquise du temps du pape Urbain II, dans la première croisade.[21] En un mot, quand on regarde avec les yeux de la foi l'Ancien Testament comme une figure du Nouveau, tout est accompli, ou le sera, et la faible raison doit se taire.

On fait encore des difficultés sur la victoire d'Abraham auprès de Sodome; on dit qu'il n'est pas concevable qu'un étranger qui venait faire paître ses troupeaux vers Sodome, ait battu avec trois cent dix-huit gardeurs de bœufs et de moutons *un roi de Perse, un roi de Pont, le roi de Babilone, et le roi des nations*; et qu'il les ait poursuivis jusqu'à Damas, qui est à plus de cent milles de Sodome.[22]

Cependant une telle victoire n'est point impossible; on en voit des exemples dans ces temps héroïques; le bras de Dieu n'était point raccourci. Voyez Gédéon, qui avec trois cents hommes armés de trois cents cruches et de trois cents lampes, défait une armée entière.[23] Voyez Samson qui tue seul mille Philistins à coups de mâchoire d'âne.[24]

Les histoires profanes fournissent même de pareils exemples. Trois cents Spartiates arrêtèrent un moment l'armée de Xerxès au pas des Termopiles. Il est vrai qu'à l'exception d'un seul qui s'enfuit, ils y furent tous tués avec leur roi Léonidas que Xerxès eut la lâcheté de faire pendre, au lieu de lui ériger une statue qu'il

---

178-79   70, 71N, 71A: d'Abraham; on
192   70, 71N, 71A: arrêtèrent l'armée

---

[21] Pape de 1088 à 1099, Urbain II fut le promoteur de la première croisade au concile de Clermont. Lors de la seconde expédition (1096-1099), les croisés s'emparèrent de Jérusalem, dont Godefroy de Bouillon fut proclamé roi.

[22] *La Philosophie de l'histoire*, au chapitre 16, raillait déjà cette victoire remportée contre de puissants monarques avec trois cents valets de campagne.

[23] Voir Juges 7:7-8:12. Avec trois cents hommes il détruisit toute l'armée des Madianites.

[24] Voir Juges 15:15.

méritait. Il est vrai encore que ces trois cents Lacédémoniens qui gardaient un passage escarpé où deux hommes pouvaient à peine gravir à la fois, étaient soutenus par une armée de dix mille Grecs distribués dans des postes avantageux, au milieu des rochers d'Ossa et de Pélion; et il faut encore bien remarquer qu'il y en avait quatre mille aux Termopiles mêmes. 200

Ces quatre mille périrent après avoir longtemps combattu. On peut dire qu'étant dans un endroit moins inexpugnable que celui des trois cents Spartiates, ils y acquirent encore plus de gloire, en se défendant plus à découvert contre l'armée persane qui les tailla tous en pièces. Aussi dans le monument érigé depuis sur le champ de bataille, on fit mention de ces quatre mille victimes; et l'on ne parle aujourd'hui que des trois cents. [25] 205

Une action plus mémorable encore, et bien moins célébrée, est celle de cinquante Suisses, qui mirent en déroute (*i*) à Morgate toute l'armée de l'archiduc Léopold d'Autriche, composée de vingt mille hommes. Ils renversèrent seuls la cavalerie à coups de pierres du haut d'un rocher; et donnèrent le temps à quatorze cents Helvétiens de trois petits cantons de venir achever la défaite de l'armée. 210

Cette journée de Morgate est plus belle que celle des Termopiles, puisqu'il est plus beau de vaincre que d'être vaincu. Les Grecs étaient au nombre de dix mille bien armés; et il était impossible qu'ils eussent à faire à cent mille Perses dans un pays montagneux. Il est plus que probable qu'il n'y eut pas trente mille Perses qui combattirent. Mais ici quatorze cents Suisses défont une armée de vingt mille hommes. La proportion du petit nombre au 215

220

(*i*) En 1315.

[25] Au défilé des Thermopyles, Léonidas (roi de 490 à 480), avec trois cents Spartiates, avait essayé d'arrêter l'armée entière de Xerxès. Ossa et Pélion sont des montagnes situées dans la partie orientale de la Thessalie. Quand les Géants, révoltés contre Jupiter, avaient voulu escalader le ciel, la fable dit qu'ils avaient entassé Pélion sur Ossa.

grand augmente encore la proportion de la gloire...[26] Où nous a conduits Abraham?

Ces digressions amusent celui qui les fait, et quelquefois celui qui les lit. Tout le monde d'ailleurs est charmé de voir que les gros bataillons soient battus par les petits.

22

---

[26] L'*Essai sur les mœurs*, au chapitre 67, mentionne cet épisode et introduit également la comparaison avec les Lacédémoniens de Léonidas (t.1, p.665).

ABUS

Vice attaché à tous les usages, à toutes les lois, à toutes les institutions des hommes; le détail n'en pourrait être contenu dans aucune bibliothèque.

Les abus gouvernent les Etats. *Maximus ille est qui minimis urgetur.*[1] On peut dire aux Chinois, aux Japonais, aux Anglais,   5
Votre gouvernement fourmille d'abus que vous ne corrigez point.
Les Chinois répondront, Nous subsistons en corps de peuple depuis cinq mille ans, et nous sommes aujourd'hui peut-être la nation de la terre la moins infortunée, parce que nous sommes la plus tranquille.[2] Le Japonais en dira à peu près autant. L'Anglais   10
dira, Nous sommes puissants sur mer, et assez à notre aise sur

---

3-15 MS1: bibliothèque. on ne parlera icy que

* Cet article sert de réponse à l'article 'Abus' dans l'*Encyclopédie* (t.1, p.48), écrit par François-Vincent Toussaint, auteur d'une célèbre œuvre antireligieuse, *Les Mœurs* (Amsterdam, 1748, BV3323), et de nombreux articles sur la jurisprudence dans les deux premiers tomes de l'*Encyclopédie*. L'article de Toussaint se divise en deux parties: la première partie définit brièvement trois acceptions peu inattendues du mot; la seconde, beaucoup plus longue, critique l'Eglise catholique en se concentrant sur l'appel comme d'abus, c'est-à-dire sur le système en France qui sanctionnait la possibilité de recourir au juge séculier contre le décret du juge ecclésiastique, dans le cas où celui-ci était rendu injustement. C'est à partir de cette deuxième partie que Voltaire construit son propre article, qui paraît en novembre/décembre 1770 (70, t.1).

[1] Horace, *Satires*, livre 1, satire 3, vers 68-69 ('[Personne ne naît sans défauts,] le meilleur est celui sur qui pèsent les moins graves', trad. François Villeneuve, Paris, 1946, p.54). Voltaire remplace *'optimus'* par *'maximus'*. Il emploie cette même expression dans une lettre à Dompierre d'Hornoy de décembre 1769 (D16052): 'Ce monde-ci [...] ne subsiste guère que d'abus et de sottises; *maximus ille est qui minimis urgetur'*.

[2] Dans les *Entretiens chinois*, le Jésuite déclare au Mandarin: 'Nous savons que, depuis près de cinq mille ans, votre empire est sagement gouverné' (*M*, t.27, p.20, 26). Voir aussi les articles 'Chine' et 'Fanatisme' du *DP* (*OCV*, t.35, p.538-40; t.36, p.110) et *La Philosophie de l'histoire* (*OCV*, t.59, p.155).

B   C

Abus

Vice attaché à tous les usages, à toutes les loix, à toutes les institutions des hommes. le détail n'en pourrait être contenu dans aucune bibliothèque. on ne parlera icy, que de l'appel comme d'abus. c'est une erreur de penser que maître Pierre de Cugniere chevalier es loix avocat du Roi au parlement de paris ait appellé comme d'abus en 1330. la formule d'appel comme d'abus n'est introduite que sur la fin du règne de Louis 12. Pierre Cugniere fit ce qu'il put pour réformer les abus des usurpations ecclésiastiques que les parlements, et tous les juges séculiers se plaignaient, mais il n'y réussit pas.

Le clergé n'avait pas moins à se plaindre des seigneurs qui n'étaient après tout que des tirans ignorans qui avaient corrompu toute justice; et ils regardaient les ecclésiastiques comme des tirans qui savaient lire et écrire.

Enfin le Roi convoqua les deux parties dans son palais, et non pas dans sa cour de parlement comme le dit Pasquier; le Roi s'assit sur son trône, entouré des pairs, des hauts barons, et des grands officiers qui composaient son conseil.

Vingt évêques comparurent; les seigneurs complaignants apportèrent leurs mémoires. L'évêque d'Autun parla pour le clergé. il n'est point dit quel fut l'orateur du parlement et des seigneurs. il paraît vraisemblable que le discours de l'avocat du Roi fut un résumé des allégations des deux parties. il se peut aussi qu'il eut parlé pour le parlement et pour

Page du manuscrit de l'article 'Abus' de la main de Wagnière, avec corrections de celle de Voltaire (Bibliothèque historique de la ville de Paris).

terre.[3] Peut-être dans dix mille ans perfectionnerons-nous nos usages. Le grand secret est d'être encore mieux que les autres avec des abus énormes.[4]

Nous ne parlerons ici que de l'*appel comme d'abus*.[5]   15

C'est une erreur de penser que maître Pierre de Cugnières chevalier ès lois, avocat du roi au parlement de Paris, ait appelé comme d'abus en 1330, sous Philippe de Valois.[6] La formule d'appel comme d'abus ne fut introduite que sur la fin du règne de Louis XII. Pierre Cugnières fit ce qu'il put pour réformer l'abus des   20

18 MS1: en <1320> 1330. ᵛ↑Sous philippe de Valois⁺ la
19 MS1: d'abus n'est introduite
20 MS1: réformer <les> ᵂ↑l'⁺ abus

[3] Dans le *Précis du siècle de Louis XV*, Voltaire identifie la raison de la 'supériorité continuelle' des Anglais: 'N'est-ce pas que les Anglais ont un besoin essentiel de la mer, dont les Français peuvent à toute force se passer, et que les nations réussissent toujours, comme on l'a déjà dit, dans les choses qui leur sont absolument nécessaires?' (*OH*, p.1509)

[4] Perspective adoptée également par 'A' dans *L'A. B. C.* (1768): 'Le comble de la perfection humaine est d'être puissant et heureux avec des abus énormes; et c'est à quoi nous sommes parvenus' (sixième entretien, *M*, t.27, p.349).

[5] Voltaire avait déjà abordé la question de l'appel comme d'abus, notamment dans *Le Siècle de Louis XIV* (ch.35, *OH*, p.1032-33), l'*Essai sur les mœurs* (ch.75, t.1, p.722-23) et l'*Histoire du parlement de Paris* (*OCV*, t.68, p.208-209). Dans w75G*, Voltaire ajoute une note au chapitre 75 de l'*Essai sur les mœurs*: 'voiez abus dans les Questions sur l'Enciclopédie'. Voir aussi la lettre de Voltaire à Jean-Marie Arnoult du 15 juin 1761 au sujet des difficultés auxquelles il s'expose en faisant construire l'église à Ferney: 'On me poursuit avec l'ingratitude la plus furieuse tandis que je me ruine à faire du bien. Il me paraît que c'est là le cas d'un appel comme d'abus' (D9821). A ce sujet, voir *Les Origines de l'appel comme d'abus* de R. Génestal (Paris, 1950).

[6] Rectification implicite de l'article de Toussaint dans l'*Encyclopédie*. Pierre de Cugnières (fin du treizième siècle-c.1355) était jurisconsulte à Paris sous le règne de Philippe VI de Valois; il se rendit célèbre notamment par son rôle à l'assemblée de Vincennes en 1329. Voltaire prétend corriger Toussaint en faisant allusion à l'assemblée de Vincennes en 1330, mais il faut bien noter que Toussaint dans son article ne donne pas de date, se contentant plutôt de parler du règne de Philippe VI (1328-1350); et ensuite, qui plus est, la date donnée par Voltaire est elle-même fautive, car l'assemblée a en fait eu lieu en 1329. Est-ce Voltaire qui se trompe? Ou s'agit-il plutôt d'une erreur insérée subrepticement de la part de Voltaire pour mieux condamner les fautes de son prédécesseur encyclopédique?

usurpations ecclésiastiques, dont les parlements, tous les juges séculiers et tous les seigneurs haut-justiciers se plaignaient; mais il n'y réussit pas.

Le clergé n'avait pas moins à se plaindre des seigneurs qui n'étaient après tout que des tyrans ignorants, qui avaient corrompu toute justice;[7] et ils regardaient les ecclésiastiques comme des tyrans qui savaient lire et écrire.[8]

Enfin le roi convoqua les deux parties dans son palais, et non pas dans sa cour du parlement, comme le dit Pasquier;[9] le roi s'assit sur son trône, entouré des pairs, des hauts-barons, et des grands-officiers qui composaient son conseil.

Vingt évêques comparurent; les seigneurs complaignants

25

30

21 MS I: ecclésiastiques <que sous> ^{WI}dont$^+$ les parlements <du roiaume>, et tous
22 MS I: séculiers ^{WI}et tous les Seigneurs hauts justiciers$^+$ se
30 MS I: entouré des ^{WI}des pairs, des$^+$ hauts barons et

[7] Voir, dans *Le Siècle de Louis XIV*, la notice ironique consacrée au comte de Boulainvilliers, admirateur du système féodal, qui croyait qu'une 'centaine de seigneurs, oppresseurs de la terre et ennemis du roi, composaient le plus parfait des gouvernements' (*OH*, p.1142-43).

[8] Voir l'*Histoire du parlement de Paris*, ch.1: 'Les évêques [...] établissaient une juridiction monstrueuse; leurs officiers ecclésiastiques, étant presque les seuls qui sussent lire et écrire, se rendirent les maîtres de toutes les affaires dans les Etats chrétiens' (*OCV*, t.68, p.154).

[9] Il s'agit des *Recherches de la France* (1620) d'Etienne Pasquier, livre 2, chapitre 33. Voltaire possédait un exemplaire de ses *Œuvres* (Amsterdam, 1723, BV2657). Pasquier attribue à Cugnières huit plaintes; Voltaire lui en attribue onze. En partie Voltaire simplifie les plaintes, mais à cette simplification s'ajoute aussi un esprit d'invention: il n'y a chez Pasquier, par exemple, aucune trace de la cinquième plainte que Voltaire attribue à Cugnières. Voltaire a trouvé le chiffre des 'soixante-six' griefs dans le *Traité des droits et libertés de l'Eglise gallicane* (voir ci-dessous, n.11). Il supplée à Pasquier et renchérit sur Toussaint en faisant de Cugnières, comme du roi Philippe VI lui-même, un emblème de la lutte apparemment continuelle et éclairée de l'autorité politique contre l'autorité néfaste de l'Eglise catholique. Bon nombre d'historiens de l'époque, dont le président Hénault dans son *Nouvel Abrégé* (1744), constataient que le roi était en fait plutôt favorable aux thèses de l'Eglise.

apportèrent leurs mémoires. L'archevêque de Sens et l'évêque d'Autun parlèrent pour le clergé. Il n'est point dit quel fut l'orateur du parlement et des seigneurs. Il paraît vraisemblable que le discours de l'avocat du roi fut un résumé des allégations des deux parties. Il se peut aussi qu'il eût parlé pour le parlement et pour les seigneurs; et que ce fût le chancelier qui résuma les raisons alléguées de part et d'autre. Quoi qu'il en soit, voici les plaintes des barons et du parlement rédigées par Pierre Cugnières.

I°. Lorsqu'un laïque ajournait devant le juge royal ou seigneurial un clerc qui n'était pas même tonsuré, mais seulement gradué, l'official signifiait aux juges de ne point passer outre, sous peine d'excommunication et d'amende.

II°. La juridiction ecclésiastique forçait les laïques de comparaître devant elle dans toutes leurs contestations avec les clercs pour succession, prêt d'argent, et en toute matière civile.

III°. Les évêques et abbés établissaient des notaires dans les terres mêmes des laïques.

IV°. Ils excommuniaient ceux qui ne payaient pas leurs dettes aux clercs; et si le juge laïque ne les contraignait pas de payer, ils excommuniaient le juge.

V°. Lorsque le juge séculier avait saisi un voleur, il fallait qu'il remît au juge ecclésiastique les effets volés; sinon il était excommunié.

VI°. Un excommunié ne pouvait obtenir son absolution sans payer une amende arbitraire.

VII°. Les officiaux dénonçaient à tout laboureur et manœuvre,

33-34 MS I: mémoires. ^{W↑}à l'archeve de Sens et⁺ l'Evêque d'autun parl<a> ^{W↑}erent⁺ pour

39-40 MS I: des <700> Barons et

41-42 MS I: Lorsqu'un <séculier> Laïque ajournait ^{W↑}devant le juge roial ou Seigneurial⁺ un clerc qui n'était pas même tonsuré, <mais qui n'était> ^{W↑}<pas> mais⁺ seulement

43 MS I: signifiait au juge ^{W↑}de ne point passer outre⁺ sous

46-47 MS I: leurs contentions ^{W↑}avec les clercs⁺ pour successions, prêts d'argent

53-54 MS I: qu'il remit les effets volés au juge ecclésiastique sinon

qu'il serait damné et privé de la sépulture, s'il travaillait pour un
excommunié.   60

VIII°. Les mêmes officiaux s'arrogeaient de faire les inventaires
dans les domaines mêmes du roi, sous prétexte qu'ils savaient écrire.

IX°. Ils se faisaient payer pour accorder à un nouveau marié la
liberté de coucher avec sa femme.

X°. Ils s'emparaient de tous les testaments.   65

XI°. Ils déclaraient damné tout mort qui n'avait point fait de
testament, parce qu'en ce cas il n'avait rien laissé à l'Eglise; et pour
lui laisser du moins les honneurs de l'enterrement, ils faisaient en
son nom un testament plein de legs pieux.

Il y avait soixante-six griefs à peu près semblables.   70

Pierre Roger, archevêque de Sens, prit savamment la parole;
c'était un homme qui passait pour un vaste génie, et qui fut depuis
pape sous le nom de Clément VI. [10] Il protesta d'abord qu'il ne
parlait point pour être jugé, mais pour juger ses adversaires, et pour
instruire le roi de son devoir.   75

Il dit que Jésus-Christ étant Dieu et homme avait eu le pouvoir
temporel et spirituel; et que par conséquent les ministres de l'Eglise
qui lui avaient succédé étaient les juges-nés de tous les hommes
sans exception. Voici comme il s'exprima.

70-75 MSI: soixante et six griefs à peu près semblables. <Il est à remarquer que>
Pierre Rogers archeveque de Sens, <ne répondit à ces accusations, qu'en protestant
d'abord qu'il ne parlait point comme accusé, mais seulement> ^{V↑}prit savamment
la parole c'était un homme qui passait pour un vaste génie, et qui fut depuis pape sous
le nom de Clement six, il protesta d'abord qu'il ne parlait point pour être jugé, mais
pour juger ses adversaires et pour instruire⁺ pour instruire le
79-86 MSI: sans distinction. ^{V↑}Voicy comme il s'exprima / sers dieu
devotement / baille luy largement / revere sa gent duement / rends lui le Sien
entierem^t ces rimes firent un tres bel<le> effet^{+ W↑}¶Voiez libellus <cardinalis>
Bertrandi cardinalis tome Ier. des libertés de l'église gallicane.⁺ ¶Pierre

[10] Pierre Roger (1291-1352), bénédictin, abbé de Fécamp (1326), évêque d'Arras
(1328), archevêque de Sens (1329), archevêque de Rouen (1330), cardinal (1338),
pape à Avignon, sous le nom de Clément VI, de 1342 à 1352.

Sers Dieu dévotement,   80
Baille-lui largement,
Révère sa gent dûment,
Rends-lui le sien entièrement.

Ces rimes firent un très bel effet. (Voyez *Libellus Bertrandi
Cardinalis*: tome Ier des Libertés de l'Eglise gallicane.[11])   85
Pierre Bertrandi évêque d'Autun entra dans de plus grands
détails. Il assura que l'excommunication n'étant jamais lancée que
pour un péché mortel, le coupable devait faire pénitence, et que la
meilleure pénitence était de donner de l'argent à l'Eglise. Il
représenta que les juges ecclésiastiques étaient plus capables que   90
les juges royaux ou seigneuriaux de rendre justice, parce qu'ils
avaient étudié les décrétales que les autres ignoraient.

Mais on pouvait lui répondre, qu'il fallait obliger les baillis et les
prévôts du royaume à lire les décrétales pour ne jamais les suivre.

Cette grande assemblée ne servit à rien; le roi croyait avoir   95
besoin alors de ménager le pape né dans son royaume, siégeant
dans Avignon, et ennemi mortel de l'empereur Louis de Bavière.
La politique dans tous les temps conserva les abus dont se plaignait
la justice. Il resta seulement dans le parlement une mémoire

86   MS1: d'autun <fit [*mot illisible*]> entra
91   MS1: les <séculiers de juger les hommes> ^W↑juges roiaux ou Seigneuriaux
de rendre justice^+, parce
94-95   MS1: suivre. ¶Enfin cette grande
95-96   MS1: le Roi <avait trop> ^W↑croiait avoir^+ besoin
96   MS1: pape Jean 22. né
99   MS1: une <longue> mémoire

[11] Le premier tome du *Traité des droits et libertés de l'Eglise gallicane* (Paris, 1731),
édité par J.-L. Brunet, comporte le *Libellus D. Bertrandi Cardinalis*, publié pour la
première fois en 1503. Pierre Bertrand (mort en 1349), conseiller-clerc au parlement
de Paris, professeur de droit canon aux universités de Montpellier, d'Orléans et de
Paris, évêque de Nevers (1320), puis d'Autun (1322), cardinal (1331); il défendit la
juridiction ecclésiastique face à Pierre de Cugnières. Le *Libellus* rend compte plutôt
brièvement des 'soixante-six articles de grief' de Cugnières, avant de passer à la
réponse de Pierre Roger, citant à propos ces vers.

ineffaçable du discours de Pierre Cugnières. Ce tribunal s'affermit   10
dans l'usage où il était déjà de s'opposer aux prétentions cléricales;
on appela toujours des sentences des officiaux au parlement, et peu
à peu cette procédure fut appelée *appel comme d'abus*.

Enfin tous les parlements du royaume se sont accordés à laisser à
l'Eglise sa discipline, et à juger tous les hommes indistinctement   10
suivant les lois de l'Etat, en conservant les formalités prescrites par
les ordonnances. [12]

100   MS1: Pierre Cu^{W↑}g⁺niere; il s'affermit
102   MS1: on appelle toujours

[12] Voltaire renverra le lecteur à cet article dans l'article 'Lois' des *QE*.

ABUS DES MOTS

Les livres, comme les conversations, nous donnent rarement des idées précises. Rien n'est si commun que de lire et de converser inutilement. [1]

Il faut répéter ici ce que Locke a tant recommandé, *définissez les termes*. [2]

Une dame a trop mangé et n'a point fait d'exercice, elle est malade; son médecin lui apprend qu'il y a dans elle une humeur peccante, [3] des impuretés, des obstructions, des vapeurs, et lui prescrit une drogue qui purifiera son sang. Quelle idée nette peuvent donner tous ces mots? La malade et les parents qui écoutent, ne les comprennent pas plus que le médecin. Autrefois

---

* Cet article ne correspond à aucun article de l'*Encyclopédie*. Par contre, dans son 'Discours préliminaire', D'Alembert fait remarquer: 'Nous devons, comme l'ont observé quelques philosophes, bien des erreurs à l'abus des mots' (*Encyclopédie*, t.1, p.viii). Voltaire a lu et annoté l'ouvrage d'Helvétius, *De l'esprit* (Paris, 1758, BV1609; *CN*, t.4, p.290-93), dont le chapitre 4 du premier discours est consacré à l'abus des mots. Les trois auteurs ont comme source commune l'œuvre de John Locke (voir ci-dessous, n.5). Cet article paraît en novembre/décembre 1770 (70, t.1).

[1] Dans la préface du *Poème sur la loi naturelle*, Voltaire déclare: 'La plupart des livres ressemblent à ces conversations générales et gênées dans lesquelles on dit rarement ce qu'on pense' (*M*, t.9, p.439). La critique de la conversation inutile (surtout à la cour) date de *L'Indiscret* (1725): dans la première scène Euphémie fait remarquer à son fils que 'Le plus souvent ici l'on parle sans rien dire' (*OCV*, t.3A, p.77).

[2] John Locke, *Essai philosophique concernant l'entendement humain*, livre 3, ch.11. Voltaire possédait un exemplaire de cet ouvrage (trad. Coste, Amsterdam, 1758, BV2150; *CN*, t.5, p.427-31). L'axiome de Locke revient dans plusieurs articles des *QE*, notamment 'Adorer', 'Miracles' et 'Trinité'; voir aussi les *Dernières Remarques sur les Pensées de Monsieur Pascal* (*M*, t.31, p.11-12). D'Alembert et Helvétius, eux aussi, font allusion à John Locke (voir ci-dessus, note *).

[3] *Dictionnaire de l'Académie* (1694): '*Peccante*. Qui pèche. Il n'a d'usage qu'au féminin, et dans cette phrase, *Humeur peccante*, pour dire l'humeur qui pèche en quantité ou en qualité. *Il faut évacuer l'humeur peccante, les humeurs peccantes*'.

on ordonnait une décoction de plantes chaudes ou froides au second, au troisième degré.

Un jurisconsulte, dans son institut criminel, annonce que l'inobservation des fêtes et dimanches est un crime de lèse-majesté divine au second chef. [4] *Majesté divine* donne d'abord l'idée du plus énorme des crimes, et du châtiment le plus affreux; de quoi s'agit-il? D'avoir manqué vêpres, ce qui peut arriver au plus honnête homme du monde.

Dans toutes les disputes sur la liberté un argumentant entend presque toujours une chose, et son adversaire une autre. Un troisième survient qui n'entend ni le premier, ni le second, et qui n'en est pas entendu.

Dans les disputes sur la liberté, l'un a dans la tête la puissance d'agir, l'autre la puissance de vouloir, le dernier le désir d'exécuter; ils courent tous trois, chacun dans son cercle; et ne se rencontrent jamais. [5]

Il en est de même dans les querelles sur la grâce. Qui peut comprendre sa nature, ses opérations, et la suffisante qui ne suffit pas, et l'efficace à laquelle on résiste? [6]

On a prononcé deux mille ans les mots de forme substantielle

---

[4] Allusion à l'ouvrage de Pierre-François Muyart de Vouglans, *Institutes au droit criminel, ou principes généraux sur ces matières, suivant le droit civil, canonique, et la jurisprudence du royaume* (Paris, 1757, BV2541), p.442, 447. Sur l'inobservation des fêtes, voir aussi les articles 'Blasphème' (où Voltaire se réfère encore une fois aux *Institutes au droit criminel*), 'Confession', 'Fertilisation' et 'Fêtes des saints' des *QE*.

[5] Comme D'Alembert et Helvétius, Voltaire fait allusion à John Locke, *Essai philosophique concernant l'entendement humain*, livre 2, ch.21. Maintes fois, Voltaire cite avec éloge les théories du philosophe anglais sur la liberté; voir, par exemple, le *Discours en vers sur l'homme*: 'On entend par ce mot *Liberté* le pouvoir de faire ce qu'on veut. Il n'y a [...] d'autre liberté. C'est pourquoi Locke l'a si bien définie *Puissance*' (*OCV*, t.17, p.471). Il approuve également la définition de Samuel Clarke de la liberté comme étant 'le pouvoir d'agir' (Clarke, *Traités de l'existence et des attributs de Dieu*, 2ᵉ éd., trad. P. Ricotier, Amsterdam, 1727-1728, BV785; *CN*, t.2, p.647) – voir aussi l'article 'Liberté' des *QE*.

[6] La plaisanterie est de Pascal, *Lettres provinciales*, lettre 2. Sur la 'grâce suffisante' et la 'grâce efficace', voir les articles 'De la grâce' (fonds de Kehl, *M*, t.19, p.301) et 'Grâce' (*DP*, t.36, p.179 et n.8).

sans en avoir la moindre notion. On y a substitué les natures plastiques sans y rien gagner.[7]

Un voyageur est arrêté par un torrent; il demande le gué à un villageois qu'il voit de loin vis-à-vis de lui; Prenez à droite, lui crie le paysan; il prend la droite et se noie; l'autre court à lui; Eh malheureux! je ne vous avais pas dit d'avancer à votre droite, mais à la mienne. 35

Le monde est plein de ces malentendus. Comment un Norvégien en lisant cette formule, *serviteur des serviteurs de Dieu*,[8] découvrira-t-il que c'est l'évêque des évêques, et le roi des rois qui parle? 40

Dans le temps que les fragments de Pétrone faisaient grand bruit dans la littérature, Meibomius grand savant de Lubeck,[9] lit dans une lettre imprimée d'un autre savant de Bologne; Nous avons ici un Pétrone entier, je l'ai vu de mes yeux et avec admiration; *habemus hic Petronium integrum, quem vidi meis oculis, non sine admiratione.* Aussitôt il part pour l'Italie, court à Bologne, va trouver le bibliothécaire Capponi, lui demande s'il est vrai qu'on ait à Bologne le Pétrone entier. Capponi lui répond que c'est une chose dès longtemps publique. Puis-je voir ce Pétrone? Ayez la bonté de me le montrer. Rien n'est plus aisé, dit Caponni. Il le mène à l'église où repose le corps de saint Pétrone. Meibomius prend la poste et s'enfuit. 45

50

Si le jésuite Daniel a pris un abbé guerrier, *martialem abbatem*, pour l'abbé Martial,[10] cent historiens sont tombés dans de plus 55

---

[7] Voir *Le Philosophe ignorant*, ch.28, 'Des formes plastiques' (*OCV*, t.62, p.69-70).

[8] Voir *Des titres* (1750): 'Le pape se nomme *serviteur des serviteurs de Dieu*. Un bon prêtre du Holstein écrivit un jour au pape Pie IV: *A Pie IV, serviteur des serviteurs de Dieu*. Il alla ensuite à Rome solliciter son affaire; et l'Inquisition le fit mettre en prison pour lui apprendre à écrire' (*M*, t.18, p.112). Ce même texte est réemployé dans l'article 'Cérémonies' des *QE*. D'Holbach ironise sur cette expression dans sa *Théologie portative* (Londres, 1768, BV1663), entrée 'Orgueil', p.145.

[9] Henri Meibom 'le jeune', médecin né à Lubeck en 1638. L'anecdote est racontée dans *Ménagiana* (Paris, 1729, BV2417), t.1, p.127-28.

[10] Voltaire fait allusion ici à l'ouvrage de Gabriel Daniel, *Histoire de France* (1696; Paris, 1729, BV938), où Daniel décrit le moment en 886 ou 887 où l'abbé Mars

grandes méprises. Le jésuite d'Orléans dans ses *Révolutions d'Angleterre*, mettait indifféremment *Northtampton* et *Southampton*, ne se trompant que du nord au sud.[11]

Des termes métaphoriques pris au sens propre, ont décidé 60
quelquefois de l'opinion de vingt nations. On connaît la métaphore d'Isaïe, *comment es-tu tombée du ciel étoile de lumière qui te levais le matin?*[12] On s'imagina que ce discours s'adressait au diable. Et comme le mot hébreu qui répond à l'étoile de Vénus a été traduit par le mot *Lucifer* en latin, le diable depuis ce temps-là s'est 65
toujours appelé *Lucifer*. Voyez l'article 'Beker et Diable'.

On s'est fort moqué de la carte du tendre de Mlle Scudéri.[13] Les

58   71N, K84, K12: *Northampton*
66-67   70, 71N, 71A: *Lucifer.* ¶On

---

défend la ville de Paris assiégée par les Normands: '[L'abbé Mars] s'était acquis une grande réputation dans les guerres passées, et [...] avait beaucoup contribué à la défense de la ville durant ce siège' (t.2, p.550). Selon Voltaire, l'*Histoire de France* est 'très sèche et très fautive' (voir l'article 'Ana, anecdotes', ci-dessous), et Daniel 'se crut un historien parce qu'il transcrivait des dates et des récits de bataille où l'on n'entend rien' (article 'Histoire' des *QE*, *M*, t.19, p.365). En 1761, Voltaire relit l'*Histoire de France* (D9910, D9955).

[11] Allusion à l'*Histoire des révolutions d'Angleterre depuis le commencement de la monarchie* (Paris, 1689) de Pierre-Joseph d'Orléans, mais il nous est difficile de voir en quoi consiste la prétendue méprise de l'auteur, dont les connaissances semblent précises et dont le style est, selon Voltaire lui-même, 'éloquent' (*Le Siècle de Louis XIV*, *OH*, p.1158).

[12] Il s'agit du livre d'Isaïe, 14:12. Dans son *Commentaire littéral* (Paris, 1709-1734, BV613, t.7, p.397), Calmet observe: 'Lucifer marque l'étoile du matin; et on n'a donné ce nom au diable qu'à cause de la ressemblance qu'on a remarqué entre ce que dit Isaïe de la chute, et de l'orgueil du roi de Babylone, et celle du prince des démons révoltés'.

[13] Allusion au premier tome du roman héroïque de Madeleine de Scudéry, *Clélie* (10 vol., 1654-1660). Voltaire félicite la nation française de mépriser les romans du dix-septième siècle ('les *Cyrus*, les *Clélies* et les *Astrées* ne sont aujourd'hui lus de personne', *Essai sur la poésie épique*, *OCV*, t.3B, p.495), pourtant il fait remarquer à Mme Du Deffand (D15605): '*Clélie* est un ouvrage plus curieux qu'on ne pense. On y trouve les portraits de tous les gens qui faisaient du bruit dans le monde du temps de Mlle Scudéry'.

amants s'embarquent sur le fleuve de tendre, on dîne à tendre sur estime, on soupe à tendre sur inclination, on couche à tendre sur désir; le lendemain on se trouve à tendre sur passion, et enfin à tendre sur tendre. Ces idées peuvent être ridicules, surtout quand ce sont des Clélies, des Horatius Coclès[14] et des Romains austères et agrestes qui voyagent; mais cette carte géographique montre au moins que l'amour a beaucoup de logements différents. Cette idée fait voir que le même mot ne signifie pas la même chose, que la différence est prodigieuse entre l'amour de Tarquin[15] et celui de Céladon,[16] entre l'amour de David pour Jonathas,[17] qui était plus fort que celui des femmes, et l'amour de l'abbé Desfontaines pour de petits ramoneurs de cheminée.[18]

Le plus singulier exemple de cet abus des mots, de ces équivoques volontaires, de ces malentendus qui ont causé tant de querelles, est le *King-tien* de la Chine.[19] Des missionnaires d'Europe disputent entre eux violemment sur la signification de ce mot. La cour de Rome envoie un Français nommé Maigrot,[20] qu'elle fait évêque imaginaire d'une province de la Chine pour

70

75

80

85

77-80   70, 71N, 71A: Céladon. ¶Le

[14] Héros légendaire ('Horatius le borgne') de Rome, qui défendit la ville contre toute l'armée étrusque (voir Tite-Live, *Histoire romaine*, trad. F. Guérin, Paris, 1738-1740, BV2145, livre 2, ch.9-13).

[15] Sextus Tarquinius, fils de Tarquinius Superbus, dernier roi de Rome, qui viola Lucrèce (qui se suicida après), femme du général romain Collatinus.

[16] Céladon est le héros du vaste roman pastoral d'Honoré d'Urfé, *L'Astrée*, publié entre 1607 et 1627, qui souffre tant pour avoir été banni par sa bien-aimée Astrée.

[17] Allusion à l'histoire biblique de l'amitié entre David et Jonathas (1 Samuel 20). Voir à ce propos l'article 'Amitié' des *QE*.

[18] Echo du petit 'conte en vers' obscène que Voltaire écrit contre Desfontaines au moment le plus féroce de leur conflit (lettre à Thiriot, 5 juin 1738, D1514). Voir aussi la note 17 de l'article 'Amour socratique', ci-dessous.

[19] Sur le 'maître du ciel Kingtien', voir les articles 'De la Chine' et 'Idole' du *DP* (*OCV*, t.35, p.538-39, et n.29; t.36, p.216).

[20] Sur le voyage de Maigrot, évêque de Conon, voir aussi *Le Siècle de Louis XIV* (*OH*, p.1106) et *La Philosophie de l'histoire* (*OCV*, t.59, p.156-57).

juger de ce différend. Ce Maigrot ne sait pas un mot de chinois; l'empereur daigne lui faire dire ce qu'il entend par *King-tien*; Maigrot ne veut pas l'en croire, et fait condamner à Rome l'empereur de la Chine.

On ne tarit point sur cet abus des mots. En histoire, en morale, en jurisprudence, en médecine, mais surtout en théologie, gardez-vous des équivoques.

Boileau n'avait pas tort quand il fit la satire qui porte ce nom; il eût pu la mieux faire, mais il y a des vers dignes de lui que l'on cite tous les jours,

> Lorsque chez tes sujets l'un contre l'autre armés,
> Et sur un Dieu fait homme au combat animés,
> Tu fis dans une guerre et si vive et si longue
> Périr tant de chrétiens martyrs d'une diphtongue.[21]

[21] Voltaire cite le premier état des vers 199-202 de la satire 12, vers qui deviendront, dans l'édition définitive de 1701: 'Lorsque attaquant le Verbe et sa divinité, / D'une syllabe impie un saint mot augmenté / Remplit tous les esprits d'aigreurs si meurtrières, / Et fit de sang chrétien couler tant de rivières' (Boileau, *Œuvres complètes*, éd. A. Adam, Paris, 1966, p.96). Voltaire possédait les *Œuvres* de Boileau (Genève, 1716, BV440); les notes marginales de Voltaire sont denses dans cette dernière satire (*CN*, t.1, p.377-78). Boileau dénonce le rôle néfaste de l'équivoque dans l'histoire; selon Voltaire, l'équivoque est un facteur d'injustice ou d'erreur. Le petit changement linguistique en question ici, d'*omousios* en *omoiousios*, permet à l'hérésiarque Arius et à ses condisciples au début du quatrième siècle de nier la consubstantialité du Fils et du Père au sein de la Trinité. Sur cette dispute, voir aussi l'article 'Conciles' (fonds de Kehl, *M*, t.18, p.210) et *La Philosophie de l'histoire* (*OCV*, t.59, p.266-67).

ACADÉMIE

Les académies sont aux universités ce que l'âge mûr est à l'enfance, ce que l'art de bien parler est à la grammaire; ce que la politesse est aux premières leçons de la civilité.[1] Les académies n'étant point mercenaires, doivent être absolument libres.[2] Telles ont été les académies d'Italie, telle est l'Académie française, et surtout la Société royale de Londres. 5

L'Académie française qui s'est formée elle-même, reçut à la vérité des lettres patentes de Louis XIII, mais sans aucun salaire, et par conséquent sans aucune sujétion. C'est ce qui engagea les

* Cet article semble avoir été composé après le mois d'août, 1769 (voir l'allusion dans la note (a) de Voltaire aux lettres publiées dans le *Mercure*). Voltaire s'était intéressé au sujet des académies dès les *Lettres philosophiques*, lettre 24; voir Sylviane Albertan-Coppola, 'Autour de la vingt-quatrième lettre anglaise de Voltaire sur les académies', dans *Académie et sociétés savantes en Europe (1650-1800)*, éd. D.-O. Hurel et G. Laudin (Paris, 2000), p.343-51; et Ute van Runset, 'Voltaire et l'Académie: émulation et instrument socio-politique', dans *Voltaire en Europe: hommage à Christiane Mervaud*, éd. M. Delon et C. Seth (Oxford, 2000), p.217-29. Voltaire connaît bien sûr l'*Histoire de l'Académie française* de Pellisson et de d'Olivet (3e éd., Paris, 1743, BV2680; *OCV*, t.141, p.489, n.277). Voltaire conçoit cet article peut-être comme une continuation de cette *Histoire* qui s'arrête en 1700; cela expliquerait pourquoi il dit peu du dix-septième siècle, mais s'intéresse longuement à l'abbé Bignon. Voltaire dialogue en outre avec D'Alembert, qui signe le long article 'Académie' de l'*Encyclopédie*. Le présent article consiste partiellement dans un résumé de l'article de D'Alembert. Mais Voltaire s'en distingue en soulignant les notions de politesse et de liberté; son article devient pour le coup moins historique et plus subjectif. Son insistance sur la politesse fournit un prétexte pour rappeler un échange polémique qu'il vient d'avoir en 1769 avec l'abbé Foucher. L'article paraît en novembre/décembre 1770 (70, t.1); Voltaire ajoute un dernier paragraphe, coup de griffes contre Saint-Evremond, en 1774 (w68).

[1] Voltaire répond directement à l'article 'Académie' par D'Alembert: 'Quelques auteurs confondent *académie* avec *université*; mais quoique ce soit la même chose en latin, c'en sont deux bien différentes en français' (*Encyclopédie*, t.1, p.52).

[2] Cette idée ne se trouve nulle part dans l'article de D'Alembert. Voltaire écrira à D'Alembert en 1772 (D17899): 'Je voudrais que l'Académie fût toujours libre, afin qu'il y eût quelque chose de libre en France'.

premiers hommes du royaume, et jusqu'à des princes, à demander 10
d'être admis dans cet illustre corps. La Société de Londres a eu le
même avantage.

Le célèbre Colbert étant membre de l'Académie française,
employa quelques-uns de ses confrères à composer les inscriptions
et les devises pour les bâtiments publics. Cette petite assemblée 15
dont furent ensuite Racine et Boileau, devint bientôt une académie
à part. On peut dater même de l'année 1663 l'établissement de cette
Académie des inscriptions, nommée aujourd'hui *des belles-lettres*,
et celle de l'Académie des sciences de 1667. Ce sont deux
établissements qu'on doit au même ministre qui contribua en 20
tant de genres à la splendeur du siècle de Louis XIV.[3]

Lorsque après la mort de Jean-Baptiste Colbert et celle du
marquis de Louvois, le comte de Pontchartrain secrétaire d'Etat
eut le département de Paris, il chargea l'abbé Bignon[4] son neveu de
gouverner les nouvelles académies. On imagina des places 25
d'honoraires qui n'exigeaient nulle science, et qui étaient sans
rétribution; des places de pensionnaires qui demandaient du
travail, désagréablement distinguées de celles des honoraires; des
places d'associés sans pension, et des places d'élèves, titre encore
plus désagréable et supprimé depuis. 30

19   K84, K12: de 1666. Ce

[3] L'*Histoire de l'Académie française* de Pellisson et de d'Olivet s'arrête ici, ce qui
explique peut-être que Voltaire a passé si rapidement sur le siècle de Louis XIV, sans
même parler du rôle du roi lui-même dans l'évolution de l'Académie française. Dans
ce qui suit, Voltaire continue en quelque sorte l'*Histoire* de Pellisson et de d'Olivet.

[4] Jean-Paul Bignon (1662-1743), neveu et protégé du ministre Pontchartrain,
était un érudit et un prédicateur éloquent. Il fut membre honoraire de l'Académie
des sciences à l'âge de vingt-neuf ans, ainsi que de l'Académie des inscriptions; il
exerça une grande influence dans ces deux académies. Deux ans plus tard, en 1693, il
fut élu à l'Académie française. En 1699, il prépara avec Pontchartrain un nouveau
règlement des académies; il voulait créer des membres honoraires à l'Académie
française, qui refusa d'adopter cette idée; l'abbé Bignon, blessé de cet échec, ne
revint plus à l'Académie. En 1713 il obtint pour l'Académie des sciences et pour
l'Académie des inscriptions et belles-lettres des lettres patentes qui confirmaient leur
établissement. Il se distingua par la suite comme bibliothécaire du roi (1718-1741).
Voir aussi la *Vie de Monsieur Jean-Baptiste Rousseau* (*OCV*, t.18A, p.47).

74

L'Académie des belles-lettres fut mise sur le même pied. Toutes deux se soumirent à la dépendance immédiate du secrétaire d'Etat, et à la distinction révoltante des honorés, des pensionnés et des élèves.

L'abbé Bignon osa proposer le même règlement à l'Académie 35 française dont il était membre. Il fut reçu avec une indignation unanime. Les moins opulents de l'Académie furent les premiers à rejeter ses offres, et à préférer la liberté et l'honneur à des pensions.

L'abbé Bignon, qui avec l'intention louable de faire du bien, n'avait pas assez ménagé la noblesse des sentiments de ses 40 confrères, ne remit plus le pied à l'Académie française; il régna dans les autres tant que le comte de Pontchartrain fut en place. Il résumait même les mémoires lus aux séances publiques, quoiqu'il faille l'érudition la plus profonde et la plus étendue pour rendre compte sur-le-champ d'une dissertation sur des points épineux de 45 physique et de mathématique; et il passa pour un Mécène. Cet usage de résumer les discours a cessé; mais la dépendance est demeurée.

Ce mot d'*académie* devint si célèbre, que lorsque Lulli, qui était une espèce de favori, eut obtenu l'établissement de son opéra en 50 1672, il eut le crédit de faire insérer dans les patentes, que c'était une *Académie royale de musique, et que les gentilshommes et les demoiselles pourraient y chanter sans déroger.* [5] Il ne fit pas le même honneur aux danseurs et aux danseuses; cependant le public a toujours conservé l'habitude d'aller à l'Opéra, et jamais à l'Académie de musique. 55

On sait que ce mot *académie* emprunté des Grecs, signifiait originairement une société, une école de philosophie d'Athènes qui s'assemblait dans un jardin légué par Académus.

[5] Selon les lettres patentes du roi accordées à Lully pour l'établissement de l'Académie royale de musique, 'Nous l'érigeons sur le pied des académies d'Italie, où les gentilshommes chantent publiquement en musique sans déroger. Nous voulons et nous plaît que tous gentilshommes et damoiselles puissent chanter auxdites pièces et représentations de notre dite Académie royale, sans que pour ce ils soient censés déroger audit titre de noblesse' (cité par Pierre Mélèse, *Le Théâtre et le public à Paris sous Louis XIV, 1659-1715*, Paris, 1934, p.417). La même citation figure dans l'article 'Ana, anecdotes', ci-dessous.

Les Italiens furent les premiers qui instituèrent de telles sociétés après la renaissance des lettres. L'Académie de *la Crusca* est du seizième siècle. Il y en eut ensuite dans toutes les villes où les sciences étaient cultivées. 60

Ce titre a été tellement prodigué en France, qu'on l'a donné pendant quelques années à des assemblées de joueurs, qu'on appelait autrefois des *tripots*. On disait *académies de jeu*.[6] On appela les jeunes gens qui apprenaient l'équitation et l'escrime dans des écoles destinées à ces arts, *académistes*,[7] et non pas *académiciens*. 65

Le titre d'*académicien* n'a été attaché par l'usage qu'aux gens de lettres des trois Académies, la française, celle des sciences, celle des inscriptions. 70

L'Académie française a rendu de grands services à la langue.[8]

Celle des sciences a été très utile en ce qu'elle n'adopte aucun système, et qu'elle publie les découvertes et les tentatives nouvelles. 75

Celle des inscriptions s'est occupée des recherches sur les monuments de l'antiquité, et depuis quelques années il en est sorti des mémoires très instructifs.

C'est un devoir établi par l'honnêteté publique que les membres de ces trois académies se respectent les uns les autres dans les recueils que ces sociétés impriment. L'oubli de cette politesse 80

---

[6] 'Académie se dit abusivement du bréland, ou des lieux publics où l'on reçoit toutes sortes de personnes à jouer aux dés et aux cartes, ou à d'autres jeux défendus. Les juges de police sont obligés de veiller à ce qu'on ne tienne point des *académies* de jeu' (*Dictionnaire de Trévoux*, 1752, t.1, col.103).

[7] '*Académiste*: écolier qui fait ses exercices chez un écuyer, qui apprend à monter à cheval, à faire des armes, à danser, etc.' (*Dictionnaire de Trévoux*, t.1, col.104).

[8] Voltaire avait été un peu moins lapidaire dans *Le Siècle de Louis XIV*: 'La langue commençait à s'épurer et à prendre une forme constante. On en était redevable à l'Académie française, et surtout à Vaugelas' (*OH*, p.1003). Sur les débuts du *Dictionnaire de l'Académie*, voir Pellisson et d'Olivet, *Histoire de l'Académie française*, 2 vol. (Paris, 1730), t.2, p.51-61; Voltaire avait lui-même participé à la quatrième édition du *Dictionnaire* de l'Académie (1762): voir *Articles pour le Dictionnaire de l'Académie* (*OCV*, t.33, p.233-313).

nécessaire est très rare. Cette grossièreté n'a guère été reprochée de nos jours qu'à l'abbé Foucher (a)[9] de l'Académie des inscriptions, qui s'étant trompé dans un mémoire sur Zoroastre, voulut appuyer sa méprise par des expressions qui autrefois étaient trop en usage 85 dans les écoles, et que le savoir-vivre a proscrites; mais le corps n'est pas responsable des fautes des membres.

La Société de Londres n'a jamais pris le titre d'*académie*.

Les académies dans les provinces ont produit des avantages signalés. Elles ont fait naître l'émulation, forcé au travail, 90 accoutumé les jeunes gens à de bonnes lectures, dissipé l'ignorance et les préjugés de quelques villes, inspiré la politesse et chassé autant qu'on le peut le pédantisme.[10]

On n'a guère écrit contre l'Académie française que des plaisanteries frivoles et insipides. La comédie des *Académiciens* 95

(a) Voyez le Mercure de France, juin page 151, juillet 2e volume page 144, et août page 122, année 1769.

93-104   70, 71N, 71A: pédantisme. //

---

[9] Voltaire renvoie à ses propres écrits pour rappeler, et donc renouveler, une attaque contre un détracteur mineur et sans importance. L'abbé Paul Foucher (1704-1778), de l'Académie des inscriptions et des belles-lettres, publia dans les *Mémoires* de l'Académie un long *Traité historique de la religion des Perses*, dans lequel il reprend un petit détail d'une publication de Voltaire ('Les écrits de Zoroastre', *Histoire de l'Académie royale des inscriptions et belles-lettres*, Paris, 1761, t.27, p.331, note i). Empruntant le pseudonyme de Bigex, Voltaire lui répondit vertement, publiant sa lettre (D15616) dans le *Mercure de France* (juin 1769), p.151-56. L'abbé Foucher, pris dans le piège du pseudonyme, répondit à M. Bigex (D15702; *Mercure de France*, juillet, t.2, 1769, p.144-50), qui ne laissa pas d'avoir le dernier mot et de tourner le bon académicien en ridicule (D15857; *Mercure de France*, août 1769, p.122-26). Inutile d'observer que M. Bigex ne pratique aucunement la politesse académique prônée par Voltaire.

[10] Plus jeune, et avant d'être élu lui-même à une académie, Voltaire avait été plus sévère et plus sceptique quant à leur utilité. Il écrivit à d'Olivet en 1735 (D950): 'Vous savez qu'il y a vingt ans que je vous ai dit que je ne serais jamais d'aucune académie. Je ne veux tenir à rien dans ce monde, qu'à mon plaisir; et puis, je remarque, que les académies étouffent toujours le génie au lieu de l'exciter'.

de Saint-Evremond, eut quelque réputation en son temps.[11] Mais une preuve de son peu de mérite, c'est qu'on ne s'en souvient plus, au lieu que les bonnes satires de Boileau sont immortelles.[12] Je ne sais pourquoi Pélisson dit que la comédie des *Académiciens* tient de la farce. Il me semble que c'est un simple dialogue sans intrigue et sans sel, aussi fade que le *Sir Politik* et que la comédie des *Opéra*, et que presque tous les ouvrages de Saint-Evremond qui ne sont, à quatre ou cinq pièces près, que des futilités en style pincé et en antithèses.

10

---

[11] Pellisson, qui fut le premier à attribuer *Les Académiciens* à Saint-Evremond, opine que 'cette pièce, quoique sans art et sans règles, et plutôt digne du nom de farce que de celui de comédie, n'est pas sans esprit et a des endroits fort plaisants' (P. Pellisson-Fontanier, *Relation contenant l'Histoire de l'Académie françoise*, Paris, 1653, p.48). Sur l'histoire complexe de cette pièce, voir l'édition critique de Paolo Carile (Milan, 1976).

[12] Voltaire jugeait Saint-Evremond très sévèrement déjà dans *Le Temple du goût*, où ce dernier se trouvait exclu 'du rang des génies' (*OCV*, t.9, p.155); il avait aussi critiqué le *Sir Politick* dans une préface à *La Mort de César* (*OCV*, t.8, p.250). Si Voltaire revient sur ce thème maintenant, c'est peut-être parce que l'abbé Chaudon venait de l'attaquer, l'accusant de ne pas reconnaître le vrai mérite de Saint-Evremond (*Les Grands Hommes vengés ou examen des jugements portés par M. de Voltaire* [...] *sur plusieurs hommes célèbres*, Amsterdam, 1769, t.1, p.313-14). En réalité, Chaudon ne faisait que recycler un vieux texte du marquis d'Argens: voir José-Michel Moureaux, 'Voltaire et Saint-Evremond', *Voltaire en Europe*, p.335.

ADAM

On a tant parlé, tant écrit d'Adam, de sa femme, [1] des préadamites [2]
etc... les rabbins ont débité sur Adam tant de rêveries, [3] et il est si
plat de répéter ce que les autres ont dit, qu'on hasarde ici sur Adam
une idée assez neuve, du moins elle ne se trouve dans aucun ancien
auteur, dans aucun Père de l'Eglise, ni dans aucun prédicateur ou   5
théologien, ou critique, ou scholiaste de ma connaissance. C'est le
profond secret qui a été gardé sur Adam dans toute la terre

a κ84, κ12: Adam / Section 1

* C'est un des articles que Voltaire envoya le 25 avril 1770 à Mme Du Deffand
(D16314) et qu'il proposa à la duchesse de Choiseul le 17 mars 1771 (D17076).
L'édition de 1767 du *DP* avait ajouté un article 'Adam', dont sont repris quelques
éléments au début du présent article. Mais on remarque surtout ici des ressemblances
avec *La Défense de mon oncle* et *Dieu et les hommes*. Il pourrait donc dater de la même
période. Un troisième article se trouve dans le fonds de Kehl (*M*, t.17, p.58-60). Il
insiste sur l'aspect allégorique de l'histoire d'Adam, sur les emprunts du début de la
Genèse aux récits des nations plus anciennes et il raille la représentation de Dieu qui
y est donnée. Le polygénisme de Voltaire s'y discerne nettement, rendant caduque la
croyance selon laquelle Adam serait le père de tous les hommes. Le présent article
paraît en novembre/décembre 1770 (70, t.1).
[1] Voltaire pense probablement à Lilith, première femme d'Adam selon les Juifs,
mentionnée à la fin de l'article du fonds de Kehl. Voir l'article 'Adam' du *DP* (*OCV*,
t.35, p.301, n.7).
[2] La Peyrère avait publié en 1655 un traité sur les préadamites (*Praeadamitae*)
réfuté dans le *Commentaire littéral* et le *Dictionnaire de la Bible* de Calmet (article
'Préadamites'). Voir l'article 'Adam' du *DP* (*OCV*, t.35, p.301, n.6). Remarquons
que Voltaire n'exploite pas ici la théorie selon laquelle, Adam étant seulement le
premier homme juif, la chronologie biblique et la croyance au péché originel ne
doivent pas s'appliquer à l'humanité tout entière.
[3] Sur les livres attribués à Adam et mentionnés dans l'article 'Adam' du
Dictionnaire historique et critique de Bayle (note K) et dans le *Dictionnaire de la
Bible* de Calmet, voir l'article 'Adam' du *DP* (*OCV*, t.35, p.301, n.5). L'article
'Adam' de l'abbé Mallet, dans l'*Encyclopédie*, rappelle les diverses questions
formulées par les interprètes et les rabbins, évoquées dans les deux ouvrages ci-
dessus (durée du séjour dans le jardin de délices, beauté, taille, science infuse
d'Adam, etc.).

habitable,[4] excepté en Palestine, jusqu'au temps où les livres juifs commencèrent à être connus dans Alexandrie, lorsqu'ils furent traduits en grec sous un des Ptolomées.[5] Encore furent-ils très peu connus; les gros livres étaient très rares et très chers; et de plus les Juifs de Jérusalem furent si en colère contre ceux d'Alexandrie, leur firent tant de reproches d'avoir traduit leur Bible en langue profane, leur dirent tant d'injures et crièrent si haut au Seigneur, que les Juifs alexandrins cachèrent leur traduction autant qu'ils le purent.[6] Elle fut si secrète qu'aucun auteur grec ou romain n'en parle jusqu'au temps de l'empereur Aurélien.[7]

Or l'historien Joseph avoue dans sa réponse à Appion, que les Juifs n'avaient eu longtemps aucun commerce avec les autres

[4] Voltaire s'oppose ici à ce qu'écrit Calmet dans sa *Dissertation où l'on fait voir l'excellence de l'histoire des Hébreux, par-dessus toutes celles des autres nations*. Il y affirmait que les anciens Perses 'racontent l'origine du monde à peu près de même que les Hébreux, reconnaissant avec eux Adam et Eve pour les premières souches du genre humain' (*CN*, t.2, p.338).

[5] La version des Septante, traduction grecque de l'Ancien Testament, fut faite à Alexandrie, ou du moins pour les Juifs d'Alexandrie. La première mention de la légende selon laquelle elle fut réalisée par soixante-douze Juifs d'Egypte, envoyés dans l'île de Pharos et y achevant leur traduction en soixante-douze jours, apparut vers 200 av. J.-C. En fait, les divers livres ont été traduits à des époques différentes, probablement à l'initiative de Ptolémée Philadelphe pour la version du Pentateuque, qui remonte au troisième siècle. Cette Bible existait dans son entier au premier siècle avant notre ère.

[6] Voltaire suit la *Dissertation sur la version des Septante* de Calmet, dont il a marqué d'un trait ces remarques, qui viennent après le rappel de l'approbation, par les Juifs d'Egypte, de cette version: 'Mais les Juifs qui parlaient hébreu eurent tant d'horreur de cette Version qu'ils établirent un jeûne le 8 de Thébor, qui répond au mois de décembre, pour marquer combien ils désapprouvaient la liberté que les Héllénistes s'étaient donnée de traduire la Loi en une langue profane et étrangère. Ils disent que le jour de cette Traduction fut regardé comme aussi fatal à Israël que celui de la fabrication des veaux d'or par Jéroboam, et qu'alors le ciel fut couvert de ténèbres pendant trois jours' (*CN*, t.2, p.348).

[7] Avant Aurélien, empereur de 270 à 276, la version des Septante fut diffusée chez les Juifs hellénistes et dans les communautés chrétiennes de langue grecque. Philon s'en servait. Josèphe l'a connue. Et c'est probablement quand elle fut interprétée au sens messianique, dès les débuts du christianisme, que naquirent sur ce texte les controverses avec les Juifs.

nations. *Nous habitons* (dit-il) *un pays éloigné de la mer; nous ne nous*   20
appliquons point au commerce; nous ne communiquons point avec les
autres peuples... *Y a-t-il sujet de s'étonner que notre nation habitant si*
loin de la mer, et affectant de ne rien écrire, ait été si peu connue? [8] (a)

On demandera ici comment Joseph pouvait dire que sa nation
affectait de ne rien écrire lorsqu'elle avait vingt-deux livres   25
canoniques, sans compter le *Targum d'Onkelos.* [9] Mais il faut
considérer que vingt-deux volumes très petits étaient fort peu de
chose en comparaison de la multitude des livres conservés dans la
bibliothèque d'Alexandrie, dont la moitié fut brûlée dans la guerre
de César.   30

Il est constant que les Juifs avaient très peu écrit, très peu lu;
qu'ils étaient profondément ignorants en astronomie, en géométrie, en géographie, en physique; qu'ils ne savaient rien de l'histoire
des autres peuples, et qu'ils ne commencèrent enfin à s'instruire que
dans Alexandrie. [10] Leur langue était un mélange barbare d'ancien   35

(a) Les Juifs étaient très connus des Perses, puisqu'ils furent dispersés
dans leur empire; ensuite des Egyptiens, puisqu'ils firent tout le
commerce d'Alexandrie; des Romains, puisqu'ils avaient des synagogues
à Rome. Mais étant au milieu des nations, ils en furent toujours séparés
par leur institution. Ils ne mangeaient point avec les étrangers, et ne   5
communiquèrent leurs livres que très tard.

n.*a*, 2   70, 71N, 71A: empire; des

[8] Le texte de Josèphe reproduit ici (avec une coupure) a été souligné en marge par
Voltaire, dans son exemplaire de la *Réponse à Appion* (*CN*, t.4, p.602). Il mentionnait
aussi ce passage dans *La Philosophie de l'histoire* (*OCV*, t.59, p.260-61).

[9] Voltaire connaît cette traduction du Pentateuque grâce au *Dictionnaire de la
Bible* de Calmet. Bien qu'on ne s'accorde pas sur l'identité de cet Onkelos, ni sur le
temps où il aurait vécu, il a joui d'une grande popularité. Il est encore mentionné
dans *La Défense de mon oncle* (voir *OCV*, t.64, p.210, et p.305, n.1) et dans *Un
chrétien contre six Juifs* (*M*, t.29, p.513).

[10] Dès son article *Des Juifs* (1756), Voltaire avait insisté sur la grande ignorance
du peuple hébreu (*M*, t.19, p.519-21).

phénicien, et de chaldéen corrompu. Elle était si pauvre qu'il leur manquait plusieurs modes dans la conjugaison de leurs verbes. [11]

De plus, ne communiquant à aucun étranger leurs livres ni leurs titres, personne sur la terre, excepté eux, n'avait jamais entendu parler ni d'Adam, ni d'Eve, ni d'Abel, ni de Caïn, ni de Noé. [12] Le seul Abraham fut connu des peuples orientaux dans la suite des temps. Mais nul peuple ancien ne convenait que cet Abraham ou cet Ibrahim fût la tige du peuple juif. [13]

Tels sont les secrets de la Providence que le père et la mère du genre humain furent toujours entièrement ignorés du genre humain, au point que les noms d'Adam et d'Eve ne se trouvent dans aucun ancien auteur, ni de la Grèce ni de Rome, ni de la Perse, ni de la Syrie, ni chez les Arabes mêmes jusque vers le temps de Mahomet. Dieu daigna permettre que les titres de la grande famille du monde ne fussent conservés que chez la plus petite et la plus malheureuse partie de la famille.

Comment se peut-il faire qu'Adam et Eve aient été inconnus à tous leurs enfants? Comment ne se trouva-t-il ni en Egypte, ni à Babilone aucune trace, aucune tradition de nos premiers pères? Pourquoi ni Orphée, ni Linus, ni Thamiris n'en parlèrent-ils

40

45

50

55

42-44   70, 71N, 71A: temps. ¶Tels

[11] Voltaire s'inspire ici de la *Dissertation sur la première langue* de Calmet. Il a marqué d'un trait les phrases précisant que les Hébreux n'avaient pas 'toutes nos différentes manières de conjuguer les verbes. Ils n'ont que deux temps, le prétérit et le futur, avec un ou deux participes, l'infinitif et l'impératif'. Calmet en conclut, cependant, qu'il n'y a pas de langue 'plus courte, plus simple, plus aisée et plus expressive' (*CN*, t.2, p.328).

[12] Calmet affirmait, dans sa *Dissertation sur la première langue*: 'Les rabbins, la plupart de nos commentateurs et des Pères enseignent que la langue hébraïque est la langue d'Adam'. Voltaire a glissé ce commentaire: 'eh imbécile y a-t-il eu un Adam le seul peuple juif en a parlé' (*CN*, t.2, p.329). Il avait également noté dans le *Commentaire littéral* [*Tobie*], à propos du chapitre 8, verset 8, 'seul endroit ou il soit question d'Adam et d'Eve' (*CN*, t.2, p.85). Même remarque dans une lettre à Catherine II, du 10 novembre 1771 (D17455), sur 'l'Adam des Hébreux, connu jadis d'eux seuls'.

[13] Voir l'article 'Abraham' ci-dessus, n.15-18.

82

point?[14] Car s'ils en avaient dit un mot, ce mot aurait été relevé sans doute par Hésiode, et surtout par Homère, qui parlent de tout, excepté des auteurs de la race humaine.

Clément d'Alexandrie qui rapporte tant de témoignages de l'antiquité,[15] n'aurait pas manqué de citer un passage dans lequel il aurait été fait mention d'Adam et d'Eve.

Eusèbe, dans son *Histoire universelle*, a recherché jusqu'aux témoignages les plus suspects; il aurait bien fait valoir le moindre trait, la moindre vraisemblance en faveur de nos premiers parents.[16]

Il est donc avéré qu'ils furent toujours entièrement ignorés des nations.

On trouve à la vérité chez les brahmanes, dans le livre intitulé l'*Ezourveidam*, le nom d'Adimo et celui de Procriti sa femme. Si Adimo ressemble un peu à notre Adam, les Indiens répondent: 'Nous sommes un grand peuple établi vers l'Indus et vers le Gange plusieurs siècles avant que la horde hébraïque se fût portée vers le

60

65

70

---

64   70, 71N, 71A: trait, le moindre rapport en

[14] Linus et Thamiris sont des poètes légendaires de la Thrace. L'article 'Bibliothèque' des *QE* mentionne Linus à la suite d'Orphée en déplorant qu'il ne nous en reste aucun texte. Il lui est encore associé dans l'article 'Arts'. Il est cité avec lui, Thamiris et Musée comme prédécesseur d'Homère dans l'article 'Epopée'.

[15] Voltaire a pu lire les œuvres de Clément d'Alexandrie soit dans Cotelier, *S.S. Patrum, qui temporibus apostolicis floruerunt, Barnabae, Clementis, Hermae, Ignatii, Polycarpi opera, vera et supposititia* (Amsterdam, 1724, BV877), soit dans Johann-Ernst Grabe *Spicilegium S.S. patrum, ut et haereticorum* (Oxford, 1700, BV1509). Il mentionne souvent ce maître d'Origène et lui consacre le chapitre 24 de *L'Examen important de Milord Bolingbroke*, où il lui reconnaît, même s'il ne raisonne guère, 'une grande connaissance des anciens livres grecs, et des rites asiatiques et égyptiens' (*OCV*, t.62, p.273).

[16] Dans *L'Examen important de Milord Bolingbroke*, Voltaire remarque qu'Eusèbe nous a conservé des fragments de Sanchoniaton et qu'il n'aurait pas négligé de faire valoir ce que ce dernier aurait pu dire de la 'horde juive' (*OCV*, t.62, p.178-79, n.*a*). Eusèbe a, en effet, reproduit, dans sa *Preparatio evangelica*, des fragments de l'*Histoire phénicienne* de Sanchoniaton (écrite dans la seconde moitié du deuxième siècle avant J.-C. et aujourd'hui perdue), traduits en grec par Philon de Byblos.

Jourdain. Les Egyptiens, les Persans, les Arabes venaient chercher dans notre pays la sagesse et les épiceries, quand les Juifs étaient inconnus au reste des hommes. Nous ne pouvons avoir pris notre Adimo de leur Adam. Notre Procriti ne ressemble point du tout à Eve, et d'ailleurs leur histoire est entièrement différente.

'De plus, le *Veidam*, dont l'*Ezourveidam* est le commentaire, passe chez nous pour être d'une antiquité plus reculée que celle des livres juifs; et ce *Veidam* est encore une nouvelle loi donnée aux brahmanes quinze cents ans après leur première loi appelée *Shasta* ou *Shasta-bad*.'[17]

Telles sont à peu près les réponses que les brames d'aujourd'hui ont souvent faites aux aumôniers des vaisseaux marchands, qui venaient leur parler d'Adam et d'Eve, d'Abel et de Caïn, tandis que les négociants de l'Europe venaient à main armée acheter des épiceries chez eux, et désoler leur pays.

Le Phénicien Sanchoniaton, qui vivait certainement avant le temps où nous plaçons Moïse (*b*), et qui est cité par Eusèbe comme

(*b*) Ce qui fait penser à plusieurs savants que Sanchoniaton est antérieur au temps où l'on place Moïse, c'est qu'il n'en parle point. Il écrivait dans Bérithe. Cette ville était voisine du pays où les Juifs s'établirent. Si Sanchoniaton avait été postérieur ou contemporain, il n'aurait pas omis les prodiges épouvantables dont Moïse inonda l'Egypte; il aurait sûrement fait mention du peuple juif qui mettait sa patrie à feu et à sang. Eusèbe, Jule Africain, saint Ephrem, tous les Pères grecs et syriaques auraient cité un auteur profane qui rendait témoignage au législateur hébreu. Eusèbe surtout qui reconnaît l'authenticité de Sanchoniaton, et qui en a traduit des fragments, aurait traduit tout ce qui eût regardé Moïse.

76-77   w68: à leur Eve
81   w68: leur loi
84-88   70, 71N, 71A: marchands, de l'aveu des jésuites portugais. ¶Le Phénicien

[17] Sur cette antériorité des livres hindous, voir l'article 'Adam' du *DP* (*OCV*, t.35, p.302, n.8-10). Voltaire consacrera un article des *QE* à l'Ezourveidam, où il revient sur l'antériorité de ces livres et du nom d'Adimo.

un auteur authentique,[18] donne dix générations à la race humaine   90
comme fait Moïse jusqu'au temps de Noé; et il ne parle dans ces dix
générations ni d'Adam, ni d'Eve, ni d'aucun de leurs descendants,
ni de Noé même.[19]

Voici les noms des premiers hommes, suivant la traduction
grecque faite par Philon de Biblos. Æon, Genos, Phox, Liban,   95
Usou, Halieus, Chrisor, Tecnites, Agrove, Amine. Ce sont là les
dix premières générations.[20]

Vous ne voyez le nom de Noé, ni d'Adam dans aucune des
antiques dynasties d'Egypte; ils ne se trouvent point chez les
Chaldéens; en un mot la terre entière a gardé sur eux le silence.[21]   100

[18] Ces développements sont très proches de ceux qu'on lit dans *La Défense de mon oncle* et *Dieu et les hommes*. Voltaire avait déjà consacré le chapitre 13 de *La Philosophie de l'histoire* à Sanchoniaton. Il avait inséré des signets dans la *Preparatio evangelica* d'Eusèbe: 'phenic sanconiat' et 'Sanconia' (*CN*, t.3, p.449). Sur sa documentation, voir *Dieu et les hommes* (*OCV*, t.69, p.312, n.1), où il mentionne également l'antériorité de Sanchoniaton par rapport à Moïse (p.314). *La Défense de mon oncle* le situe 'dans le temps où nous plaçons les dernières années de Moïse' ou peut-être avant (*OCV*, t.64, p.249), mais souligne qu'il ne parle pas de ce dernier, comme le montre le silence d'Eusèbe sur ce point. Pour les controverses concernant l'authenticité de Sanchoniaton et pour la position de Voltaire, on se reportera à la mise au point faite par J.-M. Moureaux (*OCV*, t.64, p.402, n.1), de même que pour les indications de temps et de lieu (p.405-406, n.12, 13).

[19] *La Défense de mon oncle* note que Sanchoniaton ne fait aucune mention du déluge (*OCV*, t.64, p.250). Le silence de tous les auteurs étrangers concernant les prodiges de Moïse, silence confirmé par Josèphe, est également mentionné dans *L'Examen important de Milord Bolingbroke* (*OCV*, t.62, p.177) et dans *Dieu et les hommes* (*OCV*, t.69, p.315).

[20] Richard Cumberland, dans son ouvrage *Origines gentium antiquissimae* (Londres, 1724, BV922), que Voltaire a consulté, puisqu'il a écrit sur la page de titre 'Sanconiaton' (*CN*, t.2, p.845), avait dressé une table de concordance entre les dix premières générations selon Sanchoniaton et selon Moïse. Fourmont avait résumé le système de Cumberland dans *Réflexions sur l'origine, l'histoire et la succession des anciens peuples*. (On trouvera ces tables reproduites dans l'édition de *La Défense de mon oncle* de J.-M. Moureaux, *OCV*, t.64, entre p.414-15.) Voltaire reprend les noms cités par Cumberland.

[21] Voltaire a marqué d'un signet le chapitre de la *Réponse à Appion* de Josèphe, intitulé 'Témoignage des historiens égyptiens et phéniciens touchant l'antiquité de la nation des Juifs', en écrivant: 'Témoignages égyptiens que la Judée était peu de

Il faut avouer qu'une telle réticence est sans exemple. Tous les peuples se sont attribué des origines imaginaires; et aucun n'a touché à la véritable. On ne peut comprendre comment le père de toutes les nations a été ignoré si longtemps; son nom devait avoir volé de bouche en bouche d'un bout du monde à l'autre selon le cours naturel des choses humaines.

Humilions-nous sous les décrets de la Providence qui a permis cet oubli si étonnant. Tout a été mystérieux et caché dans la nation conduite par Dieu même qui a préparé la voie au christianisme, et qui a été l'olivier sauvage sur lequel est enté l'olivier franc. Les noms des auteurs du genre humain, ignorés du genre humain, sont au rang des plus grands mystères.

J'ose affirmer qu'il a fallu un miracle pour boucher ainsi les yeux et les oreilles de toutes les nations, pour détruire chez elles tout monument, tout ressouvenir de leur premier père. Qu'auraient pensé, qu'auraient dit César, Antoine, Crassus, Pompée, Cicéron, Marcellus, Metellus, si un pauvre Juif, en leur vendant du baume, leur avait dit: Nous descendons tous d'un même père nommé Adam? [22] Tout le sénat romain aurait crié: Montrez-nous notre arbre généalogique. Alors le Juif aurait déployé ses dix générations jusqu'à Noé, et jusqu'au secret de l'inondation de tout le globe. Le

---

112-39   70, 71N, 71A: mystères. //

---

chose' (*CN*, t.4, p.603). Sur ce silence, voir aussi *Dieu et les hommes* (*OCV*, t.69, p.314-15).

[22] Dans le chapitre 27 de *Dieu et les hommes*, après avoir répété que 'du temps d'Auguste, il ne se trouve pas un seul historien, un seul poète, un seul savant qui connaisse les noms d'Adam, d'Eve, d'Abel, de Caïn, de Mathusalem, de Noé etc.', Voltaire imagine le rire des Varron et des Pline 's'ils pouvaient voir aujourd'hui nos almanachs, et tous nos beaux livres de chronologie. *Abel mort l'an 130. Mort d'Adam l'an 930. Déluge universel en 1656... Noé sort de l'arche en 1657*, etc. Cet étonnant usage dans lequel nous donnons tous tête baissée n'est pas seulement remarqué. Ces calculs se trouvent à la tête de tous les almanachs de l'Europe, et personne ne fait réflexion que tout cela est encore ignoré de tout le reste de la terre' (*OCV*, t.69, p.395).

sénat lui aurait demandé combien il y avait de personnes dans l'arche pour nourrir tous les animaux pendant dix mois entiers, et pendant l'année suivante qui ne put fournir aucune nourriture. [23] Le rogneur d'espèces aurait dit, Nous étions huit, Noé et sa femme, leurs trois fils Sem, Cham et Japhet, et leurs épouses. Toute cette famille descendait d'Adam en droite ligne.

 Cicéron se serait informé sans doute des grands monuments, des témoignages inconstestables que Noé et ses enfants auraient laissés de notre commun père: toute la terre après le déluge aurait retenti à jamais des noms d'Adam et de Noé, l'un père, l'autre restaurateur de toutes les races. Leurs noms auraient été dans toutes les bouches, dès qu'on aurait parlé; sur tous les parchemins, dès qu'on aurait su écrire; sur la porte de chaque maison, sitôt qu'on aurait bâti; sur tous les temples, sur toutes les statues. Quoi! vous saviez un si grand secret, et vous nous l'avez caché! C'est que nous sommes purs, et que vous êtes impurs, aurait répondu le Juif. Le sénat romain aurait ri, ou l'aurait fait fustiger; tant les hommes sont attachés à leurs préjugés!

[23] Sur les diverses invraisemblances concernant l'histoire de Noé, voir l'article 'Inondation' du *DP*. Sur les explications, raillées par Voltaire, que donne Jean Le Pelletier dans ses *Dissertations sur l'arche de Noé* (Rouen, 1700), pour montrer comment les animaux avaient pu se tenir et se nourrir dans l'arche, voir la note 10 de cet article (*OCV*, t.36, p.232). L'objection développée ici est reprise dans l'article 'Déluge universel' des *QE*.

ADORER

Culte de latrie; Chanson attribuée à Jésus-Christ.

Danse sacrée; Cérémonies

N'est-ce pas un grand défaut, dans quelques langues modernes, qu'on se serve du même mot envers l'Etre suprême et une fille?[1] On sort quelquefois d'un sermon où le prédicateur n'a parlé que d'adorer Dieu en esprit et en vérité.[2] De là on court à l'opéra où il

b-c   70, 71N, 71A: [*sous-titres absents*]

* Voltaire met la dernière main à cette entrée qui répond à l'article 'Adorer, honorer, vénérer' donné par Diderot à *l'Encyclopédie* à la mi-février 1770, date à laquelle il envoie à Gabriel Cramer une 'addition au mot Adorer [...] assez curieuse' (D16158), peut-être la 'chanson composée par Jésus-Christ' évoquée par le même adjectif dans une lettre à Mme Du Deffand datée du 25 avril 1770 (D16314), contemporaine de la correction des épreuves de l'article pour Cramer (D16323). L'article paraît en novembre/décembre 1770 (70, t.1). Il rassemble sous une même entrée des thèmes chers à Voltaire comme la réflexion sur l'idolâtrie initiée dans l'article 'Idole, idolâtre, idolâtrie' (1757) du *DP* et le chapitre 30 de *La Philosophie de l'histoire* (*OCV*, t.59, p.187-90) ou encore la question de l'héritage païen dans les pratiques cultuelles chrétiennes déjà abordée dans les articles 'Baptême', 'Christianisme', 'Confession' et 'Superstition' du *DP*. Mais Voltaire engage surtout ici une polémique érudite au sujet de Simon le magicien, tout juste mentionné dans un ajout de 1769 à *l'Essai sur les mœurs* (t.1, p.297) mais très longuement évoqué dans la *Relation de Marcel* publiée la même année 1769 dans la *Collection des anciens évangiles* (*OCV*, t.69, p.226-45). De la documentation de première et de seconde main qu'il a consultée sur l'une des premières hérésies de l'histoire de l'Eglise, Voltaire ne retient pas les aspects doctrinaux mais revient une nouvelle fois, via le culte réservé à Simon, sur le phénomène de l'imposture.

[1] Parmi les 'langues modernes' cultivant cette ambiguïté, on songe, outre le français, à l'anglais et à l'italien que Voltaire connaissait. Il polémique ici avec Diderot pour qui le verbe 'adorer' pouvait être employé aussi bien pour le 'culte de religion' que pour le 'culte civil' (*Encyclopédie*, article 'Adorer, honorer, vénérer', t.1, p.144).

[2] Empruntée au vocabulaire de la prédication, l'expression se trouve fréquemment sous la plume de Voltaire à partir de la seconde moitié des années 1760, voir

88

n'est question que *du charmant objet que j'adore, et des aimables traits*   5
dont ce héros adore les attraits.[3]

Du moins les Grecs et les Romains ne tombèrent point dans cette profanation extravagante. Horace ne dit point qu'il adore Lalagé. Tibulle n'adore point Délie.[4] Ce terme même d'adoration n'est pas dans Pétrone.   10

Si quelque chose peut excuser notre indécence, c'est que dans nos opéras et dans nos chansons il est souvent parlé des dieux de la fable. Les poètes ont dit que leurs Philis étaient plus adorables que ces fausses divinités, et personne ne pouvait les en blâmer.[5] Peu à peu on s'est accoutumé à cette expression, au point qu'on a traité de   15
même le Dieu de tout l'univers et une chanteuse de l'opéra-comique,[6] sans qu'on s'aperçût de ce ridicule.

Détournons-en les yeux, et ne les arrêtons que sur l'importance de notre sujet.

Il n'y a point de nation civilisée qui ne rende un culte public   20

---

notamment le *Traité sur la tolérance* (*OCV*, t.56c, p.171 et 243), *Dieu et les hommes* (*OCV*, t.69, p.493) et le *Discours de l'empereur Julien* (*OCV*, t.71b, p.371).

[3] Voltaire critique un usage conventionnel du verbe auquel les personnages de ses tragédies cèdent volontiers, tel l'Atrée des *Pélopides* (*M*, t.14, p.79).

[4] En évoquant Lalagé, maîtresse d'Horace, Voltaire se souvient sans doute de ses lectures du collège et peut-être aussi du jésuite Jean Hardouin, mentionné dans le 'Catalogue des écrivains' du *Siècle de Louis XIV* qui avait 'pouss[é] la bizarrerie jusqu'à prétendre que [...] les *Odes* [avaient] été composées par des moines du treizième siècle' et que Lalagé figurait la religion chrétienne (*OH*, p.1167). Dame romaine aimée de Tibulle, Délie apparaît dès 1734 dans des *Vers à feue Madame la marquise du Châtelet sur les poètes latins* (*OCV*, t.14, p.525) et à nouveau dans des stances à Mme Lullin en 1773 (*M*, t.8, p.539-40).

[5] Philis désigne conventionnellement la femme aimée dans la littérature galante et la poésie des dix-septième et dix-huitième siècles, comme dans la *Métamorphose des yeux de Philis en astres* (1639) mentionnée dans la notice du 'Catalogue des écrivains' du *Siècle de Louis XIV* consacrée à son auteur, Germain Habert de Cerisy (*OH*, p.1146).

[6] Voltaire affiche souvent du mépris pour l'opéra-comique (voir D4512, D10387, D13420, D13428). Cela ne l'empêche pas de composer des ouvrages dans ce genre, comme *Le Baron d'Otrante* et *Les Deux Tonneaux*.

d'adoration à Dieu.[7] Il est vrai qu'on ne force personne ni en Asie, ni en Afrique d'aller à la mosquée, ou au temple du lieu; on y va de son bon gré.[8] Cette affluence aurait pu même servir à réunir les esprits des hommes, et à les rendre plus doux dans la société. Cependant on les a vus quelquefois s'acharner les uns contre les autres dans l'asile même consacré à la paix. Les zélés inondèrent de sang le temple de Jérusalem, dans lequel ils égorgèrent leurs frères.[9] Nous avons quelquefois souillé nos églises de carnage.[10]   25

A l'article de 'La Chine' on verra que l'empereur est le premier pontife, et combien le culte est auguste et simple.[11] Ailleurs il est   30
simple sans avoir rien de majestueux; comme chez les réformés de notre Europe, et dans l'Amérique anglaise.

Dans d'autres pays il faut à midi allumer des flambeaux de cire

---

33   70, 71N, 71A: midi des

---

[7] Sur le lien entre le degré de civilisation d'une société et le culte rendu publiquement à un dieu, voir par exemple l'*Essai sur les mœurs* (ch.182, t.2, p.688) et la seconde des *Homélies prononcées à Londres* (*OCV*, t.62, p.448). Graham Gargett voit dans le chapitre 44 de *Dieu et les hommes* ('Comment il faut prier Dieu'), quasi contemporain de l'article 'Adorer', une réponse aux *Réflexions sur les mœurs, la religion et le culte* de Jacob Vernet parues en 1769 (Gargett, *Jacob Vernet, Geneva and the philosophes*, *SVEC* 321, 1994, p.436-42).

[8] Allusion polémique aux partisans de l'interprétation augustinienne du *compelle intrare* (Luc 14:21-23), peut-être empruntée au *Recueil de pièces curieuses sur les matières les plus intéressantes* de Radicati di Passerano (Londres, 1749, BV2659, p.71), et déjà présente dans *Le Dîner du comte de Boulainvilliers* (*OCV*, t.63A, p.345).

[9] 2 Paralipomènes 24:20-21, cité plus précisément dans *L'Examen important de Milord Bolingbroke* (*OCV*, t.62, p.231-32).

[10] Voir par exemple l'assassinat de Léon l'Arménien 'à la messe dans le temps qu'il chantait une antienne' (*Essai sur les mœurs*, ch.29, t.1, p.405) ou celui de Julien de Médicis dans l'église Santa-Reparata (ch.105, t.2, p.71).

[11] Même affirmation en termes identiques dans l'article 'Dieu' des *QE*. Voir à ce sujet l'*Essai sur les mœurs* (ch.1, t.1, p.69), *Le Siècle de Louis XIV* (ch.39, *OH*, p.1104), les articles 'Idole' successivement rédigés par Voltaire pour l'*Encyclopédie* (*OCV*, t.33, p.187-203) et le *DP* (*OCV*, t.36, p.216). Sur Voltaire et la Chine, voir Shun-Ching Song, *Voltaire et la Chine* (Aix-en-Provence, 1989).

90

qu'on avait en abomination dans les premiers temps.[12] Un couvent de religieuses, à qui on voudrait retrancher les cierges, crierait que 35 la lumière de la foi est éteinte et que le monde va finir.

L'Eglise anglicane tient le milieu entre les pompeuses cérémonies romaines et la sécheresse des calvinistes.[13]

Les chants, la danse et les flambeaux étaient des cérémonies essentielles aux fêtes sacrées de tout l'Orient. Quiconque a lu, sait 40 que les anciens Egyptiens faisaient le tour de leurs temples en chantant et en dansant. Point d'institution sacerdotale chez les Grecs sans des chants et des danses. Les Hébreux prirent cette coutume de leurs voisins; David chantait et dansait devant l'arche.[14] 45

Saint Matthieu parle d'un cantique chanté par Jésus-Christ même, et par les apôtres après leurs pâques. (a) Ce cantique qui est parvenu jusqu'à nous, n'est point mis dans le canon des livres sacrés; mais on en retrouve les fragments dans la 237ᵉ lettre de saint Augustin à l'évêque Ceretius... Saint Augustin ne dit pas que cette 50 hymne ne fut point chantée; il n'en réprouve pas les paroles: il ne condamne les priscillianistes qui admettaient cette hymne dans leur Evangile, que sur l'interprétation erronée qu'ils en donnaient, et

(a) *Himno dicto*. Saint Matthieu, ch.26, verset 39.[15]

n.*a* K12: verset 30.

[12] Voltaire pense sans doute à l'Italie dont les pratiques cultuelles (les cierges et les chants notamment) avaient été rapportées au paganisme par la *Lettre écrite de Rome* de Middleton (Amsterdam, 1744, BV2448), p.160-63. Dans l'article 'Autels' des *QE*, Voltaire affirme à la suite de Middleton que les cierges étaient bannis des autels et des temples des premiers chrétiens (*M*, t.17, p.494).

[13] Voir également *L'Examen important de Milord Bolingbroke* (*OCV*, t.62, p.360). Dans les *Lettres philosophiques*, Voltaire avait été plus cinglant, soulignant que 'le clergé anglican a[vait] retenu beaucoup des cérémonies catholiques, et surtout celle de recevoir les dîmes avec une attention très scrupuleuse' (t.1, p.61).

[14] Paraphrase de 2 Samuel 6:5. Sur ce thème fréquent chez Voltaire, voir Alfred J. Bingham, 'Voltaire and the New Testament', *SVEC* 24 (1963), p.183-218 (p.190).

[15] K12 donne la référence correcte.

qu'il trouve impie. Voici le cantique tel qu'on le trouve par
parcelles dans Augustin même.   55

Je veux délier, et je veux être délié.
Je veux sauver, et je veux être sauvé.
Je veux engendrer, et je veux être engendré.
Je veux chanter; *dansez tous de joie.*
Je veux pleurer; frappez-vous tous de douleur.   60
Je veux orner, et je veux être orné.
Je suis la lampe pour vous qui me voyez.
Je suis la porte pour vous qui y frappez.
Vous qui voyez ce que je fais, ne dites point ce que je fais.
J'ai joué tout cela dans ce discours, et je n'ai point du tout été joué.[16]   65

Mais quelque dispute qui se soit élevée au sujet de ce cantique, il
est certain que le chant était employé dans toutes les cérémonies
religieuses. Mahomet avait trouvé ce culte établi chez les Arabes; il
l'est dans les Indes. Il ne paraît pas qu'il soit en usage chez les lettrés
de la Chine. Les cérémonies ont partout quelque ressemblance et   70
quelque différence; mais on adore Dieu par toute la terre. Malheur
sans doute à ceux qui ne l'adorent pas comme nous, et qui sont dans
l'erreur soit par le dogme, soit pour les rites; ils sont assis à l'ombre
de la mort:[17] mais plus leur malheur est grand, plus il faut les
plaindre et les supporter.   75
C'est même une grande consolation pour nous que tous les
mahométans, les Indiens, les Chinois, les Tartares adorent un Dieu

---

[16] Les *Lettres de saint Augustin*, trad. Ph. Dubois-Goibaud (Paris, 1684, BV219),
avaient déjà été utilisées dans l'article 'Idole' du *DP* (*OCV*, t.35, p.226). La chanson
de Jésus qu'Augustin a tirée des Actes de Jean 95 et qu'il commente longuement
dans la lettre à Ceretius (*Lettres de saint Augustin*, t.2, p.851-59, lettre 237) figure à
l'identique dans l'*Histoire de l'établissement du christianisme* (ch.6, *M*, t.31, p.63-64)
et avec quelques petites variantes dans *L'Examen important de Milord Bolingbroke*
(*OCV*, t.62, p.237). Dans le *Commentaire littéral* [*Matthieu*] de Calmet, Voltaire a
placé un signet portant les mots: 'chanson de jésu / chanson bachique' (*CN*, t.2,
p.139-40).
[17] Expression empruntée à l'évangile de Nicodème édité par Voltaire dans sa
Collection d'anciens évangiles et qui rapporte la descente aux enfers de Jésus (*OCV*,
t.69, p.202). Sur cet 'article de foi très important', voir l'article 'Enfer' des *QE*.

unique;[18] en cela ils sont nos frères. Leur fatale ignorance de nos mystères sacrés ne peut que nous inspirer une tendre compassion pour nos frères qui s'égarent. Loin de nous tout esprit de 80 persécution qui ne servirait qu'à les rendre irréconciliables.

Un Dieu unique étant adoré sur toute la terre connue, faut-il que ceux qui le reconnaissent pour leur père, lui donnent toujours le spectacle de ses enfants qui se détestent, qui s'anathématisent, qui se poursuivent, qui se massacrent pour des arguments? 85

Il n'est pas aisé d'expliquer au juste ce que les Grecs et les Romains entendaient par adorer; si l'on adorait les faunes, les sylvains, les dryades, les naïades comme on adorait les douze grands dieux. Il n'est pas vraisemblable qu'Antinoüs le mignon d'Adrien, fût adoré par les nouveaux Egyptiens du même culte que 90 Sérapis; et il est assez prouvé que les anciens Egyptiens n'adoraient pas les oignons et les crocodiles de la même façon qu'Isis et Osiris.[19] On trouve l'équivoque partout, elle confond tout. Il faut à chaque mot dire, Qu'entendez-vous? il faut toujours répéter, *Définissez les termes*. (Voyez l'article 'Alexandre'.)[20] 95

Est-il bien vrai que Simon qu'on appelle *le magicien*, fut adoré

[18] Sur la thèse d'un monothéisme primitif, voir notamment l'article 'Religion' du *DP* (*OCV*, t.36, p.472) et *Du polythéisme* (*M*, t.20, p.240). Tandis que le dieu unique des Tartares et des Mahométans sera évoqué dans l'article 'Climat' des *QE*, celui des Indiens l'avait été sur la base du témoignage de Strabon dans *La Philosophie de l'histoire* (*OCV*, t.59, p.162) et dans l'*Essai sur les mœurs* (ch.4, t.1, p.237 et suiv.), celui des lettrés chinois dans le *Sermon des cinquante* (*M*, t.24, p.453) et dans la *Relation du bannissement des jésuites de la Chine* (*M*, t.27, p.2). De peu antérieure aux *QE*, la *Profession de foi des théistes* proposait 'au Chinois, à l'Indien, au Tartare et à nous' d'adorer un dieu unique (*M*, t.27, p.56).

[19] Dans le fragment 29a de la main de Wagnière trouvé dans les carnets et daté par Besterman de 1775 ('Voltaire's notebooks: thirteen new fragments', *SVEC* 148, 1976, p.17), Juvénal est cité comme étant à l'origine de l'équivoque portant sur le prétendu culte des oignons par les Egyptiens. Depuis la première des *Homélies prononcées à Londres* (*OCV*, t.62, p.441-42), Voltaire défend la thèse selon laquelle les Egyptiens, comme les brahmanes, auraient eu un dieu unique.

[20] Voltaire emploie cette même expression, 'définissez les termes', d'après Locke, dans l'article 'Abus des mots'.

chez les Romains? il est bien plus vrai qu'il y fut absolument ignoré.[21]

Saint Justin dans son *Apologie* aussi inconnue à Rome que ce Simon, dit que ce dieu avait une statue élevée sur le Tibre (ou plutôt près du Tibre) entre les deux ponts, avec cette inscription, *Simoni deo sancto*.[22] Saint Irénée, Tertullien, attestent la même

---

[21] Personnage des Actes 8:9-24, Simon le magicien, déjà mentionné dans *L'Examen important de Milord Bolingbroke* (*OCV*, t.62, p.259-61), dans *Le Dîner du comte de Boulainvilliers* (*OCV*, t.63A, p.374-75) et dans l'article 'Christianisme' du *DP* (*OCV*, t.35, p.565-66), est au centre des préoccupations de Voltaire en 1769: il l'évoque dans un ajout au chapitre 8 de l'*Essai sur les mœurs* (t.1, p.279) au moment où il édite la *Relation de Marcel* dans la *Collection d'anciens évangiles* (*OCV*, t.69, p.226-45) dont il est l'un des protagonistes. Mais outre cette source tirée du *Codex apocryphus Novi Testamenti* de Fabricius (Hambourg, 1719-43, BV1284, t.3, p.632-53), dans laquelle il a laissé un signet portant les mots 'Marcel. / de Simon / Pierre / et Paul' (*CN*, t.3, p.467), Voltaire a eu recours à la 'Dissertation sur Simon le magicien' de Calmet, *Nouvelles Dissertations sur plusieurs questions importantes et curieuses* (Paris, 1720, BV617) qu'il a marquée d'un signet (*CN*, t.2, p.357), à la *Nouvelle Bibliothèque des auteurs ecclésiastiques* de Dupin (Paris, 1690-1730, BV1167) où le passage consacré à l'*Hérésie de Simon le magicien* est commenté par un signet portant 'ridicule / fable / de Simon' (*CN*, t.3, p.314-15) et à Middleton, *A free inquiry into the miraculous powers which are supposed to have subsisted in the Christian church, from the earliest ages though several successive centuries* (*Miscellaneous works*, BV2447 – voir aussi *CN*, t.5, p.619). Il est remonté à l'une des sources de Calmet et Dupin, Justin, dont il commente le récit concernant Simon dans la première Apologie (t.1, p.26) par les termes: 'ah le menteur / le cuistre' (*S. P. N. Justini philosophi et martyris opera quae exstant omnia*, Venise, 1747, BV1768 – voir aussi *CN*, t.4, p.638-39) et a sans doute utilisé l'*Histoire de l'Eglise* d'Eusèbe (Paris, 1675, BV1250, p.63-65), Cotelier, *S. S. Patrum* (Amsterdam, 1724, BV877, t.1, p.340-41) et la *Lettre de Monsieur le marquis Maffei sur la magie* (BV618, dans Calmet, *Traité sur les apparitions des esprits et sur les vampires ou les revenants de Hongrie*, Paris, 1751, t.2, p.434-40), peut-être les *Annales ecclesiastici* de Baronius (Cologne, 1609, t.1, col.704-707) et les *Mémoires pour servir à l'histoire ecclésiastique* de Le Nain de Tillemont (Paris, 1694, t.2, p.50-51). Dans cette première phrase, Voltaire s'inspire de la 'Dissertation' de Calmet qui s'ouvrait sur le 'silence' surprenant des auteurs profanes concernant Simon (*Nouvelles Dissertations*, p.318).

[22] 'A Simon dieu vénéré'. Voir Justin, *Apologia 1*, 26, 1, qui, dans *S. P. N. Justini philosophi et martyris opera quae exstant omnia* (p.60 – voir aussi *CN*, t.4, p.638-39) parle d'une statue érigée 'dans l'île Tibérine entre les deux ponts' que Voltaire évoque dans l'article 'Eclipse' du fonds de Kehl.

chose.[23] Mais à qui l'attestent-ils? à des gens qui n'avaient jamais vu Rome, à des Africains, à des Allobroges, à des Syriens, à quelques habitants de Sichem. Ils n'avaient certainement pas vu cette statue, dont l'inscription est *Semo sanco deo fidio*,[24] et non pas, *Simoni sancto deo*.

Ils devaient au moins consulter Denys d'Halicarnasse qui, dans son quatrième livre, rapporte cette inscription.[25] *Semo sanco* était un ancien mot sabin qui signifie demi-homme et demi-dieu.[26] Vous trouvez dans Tite-Live, *Bona Semoni sanco censuerunt consecranda*.[27] Ce dieu était un des plus anciens qui fussent révérés à Rome; il fut consacré par Tarquin le superbe, et regardé comme le dieu des alliances et de la bonne foi.[28] On lui sacrifiait un bœuf, et on écrivait sur la peau de ce bœuf le traité fait avec les peuples

105

110

115

[23] Respectivement Irénée, *Adversus haereses*, livre 1, ch.23, p.1-4, et Tertullien, *Apologeticus*, ch.13 (*Patrologia latina*, t.1, col.248), cités à la fois par Dupin (*Nouvelle Bibliothèque*, t.1, p.798) et Calmet (*Nouvelles Dissertations*, p.329) qui pour Irénée renvoient au chapitre 20 du même livre 1.

[24] 'Au dieu Semo Sancus Fidius'. Voltaire se trompe ici et donne plus loin l'inscription exacte *Semoni sanco deo fidio* retranscrite par Dupin (*Nouvelle Bibliothèque*, t.1, p.798) et Calmet (*Nouvelles Dissertations*, p.333).

[25] Denys d'Halicarnasse, *Antiquités*, livre 4, ch.58, section 4. Voltaire a corrigé ici Dupin (qui renvoyait erronément au livre 8) à partir de Middleton qui donne les deux mentions de Denys à Sancus dans *A Free Inquiry* (*Miscellaneous works*, t.1, p.33, n.3). Voltaire n'a cependant pas lu Denys qui, dans le livre 4, évoque le témoignage du traité laissé par Tarquin dans le temple de Jupiter Fidius sans rapporter l'inscription.

[26] D'après Middleton, *A free inquiry* (*Miscellaneous Works*, t.1, p.33, n.3), ou Calmet qui signalent tous deux que 'les Anciens appelaient en général Semones (quasi semi homines) les divinités d'un rang inférieur aux grands dieux' (*Nouvelles Dissertations*, p.334). Sur l'origine sabine de Sancus, Voltaire s'inspire en revanche de Dupin (*Nouvelle Bibliothèque*, t.1, p.798).

[27] Tite-Live, *Ab urbe condita*, livre 8, ch.20 ('Ils [les sénateurs] décidèrent qu'il fallait consacrer ses biens [les biens de la ville de Privernum] à Semo Sancus'), d'après Middleton, *A free inquiry* (*Miscellaneous Works*, t.1, p.33, n.3).

[28] D'après Dupin qui explique en note sur la foi du 'témoignage des anciens auteurs profanes qu'il y avait un dieu nommé Semo Sancus Fidius honoré à Rome, auquel on avait dressé des statues et des autels [...]. Ce dieu s'appelait *Sancus a Sanciendo* et *Fidius a Fide*; parce qu'il présidait aux alliances' (*Nouvelle Bibliothèque*, t.1, p.798).

voisins. Il avait un temple auprès de celui de Quirinus. Tantôt on lui présentait des offrandes sous le nom du père *Semo*, tantôt sous le nom de *Sancus fidius*. C'est pourquoi Ovide dit dans ses Fastes:

> *Quaerebam nonas sanco, fidiove referrem*
> *An tibi Semo pater.* [29]

Voilà la divinité romaine qu'on a prise pendant tant de siècles pour Simon le magicien. Saint Cyrille de Jérusalem n'en doutait pas; [30] et saint Augustin dans son premier livre *Des hérésies* dit, que Simon le magicien lui-même se fit élever cette statue avec celle de son Hélène par ordre de l'empereur et du sénat. [31]

Cette étrange fable dont la fausseté était si aisée à reconnaître, fut continuellement liée avec cette autre fable, que saint Pierre et ce Simon avaient tous deux comparu devant Néron; qu'ils s'étaient défiés à qui ressusciterait le plus promptement un mort proche parent de Néron même, et à qui s'élèverait le plus haut dans les airs; que Simon se fit enlever par des diables dans un chariot de feu; que saint Pierre et saint Paul le firent tomber des airs par leurs prières, qu'il se cassa les jambes, qu'il en mourut, et que Néron irrité fit mourir saint Paul et saint Pierre. [32] (Voyez l'article 'Saint Pierre'.)

134-35   70, 71N, 71A: et saint Pierre. ¶Abdias

[29] Ovide, *Fastes*, chant 6, vers 213 ('Je me demandais à qui je devais dédier les nones, à Sancus, à Fidius ou à toi, père Semo?'), cité par Calmet, *Nouvelles Dissertations*, p.334.

[30] Saint Cyrille, *Catechesis 6* (*Patrologia latina*, t.33, col.562) citée à la fois par la 'Dissertation sur Simon' de Calmet (*Nouvelles Dissertations*, p.329), et par Dupin, *Nouvelle Bibliothèque*, t.1, p.798.

[31] Augustin, *De haeresibus*, livre 1, ch.14 (*Patrologia latina*, t.42, col.25), mentionné par Calmet (*Nouvelles Dissertations*, p.329) et par Dupin (*Nouvelle Bibliothèque*, t.1, p.798). Augustin mentionne cette statue élevée 'par autorité publique' sans préciser toutefois cette autorité.

[32] Reprise avec d'importantes variantes liées à la relecture des sources et à l'édition de la *Relation de Marcel* dans la *Collection d'anciens évangiles* (*OCV*, t.69, p.230 et suiv.) d'un épisode que Voltaire a déjà commenté dans l'article 'Christianisme' du *DP* (*OCV*, t.35, p.565-66) et sur lequel il reviendra dans l'article 'Voyage de saint Pierre à Rome' des *QE*. Dans le *DP*, Voltaire avait évoqué la

Abdias, Marcel, Hégesype, ont rapporté ce conte avec des 135
détails un peu différents.[33] Arnobe, saint Cyrille de Jérusalem,
Sévère-Sulpice, Philastre, saint Epiphane, Isidore de Damiette,
Maxime de Turin, plusieurs autres auteurs ont donné cours
successivement à cette erreur.[34] Elle a été généralement adoptée,

---

rencontre de Pierre et de Simon à Rome du temps de Néron, la résurrection du jeune
parent de l'empereur empruntée au récit du pseudo-Abdias édité par Fabricius, le vol
et la chute de Simon puis le supplice infligé par Néron à Pierre à la suite de cet
épisode. S'inspirant du scepticisme de la 'Dissertation' de Calmet sur la mort de
Simon (*Nouvelles Dissertations*, p.335), Voltaire laisse ici de côté la discussion
doctrinale autour du pain d'orge et parmi les différentes traditions rapportées par
Calmet, retient les plus spectaculaires.

[33] Désignés comme les 'trois imbéciles' dans *L'Examen important de Milord
Bolingbroke* (*OCV*, t.62, p.261). Voltaire a lu les *Actes de Pierre et Paul* publiés par
Fabricius (*Codex apocryphus*, t.2, p.402-56; voir aussi *CN*, t.3, p.462), la version du
pseudo-Abdias qu'il a déjà évoquée dans *L'Examen important de Milord Bolingbroke*
(*OCV*, t.62, p.259) et dans l'article 'Christianisme' du *DP* (*OCV*, t.35, p.565) et qu'il
suit assez fidèlement ici. Dans la *Relation de Marcel* (*OCV*, t.69, p.242), il venait de
souligner les divergences entre les différentes traditions longuement examinées dans
la 'Dissertation sur Simon' de Calmet (*Nouvelles Dissertations*, p.335-36) concernant
notamment l'endroit où Simon serait mort. Parmi les 'belles particularités' offertes
par le récit du pseudo-Marcel, déjà soulignées dans *L'Examen important de Milord
Bolingbroke* (*OCV*, t.62, p.260-61): l'évocation de la tour élevée sur le Champ de
Mars et la chute de Simon sur la Voie sacrée (*OCV*, t.69, p.241-42). Quant à
Hégésippe, dont la version est proche de celle du pseudo-Abdias selon Calmet
(*Nouvelles Dissertations*, p.335), Voltaire a noté dans ses *Carnets* qu'il 'rapporte la
belle dispute de Pierre et de Simon' et que 'cette fable doit son origine à un danseur de
corde nommé Icare qui se cassa le cou en voulant danser devant Néron', soulignant
que 'Tillemont croit bonnement l'aventure de Simon' (*OCV*, t.81, p.175).

[34] Arnobe (*Adversus gentes*, livre 2) avait mentionné le chariot de feu mais fait
mourir Simon à Brindes; saint Cyrille de Jérusalem (sixième *Catéchèse*) n'avait pas
évoqué un tel chariot mais des démons; Sévère-Sulpice avait insisté sur le caractère
public du défi et de la chute (*Historia sacra*, livre 2); Philastre avait mentionné le seul
Pierre (*De haeresibus*, ch.13); Epiphane n'avait donné que peu de détails (*Divi
Epiphanii* [...], *contra octoginta haereses opus*, n° 21) de même qu'Isidore de Peluse
(livre 1, lettre 13) et Maxime de Turin (cinquième homélie dans *Natali Petri et
Pauli*) avait souligné le lien de cause à effet entre la chute de Simon devant Néron et
la mort des apôtres. Voltaire semble suivre l'ordre des sources présentées par Calmet
(*Nouvelles Dissertations*, p.336) mais il omet quelques auteurs comme Jérôme,
Ambroise ou Théodoret, complétant par ailleurs la liste de Calmet à l'aide des

jusqu'à ce qu'enfin on ait retrouvé dans Rome une statue de *Semo*   14
sancus deus fidius,[35] et que le savant père Mabillon ait déterré un de
ces anciens monuments avec cette inscription, *Semoni sanco deo
fidio*.[36]

Cependant il est certain qu'il y eut un Simon que les Juifs crurent
magicien, comme il est certain qu'il y a eu un Apollonios de   14
Thyane.[37] Il est vrai encore, que ce Simon né dans le petit pays de
Samarie,[38] ramassa quelques gueux auxquels il persuada qu'il était
envoyé de Dieu, et la vertu de Dieu même.[39] Il baptisait ainsi que
les apôtres baptisaient, et il élevait autel contre autel.

Les Juifs de Samarie toujours ennemis des Juifs de Jérusalem,   15
osèrent opposer ce Simon à Jésus-Christ, reconnu par les apôtres,
par les disciples qui tous étaient de la tribu de Benjamin ou de celle
de Juda. Il baptisait comme eux; mais il ajoutait le feu au baptême

---

Constitutions apostoliques (Cotelier, *S. S. Patrum*, t.1, livre 6, ch.9, p.340-41) dont
Calmet dit qu'elles ont 'épuisé la matière' (*Nouvelles Dissertations*, p.337) et peut-
être aussi de Baronius qui semble le seul à citer Epiphane (*Annales ecclesiastici*,
col.705).

[35] 'Le dieu Semo Sancus Fidius.'

[36] 'Au dieu Semo Sancus Fidius'. Mabillon, *Museum Italicum* (Paris, 1687, t.1,
p.87) d'après Calmet, 'Dissertation sur Simon' (*Nouvelles Dissertations*, p.334). La
statue en question fut trouvée sur l'île Tibérine en 1574. Sceptique quant à
l'inscription, Dupin avait mentionné le *Voyage d'Italie* du grand érudit français
dans les pages consacrées à Simon dans sa *Nouvelle Bibliothèque*, t.1, p.798 (voir
aussi *CN*, t.3, p.314).

[37] Philosophe pythagoricien et thaumaturge (mort en 97) dont les miracles
avaient été comparés de manière polémique à ceux de Jésus-Christ dans l'*Analyse de
la religion chrétienne* de Du Marsais, publiée par Voltaire dans le *Recueil nécessaire*
(Leipzig [Genève], 1765). Voltaire a pu trouver mention de ce 'magicien' dans la
Lettre sur la magie de Maffei (dans Calmet, *Traité sur les apparitions des esprits et sur
les vampires ou les revenants de Hongrie*, t.2, p.395).

[38] Voltaire suit ici Calmet qui mentionne sans y croire les hypothèses de Basnage
et Le Moyne sur une origine chypriote de Simon (*Nouvelles Dissertations*, p.319).

[39] Hérésie soulignée par Calmet (*Dictionnaire de la Bible*, article 'Simon', t.4,
p.226-27) sur la base de Actes 8:10 et déjà utilisée dans l'article 'Messie' du *DP*
(*OCV*, t.36, p.364) d'après Polier de Bottens (*OCV*, t.36, p.609). Comme la
précédente, la comparaison qu'elle induit entre Simon et Jésus est polémique.

d'eau, et se disait prédit par saint Jean-Baptiste selon ces paroles, (*b*)
Celui qui doit venir après moi est plus puissant que moi, il vous   155
baptisera dans le Saint-Esprit et dans le feu.

Simon allumait par-dessus le bain baptismal une flamme légère
avec du naphte du lac Asphaltide. [40] Son parti fut assez grand; mais
il est fort douteux que ses disciples l'aient adoré. Saint Justin est le
seul qui le croie.   160

Ménandre se disait comme Simon, envoyé de Dieu et sauveur
des hommes. [41] Tous les faux messies, et surtout Barcochebas,
prenaient le titre d'envoyés de Dieu; mais Barcochebas lui-même
n'exigea point d'adoration. [42] On ne divinise guère les hommes de
leur vivant, à moins que ces hommes ne soient des Alexandres ou   165
des empereurs romains qui l'ordonnent expressément à des

(*b*) Matthieu, ch.3, verset 11.

163   70, 71N, 71A: d'envoyé de

[40] Sur le baptême de feu dispensé par Simon et ses sectateurs, les *Mémoires pour
servir à l'histoire ecclésiastique* de Le Nain de Tillemont rapportent les propos d'un
auteur qui a écrit sur le baptême contre saint Cyprien 'vers l'an 256' selon lequel
'quelques-uns des hérétiques descendus de Simon faisaient paraître du feu au-dessus
de l'eau quand ils donnaient le baptême, pour relever leurs mystères, et tromper les
simples et les curieux, en leur faisant croire que leur baptême était plus saint et plus
véritable que celui de l'Eglise catholique. Cet auteur doute s'ils faisaient paraître ce
feu par quelque illusion et quelque adresse purement naturelle, ou si c'était par
magie' (t.2, p.42).

[41] Successeur de Dosithée, Ménandre a été présenté avec lui comme le fondateur
des mouvements gnostiques (voir Irénée, *Contre les hérésies*, livre 1, ch. 23, p.1-4).
Sur Ménandre, Voltaire a pu utiliser Eusèbe (livre 3, ch.26, p.125-26) qui renvoie à
Irénée et Justin mais aussi les *Mémoires pour servir à l'histoire ecclésiastique* de Le
Nain de Tillemont qui rapportent que Ménandre 'se vantait d'avoir été envoyé par
cet être invisible pour sauver les hommes' (t.2, p.50).

[42] Surnom donné à Bar Kocheba, chef de la révolte des Juifs de Palestine sous
Hadrien (132-135), déjà mentionné en 1756 dans *Des Juifs* (*M*, t.19, p.518) et dans
l'article 'Messie' du *DP* (*OCV*, t.36, p.364-65). Sur les sources possibles de Voltaire
sur Barcochébas, de Bayle et Meslier aux manuscrits clandestins, voir la note 53 de
cet article.

esclaves.[43] Encore n'est-ce pas une adoration proprement dite; c'est une vénération extraordinaire, une apothéose anticipée, une flatterie aussi ridicule que celles qui sont prodiguées à Octave par Virgile et par Horace.[44]

[43] Conclusion partiellement inspirée de Dupin qui avait écrit, à propos de la statue prétendument érigée à Simon: 'Ce n'était point la coutume des Romains de dresser des statues à des hommes vivants' (*Nouvelle Bibliothèque*, t.1, p.798-99).

[44] Sur le culte d'Auguste, 'véritable sacrilège d'adoration', voir ci-dessous, l'article 'Alexandre', qui cite un vers d'Horace.

ADULTÈRE

Nous ne devons point cette expression aux Grecs. Ils appelaient l'adultère *moikeia* dont les Latins ont fait leur *moechus*, que nous n'avons point francisé. [1] Nous ne le devons ni à la langue syriaque ni à l'hébraïque, jargon du syriaque, [2] qui nommait l'adultère *niuph*. [3] Adultère signifiait en latin, *altération, adultération, une chose mise*   5 *pour une autre, un crime de faux, fausses clefs, faux contrats, faux seing*; adulteratio. De là celui qui se met dans le lit d'un autre fut nommé *adulter*, comme une fausse clef qui fouille dans la serrure d'autrui. [4]

C'est ainsi qu'ils nommèrent par antiphrase *coccix*, coucou, le

---

* Début 1770, Voltaire envoie à Cramer 'un petit morceau pour ajouter à l'article Adultère à la fin' (D16150). Le 25 avril 1770, Voltaire adresse à Mme Du Deffand, qui lui avait demandé des nouvelles de cette 'prétendue encyclopédie', 'trois feuilles qui lui tombent sous la main' (les épreuves des cahiers D, E et F du tome 1 de l'édition originale), les articles 'Adam' et 'Adultère' car 'notre premier père est toujours intéressant et adultère est toujours quelque chose de piquant' (D16314). Dans cet article, il insère sous le titre 'Mémoire d'un magistrat' un texte intitulé 'Du divorce' et publié à la suite du *Fragment des instructions pour le prince royal de* *** (Genève, Cramer, 1767). Ce texte figure aussi dans les *Nouveaux Mélanges* (t.9, 1770, p.216-19), et, comme la section 2 d'un article 'Du divorce', dans le recueil alphabétique de l'édition de Kehl. Voltaire a sans doute consulté l'article 'Adultère' de l'*Encyclopédie* dont une partie est signée par l'abbé Yvon, une autre par François-Vincent Toussaint, mais plus particulièrement l'ouvrage du juriste Cerfvol, *Législation du divorce* (Londres, 1769, BV683), qui lui a permis d'étoffer son article. L'article paraît dans les *QE* en novembre/décembre 1770 (70, t.1); Voltaire ajoute en 1774 (w68) un passage sur l'absence de l'adultère dans la société lacédémonienne.

[1] Etymologie exacte.

[2] Dans sa *Dissertation sur la première langue*, Calmet déclare que l'hébraïque, considéré par les rabbins et certains Pères de l'Eglise comme la langue d'Adam, est la mère de presque toutes les langues orientales, du chaldéen, du syriaque et de l'arabe. Passage que Voltaire a relevé (*CN*, t.2, p.329). Sous sa plume l'hébreu devient, de manière péjorative, un 'jargon' du syriaque, alors que l'*Encyclopédie* lui consacre le long article 'Hébraïque (langue)'.

[3] La transcription moderne de l'hébreu est *noef.*

[4] Voltaire manifeste son intérêt pour l'histoire des langues.

pauvre mari chez qui un étranger venait pondre. Pline le naturaliste   10
dit, (a)[5] *Coccix ova subdit in nidis alienis; ita plerique alienas uxores
faciunt matres.* Le coucou dépose ses œufs dans le nid des autres
oiseaux; ainsi force Romains rendent mères les femmes de leurs
amis. La comparaison n'est pas trop juste. *Coxis* signifiant un
coucou, nous en avons fait *cocu.*[6] Que de choses on doit aux   15
Romains! mais comme on altère le sens de tous les mots! le cocu,
suivant la bonne grammaire, devrait être le galant; et c'est le mari.[7]
Voyez la chanson de Scaron. (b)

(a) Livre 10, ch.9.
(b)   Tous les jours une chaise
                              Me coûte un écu,
                              Pour porter à l'aise
                              Votre chien de cu,
                              A moi pauvre cocu.[8]

11   w68: dit, *Coxix ova*

[5] La référence en note indiquée par Voltaire renvoie à ce passage: 'Coccyx
uidetur ex accipitre fieri [...]. Procedit uere, occultater caniculae ortu, inter quae
parit in alienis nidis, maxime plumbium, maiori ex parte singula oua, quod nulla alia
auis: raro bina' ('Le coucou passe pour un produit de l'épervier [...]. Il paraît au
printemps; il se cache au lever du Chien, et, dans l'intervalle, il pond dans le nid des
autres, surtout dans celui des ramiers, ordinairement un seul œuf, ce qui n'arrive à
aucun autre oiseau, rarement deux'), Pline l'Ancien, *Histoire naturelle*, éd. E. de
Saint Denis (Paris, 1961), livre 9, p.36-37.
[6] Le *Dictionnaire historique de la langue française* (Paris, 1993) rappelle, à l'article
'Cocu', que la forme primitive *kuku*, 'cri du coucou pour insulter les amants', est une
variante de *coucou*, oiseau qui doit son ancienne réputation d'infidélité au fait qu'il ne
vit pas en couple.
[7] Ce commentaire est peut-être emprunté à Pasquier qui, dans ses *Recherches de la
France*, écrit: 'Pareille faute faisons-nous quand nous appelons *coquu* celui dont la
femme va en dommage: car au contraire la nature de cet oiseau est d'aller pondre au
nid des autres, comme nous apprenons de Pline au dixième livre de son Histoire
naturelle. Par quoi pour rapporter proprement le *coquu* à l'homme, il y aurait plus de
raison de l'adapter à celui qui agit et non qui pâtit' (*Œuvres*, Paris, 1611, p.875).
[8] Voltaire cite de mémoire cette 'courante'. On lit dans les *Œuvres de Monsieur
Scarron* (Amsterdam, 1752, t.7, p.258): 'Pour porter à l'aise / Votre chien de cu, /
Tous les jours une chaise / Coûte un bel écu / A moi pauvre cocu'.

Quelques doctes ont prétendu que c'est aux Grecs que nous sommes redevables de l'emblème des cornes; et qu'ils désignaient par le titre de bouc, *aix*,[9] (*c*) l'époux d'une femme lascive comme une chèvre. En effet ils appelaient *fils de chèvre* les bâtards que notre canaille appelle *fils de putain*. Mais ceux qui veulent s'instruire à fond doivent savoir que nos cornes viennent des cornettes des dames.[10] Un mari qui se laissait tromper et gouverner par son insolente femme, était réputé porteur de cornes, cornu, cornard, par les bons bourgeois. C'est par cette raison que *cocu*, *cornard*, et *sot*, étaient synonymes. Dans une de nos comédies on trouve ce vers:

> Elle? elle n'en fera qu'un sot, je vous assure.[11]

Cela veut dire; elle n'en fera qu'un cocu. Et dans l'*Ecole des femmes*,

> Epouser une sotte est pour n'être point sot.[12]

Bautru qui avait beaucoup d'esprit disait, Les Bautrus sont cocus, mais ils ne sont pas des sots.[13]

(*c*) Voyez l'article 'Bouc'.

[9] En fait, *aix* désigne la chèvre. Le renvoi à l'article 'Bouc', qui traite de la bestialité, souligne que le bouc a traditionnellement partie liée dans l'imaginaire avec la sexualité.

[10] Diminutif féminin de corne, le mot désigne des coiffures féminines à pointes (cornes) et, depuis le dix-septième siècle, la coiffe des religieuses de Saint Vincent-de-Paul, parfois le bonnet de nuit des femmes. L'étymologie de Voltaire paraît fantaisiste, même si le mot renvoie à la corne. Symbole de puissance virile, la corne a été prise comme l'attribut imaginaire des maris trompés: l'emploi du mot en ce sens apparaît au quinzième siècle à cause des coqs châtrés auxquels on avait implanté dans la crête leurs ergots qui ressemblaient à des cornes; ces coqs furent comparés aux maris trompés (O. Bloch et W. von Wartburg, *Dictionnaire étymologique de la langue française*, Paris, 1950).

[11] Molière, *Tartuffe*, acte 2, scène 2.

[12] Molière, *L'Ecole des femmes*, acte 1, scène 1.

[13] Guillaume Bautru, comte de Séran, conseiller d'Etat, membre de l'Académie française, naquit à Angers en 1588 et mourut en 1665. Ce bel esprit était une des

La bonne compagnie ne se sert plus de tous ces vilains termes, et ne prononce même jamais le mot d'*adultère*. On ne dit point, Madame la duchesse est en adultère avec monsieur le chevalier. Madame la marquise a un mauvais commerce avec monsieur l'abbé. On dit, Monsieur l'abbé est cette semaine l'amant de madame la marquise. Quand les dames parlent à leurs amies de leurs adultères, elles disent, J'avoue que j'ai du goût pour *lui*.[14] Elles avouaient autrefois qu'elles sentaient quelque estime; mais depuis qu'une bourgeoise s'accusa à son confesseur d'avoir de l'estime pour un conseiller, et que le confesseur lui dit, Madame, combien de fois vous a-t-il estimée? les dames de qualité n'ont plus estimé personne, et ne vont plus guère à confesse.[15]

Les femmes de Lacédémone ne connaissaient, dit-on, ni la confession ni l'adultère. Il est bien vrai que Ménélas avait éprouvé ce qu'Hélène savait faire. Mais Lycurgue y mit bon ordre en rendant les femmes communes quand les maris voulaient bien les prêter, et que les femmes y consentaient.[16] Chacun peut disposer

47-68   70, 71N, 71A: confesse. ¶Un

---

créatures du cardinal de Mazarin, mais joua surtout le rôle de bouffon de cour. Son ami Ménage cite ses bons mots dans le *Menagiana* consulté par Voltaire (BV2417; *CN*, t.5, p.598-99), où il a trouvé ce mot (t.1, p.268). Voltaire cite Bautru dans ses *Carnets* (*OCV*, t.81, p.381).

[14] Le 'goût' appartient au langage érotique du dix-huitième siècle. Crébillon en fait grand usage. Voir L. Versini, *Laclos et la tradition* (Paris, 1968), p.469-72.

[15] Sur l'ambiguïté sémantique des termes, avec le recours aux ellipses et euphémismes, voir l'étude du jargon amoureux, Versini, *Laclos*, p.344, 347, 355, et B. Fort, *Le Langage de l'ambiguïté dans l'œuvre de Crébillon fils* (Paris, 1978). Il s'agit probablement d'une anecdote.

[16] Dans *Les Vies des hommes illustres grecs et romains* de Plutarque dont Voltaire possédait la traduction par Amyot (Genève, 1535, BV2773) les pages consacrées à Lycurgue exposent 'comment il pourveut au mariage et à la génération des enfants'. Il eut soin d'éviter toute jalousie et de prévenir toute violence dans les mariages en permettant 'à ceux qui en étaient dignes, [d']engendrer les enfants en commun, se moquant de la folie de ceux qui vengent telles choses avec guerres et effusion de sang humain' (*Les Vies des hommes illustres*, Paris, 1599, t.1, p.92).

de son bien.[17] Un mari en ce cas n'avait point à craindre de nourrir dans sa maison un enfant étranger. Tous les enfants appartenaient à la république, et non à une maison particulière;[18] ainsi on ne faisait tort à personne. L'adultère n'est un mal qu'autant qu'il est un vol: mais on ne vole point ce qu'on vous donne. Un mari priait souvent un jeune homme beau, bien fait et vigoureux de vouloir bien faire un enfant à sa femme.[19] Plutarque nous a conservé dans son vieux style la chanson que chantaient les Lacédémoniens quand Acrotatus allait se coucher avec la femme de son ami.

> Allez, gentil Acrotatus, besognez bien Kélidonide,
> Donnez de braves citoyens à Sparte.[20]

Les Lacédémoniens avaient donc raison de dire que l'adultère était impossible parmi eux.

Il n'en est pas ainsi chez nos nations dont toutes les lois sont fondées sur le tien et le mien.

Un des grands désagréments de l'adultère, chez nous, c'est que la dame se moque quelquefois de son mari avec son amant; le mari s'en doute: et on n'aime point à être tourné en ridicule. Il est arrivé dans la bourgeoisie que souvent la femme a volé son mari pour donner à son amant; les querelles de ménage sont poussées à des

---

68   70, 71N, 71A: l'adultère, c'est

---

[17] Echo de *Cosi-Sancta* (*OCV*, t.1B, p.126).

[18] Reprise de ce passage de Plutarque: 'car premièrement Lucurgue ne voulait point que les enfants fussent propres aux particuliers, ains communs à la chose publique' (*Les Vies des hommes illustres*, t.1, p.92).

[19] Encore une reprise de Plutarque: 'Pourtant n'était-il point reprochable à homme qui se trouvât ici sur l'age, et eût jeune femme, s'il voyait quelque beau jeune homme, qui lui agréât, et lui semblât de gentille nature, le mener coucher avec sa femme pour la faire emplir de bonne semence, et avouer le fruit qui en naissait, comme s'il eût été engendré par lui-même' (*Les Vies des hommes illustres*, t.1, p.92).

[20] Plutarque, *Pyrrhos*, 28, 6, t.1, p.791 dans Amyot: les vieillards crient: 'Va gentil Acrotatus, besogne bien Chelidonide, et engendre de bons enfants à Sparte'. 'Besogner' est un archaïsme pour désigner l'acte sexuel.

excès cruels: elles sont heureusement peu connues dans la bonne compagnie. [21]

Le plus grand tort, le plus grand mal est de donner à un pauvre homme des enfants qui ne sont pas à lui, et de le charger d'un fardeau qu'il ne doit pas porter. On a vu par là des races de héros entièrement abâtardies. Les femmes des Astolphes et des Jocondes, [22] par un goût dépravé, par la faiblesse du moment, ont fait des enfants avec un nain contrefait, avec un petit valet sans cœur et sans esprit. Les corps et les âmes s'en sont ressenties. De petits singes ont été les héritiers des plus grands noms dans quelques pays de l'Europe. Ils ont dans leur première salle les portraits de leurs prétendus aïeux, hauts de six pieds, beaux, bien faits, armés d'un estramaçon [23] que la race d'aujourd'hui pourrait à peine soulever. Un emploi important est possédé par un homme qui n'y a nul droit, et dont le cœur, la tête et le bras n'en peuvent soutenir le faix.

Il y a quelques provinces en Europe où les filles font volontiers l'amour, et deviennent ensuite des épouses assez sages. C'est tout le contraire en France; on enferme les filles dans des couvents, où jusqu'à présent on leur a donné une éducation ridicule. Leurs mères, pour les consoler, leur font espérer qu'elles seront libres quand elles seront mariées. A peine ont-elles vécu un an avec leur

75
80
85
90

---

82   w68: été héritiers
87   κ84, κ12: tête et les bras

---

[21] Voltaire oppose l'honnêteté au sens de la probité dans la bourgeoisie à l'honnêteté aristocratique, notion sociale, qui peut autoriser le libertinage.

[22] Astolphe et Joconde, personnages du *Roland furieux*, chant 27. Après une séparation déchirante avec sa tendre épouse, Joconde revient sur ses pas et trouve sa femme endormie dans les bras d'un jouvenceau. Il part sans faire de bruit, découvre que la reine s'abandonne à un nain contrefait, le révèle à Astolphe en exigeant auparavant qu'il ne manifeste pas son courroux. Joconde et Astolphe parcourent le monde pour mettre les femmes à l'épreuve. Voltaire professe la plus grande admiration pour l'Arioste (voir *Essai sur les mœurs*, ch.82, t.1, p.765).

[23] Longue et lourde épée à deux tranchants en usage du Moyen Age au dix-huitième siècle.

époux, qu'on s'empresse de savoir tout le secret de leurs appas. Une   95
jeune femme ne vit, ne soupe, ne se promène, ne va aux spectacles
qu'avec des femmes qui ont chacune leur affaire réglée; si elle n'a
point son amant comme les autres, elle est ce qu'on appelle
dépareillée;[24] elle en est honteuse, elle n'ose se montrer.

Les Orientaux s'y prennent au rebours de nous. On leur amène   100
des filles qu'on leur garantit pucelles sur la foi d'un Circassien. On
les épouse, et on les enferme par précaution, comme nous enfermons
nos filles. Point de plaisanteries dans ces pays-là sur les dames et sur
les maris; point de chansons; rien qui ressemble à nos froids
quolibets de cornes et de cocuage. Nous plaignons les grandes   105
dames de Turquie, de Perse, des Indes; mais elles sont cent fois plus
heureuses dans leurs sérails que nos filles dans leurs couvents.[25]

Il arrive quelquefois chez nous qu'un mari mécontent, ne
voulant point faire un procès criminel à sa femme pour cause
d'adultère (ce qui ferait crier à la barbarie), se contente de se faire   110
séparer de corps et de biens.

C'est ici le lieu d'insérer le précis d'un mémoire composé par un
honnête homme qui se trouve dans cette situation; voici ses
plaintes. Sont-elles justes?

101-102   K12: Circassien. Ils les épousent, et ils les enferment par

[24] Exemples du langage mondain prenant les mots dans une acception particulière. On parle également d'*affaires arrangées*.

[25] Discours qui va à l'encontre de l'image du sérail des *Lettres persanes* et qui trouve son origine dans la vision horrifique du couvent au dix-huitième siècle. Voltaire forme des vœux pour leur suppression.

Mémoire d'un magistrat, écrit vers l'an 1764[26]

Un principal magistrat d'une ville de France,[27] a le malheur d'avoir
une femme qui a été débauchée par un prêtre avant son mariage, et
qui depuis s'est couverte d'opprobres par des scandales publics: il a
eu la modération de se séparer d'elle sans éclat.[28] Cet homme âgé de
quarante ans,[29] vigoureux et d'une figure agréable, a besoin d'une
femme; il est trop scrupuleux pour chercher à séduire l'épouse d'un
autre, il craint même le commerce d'une fille, ou d'une veuve qui
lui servirait de concubine. Dans cet état inquiétant et douloureux,
voici le précis des plaintes qu'il adresse à son Eglise.

Mon épouse est criminelle, et c'est moi qu'on punit.[30] Une autre
femme est nécessaire à la consolation de ma vie, à ma vertu même;
et la secte dont je suis me la refuse; elle me défend de me marier

---

117 K84, K12: d'opprobre par

---

[26] La source de ce morceau, paru en 1767 (voir ci-dessus, note *), est un mémoire
de François Antoine Philbert qui, après avoir soumis son texte à Voltaire, le fera
paraître, sous le titre *Cri d'un honnête homme qui se croit fondé en droit naturel et divin à
répudier sa femme pour représenter à la législation française les motifs de justice tant
ecclésiastique que civile, les vues d'utilité tant morale que politique, qui militeraient pour
la dissolution du mariage dans de certaines circonstances données* (s.l., 1768). D'après les
Mémoires secrets, à la date du 12 mars 1769, un magistrat d'une ville de province avait
dû se séparer de sa Messaline. Wagnière dit que Voltaire a travaillé à ce plaidoyer en
faveur du divorce, mais que le fond ou le canevas du mémoire lui avait été envoyé
(*Mémoires sur Voltaire, et sur ses ouvrages*, 2 vol., Paris, 1826, t.1, p.294). Le 7 mai
1770 (D16333), Voltaire a demandé à Elie Bertrand de lui procurer l'ouvrage de
Cerfvol, *Législation du divorce, précédée du Cri d'un honnête homme*.
[27] Philbert, né à Saverne, mort vers 1785, fut préteur royal de Landau dès 1756
(voir *Amtbücher Alte Abteilung*, n° 63, f.251). Auteur de l'*Histoire des révolutions de la
Haute Allemagne* (1766), il se présente comme 'le premier officier de justice d'une
ville de province de second ordre' (*Cri d'un honnête homme*, p.xv).
[28] Résumé correct du *Cri d'un honnête homme*, p.xvii-xxv.
[29] En fait 44 ans (*Cri d'un honnête homme*, p.xxxviii).
[30] 'Puni enfin précisément parce que je suis offensé' (*Cri d'un honnête homme*,
p.xxxviii).

avec une fille honnête.[31] Les lois civiles d'aujourd'hui, malheureusement fondées sur le droit canon, me privent des droits de l'humanité. L'Eglise me réduit à chercher ou des plaisirs qu'elle réprouve, ou des dédommagements honteux qu'elle condamne;   130
elle veut me forcer d'être criminel.

Je jette les yeux sur tous les peuples de la terre, il n'y en a pas un seul, excepté le peuple catholique romain, chez qui le divorce et un nouveau mariage ne soient de droit naturel.[32]

Quel renversement de l'ordre a donc fait chez les catholiques   135
une vertu de souffrir l'adultère et un devoir de manquer de femme quand on a été indignement outragé par la sienne?

Pourquoi un lien pourri est-il indissoluble malgré la grande loi adoptée par le code, *quidquid ligatur dissolubile est?*[33] On me permet la séparation de corps et de biens, et on ne me permet pas le   140
divorce. La loi peut m'ôter ma femme, et elle me laisse un nom qu'on appelle *sacrement?* je ne jouis plus du mariage, et je suis

[31] En 1563, le concile de Trente a réaffirmé l'indissolubilité du mariage 'que l'adultère ne peut dissoudre' (voir *Essai sur les mœurs*, ch.172, t.2, p.512). La France de l'Ancien Régime, soumise à la juridiction canonique, n'admettait que la seule séparation. Le terme de 'secte' est absent du mémoire de Philbert qui parle avec respect de l'Eglise catholique tout en se déclarant 'forçat éternel d'un sacrement' (*Cri d'un honnête homme*, p.xxxvii).

[32] Philbert fait l'apologie des pays de Réforme (*Cri d'un honnête homme*, p.xxix-xxx). Le divorce s'impose au nom de la raison dont la visée est le bonheur des individus autant que l'ordre de la société. Les protestants admettaient la légitimité du divorce dans certaines limites: adultère du conjoint, sévices graves, absence longue et affectée, incompatibilité d'humeur.

[33] Argument emprunté à Philbert, *Cri d'un honnête homme*, p.xxxi; Justinien, *Corpus juris civilis romani*, t.1, ch.3 (Bâle, 1756, BV872; *CN*, t.2, p.758-64). Les adversaires de l'indissolubilité, comme Pufendorf dans le *Droit de la nature et des gens* (Amsterdam, 1712, BV2827), insistaient sur la nature contractuelle du mariage. La fidélité étant clause constitutive du contrat conjugal, ce dernier ne pourrait subsister, dès lors qu'elle a été enfreinte. Une règle qui serait extérieure aux stipulations du contrat et indépendante de la volonté des contractants est étrangère à l'essence du droit, plaident les jurisconsultes qui distinguent le contrat du sacrement. Voltaire est sur la même ligne que Philbert. Dans une lettre au marquis Albergati (15 avril 1760, D8854), il remarquait que rien n'était plus ridicule que 'd'être obligé de vivre avec une femme avec laquelle on ne peut pas vivre'.

marié. Quelle contradiction! quel esclavage! et sous quelles lois avons-nous reçu la naissance![34]

Ce qui est bien plus étrange, c'est que cette loi de mon Eglise est directement contraire aux paroles que cette Eglise elle-même croit avoir été prononcées par Jésus-Christ: (*d*) *Quiconque a renvoyé sa femme (excepté pour adultère) pèche s'il en prend une autre.*[35]

Je n'examine point si les pontifes de Rome ont été en droit de violer à leur plaisir la loi de celui qu'ils regardent comme leur maître,[36] si lorsqu'un Etat a besoin d'un héritier, il est permis de

---

(*d*) Matthieu, ch.19.

[34] La doctrine catholique exposée dans les articles 'Adultère' et 'Divorce' du *Dictionnaire de théologie catholique* proclame l'indissolubilité du mariage en rappelant la parole de Jésus: 'Que l'homme donc ne sépare pas ce que Dieu a joint' (Matthieu 19:6). Le sacrement est un 'signe sacré parce qu'il symbolise une réalité sainte, un signe efficace parce qu'il produit lui-même la sanctification de l'âme' (*Dictionnaire de théologie catholique*, éd. A. Vacant et autres, 15 vol., Paris, 1899-1950, t.12, col.494, article 'Sacrement'). La séparation de corps n'est légitime que dans le cas d'un adultère. L'époux innocent, si l'adultère est notoire, peut abandonner son conjoint sans recourir à l'Eglise, mais si l'adultère est secret, il doit faire étudier son cas par un tribunal ecclésiastique (*Dictionnaire de théologie catholique*, article 'Adultère').

[35] Matthieu 19:9: 'Aussi je vous déclare que quiconque quitte sa femme, si ce n'est en cas d'adultère, et en épouse une autre, commet un adultère; et celui qui épouse celle qu'un autre a quittée commet aussi un adultère'. Philbert a également opposé au magistère de l'Eglise l'enseignement du Christ lui-même: l'adultère libère de tout lien le conjoint innocent. Or ce verset est l'objet de commentaires sans nombre. Les catholiques remarquent que l'incise, 'si ce n'est en cas d'adultère', marquant une exception à la règle, est le fait uniquement de l'Evangile selon saint Matthieu. Ils citent donc Marc 10:11, Luc 16:18, 1 Corinthiens 7:10-11. Certains proposent que l'incise ne s'applique qu'au début du verset et non à sa deuxième partie – il faudrait donc lire: 'Celui qui renverra sa femme, [ce qui n'est permis qu'en cas de fornication,] et qui en épousera une autre, commet un adultère', cette interprétation a l'avantage de ne pas mettre en cause un évangile canonique, de conserver l'indissolubilité du mariage et d'autoriser seulement la séparation de corps et de biens.

[36] Les papes Innocent Ier (401-417), Grégoire le Grand (540-604), Grégoire II (vers 721), Zacharie (747), Etienne II (756) ont proclamé cette loi que Grégoire XIV rappelle encore en 1743 en s'adressant aux orientaux.

répudier celle qui ne peut en donner.[37] Je ne recherche point si une femme turbulente, attaquée de démence, ou homicide, ou empoisonneuse, ne doit pas être répudiée aussi bien qu'une adultère;[38] je m'en tiens au triste état qui me concerne, Dieu me permet de me 155 remarier, et l'évêque de Rome ne me le permet pas!

Le divorce a été en usage chez les catholiques sous tous les empereurs; il l'a été dans tous les Etats démembrés de l'empire romain.[39] Les rois de France, qu'on appelle *de la première race*,[40] ont presque tous répudié leurs femmes pour en prendre de nouvelles. 160 Enfin il vint un Grégoire IX ennemi des empereurs et des rois, qui par un décret fit du mariage un joug insecouable; sa décrétale devint la loi de l'Europe.[41] Quand les rois voulurent répudier une femme adultère selon la loi de Jésus-Christ, ils ne purent en venir à bout; il fallut chercher des prétextes ridicules. Louis le Jeune fut 165 obligé, pour faire son malheureux divorce avec Eléonor de Guienne, d'alléguer une parenté qui n'existait pas.[42] Le roi

[37] Allusion au divorce de Henri IV et de Marguerite de Valois qui 'passait pour stérile' (*Histoire du parlement de Paris*, ch.41, *OCV*, t.68, p.371).

[38] Cerfvol dans la *Législation du divorce* énumère les principales raisons qui autorisent le recours au divorce: l'adultère, la folie, les sévices et injures graves. Ces dispositions furent presque toutes reprises dans la loi du 20 septembre 1792, votée par l'Assemblée législative et qui instituait le divorce.

[39] A Rome, le droit de répudiation, réservé au mari, fit place au divorce par consentement mutuel à la fin du Bas-Empire – voir l'article 'Divorce' du *Dictionnaire de théologie catholique* (t.4, col.1463).

[40] Le mot 'race' désigne la lignée, l'extraction. Richelet signale que la première race des rois de France est celle des Mérovingiens et Furetière précise que le mot race se dit d'une longue suite de rois.

[41] Le pape Grégoire IX (v.1145-1241) symbolise la lutte sans merci entre le sacerdoce et l'empire. En 1227, il excommunia l'empereur Frédéric II, à la suite du faux départ de celui-ci pour la croisade (*Essai sur les mœurs*, ch.52, t.1, p.543-44); il l'accusa aussi d'avoir dit que l'univers avait été trompé par trois imposteurs, Moïse, Jésus-Christ et Mahomet (p.545). La compilation de décrétales par Raymond de Peñafort, en 1234, sur l'ordre de Grégoire IX, forme la seconde partie du *Corpus juris canonici* (BV871; *CN*, t.2, p.756-58).

[42] Louis VII le Jeune (v.1120-1180), dont le règne débuta par un grave conflit avec le Saint-Siège. Dans l'*Essai sur les mœurs*, Voltaire fait allusion aux infidélités de sa femme Eléonore (ou Aliénor) de Guyenne. Il fit casser son mariage par un concile

Henri IV pour répudier Marguerite de Valois, prétexta une cause encore plus fausse, un défaut de consentement.[43] Il fallut mentir pour faire un divorce légitimement.

Quoi! un souverain peut abdiquer sa couronne, et sans la permission du pape il ne pourra abdiquer sa femme! Est-il possible que des hommes d'ailleurs éclairés aient croupi si longtemps dans cette absurde servitude!

Que nos prêtres, que nos moines renoncent aux femmes, j'y consens; c'est un attentat contre la population, c'est un malheur pour eux, mais ils méritent ce malheur qu'ils se sont fait eux-mêmes. Ils ont été les victimes des papes qui ont voulu avoir en eux des esclaves, des soldats sans familles et sans patrie, vivant uniquement pour l'Eglise:[44] mais moi magistrat qui sers l'Etat toute la journée, j'ai besoin le soir d'une femme; et l'Eglise n'a pas le droit de me priver d'un bien que Dieu m'accorde. Les apôtres étaient mariés, Joseph était marié,[45] et je veux l'être. Si moi Alsacien je dépends d'un prêtre qui demeure à Rome, si ce prêtre a la barbare puissance de me priver d'une femme, qu'il me fasse eunuque pour chanter des *miserere* dans sa chapelle.[46]

186-186a   K12: chapelle. [*avec note*: L'empereur Joseph II vient de donner à ses peuples une nouvelle législation sur les mariages. Par cette législation le mariage devient ce qu'il doit être: un simple contrat civil. Il a également autorisé le divorce, sans exiger d'autre motif que la volonté constante des deux époux. Sur ces deux objets plus importants qu'on ne croit pour la morale et la prospérité des Etats, il a donné un grand exemple qui sera suivi par les autres nations de l'Europe, quand elles

---

d'évêques de France sur le prétexte qu'Eléonore était son arrière-cousine (t.1, p.523-24, 574). Ce divorce fut 'malheureux', car Louis le Jeune perdit la Guyenne; Henri II Plantagenêt, comte d'Anjou et duc de Normandie, mit la main sur l'Aquitaine en épousant Eléonore.

[43] Voir l'*Histoire du parlement de Paris*: on recourut à 'un mensonge et à des puérilités' (*OCV*, t.68, p.372).

[44] Célibat des prêtres et dépopulation sont des lieux communs de la littérature du dix-huitième siècle, voir l'article 'Catéchisme du curé' du *DP* (*OCV*, t.35, p.476, n.6).

[45] Voir ci-dessous, l'article 'Apôtres'.

[46] Cette conclusion voltairienne n'a rien à voir avec le mémoire de Philbert.

Mémoire pour les femmes

L'équité demande qu'après avoir rapporté ce mémoire en faveur
des maris, nous mettions aussi sous les yeux du public le plaidoyer
en faveur des mariées, présenté à la junte du Portugal par une
comtesse d'Arcira. [47] En voici la substance: 190
L'Evangile a défendu l'adultère à mon mari tout comme à moi; il
sera damné comme moi, rien n'est plus avéré. Lorsqu'il m'a fait
vingt infidélités, qu'il a donné mon collier à une de mes rivales, et
mes boucles d'oreilles à une autre, je n'ai point demandé aux juges
qu'on le fît raser, qu'on l'enfermât chez des moines, et qu'on me   195
donnât son bien. Et moi pour l'avoir imité une seule fois, pour
avoir fait avec le plus beau jeune homme de Lisbonne ce qu'il fait
tous les jours impunément avec les plus sottes guenons de la cour et
de la ville, il faut que je réponde sur la sellette [48] devant des
licenciés, dont chacun serait à mes pieds si nous étions tête à tête   200
dans mon cabinet; [49] il faut que l'huissier me coupe à l'audience,
mes cheveux qui sont les plus beaux du monde; qu'on m'enferme
chez des religieuses qui n'ont pas le sens commun; qu'on me prive
de ma dot et de mes conventions matrimoniales, qu'on donne tout
mon bien à mon fat de mari pour l'aider à séduire d'autres femmes,   205
et à commettre de nouveaux adultères. [50]

commenceront à sentir qu'il n'est pas plus raisonnable de consulter sur la législation
les théologiens que les danseurs de corde.] / *Mémoire pour*
196   K84, K12:   une fois

[47] Voltaire a dans sa bibliothèque le *Cri d'une honnête femme qui réclame le divorce,
conformément aux lois de la primitive Eglise, à l'usage actuel du royaume catholique de
Pologne, et à celui de tous les peuples de la terre qui existent ou ont existé excepté nous* de
Cerfvol (Paris, 1770, BV682). Ce texte n'a rien à voir avec ce mémoire.
[48] Petit siège bas sur lequel on faisait s'asseoir les accusés pendant les
interrogatoires.
[49] Voir la ruse d'Almona dans *Zadig*, ch.13 (*OCV*, t.30B, p.175-79).
[50] Ces punitions sont énumérées dans l'article 'Adultère' de l'*Encyclopédie* (t.1,
p.151). Voltaire, comme Cerfvol, repousse toute discrimination à l'égard de la
femme. Le mari n'est pas moins coupable lorsqu'il trahit la foi conjugale.

Je demande si la chose est juste, et s'il n'est pas évident que ce sont les cocus qui ont fait les lois.

On répond à mes plaintes que je suis trop heureuse de n'être pas lapidée à la porte de la ville par les chanoines, les habitués de paroisse et tout le peuple. C'est ainsi qu'on en usait chez la première nation de la terre, la nation choisie, la nation chérie, la seule qui eût raison quand toutes les autres avaient tort.[51]

Je réponds à ces barbares, que lorsque la pauvre femme adultère fut présentée par ses accusateurs au maître de l'ancienne et de la nouvelle loi, il ne la fit point lapider; qu'au contraire, il leur reprocha leur injustice, qu'il se moqua d'eux en écrivant sur la terre avec le doigt,[52] qu'il leur cita l'ancien proverbe hébraïque, *Que celui de vous qui est sans péché jette la première pierre*; qu'alors ils se retirèrent tous, les plus vieux fuyant les premiers, parce que plus ils avaient d'âge, plus ils avaient commis d'adultères.[53]

Les docteurs en droit canon me répliquent que cette histoire de la femme adultère n'est racontée que dans l'Evangile de saint Jean, qu'elle n'y a été insérée qu'après coup.[54] Léontius, Maldonat[55]

224-25   70, 71N, 71A: coup par Leontius. Maldonat assure qu'elle

[51] La loi de Moïse est sévère pour l'adultère qui est puni de mort (Deutéronome 22:22, Lévitique 20:10). Calmet rapporte comment la lapidation, selon les rabbins, punissait le crime d'adultère: on conduisait le coupable sur une butte élevée, demi-nu, les mains liées derrière le dos et on le poussait rudement. S'il ne mourait pas de sa chute, les témoins roulaient sur lui une grosse pierre et si cela ne suffisait pas, lui jetaient des pierres (*Commentaire littéral* [*Matthieu*], 1709-1734, t.19, p.190).

[52] Des commentateurs, comme saint Ambroise ou Grotius, se sont demandés ce que Jésus écrivait avec son doigt sur la terre. Calmet pense que la sentence des Psaumes 49:17 convenait à la circonstance: 'Mais Dieu a dit au pécheur: Pourquoi racontez-vous mes justices, et pourquoi avez-vous toujours mon alliance dans la bouche?'

[53] Jean 8:3-7. Pour Calmet, Jésus ne veut pas dire que les témoins doivent être exempts de fautes, mais qu'ils ne soient pas coupables du même crime (*Commentaire littéral*, t.19, p.191).

[54] Dans le *Commentaire littéral* de Calmet sont énumérés les noms de ceux qui combattent pour ou contre l'authenticité de cette histoire et leurs arguments sont développés (t.19, p.185-86). Les actes du concile de Trente la tiennent pour canonique.

[55] Léontios de Byzance (v.485-v.542), théologien adepte de l'hérésie nestorienne

assurent qu'elle ne se trouve que dans un seul ancien exemplaire 225
grec; qu'aucun des vingt-trois premiers commentateurs n'en a
parlé. Origène, saint Jérôme, saint Jean Chrysostome, Théophilacte, Nonnus ne la connaissent point.[56] Elle ne se trouve point
dans la Bible syriaque,[57] elle n'est point dans la version d'Ulphi-
las.[58] 230

Voilà ce que disent les avocats de mon mari, qui voudraient non
seulement me faire raser, mais me faire lapider.

Mais les avocats qui ont plaidé pour moi disent qu'Ammonius,

---

qui revint à l'orthodoxie dont l'ouvrage principal est *Libri tres adversus nestorianos et
eutychianos*. Juan Maldonado (1534-1583), jésuite qui fut professeur de théologie au
collège de Clermont (1565-1575). Par ses sermons et controverses, il travailla à la
Contre-Réforme catholique. Retiré à Bourges (1578), il rédigea son célèbre
Commentaire sur les Evangiles, publié en 1596-1597. Il est l'un des fondateurs de
l'exégèse moderne. Selon Calmet, Maldonat n'aurait trouvé cette histoire que dans
un seul exemplaire grec qui contenait aussi les commentaires de Léontios
(*Commentaire littéral*, t.19, p.184). Voltaire relève ces deux noms et simplifie sa
source.

[56] Cette liste est empruntée à Calmet (*Commentaire littéral*, t.19, p.184), à
l'exception de Théophilacte. Origène, théologien et exégète (v.185-v.254), dont
Voltaire cite le *Commentaire sur l'Evangile de saint Jean* dans l'article 'Christianisme'
du *DP* (*OCV*, t.35, p.558). Saint Jérôme (347-420), Père et docteur de l'Eglise. Saint
Jean Chrysostome (v.344-407), Père de l'Eglise d'Orient et patriarche de Constantinople, auteur de *Commentaires sur les prophètes et le Nouveau Testament*.
Théophylacte, théologien byzantin du douzième siècle, auteur de *Lettres et gloses*
sur l'Ancien et le Nouveau Testament. Nonnos, poète grec du cinquième siècle qui
se convertit au christianisme, auteur d'une *Paraphrase du saint Evangile de saint
Jean*.

[57] Information prise dans Calmet (*Commentaire littéral*, t.19, p.184). La traduction
araméenne des Evangiles, dite *Peschitta*, 'peschitto' en araméen signifiant la simple,
fut rédigée à Edesse au cinquième siècle, d'où son nom de Bible syriaque, et ne
comprend qu'une partie de l'Evangile selon saint Jean d'après l'article 'Canon' du
Dictionnaire de la Bible, par F. Vigouroux (Paris, 1910), t.2, p.169.

[58] Même source que pour la note précédente. Information juste de Calmet. Ulfilas
ou Wulfila (v.311-v.383), prêtre arien qui reçut la consécration épiscopale d'Eusèbe
de Nicomédie, devint l'apôtre des Goths, inventa un alphabet et traduisit la Bible. Le
chapitre 8 de l'Evangile selon saint Jean commence au verset 12 dans la Bible
traduite en gothique, *Ulfilas* (éd. F. Wrede, 12e éd., Paderborn, 1913, p.125).

auteur du troisième siècle, a reconnu cette histoire pour véritable,[59] et que si saint Jérôme la rejette dans quelques endroits, il l'adopte dans d'autres;[60] qu'en un mot elle est authentique aujourd'hui. Je pars de là, et je dis à mon mari, Si vous êtes sans péché, rasez-moi, enfermez-moi, prenez mon bien; mais si vous avez fait plus de péchés que moi, c'est à moi de vous raser, de vous faire enfermer, et de m'emparer de votre fortune. En fait de justice les choses doivent être égales.[61]

Mon mari réplique qu'il est mon supérieur et mon chef, qu'il est plus haut que moi de plus d'un pouce, qu'il est velu comme un ours; que par conséquent je lui dois tout, et qu'il ne me doit rien.[62]

Mais je demande si la reine Anne d'Angleterre n'est pas le chef de son mari? si son mari le prince de Dannemarck qui est son grand amiral, ne lui doit pas une obéissance entière; et si elle ne le ferait pas condamner à la cour des pairs en cas d'infidélité de la part du petit homme?[63] Il est donc clair que si les femmes ne font pas punir les hommes, c'est quand elles ne sont pas les plus fortes.

[59] Calmet citait comme partisans de l'authenticité de l'histoire de la femme adultère Tatien qui vivait vers l'an 160 et Ammonios qui vivait vers l'an 220 (*Commentaire littéral*, t.19, p.186). D'après la *Nouvelle Biographie universelle* (Paris, 1852), Ammonios est l'auteur d'une *Harmonie des Evangiles* que quelques critiques attribuent à Tatien.

[60] Traduction par Voltaire des remarques suivantes de Calmet: celui-ci affirme d'une part que cette histoire ne se trouvait pas dans plusieurs exemplaires grecs et latins du temps de saint Jérôme et d'autre part que ce dernier la reconnaît visiblement, puisqu'il la cite contre les Pélagiens (*Commentaire littéral*, t.19, p.184 et 186).

[61] La revendication est alors révolutionnaire. L'article 'Adultère' de l'*Encyclopédie* précise que la femme ne peut accuser son mari d'adultère ni le poursuivre (t.1, p.151).

[62] Le mari est considéré comme le chef de la femme selon le droit divin (Genèse, ch.3; 1 Corinthiens 11:9). 'Du côté de la barbe est la toute-puissance', disait Arnolphe (Molière, *L'Ecole des femmes*, acte 3, scène 2).

[63] Anne Stuart (1665-1714), reine de Grande-Bretagne et d'Irlande dès 1702, épousa en 1683 Georges, prince de Danemark (1653-1708). Créé généralissime et grand amiral à l'avènement d'Anne, il ne fut, selon Voltaire, que le 'premier sujet' de la reine (*Le Siècle de Louis XIV*, OH, p.809). Dans l'article 'Femme' (section 'droit naturel'), par le chevalier de Jaucourt, sont évoqués des mariages qui soumettent le mari à l'empire de la femme (*Encyclopédie*, t.6, p.471).

Suite du chapitre sur l'adultère

Pour juger valablement un procès d'adultère, il faudrait que douze hommes et douze femmes fussent les juges, avec un hermaphrodite qui eût la voix prépondérante en cas de partage.

Mais il est des cas singuliers sur lesquels la raillerie ne peut avoir de prise, et dont il ne nous appartient pas de juger. Telle est l'aventure que rapporte saint Augustin dans son sermon de la prédication de Jésus-Christ sur la montagne.   255

Septimius Acyndinus proconsul de Syrie, fait emprisonner dans Antioche un chrétien qui n'avait pu payer au fisc une livre d'or, à laquelle il était taxé, et le menace de la mort s'il ne paie. Un homme   260
riche promet les deux marcs à la femme de ce malheureux si elle veut consentir à ses désirs. La femme court en instruire son mari; il la supplie de lui sauver la vie aux dépens des droits qu'il a sur elle, et qu'il lui abandonne. Elle obéit, mais l'homme qui lui doit deux marcs d'or la trompe en lui donnant un sac plein de terre. Le mari   265
qui ne peut payer le fisc va être conduit à la mort. Le proconsul apprend cette infamie; il paie lui-même la livre d'or au fisc de ses propres deniers, et il donne aux deux époux chrétiens le domaine dont a été tirée la terre qui a rempli le sac de la femme.

Il est certain que loin d'outrager son mari, elle a été docile à ses   270
volontés; non seulement elle a obéi, mais elle lui a sauvé la vie. Saint Augustin n'ose décider si elle est coupable ou vertueuse, il craint de la condamner.

Ce qui est, à mon avis, assez singulier, c'est que Bayle prétend être plus sévère que saint Augustin. (e)[64] Il condamne hardiment   275

(e) Dictionnaire de Bayle, article 'Acyndinus'.

264   71A: qu'il abandonne

[64] Voltaire résume de manière fidèle l'article 'Acindynus', texte qui fut à l'origine de l'un de ses contes les plus anciens, Cosi-Sancta (OCV, t.1B, p.101-29). La référence au Sermon sur la montagne selon saint Matthieu de saint Augustin est juste (Œuvres complètes, 34 vol., Paris, 1869-1878, t.9, p.55). Saint Augustin évitait de se prononcer: 'Je ne veux discuter ici ni le pour ni le contre, je laisse ce fait à la libre

cette pauvre femme. Cela serait inconcevable si on ne savait à quel point presque tous les écrivains ont permis à leur plume de démentir leur cœur, avec quelle facilité on sacrifie son propre sentiment à la crainte d'effaroucher quelque pédant qui peut nuire, combien on est peu d'accord avec soi-même. 28

> Le matin rigoriste et le soir libertin,
> L'écrivain qui d'Ephèse excusa la matrone,
> Renchérit tantôt sur Pétrone,
> Et tantôt sur saint Augustin. [65]

Réflexion d'un père de famille

N'ajoutons qu'un petit mot sur l'éducation contradictoire que nous 28 donnons à nos filles. Nous les élevons dans le désir immodéré de plaire, nous leur en dictons des leçons; la nature y travaillait bien sans nous; mais on y ajoute tous les raffinements de l'art. Quand elles sont parfaitement stylées, nous les punissons si elles mettent en pratique l'art que nous avons cru leur enseigner. Que diriez- 29 vous d'un maître à danser qui aurait appris son métier à un écolier pendant dix ans, et qui voudrait lui casser les jambes parce qu'il l'a trouvé dansant avec un autre? [66]

Ne pourrait-on pas ajouter cet article à celui des contradictions?

---

appréciation de chacun, car cette histoire n'est point tirée de livres revêtus d'une autorité divine'. Bayle s'en scandalisait: voir dans son *Dictionnaire historique et critique* les notes B et C de l'article 'Acindynus'. A comparer avec les propos du père Tout-à-tous à ce sujet (*L'Ingénu*, *OCV*, t.63C, p.292-93, et n.8-10).

[65] Ces vers ont été attribués à Voltaire dans l'édition Panckoucke de ses œuvres (Paris, 1772-1777, sigle w72p), t.15. Le premier vers évoque l'*Apologie de la fable*: 'Le matin catholique, et le soir idolâtre, / Déjeunant de l'autel, et soupant du théâtre' (*M*, t.9, p.366). Bayle, à la fin du tome 4 de son *Dictionnaire historique et critique* (1740), p.647, répond au reproche d'obscénité. Il invite ses détracteurs à faire des distinctions nécessaires: on ne peut juger avec la même rigueur les *Raggiona-menti* de l'Aretin et le *Décaméron* ou les *Contes* de La Fontaine. Voltaire, qui critique volontiers Pétrone, appréciait *La Matrone d'Ephèse* (*Le Pyrrhonisme de l'histoire*, *M*, t.27, p.262).

[66] La mauvaise éducation des filles est un des lieux communs de l'époque.

AFFIRMATION PAR SERMENT

Nous ne dirons rien ici sur l'affirmation avec laquelle les savants s'expriment si souvent. Il n'est permis d'affirmer, de décider qu'en géométrie.[1] Partout ailleurs imitons le docteur Métaphraste de Molière. Il se pourrait − la chose est faisable − cela n'est pas impossible − il faut voir[2] − adoptons le *peut-être* de Rabelais,[3] le *que sais-je* de Montagne,[4] le *non liquet* des Romains,[5] le *doute* de l'académie d'Athènes, dans les choses profanes s'entend: car pour le sacré, on sait bien qu'il n'est pas permis de douter.

Il est dit, à cet article dans le Dictionnaire encyclopédique, que les primitifs, nommés *quakers* en Angleterre, font foi en justice sur leur seule affirmation, sans être obligés de prêter serment.[6]

* Voltaire prend appui sur un article de l'*Encyclopédie* intitulé 'Affirmation' (t.1, p.161-62), écrit par François-Vincent Toussaint, homme de lettres, avocat de formation. Le présent article paraît en novembre/décembre 1770 (70, t.1).

[1] Dès les premières lignes, Voltaire se démarque de l'article de référence et introduit un thème qui lui est cher: les rapports entre la vérité et la géométrie (voir la lettre 13 des *Lettres philosophiques*, t.1, p.166, et l'article 'Matière' du *DP*, *OCV*, t.36, p.339).

[2] Voltaire confond Métaphraste qui est un personnage du *Dépit amoureux* et Marphurius qui, dans la scène 5 du *Mariage forcé*, emploie de semblables expressions. Sur cette scène, voir aussi l'article 'Apparence', ci-dessous.

[3] Cette expression renvoie aux derniers mots qu'aurait prononcés Rabelais: 'Je vais chercher un grand peut-être', et dont Voltaire aurait pris connaissance en lisant une biographie de l'auteur de *Gargantua* (dans les *Œuvres de Maître François Rabelais [...] avec des remarques historiques et critiques*, Paris, 1732, BV2851). On la trouve sous la plume de Voltaire dans les *Lettres à son altesse Monseigneur le prince de *** (M, t.26, p.475) et dans l'article 'François Rabelais' des *QE*.

[4] Le 'que sais-je' de Montaigne (*Essais*, livre 2, ch.12) se trouve mentionné pour la première fois par Voltaire dans une notice consacrée à La Mothe Le Vayer (*Le Siècle de Louis XIV*, *OH*, p.1173). Elle figure aussi dans l'article 'Bornes de l'esprit humain' du *DP* (*OCV*, t.35, p.430).

[5] Formule juridique employée par les jurys romains, et qui veut dire 'non prouvé'. Voltaire l'a déjà employée dans l'article 'Bien, souverain' du *DP* (*OCV*, t.35, p.428).

[6] Article 'Affirmation' de l'*Encyclopédie* (t.1, p.161), où il est dit que les 'quacres'

Mais les pairs du royaume ont le même privilège, les pairs séculiers affirment sur leur honneur, et les pairs ecclésiastiques en mettant la main sur leur cœur; les quakers obtinrent la même prérogative sous le règne de Charles II: c'est la seule secte qui ait cet honneur en Europe.

Le chancelier Cowper voulut obliger les quakers à jurer comme les autres citoyens;[7] celui qui était à leur tête lui dit gravement: 'L'ami chancelier, tu dois savoir que notre Seigneur Jésus-Christ notre sauveur nous a défendu d'affirmer autrement que par *ya ya: no no.*[8] Il a dit expressément, *Je vous défends de jurer ni par le ciel, parce que c'est le trône de Dieu; ni par la terre, parce que c'est l'escabeau de ses pieds; ni par Jérusalem, parce que c'est la ville du grand roi; ni par la tête, parce que tu n'en peux rendre un seul cheveu ni blanc ni noir.* Cela est positif, notre ami, et nous n'irons pas désobéir à Dieu pour complaire à toi et à ton parlement.'

17   70, 71N, 71A: voulut les obliger à

---

soutiennent que 'le serment est absolument contraire à la loi de Dieu', avec renvois à 'Quacre' et à 'Serment'. Voltaire aborde déjà cette question dans les *Lettres philosophiques*, lettre 1, d'après la cinquième proposition de Robert Barclay dans sa *Theologiae vere christianae Apologia* (Amsterdam, 1676), p.334 (voir les *Lettres philosophiques*, t.1, p.6, et p.18, n.36).

[7] Cette anecdote figure dans la lettre 'Sur les quakers' des *Lettres philosophiques* où elle a été ajoutée en 1756. Comme G. Lanson l'indique dans son édition (t.1, p.59, n.48), la mention du chancelier Cowper dans cet article pose problème. Cowper fut chancelier sous la reine Anne, puis sous Georges Ier de 1714 à 1718. L'anecdote se rapporterait au dernier renouvellement du privilège de ne point jurer. Mais ne s'agit-il pas plutôt de Cooper, premier comte de Shaftesbury, chancelier de Charles II à partir de 1661? Ce dernier a engagé le roi, à plusieurs reprises, à plus de tolérance à l'égard des non-conformistes. L'anecdote peut donc se situer sous Georges Ier ou sous Charles II. Dans les *Lettres philosophiques*, Voltaire la situe sous Charles II; il en est de même sans doute dans cet article. Il aurait dû orthographier Cooper, mais peut-être a-t-il confondu les deux chanceliers.

[8] Voir E. Chamberlayne, *Etat présent de l'Angleterre sous le roi Guillaume troisième*, 2 vol. (Amsterdam, 1698), t.1, p.309: 'Ils répondent ordinairement oui, non et ne prennent jamais aucun serment, quoique imposé par le magistrat. Ils ont même obtenu depuis un an un acte de parlement qui les en dispense, il est vrai qu'en pareil cas leur oui, non est équivalent'.

'On ne peut mieux parler, *répondit le chancelier*: mais il faut que vous sachiez qu'un jour Jupiter ordonna que toutes les bêtes de somme se fissent ferrer, les chevaux, les mulets, les chameaux mêmes obéirent incontinent, les ânes seuls résistèrent; ils repré- 30 sentèrent tant de raisons; ils se mirent à braire si longtemps que Jupiter, qui était bon, leur dit enfin: *Messieurs les ânes, je me rends à votre prière; vous ne serez point ferrés: mais le premier faux pas que vous ferez, vous aurez cent coups de bâton.*' [9]

Il faut avouer que les quakers n'ont jamais jusqu'ici fait de faux 35 pas.

---

[9] L'anecdote est beaucoup plus développée dans ce texte qu'elle ne l'était dans les *Lettres philosophiques*, t.1, p.50, variante.

AGAR

Quand on renvoie son amie, sa concubine, sa maîtresse, il faut lui faire un sort au moins tolérable, ou bien l'on passe parmi nous pour un malhonnête homme.

On nous dit qu'Abraham était fort riche dans le désert de Gérar, quoiqu'il n'eût pas un pouce de terre en propre.[1] Nous savons de science certaine qu'il défit les armées de quatre grands rois avec trois cent dix-huit gardeurs de moutons.[2]

Il devait donc au moins donner un petit troupeau à sa maîtresse Agar quand il la renvoya dans le désert.[3] Je parle ici seulement

* Dans *L'Examen important de Milord Bolingbroke*, Voltaire n'avait évoqué Agar que dans le contexte des significations allégoriques données à des personnages de l'Ancien Testament (*OCV*, t.62, p.250), qu'il rappelle aussi dans l'article 'Figure' des *QE*. Mais il semble que ce soit la première fois, ici, qu'il commente son renvoi par Abraham, sur lequel il revient rapidement dans les articles 'Economie' et 'Genèse' des *QE* et plus largement dans *La Bible enfin expliquée*, où il insiste à nouveau sur l'inhumanité et la dureté du comportement d'Abraham. Il n'y a pas d'article 'Agar' dans l'*Encyclopédie*. Le présent article paraît en mars/avril 1772 (70, t.9, 'Supplément').

[1] Sur les errances d'Abraham, voir l'article 'Abraham' du *DP* (*OCV*, t.35, p.292-93) et *La Défense de mon oncle* (*OCV*, t.64, p.211). Sur la terre promise et non possédée, voir ci-dessus, l'article 'Abraham', n.20.

[2] Sur cette victoire jugée invraisemblable, voir ci-dessus, l'article 'Abraham', n.22.

[3] Genèse 21:8-14. Dans son article 'Agar', du *Dictionnaire historique et critique*, Bayle mettait surtout en question, dans les notes F et H, l'âge d'Ismaël au moment où il fut chassé avec sa mère. Il opposait le verset 14, qui le présente comme un enfant au maillot, porté sur les épaules d'Agar, et les indications concernant l'âge d'Abraham à la naissance de ses deux fils, d'où on peut déduire qu'Ismaël avait quinze ou seize ans lors de son renvoi. Voltaire n'exploite pas cette contradiction, perçue également par les Juifs, mais s'en tient à des objections morales, sur le ton de la causerie d'un homme de bonne compagnie. Bayle, toutefois, dans l'article 'Sara', estime, avec Calvin, qu'on ne peut pas plus disculper Abraham et Sara dans l'affaire d'Agar (sans préciser s'il s'agit de l'adultère ou du renvoi) que dans les tromperies évoquées aux chapitres 12 et 20 de la Genèse. En revanche, Calmet, dans son commentaire du chapitre 21 verset 14 de la Genèse, soulève la question de la dureté

selon le monde; et je révère toujours les voies incompréhensibles   10
qui ne sont pas nos voies.

J'aurais donc donné quelques moutons, quelques chèvres, un
beau bouc à mon ancienne amie Agar, quelques paires d'habits
pour elle et pour notre fils Ismaël, une bonne ânesse pour la mère,
un joli ânon pour l'enfant, un chameau pour porter leurs hardes, et   15
au moins deux domestiques pour les accompagner, et pour les
empêcher d'être mangés des loups.

Mais le père des croyants ne donna qu'une cruche d'eau et un
pain à sa pauvre maîtresse et à son enfant, quand il les exposa dans
le désert.   20

Quelques impies ont prétendu qu'Abraham n'était pas un père
fort tendre, qu'il voulut faire mourir son bâtard de faim, et couper
le cou à son fils légitime. [4]

Mais encore un coup, ces voies ne sont pas nos voies; il est dit
que la pauvre Agar s'en alla dans le désert de Bersabé. Il n'y avait   25
point de désert de Bersabé. Ce nom ne fut connu que longtemps
après, [5] mais c'est une bagatelle, le fond de l'histoire n'en est pas
moins authentique.

Il est vrai que la postérité d'Ismaël fils d'Agar se vengea bien de
la postérité d'Isaac fils de Sara, en faveur duquel il fut chassé. Les   30
Sarasins descendants en droite ligne d'Ismaël, se sont emparés de

---

d'Abraham et propose plusieurs explications: elle aurait été justifiée par un
comportement très insolent d'Agar et de son fils; par ailleurs, c'est la foi d'Abraham,
plus que sa sévérité, que le texte biblique veut souligner, puisque le patriarche se
borne à obéir à la voix de Dieu à qui il fait totalement confiance; enfin le bénédictin
rapporte que certains commentateurs interprètent au sens large le pain et l'eau
donnés à Agar, qui aurait, en fait, reçu toute la nourriture indispensable
(*Commentaire littéral* [*Genèse*]).

[4] Sur le sacrifice d'Isaac, voir Genèse 22:1-14. C'est surtout chez Mattthew Tindal
(*Christianity as old as creation*, Londres, 1730, BV3302) que Voltaire a pu trouver une
critique appuyée du comportement des personnages bibliques et, en particulier,
d'Abraham. Voir Norman L. Torrey, *Voltaire and the English deists*, p.112-22.

[5] Genèse 21:14. C'est Calmet qui fournit cette indication dans son *Commentaire
littéral*, en précisant qu'il était habituel à Moïse de donner aux lieux les noms par
lesquels on les désignait en son temps.

Jérusalem appartenant par droit de conquête à la postérité d'Isaac.[6] J'aurais voulu qu'on eût fait descendre les Sarasins de Sara, l'étymologie aurait été plus nette. C'était une généalogie à mettre dans notre Moréri. On prétend que le mot Sarasin vient de *Sarac*, voleur. Je ne crois pas qu'aucun peuple se soit jamais appelé voleur. Ils l'ont presque tous été, mais on prend cette qualité rarement.[7] Sarasin descendant de Sara me paraît plus doux à l'oreille.[8]

\

[6] Voir l'article 'Abraham' du *DP* (*OCV*, t.35, p.290, n.8). La prise de Jérusalem par Omar eut lieu en 637.

[7] Voir l'article 'Abraham' du *DP*: 'L'une et l'autre race a produit à la vérité des voleurs' (*OCV*, t.35, p.290).

[8] Voltaire a pu trouver aussi bien dans le *Dictionnaire de Trévoux* (1743) que dans le *Dictionnaire étymologique* de Ménage (1694) les deux hypothèses (erronées) mentionnées ici. Ces deux ouvrages indiquent, en effet, parmi d'autres, les hypothèses de Sozomène et de Scaliger. Pour Sozomène, les Sarrasins se seraient appelés ainsi pour se donner une origine plus noble que celle de la servante Agar, comme s'ils étaient fils de Sara et d'Abraham. Scaliger, de son côté, prétend que *Sarrasin* vient de l'arabe *Saric*, d'où on a fait *Saracenus* qui signifie *voleur*.

ÂGE

Nous n'avons nulle envie de parler des âges du monde; ils sont si connus et si uniformes! Gardons-nous aussi de parler de l'âge des premiers rois ou dieux d'Egypte, c'est la même chose. Ils vivaient des douze cents années; cela ne nous regarde pas.[1] Mais ce qui nous intéresse fort, c'est la durée ordinaire de la vie humaine. Cette théorie est parfaitement bien traitée dans le Dictionnaire encyclopédique à l'article 'Vie', d'après les Halley,[2] les Kerseboum[3] et les Desparcieux.[4]

* Voltaire ne répond pas ici aux différents articles 'Age' de l'*Encyclopédie* (mythologie, jurisprudence, médecine, jardinage), mais à l'article 'Vie, durée de la vie' (voir la note suivante). Si aucune donnée ne permet de fixer avec précision la date de composition de cet article, on peut penser que sa rédaction est contemporaine de *L'Homme aux quarante écus* (1768). En effet Voltaire y manifeste le même intérêt pour les problèmes économiques, avec des références précises à l'œuvre d'Antoine Deparcieux, *Essai sur les probabilités de la durée de la vie humaine* (Paris, 1746, BV984). Le même Deparcieux (voir ci-dessous, n.5) serait le personnage du 'géomètre' dans *L'Homme aux quarante écus* (voir *OCV*, t.66, p.299, n.2). Cet article paraît en novembre/décembre 1770 (70, t.1).

[1] Voltaire se démarque dès les premières lignes de l'article 'Vie, durée de la vie' de l'*Encyclopédie* dont l'auteur est anonyme: fidèle à sa philosophie de l'histoire, il situe ses remarques dans un cadre étranger à tout merveilleux, alors que l'*Encyclopédie* traitait de la durée de la vie au commencement du monde, après le déluge, et de notre temps selon William Derham (t.17, p.249).

[2] Edmond Halley (1656-1742), astronome anglais, auteur de 'An estimate of the degrees of the mortality of mankind, drawn from curious tables of the births and funerals at the city of Breslaw, with an attempt to ascertain the price of annuities upon lives', *Philosophical Transactions* 196 (janvier 1693), p.596-610. L'article 'Vie, durée de la vie' reproduit sa 'Table des mortalités établie sur les rentiers'.

[3] Willem Kersseboom (1691-1771), actuaire et expert financier hollandais, auteur d'un ouvrage paru à La Haye en 1738-1742 dont la traduction française est *Essais d'arithmétique politique contenant trois traités sur la population de la province de Hollande et Frise occidentale* (Paris, 1970).

[4] Antoine Deparcieux (1703-1768), mathématicien français. Il donne un supplément à son œuvre principale en 1760, 'Addition à l'Essai sur les probabilités de la durée de la vie humaine'. Voltaire prend connaissance de ce livre au plus tard en 1763 (D10883). L'article 'Vie, durée de la vie' analyse les travaux de Deparcieux.

En 1741, M. de Kerseboum me communiqua ses calculs sur la
ville d'Amsterdam; en voici le résultat.[5]

Sur cent mille personnes, il y en avait de mariées - - - - 34 500
d'hommes veufs, seulement - - - - - - - - - - - - - - - - - 1500
de veuves - 4500

Cela ne prouverait pas que les femmes vivent plus que les
hommes dans la proportion de quarante-cinq à quinze, et qu'il y eût
trois fois plus de femmes que d'hommes; mais cela prouverait qu'il
y avait trois fois plus de Hollandais qui étaient allés mourir à
Batavia, ou à la pêche de la baleine que de femmes, lesquelles
restent d'ordinaire chez elles. Et ce calcul est encore prodigieux.

Célibataires, jeunesse et enfance des deux sexe - - - - - 45 000
domestiques - 10 000
voyageurs - 4000

somme totale - - 99 500[6]

Par son calcul, il devait se trouver sur un million d'habitants des
deux sexes, depuis seize ans jusqu'à cinquante, environ vingt mille
hommes pour servir de soldats, sans déranger les autres profes-
sions. Mais voyez les calculs de MM. Desparcieux, de Saint-Maur[7]

13-14   w68: [insère le montant des chiffres] 40 500
21   70, 71N, 71A: domestiques - - 10 500
23   70, 71N, 71A: somme totale - - 100 000

[5] Ce passage se trouve littéralement dans les Carnets en deux extraits – OCV, t.82,
p.481-82, portant la date de 1743 en marge ('10 500 domestiques'), et p.660-61.
[6] La répartition de population publiée par Voltaire a pour total 99 500, alors
qu'elle est présentée comme faite sur 'cent mille hommes'. En fait, le chiffre de 10 500
servantes que l'on rencontre dans les éditions 70, 71N et 71A des QE, et qui fut
corrigé en 10 000 dans w68 (1774), était correct. Voltaire prend appui sur un auteur
qui pratique le multiplicateur universel de 34 à partir du nombre de baptêmes.
[7] Nicolas-François Dupré de Saint-Maur (1695-1774), économiste français,
auteur d'une Table de mortalité (1746), que Buffon a insérée dans son Histoire
naturelle de l'homme. L'article 'Vie, durée de la vie' signale les recherches de Dupré
de Saint-Maur (t.17, p.254).

et Buffon, [8] ils sont encore plus précis et plus instructifs à quelques égards.

Cette arithmétique n'est pas favorable à la manie de lever de   30
grandes armées. Tout prince qui lève trop de soldats peut ruiner ses
voisins, mais il ruine sûrement son Etat. [9]

Ce calcul dément encore beaucoup le compte, ou plutôt le conte
d'Hérodote qui fait arriver Xerxès en Europe suivi d'environ deux
millions d'hommes. [10] Car si un million d'habitants donne vingt   35
mille soldats, il en résulte que Xerxès avait cent millions de sujets;
ce qui n'est guère croyable. On le dit pourtant de la Chine; mais elle
n'a pas un million de soldats. [11] Ainsi l'empereur de la Chine est du
double plus sage que Xerxès.

La Thèbe-aux-cent-portes, qui laissait sortir dix mille soldats   40
par chaque porte, aurait eu, suivant la supputation hollandaise,
cinq millions tant de citoyens que de citoyennes. [12] Nous faisons un
calcul plus modeste à l'article 'Dénombrement'.

L'âge du service de guerre étant depuis vingt ans jusqu'à
cinquante, il faut mettre une prodigieuse différence entre porter   45

[8] Le comte de Buffon est l'auteur d'un *Etat général des naissances, des mariages et des morts dans la ville de Paris, depuis l'année 1709 jusques et y compris l'année 1766 inclusivement* et d'une *Comparaison des tables de la mortalité en France avec les tables de la mortalité à Londres* (voir son *Histoire naturelle, générale et particulière*, 16 vol., Paris, 1750-1770, BV572).

[9] Dans les lignes suivantes, Voltaire aborde un sujet qui lui est cher: l'influence de la guerre sur la civilisation. Ses idées sur la question ont été exprimées dans de nombreux écrits, notamment dans *Candide* et dans l'article 'Guerre' du *DP* (*OCV*, t.36, p.185-94).

[10] Hérodote, *Histoires*, livre 7, ch.60 (BV1631; *CN*, t.4, p.380-84). La réfutation de Voltaire s'inscrit dans une logique vraisemblable. Noter l'évolution de Voltaire qui, sur le même sujet, loue les qualités d'historien d'Hérodote dans son article 'Histoire' pour l'*Encyclopédie* (*OCV*, t.33, p.171).

[11] Dans l'*Essai sur les mœurs*, Voltaire évoque le dénombrement des habitants en Chine: il parvient à un total de 150 millions d'habitants, avec 800 000 soldats (ch.1, t.1, p.209-10).

[12] Sur la version voltairienne de cet épisode historique, voir *La Défense de mon oncle* (*OCV*, t.64, p.213-14, et p.312-13, n.9-12).

les armes hors de son pays, et rester soldat dans sa patrie. Xerxès dut perdre les deux tiers de son armée dans son voyage en Grèce. César dit que les Suisses étant sortis de leur pays au nombre de trois cent quatre-vingt-huit mille individus,[13] pour aller dans quelque province des Gaules, tuer ou dépouiller les habitants, il les mena si bon train qu'il n'en resta que cent dix mille. Il a fallu dix siècles pour repeupler la Suisse. Car on sait à présent que les enfants ne se font ni à coups de pierre, comme du temps de Deucalion et de Pirra,[14] ni à coups de plume, comme le jésuite Pétau, qui fait naître sept cent milliards d'hommes d'un seul des enfants du père Noé, en moins de trois cents ans.[15]

Charles XII leva le cinquième homme en Suède pour aller faire la guerre en pays étranger, et il a dépeuplé sa patrie.[16]

Continuons à parcourir les idées et les chiffres du calculateur hollandais, sans répondre de rien; parce qu'il est dangereux d'être comptable.

Calcul de la vie

Selon lui, dans une grande ville, de vingt-six mariages il ne reste environ que huit enfants. Sur mille légitimes il compte soixante et cinq bâtards.

---

[13] César, *De bello gallico*, livre 1, ch.29 (BV605). La note de Voltaire (*CN*, t.2, p.19) porte mention de 368 000 Suisses. Il faut noter la différence entre ce chiffre et celui avancé dans l'article, écart propre à souligner les ravages de la guerre.

[14] Après avoir consulté l'oracle de Thémis, Deucalion et Pyrrha jetèrent des pierres, os de la terre, qui est la grand-mère de tous les hommes. Chaque pierre lancée par Deucalion devint un homme; de chaque caillou lancé par Pyrrha naquit une femme.

[15] Voltaire a souvent répété cette plaisanterie sur le jésuite Denis Petau (1583-1652), qu'il a trouvée chez Lenglet Du Fresnoy (*Méthode pour étudier l'histoire*, Paris, 1729, BV2039, t.1, p.79) – voir aussi *La Défense de mon oncle*, *OCV*, t.64, p.331, n.25. Sur la descendance de Noé, voir *L'Homme aux quarante écus*, *OCV*, t.66, p.401 et n.7.

[16] Voltaire manifeste ses réserves à l'égard du conquérant suédois dans les dernières pages de l'*Histoire de Charles XII* (*OCV*, t.4, p.542).

De sept cents enfants il en reste au bout d'un an environ	560	65
au bout de dix ans -	445	
au bout de vingt ans -	405	
à quarante ans -	300	
à soixante ans -	190	
au bout de quatre-vingts ans - - - - - - - - - - - - - - - - - -	50	70
à quatre-vingt-dix ans -	5	
à cent ans personne. -	0	

Par là on voit que de sept cents enfants nés dans la même année, il n'y a que cinq chances pour arriver à quatre-vingt-dix ans. Sur cent quarante il n'y a qu'une seule chance, et sur un moindre 75 nombre il n'y en a point.[17]

Ce n'est donc que sur un très grand nombre d'existences qu'on peut espérer de pousser la sienne jusqu'à quatre-vingt-dix ans; et sur un bien plus grand nombre encore que l'on peut espérer de vivre un siècle. Ce sont de gros lots à la loterie sur lesquels il ne faut 80 pas compter, et même qui ne sont pas à désirer autant qu'on les désire; ce n'est qu'une longue mort.

Combien trouve-t-on de ces vieillards qu'on appelle *heureux*, dont le bonheur consiste à ne pouvoir jouir d'aucun plaisir de la vie, à n'en faire qu'avec peine deux ou trois fonctions dégoûtantes, à ne 85 distinguer ni les sons, ni les couleurs, à ne connaître ni jouissance ni espérance, et dont toute la félicité est de savoir confusément qu'ils sont un fardeau de la terre baptisés ou circoncis depuis cent années.[18]

Il y en a un sur cent mille tout au plus dans nos climats. 90

Voyez les listes des morts de chaque année à Paris et à Londres; ces villes, à ce qu'on dit, ont environ sept cent mille habitants.[19] Il

---

[17] Voir les *Carnets*, *OCV*, t.82, p.481-82, 660-61, notes de Voltaire sur ces calculs.

[18] Les problèmes de santé de Voltaire sont un thème récurrent dans sa *Correspondance*.

[19] Des études récentes proposent une population parisienne comprenant 560 000 habitants en 1750 et 620 000 habitants en 1770.

est très rare d'y trouver à la fois sept centenaires; et souvent il n'y en a pas un seul.

En général, l'âge commun auquel l'espèce humaine est rendue à la terre, dont elle sort, est de vingt-deux à vingt-trois ans tout au plus, selon les meilleurs observateurs.[20]

De mille enfants nés dans une même année, les uns meurent à six mois, les autres à quinze; celui-ci à dix-huit ans, cet autre à trente-six, quelques-uns à soixante; trois ou quatre octogénaires sans dents et sans yeux meurent après avoir souffert quatre-vingts ans. Prenez un nombre moyen, chacun a porté son fardeau vingt-deux ou vingt-trois années.

Sur ce principe qui n'est que trop vrai, il est avantageux à un Etat bien administré, et qui a des fonds en réserve, de constituer beaucoup de rentes viagères.[21] Des princes économes qui veulent enrichir leur famille, y gagnent considérablement; chaque année la somme qu'ils ont à payer diminue.

Il n'en est pas de même dans un Etat obéré.[22] Comme il paie un intérêt plus fort que l'intérêt ordinaire, il se trouve bientôt court; il est obligé de faire de nouveaux emprunts, c'est un cercle perpétuel de dettes et d'inquiétudes.

Les tontines, invention d'un usurier nommé Tontino,[23] sont bien plus ruineuses. Nul soulagement pendant quatre-vingts ans au moins. Vous payez toutes les rentes au dernier survivant.

---

[20] Deparcieux, *Essai sur les probabilités*, p.70-71. Passage avec signet et ruban dans *CN*, t.3, p.77 (voir aussi p.676, n.75). Même calcul dans *L'Homme aux quarante écus* (*OCV*, t.66, p.306).

[21] Quand il aborde le problème des rentes viagères et des rentes perpétuelles, Voltaire adopte les conclusions de ses contemporains. Il s'est déjà exprimé sur la question dans *Le Siècle de Louis XIV* (article 'Surintendants des finances: Emeri', *OH*, p.1128).

[22] Voltaire pense sans doute à la France qui était très endettée.

[23] Les tontines portent le nom de leur fondateur, le Napolitain Lorenzo Tonti, qui proposa en 1653 au cardinal Mazarin l'idée d'une tontine destinée à faciliter un emprunt public. En 1689, Louis XIV ouvrit une tontine et plusieurs autres furent créées depuis, dans les grands embarras financiers, notamment en 1759. Mais en 1763 et en 1770, un arrêt du conseil supprima toutes les tontines du gouvernement.

A la dernière tontine qu'on fit en France en 1759, une société de calculateurs prit une classe à elle seule; elle choisit celle de quarante ans, parce qu'on donnait un denier plus fort pour cet âge que pour les âges depuis un an jusqu'à quarante; et qu'il y a presque autant de chances pour parvenir de quarante à quatre-vingts ans, que du berceau à quarante.

120

On donnait dix pour cent aux pontes âgés de quarante années, et le dernier vivant héritait de tous les morts. C'est un des plus mauvais marchés que l'Etat puisse faire.[24]

124-25 K84, K12: faire. [avec note: Il y avait des tontines en France, l'abbé Terrai en supprima les accroissements; la crainte qu'il n'ait des imitateurs empêchera sans doute à l'avenir de se fier à cette espèce d'emprunt, et son injustice aura du moins délivré la France d'une opération de finance si onéreuse. ¶Les emprunts en rentes viagères ont de grands inconvénients. 1° Ce sont des annuités dont le terme est 5 incertain; l'Etat joue contre des particuliers; mais ils savent mieux conduire leur jeu, ils choisissent des enfants mâles dans un pays où la vie moyenne est longue, les font inoculer, les attachent à leur patrie, et à des métiers sains et non périlleux par une petite pension, et distribuent leurs fonds sur un certain nombre de ces têtes. 2° Comme il y a du risque à courir, les joueurs veulent jouer avec avantage, et 10 par conséquent si l'intérêt commun d'une rente perpétuelle est cinq pour cent, il faut que celui que [K12: qui] représente la rente viagère soit au-dessus de cinq pour cent. En calculant à la rigueur la plupart des emprunts de ce genre faits depuis vingt ans, ce qui n'a encore été exécuté par personne, on serait étonné de la différence entre le taux de ces emprunts, et le taux commun de l'intérêt de l'argent. 3° On est toujours le 15 maître de changer par des remboursements réglés un emprunt en rentes perpétuelles à annuités à terme fixe, et l'on ne peut, sans injustice, rien changer aux rentes viagères une fois établies. 4° Les contrats de rentes perpétuelles, et surtout les annuités à terme fixe, sont une propriété toujours disponible qui se convertit en argent avec plus ou moins de perte suivant le crédit du créancier. Les rentes viagères, à cause de leur 20 incertitude, ne peuvent se vendre qu'à un prix beaucoup plus bas. C'est un désavantage qu'il faut compenser par une augmentation d'intérêts. ¶Nous ne parlons point ici des effets que ces emprunts peuvent produire sur les mœurs, ils

[24] Voltaire se montre très au fait du fonctionnement des tontines. Les rentes étaient distribuées en plusieurs classes et payées au dernier vivant de chaque classe. Voltaire a investi dans la tontine de Genève. On le lui a proposé (28 décembre 1759, D8679). Malgré quelques doutes sur la validité de l'opération, il se laisse tenter (D8824, D8826), puis regrette cet investissement. Sur les finances de Voltaire, voir J. Donvez, *De quoi vivait Voltaire?* (Paris, 1949).

On croit avoir remarqué que les rentiers viagers vivent un peu   12
plus longtemps que les autres hommes; de quoi les payeurs sont
assez fâchés. La raison en est peut-être, que ces rentiers sont pour la
plupart des gens de bon sens, qui se sentent bien constitués: des
bénéficiers, des célibataires uniquement occupés d'eux-mêmes,
vivant en gens qui veulent vivre longtemps. Ils disent: si je mange   1?
trop, si je fais un excès, le roi sera mon héritier: l'emprunteur qui
me paie ma rente viagère, et qui se dit mon ami, rira en me voyant
enterrer: cela les arrête: ils se mettent au régime; ils végètent
quelques minutes de plus que les autres hommes. [25]

Pour consoler les débiteurs, il faut leur dire, qu'à quelque âge   1·
qu'on leur donne un capital pour des rentes viagères, fût-ce sur la
tête d'un enfant qu'on baptise, ils font toujours un très bon marché.
Il n'y a qu'une tontine qui soit onéreuse; aussi les moines n'en ont
jamais fait. Mais pour de l'argent en rentes viagères, ils en prenaient
à toute main jusqu'au temps où ce jeu leur fut défendu. En effet, on   14
est débarrassé du fardeau de payer au bout de trente ou quarante
ans; et on paie une rente foncière pendant toute l'éternité. Il leur a
été aussi défendu de prendre des capitaux en rentes perpétuelles; et
la raison, c'est qu'on n'a pas voulu les trop détourner de leurs
occupations spirituelles.   1∠

---

sont trop bien connus. Mais nous observerons qu'ils ne peuvent, lorsqu'ils sont
considérables, être remplis qu'en supposant que les capitalistes y placent des fonds   2·
que, sans cela, ils auraient placés dans un commerce utile. Ce sont donc autant de
capitaux perdus pour l'industrie. Nouveau mal que produit cette manière d'emprunter.] ¶On

[25] Passage à valeur autobiographique. Voltaire a plaisanté à maintes reprises sur
ce sujet. Dès qu'il a été en possession d'une fortune, il a prêté de l'argent aux Grands
de ce monde, malgré des déceptions. Après son installation à Ferney, il s'est lancé
dans une véritable stratégie du viager. Il a consenti d'énormes prêts à l'électeur
palatin, au duc de Wurtemberg, mais non sans déboires, ses débiteurs le payant fort
mal. Sur la richesse de Voltaire, sur l'usage qu'il en fait, voir *VST*, t.2, p.56-66.

AGRICULTURE

Il n'est pas concevable comment les anciens qui cultivaient la terre aussi bien que nous, pouvaient imaginer que tous les grains qu'ils semaient en terre devaient nécessairement mourir et pourrir avant de lever et produire. Il ne tenait qu'à eux de tirer un grain de la terre au bout de deux ou trois jours; ils l'auraient vu très sain, un peu 5 enflé, la racine en bas, la tête en haut. Ils auraient distingué au bout de quelque temps le germe, les petits filets blancs des racines, la matière laiteuse dont se formera la farine, ses deux enveloppes, ses feuilles. Cependant, c'était assez que quelque philosophe grec ou barbare eût enseigné que toute génération vient de corruption, 10 pour que personne n'en doutât. Et cette erreur, la plus grande et la plus sotte de toutes les erreurs, parce qu'elle est la plus contraire à la nature, se trouvait dans des livres écrits pour l'instruction du genre humain.

Aussi les philosophes modernes, trop hardis parce qu'ils sont 15 plus éclairés, ont abusé de leurs lumières mêmes pour reprocher durement à Jésus notre sauveur, et à saint Paul son persécuteur, qui devint son apôtre, d'avoir dit qu'il fallait que le grain pourrît en terre pour germer, qu'il mourût pour renaître:[1] ils ont dit que

11-12   70, 71N, 71A: grande de
13-37   70, 71N, 71A: humain. ¶Les trois

* Cet article est à mettre en relation avec plusieurs articles de l'*Encyclopédie*: Voltaire cite et commente, en les reprenant à la fois sur des points de détail et sur leur orientation idéologique, les articles 'Agriculture' (de Diderot), 'Fermiers (Econ. polit.)' et 'Grains (Econ. polit.)' (de François Quesnay), ainsi que 'Défricher (Jard.)' (d'Antoine-Joseph Dezallier d'Argenville). D'Alembert signalant dans le 'Discours préliminaire' de l'*Encyclopédie* que l'article 'Agriculture' est de Diderot, Voltaire sait parfaitement avec qui il dialogue. Le présent article paraît en novembre/décembre 1770 (70, t.1).

[1] Jean 12:24-25 et 1 Corinthiens 15:35-38. Dans le *Commentaire littéral* de Calmet, Voltaire a marqué les deux passages d'un signet portant une note: 'grain qui / meurt

c'était le comble de l'absurdité de vouloir prouver le nouveau   20
dogme de la résurrection par une comparaison si fausse et si
ridicule. On a osé dire dans l'histoire critique de Jésus-Christ que
de si grands ignorants n'étaient pas faits pour enseigner les
hommes, et que ces livres si longtemps inconnus n'étaient bons
que pour la plus vile populace. [2]   25

Les auteurs de ces blasphèmes n'ont pas songé que Jésus-Christ
et saint Paul daignaient parler le langage reçu, que pouvant
enseigner les vérités de la physique, ils n'enseignaient que celles
de la morale, qu'ils suivaient l'exemple du respectable auteur de la
Genèse. (Voyez 'Genèse'.) En effet, dans la Genèse, l'Esprit saint   30
se conforme dans chaque ligne aux idées les plus grossières du
peuple le plus grossier; la sagesse éternelle ne descendit point sur la
terre pour instituer des académies des sciences. C'est ce que nous
répondons toujours à ceux qui reprochent tant d'erreurs physiques
à tous les prophètes, et à tout ce qui fut écrit chez les Juifs. On sait   35
bien que religion n'est pas philosophie.

Au reste les trois quarts de la terre se passent de notre froment,
sans lequel nous prétendons qu'on ne peut vivre. Si les habitants
voluptueux des villes savaient ce qu'il en coûte de travaux pour leur
procurer du pain, ils en seraient effrayés.   40

Des livres pseudonymes sur l'économie générale

Il serait difficile d'ajouter à ce qui est dit d'utile dans l'Encyclopédie
aux articles 'Agriculture', 'Grain', 'Ferme', etc. [3] Je remarquerai

---

pour / lever' pour le premier, et 'Comment / faquin / parce que / tu es ignorant /
les agriculteurs / sont / insensés' pour l'autre (*CN*, t.2, p.210 et 277).

[2] Voltaire résume l'esprit de la préface de l'*Histoire critique de Jésus-Christ, ou
analyse raisonnée des Evangiles* par d'Holbach (s.l.n.d. [Amsterdam, 1770], BV1656),
p.i-xxxii. Il a découvert le livre en novembre 1771 (D17446).

[3] La suite de l'article est un dialogue avec l'*Encyclopédie*: Voltaire y exprime des
réserves envers ce qui y relève des théories des 'économistes' ou 'physiocrates', très

seulement qu'à l'article 'Grain', on suppose toujours que le maréchal de Vauban est l'auteur de la *Dîme royale*.[4] C'est une erreur dans laquelle sont tombés presque tous ceux qui ont écrit sur l'économie. Nous sommes donc forcés de remettre ici sous les yeux ce que nous avons déjà dit ailleurs.[5]

'Bois-Guilbert s'avisa d'abord d'imprimer la *Dîme royale* sous le nom de *Testament politique du maréchal Vauban*.[6] Ce Bois-

45

49   71N, 71A, K84, K12: *maréchal de Vauban*

---

en vogue depuis les années 1750. Deux des trois articles qu'il cite, 'Fermiers' (et non 'Ferme') et 'Grains' (et non 'Grain'), sont de François Quesnay, véritable fondateur avec Mirabeau de l'école physiocratique. A leurs 'systèmes' qu'il juge abstraits et éloignés de la réalité, Voltaire oppose sa fidélité à un mercantilisme hérité de Colbert faisant une large place à l'intervention de l'Etat et son expérience de propriétaire terrien et d'agriculteur.

[4] Depuis le 'Catalogue des écrivains' du *Siècle de Louis XIV*, Voltaire répète que 'la *Dîme royale* qu'on lui a imputée n'est pas de lui [Vauban], mais de Boisguillebert' (*OH*, p.1212). C'est une erreur; Vauban en est bien l'auteur. Vauban n'est cité qu'incidemment dans l'article 'Grains'; la seule mention de sa *Dîme royale* se trouve dans un petit paragraphe de l'article 'Dixme' (*Encyclopédie*, t.4, p.1097).

[5] Voltaire cite les troisième et quatrième paragraphes de la 'Lettre écrite depuis l'impression des Doutes' placée à la fin des *Doutes nouveaux sur le Testament politique du cardinal de Richelieu* (*M*, t.25, p.306-307).

[6] *Testament politique de Monsieur de Vauban, maréchal de France et premier ingénieur du roi, dans lequel ce seigneur donne les moyens d'augmenter considérablement les revenus de la couronne, par l'établissement d'une dîme royale, et suppression des impôts, sans appréhension d'aucune révolution dans l'Etat* (s.l., 1707) est bien un des titres sous lequel parut le projet d'instauration d'une fiscalité efficace et économiquement vertueuse longuement médité et rédigé par Vauban. D'autres éditions portèrent les titres de *Projet d'une dîme royale* (c'est celui de l'exemplaire de Voltaire, BV3405, daté aussi de 1707, et sur lequel il a noté: 'ce livre insensé est de Boisguilbert qui le publia impudemment sous le nom de maréchal de Vauban') ou de *La Dîme royale*. Le refus d'attribuer le projet à Vauban témoigne de la profonde méfiance de Voltaire envers la théorie économique, qu'il manifeste à nouveau très vivement quand fleurissent les théories de l'impôt des physiocrates, Mirabeau ou Le Mercier de La Rivière (voir l'introduction à *L'Homme aux quarante écus*, *OCV*, t.66, p.213 et suiv.). Placer le *Testament* au nombre des supercheries permet d'autre part à Voltaire d'allonger la liste de celles-ci et de donner un poids supplémentaire à ses arguments contre celui qui est attribué au cardinal de Richelieu. Mais sa prévention

135

Guilbert, auteur du *Détail de la France* en deux volumes, n'était pas 5
sans mérite, il avait une grande connaissance des finances du
royaume; mais la passion de critiquer toutes les opérations du
grand Colbert, l'emporta trop loin; on jugea que c'était un homme
fort instruit qui s'égarait toujours, un faiseur de projets qui
exagérait les maux du royaume, et qui proposait de mauvais 5
remèdes. Le peu de succès de ce livre auprès du ministère, lui fit
prendre le parti de mettre sa *Dîme royale* à l'abri d'un nom
respecté.[7] Il prit celui du maréchal de Vauban, et ne pouvait
mieux choisir. Presque toute la France croit encore que le projet de
la *Dîme royale* est de ce maréchal si zélé pour le bien public; mais la 6
tromperie est aisée à connaître.

'Les louanges que Bois-Guilbert se donne à lui-même dans la
préface, le trahissent; il y loue trop son livre du *Détail de la France*;
il n'était pas vraisemblable que le maréchal eût donné tant d'éloges
à un livre rempli de tant d'erreurs; on voit dans cette préface un 6
père qui loue son fils, pour faire recevoir un de ses bâtards.'[8]

---

contre la théorie l'a empêché de prendre la mesure du caractère novateur de la pensée
économique de Vauban et d'établir un portrait complet de 'l'un de ces grands
hommes et de ces génies qui parurent dans ce siècle pour le service de Louis XIV' (*Le
Siècle de Louis XIV*, ch.8, *OH*, p.983). Saint-Simon raconte dans le détail
l'opposition suscitée par le texte de Vauban aussi bien chez les parlementaires que
dans l'administration, la condamnation du roi qui s'ensuit et le désespoir du maréchal
(*Mémoires, 1701-1707*, éd. Yves Coirault, Paris, 1983, t.2, p.880-86).

[7] Voltaire a consacré, dans le chapitre 30 ('Finances et règlements') du *Siècle de
Louis XIV*, un développement critique au livre de Pierre Le Pesant de Boisguilbert
intitulé en 1695 dans sa première édition *Le Détail de la France, la cause de la
diminution de ses biens et la facilité du remède, en fournissant en un mois tout l'argent
dont le roi a besoin, et enrichissant tout le monde* (Voltaire possède l'édition augmentée
en 2 volumes de 1707, BV448; *CN*, t.1, p.380): 'Un Bois-Guillebert, lieutenant
général au bailliage de Rouen, fit imprimer dans ce temps-là le *Détail de la France*, en
deux petits volumes, et prétendit que tout avait été en décadence depuis 1660. C'était
précisément le contraire' (*OH*, p.983).

[8] Dans la préface de la *Dîme royale*, on lit: 'l'auteur du *Détail de la France* [...] a
développé et mis au jour fort naturellement les abus et malfaçons qui se pratiquent
dans l'imposition et la levée des tailles, des aides et des douanes provinciales'
(*Economistes-financiers du XVIIIe siècle*, éd. Eugène Daire, s.l., 1843, p.32).

Le nombre de ceux qui ont mis sous des noms respectés leurs idées de gouvernement, d'économie, de finance, de tactique, etc. n'est que trop considérable. L'abbé de Saint-Pierre qui pouvait n'avoir pas besoin de cette supercherie, ne laissa pas d'attribuer la 70 chimère de sa *Paix perpétuelle* au duc de Bourgogne. [9]

L'auteur du *Financier citoyen* [10] cite toujours le prétendu *Testament politique de Colbert*, ouvrage de tout point impertinent, fabriqué par Gatien de Courtils. Quelques ignorants (*a*) citent encore les *Testaments politiques* du roi d'Espagne Philippe II, du 75 cardinal de Richelieu, de Colbert, de Louvois, du duc de Lorraine, du cardinal Albéroni, du maréchal de Belle-Isle. On a fabriqué jusqu'à celui de Mandrin. [11]

(*a*) Voyez l'article 'Ana, anecdotes'.

[9] Le cinquième paragraphe de la 'Lettre écrite depuis l'impression des Doutes' (voir ci-dessus, n.5) est aussi consacré à Charles-Irénée Castel de Saint-Pierre et à son *Projet pour rendre la paix perpétuelle en Europe* (1712). Dans le 'Catalogue des écrivains', Voltaire écrit: '[Saint-Pierre] ne cessa d'insister sur le projet d'une paix perpétuelle, et d'une espèce de parlement de l'Europe, qu'il appelle la *diète europaine*. On avait imputé une partie de ce projet chimérique au roi Henri IV; et l'abbé de Saint-Pierre, pour appuyer ses idées, prétendait que cette *diète europaine* avait été approuvée et rédigée par le dauphin, duc de Bourgogne, et qu'on en avait trouvé le plan dans les papiers de ce prince. Il se permettait cette fiction pour mieux faire goûter son projet' (*OH*, p.1203).

[10] *Le Financier citoyen* de Jean-Baptiste Naveau (2 vol., Paris, 1757, BV2556) est cité à plusieurs reprises dans l'article 'Grains' de l'*Encyclopédie* (t.8, p.817-20). En tant qu'ouvrage de théorie économique, il est une des cibles de *L'Homme aux quarante écus* (*OCV*, t.66, p.335-36; voir n.7-9). Sur la page de titre de son exemplaire du *Financier citoyen*, Voltaire a écrit: 'ignorant, et plat auteur' (*OCV*, t.141, p.25).

[11] Dès les *Conseils à un journaliste* de 1739, Voltaire a donné de nombreuses raisons de douter de l'attribution au cardinal de Richelieu du *Testament politique* (*OCV*, t.20A, p.505-508). En 1749, quand paraît le *Recueil des testaments politiques du cardinal de Richelieu, du duc de Lorraine, de M. Colbert et de M. de Louvois* (4 vol., Amsterdam [Paris], BV2907), réédition de textes apocryphes publiés pour la première fois entre 1688 et 1696 et dus notamment au spécialiste du genre, Gatien de Courtilz de Sandras, Voltaire, en tant qu'historien, met en garde contre ces 'mensonges imprimés' (*Des mensonges imprimés*, *OCV*, t.31B, p.317 et suiv.). Il revient ensuite souvent sur la question, notamment dans *Le Siècle du Louis XIV*; il dénonce la fausseté du *Testament du cardinal Jules Alberoni* dès sa parution en 1753; dans les

L'*Encyclopédie* à l'article 'Grain', rapporte ces paroles d'un livre intitulé, *Avantages et désavantages de la Grande-Bretagne*; ouvrage bien supérieur à tous ceux que nous venons de citer. [12]

'Si l'on parcourt quelques-unes des provinces de la France, on trouve que non seulement plusieurs de ses terres restent en friche, qui pourraient produire des blés et nourrir des bestiaux; mais que les terres cultivées ne rendent pas à beaucoup près à proportion de leur bonté, parce que le laboureur manque de moyens pour les mettre en valeur.

'Ce n'est pas sans une joie sensible que j'ai remarqué dans le *Gouvernement de France* un vice dont les conséquences sont si étendues, et j'en ai félicité ma patrie; mais je n'ai pu m'empêcher de sentir en même temps combien formidable serait devenue cette puissance, si elle eût profité des avantages que ses possessions et ses hommes lui offraient. *O sua si bona norint!*'

J'ignore si ce livre n'est pas d'un Français qui, en faisant parler un Anglais, a cru lui devoir faire bénir Dieu de ce que les Français lui paraissent pauvres; mais qui en même temps se trahit lui-même en souhaitant qu'ils soient riches; et en s'écriant avec Virgile, *ô s'ils connaissaient leurs biens!* [13] Mais soit Français, soit Anglais, il est faux que les terres en France ne rendent pas à proportion de leur bonté. On s'accoutume trop à conclure du particulier au général. Si on en croyait beaucoup de nos livres nouveaux, la France ne serait pas plus fertile que la Sardaigne et les petits cantons suisses.

Doutes nouveaux, puis dans *L'Homme aux quarante écus*, les listes se suivent, augmentées des nouvelles parutions: le *Testament politique de Louis Mandrin, généralissime des troupes de contrebandiers, écrit par lui-même* d'Ange Goudar (Genève, 1755), le *Testament politique du maréchal duc de Belle-Isle* de Chevrier (Amsterdam, 1761).

[12] Il s'agit des *Remarques sur les avantages et les désavantages de la France et de la Grande-Bretagne par rapport au commerce et aux autres sources de la puissance des Etats* de John Nickolls, trad. Plumard de Dangeul (Leyde [Paris], 1754, BV2767). La citation dans l'article 'Grains' (*Encyclopédie*, t.7, p.825) comprend deux paragraphes de plus, au début.

[13] Virgile, *Géorgiques*, chant 2, vers 458 ('O fortunatos nimium sua si bona norint').

De l'exportation des grains

Le même article 'Grain' porte encore cette réflexion: 'Les Anglais essuyaient souvent de grandes chertés dont nous profitions par la liberté du commerce de nos grains, sous le règne de Henri IV et de Louis XIII, et dans les premiers temps du règne de Louis XIV'.[14] 105

Mais malheureusement la sortie des grains fut défendue en 1598, sous Henri IV. La défense continua sous Louis XIII et pendant tout le temps du règne de Louis XIV. On ne put vendre son blé hors du royaume que sur une requête présentée au conseil, qui jugeait de 110 l'utilité ou du danger de la vente, ou plutôt qui s'en rapportait à l'intendant de la province.[15] Ce n'est qu'en 1764 que le conseil de Louis XV plus éclairé, a rendu le commerce des blés libre, avec les restrictions convenables dans les mauvaises années.

De la grande et petite culture

A l'article 'Ferme', qui est un des meilleurs de ce grand ouvrage, on 115 distingue la grande et la petite culture. La grande se fait par les chevaux, la petite par les bœufs; et cette petite, qui s'étend sur la plus grande partie des terres de France, est regardée comme un travail presque stérile, et comme un vain effort de l'indigence.[16]

Cette idée en général ne me paraît pas vraie. La culture par les 120 chevaux n'est guère meilleure que celle par les bœufs. Il y a des compensations entre ces deux méthodes qui les rendent parfaitement égales. Il me semble que les anciens n'employèrent jamais les chevaux à labourer la terre, du moins il n'est question que de bœufs

[14] La phrase se trouve dans la note (*e*) de cet article, placée à la fin de la citation des *Remarques sur les avantages et les désavantages* (*Encyclopédie*, t.7, p.825).

[15] Voir notamment *Le Siècle de Louis XIV*, ch.30, et le *Précis du Siècle de Louis XV*, ch.42.

[16] Si la distinction en question est en effet développée dans l'article 'Fermiers', la formulation vient de l'article 'Grains' (*Encyclopédie*, t.7, p.813). Voltaire s'oppose en praticien à cette distinction.

dans Hésiode, dans Xénophon, dans Virgile, dans Columelle. La   12
culture avec des bœufs n'est chétive et pauvre que lorsque des
propriétaires malaisés fournissent de mauvais bœufs, mal nourris, à
des métayers sans ressource qui cultivent mal. Ce métayer ne
risquant rien, parce qu'il n'a rien fourni, ne donne jamais à la terre
ni les engrais, ni les façons dont elle a besoin; il ne s'enrichit point,   13
et il appauvrit son maître; et c'est malheureusement le cas où se
trouvent plusieurs pères de famille.

Le service des bœufs est aussi profitable que celui des chevaux,
parce que s'ils labourent moins vite, on les fait travailler plus de
journées sans les excéder; ils coûtent beaucoup moins à nourrir; on   13
ne les ferre point, leurs harnais sont moins dispendieux, on les
revend, ou bien on les engraisse pour la boucherie; ainsi leur vie et
leur mort procurent de l'avantage; ce qu'on ne peut pas dire des
chevaux.

Enfin on ne peut employer les chevaux que dans les pays où   14
l'avoine est à très bon marché, et c'est pourquoi il y a toujours quatre
à cinq fois moins de culture par les chevaux que par les bœufs.

Des défrichements

A l'article 'Défrichement', on ne compte pour défrichement que les
herbes inutiles et voraces que l'on arrache d'un champ, pour le
mettre en état d'être ensemencé.[17]   14

---

131   K84, K12: maître; c'est
132-33   K84, K12: famille. [*avec note*: M. de Voltaire indique ici la véritable
différence entre la grande et la petite culture. L'une et l'autre peuvent employer des
bœufs ou des chevaux. Mais la grande culture est celle qui se fait par les propriétaires
eux-mêmes ou par des fermiers; la petite culture est celle qui se fait par un métayer à
qui le propriétaire fournit les avances foncières de la culture, à condition de partager   5
les fruits avec lui.] ¶Le

[17] L'article 'Défricher (Jard.)' de d'Argenville se limite à la définition suivante:
'Défricher une terre, c'est en ôter les mauvaises herbes par des labours lorsqu'elle a
été longtemps abandonnée' (*Encyclopédie*, t.4, p.750).

L'art de défricher ne se borne pas à cette méthode usitée et toujours nécessaire. Il consiste à rendre fertiles des terres ingrates qui n'ont jamais rien porté. Il y en a beaucoup de cette nature, comme des terrains marécageux ou de pure terre à brique, à foulon, sur laquelle il est aussi inutile de semer que sur des rochers. Pour les terres marécageuses, ce n'est que la paresse et l'extrême pauvreté qu'il faut accuser, si on ne les fertilise pas.

Les sols purement glaiseux ou de craie, ou simplement de sable, sont rebelles à toute culture. Il n'y a qu'un seul secret, c'est celui d'y porter de la bonne terre pendant des années entières. C'est une entreprise qui ne convient qu'à des hommes très riches; le profit n'en peut égaler la dépense qu'après un très long temps, si même elle peut jamais en approcher. Il faut quand on y a porté de la terre meuble, la mêler avec la mauvaise, la fumer beaucoup, y reporter encore de la terre, et surtout y semer des graines qui loin de dévorer le sol lui communiquent une nouvelle vie.

Quelques particuliers ont fait de tels essais; mais il n'appartiendrait qu'à un souverain de changer ainsi la nature d'un vaste terrain en y faisant camper de la cavalerie, laquelle y consommerait les fourrages tirés des environs. Il y faudrait des régiments entiers. Cette dépense se faisant dans le royaume, il n'y aurait pas un denier de perdu, et on aurait à la longue un grand terrain de plus qu'on aurait conquis sur la nature. L'auteur de cet article a fait cet essai en petit, et a réussi.[18]

Il en est d'une telle entreprise comme de celle des canaux et des mines. Quand la dépense d'un canal ne serait pas compensée par les

[18] 'Le grand Voltaire est devenu [...] un véritable laboureur. Il dit qu'il n'a jamais connu un bonheur aussi vrai', note Edward Gibbon qui lui rend visite en août 1763 (*The Letters of Edward Gibbon*, éd. J. E. Norton, Londres, 1956, t.1, p.153, lettre 50). Voltaire s'appliqua en effet à améliorer le rendement de l'agriculture du pays de Gex (qui est négatif à son arrivée, selon les calculs qu'il présente dans son *Mémoire sur l'état de l'agriculture du pays de Gex*), en faisant drainer et amender les terres. Sa correspondance, où il se présente volontiers comme un des 'meilleurs cultivateurs du royaume' (D13327), témoigne abondamment de son enthousiasme pour la 'charrue' et de son action dans ce domaine (voir D7976, D8764, D9682, D13232, etc.).

droits qu'il rapporterait, ce serait toujours pour l'Etat un prodigieux avantage.

Que la dépense de l'exploitation d'une mine d'argent, de cuivre, de plomb ou d'étain, et même de charbon de terre excède le produit, l'exploitation est toujours très utile: car l'argent dépensé fait vivre les ouvriers, circule dans le royaume, et le métal ou minéral qu'on en a tiré, est une richesse nouvelle et permanente. Quoi qu'on fasse il faudra toujours revenir à la fable du bon vieillard, qui fit accroire à ses enfants qu'il y avait un trésor dans leur champ; ils remuèrent tout leur héritage pour le chercher, et ils s'aperçurent que *le travail est un trésor.* [19]

La pierre philosophale de l'agriculture serait de semer peu et de recueillir beaucoup. Le *grand Albert*, le *petit Albert*,[20] la *Maison rustique*[21] enseignent douze secrets d'opérer la multiplication du blé, qu'il faut tous mettre avec la méthode de faire naître des abeilles du cuir d'un taureau, et avec les œufs de coq dont il vient des basilics. La chimère de l'agriculture est de croire obliger la nature à faire plus qu'elle ne peut. Autant vaudrait donner le secret de faire porter à une femme dix enfants, quand elle ne peut en donner que deux. Tout ce qu'on doit faire est d'avoir bien soin d'elle dans sa grossesse.

La méthode la plus sûre pour recueillir un peu plus de grain qu'à

[19] La Fontaine, *Fables*, livre 5, fable 9 ('Le laboureur et ses enfants').

[20] *Les Admirables Secrets d'Albert le Grand, contenant plusieurs traités sur la conception des femmes, et les vertus des herbes, des pierres précieuses et des animaux* (Cologne, 1703) et *Secrets merveilleux de la magie naturelle et cabalistique du Petit Albert* (Cologne, 1722): Voltaire s'est déjà moqué de la fausse science de ces ouvrages populaires de magie sans cesse réédités, qu'il rapproche de l'Almanach de Liège (*Des singularités de la nature*, M, t.27, p.165). Il ne cite pas les vrais ouvrages savants sur l'agriculture parus dans la seconde moitié du siècle, pourtant très nombreux dans sa bibliothèque (plus de quarante titres, depuis les ouvrages théoriques des physiocrates jusqu'aux mémoires des sociétés d'agriculture).

[21] *L'Agriculture et maison rustique de M. Charles Estienne*, [...] *en laquelle est contenu tout ce qui peut estre requis pour bastir maison champestre, nourrir et médeciner bestiail et volaille* (Paris, 1564). L'ouvrage connaît de multiples rééditions et refontes jusqu'au dix-neuvième siècle. L'*Encyclopédie* renvoie aussi à la *Maison rustique* (article 'Bélier', t.2, p.196).

l'ordinaire, est de se servir du semoir.[22] Cette manœuvre par laquelle on sème à la fois, on herse et on recouvre, prévient le ravage du vent qui quelquefois dissipe le grain, et celui des oiseaux qui le dévorent. C'est un avantage qui certainement n'est pas à négliger. 195

De plus la semence est plus régulièrement versée et espacée dans la terre; elle a plus de liberté de s'étendre; elle peut produire des tiges plus fortes et un peu plus d'épis. Mais le semoir ne convient ni à toutes sortes de terrains, ni à tous les laboureurs.[23] Il faut que le sol soit uni et sans cailloux, et il faut que le laboureur soit aisé. Un semoir coûte; et il en coûte encore pour le rhabillement quand il est détraqué. Il exige deux hommes et un cheval; plusieurs laboureurs n'ont que des bœufs. Cette machine utile doit être employée par les riches cultivateurs et prêtée aux pauvres. 200 205

De la grande protection due à l'agriculture

Par quelle fatalité l'agriculture n'est-elle véritablement honorée qu'à la Chine? Tout ministre d'Etat en Europe doit lire avec attention le mémoire suivant, quoiqu'il soit d'un jésuite.[24] Il n'a jamais été contredit par aucun autre missionnaire, malgré la 210

[22] L'article 'Semoir (Economie rustique, Agricult.)' de l'*Encyclopédie*, illustré d'une planche, présente ces machines comme un moyen d'obtenir 'des récoltes plus abondantes' (t.14, p.947). Voltaire a acheté une 'charrue à semoir' en 1758 (D7965, D7995).

[23] C'est l'expérience qu'a faite le personnage de *L'Homme aux quarante écus*: 'Dès que j'eus lu dans les journaux qu'un célèbre agriculteur avait inventé un nouveau semoir, et qu'il labourait sa terre par planches, afin qu'en semant moins il recueillit davantage, j'empruntai vite de l'argent, j'achetai un semoir, je labourai par planches, je perdis ma peine et mon argent, aussi bien que l'illustre agriculteur qui ne sème plus par planches'. Allusion aux techniques agricoles de Jethro Tull, diffusées en France par Duhamel Du Monceau, l'*Encyclopédie* et les périodiques spécialisés: voir *OCV*, t.66, p.336-37, n.13 et 14.

[24] Voltaire cite, en leur apportant quelques menues corrections de style et en opérant une petite coupure, les pages 70-71 de la *Description géographique, historique, chronologique, politique et physique de l'empire de la Chine et de la Tartarie chinoise* par le père J.-B. Du Halde (Paris, 1735), t.2 (il en possède une édition hollandaise:

143

jalousie de métier qui a toujours éclaté entre eux. Il est entièrement conforme à toutes les relations que nous avons de ce vaste empire.

'Au commencement du printemps chinois, c'est-à-dire, dans le mois de février, le tribunal des mathématiques ayant eu ordre d'examiner quel était le jour convenable à la cérémonie du labourage, détermina le 24 de la onzième lune, et ce fut par le tribunal des rites que ce jour fut annoncé à l'empereur dans un mémorial où le même tribunal des rites marquait ce que sa majesté devait faire pour se préparer à cette fête.

'Selon ce mémorial, 1°. L'empereur doit nommer les douze personnes illustres qui doivent l'accompagner et labourer après lui; savoir, trois princes et neuf présidents des cours souveraines. Si quelques-uns des présidents étaient trop vieux ou infirmes, l'empereur nomme ses assesseurs pour tenir leur place.

'2°. Cette cérémonie ne consiste pas seulement à labourer la terre, pour exciter l'émulation par son exemple; mais elle renferme encore un sacrifice que l'empereur comme grand pontife offre au Chang-ti, pour lui demander l'abondance en faveur de son peuple. Or pour se préparer à ce sacrifice, il doit jeûner et garder la continence les trois jours précédents. (*b*) La même précaution doit être observée par tous ceux qui sont nommés pour accompagner sa majesté, soit princes, soit autres, soit mandarins de lettres, soit mandarins de guerre.

'3°. La veille de cette cérémonie, sa majesté choisit quelques seigneurs de la première qualité, et les envoie à la salle de ses ancêtres, se prosterner devant la tablette, et les avertir, comme ils feraient s'ils étaient encore en vie, (*c*) que le jour suivant il offrira le grand sacrifice.

(*b*) Cela seul ne suffit-il pas pour détruire la folle calomnie établie dans notre Occident, que le gouvernement chinois est athée?

(*c*) Le proverbe dit: *Comportez-vous à l'égard des morts comme s'ils étaient encore en vie.*

BV1132). Diderot, dans l'article 'Agriculture' de l'*Encyclopédie*, résume précisément, en en nommant l'auteur, le même passage (t.1, p.183).

'Voilà en peu de mots ce que le mémorial du tribunal des rites 240
marquait pour la personne de l'empereur. Il déclarait aussi les
préparatifs que les différents tribunaux étaient chargés de faire.
L'un doit préparer ce qui sert aux sacrifices. Un autre doit
composer les paroles que l'empereur récite en faisant le sacrifice.
Un troisième doit faire porter et dresser les tentes sous lesquelles 245
l'empereur dînera, s'il a ordonné d'y porter un repas. Un quatrième
doit assembler quarante ou cinquante vénérables vieillards,
laboureurs de profession, qui soient présents, lorsque l'empereur
laboure la terre. On fait venir aussi une quarantaine de laboureurs
plus jeunes pour disposer la charrue, atteler les bœufs, et préparer 250
les grains qui doivent être semés. L'empereur sème cinq sortes de
grains, qui sont censés les plus nécessaires à la Chine, et sous
lesquels sont compris tous les autres, le froment, le riz, le millet, la
fève, et une autre espèce de mil, qu'on appelle *cac-leang*.

'Ce furent là les préparatifs: le vingt-quatrième jour de la lune, 255
sa majesté se rendit avec toute la cour en habit de cérémonie au lieu
destiné à offrir au Chang-ti le sacrifice du printemps, par lequel on
le prie de faire croître et de conserver les biens de la terre. C'est
pour cela qu'il l'offre avant que de mettre la main à la charrue...[25]

'L'empereur sacrifia, et après le sacrifice il descendit avec les 260
trois princes et les neuf présidents qui devaient labourer avec lui.
Plusieurs grands seigneurs portaient eux-mêmes les coffres précieux qui renfermaient les grains qu'on devait semer. Toute la cour
y assista en grand silence. L'empereur prit la charrue, et fit en
labourant plusieurs allées et venues: lorsqu'il quitta la charrue, un 265
prince du sang la conduisit et laboura à son tour. Ainsi du reste.

'Après avoir labouré en différents endroits, l'empereur sema les
différents grains. On ne laboure pas alors tout le champ entier, mais
les jours suivants les laboureurs de profession achèvent de le
labourer. 270

'Il y avait cette année-là quarante-quatre anciens laboureurs, et

---

[25] Sont sautées quelques lignes décrivant le lieu du sacrifice.

quarante-deux plus jeunes. La cérémonie se termina par une récompense que l'empereur leur fit donner.'

A cette relation d'une cérémonie qui est la plus belle de toutes, puisqu'elle est la plus utile, il faut joindre un édit du même empereur Yontchin. Il accorde des récompenses et des honneurs à quiconque défrichera des terrains incultes depuis quinze arpents jusqu'à quatre-vingts, vers la Tartarie; car il n'y en a point d'incultes dans la Chine proprement dite; et celui qui en défriche quatre-vingts devient mandarin du huitième ordre. [26]

Que doivent faire nos souverains d'Europe en apprenant de tels exemples? *Admirer et rougir; mais surtout imiter.*

Postcript

J'ai lu depuis peu un petit livre sur les arts et métiers, dans lequel j'ai remarqué autant de choses utiles qu'agréables; mais ce qu'il dit de l'agriculture ressemble assez à la manière dont en parlent plusieurs Parisien qui n'ont jamais vu de charrue. L'auteur parle d'un heureux agriculteur qui, dans la contrée la plus délicieuse et la plus fertile de la terre, cultivait une campagne *qui lui rendait cent pour cent.* [27]

Il ne savait pas qu'un terrain qui ne rendrait que cent pour cent, non seulement ne payerait pas un seul des frais de la culture, mais

[26] Ce paragraphe est directement inspiré de la même source: après le récit de la cérémonie, Du Halde évoque les 'beaux règlements' du même empereur, qui porte 'une attention singulière pour les laboureurs'. Au nombre d'entre eux figure l'élévation 'au degré de mandarin du huitième ordre' du meilleur laboureur (*Description de la Chine*, t.2, p.71). Tous les autres détails sont ajoutés par Voltaire.

[27] Le 'petit livre sur les arts et métiers' est une dénomination ironique de l'*Encyclopédie* elle-même. On lit en effet à l'article 'Grains', dans une note explicative en bas d'un tableau intitulé 'Comparaison des produits de la culture actuelle du royaume avec ceux de la bonne culture': 'Dans l'état actuel, les frais ne produisent que 30 pour cent; et dans une bonne culture, où le débit des grains serait favorisé, comme en Angleterre, par l'exportation, les frais produiraient environ cent pour cent' (t.7, p.819, note *u*). L'article de Voltaire se termine par sa critique majeure envers les physiocrates: leur ignorance des réalités.

ruinerait pour jamais le laboureur. Il faut pour qu'un domaine puisse donner un léger profit, qu'il rapporte au moins cinq cents pour cent. Heureux Parisiens, jouissez de nos travaux, et jugez de l'opéra comique!

295

    (Voyez l'article 'Bled ou Blé'.)

AIR

On compte quatre éléments, quatre espèces de matière sans avoir
une notion complète de la matière. Mais que sont les éléments de
ces éléments? L'air se change-t-il en feu, en eau, en terre? Y a-t-il
de l'air?

Quelques philosophes en doutent encore;[1] peut-on raisonnablement en douter avec eux? On n'a jamais été incertain si on
marche sur la terre, si on boit de l'eau, si le feu nous éclaire, nous
échauffe, nous brûle. Nos sens nous en avertissent assez; mais ils ne
nous disent rien sur l'air. Nous ne savons point par eux si nous

---

a   k84, k12: Air / Section i

*L'article 'Air' de l'*Encyclopédie*, signé par D'Alembert, est remarquable par son
ampleur, par son information et par un nombre considérable de renvois, entre autres
à 'Atmosphère', 'Elément', 'Ether', 'Exhalaison', 'Feu', 'Fluide', 'Magnétisme',
'Réfraction', 'Vapeur'. Il serait étonnant que Voltaire ne s'y soit pas référé. Peut-être
l'a-t-il consulté au moment où il rédigea le chapitre 31 des *Singularités de la nature*
(*M*, t.27, p.174-77) qu'il reprend ici, avec des variantes, aux lignes 15-67, 80-87, 89-
105 et 110-48 de la première section; peut-être s'y est-il reporté de nouveau ainsi
qu'aux articles 'Exhalaison' et 'Vapeur' pour composer la seconde section de cet
article dont le thème avait été abordé dès l'*Essai sur la nature du feu et sa propagation*
(1739). Dans cet essai Voltaire avait déclaré que 'l'air de notre atmosphère est un
assemblage de vapeurs de toute espèce qui lui laissent très peu de matière propre'
(*OCV*, t.17, p.52). L'étude du phénomène pneumatique a été importante dans la
physique expérimentale du dix-septième siècle et les savants du dix-huitième siècle
hésitent sur l'idée que 'l'air est une substance fluide, pesante et élastique et que
l'atmosphère est un vaste océan qui enveloppe notre globe' (article 'Gaz' par
R. Locqueneux, *Dictionnaire européen des Lumières*, éd. M. Delon, Paris, 1992). La
première section du présent article paraît en novembre/décembre 1770 (70, t.1);
Voltaire publie la seconde section en mars/avril 1772 (70, t.9), sous la rubrique
'Vapeurs, exhalaisons'. Les deux sections paraissent ensemble pour la première fois
en 1774 (w68).

[1] Voltaire, tout comme Musschenbroek auquel il renverra dans la note (*a*),
mentionne parfois – mais très obliquement – les tenants des opinions contraires sans
toutefois les nommer.

148

respirons les vapeurs du globe ou une substance différente de ces 10
vapeurs. Les Grecs appelèrent l'enveloppe qui nous environne
atmosphère, la sphère des exhalaisons;[2] et nous avons adopté ce
mot. Y a-t-il parmi ces exhalaisons continuelles une autre espèce de
matière qui ait des propriétés différentes?

Les philosophes qui ont nié l'existence de l'air, disent qu'il est 15
inutile d'admettre un être qu'on ne voit jamais et dont tous les effets
s'expliquent si aisément par les vapeurs qui sortent du sein de la
terre.

Newton a démontré que le corps le plus dur a moins de matière
que de pores.[3] Des exhalaisons continuelles s'échappent en foule 20
de toutes les parties de notre globe. Un cheval jeune et vigoureux,
ramené tout en sueur dans son écurie en temps d'hiver, est entouré
d'une atmosphère mille fois moins considérable que notre globe
n'est pénétré et environné de la matière de sa propre transpiration.

Cette transpiration, ces exhalaisons, ces vapeurs innombrables 25
s'échappent sans cesse par des pores innombrables, et ont elles-
mêmes des pores. C'est ce mouvement continu en tout sens, qui
forme et qui détruit sans cesse végétaux, minéraux, métaux,
animaux.

C'est ce qui a fait penser à plusieurs que le mouvement est 30
essentiel à la matière; puisqu'il n'y a pas une particule dans laquelle
il n'y ait un mouvement continu. Et si la puissance formatrice

23-24   70, 71N, 71A: globe ne l'est de la

[2] La 'Section seconde', ci-dessous, traitera des deux phénomènes: *vapeurs* et
exhalaisons. Pour faciliter dès à présent la compréhension du texte, citons l'article
'Exhalaison' de l'*Encyclopédie* qui fait ainsi la différence entre les deux termes: 'Les
mots d'*exhalaison* et de *vapeur* se prennent d'ordinaire indifféremment l'un pour
l'autre; mais les auteurs exacts les distinguent. Ils appellent *vapeurs*, les fumées
humides qui s'élèvent de l'eau et des autres corps liquides; et *exhalaisons*, les fumées
sèches qui viennent des corps solides, comme la terre, le feu, les minéraux, les
soufres, les sels, etc.' (t.6, p.253)
[3] Théorie que Voltaire fait sienne dans ses *Eléments de la philosophie de Newton*
où on lit: 'mais ce scrupule sera bientôt levé, si vous considérez que toute partie de
matière a plus de pores incomparablement que de substance' (*OCV*, t.15, p.351).

éternelle qui préside à tous les globes, est l'auteur de tout mouvement, elle a voulu du moins que ce mouvement ne pérît jamais. Or ce qui est toujours indestructible a pu paraître essentiel, comme l'étendue et la solidité ont paru essentielles. Si cette idée est une erreur, elle est pardonnable; car il n'y a que l'erreur malicieuse et de mauvaise foi qui ne mérite pas d'indulgence.

Mais qu'on regarde le mouvement comme essentiel ou non, il est indubitable que les exhalaisons de notre globe s'élèvent et retombent sans aucun relâche à un mille, à deux milles, à trois milles au-dessus de nos têtes. Du mont Atlas à l'extrémité du Taurus, tout homme peut voir tous les jours les nuages se former sous ses pieds. Il est arrivé mille fois à des voyageurs d'être au-dessus de l'arc-en-ciel, des éclairs et du tonnerre.

Le feu répandu dans l'intérieur du globe, ce feu caché dans l'eau et dans la glace même, est probablement la source impérissable de ces exhalaisons, de ces vapeurs, dont nous sommes continuellement environnés. Elles forment un ciel bleu dans un temps serein, quand elles sont assez hautes et assez atténuées pour ne nous envoyer que des rayons bleus; comme les feuilles de l'or amincies, exposées aux rayons du soleil dans la chambre obscure. Ces vapeurs imprégnées de soufre forment les tonnerres et les éclairs. Comprimées et ensuite dilatées par cette compression dans les entrailles de la terre, elles s'échappent en volcans, forment et détruisent de petites montagnes, renversent des villes, ébranlent quelquefois une grande partie du globe.

Cette mer de vapeurs dans laquelle nous nageons, qui nous menace sans cesse, et sans laquelle nous ne pourrions vivre, comprime de tous côtés notre globe et ses habitants avec la même force que si nous avions sur notre tête un océan de trente-deux pieds de hauteur: et chaque homme en porte environ vingt mille livres.

Raisons de ceux qui nient l'air

Tout ceci posé, les philosophes qui nient l'air disent, Pourquoi attribuerons-nous à un élément inconnu et invisible, des effets que l'on voit continuellement produits par ces exhalaisons visibles et palpables?   65

Je vois au coucher du soleil s'élever du pied des montagnes, et du fond des prairies, un nuage blanc qui couvre toute l'étendue du terrain, autant que ma vue peut porter. Ce nuage s'épaissit peu à peu, cache insensiblement les montagnes, et s'élève au-dessus d'elles. Comment, si l'air existait, cet air dont chaque colonne équivaut à trente-deux pieds d'eau, ne ferait-il pas rentrer ce nuage dans le sein de la terre dont il est sorti? Chaque pied cube de ce nuage est pressé par trente-deux pieds cubes; donc il ne pourrait jamais sortir de terre que par un effort prodigieux, et beaucoup plus grand que celui des vents qui soulèvent les mers; puisque ces mers ne montent jamais à la trentième partie de la hauteur de ces nuages dans la plus grande effervescence des tempêtes.   70   75

L'air est élastique, nous dit-on: mais les vapeurs de l'eau seule le sont souvent bien davantage. Ce que vous appelez l'*élément de l'air* pressé dans une canne à vent, ne porte une balle qu'à une très petite distance;[4] mais dans la pompe à feu des bâtiments d'Yorck à Londres, les vapeurs font un effet cent fois plus violent.[5]   80

On ne dit rien de l'air, continuent-ils, qu'on ne puisse dire de   85

67-80   K84, K12: palpables? ¶L'air

[4] Comme le contexte l'indique, une canne à vent est le fusil à air comprimé de nos jours. L'*Encyclopédie* la définit ainsi: 'espèce de canne creuse intérieurement, et par le moyen de laquelle on peut, sans le secours de la poudre, chasser une balle avec grande violence' (article 'Canne à vent', t.2, p.598).

[5] York Buildings: château d'eau et usine hydraulique près de la Tamise (voir *London and its environs described*, 6 vol., Londres, 1761, t.6, p.370). Il est à se demander si Voltaire ne penserait pas plutôt à la 'pompe à feu' (pompe mue par la vapeur) du London Bridge Water Works (*London and its environs described*, t.4, p.146-52) beaucoup plus puissante (et plus célèbre car perfectionnée par John Hadley).

même des vapeurs du globe; elles pèsent comme lui, s'insinuent comme lui, allument le feu par leur souffle, se dilatent, se condensent de même.

Ce système semble avoir un grand avantage sur celui de l'air, en ce qu'il rend parfaitement raison de ce que l'atmosphère ne s'étend qu'environ à trois ou quatre milles tout au plus; au lieu que si on admet l'air, on ne trouve nulle raison pour laquelle il ne s'étendrait pas beaucoup plus loin, et n'embrasserait pas l'orbite de la lune.

La plus grande objection que l'on fasse contre les systèmes des exhalaisons du globe, est, qu'elles perdent leur élasticité dans la pompe à feu quand elles sont refroidies, au lieu que l'air est, dit-on, toujours élastique; mais premièrement il n'est pas vrai que l'élasticité de l'air agisse toujours; son élasticité est nulle quand on le suppose en équilibre, et sans cela il n'y a point de végétaux et d'animaux qui ne crevassent et n'éclatassent en cent morceaux, si cet air qu'on suppose être dans eux, conservait son élasticité. Les vapeurs n'agissent point quand elles sont en équilibre; c'est leur dilatation qui fait leurs grands effets. En un mot, tout ce qu'on attribue à l'air semble appartenir sensiblement, selon ces philosophes, aux exhalaisons de notre globe.

Si on leur fait voir que le feu s'éteint quand il n'est pas entretenu par l'air, ils répondent qu'on se méprend, qu'il faut à un flambeau des vapeurs sèches et élastiques pour nourrir sa flamme, qu'elle s'éteint sans leur secours, ou quand ces vapeurs sont trop grasses, trop sulfureuses, trop grossières et sans ressort. Si on leur objecte que l'air est quelquefois pestilentiel, c'est bien plutôt des exhalaisons qu'on doit le dire. Elles portent avec elles des parties de soufre, de vitriol, d'arsenic et de toutes les plantes nuisibles. On dit: *l'air est pur dans ce canton*, cela signifie: *ce canton n'est point marécageux*; il n'a ni plantes ni minières pernicieuses dont les parties s'exhalent continuellement dans les corps des animaux. Ce n'est point l'élément prétendu de l'air qui rend la campagne de Rome si

88-94   K84, K12: même. ¶La
94   K84, K12: contre le système des

malsaine, ce sont les eaux croupissantes, ce sont les anciens canaux, qui creusés sous terre de tous côtés, sont devenus le réceptacle de toutes les bêtes venimeuses. C'est de là que s'exhale continuelle- 120 ment un poison mortel. Allez à Frescati, ce n'est plus le même terrain, ce ne sont plus les mêmes exhalaisons.

Mais pourquoi l'élément supposé de l'air changerait-il de nature à Frescati? Il se chargera, dit-on, dans la campagne de Rome de ces exhalaisons funestes, et n'en trouvant pas à Frescati il deviendra 125 plus salutaire. Mais encore une fois, puisque ces exhalaisons existent, puisqu'on les voit s'élever le soir en nuages, quelle nécessité de les attribuer à une autre cause? Elles montent dans l'atmosphère, elles s'y dissipent, elles changent de forme; le vent dont elles sont la première cause, les emporte, les sépare; elles 130 s'atténuent, elles deviennent salutaires, de mortelles qu'elles étaient.

Une autre objection, c'est que ces vapeurs, ces exhalaisons renfermées dans un vase de verre s'attachent aux parois et tombent, ce qui n'arrive jamais à l'air. Mais qui vous a dit que si les 135 exhalaisons humides tombent au fond de ce cristal, il n'y a pas incomparablement plus de vapeurs sèches et élastiques qui se soutiennent dans l'intérieur de ce vase? L'air, dites-vous, est purifié après une pluie. Mais nous sommes en droit de vous soutenir que ce sont les exhalaisons terrestres qui se sont purifiées, que les plus 140 grossières, les plus aqueuses rendues à la terre, laissent les plus sèches et les plus fines au-dessus de nos têtes, et que c'est cette ascension et cette descente alternative qui entretient le jeu continuel de la nature.

Voilà une partie des raisons qu'on peut alléguer en faveur de 145 l'opinion que l'élément de l'air n'existe pas. Il y en a de très spécieuses et qui peuvent au moins faire naître des doutes; mais ces doutes céderont toujours à l'opinion commune. On n'a déjà pas trop de quatre éléments. Si on nous réduisait à trois, nous nous

127   70: voit visiblement s'élever [Errata: β]

croirions trop pauvres.[6] On dira toujours l'*élément de l'air*. Les   15
oiseaux voleront toujours dans les airs, et jamais dans les vapeurs.
On dira toujours, *l'air est doux, l'air est serein*, et jamais *les vapeurs
sont douces, sont sereines*.

Air, section seconde

Vapeurs, exhalaisons

Je suis comme certains hérétiques; ils commencent par proposer
modestement quelques difficultés; ils finissent par nier hardiment   15
de grands dogmes.

J'ai d'abord rapporté avec candeur, les scrupules de ceux qui
doutent que l'air existe. Je m'enhardis aujourd'hui; j'ose regarder
l'existence de l'air comme une chose peu probable.

1°. Depuis que je rendis compte de l'opinion qui n'admet que des   16
vapeurs, j'ai fait ce que j'ai pu pour voir de l'air; et je n'ai jamais vu
que des vapeurs grises, blanchâtres, bleues, noirâtres, qui couvrent
tout mon horizon. Jamais on ne m'a montré d'air pur. J'ai toujours
demandé pourquoi on admettait une matière invisible, impalpable
dont on n'avait aucune connaissance?   16

2°. On m'a toujours répondu que l'air est élastique. Mais qu'est-
ce que l'élasticité? c'est la propriété d'un corps fibreux de se
remettre dans l'état dont vous l'avez tiré avec force. Vous avez
courbé cette branche d'arbre, elle se relève; ce ressort d'acier que
vous avez roulé se détend de lui-même; propriété aussi commune   17

153-273   70, 71N, 71A: *sereines. //*
153a   70, 71N, 71A: [*titre absent*]
153b-273   70, 71N, 71A: [*cette section figure comme un article séparé*]
157   70, 71N, 71A: d'abord, à l'article 'Air', rapporté

[6] Encore une allusion désobligeante, après celle du *Traité de métaphysique* (*OCV*,
t.14, p.440), à Descartes (*Eléments de la philosophie de Newton*, *OCV*, t.15, p.233) et à
'la chimère de ses trois éléments' qui fut développée dans *Le Monde, ou traité de la
lumière*, ch.5, et dans les *Principes de la philosophie*, livre 3.

que l'attraction et la direction de l'aimant, et aussi inconnue. Mais votre élément de l'air est élastique, selon vous, d'une tout autre façon. Il occupe un espace prodigieusement plus grand que celui dans lequel vous l'enfermiez, dont il s'échappe. Des physiciens ont prétendu que l'air peut se dilater dans la proportion d'un à quatre mille (*a*); d'autres ont voulu qu'une bulle d'air pût s'étendre quarante-six milliards de fois.

Je demanderais alors ce qu'il deviendrait? à quoi il serait bon? quelle force aurait cette particule d'air au milieu des milliards de particules de vapeurs qui s'exhalent de la terre, et des milliards d'intervalles qui les séparent?

3°. S'il existe de l'air, il faut qu'il nage dans la mer immense de vapeurs qui nous environne, et que nous touchons au doigt et à l'œil. Or les parties d'un air ainsi interceptées, ainsi plongées et errantes dans cette atmosphère, pourraient-elles avoir le moindre effet, le moindre usage?

4°. Vous entendez une musique dans un salon éclairé de cent bougies; il n'y a pas un point de cet espace qui ne soit rempli de ces atomes de cire, de lumière et de fumée légère. Brûlez-y des parfums, il n'y aura pas encore un point de cet espace où les atomes de ces parfums ne pénètrent. Les exhalaisons continuelles

175

180

185

190

(*a*) Voyez Mushembroek[7] chapitre de l'*Air*.

176   70, 71N: d'air peut s'étendre
       71A: d'air puisse s'étendre
182-83   K84, K12: immense des vapeurs

[7] Petrus van Musschenbroek (1692-1761), célèbre physicien de Leyde, qui introduisit la physique expérimentale et le newtonianisme en Hollande. Voltaire possédait son *Essai de physique* (1726) dans la traduction de 1739 procurée par Pierre Massuet (BV2540) où le chapitre de l'*Air* est le chapitre 36 (t.2, p.629-706). Voltaire a laissé un signet (*CN*, t.5, p.801). Il nous semble que Voltaire, en maints endroits, a très bien pu s'inspirer de Musschenbroek sans toutefois que nous puissions formellement l'accuser de démarquage textuel. Il faut de même consulter les paragraphes 1492-1500, consacrés aux vapeurs et aux exhalaisons (t.2, p.733-43).

du corps des spectateurs et des musiciens, et du parquet, et des fenêtres, et des plafonds, occupent encore ce salon. Que restera-t-il pour votre prétendu élément de l'air?

5°. Comment cet air prétendu, dispersé dans ce salon, pourra-t-il vous faire entendre et distinguer à la fois les différents sons? faudra-t-il que la tierce, la quinte, l'octave etc. aillent frapper des parties d'air qui soient elles-mêmes à la tierce, à la quinte, à l'octave? chaque note exprimée par les voix et par les instruments trouve-t-elle des parties d'air notées qui les renvoient à votre oreille? C'est la seule manière d'expliquer la mécanique de l'ouïe par le moyen de l'air. Mais quelle supposition! de bonne foi doit-on croire que l'air contienne une infinité d'ut, ré, mi, fa, sol, la, si, ut, et nous les envoie sans se tromper? en ce cas ne faudrait-il pas que chaque particule d'air frappée à la fois par tous les sons, ne fût propre qu'à répéter un seul son, et à le renvoyer à l'oreille? Mais où renverrait-elle tous les autres qui l'auraient également frappée?

Il n'y a donc pas moyen d'attribuer à l'air la mécanique qui opère les sons. Il faut donc chercher quelque autre cause, et on peut parier qu'on ne la trouvera jamais.

6°. A quoi fut réduit Newton? il supposa à la fin de son Optique, *que les particules d'une substance, dense, compacte et fixe, adhérentes par attraction, raréfiées difficilement par une extrême chaleur, se transforment en un air élastique.*[8]

---

200   K12: qui la renvoie à

---

[8] Cette 'citation' de Voltaire a l'air de vouloir se faire passer pour la quintessence de trois des dernières pages de la première (et unique) partie du troisième livre des *Opticks* (Londres, 1730): 'Now the smallest particles of matter may cohere by the strongest attraction, and compose bigger particles of weaker virtue. [...] If the body is compact, and bends or yields inward to pression [...], it is hard and elastic. [...] The particles when they are shaken off from bodies by heat or fermentation [...] so as sometimes to take up above a million of times more space than they did before in the form of a dense body, which vast contraction and expansion seems unintelligible by feigning the particles of air to be springy and ramous. [...] But those [particles] which are grosser [...] or cohere by a stronger attraction, are not separated without a stronger heat. [...] And these last are the bodies which chymists call fixed [...]'

De telles hypothèses qu'il semblait se permettre pour se délasser,   215
ne valaient pas ses calculs et ses expériences. Comment des
substances dures se changent-elles en un élément? comment du
fer est-il changé en air? avouons notre ignorance sur les principes
des choses.

7°. De toutes les preuves qu'on apporte en faveur de l'air, c'est   220
que si on vous l'ôte, vous mourez. Mais cette preuve n'est autre
chose qu'une supposition de ce qui est en question. Vous dites
qu'on meurt quand on est privé d'air, et nous disons qu'on meurt
par la privation des vapeurs salutaires de la terre et des eaux. Vous
calculez la pesanteur de l'air, et nous la pesanteur des vapeurs.   225
Vous donnez de l'élasticité à un être que vous ne voyez pas, et nous
à des vapeurs que nous voyons distinctement dans la pompe à feu.
Vous rafraîchissez vos poumons avec de l'air, et nous avec des
exhalaisons des corps qui nous environnent, etc. etc.

Permettez-nous donc de croire aux vapeurs; nous trouvons fort   230
bon que vous soyez du parti de l'air, et nous ne demandons que la
tolérance.

220   K12: l'air, la plus forte en apparence, c'est
232-232a K84, K12: tolérance. [*avec note*: Voyez le volume des *Œuvres
physiques* [K12: de *Physique*]. Nous remarquerons seulement qu'il s'échappe des
corps 1° des substances expansibles ou élastiques, et que ces substances sont les
mêmes que celles qui composent l'atmosphère; aucun froid connu ne les réduit en
liqueur. 2° D'autres exhalaisons qui se dissolvent dans les premières sans leur ôter ni   5
leur transparence ni leur expansibilité. Le froid et d'autres causes les précipitent
ensuite sous la forme de pluie ou de brouillards. M. de Voltaire, en écrivant cet
article, semble avoir deviné en partie ce que MM. Priestley, Lavoisier, Volta etc. ont
découvert quelques années après sur la composition de l'atmosphère.] / *Que*

become true permanent air' (p.370-72). Nous croyons toutefois qu'il s'agit en réalité
d'une citation à peu près exacte tirée de l'article 'Air' de l'*Encyclopédie*: 'Selon ce
philosophe [Newton], les particules d'une substance dense, compacte et fixe,
adhérentes les unes aux autres par une puissante force attractive, ne peuvent être
séparées que par une chaleur violente, et peut-être jamais sans fermentation; et ces
corps raréfiés à la fin par la chaleur ou la fermentation, se transforment en un air
vraiment élastique' (t.1, p.226).

Que l'air, ou la région des vapeurs n'apporte point la peste

J'ajouterai encore une petite réflexion; c'est que ni l'air, s'il y en a, ni les vapeurs, ne sont le véhicule de la peste.[9] Nos vapeurs, nos exhalaisons nous donnent assez de maladies. Le gouvernement s'occupe peu du dessèchement des marais;[10] il y perd plus qu'il ne pense: cette négligence répand la mort sur des cantons considérables. Mais pour la peste proprement dite, la peste native d'Egypte, la peste à charbon,[11] la peste qui fit périr à Marseille et dans les environs soixante et dix mille hommes en 1720, cette véritable peste n'est jamais apportée par les vapeurs, ou par ce qu'on nomme *air*: cela est si vrai, qu'on l'arrête avec un seul fossé: on lui trace par des lignes une limite qu'elle ne franchit jamais.

Si l'air ou les exhalaisons la transmettaient, un vent du sud-est l'aurait bien vite fait voler de Marseille à Paris. C'est dans les habits, dans les meubles que la peste se conserve; c'est de là qu'elle attaque les hommes. C'est dans une balle de coton qu'elle fut apportée de Seïde l'ancienne Sidon à Marseille. Le conseil d'Etat

244   70, 71N, 71A: Si les airs ou

[9] Même à l'époque où Voltaire écrivait, le *Dictionnaire de l'Académie* (1762) donnait toujours, de la peste, la définition suivante: 'Sorte de maladie épidémique et contagieuse, qui provient ordinairement d'une corruption générale de l'air' (t.2, p.248).

[10] Il faut remonter jusqu'à 1742 pour relever pour la première fois, dans *Ce qu'on ne fait pas et ce qu'on pourrait faire*, cette sorte de déclaration, sortie de la plume d'un défenseur du bien public (*M*, t.23, p.185). A Ferney, en tant que propriétaire terrien humanitaire, Voltaire s'était déjà beaucoup intéressé au dessèchement des marais. Voir par exemple ses *Memoranda on the building of the church at Ferney* (D.app.206) qui datent de mai 1761. Voir aussi les articles 'Eglogue', 'Ferrare', 'Fertilisation', 'Force en physique', et 'Géographie' des *QE*, ainsi que sa *Lettre à l'évêque d'Annecy* (*M*, t.28, p.69). Sa déclaration concernant le prétendu manque de bonne volonté de la part du gouvernement dans ce domaine laisse toutefois rêveur, à plus forte raison que le conseil d'Etat avait ordonné le dessèchement des marais de Gex en juin-octobre 1762 (D.app.217).

[11] Ainsi désignée car cette maladie était caractérisée par des bubons (ou de gros furoncles cutanés inflammatoires) que l'on nommait couramment des charbons.

défendit aux Marseillais de sortir de l'enceinte qu'on leur traça sous peine de mort, et la peste ne se communiqua point au dehors. *Non* 250 *procedes amplius*. [12]

Les autres maladies contagieuses produites par les vapeurs, sont innombrables. Vous en êtes les victimes, malheureux Welches habitants de Paris. Je parle au pauvre peuple qui loge auprès des cimetières. Les exhalaisons des morts remplissent continuellement 255 l'Hôtel-Dieu, et cet Hôtel-Dieu devenu l'hôtel de la mort, infecte le bras de la rivière sur lequel il est situé. [13] O Welches! vous n'y faites nulle attention; et la dixième partie du petit peuple est sacrifiée chaque année; et cette barbarie subsiste dans la ville des jansénistes, des financiers, des spectacles, des bals, des brochures et 260 des filles de joie.

De la puissance des vapeurs

Ce sont ces vapeurs qui font les éruptions des volcans, les tremblements de terre, qui élèvent le Monte-Nuovo, [14] qui font sortir l'île de Santorin du fond de la mer Egée, [15] qui nourrissent nos plantes et qui les détruisent. Terres, mers, fleuves, montagnes, 265 animaux, tout est percé à jour; ce globe est le tonneau des

[12] Job 38:11: 'et j'ai dit, tu viendras jusqu'ici et tu n'iras pas plus loin'.

[13] Ce n'est qu'à partir des années 1763-1764, semble-t-il, que Voltaire s'élève contre les dangers que représentaient les cimetières pour la santé du public. Voir, par exemple, sa diatribe dans la *Préface de Catherine Vadé pour les contes de Guillaume Vadé* (*M*, t.10, p.4), et aussi, dans les articles 'Chemins' et 'Enterrement' des *QE*. Il en va de même pour l'Hôtel-Dieu qu'il stigmatise pour les mêmes raisons dans son *Histoire du parlement de Paris* (*OCV*, t.68, p.510) et dans l'article 'Charité' des *QE*.

[14] Le Monte Nuovo, cône volcanique de la région des Campi Flegri, fut formé en moins de quarante-huit heures dans l'éruption du 29 septembre 1538.

[15] Santorini, la *Thera* des anciens, et la *Thira* de nos jours, comptait parmi les îles les plus remarquables par les évolutions géologiques dont elle avait été le théâtre. Celles-ci avaient donné naissance, dans le golfe de Santorin, à des îles volcaniques. Strabon rapporte que ce fut en 197 av. J.-C. que se montra l'îlot de Palaeo-Kaïmeni; en l'an 46 après J.-C. apparut la Micra-Kaïmeni, qui fut agrandie en 1573. Les mêmes évolutions volcaniques avaient donné naissance, entre 1707 et 1709, à l'îlot de Neo-Kaïmeni.

Danaïdes,[16] à travers lequel tout entre, tout passe et tout sort sans interruption.

On nous parle d'un éther, d'un fluide secret,[17] mais je n'en ai que faire; je ne l'ai vu ni manié; je n'en ai jamais senti, je le renvoie à la matière subtile de René, et à l'esprit recteur de Paracelse.[18]

Mon esprit recteur est le doute: et je suis de l'avis de saint Thomas Dydime, qui voulait mettre le doigt dessus et dedans.[19]

270   K12: l'ai ni vu

[16] Les Danaïdes égorgèrent leurs maris la première nuit de leurs noces car leur père, Danaus, roi d'Argos, averti par l'oracle que ses gendres le détrôneraient, ordonna leur mort. En punition de leur cruauté, elles furent condamnées dans les enfers à jeter éternellement de l'eau dans un tonneau percé.

[17] C'est par l'hypothèse de l'éther (on disait aussi: la matière éthérée, ou matière très subtile) que certains physiciens du dix-septième et du dix-huitième siècles – séduits par sa grande simplicité – expliquaient la plupart des phénomènes. On utilisait aussi, selon le domaine scientifique, les termes de fluide calorique, fluide caustique, fluide électrique, fluide hypothétique, fluide magnétique, fluide nerveux, etc. Voltaire utilise le terme fluide *secret* (qui ne semble pas avoir été courant) une seule fois dans ses œuvres: ici même.

[18] La matière subtile (la matière éthérée des disciples de Descartes) composait, selon ce dernier, les parties ténues dont se composaient les tourbillons. C'est dans les *Lettres philosophiques* ('Sur Descartes et Newton') que Voltaire prend position pour la première fois contre la matière subtile qu'il désigne ailleurs, dans *La Pucelle* (*OCV*, t.7, p.439, n.4), d'*imaginations ridicules* et qu'il rejette tout à fait dans les *Eléments de la philosophie de Newton* (*OCV*, t.15, p.400-401, 403-12, 445, etc.). Il reviendra à la charge deux ans plus tard dans son *Essai sur la nature du feu* (*OCV*, t.17, p.32-33, 54-56). Aureolus Philippus Theophrastus Bombastus von Hohenheim, dit Paracelse (1493-1541), médecin, chimiste et philosophe suisse avait été hautement controversé pendant sa vie. A l'époque de Voltaire, il était de bon ton de le conspuer car on le considérait comme un penseur obscur et incohérent. Paracelse attribuait les principales fonctions animales à un principe ou à un esprit auquel il donnait le nom d'esprit recteur (qu'il appelait aussi l'archée) dont le siège principal était l'estomac, ce viscère exerçant sur tout le reste du corps une influence souveraine.

[19] Saint Thomas, dit Didyme (c'est-à-dire: jumeau), un des douze apôtres de Jésus-Christ, est celui-là qui – quand les disciples lui annoncèrent sa résurrection – refusa d'y ajouter foi, disant qu'il ne croirait point s'il ne voyait dans ses mains la marque des clous et s'il ne mettait le doigt dans ses plaies et la main dans son côté (Jean 20:24-25).

ALCHIMISTE

Cet *Al* emphatique met l'alchimiste autant au-dessus du chimiste ordinaire, que l'or qu'il compose est au-dessus des autres métaux. [1] L'Allemagne est encore pleine de gens qui cherchent la pierre philosophale, comme on a cherché l'eau d'immortalité à la Chine, et la fontaine de Jouvence en Europe. [2] On a connu quelques   5 personnes en France qui se sont ruinées dans cette poursuite.

Le nombre de ceux qui ont cru aux transmutations est prodigieux; celui des fripons fut proportionné à celui des crédules. Nous avons vu à Paris le seigneur Dammi, marquis de Conventiglio, qui tira quelques centaines de louis de plusieurs   10

---

* La défiance de Voltaire à l'égard des alchimistes est ancienne. On trouve les premières allusions à la vanité des recherches portant sur les transmutations et la pierre philosophale dans la lettre 25 ('Sur les *Pensées* de M. Pascal') des *Lettres philosophiques* (1734) et les *Eléments de la philosophie de Newton* (1738). Antérieur à la fin mai 1770, date à laquelle Voltaire en suggère la lecture à Mme Du Deffand 'pour [la] désennuyer un moment' (D16364), l'article emprunte le récit de la troisième anecdote aux *Singularités de la nature* (1768) mais l'information qu'il a recueillie sur le salpêtre, de même que l'idée générale de l'article, datent de son séjour à Colmar en mai 1754 où il assista à l'expérience rapportée à la fin de l'article (D5801, D5813, D5826). De l'abondante bibliographie consacrée à l'alchimie, encore très à la mode au début des années 1750, Voltaire possède notamment l'*Histoire de la philosophie hermétique* (Paris, 1742, BV2037) de Lenglet Du Fresnoy. A la différence de Malouin, auteur de l'article 'Alchimie' de l'*Encyclopédie* et plus généralement des notices de dictionnaires, Voltaire a ici recours à l'anecdote et montre, en concentrant son attention sur la personne de l'alchimiste, qu'il s'intéresse surtout à la crédulité et à l'imposture. L'article paraît en novembre/décembre 1770 (70, t.1).

[1] *Encyclopédie*, article 'Alchimie': 'le mot alchimie est composé de la préposition *al* qui est arabe, et qui exprime sublime ou par excellence, et de *chimie*' (t.1, p.248).

[2] Même géographie dans les *Fragments historiques sur l'Inde* (1773) à propos de la longévité prétendue des habitants de la presqu'île de Cambaye (*M*, t.29, p.115). L'une des sources de Voltaire en matière de romans asiatiques est Adam Oelschläger, dit Olearius, *Voyages très curieux et très renommés faits en Moscovie, Tartarie et en Perse* (Amsterdam, 1727, BV2606), qu'il utilisera à propos d'Alexandre dans ses *Lettres chinoises, indiennes et tartares* (1776) – voir *CN*, t.6, p.143.

grands seigneurs pour leur faire la valeur de deux ou trois écus en or. [3]

Le meilleur tour qu'on ait jamais fait en alchimie fut celui d'un *rose-croix* qui alla trouver Henri Ier, duc de Bouillon, de la maison de Turenne, prince souverain de Sédan, vers l'an 1620. [4] 'Vous n'avez pas, lui dit-il, une souveraineté proportionnée à votre grand courage. Je veux vous rendre plus riche que l'empereur. Je ne puis rester que deux jours dans vos Etats; il faut que j'aille tenir à Venise la grande assemblée des frères. [5] Gardez seulement le secret;

I

[3] Fils d'un marbrier de Gênes et aventurier, Mathieu Dammi qui avait usurpé le titre de marquis fit grand bruit à Paris en prétendant qu'il pouvait blanchir les diamants qui avaient une teinte jaunâtre ou fabriquer du marbre artificiel sur la recette d'un marbrier allemand. Après la période faste du dix-septième siècle, la Régence continua à manifester un intérêt marqué pour les recherches alchimiques. Dammi figure dans la chronologie des chimistes proposée par Lenglet Du Fresnoy dans son *Histoire de la philosophie hermétique* qui signale qu'il a 'demeuré longtemps à Paris où [il] l'[a] vu' et qu'il 'fut mis plusieurs fois en prison pour dettes et en est toujours sorti en payant' (t.1, p.486). Voltaire qui l'évoque également dans le *Précis du Siècle de Louis XV* (ch.40, *OH*, p.1547) a pu connaître Dammi à Paris avant 1725, date à laquelle celui-ci se retira en Autriche avant de rédiger des *Mémoires* (Amsterdam, 1739).

[4] Henri Ier de la Tour d'Auvergne (1555-1623), père de Turenne et duc de Bouillon par son mariage avec Charlotte de La Marck. Voltaire emprunte certainement le lien entre alchimie et Rose-Croix, déjà présent dans *La Pucelle* (*OCV*, t.7, p.301), à Lenglet Du Fresnoy qui consacre un article de son *Histoire de la philosophie hermétique* aux Frères de la Rose Croix. Il y souligne la floraison d'écrits imputables à ces 'fanatiques' en Allemagne dans les premières années du dix-septième siècle et mentionne leurs prétentions dans 'la science de la transmutation des métaux', sans évoquer toutefois cette anecdote (t.1, p.370). Plus généralement, sur la mode de l'alchimie chez les grands de l'Europe au dix-septième siècle, en Allemagne et en Scandinavie notamment, voir Jacques Van Lennep, *Alchimie* (Bruxelles, 1984), p.378-90.

[5] Moins nombreux que les Allemands, les Italiens originaires de Vénétie occupaient cependant une bonne place chez les alchimistes comme en témoigne la chronologie de Lenglet Du Fresnoy qui, pour les premières années du dix-septième siècle, mentionne les recherches sur la pierre philosophale et la science hermétique d'André Brentzi de Padoue et d'Ange Sala de Padoue (*Histoire de la philosophie hermétique*, t.1, p.476). Parmi les obligations que se donnaient les Rose-Croix, Lenglet Du Fresnoy signale 'qu'ils doivent tous les ans se rendre au lieu de leur assemblée générale, ou en donner par écrit une excuse légitime' (t.1, p.374).

envoyez chercher de la litharge chez le premier apothicaire de   20
votre ville.[6] Jetez-y un grain seul de la poudre rouge que je vous
donne; mettez le tout dans un creuset, et en moins d'un quart
d'heure vous aurez de l'or.'

Le prince fit l'opération, et la réitéra trois fois en présence du
virtuose. Cet homme avait fait acheter auparavant toute la litharge   25
qui était chez les apothicaires de Sédan, et l'avait fait ensuite
revendre chargée de quelques onces d'or. L'adepte en partant fit
présent de toute sa poudre transmutante au duc de Bouillon.

Le prince ne douta point qu'ayant fait trois onces d'or avec trois
grains, il ne fît trois cent mille onces avec trois cent mille grains; et   30
que par conséquent il ne fût bientôt possesseur dans la semaine, de
trente-sept mille cinq cents marcs, sans compter ce qu'il ferait dans
la suite. Il fallait trois mois au moins pour faire cette poudre. Le
philosophe était pressé de partir; il ne lui restait plus rien, il avait
tout donné au prince; il lui fallait de la monnaie courante pour tenir   35
à Venise les états de la philosophie hermétique. C'était un homme
très modéré dans ses désirs et dans sa dépense; il ne demanda que
vingt mille écus pour son voyage. Le duc de Bouillon honteux du
peu, lui en donna quarante mille. Quand il eut épuisé toute la
litharge de Sédan, il ne fit plus d'or; il ne revit plus son philosophe;   40
et en fut pour ses quarante mille écus.

Toutes les prétendues transmutations alchimiques ont été faites
à peu près de cette manière. Changer une production de la nature
en une autre, est une opération un peu difficile, comme, par
exemple, du fer en argent; car elle demande deux choses qui ne   45
sont guère en notre pouvoir, c'est d'anéantir le fer, et de créer
l'argent.[7]

---

30   K84, K12: il n'en fit

---

[6] '*Litharge*. Sorte de composition qui se fait par le mélange du plomb et de
l'écume qui sort de l'argent lorsqu'on le raffine dans le plomb fondu' (*Dictionnaire de
l'Académie*, 1762).
[7] Voir le discours identique de Freind dans l'*Histoire de Jenni* (1775; *M*, t.21,
p.556).

Il y a encore des philosophes qui croient aux transmutations, parce qu'ils ont vu de l'eau devenir pierre. [8] Ils n'ont pas voulu voir que l'eau s'étant évaporée a déposé le sable dont elle était chargée, et que ce sable rapprochant ses parties est devenu une petite pierre friable qui n'est précisément que le sable qui était dans l'eau.

On doit se défier de l'expérience même. [9] Nous ne pouvons en donner un exemple plus récent et plus frappant que l'aventure qui s'est passée de nos jours, et qui est racontée par un témoin oculaire. [10] Voici l'extrait du compte qu'il en a rendu.

'Il faudrait avoir toujours devant les yeux ce proverbe espagnol: *De las cosas mas seguras la mas segura es dudar.* Quand on a fait une expérience, le meilleur parti est de douter longtemps de ce qu'on a vu et de ce qu'on a fait. [11]

5

5

6

56-57   K84, K12:   rendu. 'Il faut avoir
58-98   K84:   *las cosas* etc. [*avec note*: Voyez les *Singularités de la nature*, volume de *Physique*.] ¶On ne
　　　　 K12:   *las cosas* etc. [*avec note*: Voyez dans les *Singularités de la nature*, volume de *Physique*, comment un homme faisait du salpêtre.] ¶On ne

[8] Parmi eux, citons Henri de Rochas (1619-1648), proche des paracelsiens et auteur d'une *Histoire des eaux minérales* (Paris, 1648), qui prétendait transformer l'eau en terre par la seule chaleur, et Jean-Baptiste Van Helmont (1575-1644), cité par Voltaire dans *Les Adorateurs* (*M*, t.28, p.315), qui formulait une conception de la matière corpusculaire à partir de l'eau. Tous deux furent violemment critiqués par Robert Boyle auquel Voltaire déclare s'intéresser dès la préface de l'*Essay upon civil wars* et dont il possèdera *Some considerations touching the usefulness of experimental natural philosophy* (Oxford, 1663, BV531). Pour une approche philosophique et récente de l'alchimie, voir Bernard Joly, *Rationalité de l'alchimie* (Paris, 1992).

[9] Thème ancien et déjà formulé de manière quasi identique dans les *Eléments de la philosophie de Newton* (*OCV*, t.15, p.238) et dans le *Mémoire sur un ouvrage de physique de Madame la marquise du Châtelet* (*OCV*, t.20A, p.206).

[10] Sans doute Voltaire lui-même, qui rapporte à trois reprises cette expérience dans sa correspondance de mai 1754 (D5801, D5813 et D5826). De style très voltairien, le prétendu compte rendu des lignes 57-97 n'est pas donné entre guillemets dans le chapitre 23 des *Singularités de la nature* qui le présente pour la première fois (*M*, t.27, p.165-66).

[11] Voir la conclusion de l'anecdote dans la lettre au prince de Hesse-Cassel du 14 mai 1754 (D5813): 'Voilà de ces cas où il ne faut avoir de foi que celle de saint Thomas, et demander à voir et à toucher'.

'En 1753 un chimiste allemand d'une petite province voisine de l'Alsace crut, avec apparence de raison, avoir trouvé le secret de faire aisément du salpêtre, avec lequel on composerait la poudre à canon à vingt fois meilleur marché et beaucoup plus promptement qu'à l'ordinaire. [12] Il fit en effet de cette poudre, il en donna au prince son souverain qui en fit usage à la chasse. Elle fut jugée plus fine et plus agissante que toute autre. Le prince, dans un voyage à Versailles, donna de la même poudre au roi, qui l'éprouva souvent et en fut toujours également satisfait. Le chimiste était si sûr de son secret qu'il ne voulut pas le donner à moins de dix-sept cent mille francs payés comptant, et le quart du profit pendant vingt années. [13] Le marché fut signé; le chef de la compagnie des poudres, depuis garde du trésor royal, vint en Alsace de la part du roi, accompagné d'un des plus savants chimistes de France. [14] L'Allemand opéra devant eux auprès de Colmar, et il opéra à ses propres dépens. C'était une nouvelle preuve de sa bonne foi. Je ne vis point les travaux; mais le garde du trésor royal étant venu chez moi avec le chimiste, je lui dis que s'il ne payait les dix-sept cent mille livres qu'après avoir fait du salpêtre, il garderait toujours son argent. Le chimiste m'assura que le salpêtre se ferait. Je lui répétai que je ne le croyais pas. Il me demanda pourquoi? C'est que les hommes ne

65

70

75

80

---

74   71N: plus fameux chimistes

[12] Sur la fabrication de la poudre à canon à partir du salpêtre qui fait de tout soldat 'un meilleur machiniste qu'Archimède', voir l'article 'Armes, armées' des *QE*, très bien informé (*M*, t.17, p.379). L'anecdote rapportée ici semble assez profondément remaniée et romancée par Voltaire: la lettre à la duchesse de Saxe-Gotha du 25 mai 1754 (D5826) parlait de 'deux opérateurs', 'l'un est un baron de Saxe nommé Planits, l'autre un notaire de Mannheim nommé Boull, qui fait actuellement de l'or aux Deux-Ponts'.

[13] D'après la lettre au prince de Hesse-Cassel (D5813), les deux opérateurs auraient demandé '450 000 écus d'Allemagne pour leur secret, et un quart dans le bénéfice de la vente'.

[14] D'après la lettre au prince de Hesse-Cassel (D5813), l'expérience aurait été menée 'en présence des députés de la Compagnie des poudres de France'.

font rien, lui dis-je. Ils unissent et ils désunissent; mais il n'appartient qu'à la nature de faire.[15]

'L'Allemand travailla trois mois entiers, au bout desquels il avoua son impuissance. Je ne peux changer la terre en salpêtre, dit-il; je m'en retourne chez moi changer du cuivre en or. Il partit, et fit de l'or comme il avait fait du salpêtre.

'Quelle fausse expérience avait trompé ce pauvre Allemand, et le duc son maître, et les gardes du trésor royal, et le chimiste de Paris, et le roi? La voici.

'Le transmutateur allemand avait vu un morceau de terre imprégnée de salpêtre, et il en avait extrait d'excellent avec lequel il avait composé la meilleure poudre à tirer; mais il n'aperçut pas que ce petit terrain était mêlé des débris d'anciennes caves, d'anciennes écuries, et des restes du mortier des murs. Il ne considéra que la terre, et il crut qu'il suffisait de cuire une terre pareille, pour faire le salpêtre le meilleur.'[16]

On ne doit cependant pas rebuter tous les hommes à secrets et toutes les inventions nouvelles. Il en est de ces virtuoses, comme des pièces de théâtre; sur mille il peut s'en trouver une de bonne.[17]

---

[15] Variante de Perse, livre 3, vers 84 ('Ex nihilo nihil, in nihilum nil posse reverti'), soutenue par Birton dans l'*Histoire de Jenni* (*M*, t.21, p.556).

[16] Le *Dictionnaire de Trévoux* (1752) définit de fait le salpêtre comme une 'sorte de sel qu'on tire des pierres, de certaines terres, des plâtres, des vieilles murailles, des étables, des écuries, des vieilles démolitions'. L'expérience de 1754 s'inscrit dans une véritable mode dont témoigne G.-F. Venel dans l'article 'Nitre' de l'*Encyclopédie* (t.11, p.154), qui cite notamment le prix de l'Académie de Berlin attribué en 1749 à la dissertation de J. G. Pietsch sur la multiplication du nitre et les travaux de A. S. Marggraf publiés dans les mémoires de Berlin en 1751. L'encyclopédiste lui-même rapporte une expérience faite dans le laboratoire du duc d'Orléans.

[17] Même attitude chez Lenglet Du Fresnoy qui conclut son *Histoire de la philosophie hermétique* en soulignant que, bien que le dix-septième siècle ait montré 'beaucoup plus d'amateurs que de vrais philosophes, [...] il ne faut pas toujours rejeter les premiers; ils donnent quelquefois lieu à d'heureuses découvertes' (t.1, p.381). Voir aussi les *Lettres de Monsieur de Voltaire à Monsieur de Maupertuis* (1739; *OCV*, t.15, p.708).

ALCORAN,

ou plutôt le Koran

Ce livre gouverne despotiquement toute l'Afrique septentrionale du mont Atlas au désert de Barca, toute l'Egypte, les côtes de l'océan Ethiopien dans l'espace de six cents lieues, la Syrie, l'Asie mineure, tous les pays qui entourent la mer Noire et la mer Caspienne, excepté le royaume d'Astracan, tout l'empire de l'Indoustan, toute la Perse, une grande partie de la Tartarie, et dans notre Europe la Thrace, la Macédoine, la Bulgarie, la Servie, la Bosnie, toute la Grèce, l'Epire, et presque toutes les îles jusqu'au petit détroit d'Otrante[1] où finissent toutes ces immenses possessions.

Dans cette prodigieuse étendue de pays il n'y a pas un seul mahométan qui ait le bonheur de lire nos livres sacrés; et très peu de littérateurs parmi nous connaissent le *Koran*. Nous nous en faisons presque toujours une idée ridicule, malgré les recherches de nos véritables savants.[2]

b   K84, K12: *ou plutôt le Koran* / Section 1

* Dans la bibliothèque de Voltaire figure *The Koran, commonly called the Alcoran of Mohammed*, traduit par George Sale et comportant des notes explicatives et un 'Discours préliminaire' qu'il a annoté (Londres, 1734, BV1786; CN, t.3, p.654-64). Une note marginale porte sur la question du divorce. L'article 'Alcoran' de l'*Encyclopédie*, composé par l'abbé Mallet, présente le contenu de cet ouvrage. Aucune allusion ne permet de dater précisément le présent article, qui paraît en novembre/décembre 1770 (70, t.1).

[1] Bras de mer qui met en communication la mer Adriatique et la mer Ionienne et s'étend entre la côte albanaise au nord et au sud la partie de la côte italienne appelée territoire d'Otrante. Le détroit du même nom a marqué la limite de l'immense empire ottoman, puisque la ville d'Otrante d'abord prise et ravagée par Achomat Bacha, amiral du sultan Mehmet II, fut reprise après la mort de celui-ci (1481) par Ferdinand roi de Naples.

[2] Voir l'article 'Arot et Marot' des *QE* (*M*, t.17, p.382-83).

Voici les premières lignes de ce livre.

'Louanges à Dieu, le souverain de tous les mondes; au Dieu de miséricorde, au souverain du jour de la justice; c'est toi que nous adorons, c'est de toi seul que nous attendons la protection. Conduis-nous dans les voies droites, dans les voies de ceux que tu as comblés de tes grâces, non dans les voies des objets de ta colère, et de ceux qui se sont égarés.'[3]

Telle est l'introduction; après quoi l'on voit trois lettres, *A, L, M*, qui selon le savant Salles ne s'entendent point, puisque chaque commentateur les explique à sa manière; mais selon la plus commune opinion elles signifient, *Alla, Latif, Magid, Dieu, la Grâce, la Gloire.*[4]

Mahomet continue, et c'est Dieu lui-même qui lui parle. Voici ses propres mots.

'Ce livre n'admet point le doute, il est la direction des justes qui croient aux profondeurs de la foi, qui observent les temps de la prière, qui répandent en aumônes ce que nous avons daigné leur donner, qui sont convaincus de la révélation descendue jusqu'à toi, et envoyée aux prophètes avant toi. Que les fidèles aient une ferme

---

[3] La fidélité de la traduction voltairienne reflète probablement celle de la traduction de George Sale que Voltaire préfère ordinairement (et judicieusement) aux deux autres qu'il avait aussi à sa disposition: celle d'André Du Ryer et celle du P. Maracci.

[4] Sale savait beaucoup sur ces trois lettres mystérieuses, sans qu'il formule pour autant le jugement décisif que lui prête Voltaire: 'Les Mahométans croient que ces lettres sont des marques particulières de l'Alcoran qui cachent de profonds mystères; et les plus éclairés confessent que l'intelligence de ces mystères n'a été communiquée à aucun mortel, à l'exception de leur Prophète; d'autres cependant osent entreprendre de les deviner par cette espèce de cabale que les Juifs appellent Notarikon [...]. D'autres déduisent ce que ces lettres désignent de leur nature ou de l'organe qui sert particulièrement à les prononcer; d'autres de leur valeur en nombre, suivant les règles d'une autre espèce de cabale juive, appelée Gematria. La différence de ces conjectures prouve suffisamment leur incertitude. Par exemple, cinq chapitres du nombre desquels est le second, commencent par les lettres A L M: quelques-uns s'imaginent qu'elles tiennent la place de ces mots, *Allah, Latif, Magid*, c'est-à-dire: Dieu est clément et doit être glorifié' (*Observations historiques et critiques sur le Mahométisme, ou traduction du discours préliminaire mis à la tête de la version anglaise de l'Alcoran, publiée par George Sale*, Genève, 1751, p.120-22).

assurance dans la vie à venir; qu'ils soient dirigés par leur seigneur, 35
et ils seront heureux.

'A l'égard des incrédules, il est égal pour eux que tu les avertisses
ou non; ils ne croient pas; le sceau de l'infidélité est sur leur cœur, et
sur leurs oreilles; les ténèbres couvrent leurs yeux; la punition
terrible les attend. 40

'Quelques-uns disent, Nous croyons en Dieu, et au dernier jour;
mais au fond ils ne sont pas croyants. Ils imaginent tromper
l'Eternel; ils se trompent eux-mêmes sans le savoir; l'infirmité est
dans leur cœur, et Dieu même augmente cette infirmité, etc.'[5]

On prétend que ces paroles ont cent fois plus d'énergie en arabe. 45
Et en effet, l'Alcoran passe encore aujourd'hui pour le livre le plus
élégant et le plus sublime qui ait encore été écrit dans cette langue.

Nous avons imputé à l'Alcoran une infinité de sottises qui n'y
furent jamais. (Voyez l'article 'Arot et Marot'.)[6]

Ce fut principalement contre les Turcs devenus mahométans, 50
que nos moines écrivirent tant de livres,[7] lorsqu'on ne pouvait
guère répondre autrement aux conquérants de Constantinople.
Nos auteurs qui sont en beaucoup plus grand nombre que les
janissaires, n'eurent pas beaucoup de peine à mettre nos femmes
dans leur parti; ils leur persuadèrent que Mahomet ne les regardait 55
pas comme des animaux intelligents; qu'elles étaient toutes
esclaves par les lois de l'Alcoran; qu'elles ne possédaient aucun
bien dans ce monde, et que dans l'autre elles n'avaient aucune part
au paradis.[8] Tout cela est d'une fausseté évidente; et tout cela a été
cru fermement. 60

45-46 K84, K12: arabe. En

[5] Coran, sourate 2, versets 2-10.

[6] Paru, comme celui-ci, en 1770, cet article qui s'intitule 'Arot et Marot et courte
revue de l'Alcoran' en est en fait un substantiel prolongement.

[7] Voir *La Défense de mon oncle*, *OCV*, t.64, p.288, n.10.

[8] Voltaire avait remarqué dans *De l'Alcoran et de Mahomet*: 'Il n'est pas vrai qu'il
exclue du paradis les femmes. Il n'y a pas d'apparence qu'un homme aussi habile ait
voulu se brouiller avec cette moitié du genre humain qui conduit l'autre' (*OCV*,
t.20B, p.337) – voir aussi l'*Essai sur les mœurs* (ch.7, t.1, p.272). Bayle avait affirmé le
contraire dans son *Dictionnaire historique et critique* (article 'Mahomet', note Q).

Il suffisait pourtant de lire le second et le quatrième sura (*a*) ou chapitre de l'Alcoran pour être détrompé; on y trouverait les lois suivantes; elles sont traduites également par Du Rier qui demeura longtemps à Constantinople, par Maracci qui n'y alla jamais, et par Salles qui vécut vingt-cinq ans parmi les Arabes.

6§

Règlements de Mahomet sur les femmes[9]

I

'N'épousez de femmes idolâtres que quand elles seront croyantes. Une servante musulmane vaut mieux que la plus grande dame idolâtre.'[10]

II

'Ceux qui font vœu de chasteté ayant des femmes, attendront quatre mois pour se déterminer.[11]

7ᶜ

'Les femmes se comporteront envers leurs maris comme leurs maris envers elles.'[12]

(*a*) En comptant l'introduction pour un chapitre.

[9] Voltaire a composé de versets tirés de différentes sourates ce 'règlement' en huit articles. Comme bien souvent Voltaire condense, omettant les détails pour ne garder que l'essentiel ou taisant ceux qui s'accorderaient mal à l'impression qu'il veut laisser.

[10] Version très abrégée de la sourate 2, verset 221.

[11] Il s'agit de la sourate 2, verset 226. La 'traduction' de Voltaire n'est pas très claire. Le commentaire de Si Hamza Boubakeur explique comment ce verset tranchant une question de droit privé le fait à l'avantage des femmes: 'Un homme qui sous serment ne peut s'acquitter de ses devoirs conjugaux frustre son épouse de ce à quoi elle a droit, pour une cause à laquelle elle est souvent étrangère. Le Coran fixe le délai d'attente pour elle à quatre mois, à l'expiration duquel elle se trouve en droit d'exiger le divorce' (*Le Coran*, trad. Si Hamza Boubakeur, Paris, 1985, t.1, p.145).

[12] Cette phrase quelque peu sibylline semble être de Voltaire. Elle marque une égalité des deux sexes astreints chacun au respect de certains délais dans l'intérêt de

III

'Vous pouvez faire un divorce deux fois avec votre femme; mais
à la troisième, si vous la renvoyez, c'est pour jamais; ou vous la
retiendrez avec humanité, ou vous la renverrez avec bonté. Il ne   75
vous est pas permis de rien retenir de ce que vous lui avez donné.' [13]

IV

'Les honnêtes femmes sont obéissantes et attentives, même
pendant l'absence de leurs maris. Si elles sont sages, gardez-vous
de leur faire la moindre querelle; s'il en arrive une, prenez un
arbitre de votre famille et un de la sienne.' [14]   80

V

'Prenez une femme, ou deux, ou trois, ou quatre, et jamais
davantage. Mais dans la crainte de ne pouvoir agir équitablement
envers plusieurs, n'en prenez qu'une. Donnez-leur un douaire
convenable; ayez soin d'elles, ne leur parlez jamais qu'avec
amitié.' [15]   85

---

l'autre: les hommes au bout de quatre mois doivent reprendre les relations conjugales
ou divorcer; les femmes divorcées doivent attendre trois périodes menstruelles avant
de se remarier, pour avoir la certitude de n'être pas enceintes de l'ex-mari, comme le
stipule le verset 28.

[13] Sourate 2, verset 229.

[14] Ce quatrième 'article' a été forgé par Voltaire à partir de ces quelques éléments
empruntés aux versets 34 et 35 de la sourate 4: 'Les femmes vertueuses sont sobres et
maintiennent intact en l'absence de leur mari ce que Dieu a prescrit de conserver
ainsi [...] Si elles vous obéissent, ne leur cherchez plus querelle [...] Si vous craignez
une scission entre époux et épouse envoyez un arbitre choisi dans la famille du mari
et un arbitre choisi dans la famille de la femme [...]'.

[15] 'Article' forgé lui aussi à partir d'éléments empruntés aux versets 3, 4 et 19 de la
sourate 4: 'Epousez deux, trois ou quatre femmes [...] Si vous craignez de ne pas être
équitables envers elles, n'épousez qu'une femme [...] Donnez aux femmes des douaires
à titre de don nuptial [...] Comportez-vous avec elles d'une manière honnête'.

VI

'Il ne vous est pas permis d'hériter de vos femmes contre leur gré, ni de les empêcher de se marier à d'autres après le divorce pour vous emparer de leur douaire, à moins qu'elles n'aient été déclarées coupables de quelque crime.'[16]

'Si vous voulez quitter votre femme pour en prendre une autre, quand vous lui auriez donné la valeur d'un talent en mariage, ne prenez rien d'elle.'[17]

VII

'Il vous est permis d'épouser des esclaves, mais il est mieux de vous en abstenir.'[18]

VIII

'Une femme renvoyée est obligée d'allaiter son enfant pendant deux ans, et le père est obligé pendant ce temps-là de donner un entretien honnête selon sa condition. Si on sèvre l'enfant avant deux ans, il faut le consentement du père et de la mère. Si vous êtes obligé de le confier à une nourrice étrangère, vous la payerez raisonnablement.'[19]

En voilà suffisamment pour réconcilier les femmes avec

---

[16] Version abrégée du verset 19 de la sourate 4.

[17] Version très proche du texte coranique (sourate 4, verset 20): 'Si vous désirez substituer une épouse à une autre épouse et si vous avez doté l'une d'elles d'un quintal d'or, n'en reprenez rien. Ce serait un scandale et un crime flagrant!' Voltaire substitue le mot 'talent' au mot arabe *quintâr* (équivalent de mille pièces d'or). Le talent hébraïque représente lui aussi une forte somme, puisque dans son *Dictionnaire de la Bible* (Genève, 1730) Calmet l'évalue à '4867 livres, 3 sols, 9 deniers de notre monnaie' (t.4, p.297).

[18] Phrase très probablement inspirée par le copieux verset 25 de la sourate 4.

[19] Version condensée du copieux verset 233 de la sourate 2.

Mahomet, qui ne les a pas traitées si durement qu'on le dit.[20] Nous ne prétendons point le justifier ni sur son ignorance, ni sur son imposture; mais nous ne pouvons le condamner sur sa doctrine d'un seul Dieu.[21] Ces seules paroles du sura 122,[22] *Dieu est unique,* *éternel, il n'engendre point, il n'est point engendré, rien n'est semblable* *à lui.*[23] Ces paroles, dis-je, lui ont soumis l'Orient encore plus que son épée.[24]

Au reste, cet Alcoran dont nous parlons, est un recueil[25] de révélations ridicules et de prédications vagues et incohérentes, mais de lois très bonnes pour le pays où il vivait,[26] et qui sont toutes

105

110

---

[20] Dans *La Défense de mon oncle*, Voltaire a souligné que 'le Prophète qui a toujours grand soin des dames, donne des lois sur leur mariage et sur leur douaire' qui préservent leurs intérêts (*OCV*, t.64, p.201-202). Voltaire réfute tous ceux qui jugeaient avec Bayle que Mahomet 'n'a nullement mis le beau sexe dans ses intérêts' (*Dictionnaire historique et critique*, article 'Mahomet', note Q).

[21] L'affirmation de l'unicité de Dieu est aux yeux de Voltaire un des mérites majeurs de la religion musulmane, déjà relevé avec admiration dans l'*Essai sur les mœurs* citant la sourate 112 (ch.7, t.1, p.271).

[22] Erreur sur le chiffre, puisque la citation provient de la sourate 112. Cette erreur est à imputer à un typographe plutôt qu'à Voltaire qui, dans l'*Essai sur les mœurs*, avait clairement désigné la sourate 112 en la qualifiant d''antépénultième chapitre du Koran' (ch.7, t.1, p.271), lequel en compte bien 114.

[23] Cette traduction des versets 3-4 de la sourate 112 est plus sobre et plus exacte que celle que Voltaire avait fournie dans l'*Essai sur les mœurs*: 'C'est celui qui tient l'être de soi-même, et de qui les autres le tiennent; qui n'engendre point et qui n'est point engendré, et à qui rien n'est semblable dans toute l'étendue des êtres' (ch.7, t.1, p.271).

[24] Voir aussi *De l'Alcoran et de Mahomet* (*OCV*, t.20B, p.335-36), l'*Essai sur les mœurs* (ch.7, t.1, p.275) et *La Défense de mon oncle* (*OCV*, t.64, p.289, n.16).

[25] Recueil ou fatras? Voltaire n'a guère varié dans ses jugements plutôt négatifs sur le contenu du Coran: 'livre inintelligible', 'rhapsodie sans liaison, sans ordre, sans art' (*OCV*, t.20B, p.154, 334). Le Coran ne se réduit ni à un livre historique, ni à un code de lois, ni à un recueil de cantiques ou de prophéties; c'est 'un mélange de tous ces divers genres', un livre où foisonnent 'contradictions, absurdités, anachronismes' (*Essai sur les mœurs*, ch.7, t.1, p.271).

[26] Au lieu de voir dans le Coran essentiellement un livre sacré porteur de la révélation divine, Voltaire a souligné dans l'*Essai sur les mœurs* qu'il 'est devenu le code de la jurisprudence, ainsi que la loi canonique, chez toutes les nations musulmanes' (t.1, p.271). Il loue la pertinence des 'préceptes négatifs' – l'interdiction de boire du vin, de manger du porc, du sang et des bêtes mortes de maladies se

encore suivies sans avoir été jamais affaiblies ou changées par des interprètes mahométans, ni par des décrets nouveaux.[27]

Mahomet eut pour ennemis non seulement les poètes de la Mecque,[28] mais surtout les docteurs. Ceux-ci soulevèrent contre lui les magistrats qui donnèrent décret de prise de corps contre lui, comme dûment atteint et convaincu d'avoir dit, qu'il fallait adorer Dieu et non pas les étoiles.[29] Ce fut, comme on sait, la source de sa grandeur. Quand on vit qu'on ne pouvait le perdre, et que ses écrits prenaient faveur, on débita dans la ville qu'il n'en était pas l'auteur, ou que du moins il se faisait aider dans la composition de ses feuilles,[30] tantôt par un savant juif, tantôt par un savant chrétien; supposé qu'il y eût alors des savants.

112 K84, K12: avoir jamais été affaiblies

---

justifie dans le climat brûlant où vivait Mahomet – qui valent finalement comme de salutaires 'préceptes de santé' pour les habitants des pays chauds.

[27] Cette louange de l'immutabilité des préceptes coraniques prend allusivement une résonance polémique: les préceptes évangéliques ont été modifiés par des 'interprètes chrétiens' (alias les théologiens) ou à la suite de 'décrets nouveaux' (les dogmes promulgués par des conciles ou des papes). Voir à ce titre les propos de l'Ingénu (*OCV*, t.63C, p.227).

[28] Dans l'*Essai sur les mœurs*, Voltaire explique que Mahomet était poète: 'la plupart des derniers versets de ses chapitres sont rimés; le reste est en prose cadencée [...] On affichait les meilleures poésies dans le temple de La Mecque et quand on y afficha le second chapitre de Mahomet [...] alors le premier poète de La Mecque, nommé Abid, déchira ses propres vers affichés au temple, admira Mahomet, et se rangea sous sa loi' (ch.6, t.1, p.259) – voir aussi la *Lettre civile et honnête* (*M*, t.24, p.145). Dans ces ouvrages, Voltaire ne fait pas allusion à des réactions hostiles des autres poètes mecquois.

[29] L'*Essai sur les mœurs* précisait: 'Il forma le dessein d'abolir dans sa patrie le sabisme, qui consiste dans le mélange du culte de Dieu et de celui des astres' (t.1, p.256). Selon Boulainvilliers dans sa *Vie de Mohamed* (Londres, 1730), cette abolition était un des principaux griefs des Mecquois hostiles au Prophète: 'On lui reprochait aussi qu'il enseignait un culte nouveau, contraire à la pratique immémoriale des Arabes, qui avaient toujours joint à l'adoration de Dieu celle du ciel et de tous les astres dont il est orné' (p.306).

[30] C'était selon Sale (*The Koran*, p.223) la grande objection faite à Mahomet, quand, se prévalant de son manque d'instruction, il assurait aux Mecquois contestant

C'est ainsi que parmi nous on a reproché à plus d'un prélat d'avoir fait composer leurs sermons et leurs oraisons funèbres par des moines. Il y avait un père Hercule qui faisait les sermons d'un certain évêque; et quand on allait à ses sermons, on disait, *Allons entendre les travaux d'Hercule.* [31]

Mahomet répond à cette imputation dans son chapitre 16, à l'occasion d'une grosse sottise qu'il avait dite en chaire, et qu'on avait vivement relevée. [32] Voici comme il se tire d'affaire.

'Quand tu lis le Koran, adresse-toi à Dieu, afin qu'il te préserve de Satan... [33] il n'a de pouvoir que sur ceux qui l'ont pris pour maître, et qui donnent des compagnons à Dieu. [34]

'Quand je substitue dans le Koran un verset à un autre (et Dieu sait la raison de ces changements), quelques infidèles disent, *Tu as forgé ces versets*, mais ils ne savent distinguer le vrai d'avec le faux: [35] dites plutôt que l'Esprit saint m'a apporté ces versets de la part de Dieu avec la vérité... [36] D'autres disent plus malignement, Il y a un certain homme qui travaille avec lui à composer le Koran; mais

125

130

135

140

la prétendue origine divine du Coran qu'il était bien incapable d'avoir composé par ses seules forces un pareil livre. Sur l'identité de ces aides supposés, les traditions diffèrent sensiblement: Sale en énumère quatre, puis évoque celle des auteurs chrétiens désignant le Juif Bensalon et le moine Sergius (voir ci-dessous, n.38 et 39).

[31] Cette anecdote figurait déjà dans les *Carnets* (*OCV*, t.81, p.379).

[32] Episode rapporté par G. Sale (*The Koran*, p.223 et 279). Un jour que Mahomet récitait en public la sourate 53, sous le soudain empire de Satan il proféra un blasphème, en glorifiant trois divinités communément adorées dans l'ancienne Arabie: 'Ce sont les plus augustes et les plus belles déesses, dont l'intercession est à espérer'. Cette déclaration combla de joie les Qurayshites présents. Mais le Prophète, profondément affecté par sa faute, assura aux assistants que ces mots avaient été placés dans sa bouche par le diable lui-même. Cet incident lui inspira sans doute le verset 52 de la sourate 22: 'Nous n'avons envoyé avant toi aucun messager, aucun prophète sans que Satan entachât de suggestions coupables les vœux qu'il leur arrivait de former. Mais Dieu abroge les suggestions de Satan puis rétablit ses versets'. Voilà pourquoi les musulmans avant toute lecture du Coran implorent la protection de Dieu.

[33] Sourate 16, verset 98. Le texte arabe donne à Satan un qualificatif rendu par 'le Diable banni' ou 'Satan maudit'.

[34] Sourate 16, verset 100.

[35] Sourate 16, verset 101.

[36] Sourate 16, verset 102. Voltaire n'a retenu que la première moitié du verset.

comment cet homme à qui ils attribuent mes ouvrages pourrait-il m'enseigner, puisqu'il parle une langue étrangère, et que celle dans laquelle le Koran est écrit, est l'arabe le plus pur?'[37]

Celui qu'on prétendait travailler (b) avec Mahomet était un Juif nommé Bensalen, ou Bensalon. Il n'est guère vraisemblable qu'un Juif eût aidé Mahomet à écrire contre les Juifs; mais la chose n'est pas impossible. Nous avons dit depuis que c'était un moine qui travaillait à l'Alcoran avec Mahomet. Les uns le nommaient Bohaïra, les autres Sergius.[38] Il est plaisant que ce moine ait eu un nom latin et un nom arabe.

(b) Voyez l'Alcoran de Salles, page 223.[39]

[37] Sourate 16, verset 103. La traduction voltairienne ne respecte pas la concision du texte arabe. Sale observe que l'inspirateur supposé n'est pas arabe, puisqu'il parle 'Ajami', mot arabe désignant toute langue étrangère en général, mais aussi utilisé à l'époque pour désigner le Farsi. L'identité de l'inspirateur serait-elle celle du persan Salmân, chrétien dans sa jeunesse, mais averti par un moine de Syrie qu'allait bientôt s'élever en Arabie un prophète qui établirait la religion d'Abraham? Sale juge l'hypothèse hasardeuse, puisque c'est seulement après l'Hégire que Salmân rencontra Mahomet à Koba et se convertit à l'Islam (The Koran, p.224).

[38] Voir aussi l'Essai sur les mœurs (ch.7, t.1, p.270). Boulainvilliers dans sa Vie de Mahomed discute de 'la supposition que l'on fait vulgairement d'un certain complot de Mahomed et du moine Sergius: par lequel on prétend que celui-ci lui apprit les moyens de réformer la religion de son pays et de rendre celle qu'il annoncerait plus croyable et plus conforme au goût général des peuples; en prenant sa morale dans le judaïsme et le christianisme, rejetant néanmoins ce qu'il trouverait dans l'une et dans l'autre de trop contraire aux inclinations naturelles des hommes vers le plaisir et l'usage des femmes. On prétend encore qu'il lui apprit à mettre en usage l'épilepsie dont il était attaqué, en faisant croire que c'était l'effet d'une espèce de ravissement ou d'extase: pendant la durée duquel un pigeon, dressé à venir prendre quelques grains de riz dans son oreille, faisait croire qu'il recevait alors par le ministère d'un ange les différents articles de l'Alcoran, qu'il prononçait ensuite au peuple, mais que le moine apostat lui envoyait secrètement après les avoir composés, selon le rapport qu'ils devaient avoir aux circonstances du temps et des affaires' (p.205-206). Sale se borne à observer que Mahomet dans sa jeunesse a rencontré Sergius à Bosra en Syrie, mais que rien ne permet de supposer que le moine ait jamais quitté son monastère pour voyager en Arabie avec le Prophète. Les rencontres de Mahomet avec Sergius en Syrie ont pu lui procurer la connaissance de l'Ecriture que manifeste le Coran (The Koran, p.224).

[39] Sale précise qu'on doit à des auteurs chrétiens (Ricard, Andréas, Prideaux)

Quant aux belles disputes théologiques qui se sont élevées entre les musulmans, je ne m'en mêle pas, c'est au muphti à décider.

C'est une grande question si l'Alcoran est éternel ou s'il a été créé;[40] les musulmans rigides le croient éternel.

On a imprimé à la suite de l'histoire de Calcondile[41] *le Triomphe*   155 *de la croix*; et dans ce triomphe il est dit que l'Alcoran est arien, sabellien, carpocratien, cerdonicien, manichéen, donatiste, origénien, macédonien, ébionite. Mahomet n'était pourtant rien de tout cela;[42] il était plutôt janséniste; car le fond de sa doctrine est le décret absolu de la prédestination gratuite.[43]   160

---

la tradition selon laquelle Mahomet aurait reçu l'aide d'un Juif à qui il était intimement lié et dont le nom était en hébreu Abdias Ben Salon, déformé par certains en Abdala Celen.

[40] Voir *De l'Alcoran et de Mahomet*: 'On agita chez les musulmans, si l'Alcoran était éternel ou si Dieu l'avait créé pour le dicter à Mahomet. Les docteurs décidèrent qu'il était éternel. Ils avaient raison, cette éternité est bien plus belle que l'autre opinion. Il faut toujours avec le vulgaire prendre le parti le plus incroyable' (*OCV*, t.20B, p.334 et n.5).

[41] Voltaire a prié d'Argenson dès le 7 décembre 1742 (D2696) de lui procurer de Laonicus Chalcocondylas l'*Histoire de la décadence de l'empire grec et establissement de celui des Turcs* (Paris, 1632, BV696). Voltaire a nommé plusieurs fois dans l'*Essai sur les mœurs* (ch.91, 92, 105, 127) cet historien grec moderne qu'il ne semble pas tenir pour un modèle d'objectivité ni de sagacité.

[42] Voltaire paraissait plus hésitant sur ce point dans l'*Essai sur les mœurs*: 'Les hérétiques sont ceux qui nient la prédestination absolue, ou qui diffèrent des sonnites sur quelques points de l'école. Le mahométisme a eu ses pélagiens, ses scotistes, ses thomistes, ses molinistes, ses jansénistes' (ch.7, t.1, p.276).

[43] Dans l'*Essai sur les mœurs*, Voltaire déniait toute originalité à ce qu'il tient ici pour le fonds de la doctrine: 'Le dogme de la prédestination absolue et de la fatalité, qui semble aujourd'hui caractériser le mahométisme, était l'opinion de toute l'antiquité: elle n'est pas moins claire dans l'*Iliade* que dans l'*Alcoran*' (ch.7, t.1, p.273). Mahomet ne s'exemptait pas de cette prédestination, selon Voltaire: 'Il a l'humilité d'avouer dans son Coran que lui-même n'ira point en paradis par son propre mérite, mais par la pure volonté de Dieu' (*De l'Alcoran et de Mahomet*, *OCV*, t.20B, p.337).

ALEXANDRE

Il n'est plus permis de parler d'Alexandre que pour dire des choses neuves et pour détruire les fables historiques, physiques et morales, dont on a défiguré l'histoire du seul grand homme qu'on ait jamais vu parmi les conquérants de l'Asie.[1]

Quand on a un peu réfléchi sur Alexandre, qui dans l'âge 5 fougueux des plaisirs et dans l'ivresse des conquêtes, a bâti plus de villes que tous les autres vainqueurs de l'Asie n'en ont détruit; quand on songe que c'est un jeune homme qui a changé le commerce du monde, on trouve assez étrange que Boileau le traite de fou, de voleur de grand chemin, et qu'il propose au 10 lieutenant de police la Reinie tantôt de le faire enfermer, et tantôt de le faire pendre:[2]

> Heureux si de son temps pour de bonnes raisons,
> La Macédoine eût eu des petites-maisons.[3]

. . . . 15

* Il est difficile de dater la composition de cet article qui utilise largement des ouvrages présents dans la Bibliothèque de Voltaire: l'*Histoire ancienne* de Charles Rollin (Paris, 1731-1737, BV3008), *Les Vies des hommes illustres* de Plutarque (trad. André Dacier, Amsterdam, 1734, BV2774), les *Antiquités judaïques* de Flavius Josèphe (trad. R. Arnauld d'Andilly, Paris, 1735-1736, BV1743), l'ouvrage de J. Z. Holwell, *Interesting Historical Events, relative to the provinces of Bengal, and the empire of Indostan* (Londres, 1766-1771, BV1666). L'article paraît en novembre/ décembre 1770 (70, t.1); Voltaire propose de l'envoyer à la duchesse de Choiseul en mars 1771 (D17076). Voltaire a maintes fois évoqué le conquérant macédonien: voir K. E. Christodoulou qui met l'accent sur l'ambivalence des portraits d'Alexandre dans l'œuvre de Voltaire, 'Alexandre le Grand chez Voltaire', *Voltaire et ses combats*, éd. U. Kölving et C. Mervaud (Oxford, 1997), t.2, p.1423-34. Voir aussi M. Mat-Hasquin, *Voltaire et l'antiquité grecque*, *SVEC* 197 (1981).

[1] Voltaire va surtout s'employer à détruire des fables.

[2] Gabriel-Nicolas de la Reynie (1624-1709), lieutenant général de la police, 1667-1697. Cette référence à Boileau est déjà présente dans l'*Histoire de Charles XII* (*OCV*, t.4, p.379).

[3] Satire 8, vers 109-110; le texte exact: 'pour cent bonnes raisons'.

Qu'on livre son pareil en France à la Reinie,
Dans trois jours nous verrons le phénix des guerriers
Laisser sur l'échafaud sa tête et ses lauriers.[4]

Cette requête présentée dans la cour du palais au lieutenant de
police, ne devait être admise ni selon la coutume de Paris, ni selon   20
le droit des gens. Alexandre aurait *excipé* qu'ayant été élu à
Corinthe capitaine général de la Grèce, et étant chargé en cette
qualité de venger la patrie de toutes les invasions des Perses, il
n'avait fait que son devoir en détruisant leur empire; et qu'ayant
toujours joint la magnanimité au plus grand courage, ayant   25
respecté la femme et les filles de Darius ses prisonnières,[5] il ne
méritait en aucune façon ni d'être interdit, ni d'être pendu, et qu'en
tout cas il appelait de la sentence du sieur de la Reinie au tribunal du
monde entier.

Rollin prétend qu'Alexandre ne prit la fameuse ville de Tyr   30
qu'en faveur des Juifs qui n'aimaient pas les Tyriens.[6] Il est
pourtant vraisemblable qu'Alexandre eut encore d'autres raisons,
et qu'il était d'un très sage capitaine de ne point laisser Tyr
maîtresse de la mer lorsqu'il allait attaquer l'Egypte.

Alexandre aimait et respectait beaucoup Jérusalem sans doute;   35
mais il semble qu'il ne fallait pas dire que *les Juifs donnèrent un rare*
exemple de fidélité et digne de l'unique peuple qui connût pour lors le
vrai Dieu, en refusant des vivres à Alexandre, parce qu'ils avaient prêté
serment de fidélité à Darius.[7] On sait assez que les Juifs s'étaient

---

[4] Satire 11, vers 82-84; ces vers se rapportent en fait à Jules César.

[5] Plutarque dans la 'Vie d'Alexandre' insiste sur la générosité d'Alexandre à
l'égard de la mère, de la femme et des deux filles de Darius qui n'entendaient jamais
'une seule parole déshonnête et n'eurent pas lieu un seul moment de soupçonner ou
de craindre la moindre chose qui fut contre leur honneur' (*Les Vies des hommes*
illustres, t.6, p.48).

[6] Rollin, *Histoire ancienne*, livre 15, ch.6, sections 306-309. Voltaire simplifie
l'argument de Rollin qui non seulement remarque que la prise de Tyr accomplit les
prophéties juives, mais note aussi les raisons d'ordre politique et militaire qui ont
engagé Alexandre à prendre la ville, et discute des raisons contraires qui auraient pu
le faire changer d'avis.

[7] Rollin, *Histoire ancienne*, livre 15, ch.6, section 350; voir aussi Josèphe,

toujours révoltés contre leurs souverains dans toutes les occasions: 4
car un Juif ne devait servir sous aucun roi profane. [8]

S'ils refusèrent imprudemment des contributions au vainqueur,
ce n'était pas pour se montrer esclaves fidèles de Darius, il leur était
expressément ordonné par leur loi d'avoir en horreur toutes les
nations idolâtres; leurs livres ne sont remplis que d'exécrations 4
contre elles, et de tentatives réitérées de secouer le joug.

S'ils refusèrent d'abord les contributions, c'est que les Samaritains leurs rivaux les avaient payées sans difficulté, et qu'ils crurent
que Darius, quoique vaincu, était encore assez puissant pour
soutenir Jérusalem contre Samarie. 5

Il est très faux que les Juifs fussent alors *le seul peuple qui connût le
vrai Dieu*, comme le dit Rollin. Les Samaritains adoraient le même
Dieu, mais dans un autre temple; ils avaient le même Pentateuque
que les Juifs, et même en caractères hébraïques, c'est-à-dire
tyriens, que les Juifs avaient perdus. Le schisme entre Samarie et 5
Jérusalem était en petit ce que le schisme entre les Grecs et les
Latins est en grand. La haine était égale des deux côtés en ayant le
même fond de religion.

Alexandre après s'être emparé de Tyr par le moyen de cette
fameuse digue qui fait encore l'admiration de tous les guerriers, [9] 6
alla punir Jérusalem qui n'était pas loin de sa route. Les Juifs
conduits par leur grand-prêtre, vinrent s'humilier devant lui et
donner de l'argent; [10] car on n'apaise qu'avec de l'argent les

---

57 K84, K12: côtés, ayant

Antiquités judaïques, livre 11, ch.8, section 3. Ni Rollin ni Josèphe, tout en notant les
contributions des Samaritains à Alexandre, ne font de rapprochement avec le refus
des Juifs de Jérusalem.

[8] Voltaire applique ici à tous les Juifs les principes de la secte des judaïtes. Ses
renseignements lui viennent de Josèphe, *Antiquités judaïques*, livre 18, ch.1, section 6,
et *Guerre des Juifs*, livre 2, ch.8, section 1.

[9] Sur le siège de Tyr, voir Plutarque, 'Vie d'Alexandre', *Les Vies des hommes
illustres*, t.6, p.56-60.

[10] Rollin, *Histoire ancienne*, livre 15, ch.6, section 368, suit Josèphe, *Antiquités
judaïques*, livre 11, ch.8, section 5.

conquérants irrités. Alexandre s'apaisa; ils demeurèrent sujets d'Alexandre ainsi que de ses successeurs. Voilà l'histoire vraie et 65 vraisemblable.

Rollin répète un étrange conte rapporté environ quatre cents ans après l'expédition d'Alexandre par l'historien romancier, exagérateur, Flavien Joseph, à qui l'on peut pardonner de faire valoir dans toutes les occasions sa malheureuse patrie. Rollin dit donc, après 70 Joseph,[11] que le grand-prêtre Jaddus s'étant prosterné devant Alexandre, ce prince ayant vu le nom de Jehova gravé sur une lame d'or attachée au bonnet de Jaddus, et entendant parfaitement l'hébreu, se prosterne à son tour et adore Jaddus. Cet excès de civilité ayant étonné Parménion, Alexandre lui dit qu'il connaissait 75 Jaddus depuis longtemps, qu'il lui était apparu il y avait dix années avec le même habit et le même bonnet, pendant qu'il rêvait à la conquête de l'Asie, conquête à laquelle il ne pensait point alors. Que ce même Jaddus l'avait exhorté à passer l'Hellespont, l'avait assuré que son Dieu marcherait à la tête des Grecs, et que ce serait 80 le Dieu des Juifs qui le rendrait victorieux des Perses.

Ce conte de vieille serait bon dans l'histoire des *Quatre Fils Aymon* et de *Robert le diable*,[12] mais il figure mal dans celle d'Alexandre.

C'était une entreprise très utile à la jeunesse qu'une *Histoire* 85 *ancienne* bien rédigée; il eût été à souhaiter qu'on ne l'eût point gâtée quelquefois par de telles absurdités. Le conte de Jaddus serait respectable, il serait hors de toute atteinte, s'il s'en trouvait au moins quelque ombre dans les livres sacrés; mais comme ils n'en font pas la plus légère mention, il est très permis d'en faire sentir le 90 ridicule.

[11] Rollin, *Histoire ancienne*, livre 15, ch.6, sections 354-57, suit Josèphe, *Antiquités judaïques*, livre 11, ch.8, sections 4-5. Voltaire a déjà mentionné cette anecdote dans *La Philosophie de l'histoire* (*OCV*, t.59, p.248).

[12] *Robert le Diable* et *Les Quatre Fils Aymon ou Renaut de Montauban* sont deux romans édifiants de la fin du douzième siècle. Ces deux œuvres sont parfois citées sous la plume de Voltaire, à titre de fables, et associées dans une lettre à Mme Du Deffand (23 avril 1769, D15605). C'est un témoignage des lectures et jugements esthétiques de Voltaire en ce qui concerne le Moyen Age.

On ne peut douter qu'Alexandre n'ait soumis la partie des Indes qui est en deçà du Gange, et qui était tributaire des Perses. Monsieur Holwell qui a demeuré trente ans chez les brames de Bénarès et des pays voisins, et qui avait appris non seulement leur langue moderne, mais leur ancienne langue sacrée, nous assure que leurs annales attestent l'invasion d'Alexandre, qu'ils appellent *Mahadukoit Kounha*, grand brigand, grand meurtrier.[13] Ces peuples pacifiques ne pouvaient l'appeler autrement, et il est à croire qu'ils ne donnèrent pas d'autres surnoms aux rois de Perse. Ces mêmes annales disent qu'Alexandre entra chez eux par la province qui est aujourd'hui le Candahar, et il est probable qu'il y eut toujours quelques forteresses sur cette frontière.

Ensuite Alexandre descendit le fleuve Zombodipo que les Grecs appelèrent Sind. On ne trouve pas dans l'histoire d'Alexandre un seul nom indien. Les Grecs n'ont jamais appelé de leur propre nom une seule ville, un seul prince asiatique. Ils en ont usé de même avec les Egyptiens. Ils auraient cru déshonorer la langue grecque s'ils l'avaient assujettie à une prononciation qui leur semblait barbare, et s'ils n'avaient pas nommé Memphis la ville de Moph.[14]

Monsieur Holwell dit que les Indiens n'ont jamais connu ni de Porus, ni de Taxile;[15] en effet ce ne sont pas là des noms indiens. Cependant, si nous en croyons nos missionnaires, il y a encore des seigneurs patanes qui prétendent descendre de Porus. Il se peut que

[13] 'Mhaahah Dukoyt é kooneah', dit John Z. Holwell, *Interesting Historical Events*, t.2, ch.4. Ce livre sera largement utilisé par Voltaire qui mit un signet aux pages concernant Alexandre (*CN*, t.4, p.460).

[14] Voltaire revient volontiers sur l'oubli des noms originaux et la fréquence des noms grecs dans les conquêtes anciennes. Dans *La Défense de mon oncle*, Voltaire rappelle les noms que les Grecs ont donné aux pays qu'ils subjuguèrent (*OCV*, t.64, p.222).

[15] Holwell, *Interesting Historical Events*, t.2, p.4. Porus, Poros ou Pausava (mort vers 315-20 av. J.-C.) est un prince indien qui régnait au moment de l'invasion de l'Inde par Alexandre (327-26). Taxilès, un nom dynastique, à la tête d'une terre qui s'étendait entre l'Indus et l'Hydaspe, s'était déjà soumis à Alexandre. Voir dans Plutarque le combat de générosité entre Alexandre et Taxilès (*Les Vies des hommes illustres*, t.6, p.142-43) et le récit de la grande bataille contre Poros (p.144-48).

ces missionnaires les aient flattés de cette origine, et que ces   115
seigneurs l'aient adoptée. Il n'y a point de pays en Europe où la
bassesse n'ait inventé, et la vanité n'ait reçu des généalogies plus
chimériques.

Si Flavien Joseph a raconté une fable ridicule concernant
Alexandre et un pontife juif, Plutarque qui écrivit longtemps   120
après Joseph, paraît ne pas avoir épargné les fables sur ce héros.
Il a renchéri encore sur Quinte-Curce; [16] l'un et l'autre prétendent
qu'Alexandre, en marchant vers l'Inde, voulut se faire adorer, non
seulement par les Perses, mais aussi par les Grecs. Il ne s'agit que de
savoir ce qu'Alexandre, les Perses, les Grecs, Quinte-Curce,   125
Plutarque entendaient par *adorer*.

Ne perdons jamais de vue la grande règle de définir les termes. [17]

Si vous entendez par *adorer* invoquer un homme comme une
divinité, lui offrir de l'encens et des sacrifices, lui élever des autels
et des temples, il est clair qu'Alexandre ne demanda rien de tout   130
cela. S'il voulait qu'étant le vainqueur et le maître des Perses, on le
saluât à la persane, qu'on se prosternât devant lui dans certaines
occasions; qu'on le traitât enfin comme un roi de Perse tel qu'il
l'était, il n'y a rien là que de très raisonnable et de très commun.

Les membres des parlements de France parlent à genoux au roi   135
dans leurs lits de justice; le tiers état parle à genoux dans les états
généraux. On sert à genoux un verre de vin au roi d'Angleterre.

135-36   K12: genoux aux rois dans

[16] Plutarque explique que le conquérant macédonien ne croyait pas être d'origine
divine, mais que 'avec les Barbares, il était d'une fierté et d'une hauteur que rien
n'égalait, voulant paraître entièrement convaincu de sa naissance divine' (t.6, p.68).
Voir aussi Quinte-Curce, *De la vie et des actions d'Alexandre le Grand* (La Haye,
1700), livre 8, ch.5, sections 5-12.

[17] La définition des mots est un souci majeur de Voltaire: voir les *Lettres
philosophiques*, t.2, p.170, lettre 12; *Eléments de la philosophie de Newton* (*OCV*, t.15,
p.222); article 'Idole' du *DP* (*OCV*, t.36, p.295); les articles 'Abus des mots' et
'Adorer' des *QE*. La pensée d'Alexandre est probablement d'ordre politique. Vis-à-
vis des Perses, la proskynèse, mode normal de salutation envers le souverain, est le
symbole de son autorité.

Plusieurs rois de l'Europe sont servis à genoux à leur sacre. On ne parle qu'à genoux au grand mogol, à l'empereur de la Chine, à l'empereur du Japon. Les colaos[18] de la Chine d'un ordre inférieur fléchissent les genoux devant les colaos d'un ordre supérieur; on adore le pape, on lui baise le pied droit.[19] Aucune de ces cérémonies n'a jamais été regardée comme une adoration dans le sens rigoureux, comme un culte de latrie.[20]

Ainsi tout ce qu'on a dit de la prétendue adoration qu'exigeait Alexandre, n'est fondé que sur une équivoque. (Voyez 'Abus des mots'.)

C'est Octave, surnommé Auguste, qui se fit réellement adorer, dans le sens le plus étroit. On lui éleva des temples et des autels; il y eut des prêtres d'Auguste. Horace lui dit positivement:

Jurandasque tuum per nomen ponimus aras.[21]

Voilà un véritable sacrilège d'adoration; et il n'est point dit qu'on en murmurât. (*a*)

(*a*) Remarquez bien qu'Auguste n'était point adoré d'un culte de latrie, mais de dulie. C'était un saint; *Divus Augustus*. Les provinciaux l'adoraient comme Priape, non comme Jupiter.

[18] Les colaos sont des ministres d'Etat en Chine. Voir l'article 'Catéchisme chinois' du *DP* (*OCV*, t.35, p.445, n.21).

[19] Voir la scène relatée dans les *Lettres d'Amabed*, lettre 18. Dans l'*Essai sur les mœurs*, Voltaire explique l'origine du baisement des pieds: 'ces prosternements n'étaient regardés alors [au temps de Pépin] que comme le sont aujourd'hui nos révérences; c'était l'ancien usage de l'Orient [...] Charles, fils de Pépin, avait embrassé les pieds du pape Etienne à Saint-Maurice en Valais; Etienne embrassa ceux de Pépin. Tout cela était sans conséquence. Mais peu à peu les papes attribuèrent à eux seuls cette marque de respect. On prétend que le pape Adrien Ier fut celui qui exigea qu'on ne parût jamais devant lui sans lui baiser les pieds' (ch.13, t.1, p.315).

[20] Le culte de latrie est un terme théologique qui désigne un culte d'adoration que l'on rend à Dieu seul, par opposition au culte de dulie que l'on rend aux saints. Voir la note (*a*) de Voltaire.

[21] Horace, *Epîtres*, livre 2, épître 1, vers 16 ('nous bâtissons des autels où l'on jurera par ton nom', *Œuvres*, trad. Ch.-M. Leconte de Lisle, Paris, 1873). Voltaire possédait les *Œuvres d'Horace en latin et en français* (trad. André Dacier, Amsterdam, 1727, BV1678).

Les contradictions sur le caractère d'Alexandre paraîtraient plus difficiles à concilier, si on ne savait que les hommes, et surtout ceux qu'on appelle *héros*, sont souvent très différents d'eux-mêmes; et que la vie et la mort des meilleurs citoyens, le sort d'une province, ont dépendu plus d'une fois de la bonne ou de la mauvaise digestion d'un souverain bien ou mal conseillé. 155

Mais comment concilier des faits improbables rapportés d'une manière contradictoire? Les uns disent que Callisthène[22] fut exécuté à mort et mis en croix par ordre d'Alexandre, pour n'avoir pas voulu le reconnaître en qualité de fils de Jupiter. Mais la croix n'était point un supplice en usage chez les Grecs. D'autres disent qu'il mourut longtemps après de trop d'embonpoint.[23] Athénée prétend qu'on le portait dans une cage de fer comme un oiseau, et qu'il y fut mangé de vermine.[24] Démêlez dans tous ces récits la vérité, si vous pouvez. 160

165

Il y a des aventures que Quinte-Curce suppose être arrivées dans une ville, et Plutarque dans une autre; et ces deux villes se trouvent éloignées de cinq cents lieues. Alexandre saute tout armé et tout seul du haut d'une muraille dans une ville qu'il assiégeait; elle était auprès du Candahar selon Quinte-Curce, et près de l'embouchure de l'Indus suivant Plutarque.[25] 170

Quand il est arrivé sur les côtes du Malabar, ou vers le Gange, (il n'importe) il n'y a qu'environ neuf cents milles d'un endroit à 175

---

[22] Callisthène d'Olynthe, neveu d'Aristote, accompagna Alexandre en Asie. Plutarque rapporte les opinions diverses des historiens sur la mort de Callisthène que Voltaire suit fidèlement. Plutarque précise que 'les uns disent qu'Alexandre le fit mettre en croix' (*Les Vies des hommes illustres*, t.6, p.136).

[23] C'est l'opinion de Charès de Mytilène, selon Plutarque (*Les Vies des hommes illustres*, t.6, p.55).

[24] Non pas Athénée, mais Diogène Laërce, 'Vie d'Aristote', *Les Vies des plus illustres philosophes de l'Antiquité*, 3 vol. (Amsterdam, 1761, BV1042), livre 5. Il est question de 'la maladie des poux' dans Plutarque (*Les Vies des hommes illustres*, t.6, p.136).

[25] Quinte-Curce, *Histoire d'Alexandre*, livre 9, ch.5, section 2; Plutarque, *Les Vies des hommes illustres*, t.6, p.63. Ce fait légendaire se serait déroulé dans la capitale des Malles, aujourd'hui Sangala, vers le delta de l'Indus, mi-novembre 326.

l'autre, il fait saisir dix philosophes indiens, que les Grecs appelaient *gymnosophites*, et qui étaient nus comme des singes.[26] Il leur propose des questions dignes du *Mercure galant* de Visé,[27] leur promettant bien sérieusement que celui qui aurait le plus mal répondu, serait pendu le premier, après quoi les autres suivraient en leur rang.[28]

Cela ressemble à Nabucodonosor qui voulait absolument tuer ses mages,[29] s'ils ne devinaient pas un de ses songes qu'il avait oublié; ou bien au calife des *Mille et une nuits*[30] qui devait étrangler sa femme dès qu'elle aurait fini son conte. Mais c'est Plutarque qui rapporte cette sottise, il faut la respecter; il était Grec.

On peut placer ce conte avec celui de l'empoisonnement d'Alexandre par Aristote; car Plutarque nous dit qu'on avait entendu dire à un certain Agnotémis, qu'il avait entendu dire au roi Antigone[31] qu'Aristote avait envoyé une bouteille d'eau de Nonacris ville d'Arcadie; que cette eau était si froide qu'elle tuait sur-le-champ ceux qui en buvaient: qu'Antipâtre envoya cette eau

---

[26] Plutarque, *Les Vies des hommes illustres*, t.6, p.64. Il s'agit de sages qui vivaient nus et qui passent pour avoir été les précurseurs des fakirs. Voir *Essai sur les mœurs* (ch.4, t.1, p.238) et *Lettre d'un Turc* (*OCV*, t.32A, p.155).

[27] Jean Donneau de Visé (1638-1710), homme de lettres, est connu essentiellement comme directeur du *Mercure galant*. Une référence à son œuvre en termes identiques se trouve dans *La Philosophie de l'histoire* (*OCV*, t.59, p.245).

[28] Voltaire suit fidèlement Plutarque qui énumère les dix questions posées aux gymnosophistes ainsi que leurs réponses (*Les Vies des hommes illustres*, t.6, p.155-56), par exemple: 'Il demanda au premier lesquels étaient en plus grand nombre, ou les vivants ou les morts. Il répondit que c'étaient les vivants, parce que les morts n'étaient plus'. Il leur sera demandé comment l'homme peut devenir dieu, lequel a précédé du jour ou de la nuit, quel est l'animal le plus fin, etc. Alexandre ne les fera point mettre à mort.

[29] Daniel 2:5-13.

[30] Voltaire dispose de ce livre dans une traduction qui en a été donnée par Antoine Galland (1646-1715) de 1704 à 1717.

[31] Antigone Ier Monophtalonos, le Borgne, Le Cyclope, général macédonien (né vers 385/380, mort en 303 à Ipsos) – voir Plutarque, *Les Vies des hommes illustres*, t.6, p.77.

dans une corne d'un pied de mulet;[32] qu'elle arriva toute fraîche à
Babilone; qu'Alexandre en but, et qu'il en mourut au bout de six   195
jours d'une fièvre continue.

Il est vrai que Plutarque doute de cette anecdote.[33] Tout ce
qu'on peut recueillir de bien certain, c'est qu'Alexandre à l'âge de
vingt-quatre ans avait conquis la Perse par trois batailles; qu'il eut
autant de génie que de valeur; qu'il changea la face de l'Asie, de la   200
Grèce, de l'Egypte, et celle du commerce du monde; et qu'enfin
Boileau ne devait pas tant se moquer de lui, attendu qu'il n'y a pas
d'apparence que Boileau en eût fait autant en si peu d'années.
Voyez l'article 'Histoire'.[34]

194   K84, K12: corne de pied
203   K84, K12: d'apparence qu'il en eût

[32] Antipater, général macédonien (v.397-319) – voir Plutarque, *Les Vies des
hommes illustres*, t.6, p.77. Selon Plutarque cette eau si froide était conservée dans la
corne d'un pied de mulet 'n'y ayant nul autre vaisseau où l'on puisse la garder, et fait
tout éclater par son extrême fraîcheur, et par sa violente acrimonie' (t.6, p.179).
[33] Plutarque est sceptique sur cette histoire selon laquelle Aristote aurait voulu
empoisonner Alexandre (*Les Vies des hommes illustres*, t.6, p.179).
[34] Le renvoi à l'article 'Histoire' invite à distinguer l'histoire de la fable.

ALEXANDRIE

Plus de vingt villes portent le nom d'Alexandrie, toutes bâties par Alexandre, et par ses capitaines qui devinrent autant de rois. [1] Ces villes sont autant de monuments de gloire, bien supérieurs aux statues que la servitude érigea depuis au pouvoir; mais la seule de ces villes qui ait attiré l'attention de tout l'hémisphère par sa grandeur et ses richesses, est celle qui devint la capitale de l'Egypte. Ce n'est plus qu'un monceau de ruines. On sait assez que la moitié de cette ville est dans un autre endroit vers la mer. La tour du phare, qui était une des merveilles du monde, n'existe plus. [2]

La ville fut toujours très florissante sous les Ptolomées et sous les Romains. Elle ne dégénéra point sous les Arabes: les mameluks et les Turcs, qui la conquirent tour à tour avec le reste de l'Egypte, ne la laissèrent point dépérir. [3] Les Turcs même lui conservèrent un reste de grandeur; elle ne tomba que lorsque le passage du cap de

8   K84, K12 : ville a été rétablie dans

* L'article 'Alexandrie' de l'*Encyclopédie*, de Diderot à en croire l'astérisque, se limite à une description géographique en une seule phrase (t.1, p.256). Voltaire a consulté ici, semble-t-il, *Le Grand Dictionnaire historique* de Moreri et le *Dictionnaire de la Bible* de Calmet. Cet article paraît en novembre/décembre 1770 (70, t.1).

[1] Moreri en énumère quatre et précise à propos de ces différentes Alexandrie: 'ville de 60 stades de tour qu'Alexandre le Grand fit bâtir auprès du Tanaïs, fleuve de la Samartie européenne. Il en fit bâtir plusieurs autres du même nom, dont une sur le mont Caucase, une dans la Thrace, une dans les Indes, une dans la Susiane, qui fut la patrie de Denys le géographe, etc.' (*Le Grand Dictionnaire historique*, Paris, 1759, t.1, p.350)

[2] Calmet déplore qu'elle ne soit plus qu'un village (*Dictionnaire de la Bible*, t.3, p.33). Voltaire prétend qu'Alexandrie 'seule bâtie par les Grecs a fait la gloire véritable de l'Egypte' (*La Défense de mon oncle*, OCV, t.64, p.254).

[3] Moreri soutient la thèse que combat Voltaire: 'Omar, leur troisième calife l'emporta, et peu à peu elle a perdu toute sa première splendeur' (*Le Grand Dictionnaire historique*, t.1, p.350). Calmet rappelle qu'elle fut une 'des plus florissantes villes du monde' et, de manière implicite, suggère que les Arabes ont été la cause du déclin de la ville (*Dictionnaire de la Bible*, t.3, p.33). Pour Voltaire, la décadence d'Alexandrie s'explique par des raisons économiques.

188

Bonne-Espérance ouvrit à l'Europe le chemin de l'Inde, et changea 15
le commerce du monde qu'Alexandre avait changé, et qui avait
changé plusieurs fois avant Alexandre.

Ce qui est à remarquer dans les Alexandrins sous toutes les
dominations, c'est leur industrie jointe à la légèreté; leur amour des
nouveautés avec l'application au commerce et à tous les travaux qui 20
le font fleurir; leur esprit contentieux et querelleur avec peu de
courage; leur superstition, leur débauche, tout cela n'a jamais
changé. [4]

La ville fut peuplée d'Egyptiens, de Grecs et de Juifs, qui tous de
pauvres qu'ils étaient auparavant devinrent riches par le com- 25
merce. L'opulence y introduisit les beaux-arts, le goût de la
littérature, et par conséquent celui de la dispute. [5]

Les Juifs y bâtirent un temple magnifique, ainsi qu'ils en avaient
un autre à Bubaste; [6] ils y traduisirent leurs livres en grec qui était
devenu la langue du pays. [7] Les chrétiens y eurent de grandes 30

15-18   70, 71N, 71A: changea une seconde fois le commerce du monde
qu'Alexandre avait changé. ¶Ce

[4] Moreri accuse les Alexandrins d'être railleurs, voluptueux et fourbes (*Le Grand
Dictionnaire historique*, t.1, p.350). Les mêmes préjugés se trouvent dans le *Traité sur
la tolérance*, ch.9, où Voltaire parle du 'peuple égyptien, toujours turbulent, séditieux
et lâche', [...] en tout temps méprisable' (1763; *OCV*, t.56C, p.173). Voir aussi *La
Philosophie de l'histoire*, ch.19, 'De l'Egypte' (*OCV*, t.59, p.158-62). Dans son
introduction à ce texte, J. H. Brumfitt montre l'inversion que Voltaire opère de la
représentation du peuple égyptien depuis Bossuet ('nation grave et sérieuse'),
relayée au dix-huitième siècle à la fois par les Rollin ou Calmet et par des
philosophes comme Condillac ou Maillet, qui partagent le mythe du sage égyptien;
et suggère qu'une telle inversion vient sans doute d'un refus d'une lecture historique
fondée sur des catégories bibliques (*OCV*, t.59, p.62-64).

[5] Moreri déclare qu'on y cultivait les sciences et les arts et qu'Alexandrie
l'emportait sur toutes les autres villes: 'c'était celle du monde qui était la plus
féconde en hommes de lettres, et surtout en astronomes et médecins' (*Le Grand
Dictionnaire historique*, t.1, p.350).

[6] Ville alors importante du Delta, d'après Calmet 'ville fameuse d'Egypte.
Ezéchiel en parle sous le nom de Phibeseth' (*Dictionnaire de la Bible*, t.3, p.33).

[7] Sur la plus célèbre de ces traductions, dite 'des septante', voir l'article 'Aristée',
plus loin.

écoles.[8] Les animosités furent si vives entre les Egyptiens naturels, les Grecs, les Juifs et les chrétiens, qu'ils s'accusaient continuellement les uns les autres auprès du gouverneur; et ces querelles n'étaient pas son moindre revenu. Les séditions mêmes furent fréquentes et sanglantes. Il y en eut une sous l'empire de Caligula, dans laquelle les Juifs, qui exagèrent tout, prétendent que la jalousie de religion et de commerce leur coûta cinquante mille hommes que les Alexandrins égorgèrent.[9]

Le christianisme que les Panthène, les Origène, les Clément, avaient établi, et qu'ils avaient fait admirer par leurs mœurs, y dégénéra au point qu'il ne fut plus qu'un esprit de parti.[10] Les chrétiens prirent les mœurs des Egyptiens. L'avidité du gain l'emporta sur la religion; et tous les habitants divisés entre eux n'étaient d'accord que dans l'amour de l'argent.

C'est le sujet de cette fameuse lettre de l'empereur Adrien au consul Servianus, rapportée par Vopiscus. (*a*)[11]

(*a*) Tome 2, page 406.

---

[8] Dans l'article 'Arius' du *DP*, Voltaire évoque ces 'Grecs égyptiens' qui 'coupaient un cheveu en quatre' et les disputes théologiques des écoles d'Alexandrie (*OCV*, t.35, p.370). Voir aussi *L'Examen important de Milord Bolingbroke*, ch.31 (*OCV*, t.62, p.312-14).

[9] Voltaire confond ici les persécutions des Juifs d'Alexandrie sous le règne de Caligula, racontées par les Juifs Philon et Josèphe, et les massacres de Séleucie où, selon Josèphe, plus de 50 000 Juifs furent tués par les Grecs et les Syriens (*Antiquités judaïques*, livre 18, ch.9, section 9). Ni Philon ni Josèphe ne parlent du nombre des morts à Alexandrie.

[10] Panthène est le premier recteur connu de l'école d'Alexandrie (v.180 ap. J.-C.). Son élève Clément d'Alexandrie lui succède à la tête de l'école d'Alexandrie, lui-même suivi par Origène (v.215 ap. J.-C.). L'*esprit de parti* pourrait ici caricaturer l'histoire de l'Alexandrie chrétienne telle que la construit par exemple Moreri, faite de schismes (Mélitius, Arius), de conciles pour les résoudre, et de persécutions réciproques (*Le Grand Dictionnaire historique*, t.1, p.351 et suiv.). Calmet propose une toute autre lecture de l'apport chrétien: 'Depuis Jésus-Christ, la ville d'Alexandrie reçut la lumière de l'Evangile par saint Marc' (*Dictionnaire de la Bible*, t.1, p.33).

[11] La note de Voltaire renvoie à l'édition de Casaubon, *Historiae Augustae Scriptores* (Leyde, 1671), p.719-26, au paragraphe 8 de la *Vie de Saturnius* par Flavius

'J'ai vu cette Egypte que vous me vantiez tant, mon cher Servien; je la sais tout entière par cœur; cette nation est légère, incertaine, elle vole au changement. Les adorateurs de Sérapis[12] se font chrétiens; ceux qui sont à la tête de la religion du Christ se font 50 dévots à Sérapis. Il n'y a point d'archi-rabbin juif,[13] point de Samaritain, point de prêtre chrétien qui ne soit astrologue ou devin, ou baigneur (c'est-à-dire entremetteur). Quand le patri- arche grec (*b*) vient en Egypte, les uns s'empressent auprès de lui pour lui faire adorer Sérapis, les autres le Christ. Ils sont tous très 55 séditieux, très vains, très querelleurs. La ville est commerçante, opulente, peuplée; personne n'y est oisif; les uns y soufflent le verre, les autres fabriquent le papier. Ils semblent être de tout métier, et en sont en effet. La goutte aux pieds et aux mains même ne les peut réduire à l'oisiveté. Les aveugles y travaillent; l'argent 60

(*b*) On traduit ici *patriarcha*, terme grec, par ces mots, *patriarche grec*: parce qu'il ne peut convenir qu'à l'hiérophante des principaux mystères grecs. Les chrétiens ne commencèrent à connaître le mot de *patriarche* qu'au cinquième siècle. Les Romains, les Egyptiens, les Juifs ne connaissaient point ce titre.

Vopiscus (quatrième siècle), un des auteurs de la vie d'Auguste et des empereurs romains, réputé pour son érudition mais critiqué dès le dix-huitième siècle pour sa crédulité. L'authenticité des lettres qu'il cite ne sera mise en doute qu'au dix-neuvième siècle: Hermann Peter prouve en 1892 qu'il s'agit de faux (*Die Scriptores Historiae Augustae: sechs litterar-geschichtliche Untersuchungen*, Leipzig, 1892, p.231-34).

[12] Cette divinité égyptienne, adorée aussi en Grèce et à Rome, est devenue le symbole de l'idolâtrie pour les chrétiens comme pour Voltaire. Voir l'article 'Christianisme' des *QE*: 'Alexandrie, la ville la plus commerçante du monde entier était peuplée d'Egyptiens, qui adoraient Sérapis et qui consacraient les chats' (*M*, t.18, p.160). La destruction du temple de Sérapis est évoquée dans *Le Grand Dictionnaire historique* de Moreri comme dans l'*Essai sur les mœurs*, ch.104: 'Quand le christianisme eut pris la place de la religion de Numa, quand Théodose eut détruit le fameux temple de Sérapis en Egypte' (t.2, p.66).

[13] Mot formé sur 'archi-prêtre': qui, par dignité, a autorité sur les autres prêtres (*Dictionnaire de l'Académie*, 1762).

est un dieu que les chrétiens, les Juifs et tous les hommes servent également.'
Voici le texte latin de cette lettre.

FLAVII VOPISCI SYRACUSII SATURNINUS
Tomi secundi pag. 406a.

ADRIANI EPISTOLA, EX LIBRIS PHLEGONTIS
LIBERTI EJUS PRODITA

Adrianus Augustus Serviano Cos. V°.

Aegyptum quam mihi laudabas, Serviane carissime, totam didici, levem, pendulam, et ad omnia famae monumenta volitantem. Illi qui Serapin colunt, christiani sunt; et devoti sunt Serapi, qui se Christi episcopos dicunt. Nemo illic archisynagogus Judaeorum, nemo Samarites, nemo christianorum presbyter, non mathematicus, non aruspex, non aliptes. Ipse ille patriarcha quum Aegyptum venerit, ab aliis Serapidem adorare, ab aliis cogitur Christum. Genus hominis seditiosissimum, vanissimum, injuriosissimum. Civitas opulenta, dives, foecunda, in qua nemo vivat otiosus. Alii vitrum conflant, ab aliis charta conficitur; omnes certe lymphiones cujuscumque artis et videntur et habentur. Podagrosi quod agant habent; coeci quod agant habent, coeci quod faciant; ne chiragri quidem apud eos otiosi vivunt. Unus illis deus est, hunc christiani, hunc Judaei, hunc omnes venerantur et gentes.

Cette lettre d'un empereur aussi connu par son esprit que par sa valeur, fait voir en effet que les chrétiens, ainsi que les autres, s'étaient corrompus dans cette ville du luxe et de la dispute: mais les mœurs des premiers chrétiens n'avaient pas dégénéré partout; et quoiqu'ils eussent le malheur d'être dès longtemps partagés en différentes sectes qui se détestaient et s'accusaient mutuellement, les plus violents ennemis du christianisme étaient forcés d'avouer qu'on trouvait dans son sein les âmes les plus pures et les plus grandes; il en est même encore aujourd'hui dans des villes plus effrénées et plus folles qu'Alexandrie.

65   K84, K12: pag. 406.

ALGER

La philosophie est le principal objet de ce dictionnaire. Ce n'est pas en géographes que nous parlerons d'Alger, mais pour faire remarquer que le premier dessein de Louis XIV, lorsqu'il prit les rênes de l'Etat, fut de délivrer l'Europe chrétienne des courses continuelles des corsaires de Barbarie (*a*). [1] Ce projet annonçait une grande âme. Il voulait aller à la gloire par toutes les routes. On peut même s'étonner qu'avec l'esprit d'ordre qu'il mit dans sa cour, dans les finances et dans les affaires, il eut je ne sais quel goût d'ancienne chevalerie qui le portait à des actions généreuses et éclatantes, qui tenaient même un peu du romanesque. Il est très certain que Louis XIV tenait de sa mère beaucoup de cette galanterie espagnole noble et délicate et beaucoup de cette grandeur, de cette passion pour la gloire, de cette fierté qu'on voit dans les

    5

    10

(*a*) Voyez l'expédition de Gigeri, par Pélisson.

10-16   70, 71N, 71A: romanesque. ¶L'idée d'avoir

   * Les deux articles 'Alger' de l'*Encyclopédie*, sur le royaume et la capitale, marqués d'un astérisque, ne comportent qu'une description géographique de huit lignes (t.1, p.262). Voltaire se situe sur un plan historique; il s'intéresse à une cité qui servait de base aux corsaires et qui fut bombardée sous Louis XIV. Il a eu la visite du prince Camille de Rohan, général des galères de Malte, le 12 mars 1769 (D15513), ce qui a peut-être ravivé son intérêt pour la lutte contre les Barbaresques. Voltaire envoie cet article à Cramer probablement en mars 1770 (D16230); l'article paraît en novembre/décembre 1770 (70, t.1).
   [1] Le récit de l'expédition de Gigeri (1664) se trouve dans l'*Histoire de Louis XIV* de Pellisson (Paris, 1749, BV2681), t.1, p.204-75. Gigeri, ancien comptoir punique et romain (Igilgilis ou Gergellum), est l'actuelle Jijel (Djidjelli), petite ville située sur la côte entre Bejaia (Bougie) et Annaba (Bône). A l'époque de l'expédition de Louis XIV, ce n'était qu'un village. Dans l'*Essai sur les mœurs* Voltaire notait que, depuis qu'Alger faisait partie de l'empire des Turcs, elle était 'devenue une retraite de corsaires' (ch.161, t.2, p.426).

anciens romans. Il parlait de se battre avec l'empereur Léopold[2]
comme les chevaliers qui cherchaient les aventures.[3] Sa pyramide   1
érigée à Rome,[4] la préséance qu'il se fit céder,[5] l'idée d'avoir un
port auprès d'Alger pour brider ses pirateries,[6] étaient encore de ce
genre. Il y était encore excité par le pape Alexandre VII, et le
cardinal Mazarin avant sa mort lui avait inspiré ce dessein. Il avait
même longtemps balancé s'il irait à cette expédition en personne à   2
l'exemple de Charles Quint;[7] mais il n'avait pas assez de vaisseaux
pour exécuter une si grande entreprise, soit par lui-même, soit par
ses généraux. Elle fut infructueuse et devait l'être.[8] Du moins elle

17   70, 71 N, 71 A: pirateries, était peut-être de

[2] Léopold Ier (1640-1705), roi de Hongrie et archiduc d'Autriche, empereur et roi
de Bohême à partir de 1658.

[3] En fait, d'après Pellisson, pour empêcher Louis XIV de venir avec son armée,
un ministre de Vienne, en 1673, lui aurait laissé entendre qu'il pouvait défier
l'empereur en combat singulier. Louis XIV 'dit qu'il ne prétendait combattre qu'à la
tête de ses troupes', mais on assure qu'il demanda si ces combats singuliers entre
deux princes 'se pouvaient pratiquer en conscience' (Pellisson, *Lettres historiques*,
Paris, 1729, t.2, p.6-7).

[4] Un conflit entre une escouade de Corses, gardes du pape, et des laquais du duc
de Créqui, devint 'une querelle de nation à nation', et le pape fut forcé 'de casser la
garde corse et d'élever dans Rome une pyramide avec une inscription qui contenait
l'injure et la réparation' (*Le Siècle de Louis XIV*, ch.7, *OH*, p.690-91). La source est
l'*Histoire de Louis XIV* de Pellisson, t.1, p.158-59.

[5] A la suite d'une querelle entre ambassadeurs, Louis XIV force l'Espagne à
reconnaître la préséance de la France (*Le Siècle de Louis XIV*, *OH*, p.689-90).

[6] L'idée d'avoir près d'Alger un 'grand et bon port' pour 'tenir en crainte' les
pirates, 'leur couper le retour dans leurs havres, faire enfin sur eux les mêmes courses
qu'ils faisaient impunément sur les autres', est rapportée par Pellisson, *Histoire de
Louis XIV*, t.1, p.198-99. En 1663, on choisit Gigeri (p.200-204).

[7] Charles Quint occupa Tlemcen en 1530 et Tunis en 1535. En 1541, il bombarda
Alger, mais les mauvaises conditions atmosphériques transformèrent l'expédition en
désastre.

[8] L'expédition de Gigeri comprenait 63 vaisseaux, mais seulement 12 bons
vaisseaux de guerre et 12 galères, avec 4000 ou 5000 hommes des meilleures
troupes, commandées par le duc de Beaufort. La discorde parmi les chefs a peut-être
joué un rôle dans l'échec de l'expédition, mais de toute façon les Maures disposaient
d'une meilleure artillerie que les Français (Pellisson, *Histoire de Louis XIV*, t.1,

aguerrit sa marine, et fit attendre de lui quelques-unes de ces
actions nobles et héroïques auxquelles la politique ordinaire n'était   25
point accoutumée, telles que les secours désintéressés donnés aux
Vénitiens assiégés dans Candie,[9] et aux Allemands pressés par les
armes ottomanes à Saint-Godhart.[10]

Les détails de cette expédition d'Afrique se perdent dans la foule
des guerres heureuses ou malheureuses faites avec politique ou   30
avec imprudence, avec équité ou avec injustice. Rapportons
seulement cette lettre écrite il y a quelques années à l'occasion
des pirateries d'Alger.[11]

'Il est triste, Monsieur, qu'on n'ait point écouté les propositions
de l'ordre de Malthe, qui offrait, moyennant un subside médiocre   35
de chaque Etat chrétien, de délivrer les mers des pirates d'Alger, de
Maroc et de Tunis. Les chevaliers de Malthe seraient alors

---

p.204 et suiv., année 1664). Par la suite, les escadres de Duquesne 'nettoyaient les
mers infestées par les corsaires de Tripoli et d'Alger', et Louis XIV, entre 1681 et
1684, fit bombarder deux fois Alger, qui 'envoya des députés lui demander pardon et
recevoir la paix; ils rendirent tous les esclaves chrétiens et payèrent encore de
l'argent, ce qui est la plus grande punition des corsaires' (*Le Siècle de Louis XIV*,
OH, p.751, 754).

[9] En 1668, le grand vizir Couprougli assiège Candie. Les Français secourent les
Vénitiens, mais partent en janvier 1669 (Pellisson, *Histoire de Louis XIV*, t.3, p.101-
34). Dans *Le Siècle de Louis XIV*, Voltaire pense que 'le roi donna inutilement aux
autres princes l'exemple de secourir Candie'. Les 7000 Français étaient 'un secours
trop faible dans un si grand danger', et Couprougli entra dans la ville par
capitulation en septembre 1669 (ch.10, *OH*, p.707).

[10] A Saint-Gotthard, un bourg de Hongrie, sur la Raba, les Impériaux de
Montecuccoli et les 6000 Français du comte Jean de Coligny écrasèrent les Turcs
du grand vizir Couprougli le 1er août 1664. Voir Pellisson, *Histoire de Louis XIV*,
t.1, p.161-81. Dans *Le Siècle de Louis XIV*, Voltaire loue l'action des Français, qui
dans ce combat 'firent des prodiges de valeur' (ch.7, *OH*, p.693).

[11] Cette lettre ne figure pas dans La Faye, *Etat des royaumes de Barbarie* (Rouen,
1703, BV1845), Laugier de Tassy, *Histoire des Etats barbaresques* (Paris, 1757,
BV1943), Boyer de Saint-Gervais, *Mémoires historiques qui concernent le gouvernement de l'ancien et du nouveau royaume de Tunis* (Paris, 1736, BV3066). Elle n'est pas
évoquée par les dictionnaires de Moreri et de Bruzen de La Martinière. Aurait-elle
été communiquée à Voltaire par le prince Camille de Rohan (voir note *), ou a-t-elle
été écrite par Voltaire?

QUESTIONS SUR L'ENCYCLOPÉDIE

véritablement les défenseurs de la chrétienté. Les Algériens n'ont actuellement que deux vaisseaux de cinquante canons, et cinq d'environ quarante, quatre de trente. Le reste ne doit pas être compté.

'Il est honteux qu'on voie tous les jours leurs petites barques enlever nos vaisseaux marchands dans toute la Méditerranée. Ils croisent même jusqu'aux Canaries et jusqu'aux Açores.

'Leurs milices composées d'un ramas de nations, anciens Mauritaniens, anciens Numides, Arabes, Turcs, Nègres même, s'embarquent presque sans équipage sur des chebeks [12] de dix-huit à vingt pièces de canon; ils infestent toutes nos mers comme des vautours qui attendent une proie. S'ils voient un vaisseau de guerre ils s'enfuient; s'ils voient un vaisseau marchand ils s'en emparent; nos amis, nos parents, hommes et femmes deviennent esclaves; et il faut aller supplier humblement les barbares de daigner recevoir notre argent pour nous rendre leurs captifs.

'Quelques Etats chrétiens ont la honteuse prudence de traiter avec eux, et de leur fournir des armes avec lesquelles ils nous dépouillent. On négocie avec eux en marchands, et ils négocient en guerriers.

'Rien ne serait plus aisé que de réprimer leurs brigandages; on ne le fait pas. Mais que de choses seraient utiles et aisées qui sont négligées absolument! La nécessité de réduire ces pirates est reconnue dans les conseils de tous les princes, et personne ne l'entreprend. Quand les ministres de plusieurs cours en parlent par hasard ensemble, c'est le conseil tenu contre les chats. [13]

'Les religieux de la rédemption des captifs sont la plus belle institution monastique; [14] mais elle est bien honteuse pour nous.

---

48   w68: ils infectent toutes

[12] *Chébec*, de l'arabe *chabbak*, par l'intermédiaire de l'italien *sciabecco* (1758). Petit trois-mâts de la Méditerranée à voiles latines et à rames. Le mot figure dans le *Supplément à l'Encyclopédie* (1776).

[13] 'Conseil tenu par les rats', La Fontaine, *Fables*, livre 2, fable 2.

[14] Avec les frères de la Charité, les moines de la Rédemption des captifs sont pour

Les royaumes de Fez, Alger, Tunis, n'ont point de *Marabouts de la rédemption des captifs*. C'est qu'ils nous prennent beaucoup de chrétiens, et nous ne leur prenons guère de musulmans.

'Ils sont cependant plus attachés à leur religion que nous à la nôtre. Car jamais aucun Turc, aucun Arabe ne se fait chrétien; et ils ont chez eux mille renégats qui même les servent dans leurs expéditions. Un Italien nommé Pelégini était en 1712 général des galères d'Alger. Le miramolin, [15] le bey, le dey, ont des chrétiennes dans leurs sérails; et nous n'avons eu que deux filles turques qui aient eu des amants à Paris. [16]

'La milice d'Alger ne consiste qu'en douze mille hommes de troupes réglées, mais tout le reste est soldat, et c'est ce qui rend la conquête de ce pays si difficile. Cependant les Vandales les subjuguèrent aisément, et nous n'osons les attaquer. Etc.'

66   70, 71A, w68, w75G, β: Le royaume de Fez

Voltaire les seuls moines utiles (voir l'article 'Médecins'). La Rédemption des captifs, ou Notre-Dame de la Merci, est un ordre militaire, puis religieux, fondé par saint Pierre Nolasque, saint Raymond de Peñafort et Jacques Ier, roi d'Aragon (1218). Les religieux de cet ordre, outre les vœux ordinaires, faisaient le vœu de racheter les captifs chrétiens des Maures.

[15] Le miramolin, de l'arabe *amir al mu' minin*, 'commandeur des croyants', désigne, chez les écrivains du Moyen Age, le calife de Bagdad ou tout souverain musulman.

[16] La plus célèbre est Mlle Aïssé, princesse circassienne devenue esclave (v.1693-1733). Achetée à l'âge de quatre ans par l'ambassadeur de France à Constantinople, le comte de Ferriol, elle fut élevée par la belle-sœur de celui-ci. Elle s'éprit d'un libertin dont elle eut une fille. Elle renonça à son amant, devint dévote et mourut phtisique. Ses *Lettres* furent publiées en 1787. Elle inspira à l'abbé Prévost l'*Histoire d'une Grecque moderne* (1740).

ALMANACH

Il est peu important de savoir si *almanach* vient des anciens Saxons qui ne savaient pas lire, ou des Arabes qui étaient en effet astronomes, et qui connaissaient un peu le cours des astres, tandis que les peuples d'Occident étaient plongés dans une ignorance égale à leur barbarie.[1] Je me borne ici à une petite observation.

Qu'un philosophe indien embarqué à Meliapour[2] vienne à Bayonne; je suppose que ce philosophe a du bon sens, ce qui est rare, dit-on, chez les savants de l'Inde; je suppose qu'il est défait des préjugés de l'école, ce qui était rare partout il y a quelques années, et qu'il ne croit point aux influences des astres; je suppose qu'il rencontre un sot dans nos climats, ce qui ne serait pas si rare.

Notre sot pour le mettre au fait de nos arts et de nos sciences, lui fait présent d'un almanach de Liège composé par Matthieu

7   70: à Melia pour vienne
71A: à Melia vienne

* Bien que son article lui doive peu, Voltaire renvoie à l'*Encyclopédie*: 'An ou année' (t.1, p.387), de D'Alembert et Mallet; 'Calendrier' (t.2, p.552), de D'Alembert; 'Précession des équinoxes' (t.13, p.269) de D'Alembert et Formey. Dans son exemplaire de l'*Encyclopédie*, Voltaire a mis un signet à l'article 'Almanach' (*CN*, t.3, p.364). Il envoie le présent article à Cramer probablement en mars 1770 (D16230); l'article paraît en novembre/décembre 1770 (70, t.1).

[1] 'Les grammairiens ne sont point d'accord sur l'origine de ce mot', écrit D'Alembert dans l'article 'Almanach' de l'*Encyclopédie* (t.1, p.290). Furetière signalait déjà l'incertitude étymologique.

[2] 'A trente lieues au nord est Madras [...], ce chef-lieu du grand commerce des Anglais. La ville est bâtie en partie des ruines de Méliapour, et cet ancien Méliapour avait été changé par les Portugais en Saint-Thomé, en l'honneur de saint Thomas Didyme, apôtre' (*Fragments historiques sur l'Inde*, M, t.29, p.121).

Lansberge,[3] et du *Messager boiteux* d'Antoine Souci astrologue et 15
historien, imprimé tous les ans à Bâle,[4] et dont il se débite vingt
mille exemplaires en huit jours. Vous y voyez une belle figure
d'homme entourée des signes du zodiaque avec des indications
certaines qui vous démontrent que la balance préside aux fesses, le
bélier à la tête, les poissons aux pieds, ainsi du reste.[5] 20

Chaque jour de la lune vous enseigne quand il faut prendre du
baume de vie du sieur Le Lièvre, ou des pilules du sieur Keyser, ou
vous pendre au col un sachet de l'apothicaire Arnoud,[6] vous faire
saigner, vous faire couper les ongles, sevrer vos enfants, planter,
semer, aller en voyage, ou chausser des souliers neufs. L'Indien en 25
écoutant ces leçons fera bien de dire à son conducteur qu'il ne
prendra pas de ses almanachs.

Pour peu que l'imbécile qui dirige notre Indien lui fasse voir
quelques-unes de nos cérémonies réprouvées de tous les sages, et
tolérées en faveur de la populace par mépris pour elle, le voyageur 30

[3] Depuis le dix-septième siècle jusqu'à la seconde moitié du dix-neuvième ont été
publiés à Liège des almanachs portant le nom de Mathieu Laensbergh ou Lansberg,
mathématicien. Georges Avenel et Emile de la Bédollière signalent parmi les papiers
de Voltaire cédés à Catherine II en 1778 'un almanach du cultivateur fait pour le
peuple et destiné à remplacer les contes et prédictions de Matthieu Laensberg'
('Appendice à la vie de Voltaire par Condorcet', dans Voltaire, *Œuvres complètes*,
Paris, 1867, t.i, p.33).

[4] *L'Almanach historique nommé le Messager boîteux contenant des observations
astrologiques sur chaque mois* [...] *avec les foires de France, d'Allemagne, de Suisse, etc.*,
édité à Bâle, et aussi à Berne, Colmar, etc., connaît comme le précédent une grande
longévité.

[5] D'année en année est en effet reproduite dans ces almanachs la même silhouette
humaine inscrite dans un anneau où sont représentés les douze signes. Le corps est
découpé en zones reliées par une flèche aux signes qui l'entourent. Une légende
précise, par exemple, que la balance 'gouverne l'épine du dos, les rognons et les
fesses', le bélier 'la tête, la face, les yeux et les oreilles', les poissons 'les pieds', etc.

[6] Le chimiste Le Lièvre et l'apothicaire Arnoud (ou Arnoult), 'qui guérissait et
prévenait toutes les apoplexies, dans les gazettes, avec un sachet pendu au cou' (voir
Zadig, *OCV*, t.30B, p.125, n.*a*), sont souvent cités ensemble par Voltaire (dans
l'article 'Catéchisme chinois' du *DP* par exemple). Les pilules ou dragées de Keyser
ou Kayser étaient utilisées comme remèdes contre la syphilis (voir par exemple
Omer de Fleury étant entré, ont dit, *M*, t.24, p.468).

qui verra ces momeries suivies d'une danse de tambourin,[7] ne manquera pas d'avoir pitié de nous: il nous prendra pour des fous qui sont assez plaisants, et qui ne sont pas absolument cruels. Il mandera au président du grand collège de Bénarès que nous n'avons pas le sens commun, mais que si sa paternité veut envoyer chez nous des personnes éclairées et discrètes, on pourra faire quelque chose de nous moyennant la grâce de Dieu.

C'est ainsi précisément que nos premiers missionnaires, et surtout saint François Xavier, en usèrent avec les peuples de la presqu'île de l'Inde. Ils se trompèrent encore plus lourdement sur les usages des Indiens, sur leurs sciences, leurs opinions, leurs mœurs et leur culte. C'est une chose très curieuse de lire les relations qu'ils écrivirent. Toute statue est pour eux le diable; toute assemblée est un sabbat; toute figure symbolique est un talisman; tout brahmane est un sorcier; et là-dessus ils font des lamentations qui ne finissent point. Ils espèrent que la *moisson sera abondante*. Ils ajoutent par une métaphore peu congrue, *qu'ils travailleront efficacement à la vigne du Seigneur*, dans un pays où l'on n'a jamais connu le vin.[8] C'est ainsi à peu près que chaque nation a jugé non seulement des peuples éloignés, mais de ses voisins.

Les Chinois passent pour les plus anciens faiseurs d'almanachs. Le plus beau droit de l'empereur de la Chine est d'envoyer son calendrier à ses vassaux et à ses voisins. S'ils ne l'acceptaient pas, ce serait une bravade pour laquelle on ne manquerait pas de leur faire

---

43   71A: qu'ils écrivent. Toute statue

[7] Le même 'tambourin' que 'les magistrats et les druides du pays' firent danser à Amazan 'aux pieds des Pirénées' (*La Princesse de Babylone*, *OCV*, t.66, p.188).

[8] Voltaire a notamment lu les *Lettres choisies* du missionnaire jésuite (Varsovie, 1739, BV1379) et *La Vie de saint François Xavier, de la Compagnie de Jésus, apôtre des Indes et du Japon* par le père Bouhours (2 vol., Paris, 1754, BV502), qu'il a abondamment annotée et qu'il qualifie de 'chef d'œuvre de sottise fanatique' (*CN*, t.1, p.416-28). S'il rend bien l'esprit des *Lettres choisies*, on n'y trouve pas exactement les métaphores bibliques citées, dont on sait que Voltaire a lui-même souvent usé de façon parodique dans sa propre correspondance.

la guerre comme on la faisait en Europe aux seigneurs qui   55
refusaient l'hommage.[9]

Si nous n'avons que douze constellations, les Chinois en ont
vingt-huit, et leurs noms n'ont pas le moindre rapport aux nôtres;
preuve évidente qu'ils n'ont rien pris du zodiaque chaldéen que
nous avons adopté: mais s'ils ont une astronomie tout entière   60
depuis plus de quatre mille ans, ils ressemblent à Matthieu
Lansberge et à Antoine Souci par les belles prédictions, et par les
secrets pour la santé dont ils farcissent leur almanach impérial. Ils
divisent le jour en dix mille minutes, et savent à point nommé
quelle minute est favorable ou funeste. Lorsque l'empereur Cam-hi   65
voulut charger les missionnaires jésuites de faire l'almanach, ils
s'en excusèrent d'abord, dit-on, sur les superstitions extravagantes
dont il faut le remplir. (*a*) *Je crois beaucoup moins que vous aux
superstitions*, leur dit l'empereur, *faites-moi seulement un bon
calendrier, et laissez mes savants y mettre toutes leurs fadaises.*[10]   70

L'ingénieux auteur de *La Pluralité des mondes*, se moque des
Chinois, qui voient, dit-il, des mille étoiles tomber à la fois dans la
mer.[11] Il est très vraisemblable que l'empereur Cam-hi s'en

(*a*) Voyez Duhalde et Parennin.[12]

[9] Les *Lettres de Monsieur de Mairan au R. P. Parennin* [...] *contenant diverses
questions sur la Chine* (Paris, 1759, BV2271), p.10-11 (avec traces de lecture, *CN*, t.5,
p.483-84), décrivent le calendrier des Chinois comme 'une de leurs plus importantes
affaires d'Etat' et comportent de nombreux développements sur l'astronomie
chinoise. Sur la précocité et l'exactitude des connaissances astronomiques des
Chinois, voir notamment l'*Essai sur les mœurs*, ch.1.

[10] Voltaire s'inspire ici directement de l'*Histoire de la Chine sous la domination des
Tartares* du père Adrien Greslon (Paris, 1671), où se trouvent mentionnées
expressément les réserves des jésuites (p.4); les propos prêtés à l'empereur peuvent
aussi en être inférés.

[11] Dans le dernier paragraphe du sixième Soir des *Entretiens sur la pluralité des
mondes*.

[12] Jean-Baptiste Du Halde et Dominique Parennin ont fait connaître la Chine en
Europe. Du Halde est l'auteur de la *Description de la Chine* (voir ci-dessus, article
'Agriculture', n.26). Parennin, connu pour les *Lettres de Monsieur de Mairan* (voir
n.9) est aussi un des auteurs des *Lettres édifiantes et curieuses*.

moquait tout autant que Fontenelle. Quelque messager boiteux de la Chine s'était égayé apparemment à parler de ces feux follets 7 comme le peuple, et à les prendre pour des étoiles. Chaque pays a ses sottises. Toute l'antiquité a fait coucher le soleil dans la mer; nous y avons envoyé les étoiles fort longtemps. Nous avons cru que les nuées touchaient au firmament, que le firmament était fort dur, et qu'il portait un réservoir d'eau. [13] Il n'y a pas bien longtemps 8· qu'on sait dans les villes que le fil de la vierge, qu'on trouve souvent dans la campagne, est un fil de toile d'araignée. Ne nous moquons de personne. Songeons que les Chinois avaient des astrolabes et des sphères avant que nous sussions lire; et que s'ils n'ont pas poussé fort loin leur astronomie, c'est par le même respect pour les anciens 8· que nous avons eu pour Aristote.

Il est consolant de savoir que le peuple romain, *populus late rex*,[14] fut en ce point fort au-dessous de Matthieu Lansberge et du *Messager boiteux*, et des astrologues de la Chine, jusqu'au temps où Jules César réforma l'année romaine que nous tenons de lui, et que 9· nous appelons encore de son nom *Calendrier Julien*, quoique nous n'ayons pas de calendes, et quoiqu'il ait été obligé de le réformer lui-même.

Les premiers Romains [15] avaient d'abord une année de dix mois faisant trois cent quatre jours; cela n'était ni solaire, ni lunaire; cela 9· n'était que barbare. On fit ensuite l'année romaine de trois cent cinquante-cinq jours, autre mécompte que l'on corrigea si mal, que du temps de César les fêtes d'été se célébraient en hiver. Les

---

97   70, 71N, 71A, w68: l'on corrigea comme on put, et qu'on corrigea si

---

[13] Voir l'article 'Le Ciel des anciens' du *DP* (*OCV*, t.35, p.596, n.20-21).

[14] 'Peuple roi d'un vaste empire', expression adaptée de l'*Enéide* (livre 1, vers 21), où elle figure à l'accusatif.

[15] A partir d'ici Voltaire suit de très près l'*Histoire du calendrier romain, qui contient son origine et les divers changements qui lui sont arrivés* de François Blondel (La Haye, 1684, BV429; *CN*, t.1, p.30), qu'il ne cite que plus tard (voir ci-dessous, n.25). Toutes les données en proviennent, dans l'ordre même de l'ouvrage.

généraux romains triomphaient toujours; mais ils ne savaient pas
quel jour ils triomphaient. [16]   100
César réforma tout, il sembla gouverner le ciel et la terre.

Je ne sais par quelle condescendance pour les coutumes
romaines il commença l'année au temps où elle ne commence
point, huit jours après le solstice d'hiver. Toutes les nations de
l'empire romain se soumirent à cette innovation. Les Egyptiens qui   105
étaient en possession de donner la loi en fait d'almanachs, la
reçurent; mais tous ces différents peuples ne changèrent rien à la
distribution de leurs fêtes. Les Juifs, comme les autres, célébrèrent
leurs nouvelles lunes, leur *Phasé* ou *Pascha* [17] le quatorzième jour
de la lune de Mars, qu'on appelle la *lune rousse*; et cette époque   110
arrivait souvent en avril; leur Pentecôte cinquante jours après le
Phasé; la fête des cornets ou trompettes le premier jour de juillet;
celle des tabernacles au quinze du même mois, et celle du grand
sabbat sept jours après.

Les premiers chrétiens suivirent le comput de l'empire; [18] ils   115
comptèrent par calendes, nones, et ides avec leurs maîtres; ils
reçurent l'année bissextile que nous avons encore et qu'il a fallu
corriger dans le seizième siècle de notre ère vulgaire, et qu'il faudra
corriger un jour, mais ils se conformèrent aux Juifs pour la
célébration de leurs grandes fêtes.   120

Ils déterminèrent d'abord leur Pâque au quatorze de la lune
rousse, jusqu'au temps où le concile de Nicée la fixa au dimanche
qui suivait. Ceux qui la célébraient le quatorze furent déclarés
hérétiques, et les deux partis se trompèrent dans leur calcul.

117   K84, K12: encore, qu'il

[16] Cette phrase, très proche dans son esprit du développement consacré au
calendrier romain dans l'article 'Calendrier' de l'*Encyclopédie* (t.2, p.552 et suiv.),
révèle une relecture de celle-ci pendant la rédaction des *QE*.

[17] Les deux mots hébreux se trouvent dans le traité de Blondel (*Histoire du
calendrier romain*, p.95), ainsi que toutes les indications sur les fêtes juives qui
suivent.

[18] 'Le premiers chrétiens se sont servis du calendrier des Romains [...]' est le titre
d'un chapitre de Blondel (*Histoire du calendrier romain*, p.99).

Les fêtes de la Sainte Vierge furent substituées autant qu'on le   1²
put aux nouvelles lunes ou néoménies; l'auteur du *Calendrier
romain* dit (*b*) que la raison en est prise du verset des cantiques
pulcra ut luna, belle comme la lune. [19] Mais par cette raison ses fêtes
devaient arriver le dimanche; car il y a dans le même verset *electa ut
sol*, choisie comme le soleil. [20]   1²

Les chrétiens gardèrent aussi la Pentecôte. Elle fut fixée comme
celle des Juifs précisément cinquante jours après Pâques. Le même
auteur prétend que les fêtes de patron remplacèrent celles des
tabernacles. [21]

Il ajoute que la Saint-Jean n'a été portée au 24 de juin que parce   1²
que les jours commencent alors à diminuer, et que saint Jean avait
dit en parlant de Jésus-Christ, Il faut qu'il croisse et que je diminue.
Oportet illum crescere me autem minui. [22]

Ce qui est très singulier, et ce qui a été remarqué ailleurs, c'est
cette ancienne cérémonie d'allumer un grand feu le jour de la Saint-   1.
Jean, qui est le temps le plus chaud de l'année. [23] On a prétendu que
c'était une très vieille coutume pour faire souvenir de l'ancien
embrasement de la terre qui en attendait un second.

Le même auteur du *Calendrier* assure que la fête de l'Assomption

(*b*) Voyez *Calendrier romain*, p.101 et suiv.

140   w68: ancienne coutume d'allumer
n.*b*   k84, k12: Voyez 'Calendrier romain'.

[19] L'*Histoire du calendrier romain*, quasiment citée ici, ne donne cependant pas la
citation en latin du Cantique des Cantiques (6:9) et l'attribue aux 'prophètes' (p.101).
[20] Addition de Voltaire, qui cite la suite du vers du Cantique.
[21] Voir Blondel, *Histoire du calendrier romain*, p.102.
[22] Voir Blondel, *Histoire du calendrier romain*, p.104. La citation vient de Jean
3:30.
[23] Dans *L'Homme aux quarante écus*, où la philosophie conseille aux 'parleurs' de
se taire quand ils n'ont rien à dire: 'tous ces vains discours d'appareil qui ne
contiennent que des phrases, sont comme le feu de la Saint-Jean, allumé le jour de
l'année où l'on a le moins besoin de se chauffer; il ne cause aucun plaisir, et il n'en
reste pas même la cendre' (*OCV*, t.66, p.377).

est placée au 15 du mois d'auguste nommé par nous *août*, parce que   145
le soleil est alors dans le signe de la vierge.

Il certifie aussi que saint Mathias n'est fêté au mois de février que
parce qu'il fut intercalé parmi les douze apôtres, comme on
intercale un jour en février dans les années bissextiles.[24]

Il y aurait peut-être dans ces imaginations astronomiques de   150
quoi faire rire l'Indien dont nous venons de parler; cependant
l'auteur était le maître de mathématiques du dauphin fils de
Louis XIV, et d'ailleurs un ingénieur et un officier très estimable.[25]

Le pis de nos calendriers est de placer toujours les équinoxes et
les solstices où ils ne sont point, de dire le soleil entre dans le bélier   155
quand il n'y entre point, de suivre l'ancienne routine erronée.

Un almanach de l'année passée nous trompe l'année présente, et
tous nos calendriers sont les almanachs des siècles passés.

Pourquoi dire que le soleil est dans le bélier quand il est dans les
poissons? pourquoi ne pas faire au moins comme on fait dans les   160
sphères célestes, où l'on distingue les signes véritables des anciens
signes devenus faux?

Il eût été très convenable non seulement de commencer l'année
au point précis du solstice d'hiver ou de l'équinoxe du printemps,
mais encore de mettre tous les signes à leur véritable place. Car   165
étant démontré que le soleil répond à la constellation des poissons
quand on le dit dans le bélier, et qu'il sera ensuite dans le verseau et

---

158   70, 71N, 71A, w68: sont des almanachs
159-60   70, 71N, 71A, w68: il est dans le taureau? pourquoi
166-67   70, 71N, 71A, w68: constellation du taureau quand
167   70, 71N, 71A, w68: ensuite dans les gémeaux et

[24] *Histoire du calendrier romain*, p.104-105. Blondel justifie dans ces pages la
répartition des fêtes et montre le 'soin' qui y a présidé.

[25] François Blondel (1617-1686), d'abord militaire puis diplomate, grand
voyageur, devient ingénieur du roi pour la marine en 1664. Entré à l'Académie
des sciences en 1669, directeur de l'Académie d'architecture en 1671, il est nommé
deux ans plus tard professeur de mathématiques du Grand Dauphin. Architecte,
auteur de divers traités, sur l'art des fortifications notamment, il est surtout connu
pour son *Cours d'architecture* (publié pour la première fois en 1675).

successivement dans toutes les constellations suivantes au temps de l'équinoxe du printemps, il faudrait faire dès à présent ce qu'on sera obligé de faire un jour, lorsque l'erreur devenue plus grande sera plus ridicule. Il en est ainsi de cent erreurs sensibles. Nos enfants les corrigeront, dit-on; mais vos pères en disaient autant de vous. Pourquoi donc ne vous corrigez-vous pas? [26] Voyez dans la grande Encyclopédie 'Année', 'Kalendrier', 'Précession des équinoxes', [27] et tous les articles concernant ces calculs. Ils sont de main de maître.

[26] Pour Voltaire un calendrier purement astronomique éloignerait superstition et intolérance. C'est précisément à un mandarin chinois qu'il prête une telle réflexion: 'il n'y aura plus d'almanachs que ceux des véritables astronomes qui calculent juste les mouvements des globes, qui n'attribuent d'influence à aucun, et qui ne prédisent ni la bonne ni la mauvaise fortune. Le peuple insensiblement ne croira que ces sages; il adorera d'un culte plus pur le créateur et le guide de tous les globes, et notre petit globe en sera plus heureux' ('Troisième conférence', *Entretiens chinois*, M, t.27, p.33).
[27] Voir aussi note *, ci-dessus.

ALOUETTE

Ce mot peut être de quelque utilité dans la connaissance des étymologies, et faire voir que les peuples les plus barbares peuvent fournir des expressions aux peuples les plus polis, quand ces nations sont voisines.

Alouette, anciennement *alou*, (*a*) était un terme gaulois, dont les Latins firent *alauda*. Suétone et Pline en conviennent.[1] César composa une légion de Gaulois, à laquelle il donna le nom d'alouette: *vocabulo quoque gallico alauda appellabatur*. Elle le servit très bien dans les guerres civiles; et César pour récompense donna le droit de citoyen romain à chaque légionnaire.[2]

On peut seulement demander comment les Romains appelaient une *alouette* avant de lui avoir donné un nom gaulois; ils l'appelaient *galerita*.[3] Une légion de César fit bientôt oublier ce nom.

De telles étymologies ainsi avérées doivent être admises. Mais

(*a*) Voyez le Dictionnaire de Ménage[4] au mot 'Alauda'.

* Les articles 'Alouette' et 'Alouette de bois' de l'*Encyclopédie* (t.1, p.293-94), par Daubenton, décrivent longuement les oiseaux, mais ne comportent pas de réflexions sur l'étymologie. Ils se bornent à rappeler que le mot vient du latin *alauda*. Or Voltaire après avoir déclaré que connaître les étymologies est utile, se plaît à dénoncer de fausses étymologies. Il envoie cet article à Cramer probablement en mars 1770 (D16230); l'article paraît en novembre/décembre 1770 (70, t.1).

[1] Suétone, *Vie de Jules César*, ch.24, et Pline, livre 2, ch.37, cités tous deux par Ménage à l'article 'Alouette'.

[2] Suétone, *Vie de Jules César*, ch.24. La citation est exacte, mais Suétone ne dit pas que cette légion de Gaulois servit très bien César dans les guerres civiles.

[3] *Avis galerita*, de *galea*, 'casque', pour parler de l'alouette huppée.

[4] Gilles Ménage, *Dictionnaire étymologique de la langue française* (Paris, 1694, BV2416), p.25, article 'Alouette'. Le mot *alouette* est un diminutif de l'ancien français *aloe* (variantes *aloie*, *aloue*). L'origine de ce mot est effectivement le latin *alauda*, considéré comme gaulois par les Romains, qui désignaient l'oiseau par le syntagme *avis galerita*.

quand un professeur arabe veut absolument qu'*aloyau* vienne de l'arabe,[5] il est difficile de le croire. C'est une maladie chez plusieurs étymologistes, de vouloir persuader que la plupart des mots gaulois sont pris de l'hébreu; il n'y a guère d'apparence que les voisins de la Loire et de la Seine voyageassent beaucoup dans les anciens temps chez les habitants de Sichem et de Galgala qui n'aimaient pas les étrangers; ni que les Juifs se fussent habitués dans l'Auvergne et dans le Limousin, à moins qu'on ne prétende que les dix tribus dispersées et perdues ne soient venues nous enseigner leur langue.

Quelle énorme perte de temps, et quel excès de ridicule de trouver l'origine de nos termes les plus communs et les plus nécessaires, dans le phénicien et le chaldéen! Un homme s'imagine que notre mot *dôme* vient du samaritain *doma*, qui signifie, dit-on, *meilleur*.[6] Un autre rêveur assure que le mot *badin* est pris d'un terme hébreu qui signifie *astrologue*; et le Dictionnaire de Trévoux ne manque pas de faire honneur de cette découverte à son auteur.[7]

N'est-il pas plaisant de prétendre que le mot *habitation* vient du mot *beth* hébreu?[8] que *kir* en bas-breton signifiait autrefois

[5] 'M. Vatier, professeur du roi en arabe, prétendait que ce mot français venait de l'arabe *alojos*, qui dans les vieilles traductions d'Avicenne signifie *os sacrum*. Cette étymologie n'est pas vraisemblable. Je ne sais point d'où vient ce mot. Ne viendrait-il point de *lumbus* [...]?' (Ménage, *Dictionnaire étymologique*, p.25-26, article 'Aloyau'). Pierre Vattier (1623-1667), médecin et orientaliste, fut professeur d'arabe au Collège de France à partir de 1658. Voltaire, comme Ménage, a raison de douter de cette étymologie. Le mot *aloyau* dérive peut-être de l'ancien français *aloe*, 'alouette'. Il aurait désigné au départ des petits morceaux cuits à la broche, comme l'alouette.

[6] Jean-Baptiste Bullet, *Mémoires sur la langue celtique*, 3 vol. (Besançon, 1754-1760, BV577), t.1, p.2. En fait, Bullet rapproche le samaritain *doma*, 'le meilleur', du géorgien *doma*, 'appartement du dessus', etc., mais ne parle pas de notre mot 'dôme'.

[7] Selon le père Pierre-Daniel Huet, *badin* vient d'un mot hébreu signifiant 'menteurs', qui se dit particulièrement des astrologues, ou d'un mot chaldéen signifiant 'devins'. Ces étymologies sont citées dans le *Dictionnaire de Trévoux* (1743), à l'article 'Badin', t.1, col.1245. En réalité, le mot est emprunté au provençal *badin*, 'nigaud', dérivé comme *badaud* du provençal *badar*, 'bâiller'.

[8] Bullet, *Mémoires sur la langue celtique*, t.1, p.2. En fait, Bullet ne dit pas que le mot 'habitation' dérive de l'hébreu *beth*. Bullet écrit (ce qui est exact): 'Maison, demeure, habitation, logement, s'appelle *Beth* en hébreu, *Betha* en chaldéen'. Bullet

ville? [9] que le même *kir* en hébreu voulait dire un *mur*; et que par conséquent les Hébreux ont donné le nom de *ville* aux premiers   35
hameaux des Bas-Bretons? Ce serait un plaisir de voir les étymologistes aller fouiller dans les ruines de la tour de Babel, pour y trouver l'ancien langage celtique, gaulois et toscan, si la perte d'un temps consumé si misérablement n'inspirait pas la pitié.

34   w68: dire *mur*

---

ne donne pas d'étymologies; il fait des rapprochements, parfois justifiés, mais souvent sans fondement, entre un grand nombre de langues.

9 Bullet, *Mémoires sur la langue celtique*, t.1, p.2-3. Là encore, Bullet ne donne pas d'étymologie. Il écrit: '*Kir*, ville en breton, *kir* en hébreu, mur. *Kiriah*, ville en hébreu'. Il se contente de faire des rapprochements fantaisistes. Le 'par conséquent' voltairien est plaisant, mais fait dire à Bullet ce qu'il ne dit pas.

AMAZONES

On a vu souvent des femmes vigoureuses et hardies combattre comme les hommes; l'histoire en fait mention; car sans compter une Sémiramis, une Tomiris, une Pantézilée, qui sont peut-être fabuleuses, [1] il est certain qu'il y avait beaucoup de femmes dans les armées des premiers califes.

C'était surtout dans la tribu des Homérites [2] une espèce de loi dictée par l'amour et par le courage, que les épouses secourussent et vengeassent leurs maris, et les mères leurs enfants dans les batailles. Lorsque le célèbre capitaine Dérar [3] combattait en Syrie contre

5

---

* L'abbé Mallet, dans son article 'Amazone' de l'*Encyclopédie* (t.1, p.318), signale que 'les auteurs ne sont pas tous d'accord qu'il y ait eu réellement une nation d'Amazones'. Dans l'*Essai sur les mœurs*, Voltaire écrivait: 'On ne doit pas croire qu'il y ait jamais eu un royaume des Amazones, où les femmes vécussent sans hommes' (ch.6, t.1, p.264). Dans cet article, il évoque les exploits héroïques d'amazones modernes. Il envoie l'article à Cramer probablement en mars 1770 (D16230); l'article paraît en novembre/décembre 1770 (70, t.1).

[1] Au chapitre 10 de *La Philosophie de l'histoire*, Voltaire avait déclaré qu'il 'n'y a peut-être jamais eu de femme appelée Sémiramis' (*OCV*, t.59, p.122). Ici, Voltaire doute de l'existence de deux autres femmes: Tomyris, reine mythique des Massagètes, qui, selon Hérodote (*Histoires*, Paris, 1713, BV1631, t.1, p.196-97), maltraita le cadavre de Cyrus II, et Penthésilée, reine légendaire des Amazones, qui, selon Diodore de Sicile, vint en aide aux Troyens après la mort d'Hector et fut tuée par Achille (*Histoire universelle*, trad. l'abbé Terrasson, Paris, 1737, t.1, p.306). Lafitau, dans ses *Mœurs des sauvages américains comparées aux mœurs des premiers temps* (Paris, 1724, BV1852), p.51-52, parle longuement des Amazones, et évoque notamment Penthésilée. Dans les marges de son exemplaire, Voltaire a écrit plusieurs fois 'fables' et 'on trouve des femmes guerieres partout' (*CN*, t.5, p.129-30).

[2] Les Homérites ou Himyarites sont un peuple ancien d'Arabie méridionale. Ils furent dominés par les Abyssins, puis par les Perses, et se convertirent à l'Islam à l'époque du Prophète. Dans l'*Essai sur les mœurs*, Voltaire avait déjà noté que 'les femmes de la tribu d'Imiar, de l'Arabie heureuse, étaient guerrières' (ch.6, t.1, p.264).

[3] Dans l'*Essai sur les mœurs*, Voltaire avait brièvement évoqué le 'général' Dherrar (ch.6, t.1, p.265). Les anecdotes arabes qu'il rapporte ici sont tirées de Simon Ockley, *The Conquest of Syria, Persia and Aegypt by the Saracens, containing*

les généraux de l'empereur Héraclius du temps du calife Abubécre   10
successeur de Mahomet, Pierre qui commandait dans Damas avait
pris dans ses courses plusieurs musulmanes avec quelque butin, il
les conduisait à Damas; parmi ces captives était la sœur de Dérar
lui-même. L'histoire arabe d'Alvakedi[4] traduite par Okley, dit
qu'elle était parfaitement belle, et que Pierre en devint épris; il la   15
ménageait dans la route, et épargnait de trop longues traites à ses
prisonnières. Elles campaient dans une vaste plaine sous des tentes
gardées par des troupes un peu éloignées. Caulah, c'était le nom de
cette sœur de Dérar, propose à une de ses compagnes nommée
Oferra,[5] de se soustraire à la captivité; elle lui persuade de mourir   20
plutôt que d'être les victimes de la lubricité des chrétiens; le même
enthousiasme musulman saisit toutes ces femmes; elles s'arment
des piquets ferrés de leurs tentes, de leurs couteaux, espèces de
poignards qu'elles portent à la ceinture; et forment un cercle
comme les vaches se serrent en rond les unes contre les autres, et   25
présentent leurs cornes aux loups qui les attaquent. Pierre ne fit
d'abord qu'en rire; il avance vers ces femmes; il est reçu à grands
coups de bâtons ferrés; il balance longtemps à user de la force; enfin
il s'y résout, et les sabres étaient déjà tirés, lorsque Dérar arrive,
met les Grecs en fuite, délivre sa sœur et toutes les captives.   30

Rien ne ressemble plus à ces temps qu'on nomme *héroïques*,
chantés par Homère; ce sont les mêmes combats singuliers à la tête
des armées, les combattants se parlent souvent assez longtemps
avant que d'en venir aux mains; et c'est ce qui justifie Homère sans
doute.   35

---

the lives of Abubeker, Omar, and Othman, etc. (Londres, 1708), t.1, p.64 et suiv.
Voltaire possédait la traduction de cet ouvrage par Auguste-François Jault, *Histoire
des Sarrasins, contenant leurs premières conquêtes, et ce qu'ils ont fait de plus remarquable
sous les onze premiers khalifes ou successeurs de Mahomet,* 2 vol. (Paris, 1748, BV2604).

[4] Le premier volume d'Ockley contient la traduction d'un manuscrit d'Alvakedi,
comme le dit l'auteur (*Histoire des Sarrasins,* p.xxxi-xxxii). Il s'agit d'un manuscrit
d'Abu Abdo'llah Mohammed Ebn Omar Alkwakidi (Oxford, Bodley: ms. Laud.
Num. A 118).

[5] Ockley, *The Conquest of Syria,* l'appelle Opheirah (t.1, p.67).

Thomas gouverneur de Syrie, gendre d'Héraclius, attaque Sergiabil dans une sortie de Damas; il fait d'abord une prière à Jésus-Christ: 'Injuste agresseur, dit-il ensuite à Sergiabil, tu ne résisteras pas à Jésu mon Dieu, qui combattra pour les vengeurs de sa religion.' 40

'Tu profères un mensonge impie, lui répond Sergiabil; Jésu n'est pas plus grand devant Dieu qu'Adam: Dieu l'a tiré de la poussière: il lui a donné la vie comme à un autre homme: et après l'avoir laissé quelque temps sur la terre il l'a enlevé au ciel.' (a)

Après de tels discours le combat commence; Thomas tire une 45 flèche qui va blesser le jeune Aban fils de Saïb à côté du vaillant Sergiabil; Aban tombe, et expire, la nouvelle en vole à sa jeune épouse qui n'était unie à lui que depuis quelques jours. Elle ne pleure point, elle ne jette point de cris; mais elle court sur le champ de bataille, le carquois sur l'épaule et deux flèches dans les mains; 50 de la première qu'elle tire elle jette par terre le porte-étendard des chrétiens; les Arabes s'en saisissent en criant *allah acbar*; de la seconde elle perce un œil de Thomas qui se retire tout sanglant dans la ville. [6]

L'histoire arabe est pleine de ces exemples; mais elle ne dit point 55 que ces femmes guerrières se brûlassent le téton droit pour mieux tirer de l'arc, encore moins qu'elles vécussent sans hommes; [7] au

(*a*) C'est la croyance des mahométans. La doctrine des chrétiens bazilidiens [8] avait depuis longtemps cours en Arabie. Les bazilidiens disaient que Jésus-Christ n'avait pas été crucifié.

---

[6] Dans l'*Essai sur les mœurs*, Voltaire avait conté succinctement comment cette femme de la tribu d'Imiar avait vengé la mort de son mari 'tué à ses côtés' (ch.6, t.1, p.264).

[7] Diodore de Sicile, *Histoire universelle*, t.1, p.304; Quinte-Curce, *Histoires*, trad. H. Bardon, Paris, 1976, t.1, livre 6, p.182.

[8] Disciples de Basilide, célèbre gnostique d'Alexandrie (deuxième siècle de notre ère). Selon l'abbé Mallet, les bazilidiens croyaient que Jésus-Christ n'avait été homme qu'en apparence, que son corps n'était qu'un fantôme, et que Simon le Cyrénéen avait été crucifié à sa place (*Encyclopédie*, article 'Basilidiens', t.2, p.117).

contraire elles s'exposaient dans les combats pour leurs maris ou pour leurs amants, et de cela même on doit conclure que loin de faire des reproches à l'Arioste et au Tasse d'avoir introduit tant 60 d'amantes guerrières dans leurs poèmes, on doit les louer d'avoir peint des mœurs vraies et intéressantes.

Il y eut en effet, du temps de la folie des croisades, des femmes chrétiennes qui partagèrent avec leurs maris les fatigues et les dangers: cet enthousiasme fut porté au point que les Génoises 65 entreprirent de se croiser, et d'aller former en Palestine des bataillons de jupes et de cornettes; elles en firent un vœu dont elles furent relevées par un pape plus sage qu'elles. [9]

Marguerite d'Anjou, femme de l'infortuné Henri VI roi d'Angleterre, donna dans une guerre plus juste des marques 70 d'une valeur héroïque; elle combattit elle-même dans dix batailles pour délivrer son mari. L'histoire n'a point d'exemple avéré d'un courage plus grand ni plus constant dans une femme. [10]

Elle avait été précédée par la célèbre comtesse de Montfort en Bretagne. 'Cette princesse (dit d'Argentré) était vertueuse outre 75 tout naturel de son sexe; vaillante de sa personne autant que nul homme: elle montait à cheval, elle le maniait mieux que nul écuyer; elle combattait à la main; elle courait, donnait parmi une troupe d'hommes d'armes comme le plus vaillant capitaine; elle combattait par mer et par terre tout de même assurance, etc.' [11]   80

On la voyait parcourir, l'épée à la main, ses Etats envahis par son compétiteur Charles de Blois. Non seulement elle soutint deux

[9] Cette anecdote sur les Génoises ne se trouve pas dans Bréquigny, *Histoire des révolutions de Gênes*, 3 vol. (Paris, 1750, BV540), Mailly, *Histoire de la république de Gênes* (Amsterdam, 1742, BV2260), Maimbourg, *Histoire des croisades*, 4 vol. (Paris, 1685, BV2262). Elle n'est pas rapportée non plus par les *Annales génoises* des frères Stella, manuscrit datant du début du quinzième siècle (G. Petti Balbi, éd., *Georgii et Iohannis Stellae Annales Genuenses*, Bologne, 1975).

[10] Sur Marguerite d'Anjou, voir *Essai sur les mœurs*, ch.115-16.

[11] Extrait de l'*Histoire de Bretagne* (Paris, 1588, p.279-86) de Bertrand d'Argentré, cité dans l'*Histoire de France depuis l'établissement de la monarchie jusqu'au règne de Louis XIV* de l'abbé Velly, continuée par Villaret (Paris, 1755-1774, BV3409, t.8, p.400-401).

assauts sur la brèche d'Hennebon armée de pied en cap, mais elle fondit sur le camp des ennemis suivie de cinq cents hommes, y mit le feu et le réduisit en cendre.[12]

Les exploits de Jeanne d'Arc, si connue sous le nom de la Pucelle d'Orléans, sont moins étonnants que ceux de Marguerite d'Anjou et de la comtesse de Montfort.[13] Ces deux princesses ayant été élevées dans la mollesse des cours, et Jeanne d'Arc dans le rude exercice des travaux de la campagne, il était plus singulier et plus beau de quitter sa cour que sa chaumière pour les combats.

L'héroïne qui défendit Beauvais est peut-être supérieure à celle qui fit lever le siège d'Orléans; elle combattit tout aussi bien, et ne se vanta ni d'être pucelle ni d'être inspirée. Ce fut en 1472 quand l'armée bourguignonne assiégeait Beauvais. Jeanne Hachette à la tête de plusieurs femmes soutint longtemps un assaut, arracha l'étendard qu'un officier des ennemis allait arborer sur la brèche; jeta le porte-étendard dans le fossé, et donna le temps aux troupes du roi d'arriver pour secourir la ville. Ses descendants ont été exemptés de la taille; faible et honteuse récompense.[14] Les femmes

---

95   κ84, κ12: Beauvais, que Jeanne

[12] Voltaire résume ici l'*Histoire de France* de Velly, continuée par Villaret, t.8, p.401-403. En 1341, le duc de Bretagne Jean de Montfort avait été fait prisonnier à Nantes par le duc de Normandie et enfermé au Louvre. Son épouse Jeanne de Montfort, qui était alors à Rennes, ranima le courage des seigneurs attachés à sa maison. A Hennebont, où elle s'était réfugiée, découvrant que la plus grande partie de l'armée ennemie était occupée à l'assaut, elle monta à cheval suivie de cinq cents hommes, sortit par une porte éloignée, et fondit sur le camp des assiégeants, où les tentes furent arrachées ou livrées aux flammes. Voltaire avait célébré au chapitre 75 de l'*Essai sur les mœurs* la comtesse de Montfort, 'une de ces héroïnes singulières qui ont paru rarement dans le monde, et sur lesquelles on a sans doute imaginé les fables des Amazones' (t.1, p.717).

[13] Voltaire décrie souvent Jeanne d'Arc, que Claude Marie Guyon, dans l'*Histoire des Amazones* (Paris, 1741, p.clxvii), citait comme une Amazone célèbre. Voltaire préfère les Amazones aristocratiques.

[14] Par une ordonnance du 22 février 1473, Louis XI exempta Jeanne Hachette et son mari de la taille pendant leur vie (*Ordonnances des rois de France*, Paris, 1820, n° 17, p.583-84).

et les filles de Beauvais sont plus flattées d'avoir le pas sur les hommes à la procession le jour de l'anniversaire.[15] Toute marque publique d'honneur encourage le mérite; et l'exemption de la taille n'est qu'une preuve qu'on doit être assujetti à cette servitude par le malheur de sa naissance.

Mlle de la Charse de la maison de la Tour du Pin-Gouvernet, se mit en 1693 à la tête des communes en Dauphiné,[16] et repoussa les Barbets[17] qui faisaient une irruption. Le roi lui donna une pension comme à un brave officier. L'ordre militaire de Saint-Louis n'était pas encore institué.[18]

Il n'est presque point de nation qui ne se glorifie d'avoir de pareilles héroïnes; le nombre n'en est pas grand; la nature semble avoir donné aux femmes une autre destination. On a vu, mais rarement, des femmes s'enrôler parmi les soldats. En un mot, chaque peuple a eu des guerrières: mais le royaume des Amazones sur les bords du Thermodon[19] n'est qu'une fiction poétique, comme presque tout ce que l'antiquité raconte.

[15] Procession solennelle dite 'de l'Assaut'. Etablie par Louis XI en juin 1473, elle avait lieu le 14 octobre, jour de la fête de sainte Angadrème, protectrice de Beauvais (*Ordonnances des rois de France*, n° 17, p.581-83). Les reliques de sainte Angadrème passaient pour avoir sauvé la ville assiégée par Charles le Téméraire.

[16] Philis de La Tour du Pin de la Charce (1645-1703) se distingua au cours de l'invasion de la Provence par le duc de Savoie, Victor-Amédée II. A la tête des paysans de son père, elle repoussa les ennemis, qui n'allèrent pas plus loin que Gap.

[17] Surnom donné aux Vaudois du Dauphiné et du Piémont, qui appelaient leurs pasteurs *barbes*.

[18] Il fut pourtant institué dès 1693. D'après le *Journal de la cour de Louis XIV* (de Dangeau), la pension reçue par Mlle de La Charce en août 1694 était de 2000 livres. Dans une note de ce *Journal* (*OCV*, t.71A, p.278), Voltaire rappelle par erreur qu'il a évoqué Mlle de La Charce à l'article 'Femme' des *QE*.

[19] C'est l'actuel Terme, fleuve de l'Asie mineure qui se jette dans la mer Noire.

ÂME

Section première

L'article 'Ame', et tous les articles qui tiennent à la métaphysique, doivent commencer par une soumission sincère aux dogmes

1   K84, K12: [*insèrent un texte qui est proche de la section 4 du présent article – voir note* *]

* L'abbé Claude Yvon a critiqué dans son article 'Ame' de l'*Encyclopédie* les opinions que Voltaire avait exprimées sur Locke et sur la matérialité de l'âme dans les *Lettres philosophiques* (1738). Voir Michèle Crampe-Casnabet, 'Les articles "Ame" dans l'*Encyclopédie*', *Recherches sur Diderot et sur l'Encyclopédie* 25 (octobre 1998), p.91-99. Voltaire a lu attentivement l'article d'Yvon et l'a annoté (*CN*, t.3, p.364-65). En 1754, Voltaire a révélé à Mme Denis qu'il avait lui-même esquissé un article sur l'âme pour l'*Encyclopédie*: 'J'y joins un autre article sur l'âme que j'avais fait il y a deux ou trois ans, et qui n'est qu'un canevas d'un article étendu que j'aurais pu rendre orthodoxe et cependant utile; mais je n'osai pas l'envoyer. Ils en ont mis un qui n'a pas réussi, parce que ce n'est pas qu'une copie de Jaquelot. Je n'ai copié personne' (D5824). L'identification de cette esquisse avec une ou plusieurs sections du présent article reste conjecturale. En 1758, Voltaire critique l'article d'Yvon encore une fois: il suggère à Diderot que le sujet y est 'traité d'une manière qui doit bien déplaire à votre esprit naïf et à votre esprit juste' (D7943). En 1760, il mande au marquis Albergati Capacelli: 'loin d'être d'un philosophe, [cet article] est d'un docteur en théologie' qui établit 'l'immatérialité, la spiritualité, l'immortalité de l'âme de toutes ses forces' (D9492). Dans les *QE*, Voltaire propose une série de réflexions réparties en sept sections et il ne fera allusion à l'article de l'*Encyclopédie* que pour s'en démarquer. Il réexamine la question de l'immortalité de l'âme, qu'il avait discutée en 1751 dans les *Nouveaux Mélanges*, 'De l'antiquité du dogme de l'immortalité de l'âme' (morceau incorporé dans l'article 'Ame' du *DP*), ainsi que la question de la matérialité de l'âme, citant, entre autres, des Pères de l'Eglise, Locke, Gassendi, Descartes et Warburton, et incorporant dans cette discussion des observations sur les âmes des animaux, des sots et des monstres. La position que Voltaire adopte peut sembler contradictoire: niant la nécessité du dualisme cartésien, il affirme la matérialité de l'âme ainsi que son immortalité. Selon Voltaire, c'est l'omnipotence de Dieu qui les réconcilie.

Voltaire envoie l'article 'Ame' à Cramer avec 'Amérique' et 'Amitié', probablement en mars/avril 1770 (D16269). Le 5 mai 1770 (D16331), Voltaire mande à

indubitables de l'Eglise. La révélation vaut mieux sans doute que toute la philosophie. Les systèmes exercent l'esprit; mais la foi l'éclaire et le guide. [1]

Ne prononce-t-on pas souvent des mots dont nous n'avons qu'une idée très confuse, ou même dont nous n'en avons aucune? Le mot d'*âme* n'est-il pas dans ce cas? Lorsque la languette, ou la soupape d'un soufflet est dérangée, et que l'air qui est entré dans la capacité du soufflet en sort par quelque ouverture survenue à cette soupape, qu'il n'est plus comprimé contre les deux palettes, et qu'il n'est pas poussé avec violence vers le foyer qu'il doit allumer, les servantes disent: *l'âme du soufflet est crevée.* Elles n'en savent pas davantage; et cette question ne trouble point leur tranquillité.

Le jardinier prononce le mot d'*âme des plantes*, et les cultive très bien sans savoir ce qu'il entend par ce terme.

Le luthier pose, avance ou recule l'*âme d'un violon* sous le chevalet, dans l'intérieur des deux tables de l'instrument; un chétif morceau de bois de plus ou de moins lui donne ou lui ôte une âme harmonieuse.

Nous avons plusieurs manufactures dans lesquelles les ouvriers donnent la qualification d'*âme* à leurs machines. Jamais on ne les entend disputer sur ce mot; il n'en est pas ainsi des philosophes. [2]

Mme Du Deffand: 'Je vous envoie l'article Ame, que vous pourrez jeter dans le feu s'il ne vous plaît pas. [...] Pour moi je n'ai jamais su comment cet être-là était fait, et vous verrez que je le sais moins que jamais'. Il existe deux manuscrits relatifs à la section 4 de cet article: (1) 'Autres considérations sur l'âme', Paris, BnF: n.a.fr.24342, f.30-33, de la main d'un copiste au service de Voltaire de 1753 à 1755 (ce manuscrit porte de nombreux ajouts et ratures); (2) un manuscrit de la main de Wagnière, Genève, ImV: ms V 43/7. Sur ces manuscrits et leur rapport à la genèse du présent article, voir *OCV*, t.34, article 'Ame'. Les éditeurs de Kehl font débuter la section 1 de leur article 'Ame' par une partie du texte qui figure dans ces manuscrits. L'article dans Kehl contient aussi des sections 8 à 11, textes déjà publiés par Voltaire dans divers endroits.

[1] Contrairement à l'article 'Ame' du *DP*, cet article s'ouvre sur une profession de foi apparemment orthodoxe. On soupçonne Voltaire de duplicité.

[2] L'âme des plantes fait l'objet d'un petit article séparé sous la rubrique de 'Jardinage' dans l'*Encyclopédie*, par d'Argenville. Cette âme végétative serait 'située

Le mot d'*âme* parmi nous signifie en général ce qui anime. Nos devanciers les Celtes donnaient à leur âme le nom de *seel*,[3] dont les Anglais ont fait le mot *soul*, les Allemands *seel*; et probablement les anciens Teutons et les anciens Bretons n'eurent point de querelles dans les universités pour cette expression.

Les Grecs distinguaient trois sortes d'âmes; *psyché* qui signifiait *l'âme sensitive*, *l'âme des sens*; et voilà pourquoi l'Amour, enfant d'Aphrodite, eut tant de passion pour Psyché, et que Psyché l'aima si tendrement:[4] *pneuma*, le souffle qui donnait la vie et le mouvement à toute la machine, et que nous avons traduit par *spiritus*, esprit; mot vague auquel on a donné mille acceptions différentes; et enfin *nous*, *l'intelligence*.[5]

Nous possédions donc trois âmes sans avoir la plus légère notion d'aucune. Saint Thomas d'Aquin (*a*) admet ces trois âmes en qualité de péripatéticien; et distingue chacune de ces trois âmes en trois parties.[6]

Psyché était dans la poitrine. *Pneuma* se répandait dans tout le corps; et *nous* était dans la tête. Il n'y a point eu d'autre philosophie

(*a*) Somme de saint Thomas édition de Lyon 1738.

---

pour les uns dans la plante ou dans la graine, pour d'autres dans le pépin ou le noyau des fruits' (t.1, p.353).

[3] L'étymologie celte semble imaginaire voire burlesque. Le mot anglais *soul* est d'origine germanique, *Seele*; les étymologistes modernes n'ont pas pu identifier de mot de cette famille dans une langue non germanique. Dans l'article 'Celtes' des *QE*, Voltaire se moque de tout ce que les savants comme Samuel Bochart prétendent savoir sur les Celtes.

[4] L'histoire de Cupidon et de Psyché se trouve dans *L'Ane d'or* d'Apulée (trad. Compain de Saint-Martin, Paris, 1736, BV90). Ce conte était couramment interprété comme allégorie du passage de l'âme par les épreuves de la vie et de la mort pour obtenir sa réunion ultime avec le divin.

[5] Même thème dans l'article 'Ame' du *DP*, où Voltaire renvoie à Aristote (*OCV*, t.35, p.308, n.9).

[6] Il s'agit de la *Summa theologica* (Lyon, 1738, BV3292), p.159-80. Voir aussi l'article 'Ame' du *DP* (*OCV*, t.35, p.310).

ÂME

dans nos écoles jusqu'à nos jours; et malheur à tout homme qui aurait pris une de ces âmes pour l'autre.

Dans ce chaos d'idées il y avait pourtant un fondement. Les hommes s'étaient bien aperçus que dans leurs passions d'amour, de colère, de crainte, il s'excitait des mouvements dans leurs entrailles. Le foie et le cœur furent le siège des passions. Lorsqu'on pense profondément, on sent une contention dans les organes de la tête. Donc l'âme intellectuelle est dans le cerveau. Sans respiration point de végétation, point de vie; donc l'âme végétative est dans la poitrine qui reçoit le souffle de l'air.

Lorsque les hommes virent en songe leurs parents ou leurs amis morts, il fallut bien chercher ce qui leur était apparu. Ce n'était pas le corps qui avait été consumé sur un bûcher, ou englouti dans la mer, et mangé des poissons. C'était pourtant quelque chose, à ce qu'ils prétendaient; car ils l'avaient vu; le mort avait parlé; le songeur l'avait interrogé. Etait-ce *psyché* ? était-ce *pneuma*? était-ce *nous* avec qui on avait conversé en songe? On imagina un fantôme, une figure légère; c'était *skia*, c'était *daimonos*, une ombre, des mânes, une petite *âme* d'air et de feu extrêmement déliée qui errait je ne sais où.

Dans la suite des temps, quand on voulut approfondir la chose, il demeura pour constant que cette âme était corporelle;[7] et toute l'antiquité n'en eut point d'autre idée. Enfin Platon vint qui subtilisa tellement cette âme, qu'on douta s'il ne la séparait pas entièrement de la matière;[8] mais ce fut un problème qui ne fut jamais résolu, jusqu'à ce que la foi vint nous éclairer.

En vain les matérialistes allèguent quelques Pères de l'Eglise, qui ne s'exprimaient point avec exactitude. Saint Irénée dit, (*b*) que

(*b*) Livre 5, ch.7.[9]

[7] Voir aussi l'article 'Ame' du *DP* (*OCV*, t.35, p.318).
[8] Platon, *Phaedon*, 10, et *passim*, dans *Œuvres* (trad. Dacier, Amsterdam, 1760, BV2750).
[9] Il s'agit de *Contra haereses* d'Irénée, livre 5, ch.7, section 1, et livre 2, ch.29, section 3 (*Patrologia graeca*, t.7, col.1140, et col.814-15).

l'âme n'est que le souffle de la vie; qu'elle n'est incorporelle que par 7ᶜ comparaison avec le corps mortel; et qu'elle conserve la figure de l'homme, afin qu'on la reconnaisse.

En vain Tertullien s'exprime ainsi: La corporalité de l'âme éclate dans l'Evangile; (c) *corporalitas animae in ipso Evangelio relucessit.* Car si l'âme n'avait pas un corps, l'image de l'âme n'aurait pas 7⁵ l'image du corps.

En vain même rapporte-t-il la vision d'une sainte femme qui avait vu une âme très brillante, et de la couleur de l'air.

En vain Tatien dit expressément, (d) *Pseukai men oun ei ton anthropon polumeres esti*; l'âme de l'homme est composée de 8ᶜ plusieurs parties.

En vain allègue-t-on saint Hilaire qui dit dans des temps postérieurs: (e) *Il n'est rien de créé qui ne soit corporel ni dans le ciel, ni sur la terre, ni parmi les visibles, ni parmi les invisibles: tout est formé d'éléments; et les âmes, soit qu'elles habitent un corps, soit 8⁵ qu'elles en sortent, ont toujours une substance corporelle.*

En vain saint Ambroise, au sixième siècle, dit: (f) *Nous ne connaissons rien que de matériel, excepté la seule vénérable Trinité.*

Le corps de l'Eglise entière a décidé que l'âme est immatérielle. Ces saints étaient tombés dans une erreur alors universelle; ils 9ᶜ

---

88   w68: *seule véritable Trinité*

(c) *De anima*, cap. 7.[10]
(d) Oraison contre les Grecs.[11]
(e) Saint Hilaire sur Saint Matthieu, page 633.[12]
(f) Sur Abraham, livre 2, ch.8.[13]

[10] Dans *Opera* (Paris, 1675, BV3264). Voir *Patrologia latina*, t.2, col.656.
[11] Tatien, *Oratio adversos Graecos*, section 15, dans Justin, *Opera* (Venise, 1747, BV1768). Cet ouvrage contient des notes marginales de Voltaire: 'anima / mortalis / per se / tatianus'; 'ame / faitte / de pieces / et de / morceaux' (*CN*, t.4, p.640). Voir *Patrologia graeca*, t.6, col.839.
[12] Hilaire, *Commentarius in Matthaeum*, dans *Opera* (Paris, 1693), t.8, p.633 (*Patrologia latina*, t.9, col.946).
[13] Ambroise, *De Abrahami*, livre 2, ch.8, section 58 (*Patrologia latina*, t.14, col.482).

étaient hommes; mais ils ne se trompèrent pas sur l'immortalité, parce qu'elle est évidemment annoncée dans les Evangiles.

Nous avons un besoin si évident de la décision de l'Eglise infaillible sur ces points de philosophie, que nous n'avons en effet par nous-mêmes aucune notion suffisante de ce qu'on appelle *esprit* 95 *pur*, et de ce qu'on nomme *matière*. L'esprit pur est un mot qui ne nous donne aucune idée; et nous ne connaissons la matière que par quelques phénomènes. Nous la connaissons si peu que nous l'appelons *substance*; or le mot *substance* veut dire *ce qui est dessous*; mais ce dessous nous sera éternellement caché. Ce *dessous* est le 100 secret du Créateur; et ce secret du Créateur est partout. Nous ne savons ni comment nous recevons la vie, ni comment nous la donnons, ni comment nous croissons, ni comment nous digérons, ni comment nous dormons, ni comment nous pensons, ni comment nous sentons. 105

La grande difficulté est de comprendre comment un être, quel qu'il soit, a des pensées.

Section seconde

Des doutes de Locke sur l'âme

L'auteur de l'article 'Ame' dans l'Encyclopédie a suivi scrupuleusement Jaquelot; mais Jaquelot ne nous apprend rien. [14] Il s'élève

---

[14] Isaac Jaquelot (1647-1708) était un théologien réformé dont le rationalisme avait provoqué une controverse avec Bayle. Dans une lettre à Cramer ([mars/avril 1770], D16268), Voltaire prétend que 'l'article Ame de l'*Encyclopédie* a été pris mot à mot de ce Jaquelot, et maître Joli de Fleuri a cru qu'il était pris d'un athée'. Dans son exemplaire de l'*Encyclopédie*, Voltaire écrit 'Jaquelot' deux fois dans les marges de cet article (*CN*, t.3, p.364). Cependant, Yvon, auteur de l'article, ne fait aucune référence à Jaquelot. Dans la même lettre à Cramer, Voltaire demande 'un autre livre de Jaquelot, où il soit question de l'âme spirituelle ou immortelle' – livre que Besterman identifie comme les *Dissertations sur l'existence de Dieu* (Paris, 1744). Dans son article (t.1, p.337-38), Yvon critique les opinions de Voltaire sur Locke et sur l'âme, publiées il y avait presque vingt ans dans les *Lettres philosophiques*, lettre 13.

aussi contre Locke; parce que le modeste Locke a dit: (*g*) 'Nous ne serons peut-être jamais capables de connaître si un être matériel pense ou non, par la raison qu'il nous est impossible de découvrir par la contemplation de nos propres idées *sans révélation*, si Dieu n'a point donné à quelque amas de matière disposée comme il le trouve à propos, la puissance d'apercevoir et de penser; ou s'il a joint et uni à la matière ainsi disposée une substance immatérielle qui pense. Car par rapport à nos notions, il ne nous est pas plus malaisé de concevoir que Dieu peut, s'il lui plaît, ajouter à notre idée de la matière la faculté de penser, que de comprendre qu'il y joigne une autre substance avec la faculté de penser; puisque nous ignorons en quoi consiste la pensée, et à quelle espèce de substance cet Etre tout-puissant a trouvé à propos d'accorder cette puissance qui ne saurait être créée qu'en vertu du bon plaisir et de la bonté du Créateur. Je ne vois pas quelle contradiction il y a que Dieu, cet être pensant, éternel et tout-puissant, donne, s'il veut, quelques degrés de sentiment, de perception et de pensée à certains amas de matière créée et insensible, qu'il joint ensemble comme il le trouve à propos.'

C'était parler en homme profond, religieux et modeste (*h*).

(*g*) Traduction de Coste. [15]
(*h*) Voyez le discours préliminaire de M. D'Alembert. 'On peut dire qu'il créa la métaphysique à peu près comme Newton avait créé la physique... pour connaître notre âme, ses idées et ses affections, il n'étudia point les livres, parce qu'ils l'auraient mal instruit; il se contenta de descendre profondément en lui-même; et après s'être, pour ainsi dire contemplé longtemps, il ne fit dans son traité de l'*Entendement humain* que présenter aux hommes le miroir dans lequel il s'était vu. En un mot, il réduisit la métaphysique à ce qu'elle doit être en effet, la physique expérimentale de l'âme.' [16]

117   7IN: ne vous est

[15] Locke, *Essai philosophique concernant l'entendement humain* (trad. Pierre Coste, Amsterdam, 1758, BV2150), t.3, p.396-405, livre 4, ch.3, section 6.
[16] *Encyclopédie*, t.1, p.xxvii. Voir *CN*, t.3, p.316, autres passages soulignés par Voltaire.

On sait quelles querelles il eut à essuyer sur cette opinion qui   130
parut hasardée, mais qui en effet n'était en lui qu'une suite de la
conviction où il était de la toute-puissance de Dieu, et de la
faiblesse de l'homme. Il ne disait pas que la matière pensât: mais il
disait que nous n'en savons pas assez pour démontrer qu'il est
impossible à Dieu d'ajouter le don de la pensée à l'être inconnu,   135
nommé *matière*, après lui avoir accordé le don de la gravitation et
celui du mouvement qui sont également incompréhensibles.

Locke n'était pas assurément le seul qui eût avancé cette
opinion; c'était celle de toute l'antiquité, qui en regardant l'âme
comme une matière très déliée, assurait par conséquent que la   140
matière pouvait sentir et penser.

C'était le sentiment de Gassendi, comme on le voit dans ses
objections à Descartes. 'Il est vrai, dit Gassendi, que vous
connaissez que vous pensez; mais vous ignorez quelle espèce de
substance vous êtes vous qui pensez. Ainsi quoique l'opération de   145
la pensée vous soit connue, le principal de votre essence vous est
caché; et vous ne savez point quelle est la nature de cette substance
dont l'une des opérations est de penser. Vous ressemblez à un
aveugle qui sentant la chaleur du soleil, et étant averti qu'elle est
causée par le soleil, croirait avoir une idée claire et distincte de cet   150
astre; parce que si on lui demandait ce que c'est que le soleil, il
pourrait répondre que c'est une chose qui échauffe, etc.'[17]

Le même Gassendi dans sa *Philosophie d'Epicure*, répète
plusieurs fois qu'il n'y a aucune évidence mathématique de la
pure spiritualité de l'âme.[18]   155

[17] Paraphrase du texte de Pierre Gassendi, *Disquisitio metaphysica, seu dubitationes et instantiae adversus Renati Cartisii metaphysicam et responsa* (Amsterdam,
1644), contre méditation 2, doute 6, instance 3.

[18] Gassendi, *Syntagma philosophiae Epicuri*, livre 2, ch.3, section 9 (La Haye,
1659), réfute ceux qui soutiennent l'incorporalité de l'âme, mais prend le parti
d'Epicure et ajoute un renvoi à sa *Physica*, où il avait donné plusieurs démonstrations
de l'immortalité de l'âme. Voltaire possédait l'*Abrégé de la philosophie de Gassendi* de
François Bernier (Lyon, 1678, BV372; *CN*, t.1, p.313-14) qui ne semble pas dire ce que
Voltaire attribue à Gassendi. La thèse que Voltaire attribue ici à Gassendi est
l'analogue profane de la thèse théologique exposée, par exemple, par Dom Calmet

Descartes, dans une de ses lettres à la princesse palatine Elizabeth, lui dit: 'Je confesse que par la seule raison naturelle nous pouvons faire beaucoup de conjectures sur l'âme, et avoir de flatteuses espérances, mais non pas aucune assurance.'[19] Et en cela Descartes combat dans ses lettres ce qu'il avance dans ses livres; contradiction trop ordinaire.

Enfin nous avons vu que tous les Pères des premiers siècles de l'Eglise, en croyant l'âme immortelle, la croyaient en même temps matérielle. Ils pensaient qu'il est aussi aisé à Dieu de conserver que de créer. Ils disaient: Dieu la fit pensante, il la conservera pensante.

Mallebranche a prouvé très bien que nous n'avons aucune idée par nous-mêmes, et que les objets sont incapables de nous en donner. De là il conclut que nous voyons tout en Dieu.[20] C'est au fond la même chose que de faire Dieu l'auteur de toutes nos idées; car avec quoi verrions-nous dans lui, si nous n'avions pas des instruments pour voir? Et ces instruments, c'est lui seul qui les tient et qui les dirige. Ce système est un labyrinthe, dont une allée vous mènerait au spinosisme, une autre au stoïcisme, et une autre au chaos.

Quand on a bien disputé sur l'esprit, sur la matière, on finit toujours par ne se point entendre. Aucun philosophe n'a pu lever par ses propres forces ce voile que la nature a étendu sur tous les premiers principes des choses; ils disputent, et la nature agit.

---

dans sa 'Dissertation sur la nature de l'âme, II. Immortalité de l'âme', dans *Dissertations qui peuvent servir de prolégomènes à l'Ecriture sainte* (Paris, 1720, BV616), t.1, partie 2, p.463-68.

[19] *Lettres de Monsieur Descartes* (Paris, 1724-1725, BV996; *CN*, t.3, p.101-13, avec signet et papillon décollé, p.56/57), t.1, p.57, lettre 9. Dans ce qui suit, Voltaire nie la nécessité du dualisme cartésien, et prétend que l'omnipotence de Dieu est capable de réconcilier l'immortalité de l'âme avec sa matérialité (voir aussi note *).

[20] Malebranche, *De la recherche de la vérité* (Paris, 1674-1678), 3, 2, 6, intitulé 'Que nous voyons toutes choses en Dieu' (*CN*, t.5, p.488, 'luy qui voit tout en dieu'). Voltaire a écrit en 1769 *Tout en Dieu, commentaire sur Malebranche par l'abbé Tilladet*.

Section troisième

De l'âme des bêtes, et de quelques idées creuses

Avant l'étrange système qui suppose les animaux de pures machines sans aucune sensation, les hommes n'avaient jamais imaginé dans les bêtes une âme immatérielle; et personne n'avait   180
poussé la témérité jusqu'à dire qu'une huître possède une âme spirituelle.[21] Tout le monde s'accordait paisiblement à convenir que les bêtes avaient reçu de Dieu du sentiment, de la mémoire, des idées, et non pas un esprit pur. Personne n'avait abusé du don de raisonner au point de dire, que la nature a donné aux bêtes tous   185
les organes du sentiment pour qu'elles n'eussent point de sentiment. Personne n'avait dit qu'elles crient quand on les blesse, et qu'elles fuient quand on les poursuit, sans éprouver ni douleur ni crainte.

On ne niait point alors la toute-puissance de Dieu; il avait pu   190
communiquer à la matière organisée des animaux le plaisir, la douleur; le ressouvenir, la combinaison de quelques idées; il avait pu donner à plusieurs d'entre eux, comme au singe, à l'éléphant, au chien de chasse, le talent de se perfectionner dans les arts qu'on leur apprend; non seulement il avait pu douer presque tous les   195
animaux carnassiers du talent de mieux faire la guerre dans leur vieillesse expérimentée que dans leur jeunesse trop confiante; non seulement, dis-je, il l'avait pu, mais il l'avait fait; l'univers en était témoin.

Pereira[22] et Descartes soutinrent à l'univers qu'il se trompait,   200

---

[21] Voltaire a annoté l'article 'Ame des bêtes' de l'*Encyclopédie*, par Yvon (t.1, p.343-53; *CN*, t.3, p.365). Il avait déjà réfuté la thèse cartésienne de l'animal-machine dès les *Lettres philosophiques*, et tout particulièrement dans l'article 'Bêtes' du *DP*. Dans son exemplaire du *Discours de la méthode*, Voltaire signale par un trait vertical un paragraphe où Descartes nie que les animaux ont de l'esprit (*CN*, t.3, p.90).

[22] Médecin et philosophe espagnol, Gomezius Pereira s'attacha, le premier, à démontrer que les bêtes sont de pures machines. Yvon fait référence à lui dans son article 'Ame des bêtes', mais Voltaire ne possède aucun de ses livres et n'a pas annoté l'article 'Pereira' dans son exemplaire du *Dictionnaire historique et critique* de Bayle.

que Dieu avait joué des gobelets, qu'il avait donné tous les instruments de la vie et de la sensation aux animaux, afin qu'ils n'eussent ni sensation, ni vie proprement dite. Mais je ne sais quels prétendus philosophes, pour répondre à la chimère de Descartes, se jetèrent dans la chimère opposée; ils donnèrent libéralement un esprit pur aux crapauds et aux insectes;[23] *in vitium ducit culpae fuga.*[24]

Entre ces deux folies, l'une qui ôte le sentiment aux organes du sentiment, l'autre qui loge un pur esprit dans une punaise, on imagina un milieu; c'est l'instinct; et qu'est-ce que l'instinct? Oh oh! c'est une forme substantielle; c'est une forme plastique; c'est un je ne sais quoi; c'est de l'instinct.[25] Je serai de votre avis, tant que vous appellerez la plupart des choses, *je ne sais quoi*; tant que votre philosophie commencera et finira par *je ne sais*; mais quand vous affirmerez, je vous dirai avec Prior dans son poème sur les vanités du monde:

> Osez-vous assigner, pédants insupportables,
> Une cause diverse à des effets semblables?
> Avez-vous mesuré cette mince cloison
> Qui semble séparer l'instinct de la raison?
> Vous êtes mal pourvus et de l'un et de l'autre.
> Aveugles insensés, quelle audace est la vôtre?
> L'orgueil est votre instinct. Conduirez-vous nos pas
> Dans ces chemins glissants que vous ne voyez pas?[26]

205-206   K84, K12: libéralement de l'esprit

---

[23] Voltaire possède des écrits de ceux qui combattent la thèse de l'animal-machine: le *Discours de la connaissance des bêtes* du jésuite Ignace-Gaston Pardies (Paris, 1678, BV2643) et l'*Abrégé de la philosophie de Gassendi* (voir ci-dessus, n.18).

[24] Horace, *Art poétique*, vers 31, 'on veut éviter une faute, on tombe dans un mal'.

[25] Voltaire recommande la lecture de l'article 'Instinct' de l'*Encyclopédie* par Diderot. Il apprécie les *Lettres sur les animaux* (1762) de Charles-Georges Leroy (voir D15910) dont la septième traite de l'instinct (voir l'édition d'E. Anderson, *SVEC* 316, 1994).

[26] Matthew Prior, *Solomon on the vanity of the world* (1718), livre 1, vers 701-20. La traduction de Voltaire est une belle infidèle. Voltaire possédait de Prior, *Poems on several occasions* (Londres, 1721, BV2812).

L'auteur de l'article 'Ame' dans l'Encyclopédie s'explique ainsi. 'Je   225
me représente l'âme des bêtes comme une substance immatérielle
et intelligente, mais de quelle espèce? Ce doit être, ce me semble,
un principe actif qui a des sensations, et qui n'a que cela... Si nous
réfléchissons sur la nature de l'âme des bêtes, elle ne nous fournit
rien de son fonds qui nous porte à croire que sa spiritualité la   230
sauvera de l'anéantissement.' [27]

Je n'entends pas comment on se représente une substance
immatérielle. Se représenter quelque chose, c'est s'en faire une
image; et jusqu'à présent personne n'a pu peindre l'esprit. Je veux
que par le mot *représente*, l'auteur entende, *je conçois*; pour moi   235
j'avoue que je ne le conçois pas. Je conçois encore moins qu'une
âme spirituelle soit anéantie, parce que je ne conçois ni la création,
ni le néant, parce que je n'ai jamais assisté au conseil de Dieu; parce
que je ne sais rien du tout du principe des choses.

Si je veux prouver que l'âme est un être réel, on m'arrête en me   240
disant que c'est une faculté. Si j'affirme que c'est une faculté, et que
j'ai celle de penser, on me répond que je me trompe; que Dieu le
maître éternel de toute la nature, fait tout en moi, et dirige toutes
mes actions, et toutes mes pensées; que si je produisais mes pensées,
je saurais celles que j'aurai dans une minute; que je ne le sais jamais;   245
que je ne suis qu'un automate à sensations et à idées, nécessairement dépendant, et entre les mains de l'Etre suprême, infiniment
plus soumis à lui que l'argile ne l'est au potier. [28]

J'avoue donc mon ignorance; j'avoue que quatre mille tomes de
métaphysique ne nous enseigneront pas ce que c'est que notre âme.   250

Un philosophe orthodoxe disait à un philosophe hétérodoxe,
Comment avez-vous pu parvenir à imaginer que l'âme est mortelle
de sa nature, et qu'elle n'est éternelle que par la pure volonté de
Dieu? Par mon expérience, dit l'autre. – Comment! est-ce que vous
êtes mort? – Oui; fort souvent. Je tombais en épilepsie dans ma   255
jeunesse, et je vous assure que j'étais parfaitement mort pendant

---

[27] Yvon, article 'Ame des bêtes', *Encyclopédie*, t.1, p.348.
[28] Voir Isaïe 29:16, 64:7, et Jérémie 18:4, 18:6.

plusieurs heures. Nulle sensation, nul souvenir même du moment où j'étais tombé. Il m'arrive à présent la même chose presque toutes les nuits. Je ne sens jamais précisément le moment où je m'endors; mon sommeil est absolument sans rêves. Je ne peux imaginer que par conjectures combien de temps j'ai dormi. Je suis mort régulièrement six heures en vingt-quatre. C'est le quart de ma vie.

L'orthodoxe alors lui soutint qu'il pensait toujours pendant son sommeil sans qu'il en sût rien. L'hétérodoxe lui répondit: Je crois par la révélation que je penserai toujours dans l'autre vie; mais je vous assure que je pense rarement dans celle-ci.

L'orthodoxe ne se trompait pas en assurant l'immortalité de l'âme; puisque la foi et la raison démontrent cette vérité; mais il pouvait se tromper en assurant qu'un homme endormi pense toujours.

Locke avouait franchement qu'il ne pensait pas toujours quand il dormait. Un autre philosophe a dit: *le propre de l'homme est de penser; mais ce n'est pas son essence.* [29]

Laissons à chaque homme la liberté et la consolation de se chercher soi-même, et de se perdre dans ses idées.

Cependant il est bon de savoir qu'en 1730 un philosophe essuya une persécution assez forte pour avoir avoué, avec Locke, que son entendement n'était pas exercé tous les moments du jour et de la nuit, de même qu'il ne se servait pas à tout moment de ses bras et de ses jambes. Non seulement l'ignorance de cour le persécuta, mais l'ignorance maligne de quelques prétendus littérateurs se déchaîna contre le persécuté. [30] Ce qui n'avait produit en

---

276 K84: philosophe [*avec note*: M. de Voltaire.] essuya
    K12: philosophe [*avec note*: M. de Voltaire. Voyez ce qui est relatif aux *Lettres philosophiques* dans sa correspondance de 1730 à 1736.] essuya

---

[29] Auto-citation de Voltaire: voir l'addition introduite en 1748 aux *Lettres philosophiques*, lettre 13: 'la pensée pourrait bien être, non pas l'essence de l'être pensant, mais un présent que le Créateur a fait à ces êtres' (t.1, p.210).

[30] Ce persécuté est Voltaire lui-même, à l'occasion des *Lettres philosophiques* (voir les notes de Kehl).

228

Angleterre que quelques disputes philosophiques, produisit en
France les plus lâches atrocités; un Français fut la victime de
Locke.   285

Il y a eu toujours dans la fange de notre littérature plus d'un de
ces misérables qui ont vendu leur plume, et cabalé contre leurs
bienfaiteurs mêmes. Cette remarque est bien étrangère à l'article
'Ame'; mais faudrait-il perdre une occasion d'effrayer ceux qui se
rendent indignes du nom d'homme de lettres; qui prostituent le peu   290
d'esprit et de conscience qu'ils ont à un vil intérêt, à une politique
chimérique, qui trahissent leurs amis pour flatter des sots, qui
broient en secret la ciguë dont l'ignorant puissant et méchant veut
abreuver des citoyens utiles?

Arriva-t-il jamais dans la véritable Rome qu'on dénonçât aux   295
consuls un Lucrèce pour avoir mis en vers le système d'Epicure?
un Cicéron pour avoir écrit plusieurs fois, qu'après la mort on ne
ressent aucune douleur? qu'on accusât un Pline, un Varron,
d'avoir eu des idées particulières sur la Divinité? La liberté de
penser fut illimitée chez les Romains. Les esprits durs, jaloux et   300
rétrécis, qui se sont efforcés d'écraser parmi nous cette liberté
mère de nos connaissances, et premier ressort de l'entendement
humain, ont prétexté des dangers chimériques. Ils n'ont pas songé
que les Romains qui poussaient cette liberté beaucoup plus loin
que nous, n'en ont pas moins été nos vainqueurs, nos législateurs,   305
et que les disputes de l'école n'ont pas plus de rapport au
gouvernement que le tonneau de Diogène n'en eut avec les
victoires d'Alexandre.

Cette leçon vaut bien une leçon sur l'âme; nous aurons peut-être
plus d'une occasion d'y revenir.   310

Enfin, en adorant Dieu de toute notre âme, confessons toujours
notre profonde ignorance sur cette âme, sur cette faculté de sentir
et de penser que nous tenons de sa bonté infinie. Avouons que nos
faibles raisonnements ne peuvent rien ôter, rien ajouter à la
révélation et à la foi. Concluons enfin que nous devons employer   315
cette intelligence, dont la nature est inconnue, à perfectionner les
sciences qui sont l'objet de l'Encyclopédie, comme les horlogers

emploient des ressorts dans leurs montres, sans savoir ce que c'est que le ressort.

Section quatrième

Sur l'âme et sur nos ignorances

Il est dit dans la Genèse, *Dieu souffla au visage de l'homme un souffle de vie, et il devint âme vivante;*[31] *et l'âme des animaux est dans le sang;*[32] *et ne tuez point mon âme,*[33] etc.

Ainsi l'âme était prise en général pour l'origine et la cause de la vie, pour la vie même. C'est pourquoi certaines nations croyaient sans raisonner que quand la vie se dissipait l'âme se dissipait de même.

Si l'on peut démêler quelque chose dans le chaos des histoires anciennes, il semble qu'au moins les Egyptiens furent les premiers qui eurent la sagacité de distinguer l'intelligence et l'âme; et les Grecs apprirent d'eux à distinguer aussi leur *noüs*, leur *pneuma*, leur *skia*.[34]

Les Latins à leur exemple distinguèrent *animus* et *anima*, et nous

319b-346   K12: *ignorances.* / Sur

[31] Genèse 2:7. Avec l'expression 'âme vivante', Voltaire suit les versions de la Vulgate ('factus est homo in animam viventem') et de Port-Royal ('l'homme reçut l'âme et la vie'). Consciemment ou non, il est tributaire d'une interprétation catholique; dans le verset hébreu original, l'homme reçoit, non pas l'âme, mais 'la vie et la respiration', Grotius soutenant que 'l'on ne peut pas prouver l'immortalité de l'âme par cet endroit pris à la lettre, et qu'il ne marque simplement que la vie animale' (*Commentaire littéral*, 1707-1716, t.1, p.46n).

[32] Voir Deutéronome 12:23 et Lévitique 17:11-14 – versets que Voltaire commente dans son exemplaire du *Commentaire littéral* de Calmet: 'anima / in sangui / ne' et 'ame / dans / le / sang' (*CN*, t.2, p.26 et 53, respectivement).

[33] Probablement une adaptation de Genèse 37:22, 'Ne le tuez point'.

[34] Yvon, dans l'article 'Ame' de l'*Encyclopédie*, compare à plusieurs reprises les Grecs et les Egyptiens. Pour lui, 'l'ancienne philosophie des Barbares [sous ce nom les Grecs entendaient les Egyptiens comme les autres nations] consistait seulement en maximes détachées transmises des maîtres aux disciples par la tradition, où rien ne ressentait la spéculation et où l'on ne trouvait ni les raffinements ni les subtilités qui naissent des systèmes et des hypothèses' (t.1, p.329).

enfin nous avons eu aussi notre âme et notre entendement. Mais ce qui est le principe de notre vie, ce qui est le principe de nos pensées, sont-ce deux choses différentes? est-ce le même être? ce qui nous 335
fait digérer et ce qui nous donne des sensations et de la mémoire, ressemble-t-il à ce qui est dans les animaux la cause de leurs sensations et de leur mémoire?

C'est là l'éternel objet des disputes des hommes; je dis l'éternel objet; car n'ayant point de notions primitives dont nous puissions 340
descendre dans cet examen, nous ne pouvons que nager et nous débattre dans une mer de doutes. Faibles et malheureuses machines à qui Dieu daigne communiquer le mouvement pendant les deux moments de notre existence, qui de nous a pu apercevoir la main qui nous soutient sur ces abîmes? 345

Sur la foi de nos connaissances acquises nous avons osé mettre en question si l'âme est créée avant nous, [35] si elle arrive du néant dans notre corps? à quel âge elle est venue se placer entre une vessie et les intestins *caecum* et *rectum*? [36] si elle y a reçu ou apporté quelques idées, et quelles sont ces idées? si après nous avoir animés 350
quelques moments son essence est de vivre après nous dans l'éternité sans l'intervention de Dieu même? [37] Si étant esprit, et Dieu étant esprit, ils sont l'un et l'autre d'une nature semblable (*i*),

(*i*) Ce n'était pas sans doute l'opinion de saint Augustin qui, dans le livre huit de *La Cité de Dieu*, s'exprime ainsi: *Que ceux-là se taisent qui*

353-59   K12: *semblable.* ¶Que nous

[35] Question déjà évoquée dans l'article 'Ame' du *DP*. Selon Platon, les corps sont les intruments d'âmes préexistantes et éternelles (*Phèdre*, 245). Au dix-huitième siècle, était soutenue la thèse de l'emboîtement: 'les âmes humaines ont été dans les semences et dans les ancêtres jusqu'à Adam et ont existé par conséquent depuis le commencement des choses toujours dans une manière de corps organisé' (Leibniz, *Essais de théodicée*, 99). Sur la préexistence des germes, voir J. Roger, *Les Sciences de la vie dans la pensée française du dix-huitième siècle* (Paris, 1971), p.325-84.
[36] Diverses hypothèses sont évoquées dans l'article 'Ame' du *DP* (*OCV*, t.35, p.308-10, et n.14-16).
[37] Sur l'immortalité de l'âme inconnue aux Juifs, voir l'article 'Ame' du *DP* (*OCV*, t.35, p.311-16).

ces questions paraissent sublimes; que sont-elles? des questions d'aveugles-nés sur la lumière.

Quand nous voulons connaître grossièrement un morceau de métal, nous le mettons au feu dans un creuset; mais avons-nous un creuset pour y mettre l'âme?

Que nous ont appris tous les philosophes anciens et modernes? un enfant est plus sage qu'eux; il ne pense pas à ce qu'il ne peut concevoir.

Qu'il est triste, direz-vous, pour notre insatiable curiosité, pour notre soif intarissable du bien-être, de nous ignorer ainsi! j'en conviens, et il y a des choses encore plus tristes; mais je vous répondrai,

Sor tua mortalis, non est mortale quod optas.

Tes destins sont d'un homme, et tes vœux sont d'un Dieu. [38]

Il paraît encore une fois que la nature de tout principe des choses est le secret du Créateur. Comment les airs portent-ils des sons? comment se forment les animaux? comment quelques-uns de nos membres obéissent-ils constamment à nos volontés? quelle main place des idées dans notre mémoire, les y garde comme dans un registre, et les en tire tantôt à notre gré et tantôt malgré nous? Notre nature, celle de l'univers, celle de la moindre plante, tout est plongé pour nous dans un gouffre de ténèbres.

---

n'ont pas osé à la vérité, dire que Dieu est un corps, mais qui ont cru que nos âmes sont de même nature que lui. Ils n'ont pas été frappés de l'extrême mutabilité de notre âme qu'il n'est pas permis d'attribuer à Dieu. 'Cedant et illi quos quidem puduit dicere Deum corpus esse, verumtamen ejusdem naturae, cujus ille est, animos nostros esse putaverunt; ita non eos movet tanta mutabilitas animae, quam Dei naturae tribuere nefas est.' [39]

[38] Ovide, *Métamorphoses*, livre 2, vers 56. Cette traduction est de Voltaire (voir le *Discours en vers sur l'homme*, discours 2, vers 84, *OCV*, t.17, p.475 et n.11).

[39] *De la cité de Dieu*, livre 8, ch.5. Voltaire possédait la traduction de L. Giry, (Paris, 1665-1667, BV218; *CN*, t.1, p.172).

L'homme est un être agissant, sentant et pensant; voilà tout ce que nous en savons; il ne nous est donné de connaître ni ce qui nous rend sentants et pensants, ni ce qui nous fait agir, ni ce qui nous fait être. La faculté agissante est aussi incompréhensible pour nous que la faculté pensante. La difficulté est moins de concevoir comment   380
ce corps de fange a des sentiments et des idées, que de concevoir comment un être, quel qu'il soit, a des idées et des sentiments.

Voilà d'un côté l'âme d'Archimède, de l'autre celle d'un imbécile; sont-elles de même nature?[40] Si leur essence est de penser elles pensent toujours, et indépendamment du corps qui ne   385
peut agir sans elles. Si elles pensent par leur propre nature, l'espèce d'une âme qui ne peut faire une règle d'arithmétique, sera-t-elle la même que celle qui a mesuré les cieux? Si ce sont les organes du corps qui ont fait penser Archimède, pourquoi mon idiot mieux constitué qu'Archimède, plus vigoureux, digérant mieux, faisant   390
mieux toutes ses fonctions, ne pense-t-il point? C'est, dites-vous, que sa cervelle n'est pas si bonne. Mais vous le supposez; vous n'en savez rien. On n'a jamais trouvé de différences entre les cervelles saines qu'on a disséquées; il est même très vraisemblable que le cervelet d'un sot sera en meilleur état que celui d'Archimède qui a   395
fatigué prodigieusement, et qui pourrait être usé et raccourci.

Concluons donc ce que nous avons déjà conclu, que nous sommes des ignorants sur tous les premiers principes. A l'égard des ignorants qui font les suffisants, ils sont fort au-dessous des singes.

Disputez maintenant, colériques argumentants; présentez des   400
requêtes les uns contre les autres; dites des injures, prononcez vos sentences, vous qui ne savez pas un mot de la question.

---

[40] Voltaire avait déjà posé cette question dans l'article 'Folie' du *DP* (*OCV*, t.36, p.129-32). Voltaire assimilait la folie à une maladie du cerveau en faisant remarquer qu'il est difficile de croire qu'une substance immatérielle puisse être malade ou que Dieu puisse être le créateur d'âmes folles.

Section cinquième

Du paradoxe de Warburton sur l'immortalité de l'âme

Warburton éditeur et commentateur de Shakespear, [41] et évêque de Glocester, usant de la liberté anglaise, et abusant de la coutume de dire des injures à ses adversaires, [42] a composé quatre volumes pour prouver que l'immortalité de l'âme n'a jamais été annoncée dans le Pentateuque; et pour conclure de cette preuve même que la mission de Moïse, qu'il appelle *légation*, est divine. Voici le précis de son livre qu'il donne lui-même pages 7 et 8 du premier tome.

'1°. *La doctrine d'une vie à venir, des récompenses et des châtiments après la mort est nécessaire à toute société civile.*

'2°. *Tout le genre humain (et c'est en quoi il se trompe), et spécialement les plus sages et les plus savantes nations de l'antiquité se sont accordées à croire et à enseigner cette doctrine.*

'3°. *Elle ne peut se trouver en aucun endroit de la loi de Moïse; donc la loi de Moïse est d'un original divin; ce que je vais prouver par les deux syllogismes suivants.*

'Premier syllogisme

'*Toute religion, toute société qui n'a pas l'immortalité de l'âme pour son principe, ne peut être soutenue que par une providence extraordinaire; la religion juive n'avait pas l'immortalité de l'âme pour principe, donc la religion juive était soutenue par une providence extraordinaire.*

---

[41] *The Works of Shakespeare in eight volumes*, éd. Alexander Pope et William Warburton (Londres, 1747, BV3161). Sur cette édition, voir *La Défense de mon oncle*, *OCV*, t.64, p.345, n.2.

[42] Warburton avait attaqué Voltaire personnellement dans la réédition de 1765 de *The Divine Legation of Moses*, t.4, p.139-53, en critiquant des passages de la lettre 25 ('Remarques sur les *Pensées* de M. Pascal') des *Lettres philosophiques*, des *Additions à l'histoire générale* et du *Traité sur la tolérance* où Voltaire s'était montré hostile aux Juifs. En 1767, Voltaire régla ses comptes avec l'écrivain anglais: dans le chapitre 15 intitulé 'De Warburton' de *La Défense de mon oncle*, et dans un violent pamphlet *A Warburton* (*OCV*, t.64, p.225-29 et 463-65).

234

'Second syllogisme
'*Les anciens législateurs ont tous dit qu'une religion qui n'enseignerait
pas l'immortalité de l'âme ne pouvait être soutenue que par une*   425
*providence extraordinaire. Moïse a institué une religion qui n'est pas
fondée sur l'immortalité de l'âme; donc Moïse croyait sa religion
maintenue par une providence extraordinaire.*' [43]

Ce qui est bien plus extraordinaire, c'est cette assertion de
Warburton, qu'il a mise en gros caractères à la tête de son livre. On   430
lui a reproché souvent l'extrême témérité et la mauvaise foi avec
laquelle il ose dire, que tous les anciens législateurs ont cru qu'une
religion qui n'est pas fondée sur les peines et les récompenses après
la mort, ne peut être soutenue que par une providence extraordinaire; il n'y en a pas un seul qui l'ait jamais dit. Il n'entreprend pas   435
même d'en apporter aucun exemple dans son énorme livre farci
d'une immense quantité de citations, qui toutes sont étrangères à
son sujet. Il s'est enterré sous un amas d'auteurs grecs et latins,
anciens et modernes, de peur qu'on ne pénétrât jusqu'à lui à travers
une multitude horrible d'enveloppes. [44] Lorsque enfin la critique a   440
fouillé jusqu'au fond, il est ressuscité d'entre tous ces morts pour
charger d'outrages tous ses adversaires. [45]

Il est vrai que vers la fin de son quatrième volume, après avoir
marché par cent labyrinthes, et s'être battu avec tous ceux qu'il a
rencontrés en chemin, il vient enfin à sa grande question qu'il avait   445
laissée là. Il s'en prend au livre de Job qui passe chez les savants

---

[43] Voir *The Divine Legation of Moses*, 4ᵉ éd. (Londres, 1755, BV3826), t.1,
p.7-8.

[44] Mêmes reproches dans *La Défense de mon oncle*, *OCV*, t.64, p.226.

[45] *The Divine Legation* fit scandale. William Webster fit paraître *A letter from a
country gentleman* à laquelle Warburton répondit: *A vindication of the author of the
Divine Legation of Moses etc.* (1738). L'évêque d'Oxford, Robert Lowth, hébraïsant
distingué, ne partageait pas le point de vue de Warburton sur le livre de Job. Ils
échangèrent des lettres en 1756 et trouvèrent un accommodement. En rééditant *The
Divine Legation* en 1765, Warburton ajoute un 'Appendix to the book of Job' fort
peu aimable. Lowth répliqua aussitôt par *A letter to the right reverend author of the
Divine Legation of Moses*. Ce pamphlet très amusant eut du succès.

pour l'ouvrage d'un Arabe, [46] et il veut prouver que Job ne croyait point l'immortalité de l'âme. Ensuite il explique à sa façon tous les textes de l'Ecriture par lesquels on a voulu combattre son sentiment.

Tout ce qu'on en doit dire, c'est que s'il avait raison, ce n'était pas à un évêque d'avoir ainsi raison. Il devait sentir qu'on en pouvait tirer des conséquences trop dangereuses (*k*); mais il n'y a qu'heur et malheur dans ce monde. Cet homme, qui est devenu délateur et persécuteur, n'a été fait évêque par la protection d'un ministre d'Etat qu'immédiatement après avoir fait son livre.

A Salamanque, à Coïmbre, à Rome, il aurait été obligé de se rétracter et demander pardon. En Angleterre il est devenu pair du

(*k*) On les a tirées en effet ces dangereuses conséquences. On lui a dit, La créance de l'âme immortelle est nécessaire ou non. Si elle n'est pas nécessaire, pourquoi Jésus-Christ l'a-t-il annoncée? Si elle est nécessaire, pourquoi Moïse n'en a-t-il pas fait la base de sa religion? ou Moïse était instruit de ce dogme, ou il ne l'était pas. S'il l'ignorait, il était indigne de donner des lois. S'il la savait et la cachait, quel nom voulez-vous qu'on lui donne? De quelque côté que vous vous tourniez vous tombez dans un abîme qu'un évêque ne devait pas ouvrir. Votre dédicace aux francs-pensants, [47] vos fades plaisanteries avec eux, et vos bassesses auprès de Milord Hardwicke ne vous sauveront pas de l'opprobre dont vos contradictions continuelles vous ont couvert; et vous apprendrez que quand on dit des choses hardies, il faut les dire modestement.

n.*k*, 6   K12: S'il le savait et le cachait

[46] C'est l'argument du philosophe et poète Abraham ben Méïr Ibn Ezra (1092-1167). Voltaire défend cette idée à maintes reprises (voir, par exemple, l'article 'Arabes', ci-dessous); elle fut démentie par Spinoza (*Tractatus theologico-politicus*, ch.10, que Voltaire possédait en traduction française, Cologne [Amsterdam], 1678, BV3202) et par Richard Simon (*Critique de la Bibliothèque des auteurs ecclésiastiques et des Prolégomènes de la Bible publiez par M. Elies Du Pin*, Paris, 1730, t.3, p.489-518). Voir aussi le *Commentaire littéral* de Calmet, t.13, p.iii-vii.

[47] Cette dédicace 'to the freethinkers', de ton mordant, parut en 1738 en tête de *The Divine Legation*.

royaume avec cent mille livres de rente; c'était de quoi adoucir ses
mœurs.   460

Section sixième [48]

Du besoin de la révélation

Le plus grand bienfait dont nous soyons redevables au Nouveau
Testament, c'est de nous avoir révélé l'immortalité de l'âme. C'est
donc bien vainement que ce Warburton a voulu jeter des nuages
sur cette importante vérité, en représentant continuellement dans
sa Légation de Moïse, *que les anciens Juifs n'avaient aucune*   465
connaissance de ce dogme nécessaire, et que les saducéens ne
l'admettaient pas du temps de notre Seigneur Jésus.

Il interprète à sa manière les propres mots qu'on fait prononcer à
Jésus-Christ. (*l*) *N'avez-vous pas lu ces paroles que Dieu vous a dites:*
Je suis le Dieu d'Abraham, le Dieu d'Isaac et le Dieu de Jacob. Or 470
Dieu n'est pas le Dieu des morts, mais des vivants. [49] Il donne à la
parabole du mauvais riche un sens contraire à celui de toutes les
Eglises. [50] Sherlok évêque de Londres, [51] et vingt autres savants,

(*l*) Saint Matthieu, ch.22, versets 31 et 32.

467-69   70, 71N, 71A: *Jésus.* ¶Il fait tous ses efforts pour corrompre et pour
tordre les propres mots prononcés par Jésus-Christ même. *N'avez-vous*
471   70, 71N, 71A: Il s'emporte jusqu'à donner à

[48] On a des raisons de croire que cette section a été rédigée après 1765, parce qu'un
détail semble avoir été puisé dans les *Remarques sur un livre intitulé Dictionnaire*
philosophique portatif d'A. Du Bon (Lausanne, 1765) – voir ci-dessous, n.51.
[49] Selon Warburton, on a tort d'inférer de ces versets que Moïse enseigna
l'immortalité de l'âme; ils soutiennent seulement la notion que l'âme peut exister
séparée du corps. Voir *The Divine Legation of Moses*, 2ᵉ éd. (Londres, 1742), t.2,
p.571-74.
[50] Luc 16:19-31. Selon Warburton, on citerait à tort cette parabole comme preuve
que Moïse enseigna une vie après la mort ('a future state of rewards and
punishments'); Moïse affirme seulement que Dieu punit ceux qui refusent d'abjurer
l'inhumanité et le luxe. Voir *The Divine Legation of Moses*, t.2, p.574-76.
[51] Thomas Sherlock (1678-1761), évêque de Londres, était l'ami et l'allié de

l'ont réfuté. Les philosophes anglais même lui ont reproché
combien il est scandaleux dans un évêque anglican de manifester
une opinion si contraire à l'Eglise anglicane; et cet homme après
cela s'avise de traiter les gens d'impies, semblable au personnage
d'Arlequin dans la comédie du *Dévaliseur de maisons*, qui après
avoir jeté les meubles par la fenêtre, voyant un homme qui en
emportait quelques-uns, cria de toutes ses forces, Au voleur.[52]

Il faut d'autant plus bénir la révélation de l'immortalité de l'âme
et des peines et des récompenses après la mort, que la vaine
philosophie des hommes en a toujours douté. Le grand César n'en
croyait rien; il s'en expliqua clairement en plein sénat lorsque, pour
empêcher qu'on fît mourir Catilina, il représenta que la mort ne
laissait à l'homme aucun sentiment, que tout mourait avec lui; et
personne ne réfuta cette opinion.[53]

Cicéron qui doute en tant d'endroits, s'explique dans ses lettres
aussi clairement que César. Il fait bien plus; il dit devant le peuple

474   70, 71N, 71A: réfuté et confondu. Les
475   70, 71N, 71A: évêque de
476-81   70, 71N, 71A: contraire au bien public. ¶Il faut
487-501   K84, K12: opinion. ¶L'empire

Warburton. Voltaire pense à William Sherlock (1641-1707), doyen de la cathédrale
de Saint Paul, auteur d'un ouvrage intitulé *A discourse concerning the happiness of good
men and the punishment of the wicked in the next world* (Londres, 1704). Ce livre
(comme sa version française, *De l'immortalité de l'âme et de la vie éternelle*,
Amsterdam, 1708) manque dans la Bibliothèque de Voltaire, mais Voltaire l'aurait
pu connaître d'après les *Remarques* d'A. Du Bon, p.62, article 'Enfer'. Voltaire ne
s'est pas rendu compte que le livre de Sherlock est antérieur à *The Divine Legation*.

[52] *Arlequin dévaliseur de maisons*, 'pièce italienne en cinq actes', représentée pour
la première fois en 1716 par les Comédiens-Italiens au Théâtre du Palais-Royal
(*Mercure de France*, 18 mai 1740, p.995). C'est une adaptation des *Maisons dévalisées*
(*Le Case svaligiate*), comédie en trois actes, montée au Théâtre italien en 1667, dont
l'intrigue est résumée par Claude et François Parfaict dans l'*Histoire de l'ancien
Théâtre italien* (Paris, 1767), p.260-65. Dans sa correspondance, Voltaire fait
allusion à cette scène à partir de 1736 (D1150, D12173).

[53] Raconté par Salluste, *De la conjuration de Catilina* (Paris, 1717, BV3079),
livre 51, ch.20.

romain, dans son oraison pour Cluentius, ces propres paroles; *Quel*   490
mal lui a fait la mort? A moins que nous ne soyons assez imbéciles pour
croire des fables ineptes, et pour imaginer qu'il est condamné au
supplice des méchants. Mais si ce sont là de pures chimères, comme tout
le monde en est convaincu, de quoi la mort l'a-t-elle privé, sinon du
sentiment de la douleur?   495

'Nam nunc quidem quid tandem illi mali mors attulit? nisi forte
ineptiis ac fabulis ducimur, ut existimemus illum apud inferos
impiorum supplicia perferre etc? Quae si falsa sunt, id quod omnes
intelligunt, quid ei tandem aliud mors eripuit praeter sensum
doloris?'[54]   500

L'empire romain était partagé entre deux grandes sectes
principales; celle d'Epicure qui affirmait que la Divinité était
inutile au monde, et que l'âme périt avec le corps; et celle des
stoïciens qui regardaient l'âme comme une portion de la Divinité,
laquelle après la mort se réunissait à son origine, au grand tout dont   505
elle était émanée. Ainsi, soit que l'on crût l'âme mortelle, soit qu'on
la crût immortelle, toutes les sectes se réunissaient à se moquer des
peines et des récompenses après la mort.

Cette opinion était si universelle, que dans le temps même que le
christianisme commençait à s'établir, on chantait à Rome sur le   510
théâtre public, par l'autorité des magistrats, devant vingt mille
citoyens,

> *Post mortem nihil est, ipsaque mors nihil est.*[55]

> Rien n'est après la mort, la mort même n'est rien.

Il nous reste encore cent monuments de cette croyance des   515
Romains. C'est en vertu de ce sentiment profondément gravé dans
tous les cœurs, que tant de héros et tant de simples citoyens

508-15   K84, K12: mort. ¶Il nous

[54] Cicéron, *Pro Cluentio*, livre 61, ch.171.
[55] Sénèque, *Troades*, vers 397 (BV3141), vers cité aussi dans les *Mélanges de littérature et de philosophie* (1751), ch.20 et 21.

romains se donnèrent la mort sans le moindre scrupule; ils n'attendaient point qu'un tyran les livrât à des bourreaux.

Les hommes les plus vertueux même et les plus persuadés de l'existence d'un Dieu, n'espéraient alors aucune récompense, et ne craignaient aucune peine. Nous verrons à l'article 'Apocryphe', que Clément qui fut depuis pape et saint, commença par douter lui-même de ce que les premiers chrétiens disaient d'une autre vie; et qu'il consulta saint Pierre à Césarée. [56] Nous sommes bien loin de croire que saint Clément ait écrit cette histoire qu'on lui attribue; mais elle fait voir quel besoin avait le genre humain d'une révélation précise. Tout ce qui peut nous surprendre, c'est qu'un dogme si réprimant et si salutaire ait laissé en proie à tant d'horribles crimes des hommes qui ont si peu de temps à vivre, et qui se voient pressés entre deux éternités.

Section septième [57]

Ame des sots et des monstres

Un enfant mal conformé naît absolument imbécile, n'a point d'idées, vit sans idées; et on en a vu de cette espèce. Comment

---

[56] *Recognitiones Clementis*, livre 1, ch.1-17 (*Patrologia graeca*, t.1, col.1207-13).

[57] Voltaire a probablement rédigé cette section vers la fin des années 1760 (ou début 1770) parce que l'histoire de Mary Toft qui y figure apparaît aussi dans *Des singularités de la nature* (1768), ch.21, et on voit les mêmes préoccupations que dans les *Lettres de Memmius à Cicéron* (1771), lettre 3, sections 13-15. Au dix-huitième siècle la représentation fabuleuse du monstre laisse place à une approche où la question scientifique se double de débats d'ordre philosophique et religieux. De 1724 à 1743, une 'querelle des monstres' agite l'Académie royale des sciences. La question primordiale est d'admettre ou de rejeter la responsabilité de Dieu dans la naissances des monstres. Elle prend appui sur la théorie de la préexistence et de l'emboîtement des germes. Les principaux acteurs furent L. Lémery qui défend la thèse d'un accident responsable de la malformation, ce qui dédouane Dieu, et J. Winslow qui n'admet pas la préexistence des germes et des montres, et défend la thèse d'une monstruosité d'origine (voir J. Roger, *Les Sciences de la nature*, p.317-418). Sur la question des monstres, Voltaire a lu Locke (voir ci-dessous, n.59). On ne sait s'il a consulté l'article 'Monstre' de l'*Encyclopédie* dont la partie zoologique est rédigée

définira-t-on cet animal? des docteurs ont dit que c'est quelque
chose entre l'homme et la bête; d'autres ont dit qu'il avait une âme   535
sensitive, mais non pas une âme intellectuelle. Il mange, il boit, il
dort, il veille, il a des sensations, mais il ne pense pas.

Y a-t-il pour lui une autre vie, n'y en a-t-il point? le cas a été
proposé et n'a pas été encore entièrement résolu.

Quelques-uns ont dit que cette créature devait avoir une âme,   540
parce que son père et sa mère en avaient une. Mais par ce
raisonnement on prouverait que si elle était venue au monde
sans nez, elle serait réputée en avoir un, parce que son père et sa
mère en avaient.

Une femme accouche, son enfant n'a point de menton, son front   545
est écrasé et un peu noir; son nez est effilé et pointu, ses yeux sont
ronds, sa mine ne ressemble pas mal à celle d'une hirondelle;
cependant, il a le reste du corps fait comme nous. Les parents le font
baptiser à la pluralité des voix. Il est décidé homme et possesseur
d'une âme immortelle. Mais si cette petite figure ridicule a des   550
ongles pointus, la bouche faite en bec, il est déclaré monstre, il n'a
point d'âme, on ne le baptise pas.

On sait qu'il y eut à Londres en 1726 une femme qui accouchait
tous les huit jours d'un lapereau. On ne faisait nulle difficulté de
refuser le baptême à cet enfant, malgré la folie épidémique qu'on   555
eut pendant trois semaines à Londres de croire qu'en effet cette
pauvre fripone faisait des lapins de garenne. Le chirurgien qui
l'accouchait, nommé St André, jurait que rien n'était plus vrai, et
on le croyait. [58] Mais quelle raison avaient les crédules pour refuser

---

par S. Formey et qui rappelait les classifications de Buffon. Elle s'enrichera dans le
Supplément de 1777 d'un article de Haller – voir J. L. Fisher, 'L'*Encyclopédie*
présente-t-elle une pré-science des monstres?' *Recherches sur Diderot et sur
l'Encyclopédie* 16 (1994), p.113-52, et l'article 'Monstres' du *Dictionnaire européen
des Lumières*, éd. Michel Delon (Paris, 1997).

[58] Nathanael St André (1679/1680-1776), anatomiste royal, fut dupé par Mary
Toft (baptisée en 1703, morte en 1763) – voir *Oxford Dictionary of national biography*
(Oxford, 2004).

une âme aux enfants de cette femme? elle avait une âme, ses enfants devaient en être pourvus aussi; soit qu'ils eussent des mains, soit qu'ils eussent des pattes, soit qu'ils fussent nés avec un petit museau ou avec un petit visage: l'Etre suprême ne peut-il pas accorder le don de la pensée et de la sensation à un petit je ne sais quoi, né d'une femme, figuré en lapin, aussi bien qu'à un petit je ne sais quoi figuré en homme? L'âme qui était prête à se loger dans le fœtus de cette femme, s'en retournera-t-elle à vide?

Locke observe très bien à l'égard des monstres, qu'il ne faut pas attribuer l'immortalité à l'extérieur d'un corps; que la figure n'y fait rien. Cette immortalité, dit-il, n'est pas plus attachée à la forme de son visage ou de sa poitrine qu'à la manière dont sa barbe est faite, ou dont son habit est taillé.

Il demande quelle est la juste mesure de difformité à laquelle vous pouvez reconnaître qu'un enfant a une âme ou n'en a point? quel est le degré précis auquel il doit être déclaré monstre et privé d'âme? [59]

On demande encore ce que serait une âme qui n'aurait jamais que des idées chimériques? Il y en a quelques-unes qui ne s'en éloignent pas. Méritent-elles? déméritent-elles? que faire de leur esprit pur?

Que penser d'un enfant à deux têtes, d'ailleurs très bien conformé? les uns disent qu'il a deux âmes puisqu'il est muni de deux glandes pinéales, de deux corps calleux, de deux *sensorium commune*. Les autres répondent, qu'on ne peut avoir deux âmes quand on n'a qu'une poitrine et un nombril.

Enfin on a fait tant de questions sur cette pauvre âme humaine, que s'il fallait les déduire toutes, cet examen de sa propre personne lui causerait le plus insupportable ennui. Il lui arriverait

---

563   K84, K12:   ou avec un visage

---

[59] Voir Locke, *Essai philosophique sur l'entendement humain*, livre 4, ch.4, sections 15-16.

ce qui arriva au cardinal de Polignac dans un conclave.[60] Son intendant lassé de n'avoir jamais pu lui faire arrêter ses comptes, fit le voyage de Rome, et vint à la petite fenêtre de sa cellule chargé d'une immense liasse de papiers. Il lut près de deux heures. Enfin, voyant qu'on ne lui répondait rien, il avança la tête. Il y avait près de deux heures que le cardinal était parti. Nos âmes partiront avant que leurs intendants les aient mises au fait. Mais soyons justes devant Dieu; quelque ignorants que nous soyons, nous et nos intendants.

Voyez dans les lettres de Memmius ce qu'on dit de l'âme.[61]

590

595

597   70, 71N, 71A, W68: intendants. //
598   K84, K12: l'âme. [avec note: M. le chevalier d'Angos, savant astronome, a observé avec soin pendant plusieurs jours un lézard à deux têtes, et il s'est assuré que le lézard avait deux volontés indépendantes, dont chacune avait un pouvoir presque égal sur le corps, qui était unique. Quand on présentait au lézard un morceau de pain, de manière qu'il ne pût le voir que d'une tête, cette tête voulait aller chercher le pain, et l'autre voulait que le corps restât en repos.]   5

[60] Melchior, cardinal de Polignac (1661-1741), auteur d'un *Anti-Lucretius sive de Deo et natura, libri novem* (Paris, 1747, BV2785), auquel Voltaire répond dans son essai *Sur L'Anti-Lucrèce de Monsieur le cardinal de Polignac* (1748; *OCV*, t.30C, p.319-40). C'est à Polignac que Voltaire adresse *Le Temple du goût* (1733; *OCV*, t.9, p.119).
[61] Voir la lettre 3, sections 13-15, des *Lettres de Memmius à Cicéron* (1771; réimprimées en 1772 à la fin des *QE*; *M*, t.28, p.453-58).

AMÉRIQUE

Puisqu'on ne se lasse point de faire des systèmes sur la manière dont l'Amérique a pu se peupler, [1] ne nous lassons point de dire que celui qui fit naître des mouches dans ces climats, y fit naître des hommes. [2] Quelque envie qu'on ait de disputer, on ne peut nier que l'Etre suprême qui vit dans toute la nature, n'ait fait naître, vers le quarante-huitième degré, des animaux à deux pieds sans plumes, dont la peau est mêlée de blanc et d'incarnat avec de longues barbes tirant sur le roux; des nègres sans barbe vers la ligne; en Afrique et dans les îles; d'autres nègres avec barbe sous la même latitude; les uns portant de la laine sur la tête, les autres des crins: et au milieu

* L'article 'Amérique' de l'*Encyclopédie*, anonyme (t.1, p.356), décrit le continent et ses productions, mais ne soulève pas la question de son peuplement. Voltaire s'était déjà interrogé sur les origines de la race amérindienne pour réfuter la leçon biblique qui postule un tronc commun à toutes les races. Voltaire, polygéniste convaincu, avait déjà critiqué le jésuite Lafitau dans le chapitre 8 de *La Philosophie de l'histoire* (*OCV*, t.59, p.115-18), puis dans *La Défense de mon oncle* (*OCV*, t.64, p.235). Sur l'anthropologie de Voltaire, voir Michèle Duchet, *Anthropologie et histoire au siècle des Lumières* (Paris, 1971), p.281-321, et José-Michel Moureaux, 'Race et altérité dans l'anthropologie voltairienne', *L'Idée de race dans les sciences humaines et la littérature, XVIIIe-XIXe siècles*, Actes du colloque international de Lyon (16-18 novembre 2000), éd. Sarga Moussa (Paris, 2003), p.41-53. Voltaire envoie cet article à Cramer avec 'Ame' et 'Amitié', probablement en mars/avril 1770 (D16269); l'article paraît en novembre/décembre 1770 (70, t.1).

[1] Selon Joseph-François Lafitau (1685-1764), 'l'Amérique a pu être abordée par différents endroits, et s'être ainsi peuplée de tous côtés'; le plus probable, c'est que toutes les nations d'Amérique sont venues d'Asie, les deux continents étant vraisemblablement joints (*Mœurs des sauvages amériquains comparées aux mœurs des premiers temps*, Paris, 1724, BV1852, t.1, p.30-31). Dans les marges de son exemplaire, Voltaire a écrit: 'ignorance et sottise' (*CN*, t.5, p.126). Le capitaine Bossu, dans ses *Nouveaux Voyages aux Indes occidentales* (Paris, 1768, BV481, p.190-91), cite Lafitau et approuve son hypothèse. En revanche, Cornelius De Pauw rejette l'idée que les Américains seraient 'étrangers d'origine' (*Recherches philosophiques sur les Américquains* (2 vol., Berlin, 1768-1769, t.1, p.80-81; 3 vol., Londres, 1770, BV2673).

[2] 'On ne devait pas être plus surpris de trouver en Amérique des hommes que des mouches' (*La Philosophie de l'histoire*, *OCV*, t.59, p.115).

d'eux des animaux tout blancs, n'ayant ni crin ni laine: mais portant de la soie blanche. [3]

On ne voit pas trop ce qui pourrait avoir empêché Dieu de placer dans un autre continent une espèce d'animaux du même genre, laquelle est couleur de cuivre dans la même latitude où ces 15 animaux sont noirs en Afrique et en Asie, et qui est absolument imberbe et sans poil dans cette même latitude où les autres sont barbus.

Jusqu'où nous emporte la fureur des systèmes jointe à la tyrannie du préjugé! On voit ces animaux; on convient que Dieu 20 a pu les mettre où ils sont; et on ne veut pas convenir qu'il les y ait mis. Les mêmes gens qui ne font nulle difficulté d'avouer que les castors sont originaires du Canada, [4] prétendent que les hommes ne peuvent y être venus que par bateau, et que le Mexique n'a pu être peuplé que par quelques descendants de Magog. [5] Autant vaudrait- 25 il dire que s'il y a des hommes dans la lune, ils ne peuvent y avoir été menés que par Astolphe [6] qui les y porta sur son hippogriffe,

---

21   K84, K12: et l'on ne

[3] Voltaire répète inlassablement que les peuples sont autochtones. Voir par exemple, pour les Lapons, l'*Histoire de l'empire de Russie sous Pierre le Grand* (*OCV*, t.46, p.437).

[4] Les castors ne sont pas tous originaires du Canada. On sait que le castor d'Europe (*castor fiber*) était autrefois appelé bièvre. Charlevoix consacre un chapitre à la différence entre ces deux espèces de castors (*Histoire et description générale de la Nouvelle France, avec le journal historique d'un voyage fait par ordre du roi dans l'Amérique septentrionale* (Paris, 1744, BV718, t.5, p.139-40). L'exemplaire de Voltaire ne comporte que des signets et rubans (*CN*, t.2, p.516-17).

[5] Lafitau, se référant à Lescarbot, fait remonter les Mexicains à Noé, après le Déluge (*Mœurs des sauvages amériquains*, t.1, p.32). Dans son exemplaire, Voltaire écrit: 'extrême sottise' (*CN*, t.5, p.127). Bossu, citant Lafitau, partage son point de vue (*Nouveaux Voyages*, p.198-99 et 203-204). Aucun voyageur ne semble prétendre que les Mexicains descendent de Magog.

[6] Voir le *Roland furieux* de l'Arioste, chant 34. Pour guérir Roland devenu fou, Astolphe, monté sur l'hippogriffe, va dans la lune et là, dans une fiole, il retrouve la raison de Roland, amoureux d'Angélique, auquel il fera respirer le contenu de la fiole.

lorsqu'il alla chercher le bon sens de Roland renfermé dans une bouteille.

Si de son temps l'Amérique eût été découverte, et que dans notre Europe il y eût eu des hommes assez systématiques pour avancer avec le jésuite Lafiteau que les Caraïbes descendent des habitants de Carie,[7] et que les Hurons viennent des Juifs,[8] il aurait bien fait de rapporter à ces raisonneurs la bouteille de leur bon sens, qui sans doute était dans la lune avec celle de l'amant d'Angélique.

La première chose qu'on fait quand on découvre une île peuplée dans l'océan Indien, ou dans la mer du Sud, c'est de dire: d'où ces gens-là sont-ils venus? mais pour les arbres et les tortues du pays, on ne balance pas à les croire originaires; comme s'il était plus difficile à la nature de faire des hommes que des tortues. Ce qui peut servir d'excuse à ce système, c'est qu'il n'y a presque point d'île dans les mers d'Amérique et d'Asie, où l'on n'ait trouvé des jongleurs, des joueurs de gibecière,[9] des charlatans, des fripons, et des imbéciles. C'est probablement ce qui a fait penser que ces animaux étaient de la même race que nous.

---

34   70, 71N, 71A: de leur rapporter la

---

[7] Lafitau, *Mœurs des sauvages amériquains*, t.1, p.54. Voltaire écrit en marge: 'caraïbes viennent de carie, comme la belle esclave desclavonie' (*CN*, t.5, p.130). Dans *La Philosophie de l'histoire*, Voltaire se gausse du père Lafitau, qui fait 'venir les Caraïbes des peuples de Carie, à cause de la conformité du nom, et surtout parce que les femmes caraïbes faisaient la cuisine de leurs maris ainsi que les femmes cariennes' (*OCV*, t.59, p.116). La Carie est une antique province du sud-ouest de l'Asie mineure.

[8] Lafitau ne dit pas que les Hurons viennent des Juifs. Il affirme au contraire que, malgré la circoncision observée au Yucatan, les Juifs ne sont pas passés en Amérique (*Mœurs des sauvages amériquains*, t.2, p.118-19). Il ne se prononce pas sur l'origine des Hurons ou des Iroquois (t.1, p.69).

[9] 'Jouer de la gibecière, c'est faire divers tours pour divertir quelque compagnie, ou amuser le petit peuple' (César-Pierre Richelet, *Dictionnaire français*, Genève, 1680). Le mot *gibecière* a désigné le sac attaché à la ceinture dont se servaient les escamoteurs. Dans l'*Encyclopédie*, Jaucourt consacre quelques lignes aux 'tours de gibecière' (t.7, p.657).

AMITIÉ

On a parlé depuis longtemps du temple de l'amitié, et on sait qu'il a
été peu fréquenté.

> En vieux langage on voit sur la façade
> Les noms sacrés d'Oreste et de Pilade,
> Le médaillon du bon Pirritoüs,   5
> Du sage Acathe et du tendre Nisus,
> Tous grands héros, tous amis véritables:
> Ces noms sont beaux; mais ils sont dans les fables. [1]

On sait que l'amitié ne se commande pas plus que l'amour et
l'estime. *Aime ton prochain*, signifie, *secours ton prochain*; mais non   10
pas *jouis avec plaisir de sa conversation s'il est ennuyeux, confie-lui tes
secrets s'il est un babillard, prête-lui ton argent s'il est un dissipateur.* [2]

---

1   K84, K12:   et l'on sait

* Ce texte est en partie repris de l'article 'Amitié' du *DP*. Voltaire l'a étoffé par
l'ajout de paragraphes introductifs (lignes 1-12), par l'insertion d'une demi-phrase
(lignes 13-14) et d'une phrase (lignes 30-31), et (dans w68) d'un nouvel exemple
(lignes 32-35). Il marque son souci des liaisons entre articles par des renvois (note *a* et
ligne 43). Il procède à quelques retouches stylistiques, et supprime une phrase (ligne
43). Par ailleurs, Voltaire a annoté sans aménité l'article 'Amitié' de l'*Encyclopédie*
(*CN*, t.3, p.365-66) signé par l'abbé Yvon. Voltaire envoie le présent article à Cramer
avec 'Ame' et 'Amérique', probablement en mars/avril 1770 (D16269); l'article
paraît en novembre/décembre 1770 (70, t.1).

[1] Auto-citation du *Temple de l'amitié* (1732; *OCV*, t.9, p.17). Ces exemples
d'amitiés célèbres renvoient à la Grèce antique: Pirithous, héros thessalien, ami de
Thésée; Pylade, ami et conseiller d'Oreste qu'il aida à punir les meurtriers
d'Agamemnon; Nysus, roi de Mégare (Frédéric, prince royal de Prusse avait
alors le projet d'écrire une tragédie sur Nysus et Euryale, voir C. Mervaud, *Voltaire
et Frédéric II: une dramaturgie des Lumières, 1736-1778, SVEC* 234, 1985, p.51-70);
Achate, l'ami fidèle d'Enée. Voltaire est grand admirateur de l'*Enéide* dont il évoque
ici les figures de Nysus et d'Achate.

[2] Ce commentaire de la parole évangélique prêche le devoir d'assistance, mais
exclut toute confiance aveugle.

L'amitié est le mariage de l'âme;[3] et ce mariage est sujet au divorce.[4] C'est un contrat tacite entre deux personnes sensibles et vertueuses. Je dis *sensibles*, car un moine, un solitaire peut n'être point méchant, et vivre sans connaître l'amitié. Je dis *vertueuses*; car les méchants n'ont que des complices; les voluptueux ont des compagnons de débauche; les intéressés ont des associés, les politiques assemblent des factieux; le commun des hommes oisifs a des liaisons; les princes ont des courtisans; les hommes vertueux ont seuls des amis.

Céthégus était le complice de Catilina, et Mécène le courtisan d'Octave; mais Cicéron était l'ami d'Atticus.

Que porte ce contrat entre deux âmes tendres et honnêtes? les obligations en sont plus fortes et plus faibles, selon les degrés de sensibilité, et le nombre des services rendus, etc.

L'enthousiasme de l'amitié a été plus fort chez les Grecs et chez les Arabes, que chez nous. (*a*) Les contes que ces peuples ont imaginés sur l'amitié sont admirables; nous n'en avons point de pareils. Nous sommes un peu secs en tout. Je ne vois nul grand trait d'amitié dans nos romans, dans nos histoires, sur notre théâtre.[5]

Il n'est parlé d'amitié chez les Juifs qu'entre Jonathas et David.[6] Il est dit que David l'aimait d'un amour plus fort que celui des

(*a*) Voyez l'article 'Arabe'.

31-36   70, 71A: théâtre. ¶L'amitié
         71N: théâtre. Une vertu mâle et forte, avec une âme vive et sensible ont produit ces rares exemples d'amitié. ¶L'amitié

[3] Pour l'annotation du passage repris, voir *OCV*, t.35, p.320-22.
[4] Accent pessimiste de cet ajout des *QE*.
[5] Voltaire est toujours sévère à l'égard de la littérature française. Or il a lu Montaigne et le chapitre sur l'amitié des *Essais*.
[6] 'L'âme de Jonathas se lia à l'âme de David et Jonathas se mit à l'aimer comme lui-même' (1 Samuel 18:1). Jonathas a plaidé la cause de David devant son père (1 Samuel 19:4-5), puis l'a aidé à s'enfuir (1 Samuel 20:4-43).

femmes: [7] mais aussi il est dit que David après la mort de son ami, dépouilla Miphibozeth son fils, et le fit mourir. [8]

L'amitié, était un point de religion et de législation chez les Grecs. Les Thébains avaient le régiment des amants: beau régiment! quelques-uns l'ont pris pour un régiment de non-conformistes, ils se trompent; c'est prendre un accessoire honteux pour le principal honnête. L'amitié chez les Grecs était prescrite par la loi et la religion. La pédérastie était malheureusement tolérée par les mœurs, il ne faut pas imputer à la loi des abus indignes. (Voyez 'Amour socratique'.) [9]

35

40

[7] 'Votre mort me perce de douleur, Jonathas mon frère, le plus beau des princes, plus aimable que les plus aimables femmes. Je vous aimais comme une mère aime son fils unique' (2 Samuel 1:26). Dans cette déploration, il n'est pas dit que David aimait Jonathas plus que les femmes.

[8] David a recueilli le fils infirme de Jonathas, Méphiboseth (2 Samuel 9:2-3), mais celui-ci est calomnié par un domestique, Siba, qui obtient les biens de son maître. David comprend qu'il a été trompé, il partage les biens entre Siba et Méphiboseth (2 Samuel 19:25-29). Le fils de Jonathas a été dépouillé, puis a obtenu une demi-réparation, il n'est pas dit que David l'ait fait mourir. David reste toujours la cible favorite de Voltaire.

[9] Réécriture du dernier paragraphe de l'article du *DP*. Voltaire remplace 'régiment de sodomites' par 'régiment de non-conformistes', ajoute les épithètes 'honteux' et 'honnête', et (pour éviter une répétition) change 'abus honteux' en 'abus indignes'. Il supprime la dernière phrase de l'article du *DP*, remplacée par un renvoi.

AMOUR

Il y a tant de sortes d'amour qu'on ne sait à qui s'adresser pour le définir. On nomme hardiment *amour* un caprice de quelques jours, une liaison sans attachement, un sentiment sans estime, des simagrées de sigisbées, [1] une froide habitude, une fantaisie romanesque, un goût suivi d'un prompt dégoût: on donne ce nom à mille 5 chimères.

Si quelques philosophes veulent examiner à fond cette matière peu philosophique, qu'ils méditent le Banquet de Platon, dans lequel Socrate amant honnête d'Alcibiade et d'Agathon converse avec eux sur la métaphysique de l'amour. [2] 10

Lucrèce en parle plus en physicien: Virgile suit les pas de Lucrèce, *amor omnibus idem.*

C'est l'étoffe de la nature que l'imagination a brodée. Veux-tu avoir une idée de l'amour? vois les moineaux de ton jardin, vois tes

---

4 к84, к12: de Sigisbé, une
6-7 71N: chimères. Le véritable amour suppose la vertu dans le cœur et la santé dans le corps. ¶Si

---

* Voltaire reprend son article 'Amour' du *DP* en y ajoutant d'abord deux paragraphes d'introduction et en réécrivant le troisième paragraphe. Par la suite il ajoute une traduction de trois vers de Lucrèce, et quatre paragraphes de conclusion. Sur le texte d'origine et son rapport avec l'article 'Amour' de l'*Encyclopédie*, voir les notes de l'article 'Amour' du *DP* (*OCV*, t.35, p.323-27, n.1-11). Le présent article paraît en novembre/décembre 1770 (70, t.1).

[1] Un sigisbée était, dans l'Italie du dix-huitième siècle, le chevalier servant d'une dame qui, avec l'accord du mari, se substituait à lui pour accompagner sa femme dans ses visites. Voir Littré qui renvoie à ce passage et ne cite rien d'antérieur. Parce que ce mot ne figure ni dans le *Dictionnaire universel* d'Antoine Furetière (1690), ni dans le *Dictionnaire de Trévoux* aussi tard que l'édition de 1752, on peut imaginer qu'il n'était pas courant du vivant de Voltaire.

[2] Voltaire se réfère de nouveau au *Banquet* de Platon dans l'article 'Amour socratique', ci-dessous.

pigeons, contemple le taureau qu'on amène à la génisse, regarde ce   15
fier cheval que deux de ses valets conduisent à la cavale paisible qui
l'attend et qui détourne sa queue pour le recevoir; vois comme ses
yeux étincellent, entends ses hennissements, contemple ces sauts,
ces courbettes, ces oreilles dressées, cette bouche qui s'ouvre avec
de petites convulsions, ces narines qui s'enflent, ce souffle   20
enflammé qui en sort, ces crins qui se relèvent et qui flottent, ce
mouvement impétueux dont il s'élance sur l'objet que la nature lui a
destiné; mais n'en sois point jaloux, et songe aux avantages de
l'espèce humaine; ils compensent en amour tous ceux que la nature
a donnés aux animaux, force, beauté, légèreté, rapidité.   25

Il y a même des animaux qui ne connaissent point la jouissance.
Les poissons écaillés sont privés de cette douceur; la femelle jette
sur la vase des millions d'œufs; le mâle qui les rencontre, passe sur
eux et les féconde par sa semence, sans se mettre en peine à quelle
femelle ils appartiennent.   30

La plupart des animaux qui s'accouplent ne goûtent de plaisir
que par un seul sens, et dès que cet appétit est satisfait, tout est
éteint. Aucun animal, hors toi, ne connaît les embrassements; tout
ton corps est sensible; tes lèvres surtout jouissent d'une volupté que
rien ne lasse, et ce plaisir n'appartient qu'à ton espèce; enfin, tu   35
peux dans tous les temps te livrer à l'amour, et les animaux n'ont
qu'un temps marqué. Si tu réfléchis sur ces prééminences, tu diras
avec le comte de Rochester, L'amour dans un pays d'athées ferait
adorer la Divinité.

Comme les hommes ont reçu le don de perfectionner tout ce que   40
la nature leur accorde, ils ont perfectionné l'amour. La propreté, le
soin de soi-même, en rendant la peau plus délicate, augmente le
plaisir du tact, et l'attention sur sa santé rend les organes de la
volupté plus sensibles. Tous les autres sentiments entrent ensuite
dans celui de l'amour, comme des métaux qui s'amalgament avec   45
l'or: l'amitié, l'estime viennent au secours; les talents du corps et de
l'esprit sont encore de nouvelles chaînes.

18   K84, K12: entends ces hennissements,
23   70, 71N, 71A: mais ne sois

Nam facit ipsa suis interdum foemina factis,
Morigerisque modis et mundo corpore cultu
Ut facile insuescat secum vir degere vitam.   5c
       LUCRÈCE, livre V

On peut, sans être belle, être longtemps aimable.
L'attention, le goût, les soins, la propreté,
Un esprit naturel, un air toujours affable,
Donnent à la laideur les traits de la beauté. [3]   55

L'amour-propre surtout resserre tous ces liens. On s'applaudit
de son choix, et les illusions en foule sont les ornements de cet
ouvrage, dont la nature a posé les fondements.

Voilà ce que tu as au-dessus des animaux; mais si tu goûtes tant
de plaisirs qu'ils ignorent, que de chagrins aussi, dont les bêtes   6c
n'ont point d'idée! Ce qu'il y a d'affreux pour toi, c'est que la nature
a empoisonné dans les trois quarts de la terre les plaisirs de l'amour,
et les sources de la vie, par une maladie épouvantable, à laquelle
l'homme seul est sujet, et qui n'infecte que chez lui les organes de la
génération.   65

Il n'en est point de cette peste comme de tant d'autres maladies
qui sont la suite de nos excès. Ce n'est point la débauche qui l'a
introduite dans le monde. Les Phriné, les Laïs, les Flora, les
Messaline n'en furent point attaquées; elle est née dans des îles où
les hommes vivaient dans l'innocence; et de là elle s'est répandue   70
dans l'ancien monde.

Si jamais on a pu accuser la nature de mépriser son ouvrage, de
contredire son plan, d'agir contre ses vues, c'est dans ce fléau
détestable qui a souillé la terre d'horreur et de turpitude. Est-ce là le
meilleur des mondes possibles? Eh quoi, si César, Antoine, Octave   75
n'ont point eu cette maladie, n'était-il pas possible qu'elle ne fît
point mourir François Ier? Non, dit-on, les choses étaient ainsi

---

[3] Cette traduction assez libre est de Voltaire. Les vers de Lucrèce ne sont pas
traduits dans le *DP*, sauf dans l'édition 65v qui fournit la traduction d'un 'auteur du
seizième siècle' non identifié: 'Accorte et nette et gente damoiselle / Sans grande
beauté fait qu'on vit avec elle' (*OCV*, t.35, p.325).

ordonnées pour le mieux; je le veux croire; mais cela est triste pour ceux à qui Rabelais a dédié son livre.

Les philosophes érotiques ont souvent agité la question si Héloïse put encore aimer véritablement Abélard quand il fut moine et châtré?[4] L'une de ces qualités faisait très grand tort à l'autre.   80

Mais consolez-vous, Abélard, vous fûtes aimé; la racine de l'arbre coupé conserve encore un reste de sève; l'imagination aide le cœur. On se plaît encore à table quoiqu'on n'y mange plus. Est-ce de l'amour? est-ce un simple souvenir? est-ce de l'amitié? C'est un je ne sais quoi composé de tout cela. C'est un sentiment confus qui ressemble aux passions fantastiques que les morts conservaient dans les champs Elisées.   85 ... 90

Les héros qui pendant leur vie avaient brillé dans la course des chars, conduisaient après leur mort des chars imaginaires. Héloïse vivait avec vous d'illusions et de suppléments. Elle vous caressait quelquefois, et avec d'autant plus de plaisir qu'ayant fait vœu au Paraclet[5] de ne vous plus aimer, ses caresses en devenaient plus précieuses comme plus coupables. Une femme ne peut guère se prendre de passion pour un eunuque, mais elle peut conserver sa   95

---

92   70, 71N, 71A, w68: imaginaires. Orphée croyait chanter encore. Héloïse

[4] L'étude et la bibliographie très complètes par Charlotte Charrier, *Héloïse dans l'histoire et dans la légende* (Paris, 1933), ne mentionnent pas de 'philosophes érotiques'. Il semble que Voltaire veut désigner ici l'auteur d'une 'traduction fantaisiste' des lettres d'Abélard et d'Héloïse, Roger Bussy-Rabutin (voir *Les Lettres de Messire Roger de Rabutin comte de Bussy*, Paris, 1697, t.2, p.50-79), faite à partir de la première édition, *Petri Abaelardi, filosofi et theologi, abbates Ruyensis et Heloisae conjugis ejus* [...] *opera* (Paris, 1616). Cette traduction transforma la 'très sage Héloïse' en modèle de galanterie raisonnant sur son amour pour Abélard après qu'il fut châtré (p.78). Ce texte de Bussy-Rabutin semble avoir circulé en manuscrit depuis qu'il l'avait envoyé à sa cousine, Mme de Sévigné, en 1687. Cette histoire a aussi inspiré le poème d'Alexander Pope, 'Eloisa to Abelard' et le roman de Rousseau, *La Nouvelle Héloïse* (1761). Voir aussi Pierre Bayle, *Dictionnaire historique et critique*, article 'Abélard', note T, et Charrier, *Héloïse*, p.411-17. Pierre Abélard vécut de 1079 à 1142 et Héloïse de v.1100 à 1164.

[5] L'avocat, l'intercesseur, dans Jean 16:7, devenu synonyme du Saint-Esprit.

253

passion pour son amant devenu eunuque,[6] pourvu qu'il soit encore aimable.

Il n'en est pas de même, mesdames, pour un amant qui a vieilli dans le service; l'extérieur ne subsiste plus; les rides effraient; les sourcils blanchis rebutent; les dents perdues dégoûtent; les infirmités éloignent. Tout ce qu'on peut faire, c'est d'avoir la vertu d'être garde-malade, et de supporter ce qu'on a aimé. C'est ensevelir un mort.[7]

---

[6] Les amours de l'eunuque blanc Cosrou et de Zélide sont commentées dans la lettre 53 de Zélis à Usbek des *Lettres persanes*.

[7] On est tenté d'accorder une résonance autobiographique à ce dernier paragraphe.

AMOUR-PROPRE

Nicole, dans les *Essais de morale*,[1] faits après deux ou trois mille volumes de morale, (dans son *Traité de la charité*, chap. 2) dit, *que par le moyen des gibets et des roues qu'on a établis en commun, on réprime les pensées et les desseins tyranniques de l'amour-propre de chaque particulier.*[2]

Je n'examinerai point si on a des gibets en commun, comme on a des prés et des bois en commun, et une bourse commune,[3] et si on

* Reprise de l'article 'Amour-propre' du *DP* avec ajout des deux premiers paragraphes. Pour l'annotation du texte réemployé, voir *OCV*, t.35, p.334-36. Le présent article paraît en novembre/décembre 1770 (70, t.1).

[1] Voltaire professe habituellement de l'admiration pour les *Essais de morale* de Nicole ('Catalogue des écrivains', *Le Siècle de Louis XIV*, *OH*, p.1190) qui figurent dans sa bibliothèque (13 vol., Paris, 1743-1755, BV2569). Des notes et autres traces de lecture sont signalées dans le tome 2 (*OCV*, t.141, p.77-78).

[2] La référence et la citation sont justes: voir le 'Second traité: de la charité et de l'amour-propre' dans les *Essais de morale contenus en divers traités sur plusieurs devoirs importans*, t.3 (Paris, 1715), ch.2, p.107. Voltaire a su choisir une citation percutante et paraissant déplacée dans un traité sur la charité puisqu'il s'agit de torture et d'exécution. Mais il convient de rappeler le contexte. Nicole, dans le chapitre 1 de son traité, posait comme principe que chacun d'entre nous était possédé d'un 'amour sans borne et sans mesure de soi' et haïssait l'amour-propre des autres. Dans le chapitre 2, il se demande 'comment l'amour-propre a pu unir les hommes dans une même société'. L'amour-propre conduit logiquement les hommes à se détruire les uns les autres. Mais chacun est menacé par tous. Pour sa propre conservation, chaque homme n'a trouvé d'autre moyen que de s'unir avec d'autres hommes, afin de 'repousser par la force' ceux qui menaceraient sa vie ou ses biens. On a fait alors des lois et on a ordonné des châtiments contre ceux qui les violent. La phrase citée par Voltaire est l'exemple que donne alors Nicole. Puis il le commente ainsi: 'la crainte de la mort est donc le premier lien de la société civile, et le premier frein de l'amour-propre'.

[3] Voltaire confond la volonté commune s'exprimant par la loi, les communaux des paroisses, propriété collective, et la convention de ceux qui partagent leurs biens. Cette confusion volontaire est destinée à souligner ce que la formulation de Nicole a d'inacceptable.

réprime des pensées avec des roues;[4] mais il me semble fort étrange que Nicole ait pris le vol de grand chemin et l'assassinat pour de l'amour-propre. Il faut distinguer un peu mieux les nuances.[5] Celui qui dirait que Néron a fait assassiner sa mère par amour-propre, que Cartouche[6] avait beaucoup d'amour-propre, ne s'exprimerait pas fort correctement. L'amour-propre n'est point une scélératesse, c'est un sentiment naturel à tous les hommes;[7] il est beaucoup plus voisin de la vanité que du crime.

Un gueux des environs de Madrid demandait noblement l'aumône; un passant lui dit, N'êtes-vous pas honteux de faire ce métier infâme quand vous pouvez travailler? Monsieur, répondit le mendiant, je vous demande de l'argent et non pas des conseils; puis il lui tourna le dos en conservant toute la dignité castillane. C'était un fier gueux que ce seigneur, sa vanité était blessée pour peu de chose. Il demandait l'aumône par amour de soi-même, et ne souffrait pas la réprimande par un autre amour de soi-même.

Un missionnaire voyageant dans l'Inde rencontra un fakir chargé de chaînes, nu comme un singe, couché sur le ventre,

---

[4] Voltaire rappelle que la répression ne doit s'appliquer qu'aux actes délictueux et dénonce la tyrannie qu'instaure celui qui se mêle de contrôler, censurer, réprimer les pensées.

[5] Nicole ne prend point le vol et l'assassinat pour de l'amour-propre, mais comme des conséquences de l'esprit de domination dont l'origine est à chercher dans l'amour-propre. Voltaire, de nouveau, assène une leçon à ce janséniste rigide qui méconnaît la nature d'actes aux motivations complexes en les ramenant à une unique principe.

[6] Dans le *Supplément au Siècle de Louis XIV*, Voltaire consacre une notice à la vie et à l'arrestation de Cartouche. Il signale qu'on a fait une comédie, puis un poème épique parodique sur ce malheureux (*OH*, p.1266). Il s'agit de *Cartouche, ou les voleurs* (1721), comédie par Marc-Antoine Legrand et de *Cartouche ou le vice puni* (1723), poème de Nicolas Ragot de Grandval. Dans une préface, publiée en 1754, en tête de l'*Essai sur l'histoire universelle, tome troisième*, Voltaire attaque La Beaumelle, coupable d'avoir dit que 'l'âme de Cartouche ressemblait à celle du grand Condé' et qu'une 'république fondée par un voleur comme Cartouche serait une excellente république' (*M*, t.24, p.49). Voir aussi *Les Honnêtetés littéraires*, *M*, t.26, p.133.

[7] L'amour-propre pour Pascal est une puissance trompeuse. Une fois de plus dans cet ajout Voltaire combat les jansénistes et réhabilite l'amour-propre.

et se faisant fouetter pour les péchés de ses compatriotes les Indiens, qui lui donnaient quelques liards du pays; Quel renoncement à soi-même! disait un des spectateurs: Renoncement à moi-même! reprit le fakir; apprenez que je ne me fais fesser dans ce monde que pour vous le rendre dans l'autre, quand vous serez 30 chevaux et moi cavalier.

Ceux qui ont dit que l'amour de nous-mêmes est la base de tous nos sentiments et de toutes nos actions, ont donc eu grande raison dans l'Inde, en Espagne, et dans toute la terre habitable: et comme on n'écrit point pour prouver aux hommes qu'ils ont un visage, il 35 n'est pas besoin de leur prouver qu'ils ont de l'amour-propre. Cet amour-propre est l'instrument de notre conservation; il ressemble à l'instrument de la perpétuité de l'espèce; il est nécessaire, il nous est cher, il nous fait plaisir, et il faut le cacher.

26 71N: et le faisant

AMOUR SOCRATIQUE

Si l'amour qu'on a nommé *socratique* et *platonique* n'était qu'un sentiment honnête, il y faut applaudir. Si c'était une débauche, il faut en rougir pour la Grèce.

* Cet article est une reprise de l'article 'Amour nommé socratique' du *DP* avec une phrase d'introduction, plusieurs petites interpolations et l'addition de notes importantes. Celles-ci répondent encore une fois aux critiques émises par Pierre-Henri Larcher dans son *Supplément à la Philosophie de l'histoire de feu M. l'abbé Bazin* (Amsterdam, 1767, BV1923), contre *La Philosophie de l'histoire* (1765), ch.9, et surtout contre les propos de Voltaire au sujet de ce que Sextus Empiricus avait écrit sur la pédérastie chez les Perses et les Romains. Voltaire avait déjà répondu à Larcher dans *La Défense de mon oncle* (1767), mais cela ne lui suffisait pas. Il lui fallait régler les comptes encore une fois dans les *QE*. L'article 'Amour nommé socratique' semble avoir été écrit, comme J.-M. Moureaux montre que ce fut le cas pour les dix premiers chapitres de *La Défense de mon oncle* (voir *OCV*, t.64, p.22-25), avant que Voltaire ait appris l'identité de son adversaire, l'auteur du *Supplément à la Philosophie de l'histoire de feu M. l'abbé Bazin*, car il le prend, dans les deux ouvrages, pour l'abbé Paul Foucher. D'Alembert lui avait écrit le 23 mai 1767 (D14195) que Foucher n'était pas l'auteur du *Supplément*, et vers le 18 mai 1767, Damilaville lui fait parvenir un exemplaire du *Supplément* avec une note manuscrite identifiant l'auteur comme Larcher. Autrement dit, cet article est soit une reprise des chapitres 5 et 6 de *La Défense de mon oncle* que Voltaire n'a pas mis à jour, soit un texte préliminaire de ces mêmes chapitres de *La Défense de mon oncle* éventuellement abrégé. Voltaire soutient que les actes homosexuels et l'onanisme contreviennent à la loi naturelle, et en ceci il rejoint la doctrine thomiste que l'Eglise avait adoptée, identifiant ce qui est interdit par la religion avec ce qui contrevient la loi naturelle. Pourtant Voltaire peut, à la fois, désapprouver ces actes, défendre autant que possible la réputation des anciens, comme Socrate, qui en furent accusés, et nier que ces pratiques fussent jamais normatives dans les pays où elles se pratiquaient plus ou moins ouvertement, sans toutefois se montrer trop sévère pour les contemporains qui s'en rendaient coupables. Comme dans 'Des loix' du *DP*, où il s'agit de l'inceste, Voltaire reconnaît un tabou sans s'offusquer trop lorsqu'il est transgressé. L'article paraît dans les *QE* en novembre/décembre 1770 (70, t.1). En 1784, les éditeurs de Kehl ajoutent une longue note qui condamne 'cette turpitude', l'homosexualité. Aux lignes 1-3, 12, 29, 47-50, 54-55, 70-71, 75-82, 89-103, 108-11, 113-18 et aux cinq notes du présent article se trouvent les principaux ajouts de Voltaire à l'article 'Amour nommé socratique' du *DP*. Pour l'annotation du texte repris de l'article 'Amour nommé socratique', voir *OCV*, t.35, p.328-36, n.1-18.

258

Comment s'est-il pu faire qu'un vice, destructeur du genre humain, s'il était général; qu'un attentat infâme contre la nature, soit pourtant si naturel? Il paraît être le dernier degré de la corruption réfléchie; et cependant il est le partage ordinaire de ceux qui n'ont pas eu encore le temps d'être corrompus. Il est entré dans des cœurs tout neufs, qui n'ont connu encore ni l'ambition ni la fraude, ni la soif des richesses. C'est la jeunesse aveugle, qui par un instinct mal démêlé se précipite dans ce désordre au sortir de l'enfance, ainsi que dans l'onanisme. (Voyez 'Onanisme'.)

Le penchant des deux sexes l'un pour l'autre se déclare de bonne heure; mais quoi qu'on ait dit des Africaines et des femmes de l'Asie méridionale, ce penchant est généralement beaucoup plus fort dans l'homme que dans la femme, c'est une loi que la nature a établie pour tous les animaux, c'est toujours le mâle qui attaque la femelle.

Les jeunes mâles de notre espèce, élevés ensemble, sentant cette force que la nature commence à déployer en eux, et ne trouvant point l'objet naturel de leur instinct, se rejettent sur ce qui lui ressemble. Souvent un jeune garçon par la fraîcheur de son teint, par l'éclat de ses couleurs, et par la douceur de ses yeux, ressemble pendant deux ou trois ans à une belle fille; si on l'aime, c'est parce que la nature se méprend; on rend hommage au sexe en s'attachant à ce qui en a les beautés; et quand l'âge a fait évanouir cette ressemblance, la méprise cesse.

Citraque juventam
Aetatis breve ver et primos carpere flores.

On n'ignore pas que cette méprise de la nature est beaucoup plus commune dans les climats doux que dans les glaces du septentrion; parce que le sang y est plus allumé, et l'occasion plus fréquente: aussi ce qui ne paraît qu'une faiblesse dans le jeune Alcibiade, est une abomination dégoûtante dans un matelot hollandais, et dans un vivandier moscovite.

Je ne peux souffrir qu'on prétende que les Grecs ont autorisé

8   K12: pas encore eu le

cette licence. On cite le législateur Solon, parce qu'il a dit en deux
mauvais vers:

Tu chériras un beau garçon,
Tant qu'il n'aura barbe au menton. (*a*)

(*a*) Un écrivain moderne nommé Larcher,[1] répétiteur de collège, dans
un libelle rempli d'erreurs en tout genre, et de la critique la plus grossière,
ose citer je ne sais quel bouquin dans lequel on appelle Socrate *Sanctus
Pederastes*, Socrates saint b...[2] Il n'a pas été suivi dans ces horreurs par
l'abbé Foucher;[3] mais cet abbé, non moins grossier, s'est trompé encore
lourdement sur Zoroastre et sur les anciens Persans. Il en a été vivement
repris par un homme savant dans les langues orientales.[4]

39   70, 71N, 71A: [*sans note*]

[1] Pierre-Henri Larcher (1726-1812), helléniste savant plus proche des philosophes que de leurs ennemis, de l'avis de René Pomeau (*VST*, t.2, p.272), fut
recruté par les adversaires de Voltaire pour critiquer *La Philosophie de l'histoire*.
Voir ci-dessus, note *, et l'introduction de J.-M. Moureaux à *La Défense de mon oncle*
(*OCV*, t.64, p.24-26).

[2] 'Bourge', dans une traduction du titre latin qui est le fait de Voltaire (voir *La
Défense de mon oncle*, *OCV*, t.64, p.204, et p.293, n.11). Le livre en question, *Socrates
sanctus pederasta* de Johann Matthias Gesner (Utrecht, 1752), est 'un plaidoyer
passionné en faveur d'un Socrate calomnié', mais Voltaire ne s'en est pas rendu
compte (*OCV*, t.64, p.293, n.12). Voir Larcher, *Supplément à la Philosophie de
l'histoire*, p.35, 78, qui critique *La Philosophie de l'histoire*, ch.11.

[3] Paul Foucher, de l'Académie des inscriptions et belles-lettres, ne s'ingéra pas
dans les controverses sur l'origine de l'homosexualité, mais avait critiqué Voltaire
pour une imprécision dans la première édition de l'*Essai sur les mœurs* (1756), ch.5,
p.31, où Voltaire avait laissé entendre que le *Sadder* était une personne ('Zoroastre
dans ses écrits conservés par *Sadder* feint que Dieu lui fit voir cet enfer') plutôt qu'un
recueil persan relativement moderne (*Mémoires de l'Académie des inscriptions et
belles-lettres*, 1760, p.331). Voltaire ne lui répondit qu'en 1769, dans deux lettres
parues sous le nom de son copiste Simon Bigex dans le *Mercure de France*, juin 1769,
p.151 (D15616), et août 1769, p.122-26 (D15702). Foucher lui répondit dans le
numéro de juillet, t.2, p.144-50. Sur cette dispute, voir aussi l'article 'Académie'.

[4] Autrement dit, par Voltaire lui-même, dans sa *Défense de mon oncle*, ch.5 (*OCV*,
t.64, p.204-205).

Mais en bonne foi, (*b*) Solon était-il législateur quand il fit ces   40
deux vers ridicules? Il était jeune alors, et quand le débauché fut
devenu sage, il ne mit point une telle infamie parmi les lois de sa
république; accusera-t-on Théodore de Bèze d'avoir prêché la
pédérastie dans son église, parce que dans sa jeunesse il fit des vers
pour le jeune Candide? et qu'il dit: 45

Amplector hunc et illam.

Je suis pour lui, je suis pour elle.[5]

Il faudra dire qu'ayant chanté des amours honteux dans son
jeune âge, il eut dans l'âge mûr l'ambition d'être chef de parti, de
prêcher la réforme, de se faire un nom. *Hic vir et ille puer.*[6]   50

On abuse du texte de Plutarque, qui dans ses bavarderies, au
Dialogue de l'amour, fait dire à un interlocuteur que les femmes ne
sont pas *dignes du véritable amour*; (*c*) mais un autre interlocuteur
soutient le parti des femmes comme il le doit. On a pris l'objection
pour la décision.   55

Il est certain, autant que la science de l'antiquité peut l'être, que
l'amour socratique n'était point un amour infâme. C'est ce nom
d'*amour* qui a trompé. Ce qu'on appelait *les amants d'un jeune
homme*, étaient précisément ce que sont parmi nous les menins de
nos princes; ce qu'étaient les enfants d'honneur, des jeunes gens   60

(*b*) Traduction d'Amiot[7] grand aumônier de France.
(*c*) Voyez l'article 'Femme'.

n.*b*   71N: grand aumônier. //

[5] Sur cette citation, voir la note 7 de l'article 'Amour nommé socratique' du *DP*
(*OCV*, t.35, p.330). Théodore de Bèze (1517-1605) fut le disciple le plus proche de
Calvin, mais jusqu'en 1548 il s'était consacré aux belles-lettres. Contrairement à ce
que Voltaire écrit ici, on lui reprochait ses *Poemata* de jeunesse.

[6] Ovide, *Heroïdes*, épître 9, vers 24, 'dissimiles hic vir et ille puer' ('l'homme que
vous êtes et l'enfant que vous étiez ne sont pas semblables').

[7] *Les Œuvres morales et mêlées de Plutarque*, trad. Jacques Amyot (Paris, 1575,
BV2771). Amyot (1513-1593) fut nommé grand aumônier de France en 1560 et
évêque d'Auxerre en 1570.

attachés à l'éducation d'un enfant distingué, partageant les mêmes études, les mêmes travaux militaires; institution guerrière et sainte dont on abusa comme des fêtes nocturnes, et des orgies.

La troupe des amants institués par Laïus, était une troupe invincible de jeunes guerriers engagés par serment à donner leur vie les uns pour les autres, et c'est ce que la discipline antique a jamais eu de plus beau.

Sextus Empiricus et d'autres, ont beau dire que ce vice était recommandé par les lois de la Perse. Qu'ils citent le texte de la loi; qu'ils montrent le code des Persans; et si cette abomination s'y trouvait je ne la croirais pas; je dirais que la chose n'est pas vraie, par la raison qu'elle est impossible. Non, il n'est pas dans la nature humaine de faire une loi qui contredit, et qui outrage la nature, une loi qui anéantirait le genre humain si elle était observée à la lettre. Mais moi, je vous montrerai l'ancienne loi des Persans rédigée dans le *Sadder*. Il est dit à l'article ou porte 9, *qu'il n'y a point de plus grand péché*.[8] C'est en vain qu'un écrivain moderne[9] a voulu justifier Sextus Empiricus et la pédérastie; les lois de Zoroastre, qu'il ne connaissait pas, sont un témoignage irréprochable que ce vice ne fut jamais recommandé par les Perses. C'est comme si on disait qu'il est recommandé par les Turcs. Ils le commettent hardiment; mais les lois le punissent.[10]

Que de gens ont pris des usages honteux et tolérés dans un pays pour les lois du pays! Sextus Empiricus qui doutait de tout, devait bien douter de cette jurisprudence. S'il eût vécu de nos jours, et

65

70

75

80

85

77 70, 71N, 71A: moderne [*avec note:* Cet écrivain moderne est un nommé Larcher, répétiteur de collège qui dans [à *partir d'ici, cette note reprend le texte de la note (a)*]] a

[8] Voltaire cite cette même porte dans une addition de 1769 à l'*Essai sur les mœurs* (ch.5, t.1, p.249). Il la traduit d'après Thomas Hyde, *Veterum Persarum et Parthorum et Medorum religionis historia* (Oxford, 1760, BV1705, p.440-41).

[9] Larcher, *Supplément à la Philosophie de l'histoire*, p.101; voir la note (*a*) de Voltaire, ci-dessus.

[10] Ceci est une comparaison qui manque dans *La Défense de mon oncle* et dans l'article 'Amour nommé socratique' du *DP*.

qu'il eût vu deux ou trois jeunes jésuites abuser de quelques écoliers, aurait-il eu droit de dire que ce jeu leur est permis par les constitutions d'Ignace de Loyola? [11]

Il me sera permis de parler ici de l'amour socratique du révérend père Polycarpe, carme chaussé de la petite ville de Gex, lequel en 1771 enseignait la religion et le latin à une douzaine de petits écoliers. Il était à la fois leur confesseur et leur régent; et il se donna auprès d'eux tous un nouvel emploi. On ne pouvait guère avoir plus d'occupations spirituelles et temporelles. Tout fut découvert: il se retira en Suisse, pays fort éloigné de la Grèce. [12]

Ces amusements ont été assez communs entre les précepteurs et les écoliers. (Voyez 'Pétrone'.) [13] Les moines chargés d'élever la jeunesse, ont été toujours un peu adonnés à la pédérastie. C'est la suite nécessaire du célibat auquel ces pauvres gens sont condamnés.

Les seigneurs turcs et persans font, à ce qu'on nous dit, élever leurs enfants par des eunuques; [14] étrange alternative pour un pédagogue d'être ou châtré ou sodomite.

L'amour des garçons était si commun à Rome, qu'on ne s'avisait pas de punir cette turpitude dans laquelle presque tout le monde

88-104   70, 71N, 71A: Loyola? ¶L'amour

[11] Ignace de Loyola, *Constitutiones Societas Jesu* (Rome, 1570).

[12] Episode et personnage qui ne sont pas mentionnés dans la correspondance ni dans *Voltaire en son temps* bien que ce religieux puisse avoir prêté son nom à la *Lettre du révérend père Polycarpe, prieur des bernardins de Chézery, à Monsieur l'avocat général Séguier* (1776; *M*, t.30, p.333-38) sur les droits féodaux au pays de Gex. Dans *La Défense de mon oncle* Voltaire parle des PP. Marsy et Fréron comme de jésuites qui ont dû quitter l'enseignement au collège Louis-le-Grand à cause de leur conduite scandaleuse avec les élèves. Il paraît que Fréron avait été diffamé (voir *La Défense de mon oncle, OCV*, t.64, p.292, n.8).

[13] Le texte de l'article 'Pétrone' des *QE* avait déjà paru dans *Le Pyrrhonisme de l'histoire* (1769), ch.14, 'De Pétrone', qui parle plutôt de la grossièreté du *Satyricon* que de la pédérastie qui y est décrite.

[14] Voir les *Lettres persanes*, lettre 34. Il se peut que Voltaire ait transposé à la Turquie ce que Jean Chardin avait témoigné sur l'éducation des jeunes Persans par des eunuques, *Voyages de Monsieur le chevalier Chardin en Perse et autres lieux de l'Orient* (Amsterdam, 1711, BV712, t.2, p.37, 284).

donnait tête baissée. Octave-Auguste, ce meurtrier débauché et poltron qui osa exiler Ovide, trouva très bon que Virgile chantât Alexis; Horace son autre favori faisait de petites odes pour Ligurinus. Horace qui louait Auguste d'avoir réformé les mœurs, proposait également dans ses satires un garçon et une fille (*d*); mais l'ancienne loi Scantinia qui défend la pédérastie, subsista toujours: l'empereur Philippe la remit en vigueur, et chassa de Rome les petits garçons qui faisaient le métier. S'il y eut des écoliers spirituels et licencieux comme Pétrone, Rome eut des professeurs tels que Quintilien. Voyez quelles précautions il apporte dans le chapitre du *précepteur* pour conserver la pureté de la première jeunesse, *cavendum non solum crimine turpitudinis sed etiam suspicione.* [15] Enfin, je ne crois pas qu'il y ait jamais eu aucune nation policée qui ait fait des lois contre les mœurs. (*e*)

(*d*)   *Praesto puer impetus in quem*
                    Continuo fiat. [16]

(*e*) On devrait condamner messieurs les non-conformistes à présenter tous les ans à la police un enfant de leur façon. L'ex-jésuite Desfontaines fut sur le point d'être brûlé en place de Grève, pour avoir abusé de quelques petits Savoyards qui ramonaient sa cheminée; [17] des protecteurs

---

119 K84, K12: lois [*avec appel pour la note (e)*] contre les mœurs. [*avec note*: On nous permettra de faire ici quelques réflexions sur un sujet odieux et dégoûtant, mais qui malheureusement fait partie de l'histoire des opinions et des mœurs.
Cette turpitude remonte aux premières époques de la civilisation: l'histoire

[15] Quintilien, *Institutio oratoria*, livre 2, ch.2, section 14: 'et carendum non solum crimine turpitudinis verum etiam suspicione' ('et pour éviter non seulement une accusation de corruption mais le moindre soupçon'). Le texte des *QE* a *cavendum* pour *carendum*. Voltaire possédait ce texte dans la version de l'abbé Gédoyn (Paris, 1752, BV2848).

[16] Voir Horace, *Satires*, livre 1, satire 2, vers 117-18 ('et quand ton membre se gonfle, si tu as une servante à ta disposition, ou un petit esclave domestique sur qui te jeter sans retard, tu aimerais mieux rester tendu à en crever? Non pas moi', *Satires*, trad. François Villeneuve, Paris, 1989, p.46-47).

[17] Voir le poème satirique que Voltaire écrit contre Desfontaines dans une lettre à

le sauvèrent. Il fallait une victime; on brûla des Chaufours à sa place. Cela 5
est bien fort; *est modus in rebus*: [18] on doit proportionner les peines aux
délits! Qu'auraient dit César, Alcibiade, le roi de Bythinie Nicomède, le
roi de France Henri III, et tant d'autres rois?

Quand on brûla des Chaufours, on se fonda sur *les établissements de
saint Louis*, mis en nouveau français au quinzième siècle; *Si aucun est* 10
*soupçonné de b... doit être mené à l'évêque; et se il en était prouvé, l'en le doit
ardoir et tuit li mueble sont au baron*, etc. Saint Louis ne dit pas ce qu'il faut
faire au baron, si le baron est soupçonné, et se il en est prouvé. Il faut
observer que par le mot de *b...* saint Louis entend les hérétiques, qu'on
n'appelait point alors d'un autre nom. Une équivoque [19] fit brûler à Paris 15

---

n.*e*, 11   K12: *prouvé, l'on le*

---

grecque, l'histoire romaine ne permettent point d'en douter. Elle était commune chez 5
ces peuples avant qu'ils eussent formé une société régulière, dirigée par des lois
écrites.

Cela suffit pour expliquer par quelle raison ces lois ont paru la traiter avec trop
d'indulgence. On ne propose point à un peuple libre des lois sévères contre une
action, quelle qu'elle soit, qui y est devenue habituelle. Plusieurs des nations 10
germaniques eurent longtemps des lois écrites qui admettaient la composition pour le
meurtre. Solon se contenta donc de défendre cette turpitude entre les citoyens et les
esclaves; les Athéniens pouvaient sentir les motifs politiques de cette défense, et s'y
soumettre: c'était d'ailleurs contre les esclaves seuls, et pour les empêcher de
corrompre les jeunes gens libres, que cette loi avait été faite; et les pères de famille, 15
quelles que fussent leurs mœurs, n'avaient aucun intérêt de s'y opposer.

La sévérité des mœurs des femmes dans la Grèce, l'usage des bains publics, la
fureur pour les jeux où les hommes paraissaient nus, conservèrent cette turpitude de

---

Thiriot (5 juin 1738, D1514), cité en partie dans *La Défense de mon oncle*: 'Un
ramoneur à face basanée, / Le fer en main, les yeux ceints d'un bandeau, / S'allait
glissant dans une cheminée, / Quand de Sodome un antique bedeau / Vint endosser
sa figure inclinée etc.' (ch.5, n.*b*, *OCV*, t.64, p.294, n.17). Voir à ce sujet l'article
'Abus des mots', ci-dessus.

[18] Horace, *Satires*, livre 1, satire 1, vers 106 ('Il est en toutes choses un milieu',
trad. Villeneuve, p.36).

[19] Dans l'article 'Amour nommé socratique' du *DP*, Voltaire accorde *équivoque*
au masculin, comme on le faisait au dix-septième siècle – voir *OCV*, t.35, n.21.

des Chaufours gentilhomme lorrain. Despréaux eut bien raison de faire une satire contre l'équivoque; elle a causé bien plus de mal qu'on ne croit. [20]

---

mœurs, malgré les progrès de la société et de la morale. Lycurgue, en laissant plus de liberté aux femmes, et par quelques autres de ses institutions, parvint à rendre ce vice moins commun à Sparte que dans les autres villes de la Grèce.

Quand les mœurs d'un peuple deviennent moins agrestes, qu'il [K12: lorsqu'il] connaît les arts, le luxe, les richesses, s'il conserve ses vices, il cherche du moins à les voiler. La morale chrétienne, en attachant de la honte aux liaisons entre les personnes libres, en rendant le mariage indissoluble, en poursuivant le concubinage par des censures, avait rendu l'adultère commun; comme toute espèce de volupté était également un péché, il fallait bien préférer celui dont les suites ne peuvent être publiques: et par un renversement singulier, on vit de véritables crimes devenir plus communs, plus tolérés, et moins honteux dans l'opinion que de simples faiblesses. Quand les Occidentaux commencèrent à se policer, ils imaginèrent de cacher l'adultère sous le voile de ce qu'on appelle galanterie; les hommes avouaient hautement un amour qu'il était convenu que les femmes ne partageraient point; les amants n'osaient rien demander, et c'était tout au plus après dix ans d'amour pur, de combats, de victoires remportées dans les jeux etc., qu'un chevalier pouvait espérer de trouver un moment de faiblesse. Il nous reste assez de monuments de ce temps, pour nous montrer quelles étaient les mœurs que couvrait cette espèce d'hypocrisie. Il en fut de même à peu près chez les Grecs devenus polis; les liaisons intimes entre des hommes n'avaient plus rien de honteux; les jeunes gens s'unissaient par des serments, mais c'était ceux de vivre et de mourir pour la patrie; on s'attachait à un jeune homme, au sortir de l'enfance, pour le former, pour l'instruire, pour le guider; la passion qui se mêlait à ces amitiés, était une sorte d'amour, mais d'amour pur. C'était seulement sous ce voile, dont la décence publique couvrait les vices, qu'ils étaient tolérés par l'opinion.

Enfin, de même que l'on a souvent entendu chez les peuples modernes faire l'éloge de la galanterie chevaleresque, comme d'une institution propre à élever l'âme, à inspirer le courage, on fit aussi chez les Grecs l'éloge de cet amour qui unissait les citoyens entre eux.

Platon dit que les Thébains firent une chose utile de le prescrire, parce qu'ils avaient besoin de polir leurs mœurs, de donner plus d'activité à leur âme, à leur esprit, engourdis par la nature de leur climat et de leur sol. On voit qu'il ne s'agit ici que d'amitié pure. C'est ainsi que, lorsqu'un prince chrétien faisait publier un tournoi où chacun devait paraître avec les couleurs de sa dame, il avait l'intention louable

---

[20] Il y a un opuscule attribué à Voltaire contemporain de ces remarques, *L'Equivoque* (1771; *M*, t.28, p.421-24).

d'exciter l'émulation de ses chevaliers, et d'adoucir leurs mœurs; ce n'était point l'adultère, mais seulement la galanterie qu'il voulait encourager dans ses Etats. Dans Athènes, suivant Platon, on devait se borner à la tolérance. Dans les Etats monarchiques, il était utile d'empêcher ces liaisons entre les hommes; mais elles étaient dans les républiques un obstacle à l'établissement durable de la tyrannie. Un tyran, en immolant un citoyen, ne pouvait savoir quels vengeurs il allait armer contre lui; il était exposé sans cesse à voir dégénérer en conspirations les associations que cet amour formait entre les hommes.

Cependant, malgré ces idées si éloignées de nos opinions et de nos mœurs, ce vice était regardé chez les Grecs comme une débauche honteuse, toutes les fois qu'il se montrait à découvert, et sans l'excuse de l'amitié ou des liaisons politiques. Lorsque Philippe vit sur le champ de bataille de Chéronée, tous les soldats qui composaient le *bataillon sacré*, le *bataillon des amis* à Thèbes, tués dans le rang où ils avaient combattu: *Je ne croirai jamais*, s'écria-t-il, *que de si braves gens aient pu faire ou souffrir rien de honteux*. Ce mot d'un homme souillé lui-même de cette infamie, est une preuve certaine de l'opinion générale des Grecs.

A Rome cette opinion était plus forte encore: plusieurs héros grecs, regardés comme des hommes vertueux, ont passé pour s'être livrés à ce vice, et chez les Romains on ne le voit attribué à aucun de ceux dont on nous a vanté les vertus; seulement il paraît que chez ces deux nations on n'y attachait ni l'idée de crime, ni même celle de déshonneur, à moins de ces excès qui rendent le goût même des femmes une passion avilissante. Ce vice est très rare parmi nous, et il y serait presque inconnu sans les défauts de l'éducation publique.

Montesquieu prétend qu'il est commun chez quelques nations mahométanes, à cause de la facilité d'avoir des femmes; nous croyons que c'est *difficulté* qu'il faut lire.] //

AMPLIFICATION

On prétend que c'est une belle figure de rhétorique;[1] peut-être aurait-on plus raison si on l'appelait *un défaut*. Quand on dit tout ce qu'on doit dire, on n'amplifie pas; et quand on l'a dit, si on amplifie on dit trop. Présenter aux juges une bonne ou mauvaise action sous toutes ses faces, ce n'est point amplifier; mais ajouter c'est exagérer et ennuyer.

J'ai vu autrefois dans les collèges donner des prix d'amplification.[2] C'était réellement enseigner l'art d'être diffus. Il eût mieux valu peut-être donner des prix à celui qui aurait resserré ses pensées, et qui par là aurait appris à parler avec plus d'énergie et de force.[3] Mais en évitant l'amplification, craignez la sécheresse.

J'ai entendu des professeurs enseigner que certains vers de Virgile sont une amplification, par exemple ceux-ci:

* Dans une lettre non datée à Cramer, Voltaire parle d'un ajout à cet article, déjà dans les mains de l'éditeur (D16295). L'article paraît en novembre/décembre 1770 (70, t.1). Il existe dans l'*Encyclopédie* un article 'Amplification' par l'abbé Mallet, auquel Voltaire ne fait pas allusion.

[1] Voltaire a pu consulter, parmi divers ouvrages de sa bibliothèque, le *Dictionnaire de l'élocution françoise* de Demandre (Paris, 1769, BV979), qui, après toute une tradition rhétorique, définit cette figure comme 'un des principaux ressorts de l'éloquence', qui 'embrasse tous les lieux communs de la rhétorique', 'trouve sa place dans toutes les parties du discours'; et l'amplification rhétorique comme une 'augmentation véhémente, une affirmation énergique qui persuade en remuant les passions'. Voltaire prend plutôt le parti de Boileau traducteur du *Traité du sublime* de Longin, et d'une rhétorique de la concision qui rejoint une esthétique de la clarté.

[2] Allusion aux collèges jésuites de son enfance, dont la charte pédagogique, nous rappelle R. Naves, insiste sur la rhétorique et la poétique, par la pratique de l'*imitatio* et des *amplificationes*, qui 'prétendent former l'imagination à l'intérieur d'un cadre convenu' (*Le Goût de Voltaire*, Paris, 1938, p.151).

[3] Voltaire reprend ici une opposition entre le style de Démosthène ('serré et concis') et celui de Cicéron ('diffus et étendu'), telle qu'elle figure entre autres dans la traduction du *Traité du sublime* de Longin par Boileau, ouvrage auquel Voltaire fait référence dans cet article.

> *Nox erat, et placidum carpebant fessa soporem*
> *Corpora per terras, silvaeque et saeva quierant*   15
> *Aequora; cum medio volvuntur sidera lapsu,*
> *Cum tacet omnis ager, pecudes, pictaeque volucres;*
> *Quaeque lacus late liquidos, quaeque aspera dumis*
> *Rura tenent, somno positae sub nocte silenti*
> *Lenibant curas, et corda oblita laborum.*   20
> *At non infelix animi Phoenissa.* [4]

Voici une traduction libre de ces vers de Virgile qui ont tous été si difficiles à traduire par les poètes français, excepté par M. de Lisle. [5]

> Les astres de la nuit roulaient dans le silence,
> Eole a suspendu les haleines des vents,   25
> Tout se tait sur les eaux, dans les bois, dans les champs;
> Fatigué des travaux qui vont bientôt renaître,
> Le tranquille taureau s'endort avec son maître.
> Les malheureux humains ont oublié leurs maux,
> Tout dort, tout s'abandonne aux charmes du repos.   30
> Phénisse [6] veille et pleure.

Si la longue description du règne du sommeil dans toute la nature, ne faisait pas un contraste admirable avec la cruelle inquiétude de Didon, ce morceau ne serait qu'une amplification puérile; c'est le mot, *at non infelix animi Phoenissa* qui en fait le charme.   35

La belle ode de Sapho, qui peint tous les symptômes de l'amour, [7] et qui a été traduite heureusement dans toutes les langues cultivées, ne serait pas sans doute si touchante; si Sapho avait parlé

---

[4] *Enéide*, livre 4, vers 522-29.

[5] Jacques Delille (1738-1813), qui allait acquérir de la célébrité comme poète descriptif par *Les Jardins* (1782), venait de publier une traduction en vers des *Géorgiques* (Paris, 1770, BV3420). Ses traductions des autres poèmes de Virgile ont été composées plus tard.

[6] Voltaire se trompe en traduisant 'la Phénicienne' comme si c'était un nom propre.

[7] Il s'agit de la deuxième ode de Sappho ('ad mulierem amatam'), transmise à la postérité par Longin et traduite par Boileau (*Traité du sublime*, ch.8). Voltaire parle de cette ode au début de l'article 'Eglogue' des *QE*.

d'une autre que d'elle-même, cette ode pourrait être alors regardée comme une amplification.

La description de la tempête au premier livre de l'*Enéide*,[8] n'est point une amplification; c'est une image vraie de tout ce qui arrive dans une tempête; il n'y a aucune idée répétée, et la répétition est le vice de tout ce qui n'est qu'amplification.

Le plus beau rôle qu'on ait jamais mis sur le théâtre dans aucune langue, est celui de Phèdre. Presque tout ce qu'elle dit serait une amplification fatigante, si c'était une autre qui parlât de la passion de Phèdre.

Athènes me montra mon superbe ennemi.
Je le vis, je rougis, je pâlis à sa vue.
Un trouble s'éleva dans mon âme éperdue.
Mes yeux ne voyaient plus, je ne pouvais parler;
Je sentis tout mon corps et transir et brûler.
Je reconnus Vénus et ses traits[9] redoutables,
D'un sang qu'elle poursuit, tourments inévitables.[10]

Il est bien clair que puisque Athènes lui montra son superbe ennemi Hippolite, elle vit Hippolite. Si elle rougit et pâlit à sa vue, elle fut sans doute troublée. Ce serait un pléonasme, une redondance oiseuse dans une étrangère, qui raconterait les amours de Phèdre; mais c'est Phèdre amoureuse et honteuse de sa passion; son cœur est plein, tout lui échappe.

Ut vidi, ut perii, ut me malus abstulit error.[11]

Je le vis, je rougis, je pâlis à sa vue.

43   w68: il n'a

[8] Vers 81-123.
[9] Le texte de Racine porte 'feux' et non 'traits'.
[10] Racine, *Phèdre*, acte 1, scène 3, vers 272-78. Dans ce passage, Racine réécrit partiellement le poème de Sappho déjà traduit par Boileau dans le *Traité du sublime* trois ans auparavant. Voltaire choisit le passage où Racine rivalise avec Boileau.
[11] Virgile, Eglogue 8, vers 41.

Peut-on mieux imiter Virgile?

> Je sentis tout mon corps et transir et brûler. 65
> Mes yeux ne voyaient plus, je ne pouvais parler.

Peut-on mieux imiter Sapho? ces vers quoique imités, coulent de source; chaque mot trouble les âmes sensibles et les pénètre; ce n'est point une amplification, c'est le chef-d'œuvre de la nature et de l'art. 70

Voici, à mon avis, un exemple d'une amplification dans une tragédie moderne, qui d'ailleurs a de grandes beautés.

Tidée est à la cour d'Argos; il est amoureux d'une sœur d'Electre; il regrette son ami Oreste et son père; il est partagé entre sa passion pour Electre et le dessein de punir le tyran.[12] Au 75 milieu de tant de soins et d'inquiétudes, il fait à son confident une longue description d'une tempête qu'il a essuyée il y a longtemps.

> Tu sais ce qu'en ces lieux nous venions entreprendre;
> Tu sais que Palamède, avant que de s'y rendre,
> Ne voulut point tenter son retour dans Argos 80
> Qu'il n'eût interrogé l'oracle de Délos.
> A de si justes soins on souscrivit sans peine:
> Nous partîmes comblés des bienfaits de Thyrrène;
> Tout nous favorisait; nous voguâmes longtemps
> Au gré de nos désirs bien plus qu'au gré des vents; 85
> Mais signalant bientôt toute son inconstance,
> La mer en un moment se mutine et s'élance;
> L'air mugit, le jour fuit, une épaisse vapeur
> Couvre d'un voile affreux les vagues en fureur;
> La foudre éclairant seule une nuit si profonde, 90
> A sillons redoublés ouvre le ciel et l'onde;
> Et comme un tourbillon, embrassant nos vaisseaux,

73-74   71N: amoureux d'Electre

[12] Il s'agit de la tirade de Tydée dans la scène 1, acte 2 de l'*Electre* (1709) de Crébillon père. Voir Paul O. LeClerc, *Voltaire and Crébillon père: history of an enmity*, *SVEC* 115 (1973). Voltaire simplifie ici les multiples et complexes circonstances de l'exposition d'*Electre*.

Semble en sources de feu[13] bouillonner sur les eaux.
Les vagues quelquefois, nous portant sur leurs cimes,
Nous font rouler après sous de vastes abîmes,   95
Où les éclairs pressés, pénétrant avec nous,
Dans des gouffres de feu[14] semblaient nous plonger tous.
Le pilote effrayé, que la flamme environne,
Aux rochers qu'il fuyait lui-même s'abandonne.
A travers les écueils, notre vaisseau poussé,   10
Se brise, et nage enfin sur les eaux dispersé.[15]

On voit peut-être dans cette description le poète qui veut
surprendre les auditeurs par le récit d'un naufrage, et non le
personnage qui veut venger son père et son ami, tuer le tyran
d'Argos, et qui est partagé entre l'amour et la vengeance.   10

Lorsqu'un personnage s'oublie, et qu'il veut absolument être
poète, il doit alors embellir ce défaut par les vers les plus corrects et
les plus élégants.

> *Ne voulut point tenter son retour dans Argos*
> *Qu'il n'eût interrogé l'oracle de Délos.*   11

Ce tour familier semble ne devoir entrer que rarement dans la
poésie noble. *Je ne voulus point aller à Orléans que je n'eusse vu Paris.*
Cette phrase n'est admise, ce me semble, que dans la liberté de la
conversation.

> *A de si justes soins on souscrivit sans peine.*   11

On souscrit à des volontés, à des ordres, à des désirs; je ne crois
pas qu'on souscrive *à des soins.*

---

[13] Le texte de Crébillon porte 'en source de feu'.
[14] Le texte de Crébillon porte 'des gouffres de feux'.
[15] Ce passage ne figure pas dans l'examen de la tragédie de Crébillon, par
Voltaire, dans sa *Dissertation sur les principales tragédies, anciennes et modernes, qui
ont paru sur le sujet d'Electre* (voir *OCV*, t.31A, p.607 et suiv.). Mais il fait l'objet de
notes marginales sévères dans l'exemplaire des *Œuvres* de Crébillon dans la
Bibliothèque de Voltaire (Paris, 1720, BV906; *CN*, t.2, p.805-806). Le premier
vers est traité de 'mauvais roman'.

Nous voguâmes longtemps
Au gré de nos désirs bien plus qu'au gré des vents.[16]

Outre l'affectation et une sorte de jeu de mots *du gré des désirs* et   120
du gré des vents, il y a là une contradiction évidente. Tout l'équipage
souscrivit sans peine *aux justes soins* d'interroger l'oracle de Délos.
Les désirs des navigateurs étaient donc d'aller à Délos; ils ne
voguaient donc pas au gré de leurs désirs, puisque le gré des vents
les écartait de Délos, à ce que dit Tidée.   125

Si l'auteur a voulu dire au contraire que Tidée voguait au gré de
ses désirs aussi bien, et encore plus qu'au gré des vents, il s'est mal
exprimé. *Bien plus qu'au gré des vents*, signifie que les vents ne
secondaient pas ses désirs, et l'écartaient de sa route. *J'ai été
favorisé dans cette affaire par la moitié du conseil bien plus que par*   130
l'autre, signifie par tout pays, la moitié du conseil a été pour moi, et
l'autre contre. Mais si je dis, *la moitié du conseil a opiné au gré de mes
désirs, et l'autre encore davantage*, cela veut dire que j'ai été secondé
par tout le conseil, et qu'une partie m'a encore plus favorisé que
l'autre.   135

J'ai réussi auprès du parterre bien plus qu'au gré des connaisseurs,
veut dire, les connaisseurs m'ont condamné.[17]

Il faut que la diction soit pure et sans équivoque. Le confident de
Tidée pouvait lui dire, Je ne vous entends pas: si le vent vous a
mené à Délos et à Epidaure qui est dans l'Argolide, c'était   140
précisément votre route, et vous n'avez pas dû *voguer longtemps*.
On va de Samos à Epidaure en moins de trois jours avec un bon
vent d'est. Si vous avez essuyé une tempête, vous n'avez pas vogué
au gré de vos désirs; d'ailleurs, vous deviez instruire plus tôt le
public que vous veniez de Samos. Les spectateurs veulent savoir   145
d'où vous venez et ce que vous voulez. La longue description
recherchée d'une tempête me détourne de ces objets. C'est une

---

[16] En marge de son propre exemplaire de Crébillon, Voltaire juge ce vers comme
'description d'écolier propre à faire battre des mains aux sots' (*CN*, t.2, p.805).
[17] La lettre D12295 à Cramer montre que Voltaire est redevable à son libraire
d'un conseil ayant abouti à ce passage: 'vous m'avez engagé à expliquer ce point de
grammaire'.

amplification qui paraît oiseuse, quoiqu'elle présente de grandes images.

La mer signala bientôt toute son inconstance.   I

Toute l'inconstance que la mer signale, ne semble pas une expression convenable à un héros, qui doit peu s'amuser à ces recherches. Cette mer qui *se mutine et qui s'élance en un moment*, après avoir signalé *toute son inconstance*, intéresse-t-elle assez à la situation présente de Tidée, occupé de la guerre? Est-ce à lui de   I s'amuser à dire que la mer est inconstante, à débiter des lieux communs?

L'air mugit, le jour fuit; une épaisse vapeur
Couvre d'un voile affreux les vagues en fureur.

Les vents dissipent les vapeurs et ne les épaississent pas. Mais   I quand même il serait vrai qu'une épaisse vapeur eût couvert les vagues en fureur d'un *voile affreux*, ce héros plein de ses malheurs présents, ne doit pas s'appesantir sur ce prélude de tempête, sur ces circonstances qui n'appartiennent qu'au poète. [18]

Non erat his locus. [19]   I(

La foudre éclairant seule une nuit si profonde,
A sillons redoublés ouvre le ciel et l'onde;
Et comme un tourbillon, embrassant nos vaisseaux,
Semble en sources de feu bouillonner sur les eaux.

N'est-ce pas là une véritable amplification un peu trop ampou-   I lée? Un tonnerre qui ouvre l'eau et le ciel par des sillons; qui en

---

169   70, 71N, 71A, W68: *en source de*

---

[18] Voltaire prône ici le vraisemblable du personnage, et une image mise au service du naturel et de la dramaturgie. En cela, il semble reprendre la condamnation par Fénelon de l'amplification: 'afin qu'un ouvrage soit véritablement beau, il faut que l'auteur s'y oublie, et me permette de l'oublier' (Fénelon, *Lettre sur les occupations de l'Académie française*, 1714, ch.5, dans *Œuvres*, Paris, 1983, t.2, p.1161).
[19] Horace, *Art poétique*, vers 19.

même temps est un tourbillon de feu, lequel embrasse un vaisseau, et qui bouillonne, n'a-t-il pas quelque chose de trop peu naturel, de trop peu vrai, surtout dans la bouche d'un homme qui doit s'exprimer avec une simplicité noble et touchante, surtout après 175 plusieurs mois que le péril est passé?

Des cimes de vagues qui font rouler sous des abîmes, des éclairs pressés et des gouffres de feu, semblent des expressions un peu boursouflées qui seraient souffertes dans une ode; et qu'Horace réprouvait avec tant de raison dans la tragédie. 180

> Projicit ampullas et sesquipedalia verba. [20]

> *Le pilote effrayé, que la flamme environne,*
> *Aux rochers qu'il fuyait lui-même s'abandonne.*

On peut s'abandonner aux vents; mais il me semble qu'on ne s'abandonne pas aux rochers. 185

> *Notre vaisseau poussé, nage dispersé.*

Un vaisseau ne nage point dispersé; Virgile a dit, non en parlant d'un vaisseau, mais des hommes, qui ont fait naufrage,

> Apparent rari nantes in gurgite vasto. [21]

Voilà où le mot *nager* est à sa place. Les débris d'un vaisseau 190 flottent et ne nagent pas. Desfontaines [22] a traduit ainsi ce beau vers de l'*Enéide*:

> *A peine un petit nombre de ceux qui montaient le vaisseau,*
> *purent se sauver à la nage.*

C'est traduire Virgile en style de gazette. Où est ce vaste gouffre 195 que peint le poète, *gurgite vasto* ? Où est l'*apparent rari nantes*? Ce

---

[20] *Art poétique*, vers 97.

[21] *Enéide*, livre 1, vers 118.

[22] L'abbé Pierre-François Guyot Desfontaines (1685-1745), journaliste et ennemi de Voltaire, a traduit les *Œuvres de Virgile* en quatre volumes (1743). La *Connaissance des beautés*, attribuée à tort à Voltaire, examine aussi la traduction par Desfontaines de l'épisode de la tempête de Virgile, mais en en citant d'autres vers (*M*, t.23, p.418).

n'est pas avec cette sécheresse qu'on doit traduire l'*Enéide*. Il faut rendre image pour image, beauté pour beauté. Nous faisons cette remarque en faveur des commençants. [23] On doit les avertir que Desfontaines n'a fait que le squelette informe de Virgile, comme il faut leur dire que la description de la tempête par Tidée est fautive et déplacée. Tidée devait s'étendre avec attendrissement sur la mort de son ami, et non sur la vaine description d'une tempête.

On ne présente ces réflexions que pour l'intérêt de l'art, et non pour attaquer l'artiste.

Ubi plura nitent in carmine, non ego paucis offendar maculis. [24]

En faveur des beautés on pardonne aux défauts.

Quand j'ai fait ces critiques, j'ai tâché de rendre raison de chaque mot que je critiquais. Les satiriques se contentent d'une plaisanterie, d'un bon mot, d'un trait piquant; mais celui qui veut s'instruire, et éclairer les autres, est obligé de tout discuter avec le plus grand scrupule.

Plusieurs hommes de goût, et entre autres l'auteur du *Télémaque*, ont regardé comme une amplification le récit de la mort d'Hippolite dans Racine. Les longs récits étaient à la mode alors. La vanité d'un acteur veut se faire écouter. On avait pour eux cette complaisance; elle a été fort blâmée. L'archevêque de Cambray prétend que Théramène ne devait pas, après la catastrophe d'Hippolite, avoir la force de parler si longtemps; qu'il se plaît trop à décrire *les cornes menaçantes* du monstre, et *ses écailles*

203-13   71A: tempête. ¶*Ubi plura nitent in carmine, non ego paucis offendar maculis.* ¶En faveur des beautés on pardonne aux défauts. ¶On ne présente ces réflexions que pour l'intérêt de l'art, et non pour attaquer l'artiste. ¶Plusieurs
207-13   70, 71N: défauts. ¶Plusieurs

---

[23] Turgot fait partie de ces 'commençants': en envoyant en février 1770 à Voltaire ses essais de traduction de Virgile (Eglogue 8; *Enéide*, livre 4), il loue la traduction de Delille et ne manque de critiquer celle de Desfontaines (D16189).
[24] Horace, *Art poétique*, vers 351-52.

jaunissantes, et *sa croupe qui se recourbe*; qu'il devait dire d'une voix entrecoupée: *Hippolite est mort: un monstre l'a fait périr; je l'ai vu.*

Je ne prétends point défendre les écailles jaunissantes, et la croupe qui se recourbe; mais en général cette critique souvent répétée me paraît injuste.[25] On veut que Théramène dise seulement: *Hippolite est mort. Je l'ai vu, c'en est fait.* 225

C'est précisément ce qu'il dit et en moins de mots encore... *Hippolite n'est plus.* Le père s'écrie; Théramène ne reprend ses sens que pour dire:

J'ai vu des mortels périr le plus aimable; 230

et il ajoute ce vers si nécessaire, si touchant, si désespérant pour Thésée:

Et j'ose dire encore, seigneur, le moins coupable.[26]

La gradation est pleinement observée, les nuances se font sentir l'une après l'autre. 235

Le père attendri demande: *quel dieu lui a ravi son fils, quelle foudre soudaine...?* Et il n'a pas le courage d'achever; il reste muet dans sa douleur; il attend ce récit fatal; le public l'attend de même. Théramène doit répondre; on lui demande des détails, il doit en donner. 240

Etait-ce à celui qui fait discourir Mentor et tous ses personnages si longtemps, et quelquefois jusqu'à la satiété, de fermer la bouche à Théramène? Quel est le spectateur qui voudrait ne le pas entendre, ne pas jouir du plaisir douloureux d'écouter les circonstances de la mort d'Hippolite? qui voudrait même qu'on en retranchât quatre 245

---

[25] Voir la lettre de Voltaire à Cramer (D16295): 'je crois avoir justifié le récit de Théramène'. La critique que Fénelon fait du récit de Théramène (*Phèdre*, acte 5, scène 6, vers 1498-70, 1574-93) se trouve dans la *Lettre sur les occupations de l'Académie française*, ch.6. Voltaire prend parti ici dans une controverse qui avait éclaté au dix-septième siècle et qui dure tout au long du dix-huitième siècle (voir, par exemple, la *Lettre sur les sourds et muets* de Diderot). La Motte attaque ainsi ce récit en 1707, en voulant s'en prendre aux 'faux ornements' (*Discours sur la poésie en général et sur l'ode en particulier*); Boileau le défend.

[26] Vers 1493 et 1494.

vers? Ce n'est pas là une vaine description d'une tempête inutile à la pièce; ce n'est pas là une amplification mal écrite; c'est la diction la plus pure et la plus touchante; enfin c'est Racine.

On lui reproche *le héros expiré*. Quelle misérable vétille de grammaire! Pourquoi ne pas dire, *ce héros expiré*,[27] comme on dit, *il est expiré, il a expiré?* Il faut remercier Racine d'avoir enrichi la langue à laquelle il a donné tant de charmes, en ne disant jamais que ce qu'il doit, lorsque les autres disent tout ce qu'ils peuvent.

Boileau fut le premier qui fit remarquer l'amplification vicieuse de la première scène de *Pompée*.[28]

> Quand les dieux étonnés semblaient se partager,
> Pharsale a décidé ce qu'ils n'osaient juger.
> Ces fleuves teints de sang, et rendus plus rapides
> Par le débordement de tant de parricides;
> Cet horrible débris, d'aigles, d'armes, de chars,
> Sur ces champs empestés confusément épars;
> Ces montagnes de morts, privés d'honneurs suprêmes,
> Que la nature force à se venger eux-mêmes;
> Et dont les troncs pourris exhalent dans les vents
> De quoi faire la guerre au reste des vivants, etc.[29]

Ces vers boursouflés sont sonores: ils surprirent longtemps la multitude, qui sortant à peine de la grossièreté, et qui plus est de l'insipidité où elle avait été plongée tant de siècles, était étonnée et ravie d'entendre des vers harmonieux ornés de grandes images. On

---

[27] Vers 1567.

[28] Boileau termine la préface de sa traduction du *Traité du sublime* en déplorant dans la pièce de Corneille 'ces grands mots dont Ptolémée remplit sa bouche au commencement de la *Mort de Pompée*, pour exagérer les vaines circonstances d'une déroute qu'il n'a point vue'. Voltaire, qui cite aussi cette scène dans ses *Commentaires sur Corneille* (1764; *OCV*, t.54, p.311), y fait déjà référence dans l'article 'Imagination' pour l'*Encyclopédie*: 'Ces imaginations ne doivent jamais être forcées, ampoulées, gigantesques. Ptolémée parlant dans un conseil d'une bataille qu'il n'a pas vue et qui s'est déroulée loin de chez lui, ne doit point peindre "ces montagnes [...]"' (1766; *OCV*, t.33, p.211). Dans l'article 'Exagération' des *QE*, Voltaire cite le même passage, en opposition avec le *Mithridate* de Racine.

[29] Vers 3-12.

n'en savait pas assez pour sentir l'extrême ridicule d'un roi   270
d'Egypte, qui parle comme un écolier de rhétorique, d'une bataille
livrée au-delà de la mer Méditerranée, dans une province qu'il ne
connaît pas, entre des étrangers qu'il doit également haïr. Que
veulent dire des dieux qui n'ont osé juger entre le gendre et le beau-
père, et qui cependant ont jugé par l'événement, seule manière dont   275
ils étaient censés juger?[30] Ptolomée parle de fleuves près d'un
champ de bataille où il n'y avait point de fleuves. Il peint ces
prétendus fleuves rendus rapides par des débordements de
parricides; un horrible débris de perches qui portaient des figures
d'aigles, des charrettes cassées (car on ne connaissait point alors les   280
chars de guerre). Enfin des troncs pourris qui se vengent, et qui
font la guerre aux vivants. Voilà le galimatias le plus complet qu'on
pût jamais étaler sur un théâtre. Il fallait cependant plusieurs années
pour dessiller les yeux du public, et pour lui faire sentir qu'il n'y a
qu'à retrancher ces vers pour faire une ouverture de scène   285
parfaite.[31]

L'amplification, la déclamation, l'exagération furent de tout
temps les défauts des Grecs, excepté de Démosthène et d'Aristote.

Le temps même a mis le sceau de l'approbation presque
universelle à des morceaux de poésie absurdes, parce qu'ils étaient   290
mêlés à des traits éblouissants qui répandaient leur éclat sur eux;
parce que les poètes qui vinrent après ne firent pas mieux; parce que
les commencements informes de tout art ont toujours plus de

---

280   K84, K12: connaissait plus alors
283   K12: sur le théâtre

[30] Même critique à l'encontre de ces deux vers de Pompée dans les *Commentaires
sur Corneille*: 'Un roi d'Egypte [...] ne doit point dire que les Dieux étaient étonnés en
se partageant, qu'ils n'osaient juger, et que la bataille a jugé pour eux. Dès qu'on
reconnaît des Dieux, on doit convenir qu'ils ont jugé par la bataille même'. Même
critique des images et des développements qui 'étaient notés par Boileau comme un
exemple d'enflure et de déclamation' (*OCV*, t.54, p.391).

[31] Même remarque dans les *Commentaires sur Corneille*: 'Il n'y a donc qu'à
retrancher ces vers sonores et inutiles pour que la pièce commence noblement: car
l'ampoulé n'est pas plus noble que convenable' (*OCV*, t.54, p.391).

réputation que l'art perfectionné; parce que celui qui joua le premier du violon fut regardé comme un demi-dieu, et que Rameau n'a eu que des ennemis; parce qu'en général les hommes jugent rarement par eux-mêmes, qu'ils suivent le torrent, et que le goût épuré est presque aussi rare que les talents.

Parmi nous aujourd'hui, la plupart des sermons, des oraisons funèbres, des discours d'appareil, des harangues dans de certaines cérémonies, sont des amplifications ennuyeuses, des lieux communs cent et cent fois répétés. Il faudrait que tous ces discours fussent très rares pour être un peu supportables. Pourquoi parler quand on n'a rien à dire de nouveau? Il est temps de mettre un frein à cette extrême intempérance; et par conséquent de finir cet article.

ANA, ANECDOTES

Si on pouvait confronter Suétone avec les valets de chambre des douze Césars, pense-t-on qu'ils seraient toujours d'accord avec lui? et en cas de dispute quel est l'homme qui ne parierait pas pour les valets de chambre contre l'historien?

Parmi nous combien de livres ne sont fondés que sur des bruits 5 de ville, ainsi que la physique ne fut fondée que sur des chimères répétées de siècle en siècle, jusqu'à notre temps!

Ceux qui se plaisent à transcrire le soir dans leur cabinet ce qu'ils ont entendu dans le jour, devraient, comme saint Augustin, faire un livre de rétractations au bout de l'année. [1]   10

Quelqu'un raconte au grand audiencier L'Etoile, que Henri IV chassant vers Créteil, entra seul dans un cabaret où quelques gens de loi de Paris dînaient dans une chambre haute. Le roi qui ne se fait pas connaître, et qui cependant devait être très connu, leur fait demander par l'hôtesse s'ils veulent l'admettre à leur table, ou lui 15 céder une partie de leur rôti pour son argent. Les Parisiens

---

* D'après sa lettre à d'Argental (D16075), Voltaire travaille sur cet article en janvier 1770. Il n'y a pas d'article 'Ana' dans l'*Encyclopédie*, seulement un court article 'Anecdote' par Mallet (t.1, p.452-53) qui n'a rien à voir avec cet article des *QE*. Voltaire reprend des pages du *Pyrrhonisme de l'histoire* (voir ci-dessous). 'Ana': recueil d'anecdotes attribuées à un auteur – voir A. F. Aude, *Bibliographie critique et raisonnée des ana français et étrangers* (Paris, 1910), et Francine Wild, *Naissance du genre des ana (1574-1712)* (Paris, 2001). Dans la bibliothèque de Voltaire, les volumes d'ana étaient rangés dans le cinquième rayon de la série 'Histoire' (*BV*, p.1074). Cet article paraît dans les *QE* en novembre/décembre 1770 (70, t.1). Dans l'édition 71A, l'article porte une 'Addition de l'éditeur' sur l'homme au masque de fer, que Beuchot croit être de Voltaire; pourtant ce passage ne figure pas dans les autres éditions des *QE* publiées du vivant de Voltaire. Pour l'édition de 1774 (w68), Voltaire fait de nombreuses modifications à l'article.

[1] Augustin rédigea un peu avant sa mort (430) un recueil de *Retractationes* dans lequel il examinait de façon critique chacun de ses ouvrages. Ses œuvres furent publiées à Paris par les Mauristes entre 1679 et 1700.

répondent, qu'ils ont des affaires particulières à traiter ensemble,
que leur dîner est court, et qu'ils prient l'inconnu de les excuser.

Henri IV appelle ses gardes, et fait fouetter outrageusement les
convives, *pour leur apprendre*, dit L'Etoile, *une autre fois à être plus* 20
courtois à l'endroit des gentilshommes.[2]

Quelques auteurs, qui de nos jours se sont mêlés d'écrire la vie
de Henri IV, copient L'Etoile sans examen, rapportent cette
anecdote; et ce qu'il y a de pis, ils ne manquent pas de la louer
comme une belle action de Henri IV.[3] 25

Cependant, le fait n'est ni vrai, ni vraisemblable; et loin de

---

[2] Pierre de L'Estoile, *Journal du règne de Henri IV* (La Haye [Paris], 1741,
BV2064; *CN*, t.5, p.316-18), t.3, p.55-56, novembre 1602.

[3] Il s'agit de Richard Girard de Bury, auteur de l'*Histoire de la vie de Henri IV, roi
de France et de Navarre* (4 t., Paris, 1766), qui reproduit l'anecdote de L'Estoile (t.4,
p.249-51), mais sans ajouter le jugement que Voltaire lui attribue. Dans l'exemplaire
de l'édition originale de l'Arsenal (*Histoire de la vie de Henri IV*, 2 vol., Paris, 1765;
Paris, Arsenal: 4° H 2877), une longue note manuscrite du marquis de Paulmy fait
état des circonstances de la querelle entretenue avec Bury, protégé du président
Hénault, par l'auteur de *La Henriade*: 'il aimait qu'on lui dît qu'il avait infiniment
contribué à la célébrité de son héros'. On a, en effet, attribué à Voltaire un *Examen
de la nouvelle histoire de Henri IV de M. de Bury, par le marquis de B****. Lu dans une
séance d'Académie; auquel on a joint une pièce analogue* (Genève, 1768), rapportant
pour finir l'anecdote de L'Estoile reprise par Bury: 'si une pareille action avait la
moindre lueur de vraisemblance, elle déshonorerait la mémoire de Henri IV à
jamais; et cette mémoire si chère deviendrait odieuse' (p.98). Ce texte, dont Voltaire
possédait un exemplaire (BV1792) fut republié dans le tome 2 de *L'Evangile du jour*
(Londres, 1769, p.75). En fait, il semble que la brochure soit de La Beaumelle (note
manuscrite de l'exemplaire BnF: D² 5300). Paulmy parle d'un texte homonyme qui
aurait été de Voltaire: 'Il fut comme supprimé en naissant soit par le zele des amis du
Pdt Henault, qui y étoit maltraité, soit par les conseils qu'on donna à M. de Voltaire.
J'en eus un exemplaire pendant quelques heures; je ne l'ai jamais pu ravoir de la
meme edition. Ce qui parut en 1769 sous le même titre n'était pas la meme chose; ce
que Voltaire joignit à l'Evangile du jour est encore une autre chose'. Voltaire
possédait la réédition in-12° de l'ouvrage de Bury (4 vol., Paris, 1766, BV595): des
papillons signalent sa lecture (*CN*, t.1, p.626-30). En 1769, Bury réactiva l'ire de
Voltaire en publiant une *Lettre sur quelques ouvrages de Monsieur de Voltaire*
(Amsterdam [Paris], 1769), où il passait en revue plusieurs de ses œuvres, dont *La
Henriade* et *Le Siècle de Louis XIV*. Il savait ce qui l'attendait: 'Mon style est fort au-
dessous de cette belle et séduisante diction, qui n'appartient qu'à M. de Voltaire. Je
sais qu'il va pleuvoir sur moi des torrents de satires' (p.121).

mériter des éloges, c'eût été à la fois dans Henri IV l'action la plus ridicule, la plus lâche, la plus tyrannique et la plus imprudente.

Premièrement, il n'est pas vraisemblable qu'en 1602 Henri IV dont la physionomie était si remarquable, et qui se montrait à tout le monde avec tant d'affabilité, fût inconnu dans Créteil auprès de Paris.

Secondement, L'Etoile loin de constater ce conte impertinent, dit qu'il le tient d'un homme qui le tenait de M. de Vitry. Ce n'est donc qu'un bruit de ville.

Troisièmement, il serait bien lâche et bien odieux de punir d'une manière infamante des citoyens assemblés pour traiter d'affaires, qui certainement n'avaient commis aucune faute en refusant de partager leur dîner avec un inconnu très indiscret, qui pouvait fort aisément trouver à manger dans le même cabaret.

Quatrièmement, cette action si tyrannique, si indigne d'un roi, et même de tout honnête homme, si punissable par les lois dans tout pays, aurait été aussi imprudente que ridicule et criminelle; elle eût rendu Henri IV exécrable à toute la bourgeoisie de Paris, qu'il avait tant d'intérêt de ménager.

Il ne fallait donc pas souiller l'histoire d'un conte si plat, il ne fallait pas déshonorer Henri IV par une si impertinente *anecdote*.

Dans un livre intitulé *Anecdotes littéraires*, imprimé chez Durand en 1752[4] avec privilège, voici ce qu'on trouve tome III, page 183. 'Les amours de Louis XIV ayant été jouées en Angleterre, ce prince voulut aussi faire jouer celles du roi Guillaume. L'abbé Brueys fut chargé par M. de Torcy de faire la pièce. Mais quoique applaudie, elle ne fut pas jouée, parce que celui qui en était l'objet mourut sur ces entrefaites.'

Il y a autant de mensonges absurdes que de mots dans ce peu de lignes. Jamais on ne joua les amours de Louis XIV sur le théâtre de

---

[4] Deuxième édition d'un ouvrage de l'abbé Guillaume-Thomas Raynal, *Anecdotes littéraires ou histoire de ce qui est arrivé de plus singulier et de plus intéressant aux écrivains français, depuis le renouvellement des lettres sous François Ier jusqu'à nos jours. Nouvelle édition augmentée*, 3 vol. (Paris, 1752, BV2877). L'édition originale est de 1750.

Londres. Jamais Louis XIV ne fut assez petit pour ordonner qu'on fit une comédie sur les amours du roi Guillaume. Jamais le roi Guillaume n'eut de maîtresse; ce n'était pas d'une telle faiblesse qu'on l'accusait. Jamais le marquis de Torcy ne parla à l'abbé Brueys. Jamais il ne put faire ni à lui, ni à personne une proposition si indiscrète et si puérile. Jamais l'abbé Brueys ne fit la comédie dont il est question.[5] Fiez-vous après cela aux anecdotes. 60

Il est dit dans le même livre, *que Louis XIV fut si content de l'opéra d'Isis, qu'il fit rendre un arrêt du conseil, par lequel il est permis à un homme de condition de chanter à l'opéra, et d'en retirer des gages sans déroger. Cet arrêt a été enregistré au parlement de Paris.*[6] 65

Jamais il n'y eut une telle déclaration enregistrée au parlement de Paris. Ce qui est vrai, c'est que Lulli obtint longtemps avant l'opéra d'*Isis*, des lettres portant permission d'établir son opéra en 1672, et fit insérer dans ses lettres que les *gentilshommes et les demoiselles pourraient chanter sur ce théâtre sans déroger.*[7] Mais il n'y eut point de déclaration enregistrée. Voyez 'Opéra'.[8] 70

69-71   K84: obtint en 1672, longtemps avant l'opéra d'Isis, des lettres portant permission d'établir son opéra, et fit

73-81   70, 71N, 71A: 'Opéra'. ¶De tous

[5] Converti par Bossuet, David Augustin Brueys (1640-1723) publia des ouvrages de controverse avant de se consacrer au théâtre avec son ami Jean de Palaprat. On leur doit, entre autres, la jolie comédie du *Grondeur* (1691). Voltaire la signale dans le 'Catalogue des écrivains' du *Siècle de Louis XIV* comme 'supérieure à toutes les farces de Molière' (*OH*, p.1144).

[6] Raynal, *Anecdotes littéraires*, t.2, p.132, anecdote 8.

[7] Données à Versailles en mars 1672, les lettres patentes de Louis XIV accordant 'privilège pour l'établissement de l'Académie royale de musique en faveur de Monsieur de Lully' (Paris, Centre historique des archives nationales: O¹ 613-1) portent en effet que 'Nous l'érigeons sur le pied des Académies d'Italie, où les gentilshommes chantent publiquement en musique sans déroger. Nous voulons et nous plaît que tous gentilshommes et damoiselles puissent chanter auxdites pièces et représentations de notre dite Académie royale, sans que pour ce ils soient censés déroger audit titre de noblesse' (Pierre Mélèse, *Le Théâtre et le public à Paris sous Louis XIV, 1659-1715*, Paris, 1934, p.417). L'opéra d'*Isis* fut créé cinq ans plus tard (1677).

[8] Section 'De l'opéra' de l'article 'Art dramatique' des *QE*.

Je lis dans l'*Histoire philosophique et politique du commerce dans les deux Indes*, tome IV, page 66, qu'on est fondé à croire que 75
Louis XIV n'eut de vaisseaux que pour fixer sur lui l'admiration, pour châtier Gènes et Alger. [9] C'est écrire, c'est juger au hasard; c'est contredire la vérité avec ignorance; c'est insulter Louis XIV sans raison; ce monarque avait cent vaisseaux de guerre et soixante mille matelots dès l'an 1678; et le bombardement de Gènes est de 1684. 80

De tous les *Ana*, celui qui mérite le plus d'être mis au rang des mensonges imprimés, et surtout des mensonges insipides, est le *Ségraisiana*. [10] Il fut compilé par un copiste de Ségrais, son domestique, et imprimé longtemps après la mort du maître.

Le *Ménagiana* revu par La Monnoye, [11] est le seul dans lequel on 85
trouve des choses instructives.

Rien n'est plus commun dans la plupart de nos petits livres nouveaux, que de voir de vieux bons mots attribués à nos contemporains; des inscriptions, des épigrammes faites pour certains princes, appliquées à d'autres. 90

Il est dit dans cette même histoire philosophique du commerce

90-123   70, 71N, 71A: d'autres. ¶Dans un livre
91-92   K84, K12: même *Histoire philosophique etc.* tome

[9] Raynal, *Histoire philosophique et politique des établissements et du commerce des Européens dans les deux Indes*, 6 vol. (Amsterdam, 1770, BV2880; annotée au titre: 'déclamation remplie d'erreurs mal entassées'). Le passage signalé est supprimé de l'édition définitive (Genève, 1780). Entre temps, Voltaire avait percé l'identité de l'auteur de l'*Histoire philosophique*: 'J'ai pris un peu trop violemment le parti de Louis XIV, à qui on reprochait d'avoir équipé des flottes pour bombarder Gènes. J'ai été affligé quand j'ai su que M. l'abbé Raynal était l'auteur. Je réparerai certainement ma vivacité à la première occasion' (lettre à Dompierre d'Hornoy, 17 novembre 1775, D19748).

[10] *Segraisiana, ou mélange d'histoire et de littérature* (Paris, 1721), publiés par Bernard de la Monnoye sur des manuscrits attribués à Jean Regnault de Segrais, poète et romancier, intime de Mme de la Fayette. L'exemplaire de la bibliothèque de Voltaire a disparu (*BV*, p.1074).

[11] Recueil régulièrement augmenté par Antoine Galland (Paris, 1693), Pierre Faydit (2ᵉ éd., 2 vol., Paris, 1694) et Bernard de la Monnoye (3ᵉ éd., 4 vol., Paris, 1715) sur des textes attribués à Gilles Ménage. Voltaire possédait la réédition (4 vol., Paris, 1729, BV2417, avec traces de lecture, *CN*, t.5, p.598-600).

des deux Indes, tome Ier, page 63, que les Hollandais ayant chassé les Portugais de Malaca, le capitaine hollandais demanda au commandant portugais quand il reviendrait; à quoi le vaincu répondit, *Quand vos péchés seront plus grands que les nôtres*. Cette réponse avait été déjà attribuée à un Anglais du temps du roi de France Charles VII, et auparavant à un émir sarasin en Sicile: au reste cette réponse est plus d'un capucin que d'un politique. Ce n'est pas parce que les Français étaient plus grands pécheurs que les Anglais que ceux-ci leur ont pris le Canada.

L'auteur de cette même histoire philosophique et politique du commerce des deux Indes, rapporte sérieusement, tome V, page 197, un petit conte inventé par Steell et inséré dans le *Spectateur*,[12] et il veut faire passer ce conte pour une des causes réelles des guerres entre les Anglais et les sauvages. Voici l'historiette que Steell oppose à l'historiette beaucoup plus plaisante de la matrone d'Ephèse. Il s'agit de prouver que les hommes ne sont pas plus constants que les femmes. Mais dans Pétrone[13] la matrone d'Ephèse n'a qu'une faiblesse amusante et pardonnable; et le marchand Inkle dans le *Spectateur* est coupable de l'ingratitude la plus affreuse.

Ce jeune voyageur Inkle est sur le point d'être pris par les Caraïbes dans le continent de l'Amérique, sans qu'on dise ni en quel endroit ni à quelle occasion. La jeune Jarika jolie Caraïbe lui sauve la vie, et enfin s'enfuit avec lui à la Barbade. Dès qu'ils y sont arrivés, Inkle va vendre sa bienfaitrice au marché. Ah! ingrat, Ah! barbare, lui dit Jarika. Tu veux me vendre, et je suis grosse de toi. Tu es grosse, répondit le marchand anglais; tant mieux, je te vendrai plus cher.

101-102   K84, K12: même *Histoire philosophique etc.* rapporte

[12] Steele et Addison, *Le Spectateur ou le Socrate moderne* [...] *traduit de l'anglais* (Bâle, 1737), t.1, p.59-63, discours 9. Anecdote tirée de Richard Ligon, *A true and exact history of the island of Barbados* (Londres, 1657), p.55.

[13] Célèbre anecdote du *Satyricon*, parties 111-12, qui a inspiré toute une littérature depuis l'Antiquité.

Voilà ce qu'on nous donne pour une histoire véritable, pour   120
l'origine d'une longue guerre. Que de contes ont orné et défiguré
toutes les histoires!

Dans un livre qui a fait beaucoup de bruit, et où l'on trouve des
réflexions aussi vraies que profondes, il est dit que le père
Mallebranche est l'auteur de la *Prémotion physique*.[14] Cette   125
inadvertance embarrasse plus d'un lecteur qui voudrait avoir la
prémotion physique du père Mallebranche, et qui la chercherait
très vainement.

Il est dit dans ce livre, que Galilée trouva la raison pour laquelle
les pompes ne pouvaient élever les eaux au-dessus de trente-deux   130
pieds.[15] C'est précisément ce que Galilée ne trouva pas. Il vit bien
que la pesanteur de l'air faisait élever l'eau; mais il ne put savoir
pourquoi cet air n'agissait plus au-dessus de trente-deux pieds. Ce
fut Toricelli qui devina qu'une colonne d'air équivalait à trente-
deux pieds d'eau, et à vingt-sept pouces de mercure ou environ.   135

Le même auteur plus occupé de penser que de citer juste,
prétend qu'on fit pour Cromwell cette épitaphe.[16]

---

121   K84, K12: guerre. Le discours d'une fille de Boston à ses juges qui la
condamnaient à la correction pour la cinquième fois, parce qu'elle était accouchée
d'un cinquième enfant, est une plaisanterie, un pamphlet de l'illustre Franklin, et il
est rapporté dans le même ouvrage comme une pièce authentique. Que

123   K84, K12: bruit, [*avec note*: Le livre *De l'esprit*.] et

127-29   70, 71N, 71A: qui ne peut la trouver. ¶Il

---

[14] Helvétius, *De l'esprit* (Paris, 1758), discours 1, ch.4, 'De l'abus des mots', p.36.
De fait, Malebranche avait bien publié des *Réflexions sur la prémotion physique* (Paris,
1715), qui répondaient à un ouvrage de Laurent-François Boursier, *De l'action de
Dieu sur les créatures ou traité dans lequel on prouve la prémotion physique par le
raisonnement* (Paris, 1713). Sur son exemplaire d'Helvétius (BV1609), Voltaire a
noté: 'le pere malbranche na point fait la prémotion physique' (*CN*, t.4, p.291), avant
d'acquérir à une date indéterminée un exemplaire du volume de l'Oratorien
(BV2280, avec un signet et un ruban, *CN*, t.5, p.508).

[15] Helvétius, *De l'esprit*, discours 3, ch.1, p.253. Voltaire note sur son exemplaire:
'faux, ce fut toricelli' (*CN*, t.4, p.308).

[16] Helvétius, *De l'esprit*, discours 3, ch.8, p.316, note (*b*): 'On devient stupide, dès
qu'on cesse d'être passionné'. Voltaire note encore: 'tu te trompes toujours dans tes
citations ces vers furent ecrits pour Guillaume' (*CN*, t.4, p.309).

Ci-gît le destructeur d'un pouvoir légitime,
Jusqu'à son dernier jour favorisé des cieux,
  Dont les vertus méritaient mieux
  Que le sceptre acquis par un crime.
Par quel destin faut-il, par quelle étrange loi,
Qu'à tous ceux qui sont nés pour porter la couronne,
  Ce soit l'usurpateur qui donne
L'exemple des vertus que doit avoir un roi?

Ces vers ne furent jamais faits pour Cromwell, mais pour le roi Guillaume. Ce n'est point une épitaphe, ce sont des vers pour mettre au bas du portrait de ce monarque. Il n'y a point, *Ci-gît*; il y a, *Tel fut le destructeur d'un pouvoir légitime*. Jamais personne en France ne fut assez sot, pour dire que Cromwell avait donné l'exemple de toutes les vertus. On pouvait lui accorder de la valeur et du génie; mais le nom de *vertueux* n'était pas fait pour lui.

Dans un Mercure de France du mois de septembre 1769,[17] on attribue à Pope une épigramme faite en impromptu sur la mort d'un fameux usurier. Cette épigramme est reconnue depuis deux cents ans en Angleterre pour être de Shakespear. Elle fut faite en effet sur-le-champ par ce célèbre poète. Un agent de change nommé Jean Dacombe, qu'on appelait vulgairement *dix pour cent*, lui demandait en plaisantant quelle épitaphe il lui ferait s'il venait à mourir; Shakespear lui répondit,

Ci-gît un financier puissant,
Que nous appelons dix pour cent;
Je gagerais cent contre dix
Qu'il n'est pas dans le paradis.
Lorsque Belzébut arriva
Pour s'emparer de cette tombe,
On lui dit qu'emportez-vous là?
Eh! c'est notre ami Jean Dacombe.[18]

[17] Page 203.
[18] Il existe plusieurs versions de cette épigramme composée par Shakespeare à l'occasion des funérailles de John Combe, le 12 juillet 1614.

On vient de renouveler encore cette ancienne plaisanterie.

> Je sais bien qu'un homme d'Eglise,   170
> Qu'on redoutait fort en ce lieu,
> Vient de rendre son âme à Dieu;
> Mais je ne sais si Dieu l'a prise.

Il y a cent facéties, cent contes qui font le tour du monde depuis trente siècles. On farcit les livres de maximes qu'on donne comme   175 neuves, et qui se retrouvent dans Plutarque, dans Athénée, dans Sénèque, dans Plaute, dans toute l'antiquité.

Ce ne sont là que des méprises aussi innocentes que communes: mais pour les faussetés volontaires, pour les mensonges historiques qui portent des atteintes à la gloire des princes, et à la réputation des   180 particuliers, ce sont des délits sérieux.

De tous les livres grossis de fausses anecdotes, celui dans lequel les mensonges les plus absurdes sont entassés avec le plus d'impudence, c'est *la compilation des prétendus mémoires de Madame de Maintenon.* [19] Le fond en était vrai; l'auteur avait eu   185 quelques lettres de cette dame, qu'une personne élevée à Saint-Cyr lui avait communiquées. Ce peu de vérités a été noyé dans un roman de sept tomes. [20]

C'est là que l'auteur peint Louis XIV supplanté par un de ses valets de chambre; [21] c'est là qu'il suppose des lettres de Mlle   190 Mancini, depuis connétable Colonne, à Louis XIV. C'est là qu'il

---

176   w68: se trouvent dans Plutarque

[19] Les *Mémoires pour servir à l'histoire de Madame de Maintenon et à celle du siècle passé*, 9 vol. (Amsterdam, 1755-1756), furent compilés par son ennemi La Beaumelle. Voltaire ne cesse de les critiquer, en particulier dans la *Lettre à l'auteur des Honnêtetés littéraires sur les Mémoires de Madame de Maintenon*.

[20] Parmi les nombreuses rééditions, seule une 'troisième édition' ('Glascow', 1756) est en sept tomes. Voltaire possédait un exemplaire en six volumes (*Mémoires pour servir à l'histoire de Madame de Maintenon*, Amsterdam [Avignon], 1757, BV1794 – voir *CN*, t.5, p.25-38).

[21] Chamarante, premier valet de chambre, et Mlle d'Argencourt (*Mémoires pour servir à l'histoire de Madame de Maintenon*, livre 3, ch.1, 'Premières amours du roi', t.1, p.218-19).

fait dire à cette nièce du cardinal Mazarin, dans une lettre au roi, *Vous obéissez à un prêtre, vous n'êtes pas digne de moi si vous aimez à servir. Je vous aime comme mes yeux, mais j'aime encore mieux votre gloire.* [22] Certainement l'auteur n'avait pas l'original de cette lettre.

'Mlle de la Vallière (dit-il dans un autre endroit) s'était jetée sur un fauteuil dans un déshabillé léger; là elle pensait à loisir à son amant. Souvent le jour la retrouvait assise dans une chaise, accoudée sur une table, l'œil fixe, l'âme attachée au même objet dans l'extase de l'amour. Uniquement occupée du roi, peut-être se plaignait-elle en ce moment de la vigilance des espions d'Henriette et de la sévérité de la reine-mère. Un bruit léger la retire de sa rêverie; elle recule de surprise et d'effroi. Louis tombe à ses genoux. Elle veut s'enfuir, il l'arrête. Elle menace: il l'apaise. Elle pleure: il essuie ses larmes.' [23]

Une telle description ne serait pas même reçue aujourd'hui dans le plus fade de ces romans qui sont faits à peine pour les femmes de chambre.

Après la révocation de l'édit de Nantes on trouve un chapitre intitulé, *Etat du cœur.* [24] Mais à ces ridicules succèdent les calomnies les plus grossières contre le roi, contre son fils, son petit-fils, le duc d'Orléans son neveu, tous les princes du sang, les ministres et les généraux. C'est ainsi que la hardiesse, animée par la faim, produit des monstres. (Voyez 'Histoire'.)

On ne peut trop précautionner les lecteurs contre cette foule de libelles atroces qui ont inondé si longtemps l'Europe.

---

[22] *Mémoires pour servir à l'histoire de Madame de Maintenon*, livre 3, ch.2, 'Les Mancinis', t.1, p.224-25.

[23] *Mémoires pour servir à l'histoire de Madame de Maintenon*, livre 3, ch.3, 'La Valliere', t.1, p.243-44.

[24] *Mémoires pour servir à l'histoire de Madame de Maintenon*, livre 7, ch.5, 'Etat du cœur', t.3, p.38-42.

Anecdote hasardée de Du Haillan[25]

Du Haillan prétend, dans un de ses opuscules, que Charles VIII n'était pas fils de Louis XI.[26] C'est peut-être la raison secrète pour laquelle Louis XI négligea son éducation, et le tint toujours éloigné de lui. Charles VIII ne ressemblait à Louis XI ni par l'esprit, ni par le corps. Enfin la tradition pouvait servir d'excuse à Du Haillan; mais cette tradition était fort incertaine, comme presque toutes le sont.   220

La dissemblance entre les pères et les enfants est encore moins une preuve d'illégitimité, que la ressemblance n'est une preuve du contraire. Que Louis XI ait haï Charles VIII, cela ne conclut rien. Un si mauvais fils pouvait aisément être un mauvais père.   225

Quand même douze Du Haillan m'auraient assuré que Charles VIII était né d'un autre que de Louis XI, je ne devrais pas les en croire aveuglément. Un lecteur sage doit, ce me semble, prononcer comme les juges; *pater est is quem nuptiae demonstrant*.[27]   230

Anecdote sur Charles Quint

Charles Quint avait-il couché avec sa sœur Marguerite gouvernante des Pays-Bas? en avait-il eu Don Juan d'Autriche frère

---

[25] Lignes 217-31: reprise du chapitre 25 du *Pyrrhonisme de l'histoire*, 'Anecdote historique très hasardée' (*L'Evangile du jour*, Londres [Amsterdam], 1769, t.4, p.73).

[26] Dans l'édition augmentée (édition originale: Paris, 1570) de Bernard de Girard, seigneur du Haillan, *De l'Estat et succeʒ des affaires de France* (Rouen, 1611), livre 2, f.156: 'Plusieurs ont eu opinion qu'il eust été supposé, autres qu'il estoit bien fils du Roi, mais non de la Royne sa femme'. Récit réfuté par Varillas, *Histoire de Louis XI* (La Haye, 1689), t.2, p.328.

[27] Droit romain: 'Mater semper certa est, pater est, quem nuptiae demonstrant' ('La mère est toujours certaine, le père est celui que le mariage désigne'). Droit canonique: 'Pater is est, quem iustae nuptiae demonstrant, nisi evidentibus argumentis contrarium probetur' ('Le père est celui que désigne le mariage légal, à moins que par des arguments clairs l'on prouve le contraire').

intrépide du prudent Philippe II?[28] nous n'avons pas plus de preuve que nous n'en avons des secrets du lit de Charlemagne qui coucha, dit-on, avec toutes ses filles. Pourquoi donc l'affirmer? Si la Sainte Ecriture ne m'assurait pas que les filles de Loth eurent des enfants de leur propre père, et Thamar de son beau-père, j'hésiterais beaucoup à les en accuser. Il faut être discret.

Autre anecdote plus hasardée[29]

On a écrit que la duchesse de Montpensier avait accordé ses faveurs au moine Jacques Clément, pour l'encourager à assassiner son roi.[30] Il eût été plus habile de les promettre que de les donner. Mais ce n'est pas ainsi qu'on excite un prêtre fanatique au parricide; on lui montre le ciel et non une femme. Son prieur Bourgoin était bien plus capable de le déterminer que la plus grande beauté de la terre.[31] Il n'avait point de lettres d'amour dans sa poche quand il tua le roi, mais bien les histoires de Judith et d'Aod, toutes déchirées, toutes grasses à force d'avoir été lues.

[28] Dans les articles 'Don Juan d'Autriche' et 'Blomberg' du *Dictionnaire historique et critique* de Bayle, repris par le *Menagiana* (Paris, 1729), t.2, p.313: 'un homme [...] qui si l'on en croit l'Histoire secrète, ne faisait pas scrupule de coucher avec sa propre sœur'. Le 'Catalogue des empereurs' des *Annales de l'empire* suggère que Don Juan (1547-1578) était né 'd'une princesse qui tenait de près à Charles Quint' (*M*, t.13, p.204-205).

[29] Lignes 240-48: reprise du chapitre 26 du *Pyrrhonisme de l'histoire*, 'Autre anecdote plus hasardée' (*L'Evangile du jour*, t.4, p.74).

[30] Anecdote très répandue: Jacques de Thou, *Historia sui temporis* (Londres, 1733), t.4, p.763-64. Mais aussi dans L'Estoile, Pierre Bayle (*Dictionnaire historique et critique*, article 'Henri III', note D), etc.

[31] Prieur des jacobins à Paris, Edmond Bourgoin fut soupçonné d'être le complice de Jacques Clément et exécuté à Tours le 23 février 1590. Voir le *Journal* de L'Estoile (novembre 1589, février 1590).

Anecdote sur Henri IV [32]

Jean Châtel, ni Ravaillac n'eurent aucuns complices; leur crime
avait été celui du temps; le cri de la religion fut leur seul complice. [33]   250
On a souvent imprimé que Ravaillac avait fait le voyage de Naples;
et que le jésuite Alagona avait prédit dans Naples la mort du roi, [34]
comme le répète encore je ne sais quel Chiniac. [35] Les jésuites n'ont
jamais été prophètes; s'ils l'avaient été, ils auraient prédit leur
destruction; mais au contraire, ces pauvres gens ont toujours assuré   255
qu'ils dureraient jusqu'à la fin des siècles. Il ne faut jamais jurer de
rien.

De l'abjuration de Henri IV [36]

Le jésuite Daniel a beau me dire, dans sa très sèche et très fautive
histoire de France, que Henri IV, avant d'abjurer, était depuis

249   K12: n'eurent aucun complice; leur

[32] Lignes 249-57: reprise du chapitre 27 du *Pyrrhonisme de l'histoire*, 'De Henri IV'
(*L'Evangile du jour*, t.4, p.74-75).
[33] Réfutation des allégations rapportées dans les *Mémoires de Condé* publiés par
Lenglet Du Fresnoy (Paris, 1745), t.6, p.201-86, contre lesquelles Voltaire s'était
déjà élevé ('Dissertation sur la mort de Henri IV', *Œuvres diverses*, Londres
[Trévoux], 1746, t.4). Voir *OCV*, t.2, p.338-46.
[34] Pierre du Jardin, sieur et capitaine de la Garde, *La Mort de Henry le Grand,
descouverte à Naples, en l'année 1608* (s.l., 1619; réédition Delft, 1717) développait
cette thèse du complot espagnol et jésuite. Mézeray en donne le détail (*Abrégé
chronologique*), où Voltaire a pu le trouver. Il a annoté cet ouvrage (*CN*, t.5, p.610-16).
[35] L'avocat Pierre de Chiniac de la Bastide du Claux, auteur du prospectus de
l'*Histoire de l'Eglise gallicane depuis l'établissement de la religion jusqu'en 1700* (Paris,
1769). Voltaire lui attribue malignement son propre *A. B. C.* (1768): 'C'est un
énergumène qui établit le presbytérianisme tout cru' (D15003). Voir *La France
littéraire* (Paris, 1769), t.1, p.177, et Geneviève Artigas-Menant, 'Voltaire et les trois
Bastide', *Revue d'histoire littéraire de la France* 83/1 (1983), p.29-44.
[36] Lignes 258-78: reprise du chapitre 28 du *Pyrrhonisme de l'histoire*, 'De
l'abjuration de Henri IV' (*L'Evangile du jour*, t.4, p.75-76).

longtemps catholique. J'en croirai plus Henri IV lui-même que le   26
jésuite Daniel. Sa lettre à la belle Gabrielle, *c'est demain que je fais le
saut périlleux*, prouve au moins qu'il avait encore dans le cœur
autre chose que le catholicisme. Si son grand *cœur* avait été depuis
longtemps si pénétré de la grâce efficace, il aurait peut-être dit à sa
maîtresse, *ces évêques m'édifient*; mais il lui dit, *ces gens-là*   26
m'ennuient.[37] Ces paroles sont-elles d'un bon catéchumène?

Ce n'est pas un sujet de pyrrhonisme que les lettres de ce grand
homme à Corisande d'Andouin comtesse de Grammont; elles
existent encore en original. L'auteur de l'*Essai sur l'esprit et les
mœurs*, et *sur l'Histoire générale*, rapporte plusieurs de ces lettres   27
intéressantes.[38] En voici des morceaux curieux.

*Tous ces empoisonneurs sont tous papistes. J'ai découvert un tueur
pour moi. – Les prêcheurs romains prêchent tout haut qu'il n'y a plus
qu'une mort à voir; ils admonestent tout bon catholique de prendre
exemple* (sur l'empoisonnement du prince de Condé) *– et vous êtes*   27
de cette religion! – Si je n'étais huguenot, je me ferais Turc.

Il est difficile, après ces témoignages de la main de Henri IV,
d'être fermement persuadé qu'il fût catholique dans le cœur.

269-70   K84, K12: l'*Essai sur les mœurs et l'esprit des nations* rapporte
272   K84, K12: *papistes. – J'ai*

---

[37] Reprise d'un passage de l'*Essai sur les mœurs* (ch.174, t.2, p.538), où Voltaire
conteste le père Gabriel Daniel, *Histoire de France depuis l'établissement de la
monarchie française* (Paris, 1755-1757), t.12, p.40-43, en lui opposant cette lettre de
Henri IV à Gabrielle d'Estrées: datée du 23 juillet 1593, jour de la conversion, la
lettre l'est du lendemain par Voltaire. Ce dernier interprète à sa manière le père
Daniel qui ne prend pas position sur la sincérité du roi, mais décrit en détail les
négociations avec les évêques et la cérémonie d'abjuration de Saint-Denis. Une
seule allusion est faite aux courriers envoyés par le roi en province 'pour les
informer de sa conversion, et des raisons qui l'avaient obligé de la différer si
longtemps, quelque envie qu'il eût de se faire instruire' (p.43).
[38] Comme 'Addition' au chapitre 174 de l'*Essai sur les mœurs* (t.2, p.559-67). En
juin 1762, Voltaire avait reçu d'un descendant le manuscrit de 41 lettres à Corisande
d'Andouin (D10528). Ci-dessous, extraits des troisième, quatrième et cinquième
lettres (mars 1588) sur les sept publiées par Voltaire.

Autre bévue sur Henri IV[39]

Un autre historien moderne de Henri IV, accuse du meurtre de ce héros le duc de Lerme; *c'est*, dit-il, *l'opinion la mieux établie.*[40] Il est évident que c'est l'opinion la plus mal établie. Jamais on n'en a parlé en Espagne; et il n'y eut en France que le continuateur du président de Thou qui donna quelque crédit à ces soupçons vagues et ridicules.[41] Si le duc de Lerme, premier ministre, employa Ravaillac, il le paya bien mal. Ce malheureux était presque sans argent quand il fut saisi. Si le duc de Lerme l'avait séduit ou fait séduire sous la promesse d'une récompense proportionnée à son attentat, assurément Ravaillac l'aurait nommé lui et ses émissaires, quand ce n'eût été que pour se venger. Il nomma bien le jésuite d'Aubigni, auquel il n'avait fait que montrer un couteau. Pourquoi aurait-il épargné le duc de Lerme? C'est une obstination bien étrange que celle de n'en pas croire Ravaillac dans son interrogatoire et dans les tortures! Faut-il insulter une grande maison espagnole sans la moindre apparence de preuves?

Et voilà justement comme on écrit l'histoire.[42]

La nation espagnole n'a guère recours à des crimes honteux; et les grands d'Espagne ont eu dans tous les temps une fierté généreuse, qui ne leur a pas permis de s'avilir jusque-là.

Si Philippe II mit à prix la tête du prince d'Orange, il eut du

280

285

290

295

296   70, 71N, 71A, W68: à ces crimes

[39] Lignes 279-305: reprise du chapitre 29 du *Pyrrhonisme de l'histoire*, 'Bévue sur Henri IV' (*L'Evangile du jour*, t.4, p.76-77).

[40] Nouvelle attaque contre Bury et son *Histoire de la vie de Henri IV* (Paris, 1766), t.4, p.215-16. Dans sa 'Dissertation sur la mort de Henri IV' de *La Henriade* (1745), Voltaire s'était déjà scandalisé des accusations dirigées contre le duc de Lerme.

[41] Nicolas Rigault, *De Rebus Galliae*, année 1610, à la suite de Thou, *Historia sui temporis*, t.6, p.492-93. Bury cite Rigault (t.4, p.210-11). Voltaire possédait la traduction par l'abbé Prévost de l'*Histoire universelle de Jacques-Auguste de Thou. Avec la suite par Nicolas Rigault*, 11 vol. (Bâle, 1742, BV3297).

[42] Auto-citation de Voltaire, *Charlot ou la comtesse de Givry* (Genève et Paris, 1767), t.1, p.7.

moins le prétexte de punir un sujet rebelle, comme le parlement de 3·
Paris mit à cinquante mille écus la tête de l'amiral Coligni; et
depuis, celle du cardinal Mazarin. Ces proscriptions publiques
tenaient de l'horreur des guerres civiles. Mais comment le duc de
Lerme se serait-il adressé secrètement à un misérable tel que
Ravaillac? 3

Bévue sur le maréchal d'Ancre[43]

Le même auteur dit, *que le maréchal d'Ancre et sa femme furent
écrasés, pour ainsi dire, par la foudre.*[44] L'un ne fut à la vérité écrasé
qu'à coups de pistolet, et l'autre fut brûlée en qualité de sorcière.
Un assassinat, et un arrêt de mort rendu contre une maréchale de
France, dame d'atour de la reine, réputée magicienne, ne font 3
honneur ni à la chevalerie, ni à la jurisprudence de ce temps-là.
Mais je ne sais pourquoi l'historien s'exprime en ces mots: *Si ces
deux misérables n'étaient pas complices de la mort du roi, ils méritaient
du moins les plus rigoureux châtiments. Il est certain que du vivant
même du roi, Concini et sa femme avaient avec l'Espagne des liaisons* 3
contraires aux desseins du roi.[45]

C'est ce qui n'est point du tout certain; cela n'est pas même
vraisemblable. Ils étaient Florentins; le grand-duc de Florence
avait reconnu le premier Henri IV. Il ne craignait rien tant que le

319   K84, K12: avait le premier reconnu Henri

[43] Lignes 306-32: reprise du chapitre 30 du *Pyrrhonisme de l'histoire*, 'Bévue sur le
maréchal d'Ancre' (t.4, p.77-78). Le développement ajouté est un retour à l'histoire
contemporaine, à l'attentat de Damiens, nouveau régicide, fruit du 'fanatisme' de la
'populace'. En apprenant l'attentat, Voltaire avait écrit à Thiriot (13 janvier 1757,
D7118): 'Le vulgaire sera toujours fanatique'.
[44] Bury, *Histoire de la vie de Henri IV*, t.4, p.214.
[45] De fait, dans la suite de son texte, Bury exonère les Concini d'avoir été
'complices de la mort du roi'; il leur reproche surtout d'avoir excité la 'jalousie' de la
reine contre son mari (*Histoire de la vie de Henri IV*, t.4, p.215). Dans le chapitre 175
de l'*Essai sur les mœurs* (t.2, p.573-74), Voltaire innocente, de son côté, le maréchal et
sa femme.

pouvoir de l'Espagne en Italie. Concini et sa femme n'avaient point   320
de crédit du temps de Henri IV. S'ils avaient ourdi quelque trame
avec le conseil de Madrid, ce ne pouvait être que par la reine. C'est
donc accuser la reine d'avoir trahi son mari. Et encore une fois il
n'est point permis d'inventer de telles accusations sans preuve.
Quoi! un écrivain dans son grenier pourra prononcer une diffama-   325
tion que les juges les plus éclairés du royaume trembleraient
d'écouter sur leur tribunal!

Pourquoi appeler un maréchal de France et sa femme, dame
d'atour de la reine, *ces deux misérables*? Le maréchal d'Ancre, qui
avait levé une armée à ses frais contre les rebelles, mérite-t-il une   330
épithète qui n'est convenable qu'à Ravaillac, à Cartouche, aux
voleurs publics, aux calomniateurs publics?

Il n'est que trop vrai qu'il suffit d'un fanatique pour commettre
un parricide sans aucun complice. Damiens n'en avait point. Il a
répété quatre fois dans son interrogatoire, qu'il n'a commis son   335
crime que *par principe de religion*. Je puis dire qu'ayant été autrefois
à portée de connaître les convulsionnaires, j'en ai vu plus de vingt
capables d'une pareille horreur, tant leur démence était atroce. La
religion mal entendue est une fièvre que la moindre occasion fait
tourner en rage. Le propre du fanatisme est d'échauffer les têtes.   340
Quand le feu qui fait bouillir ces têtes superstitieuses, a fait tomber
quelques flammèches dans une âme insensée et atroce; quand un
ignorant furieux croit imiter saintement Phinée, Aod, Judith et
leurs semblables, cet ignorant a plus de complices qu'il ne pense.
Bien des gens l'ont excité au parricide sans le savoir. [46] Quelques   345
personnes profèrent des paroles indiscrètes et violentes; un
domestique les répète, il les amplifie, il les *enfuneste* encore,
comme disent les Italiens; un Châtel, un Ravaillac, un Damiens

---

[46] Par ses allusions aux 'convulsionnaires' (jansénistes), dont faisait partie son
propre frère – 'j'en ai vu' –, Voltaire indique une direction, sans plus. Ailleurs, à
l'article 'Parlement' des *QE*, il décharge les 'Amis de la Vérité' d'une influence
directe sur le geste de Damiens. Voir l'*Histoire du parlement de Paris*, ch.66, et *Le
Siècle de Louis XV*, ch.37.

les recueille; ceux qui les ont prononcées ne se doutent pas du mal qu'ils ont fait. Ils sont complices involontaires; mais il n'y a eu ni complot, ni instigation. En un mot, on connaît bien mal l'esprit humain, si l'on ignore que le fanatisme rend la populace capable de tout.

Anecdote sur l'homme au masque de fer

L'auteur du *Siècle de Louis XIV*, est le premier qui ait parlé de l'homme au masque de fer dans une histoire avérée. [47] C'est qu'il était très instruit de cette anecdote, qui étonne le siècle présent, qui étonnera la postérité, et qui n'est que trop véritable. On l'avait trompé sur la date de la mort de cet inconnu si singulièrement infortuné. Il fut enterré à Saint-Paul le 3 mars 1703, et non en 1704. [48]

Il avait été d'abord enfermé à Pignerol avant de l'être aux îles de Sainte-Marguerite, et ensuite à la Bastille; toujours sous la garde du

[47] Au chapitre 25 du *Siècle de Louis XIV*, Voltaire ne fut pas le premier à en parler; il en est question, sous un voile oriental, dans les *Mémoires secrets pour servir à l'histoire de Perse* (Amsterdam, 1745) d'Antoine Pecquet (1704-1762), premier commis des affaires étrangères, réédités l'année suivante sous le titre d'*Anecdotes secrètes pour servir à l'histoire galante de la cour de Pékin* (Pékin [Paris], 1746); La Beaumelle le rappelle méchamment dans son édition commentée du texte de Voltaire (*Le Siècle de Louis XIV* [...], *augmentée par un très grand nombre de remarques de M. de La B***, Francfort, 1753). Voltaire y répond dans le *Supplément au Siècle de Louis XIV* (*OH*, p.1223 et suiv.).

[48] Nouvelle erreur: l'homme au masque de fer – en fait de velours – fut inhumé, le 20 novembre 1703, dans le cimetière de l'église Saint-Paul, paroisse de la Bastille. Voltaire ignorait alors le contenu de l'ouvrage du père Henri Griffet, *Traité des différentes sortes de preuves qui servent à établir la vérité de l'histoire* (Liège, 1769, BV1546), ch.13, 'Examen de l'anecdote de l'homme au masque', p.291-327, qui établissait la date (p.297) d'après le *Journal* de Du Jonca. Il en demanda seulement un exemplaire à d'Argental le 5 janvier 1770 (D16075) en ajoutant: 'On imprime la lettre A d'un supplément au dictionnaire encyclopédique dans le pays étranger: et frère Griffet doit avoir sa place à l'article "Ana, Anecdote"'. Ce traité est peu annoté (*CN*, t.4, p.188).

même homme, de ce Saint-Mars qui le vit mourir. Le père Grifet jésuite a communiqué au public le journal de la Bastille, qui fait foi des dates. Il a eu aisément ce journal, puisqu'il avait l'emploi délicat   365
de confesseur des prisonniers renfermés à la Bastille.

L'homme au masque de fer est une énigme dont chacun veut deviner le mot. Les uns ont dit que c'était le duc de Beaufort. Mais le duc de Beaufort fut tué par les Turcs à la défense de Candie en 1669; et l'homme au masque de fer était à Pignerol en 1662.   370
D'ailleurs comment aurait-on arrêté le duc de Beaufort au milieu de son armée? Comment l'aurait-on transféré en France sans que personne en sût rien? Et pourquoi l'eût-on mis en prison, et pourquoi ce masque?

Les autres ont rêvé le comte de Vermandois fils naturel de   375
Louis XIV, mort publiquement de la petite vérole en 1683 à l'armée, et enterré dans la ville d'Arras. (a)

On a ensuite imaginé que le duc de Montmouth, à qui le roi Jacques fit couper la tête publiquement dans Londres en 1685, était l'homme au masque de fer. Il aurait fallu qu'il eût ressuscité, et   380
qu'ensuite il eût changé l'ordre des temps; qu'il eût mis l'année 1662 à la place de 1685; que le roi Jacques qui ne pardonna jamais à personne, et qui par là mérita tous ses malheurs, eût pardonné au duc de Montmouth, et eût fait mourir au lieu de lui un homme qui

---

(a) Dans les premières éditions de ces *Questions* on avait dit que le duc de Vermandois fut enterré dans la ville d'Aire. On s'était trompé.

Mais que ce soit dans Arras ou dans Aire, il est toujours constant qu'il mourut de la petite vérole, et qu'on lui fit des obsèques magnifiques. Il faut être fou pour imaginer qu'on enterra une bûche à sa place, que   5
Louis XIV fit faire un service solennel à cette bûche, et que pour achever la convalescence de son propre fils, il l'envoie prendre l'air à la Bastille pour le reste de sa vie avec un masque de fer sur le visage.

377-78   70, 71N, 71A: dans la petite ville d'Aire, non dans Arras, en quoi le père Grifet s'est trompé, et en quoi il n'y a pas grand mal. ¶On
n.*a*, 1   K84, K12: de cet ouvrage, on
n.*a*, 7   W68, K84, K12: il l'envoya prendre

lui ressemblait parfaitement. Il aurait fallu trouver ce Sosie qui 38
aurait eu la bonté de se faire couper le cou en public pour sauver le
duc de Montmouth. Il aurait fallu que toute l'Angleterre s'y fût
méprise; qu'ensuite le roi Jacques eût prié instamment Louis XIV,
de vouloir bien lui servir de sergent et de geôlier. Ensuite
Louis XIV ayant fait ce petit plaisir au roi Jacques, n'aurait pas 39
manqué d'avoir les mêmes égards pour le roi Guillaume et pour la
reine Anne, avec lesquels il fut en guerre; et il aurait soigneusement
conservé auprès de ces deux monarques sa dignité de geôlier dont
le roi Jacques l'avait honoré. [49]

Toutes ces illusions étant dissipées, il reste à savoir qui était ce 39
prisonnier toujours masqué, à quel âge il mourut, et sous quel nom
il fut enterré? Il est clair que si on ne le laissait passer dans la cour de
la Bastille, si on ne lui permettait de parler à son médecin, que
couvert d'un masque; c'était de peur qu'on ne reconnût dans ses
traits quelque ressemblance trop frappante. Il pouvait montrer sa 40
langue et jamais son visage. Pour son âge, il dit lui-même à
l'apothicaire de la Bastille, peu de jours avant sa mort, qu'il croyait
avoir environ soixante ans; et le sieur Marsolan chirurgien du
maréchal de Richelieu, et ensuite du duc d'Orléans régent, gendre
de cet apothicaire, me l'a redit plus d'une fois.

Enfin, pourquoi lui donner un nom italien? On le nomma 40

---

[49] Voltaire résume le débat qui agitait l'historiographie française sur l'identité du
masque de fer. Le duc de Beaufort? Nicolas Lenglet Du Fresnoy, *Plan d'une histoire
générale et particulière de la monarchie française* (Paris, 1754) et François-Joseph de
Lagrange-Chancel, 'Lettre à M. Fréron', *L'Année littéraire* (1759), t.3, p.188-95. Le
comte de Vermandois? *Mémoires secrets pour servir à l'histoire de Perse*, p.18. Le duc
de Monmouth? Germain-François Poullain de Saint-Foix, *Lettre de Monsieur de
Saint-Foix au sujet de l'homme au masque de fer* (Paris, 1768) et *L'Année littéraire*
(1768), t.4, p.74-85. En 1769, le père Griffet a fait la synthèse des diverses hypothèses
(*Traité des différentes sortes de preuves*, p.300-27) et Saint-Foix lui a répondu
(*Réponse de Monsieur de Saint-Foix au R. P. Griffet, et recueil de tout ce qui a été
écrit sur le prisonnier masqué*, Paris, 1770).

toujours Marchiali! Celui qui écrit cet article, en sait peut-être plus que le père Griffet; et n'en dira pas davantage. [50]

408-408a   71A: davantage. / *Addition de l'éditeur* [51] / Il est surprenant de voir tant de savants et tant d'écrivains pleins d'esprit et de sagacité se tourmenter à deviner qui peut avoir été *le fameux Masque de fer*, sans que l'idée la plus simple, la plus naturelle et la plus vraisemblable se soit jamais présentée à eux. Le fait, tel que M. de Voltaire le rapporte, une fois admis, avec ses circonstances; l'existence d'un   5 prisonnier d'une espèce si singulière, mise au rang des vérités historiques les mieux constatées, il paraît que, non seulement rien n'est plus aisé que de concevoir quel était ce prisonnier, mais qu'il est même difficile qu'il y puisse avoir deux opinions sur ce sujet. L'auteur de cet article aurait communiqué plutôt son sentiment, s'il n'eût cru que cette idée devait déjà être venue à bien d'autres, et s'il ne se fût persuadé que ce   10 n'était pas la peine de donner comme une découverte, une chose qui, selon lui, saute aux yeux de tous ceux qui lisent cette anecdote.

Cependant, comme depuis quelque temps cet événement partage les esprits, et que tout récemment on vient encore de donner au public une lettre dans laquelle on prétend prouver que ce prisonnier célèbre était un secrétaire du duc de Mantoue (ce   15 qu'il n'est pas possible de concilier avec les grandes marques de respect que M. de Saint-Mars donnait à son prisonnier), l'auteur a cru devoir enfin dire ce qu'il en pense depuis plusieurs années. Peut-être cette conjecture mettra-t-elle fin à toute autre recherche, à moins que le secret ne soit dévoilé, par ceux qui peuvent en être les dépositaires, d'une façon à lever tous les doutes.   20

On ne s'amusera point à réfuter ceux qui ont imaginé que ce prisonnier pouvait être le comte de Vermandois, le duc de Beaufort ou le duc de Monmouth. Le savant et très judicieux auteur de cette dernière opinion a très bien réfuté les autres, mais il n'a essentiellement appuyé la sienne que sur l'impossibilité de trouver en Europe

[50] Voltaire croyait que le prisonnier était le 'frère aîné de Louis XIV' (*Carnets*, *OCV*, t.81, p.245). Comme il fut enterré sous le nom de Marchiali, certains historiens pensent qu'il s'agissait de Ercole Antonio Mattioli, ministre du duc de Mantoue, qui avait trahi à la fois son maître et Louis XIV dans les négociations sur l'achat de Casal.

[51] Beuchot cite les remarques suivantes des éditeurs de Kehl à propos de cette 'Addition': 'Cette anecdote, donnée comme une addition de l'éditeur dans l'édition de 1771, passe chez bien des gens de lettres pour être de M. de Voltaire lui-même. Il a connu cette édition, et il n'a jamais contredit l'opinion qu'on y avance au sujet de l'homme au masque de fer. ¶Il est le premier qui ait parlé de cet homme. Il a toujours combattu toutes les conjectures qu'on a faites sur ce masque; il en a toujours parlé comme plus instruit que les autres, et comme ne voulant pas dire tout ce qu'il en savait. ¶Aujourd'hui, il se répand une lettre de Mlle de Valois, écrite au duc, depuis maréchal de Richelieu, où elle se vante d'avoir appris du duc d'Orléans, son père, à

Anecdote sur Nicolas Fouquet surintendant des finances

Il est vrai que ce ministre eut beaucoup d'amis dans sa disgrâce, et qu'ils persévérèrent jusqu'à son jugement. Il est vrai que le 4⟩

---

quelque autre prince, dont il eût été de la plus grande importance qu'on ignorât la 25 détention. M. de Saint-Foix a raison, s'il n'entend parler que des princes dont l'existence était connue; mais pourquoi personne ne s'est-il encore avisé de supposer *que le Masque de fer pouvait avoir été un prince inconnu, élevé en cachette et dont il importait de laisser ignorer totalement l'existence?*

Le duc de Monmouth n'était pas pour la France un prince de si grande importance, 30 et l'on ne voit pas même ce qui eût pu engager cette puissance, au moins après la mort de ce duc et celle de Jacques II, à faire un si grand secret de sa détention, s'il eût été en effet le Masque de fer. Il n'est guère probable non plus, que M. de Louvois et M. de Saint-Mars eussent marqué au duc de Monmouth ce profond respect que M. de Voltaire assure qu'ils portaient au Masque de fer. 35

L'auteur conjecture, de la manière dont M. de Voltaire a raconté le fait, que cet historien célèbre est aussi persuadé que lui du soupçon qu'il va, dit-il, manifester, mais que M. de Voltaire, à titre de Français n'a pas voulu, ajoute-t-il, publier tout net, surtout en ayant dit assez pour que le mot de l'énigme ne dût pas être difficile à deviner. Le voici, continue-t-il toujours, selon moi: '*Le Masque de fer était sans doute* 40 *un frère, et un frère aîné de Louis XIV* dont la mère avait ce goût pour le linge fin sur lequel M. de Voltaire appuie. Ce fut en lisant les mémoires de ce temps, qui rapportent cette anecdote au sujet de la reine, que me rappelant ce même goût du Masque de fer, je ne doutais plus qu'il ne fût son fils, ce dont toutes les autres circonstances m'avaient déjà persuadé. On sait que Louis XIII n'habitait plus depuis 45 longtemps avec la reine, que la naissance de Louis XIV ne fut due qu'à un heureux hasard habilement amené, hasard qui obligea absolument le roi à coucher en même lit avec la reine. Voici donc comme je crois que la chose sera arrivée. La reine aura pu s'imaginer que c'était par sa faute qu'il ne naissait point d'héritier à Louis XIII. La naissance du Masque de fer l'aura détrompée. Le cardinal à qui elle aura fait 50 confidence du fait, aura su par plus d'une raison tirer parti de ce secret; il aura imaginé

---

d'étranges conditions, quel était l'homme au masque de fer; et cet homme, dit-elle, était un frère jumeau de Louis XIV, né quelques heures après lui. ¶Ou cette lettre, qu'il était si inutile, si indécent, si dangereux d'écrire, est une lettre supposée, ou le régent, en donnant à sa fille la récompense qu'elle avait si noblement acquise, crut affaiblir le danger qu'il y avait à révéler le secret de l'Etat, en altérant le fait, et en faisant de ce prince un cadet sans droit au trône, au lieu de l'héritier présomptif de la couronne. ¶Mais Louis XIV, qui avait un frère; Louis XIV, dont l'âme était

chancelier qui présidait à ce jugement, traita cet illustre captif avec trop de dureté. Mais ce n'était pas Michel Le Tellier, comme on l'a

---

de tourner cet événement à son profit et à celui de l'Etat. Persuadé par cet exemple que la reine pouvait donner des enfants au roi, la partie qui produisit le hasard d'un seul lit pour le roi et pour la reine, fut arrangée en conséquence. Mais la reine et le cardinal également pénétrés de la nécessité de cacher à Louis XIII l'existence du Masque de fer, l'auront fait élever en secret. Ce secret en aura été un pour Louis XIV jusqu'à la mort du cardinal Mazarin; mais ce monarque apprenant alors qu'il avait un frère, et un frère aîné que sa mère ne pouvait désavouer, qui d'ailleurs portait peut-être des traits marqués qui annonçaient son origine, faisant réflexion que cet enfant, né durant le mariage, ne pouvait sans de grands inconvénients et sans un horrible scandale, être déclaré illégitime après la mort de Louis XIII, Louis XIV aura jugé ne pouvoir user d'un moyen plus sage et plus juste que celui qu'il employa, pour assurer sa propre tranquillité et le repos de l'Etat, moyen qui le dispensait de commettre une cruauté que la politique aurait représentée comme nécessaire à un monarque moins consciencieux et moins magnanime que Louis XIV.

'Il me semble, poursuit toujours notre auteur, que plus on est instruit de l'histoire de ces temps-là, plus on doit être frappé de la réunion de toutes les circonstances qui prouvent en faveur de cette supposition.' / *Anecdote sur Nicolas Fouquet surintendant de finances*

55

60

65

---

magnanime; Louis XIV, qui se piquait même d'une probité scrupuleuse, auquel l'histoire ne reproche aucun crime, qui n'en commit d'autre, en effet, que de s'être trop abandonné aux conseils de Louvois et des jésuites; Louis XIV n'aurait jamais détenu un de ses frères dans une prison perpétuelle pour prévenir les maux annoncés par un astrologue, auquel il ne croyait pas. Il lui fallait des motifs plus importants. Fils aîné de Louis XIII, avoué par ce prince, le trône lui appartenait; mais un fils né d'Anne d'Autriche, inconnu à son mari, n'avait aucun droit, et pouvait cependant essayer de se faire reconnaître, déchirer la France par une longue guerre civile, l'emporter peut-être sur le fils de Louis XIII, en alléguant le droit de primogéniture, et substituer une nouvelle race à l'antique race des Bourbons. Ces motifs, s'ils ne justifiaient pas entièrement la rigueur de Louis XIV, servaient au moins à l'excuser; et le prisonnier, trop instruit de son sort, pouvait lui savoir quelque gré de n'avoir pas suivi des conseils plus rigoureux: conseils que la politique a trop souvent employés contre ceux qui avaient quelques prétentions à des trônes occupés par leurs concurrents. ¶M. de Voltaire avait été lié dès sa jeunesse avec le duc de Richelieu, qui n'était pas discret; si la lettre de Mlle de Valois est véritable, il l'a connue; mais, doué d'un esprit juste, il a senti l'erreur, il a cherché d'autres instructions. Il était placé pour en avoir; il a rectifié la vérité altérée dans cette lettre, comme il a rectifié tant d'autres erreurs'.

imprimé dans quelques-unes des éditions du *Siècle de Louis XIV*, c'était Pierre Seguier. [52] Cette inadvertance d'avoir pris l'un pour l'autre, est une faute qu'il faut corriger.

Ce qui est très remarquable, c'est qu'on ne sait où mourut ce célèbre surintendant. [53] Non qu'il importe de le savoir; car sa mort n'ayant pas causé le moindre événement, elle est au rang de toutes les choses indifférentes. Mais elle prouve à quel point il était oublié sur la fin de sa vie, combien la considération qu'on recherche avec tant de soins est peu de chose; qu'heureux sont ceux qui veulent vivre et mourir inconnus. Cette science serait plus utile que celle des dates.

Petite anecdote

Il importe fort peu que le Pierre Broussel, pour lequel on fit les barricades, ait été conseiller-clerc. Le fait est qu'il avait acheté une charge de conseiller-clerc, parce qu'il n'était pas riche, et que ces

---

419   K84, K12: indifférentes; mais ce fait prouve
421   70, W75G, β: tant des soins

Beuchot ajoute: 'Tout en partageant l'avis que cette addition est de Voltaire, je crois devoir faire remarquer qu'il ne l'a point admise dans les éditions in-4° et encadrée. ¶Voici une anecdote que je tiens de bonne source: un jour, à l'ordre, peu de temps avant sa mort, Louis XVIII, suivant l'usage, paraissait absorbé dans son fauteuil, quand une conversation s'engagea sur l'histoire du masque de fer entre M. le comte ..., gentilhomme de la chambre du roi, et un de ses collègues. M le comte ... soutenait hautement l'opinion émise dans l'*Addition de l'éditeur*; le roi, entendant cette assertion, sembla se réveiller de son assoupissement, mais ne dit mot. Le lendemain, une nouvelle discussion s'engagea, à l'ordre, entre les mêmes personnes, sur une autre question historique douteuse. M. le comte ... soutenait encore cette fois son opinion avec chaleur, lorsque le roi lui adressa ces paroles remarquables: *P...*, *hier vous aviez raison, et aujourd'hui vous avez tort*' (*M*, t.17, p.206-208).

[52] C'est le père Griffet qui signala cette erreur d''un écrivain moderne' (*Traité des différentes sortes de preuves*, p.207-208), lequel corrigea son texte en 1775.

[53] Les historiens pensent qu'il décéda dans la forteresse de Pignerol vers le 23 mars 1680. Jean Hérault, sieur de Gourville, suggère dans ses *Mémoires* (Paris, 1724), t.2, p.181, qu'il fut élargi avant sa mort.

offices coûtaient moins que les autres. Il avait des enfants, et n'était clerc en aucun sens. Je ne sais rien de si inutile que de savoir ces minuties. [54]

Anecdote sur le testament attribué au cardinal de Richelieu [55]

Le père Grifet veut à toute force que le cardinal de Richelieu ait fait   430
un mauvais livre: [56] à la bonne heure. Tant d'hommes d'Etat en ont

---

[54] Nouvelle réplique au père Griffet, qui avait écrit: 'Un autre écrivain suppose faussement que ce fameux Broussel, si cher au peuple de Paris, pendant les troubles de la minorité de Louis XIV, était conseiller-clerc au parlement de Paris. Cependant il n'était point engagé dans les ordres; il était marié, et il avait plusieurs enfants' (*Traité des différentes sortes de preuves*, p.77-78). Allusion à un passage du *Siècle de Louis XIV*, ch.4, que Voltaire ne corrigea jamais. Dans l'*Histoire du parlement de Paris*, ch.56, Broussel est dit simplement 'conseiller' (*OCV*, t.68, p.444).

[55] Une des obsessions de Voltaire: contester l'authenticité du *Testament politique* du cardinal de Richelieu publié en 1688 à Amsterdam chez Henry Desbordes (2 parties). Il justifie sa thèse dès 1744 dans les *Conseils à un journaliste* (*OCV*, t.20A, p.505-508); elle sera reprise en 1749 dans *Des mensonges imprimés*; puis, beaucoup plus tard, dans les *Doutes nouveaux sur le Testament attribué au cardinal de Richelieu* (1764), le *Supplément au Siècle de Louis XIV*, vingtième remarque; l'*Essai sur les mœurs*, ch.175-76. Cela n'empêche nullement le *Testament politique* d'être authentique suivant les meilleurs historiens, depuis Gabriel Hanotaux (1879) jusqu'à F. Loirette, 'Montesquieu, Voltaire et Richelieu', *Etudes sur Montesquieu*, dans *Archives des lettres modernes* 197 (1981), p.3-30. Voir l'histoire du texte dans l'édition critique de Louis André (*Testament politique*, Paris, 1947, p.70-73). Aucune édition ancienne n'est sans défaut, en particulier les premières chez Desbordes à Amsterdam (1688 et 1689); François Marin utilisa les papiers Richelieu pour la sienne (1764), mais il adapta le texte, qui fut suivi chez le même libraire de la *Lettre sur le Testament politique du cardinal de Richelieu, imprimée pour la première fois en 1750, et considérablement augmentée dans cette seconde édition* (Paris, 1764), où Foncemagne réfutait, point par point, les allégations de Voltaire. Celui-ci, qui y répondit en 1765 par l'*Arbitrage entre Monsieur de Voltaire et Monsieur de Foncemagne*, ne manque pas, cependant, de les reprendre dans cet article des *QE*. Voltaire possédait une réédition de la première version dans le *Recueil de Testaments politiques* (Amsterdam [Paris], 1749, BV2907), et l'édition Marin, *Maximes d'Etat ou Testament politique*, 2 vol. (Paris, 1764, BV2980). Nous citons d'après cette dernière.

[56] *Traité des différentes sortes de preuves*, ch.5, p.98-121. Griffet parle des

---

fait! mais c'est une belle passion de combattre si longtemps pour tâcher de prouver que, selon le cardinal de Richelieu, les *Espagnols nos alliés*, gouvernés si heureusement par un Bourbon, *sont tributaires de l'enfer et rendent les Indes tributaires de l'enfer*;[57] – Le testament du cardinal de Richelieu n'était pas d'un homme poli.

Que la France avait plus de bons ports sur la Méditerranée que toute la monarchie espagnole.[58] – Ce testament était exagérateur.

Que pour avoir cinquante mille soldats il en faut lever cent mille par ménage.[59] – Ce testament jette l'argent par les fenêtres.

Que lorsqu'on établit un nouvel impôt on augmente la paie des soldats;[60] – ce qui n'est jamais arrivé ni en France, ni ailleurs.

Qu'il faut faire payer la taille aux parlements et aux autres cours supérieures.[61] – Moyen infaillible pour gagner leurs cœurs, et de rendre la magistrature respectable.

Qu'il faut forcer la noblesse de servir, et l'enrôler dans la cavalerie. – Pour mieux conserver tous ses privilèges.[62]

439-40   K12: *cent mille.* – Ce
444   71N: infaillible de gagner

'assertions hardies et tranchantes' (p.100) de l'auteur de *Des mensonges imprimés* et fait l'éloge de Bury: raisons suffisantes pour remuer la bile de Voltaire.

[57] *Maximes d'Etat*, t.1, partie 1, ch.1, p.16. Inadvertance de Voltaire: les Bourbons ne parvinrent qu'en 1700 sur le trône d'Espagne.

[58] *Maximes d'Etat*, t.2, partie 2, ch.9, section 5, p.116 (texte adapté).

[59] Appendice 6 dans certains manuscrits (*Testament politique*, éd. Louis André, p.478).

[60] Texte inconnu. Mais l'idée est dans le *Testament politique*: 'Si la viande enchérit, si le prix des étoffes et de toutes autres choses augmente, le soldat aura plus de peine à se nourrir, et ainsi il faudra lui donner plus grande solde' (*Maximes d'Etat*, t.2, partie 2, ch.9, section 7, p.147).

[61] Texte adapté: 'Si l'on réduit ensuite toutes les exemptions des tailles à la noblesse et aux commensaux du roi, il est certain que les villes, les communautés exemptes, les cours souveraines [...] déchargeront les peuples de plus de la moitié de leur taille' (*Maximes d'Etat*, t.2, partie 2, ch.9, section 7, p.175-76). Ce thème fut l'occasion d'une polémique entre Voltaire et Jean-François Gamonet, directeur des domaines de Flandre et d'Artois (Lille, 27 décembre 1764).

[62] Voltaire feint de ne pas comprendre le texte de Richelieu, qui dit précisément le contraire, même si ce n'est pas en ces termes. *Maximes d'Etat*, t.1, partie 1, ch.3, 'De

Que de trente millions à supprimer il y en a près de sept *dont le remboursement ne devant être fait* qu'au denier cinq *la suppression se fera en sept années et demie de jouissance.*[63] — De façon que, suivant ce calcul, cinq pour cent en sept ans et demi, feraient cent francs, au lieu qu'ils ne font que trente-sept et demi: et si on entend par le denier cinq la cinquième partie du capital, les cent francs seront remboursés en cinq années juste. Le compte n'y est pas; le testateur calcule assez mal.

Que Gênes était la plus riche ville d'Italie.[64] — Ce que je lui souhaite.

Qu'il faut être bien chaste.[65] — Le testateur ressemblait à certains prédicateurs. Faites ce qu'ils disent, et non ce qu'ils font.

Qu'il faut donner une abbaye à la Sainte-Chapelle de Paris.[66] — Chose importante dans la crise où l'Europe était alors, et dont il ne parle pas.

Que le pape Benoît XI embarrassa beaucoup les cordeliers, piqués sur le sujet de la pauvreté, savoir des revenus de saint François, qui s'animèrent à tel point qu'ils lui firent la guerre par livres.[67] — Chose plus importante encore, et plus savante, surtout quand on prend Jean XXII pour Benoît XI, et quand dans un testament politique on

---

la noblesse', section 1, p.186-88: pour les nobles, ne pas servir, c'est mériter 'd'être privé des avantages de leur naissance, et réduit à porter une partie du faix du peuple'; il faut donner 'moyen de subsister à la noblesse qui s'y [à la campagne] trouvera la moins aisée' par 'l'établissement de cinquante compagnies de gendarmes, et de pareil nombre de chevaux légers'.

[63] Résumé du contenu financier de la fin du *Testament politique* (*Maximes d'Etat*, t.2, partie 2, ch.9, section 7). Page 66: le remboursement sur 'sept années et demie' au denier cinq des 'premières rentes constituées sur la taille'. Gamonet contesta Voltaire à ce sujet (D12268) et le financier François Véron de Forbonnais approuva ce projet de remboursement dans ses *Recherches et considérations sur les finances de la France depuis 1595 jusqu'à l'an 1721* (Liège, 1758), t.2, p.61-69.

[64] *Maximes d'Etat*, t.2, partie 2, ch.9, section 6, p.128.

[65] *Maximes d'Etat*, t.2, partie 2, ch.1, p.3, 'la pureté d'un prince chaste'.

[66] *Maximes d'Etat*, t.1, partie 1, ch.2, section 4, 'De la régale prétendue par la Sainte-Chapelle sur les évêchés de France', p.139. L'attribution du revenu d'une abbaye à la Sainte-Chapelle permettrait de supprimer cette régale.

[67] *Maximes d'Etat*, t.1, partie 1, ch.2, section 10, p.176.

ne parle ni de la manière dont il faut conduire la guerre contre l'Empire et l'Espagne, ni des moyens de faire la paix, ni des dangers présents, ni des ressources, ni des alliances, ni des généraux, ni des ministres qu'il faut employer, ni même du dauphin, dont l'éducation importait tant à l'Etat; enfin d'aucun objet du ministère.

Je consens de tout mon cœur qu'on charge (puisqu'on le veut) la mémoire du cardinal de Richelieu, de ce malheureux ouvrage rempli d'anachronismes, d'ignorances, de calculs ridicules, de faussetés reconnues, dont tout commis un peu intelligent aurait été incapable; qu'on s'efforce de persuader que le plus grand ministre a été le plus ignorant et le plus ennuyeux, comme le plus extravagant de tous les écrivains. Cela peut faire quelque plaisir à tous ceux qui détestent sa tyrannie.

Il est bon même, pour l'histoire de l'esprit humain, qu'on sache que ce détestable ouvrage fut loué pendant plus de trente ans, tandis qu'on le croyait d'un grand ministre.

Mais il ne faut pas trahir la vérité pour faire croire que le livre est du cardinal de Richelieu. Il ne faut pas dire *qu'on a trouvé une suite du premier chapitre du testament politique, corrigée en plusieurs endroits de la main du cardinal de Richelieu*, parce que cela n'est pas vrai. On a trouvé au bout de cent ans un manuscrit intitulé *Narration succinte*: cette narration succinte n'a aucun rapport au testament politique. Cependant on a eu l'artifice de la faire imprimer comme un premier chapitre du testament avec des notes. [68]

A l'égard des notes, on ne sait de quelles mains elles sont.

Ce qui est très vrai, c'est que le testament prétendu ne fit du bruit

[68] Toujours le père Griffet (*Traité des différentes sortes de preuves*, p.117-18), qui l'avait trouvée à la Bibliothèque du roi dans les manuscrits Colbert et publiée dans son *Histoire du règne de Louis XIII* (Paris, 1758). Dans son édition (*Maximes d'Etat* de 1764), François Marin inséra ce texte qui n'était pas, en fait, destiné au testament. Mais la 'narration succincte' est bien de Richelieu, si 'la suite du premier chapitre' ne l'est pas. Voltaire avait pourtant cru, un temps, que les 'notes' de ce texte étaient de la main du cardinal – voir l'*Arbitrage entre Monsieur de Voltaire et Monsieur de Foncemagne* (s.l.n.d. [Genève, 1764]).

dans le monde que trente-huit ans après la mort du cardinal, qu'il   495
ne fut imprimé que quarante-deux ans après cette mort; qu'on n'en
a jamais vu l'original signé de lui, que le livre est très mauvais, et
qu'il ne mérite guère qu'on en parle.

Autres anecdotes

Charles Ier, cet infortuné roi d'Angleterre, est-il l'auteur du fameux
livre *Eikôn basiliké*? [69] ce roi aurait-il mis un titre grec à son livre?   500
    Le comte de Moret, fils de Henri IV, blessé à la petite
escarmouche de Castelnaudari, vécut-il jusqu'en 1693 sous le
nom de l'ermite frère Jean-Batiste? quelle preuve a-t-on que cet
ermite était fils de Henri IV? Aucune. [70]
    Jeanne d'Albret de Navarre, mère de Henri IV, épousa-t-elle   505
après la mort d'Antoine un gentilhomme nommé Goyon, tué à la
Saint-Barthélemi? en eut-elle un fils prédicant à Bordeaux? ce fait
se trouve très détaillé dans *les Remarques sur les réponses de Bayle
aux questions d'un provincial*, in-folio, page 689. [71]
    Marguerite de Valois, épouse de Henri IV, accoucha-t-elle de   510
deux enfants secrètement pendant son mariage? on remplirait des
volumes de ces singularités. [72]

[69] Sous-titré *The Pourtraicture of His Sacred Majestie in His solitudes and
sufferings* (s.l., 1648). Ouvrage attribué à l'évêque d'Exeter, John Gauden.
Traduction française par Jonas Porrée (Paris, 1649).

[70] Toujours le père Griffet (*Traité des différentes sortes de preuves*, ch.12, 'Examen
de l'anecdote du comte de Moret, transformé en hermite, sous le nom de Frère Jean-
Baptiste', p.275-91).

[71] Bayle, *Œuvres diverses*, 4 vol. (La Haye, 1727-1731), t.3, p.689, note Y. Dans
l'article 'Navarre', note Q, de son *Dictionnaire historique et critique*, Bayle est plus
incertain.

[72] 'Elle, durant son éloignement du roi, eut deux fils: l'un du sieur de
Champvallon et celui-ci vit encore [...]; l'autre, qui est décédé du sieur d'Aubrac;
et je les ai connus tous deux' – Scipion Dupleix, *Histoire de Henry le Grand,
quatrième du nom* (Paris, 1632), p.595. Voir Eliane Viennot, *Marguerite de Valois:
histoire d'une femme, histoire d'un mythe* (Paris, 1995), p.265-74, sur ce texte et les
réfutations qui en furent faites au dix-septième siècle.

C'est bien la peine de faire tant de recherches pour découvrir des choses si inutiles au genre humain! cherchons comment nous pourrons guérir les écrouelles, la goutte, la pierre, la gravelle et mille maladies chroniques ou aiguës. Cherchons des remèdes contre les maladies de l'âme non moins funestes et non moins mortelles; travaillons à perfectionner les arts, à diminuer les malheurs de l'espèce humaine; et laissons là les *Ana*, les *anecdotes*, les *histoires curieuses de notre temps*, le *nouveau choix de vers si mal choisis*, cité à tout moment dans le dictionnaire de Trévoux, et les *recueils des prétendus bons mots* etc., et les *lettres d'un ami à un ami*, et les *lettres anonymes*, et les *réflexions sur la tragédie nouvelle*, etc. etc. etc.[73]

Je lis dans un livre nouveau, que Louis XIV exempta de tailles, pendant cinq ans, tous les nouveaux mariés. Je n'ai trouvé ce fait dans aucun recueil d'édits, dans aucun mémoire du temps.

Je lis dans le même livre, que le roi de Prusse fait donner cinquante écus à toutes les filles grosses.[74] On ne pourrait à la vérité mieux placer son argent et mieux encourager la propagation; mais je ne crois pas que cette profusion royale soit vraie; du moins je ne l'ai pas vue.

---

[73] Titres génériques renvoyant à des ouvrages de compilation des dix-septième (*Histoires curieuses de notre temps*) et dix-huitième siècles, dont on peut trouver des exemples dans le *Dictionnaire des anonymes* de Barbier (François de Callières, *Des bons mots et des bons contes*, Paris, 1692; Claude-François Nonnotte, *Lettres d'un ami à un ami sur les Honnêtetés littéraires ou Supplément aux erreurs de Voltaire*, Avignon, 1767, etc.). Le *Dictionnaire universel* dit de Trévoux fut d'abord imprimé dans la principauté de Dombes (1704, 1721), en même temps que les *Mémoires* périodiques (1701-1767) jésuites dits de Trévoux rédigés à Paris: on soupçonna les jésuites d'être à l'origine d'un dictionnaire, qui s'inspire très largement de celui de Furetière et donne des exemples tirés de compilations variées (Michel Le Guern, 'Le *Dictionnaire* de Trévoux (1704)', *Cahiers de l'Association internationale des études françaises*, 1983, p.51-68).

[74] Source inconnue, malgré des recherches dans les publications de 1769.

Anecdote ridicule sur Théodoric [75]

Voici une anecdote plus ancienne qui me tombe sous la main, et qui me semble fort étrange. Il est dit dans une histoire chronologique d'Italie, que le grand Théodoric arien, cet homme qu'on nous peint si sage, *avait parmi ses ministres un catholique qu'il aimait beaucoup, et qu'il trouvait digne de toute sa confiance. Ce ministre croit s'assurer de plus en plus la faveur de son maître en embrassant l'arianisme; et Théodoric lui fait aussitôt couper la tête, en disant, Si cet homme n'a pas été fidèle à Dieu, comment le sera-t-il envers moi qui ne suis qu'un homme?*

Le compilateur ne manque pas de dire, *que ce trait fait beaucoup d'honneur à la manière de penser de Théodoric à l'égard de la religion.*

Je me pique de penser à l'égard de la religion mieux que l'Ostrogoth Théodoric assassin de Simmaque et de Boëce, puisque je suis bon catholique, et que Théodoric était arien. Mais je déclarerais ce roi digne d'être lié comme enragé, s'il avait eu la bêtise atroce dont on le loue. Quoi! il aurait fait couper la tête sur-le-champ à son ministre favori, parce que ce ministre aurait été à la fin de son avis! comment un adorateur de Dieu qui passe de l'opinion d'Athanase à l'opinion d'Arius et d'Eusèbe, est-il *infidèle à Dieu?* il était tout au plus infidèle à Athanase et à ceux de son parti, dans un temps où le monde était partagé entre les athanasiens et les eusébiens. Mais Théodoric ne devait pas le regarder comme un homme infidèle à Dieu, pour avoir rejeté le terme de *consubstantiel* après l'avoir admis. Faire couper la tête à son favori sur une pareille raison, c'est certainement l'action du plus méchant fou et du plus barbare sot qui ait jamais existé.

Que diriez-vous de Louis XIV s'il eût fait couper sur-le-champ

555-56   70, 71N, 71A: avoir admis le terme de *consubstantiel* après l'avoir rejeté. Faire

[75] Anecdote tirée de Charles-Hugues Lefebvre de Saint-Marc, *Abrégé chronologique de l'histoire générale d'Italie* (Paris, 1761-1770), t.I, p.28.

la tête au duc de la Force, parce que le duc de la Force avait quitté le 5(
calvinisme pour la religion de Louis XIV? [76]

Anecdote sur le maréchal de Luxembourg [77]

J'ouvre dans ce moment une histoire de Hollande, et je trouve que
le maréchal de Luxembourg en 1672, fit cette harangue à ses
troupes: *Allez, mes enfants, pillez, volez, tuez, violez, et s'il y a
quelque chose de plus abominable ne manquez pas de le faire, afin que je* 5(
*voie que je ne me suis pas trompé en vous choisissant comme les plus
braves des hommes.* [78]

Voilà certainement une jolie harangue: elle n'est pas plus vraie
que celles de Tite-Live; mais elle n'est pas dans son goût. Pour
achever de déshonorer la typographie, cette belle pièce se retrouve 5'
dans des dictionnaires nouveaux, qui ne sont que des impostures
par ordre alphabétique.

Anecdote sur Louis XIV

C'est une petite erreur dans l'*Abrégé chronologique* de l'*Histoire de
France*, de supposer que Louis XIV après la paix d'Utrecht dont il
était redevable à l'Angleterre, après neuf années de malheurs, après 5'

---

[76] Jacques Nompar de Caumont, duc de la Force, maréchal de France, 'mourut le
19 avril 1699, après être rentré dans le sein de l'Eglise par l'abjuration qu'il fit des
erreurs des calvinistes' (Moreri, *Le Grand Dictionnaire historique*, Paris, 1759, t.5,
p.247).

[77] François-Henri de Montmorency-Luxembourg (1628-1695), maréchal de
France (Moreri, *Le Grand Dictionnaire historique*, t.6, p.522).

[78] Jacques Basnage, *Annales des Provinces-Unies* (La Haye, 1726), p.360, note (*d*),
cite le célèbre *Advis fidelle aux véritables Hollandois, touchant ce qui s'est passé dans les
villages de Bodegrave et Swammerdam et les cruautés inoüies que les François y ont
exercées, avec un mémoire de la dernière marche du roi de France en Brabant et en
Flandre* (s.l. [La Haye], 1673). Cette relation par Abraham de Wicquefort des
exactions pratiquées par les troupes françaises pendant la guerre de Hollande était
illustrée de gravures hallucinées, œuvres de Romain de Hooghe.

les grandes victoires que les Anglais avaient remportées, ait dit à l'ambassadeur d'Angleterre, *J'ai toujours été le maître chez moi, quelquefois chez les autres, ne m'en faites pas souvenir.*[79] J'ai dit ailleurs[80] que ce discours aurait été très déplacé, très faux à l'égard des Anglais, et aurait exposé le roi à une réponse accablante. 580
L'auteur même m'avoua que le marquis de Torcy, qui toujours présent à toutes les audiences du comte de Stairs ambassadeur d'Angleterre, avait toujours démenti cette anecdote. Elle n'est assurément ni vraie, ni vraisemblable, et n'est restée dans les dernières éditions de ce livre que parce qu'elle avait été mise dans la 585
première.[81] Cette erreur ne dépare point du tout un ouvrage d'ailleurs très utile, où tous les grands événements rangés dans l'ordre le plus commode, sont d'une vérité reconnue.

Tous ces petits contes dont on a voulu orner l'histoire, la déshonorent; et malheureusement, presque toutes les anciennes 590
histoires ne sont guère que des contes. Mallebranche à cet égard avait raison de dire, qu'il ne faisait pas plus de cas de l'histoire que des nouvelles de son quartier.[82]

---

581 71N, 71A: Torcy, toujours

---

[79] *Nouvel Abrégé chronologique de l'Histoire de France* du président Charles Hénault, son confrère à l'Académie. Voltaire possédait les éditions de 1756 et 1768 (BV1618, BV1619). Contrairement à ce qu'il écrit plus loin, la formule de Louis XIV n'est pas dans la première édition (Paris, 1744, in-12°), on la trouve en revanche dès la 'seconde édition, revue, corrigée, augmentée' en 1746 (in-12°, t.2, p.486), en 1749, 'troisième édition' (in-12°, t.2, p.722; in-4°, p.611) et dans les suivantes. Voltaire fait l'éloge du président et du *Nouvel Abrégé* dans le 'Catalogue des écrivains' du *Siècle de Louis XIV* (*OH*, p.1167-68).
[80] Dans *Le Siècle de Louis XIV*, ch.23, 'Victoire du maréchal de Villars à Denain. Rétablissement des affaires. Paix générale' (*OH*, p.874).
[81] Voltaire s'en plaint dans une lettre à Hénault du 15 août 1751 (D4545) et y revient plus tard (lettre à Sénac de Meilhan, 4 juillet 1756, D6917).
[82] Critique de l'incertitude de l'histoire que l'on trouve sous une autre forme dans *De la recherche de la vérité* (Malebranche, *Œuvres complètes*, Paris, 1963, t.2, p.62-63).

Lettre de M. de V. sur plusieurs anecdotes

Nous croyons devoir terminer cet article des *anecdotes* par une lettre de M. de V. à M. Damilaville philosophe intrépide, et qui seconda plus que personne son ami M. de V. dans la catastrophe mémorable des Calas et des Sirven. Nous prenons cette occasion de célébrer autant qu'il est en nous, la mémoire de ce citoyen, qui dans une vie obscure a montré des vertus qu'on ne rencontre guère dans le grand monde. Il faisait le bien pour le bien même, fuyant les hommes brillants, et servant les malheureux avec le zèle de l'enthousiasme. Jamais homme n'eut plus de courage dans l'adversité et à la mort. Il était l'ami intime de M. de V. et de M. Diderot. Voici la lettre en question. [83]

> *Au château de Ferney, 7 mai 1762.*
> 'Par quel hasard s'est-il pu faire, mon cher ami, que vous ayez lu quelques feuilles de l'*Année littéraire* de maître Aliboron? chez qui avez-vous trouvé ces rapsodies? il me semble que vous ne voyez pas d'ordinaire mauvaise compagnie. Le monde est inondé des sottises de ces folliculaires qui mordent parce qu'ils ont faim, et qui gagnent leur pain à dire de plates injures.
> 'Ce pauvre Fréron (*b*), à ce que j'ai ouï dire, est comme les gueuses

(*b*) Le folliculaire dont on parle, est celui-là même qui ayant été chassé des jésuites, a composé des libelles pour vivre, et qui a rempli ses libelles d'anecdotes prétendues littéraires. En voici une sur son compte.

Lettre du sieur Royou avocat au parlement de Bretagne, beau-frère du nommé Fréron. Mardi matin 6 mars 1770 [84]
'Fréron épousa ma sœur il y a trois ans, (en Bretagne) mon père donna

---

593a   κ84, κ12: M. de Voltaire [*passim*]

[83] Lettre antidatée, rédigée vraisemblablement pour les *QE*. Elle est reproduite en appendice dans l'édition Besterman (D.app.328).
[84] Cette lettre est authentique, bien que l'original en soit perdu. Jean Balcou

des rues de Paris, qu'on tolère quelque temps pour le service des
jeunes gens désœuvrés, qu'on renferme à Bissêtre trois ou quatre
fois par an, et qui en sortent pour reprendre leur premier métier.   615

'J'ai lu les feuilles que vous m'avez envoyées. Je ne suis pas
étonné que maître Aliboron crie un peu sous les coups de fouet que
je lui ai donnés. Depuis que je me suis amusé à immoler ce polisson
à la risée publique sur tous les théâtres de l'Europe,[85] il est juste

---

vingt mille livres de dot.[86] Il les dissipa avec des filles, et donna du mal à ma   5
sœur. Après quoi il la fit partir pour Paris, dans le panier du coche, et la fit
coucher en chemin sur la paille. Je courus demander raison à ce
malheureux. Il feignit de se repentir. Mais comme il faisait le métier
d'espion, et qu'il sut qu'en qualité d'avocat j'avais pris parti dans les
troubles de Bretagne, il m'accusa auprès de M. de... et obtint une lettre de   10
cachet pour me faire enfermer. Il vint lui-même avec des archers dans la rue
des Noyers un lundi à dix heures du matin, me fit charger de chaînes, se mit
à côté de moi dans un fiacre, et tenait lui-même le bout de la chaîne... etc.'
Nous ne jugeons point ici entre les deux beaux-frères. Nous avons la
lettre originale. On dit que ce Fréron n'a pas laissé de parler de religion et   15
de vertu dans ses feuilles. Adressez-vous à son marchand de vin.

---

614   K84, K12: à l'hôpital trois

(*Le Dossier Fréron: correspondance et documents*, Saint-Brieuc, 1975, p.393-94) donne
le détail de cette affaire. Guillaume Royou (1739-1805) désavoua plus tard ses
accusations dans une lettre à sa sœur, Anne-Françoise, veuve de Fréron: 'La lettre
datée de Londres en 1770 écrite dans un moment d'ivresse et de fureur, que j'adressai
à Voltaire et que celui-ci, à mon insu, a osé faire insérer dans une brochure intitulée
Dieu ou réponse à l'auteur du Système de la nature était un libelle affreux et
diffamatoire, un tissu énorme de mensonges abominables et de calomnies les plus
atroces' (23 décembre 1804). Voltaire publia, par ailleurs, ce 'Mémoire Royou' dans
les *Anecdotes sur Fréron* (1770), en notant pour D'Alembert (15 juillet 1770, D16523):
'Quand on a des armes pour tuer une bête puante, il ne faut pas les laisser rouiller'.
[85] Dans *Le Café ou l'Ecossaise, comédie, par Mr. Hume, traduite en français*
(Londres [Genève], 1760), dont il sera longuement question plus loin, où Fréron
apparaissait sous le pseudonyme transparent de Frélon, devenu Wasp à la
représentation (voir *OCV*, t.50, p.221-469).
[86] En fait, trois mille (Balcou, *Le Dossier Fréron*, p.331).

qu'il se plaigne un peu. Je ne l'ai jamais vu, Dieu merci. Il m'écrivit   62
une grande lettre il y a environ vingt ans.[87] J'avais entendu parler
de ses mœurs, et par conséquent je ne lui fis point de réponse. Voilà
l'origine de toutes les calomnies qu'on dit qu'il débita contre moi
dans ses feuilles. Il faut le laisser faire, les gens condamnés par leurs
juges ont permission de leur dire des injures.   62

'Je ne sais ce que c'est qu'une comédie italienne qu'il m'impute,
intitulée, *Quand me mariera-t-on?* voilà la première fois que j'en ai
entendu parler. C'est un mensonge absurde.[88] Dieu a voulu que
j'aie fait des pièces de théâtre pour mes péchés; mais je n'ai jamais
fait de farce italienne. Rayez cela de vos anecdotes.   63

'Je ne sais comment une lettre que j'écrivis à milord Littleton et
sa réponse, sont tombées entre les mains de ce Fréron; mais je puis
vous assurer qu'elles sont toutes deux entièrement falsifiées.[89]
Jugez-en; je vous en envoie les originaux.

---

634   K84, K12: vous envoie

[87] En fait, douze si la lettre est originale, mais vingt si elle est antidatée: cela signe
la supercherie. La lettre où Fréron se défend d'avoir voulu calomnier Voltaire est du
7 décembre 1750. Jean Balcou en éclaire les circonstances en la reproduisant (*Le
Dossier Fréron*, p.29-31).

[88] C'est Voltaire qui ment. *Le Comte de Boursoufle ou l'échange*, probablement
représenté à Cirey en 1734 et repris ensuite à Anet (1747), fut créé anonymement au
Théâtre-Italien de Paris le 26 janvier 1761 sous le titre '*Quand est-ce qu'on me marie?*',
comédie en trois actes et en prose traduite de l'anglais' (voir d'Origny, *Annales du
Théâtre-Italien*, Paris, 1788, t.1, p.303). Voltaire protesta (D9575); et Fréron se fit un
devoir de révéler le nom de l'auteur dans *L'Année littéraire* (1761), t.4, p.73-85,
18 décembre. La pièce fut représentée à Vienne et publiée la même année – voir
Bengesco 87.

[89] Fréron avait tiré du *Gentleman's Magazine* 31 (1761), p.54-55, cet échange de
lettres (septembre 1760, D9231, D9314) entre Voltaire et George, premier baron
Lyttelton (1709-1773), chancelier de l'Echiquier (1756). Il en publia une traduction
exacte dans *L'Année littéraire* (1761), t.3, p.282-85. En revanche, Voltaire les
travestit en les reproduisant dans sa *Lettre de Monsieur de Voltaire à Monsieur le
duc de la Vallière* (s.l.n.d. [1760]), p.20-24 (Bengesco 1934), puis Robinet dans les
Lettres de Monsieur de Voltaire à ses amis du Parnasse (Genève [Amsterdam], 1766),
p.38, lettre 4 (Bengesco 1956).

'Ces messieurs les folliculaires ressemblent assez aux chiffon-   635
niers, qui vont ramassant des ordures pour faire du papier.

'Ne voilà-t-il pas encore une belle anecdote, et bien digne du
public, qu'une lettre de moi au professeur Haller, et une lettre du
professeur Haller à moi! et de quoi s'avisa M. Haller de faire courir
mes lettres et les siennes? et de quoi s'avise un folliculaire de les   640
imprimer et de les falsifier pour gagner cinq sous? Il me la fait
signer du château de Tournex, où je n'ai jamais demeuré. [90]

'Ces impertinences amusent un moment des jeunes gens oisifs,
et tombent le moment d'après dans l'éternel oubli où tous les riens
de ce temps-ci tombent en foule.   645

'L'anecdote du cardinal de Fleuri sur le *Quemadmodum* que
Louis XIV n'entendait pas, est très vraie. Je ne l'ai rapportée dans
le *Siècle de Louis XIV* [91] que parce que j'en étais sûr, et je n'ai point
rapporté celle du *Niticorax* [92] parce que je n'en étais pas sûr. C'est
un vieux conte qu'on me faisait dans mon enfance au collège des   650
jésuites, pour me faire sentir la supériorité du père de La Chaise sur
le grand-aumônier de France. On prétendait que le grand-
aumônier interrogé sur la signification de *Niticorax*, dit que c'était
un capitaine du roi David, et que le révérend père La Chaise assura
que c'était un hibou; peu m'importe. Et très peu m'importe encore   655
qu'on fredonne pendant un quart d'heure dans un latin ridicule un
niticorax grossièrement mis en musique.

642   K12: de Tourney, où

[90] Dans *L'Année littéraire* (1760), t.5, p.191-93. La lettre de Voltaire au baron
Albrecht von Haller (D8109) et la réponse de ce dernier (D8127) avaient déjà été
reproduites dans les *Pièces échappées du portefeuille de Monsieur de Voltaire, comte de
Tournay* (Lausanne, 1759, Bengesco 2200), p.12-14, puis dans la *Réponse au Pauvre
Diable* (Genève, 1760, Bengesco 2379): Voltaire accuse Haller de cette indélicatesse.
[91] Plus exactement dans les *Anecdotes sur Louis XIV* (*Œuvres*, Dresde, 1748, t.2,
p.289).
[92] *Sic* pour 'nyctocorax', espèce de chouette que l'on appelle chevêche. Le mot,
qui se trouve trois fois dans la Bible sous la forme Kôs, est traduit par 'nyctocorax'
dans les Septante et la Vulgate (*Dictionnaire de la Bible*, Paris, 1926, t.2, col.683-84,
'Chevêche').

'Je n'ai point prétendu blâmer Louis XIV d'ignorer le latin; il savait gouverner, il savait faire fleurir tous les arts, cela vaut mieux que d'entendre Cicéron. D'ailleurs cette ignorance du latin ne venait pas de sa faute, puisque dans sa jeunesse il apprit de lui-même l'italien et l'espagnol.

'Je ne sais pas pourquoi l'homme que le folliculaire fait parler me reproche de citer le cardinal de Fleuri, et s'égaie à dire *que j'aime à citer de grands noms*. Vous savez, mon cher ami, que mes grands noms sont ceux de Newton, de Locke, de Corneille, de Racine, de La Fontaine, de Boileau. Si le nom de Fleuri était grand pour moi, ce serait le nom de l'abbé Fleuri auteur des *discours patriotiques et savants*,[93] qui ont sauvé de l'oubli son *Histoire ecclésiastique*; et non pas le cardinal de Fleuri que j'ai fort connu avant qu'il fût ministre, et qui, quand il le fut, fit exiler un des plus respectables hommes de France, l'abbé Pucelle,[94] et empêcha bénignement pendant tout son ministère qu'on ne soutînt les quatre fameuses propositions sur lesquelles est fondée la liberté française dans les choses ecclésiastiques.

[93] Il n'existe pas de titre semblable dans l'œuvre de l'abbé Claude Fleury, historien gallican bien connu, dont Chiniac de la Bastide du Claux venait de republier le *Discours sur les libertés de l'Eglise gallicane* (s.l., 1765): un peu plus haut, Voltaire fait allusion à ce personnage. Il peut s'agir aussi de la publication de ses *Discours sur l'histoire ecclésiastique par M. l'abbé Goujet* (Paris, 1763) ou, de façon plus perverse, la forgerie par Frédéric II et l'abbé de Prades intitulée *Abrégé de l'Histoire ecclésiastique de Fleury, traduit de l'anglais* (Berne, 1766), un pamphlet violemment anti-chrétien sous le couvert d'un résumé en deux volumes de l'œuvre originale. Au chapitre 3, 'De l'*Histoire ecclésiastique* de Fleury' du *Pyrrhonisme de l'histoire*, Voltaire parle d''une *Histoire ecclésiastique* compilée par Fleury, ornée de quelques discours détachés dans lesquels on voit briller des traits de liberté et de vérité, tandis que le corps de l'histoire est souillé de contes qu'une vieille femme rougirait de répéter aujourd'hui' (*M*, t.27, p.238).

[94] Conseiller-clerc au parlement de Paris, l'abbé René Pucelle (1655-1745) fut un 'appelant' célèbre contre la bulle *Unigenitus* (1713) et un janséniste déterminé justifiant les 'propositions' condamnées par le magistère romain (dont la quatre-vingt-onzième qui légitimait l'Eglise gallicane). Défenseur des convulsionnaires de Saint-Médard, il fut exilé en 1732 dans son abbaye Saint-Léonard de Corbigny. Voltaire loue sa vertu dans le deuxième *Discours en vers sur l'homme* (*Epîtres sur le bonheur*, Paris, 1738, 'De la liberté'; *OCV*, t.17, p.473).

'Je ne connais de grands hommes que ceux qui ont rendu de grands services au genre humain.

'Quand j'amassai des matériaux pour écrire le *Siècle de Louis XIV*, il fallut bien consulter des généraux, des ministres, des aumôniers, des dames et des valets de chambre. Le cardinal de Fleuri avait été aumônier, et il m'apprit fort peu de chose. M. le maréchal de Villars m'apprit beaucoup pendant quatre ou cinq années de temps, comme vous le savez; et je n'ai pas dit tout ce qu'il voulut bien m'apprendre. 680

'M. le duc d'Antin me fit part de plusieurs anecdotes, que je n'ai données que pour ce qu'elles valaient. 685

'M. de Torcy fut le premier qui m'apprit par une seule ligne en marge de mes questions, que Louis XIV n'eut jamais de part à ce fameux testament du roi d'Espagne Charles II, qui changea la face de l'Europe. [95] 690

'Il n'est pas permis d'écrire une histoire contemporaine autrement, qu'en consultant avec assiduité, et en confrontant tous les témoignages. Il y a des faits que j'ai vus par mes yeux, et d'autres par des yeux meilleurs. J'ai dit la plus exacte vérité sur les choses essentielles. 695

'Le roi régnant m'a rendu publiquement cette justice: je crois ne m'être guère trompé sur les petites anecdotes, dont je fais très peu de cas; elles ne sont qu'un vain amusement. Les grands événements instruisent.

'Le roi Stanislas, duc de Lorraine, m'a rendu le témoignage authentique, que j'avais parlé de toutes les choses importantes 700

---

[95] Représentants de la 'vieille cour' de Louis XIV que fréquenta Voltaire: Claude, duc de Villars (1653-1734), maréchal de France (1702): 'l'heureux Villars' selon Voltaire, l'un d'un grands généraux du règne; Louis-Antoine de Gondrin, duc d'Antin (1665-1736), fils de Mme de Montespan, directeur général des bâtiments (1708); Jean-Baptiste Colbert, marquis de Torcy (1665-1746), neveu de Colbert et ministre des affaires étrangères (1689-1715) au moment de la guerre de Succession d'Espagne.

arrivées sous le règne de Charles XII ce héros imprudent, comme si j'en avais été le témoin oculaire. [96]

'A l'égard des petites circonstances, je les abandonne à qui voudra; je ne m'en soucie pas plus que de l'histoire des quatre fils Aymon. [97]

'J'estime bien autant celui qui ne fait pas une anecdote inutile, que celui qui la fait.

'Puisque vous voulez être instruit des bagatelles et des ridicules, je vous dirai que votre malheureux folliculaire se trompe, quand il prétend qu'il a été joué sur le théâtre de Londres, avant d'avoir été berné sur celui de Paris par Jérôme Carré. [98] La traduction, ou plutôt l'imitation de la comédie de l'*Ecossaise* et de Fréron, faite par M. George Kolman, n'a été jouée sur le théâtre de Londres qu'en 1766, et n'a été imprimée qu'en 1767 chez Beket et de Hondt. [99] Elle

70

7▶

71

---

702   70, 71N, 71A: de ce

[96] Voltaire le publia en ouverture de son *Histoire de l'empire de Russie sous Pierre le Grand* (s.l. [Genève], 1759), t.1, p.ix-xiii, préface; *OCV*, t.46, p.388-89. Il s'agit plus exactement d'un 'certificat' du comte de Tressan, 'grand maréchal des logis de sa majesté polonaise', au nom du roi Stanislas (Commercy, 11 juillet 1759).

[97] Titre 'médiéval' à succès de la Bibliothèque bleue, impression populaire publiée surtout à Troyes et à Rouen, pour être diffusée par colportage dans les campagnes (Léon Gautier, *Bibliographie des chansons de geste*, Paris, 1897, p.158-67).

[98] Une réédition de la pièce à la date de l'originale complète, en effet, le titre par 'traduite en français par Jérôme Carré. Nouvelle édition, avec des additions et des corrections, et telle qu'on doit la donner au théâtre de la Comédie-Française à Paris' (Londres, 1760, Bengesco 226). Ce 'natif de Montauban' servit de masque à Voltaire pour diverses brochures. La première de *L'Ecossaise* eut lieu le 26 juillet 1760. Une fois de plus, Voltaire travestit les déclarations du 'folliculaire' Fréron: *L'Année littéraire* annonce le 16 juin 1760 (t.4, p.109) que la pièce n'a pas d'équivalent en Angleterre et signale, en août, une traduction anglaise de la comédie (t.7, p.141-43): *The Coffee-House, or fair fugitive* (London, 1760) – voir Hywel Berwyn Evans, 'A provisional bibliography of English editions and translations of Voltaire', *SVEC* 8, 1959, n° 188. Sur l'affaire et le point de vue de Fréron, voir Jean Balcou, *Fréron contre les philosophes* (Genève, 1975), p.203-36, et *OCV*, t.50, p.225-95.

[99] Il s'agit d'une autre adaptation – *The English Merchant* de George Colman – jouée sur le théâtre de Drury Lane le 21 février 1767 et imprimée la même année. Voltaire en remercie l'auteur le 15 novembre 1768 (D15317).

a eu autant de succès à Londres qu'à Paris, parce que par tout pays on aime la vertu des Lindanes et des Friport, et qu'on déteste les folliculaires qui barbouillent du papier, et mentent pour de l'argent. Ce fut l'illustre Garrick qui composa l'épilogue. M. George Kolman m'a fait l'honneur de m'envoyer sa pièce; elle est intitulée *The English Merchant.* 720

'C'est une chose assez plaisante qu'à Londres, à Pétersbourg, à Vienne, à Gènes, à Parme, et jusqu'en Suisse, on se soit également moqué de ce Fréron. Ce n'est pas à sa personne qu'on en voulait; il prétend que l'*Ecossaise* ne réussit à Paris, que parce qu'il y est 725 détesté. [100] Mais la pièce a réussi à Londres, à Vienne, où il est inconnu. Personne n'en voulait à Pourceaugnac, quand Pourceaugnac fit rire l'Europe.

'Ce sont là des anecdotes littéraires assez bien constatées. Mais ce sont, sur ma parole, les vérités les plus inutiles qu'on ait jamais 730 dites. Mon ami, un chapitre de Cicéron, *De Officiis*, et *De Natura deorum*, un chapitre de Locke, une lettre provinciale: une bonne fable de La Fontaine, des vers de Boileau et de Racine, voilà ce qui doit occuper un vrai littérateur.

'Je voudrais bien savoir quelle utilité le public retirera de 735 l'examen que fait le folliculaire, si je demeure dans un château ou dans une maison de campagne. [101] J'ai lu dans une des quatre cents brochures faites contre moi par mes confrères de la plume, que Mme la duchesse de Richelieu m'avait fait présent un jour d'un carrosse fort joli, et de deux chevaux gris pommelés, que cela 740 déplut fort à M. le duc de Richelieu. [102] Et là-dessus on bâtit une longue histoire. Le bon de l'affaire, c'est que dans ce temps-là M. le duc de Richelieu n'avait point de femme.

'D'autres impriment mon *Porte-feuille retrouvé*, d'autres mes

---

[100] *L'Année littéraire* (1760), t.5, p.210.
[101] 'Lettre à M. de Voltaire sur Sadi, célèbre poète persan', *L'Année littéraire* (1760), t.8, p.345.
[102] Dans *La Voltairomanie* (s.l.n.d. [1738]) de Pierre-François Guyot Desfontaines et D3864.

lettres à Monsieur B., et à Madame D., [103] à qui je n'ai jamais écrit; 7
et dans ces lettres toujours des anecdotes.

'Ne vient-on pas d'imprimer les *lettres prétendues de la reine
Christine,* de *Ninon l'Enclos?* [104] etc. etc. Des curieux mettent ces
sottises dans leurs bibliothèques, et un jour quelque érudit aux
gages d'un libraire les fera valoir comme des monuments précieux 7
de l'histoire. Quel fatras! quelle pitié! quel opprobre de la
littérature! quelle perte de temps!'

On ferait bien aisément un très gros volume sur ces anecdotes;
mais en général on peut assurer qu'elles ressemblent aux vieilles
chartes des moines. Sur mille il y en a huit cents de fausses. Mais, et 7
vieilles chartes en parchemin, et nouvelles anecdotes imprimées
chez Pierre Marteau, [105] tout cela est fait pour gagner de l'argent.

752-57   70, 71N, 71A: temps! ¶'Je lis actuellement des articles de l'Encyclopédie, qui doivent servir d'instruction au genre humain; mais tout n'est pas égal, etc.
etc.' //

[103] *Pièces échappées du portefeuille de M. de Voltaire*; *Lettres secrètes de M. de
Voltaire* (Genève, 1765) publiées par Robinet contenant 59 lettres (1733-1744) à
Berger, ancien correspondant littéraire de Voltaire (Bengesco 1955). La 'Nouvelle
édition augmentée de lettres très secrètes' (Genève, 1765) propose, en outre, une
lettre à Mme Denis. Voltaire protesta auprès de Berger de ce détournement de
correspondance (25 février 1765, D12413).

[104] Le libraire François Lacombe avait, en effet, publié une correspondance
apocryphe intitulée *Lettres choisies de Christine, reine de Suède* (2 t., Villefranche
[Paris], 1759), suivies, deux ans plus tard, des *Lettres secrètes de Christine, reine de
Suède, aux personnages illustres de son siècle* (Genève, 1761), qui l'étaient tout autant.
Les *Lettres de Ninon de l'Enclos au marquis de Sévigné,* 2 vol. (Amsterdam, 1750),
sont une supercherie de Louis Damours, parfois attribuée à Crébillon fils.

[105] Libraire fictif sous le nom duquel on imprimait depuis le milieu du dix-
septième siècle des ouvrages impubliables légalement. On lui avait inventé une
parenté: Adrien Lenclume, etc. Voir François Moureau, *La Plume et le plomb:
espaces de l'imprimé et du manuscrit au siècle des Lumières* (Paris, 2006), p.126-29.

ANATOMIE

L'anatomie ancienne est à la moderne ce qu'étaient les cartes géographiques grossières du seizième siècle, qui ne représentaient que les lieux principaux, et encore infidèlement tracés, en comparaison des cartes topographiques de nos jours, où l'on trouve jusqu'au moindre buisson mis à sa place.

Depuis Vésale[1] jusqu'à Le Cat[2] on a fait de nouvelles découvertes

6   K84, K12: jusqu'à Bertin[3] on

* Cet article se laisse lire comme une réponse polémique, satirique même, à l'article 'Anatomie' de Diderot dans l'*Encyclopédie*. Diderot, en tant que matérialiste, fait l'éloge des découvertes dans le domaine de l'anatomie parce qu'elles permettent de comprendre le corps humain comme une 'machine sujette aux lois de la mécanique, de la statique, de l'hydraulique et de l'optique' (t.1, p.410). Voltaire, en revanche, fait écho à la conclusion de *Micromégas* en présentant les désaccords entre anatomistes. Il représente ainsi le point de vue de ceux que Diderot appelle avec dédain 'les empiriques', qui répondent que 'la recherche anatomique, quelque exacte et parfaite qu'on la suppose, ne pouvant jamais rien procurer d'évident [...], ne manquera pas de devenir le fondement d'une multitude de systèmes' (t.1, p.409). Une grande partie du texte de Voltaire (lignes 10-49) est reprise du chapitre 35 des *Singularités de la nature* (1768), intitulé 'Incertitudes en anatomie' (*M*, t.27, p.182-83). Le présent article paraît dans les *QE* en novembre/décembre 1770 (70, t.1).

[1] André Vésale, médecin flamand (1514-1564), père de l'anatomie moderne. Dès 1537 il fut nommé lecteur en chirurgie et anatomie à l'université de Padoue, où il innova en disséquant aussi bien des corps humains que des corps d'animaux. Il découvrit bientôt des discordances entre Galien, la référence, à cette époque, en matière d'anatomie, et ses propres observations. Il publia en 1543 le traité d'anatomie *De humani corporis fabrica*. Voltaire fait allusion aux découvertes de Vésale dans l'*Essai sur les mœurs* (ch.158, t.2, p.412).

[2] Claude-Nicolas Le Cat (1700-1768), qui remporta la plupart des prix de l'Académie de chirurgie entre 1732 et 1738. Il devint maître de chirurgie en 1734, et en 1736 fut nommé professeur royal d'anatomie et de chirurgie. En 1744 il établit l'Académie royale des sciences, belles lettres et arts à Rouen. Voltaire possédait et a annoté plusieurs de ses ouvrages (BV1976-BV1980; *CN*, t.5, p.271-72). Il remercie Le Cat de son *Traité de l'existence, de la nature et des propriétés du fluide des nerfs* (26 mars 1765, D12504; voir aussi D12591). Il se réfère à Le Cat dans l'article 'Feu' des *QE*.

[3] Exupère-Joseph Bertin (1712-1781), anatomiste, membre de l'Académie des sciences, auteur d'un célèbre *Traité d'ostéologie* (1754).

dans le corps humain; on peut se flatter d'avoir pénétré jusqu'à la ligne qui sépare à jamais les tentatives des hommes et les secrets impénétrables de la nature.

Interrogez Borelli[4] sur la force exercée par le cœur dans sa dilatation, dans sa diastole; il vous assure qu'elle est égale à un poids de quatre-vingt mille livres, dont il rabat ensuite quelques milliers. Adressez-vous à Keil,[5] il vous certifie que cette force n'est que de cinq onces. Jurin[6] vient qui décide qu'ils se sont trompés; et il fait un nouveau calcul; mais un quatrième survenant prétend que Jurin s'est trompé aussi. La nature se moque d'eux tous; et pendant qu'ils disputent, elle a soin de notre vie; elle fait contracter et dilater le cœur par des voies que l'esprit humain ne peut découvrir.

On dispute depuis Hippocrate sur la manière dont se fait la digestion;[7] les uns accordent à l'estomac des sucs digestifs; d'autres les lui refusent. Les chimistes font de l'estomac un laboratoire. Hequet[8] en fait un moulin. Heureusement la nature nous fait

---

12   70, 71N, 71A, W68: de cent quatre-vingt

[4] Giovanni Alfonso Borelli (1608-1679), grand savant, spécialiste en mathématiques, physique, astronomie, mécanique, médecine et biologie. Il est l'auteur de *De motu animalium* (1680), ouvrage qui étendit les leçons de Galilée en matière mécanique dans le domaine de la biologie.

[5] James Keill (1673-1719), physicien à Northampton et spécialiste d'anatomie. Il est l'auteur de *The Anatomy of the human body* (Londres, 1698) et de *An account of animal secretion, the quantity of blood in the human body, and muscular motion* (Londres, 1708).

[6] James Jurin (1684-1750), physicien, élève de Newton et secrétaire de la Royal Society de Londres, parrain de la candidature de Voltaire en 1743 (voir D2890). Voltaire appelle Jurin 'l'un des grands hommes d'Angleterre' dans son 'Exposition du livre des Institutions physiques', *Mercure de France* (1739), p.1320-28. Voir aussi la lettre de Jurin à Voltaire du 1er février 1740 (D2157).

[7] Voltaire, qui a tant souffert de mauvaise digestion, a dû s'intéresser de près aux débats scientifiques autour de ce sujet. Voir, par exemple, dans l'*Encyclopédie* (t.4, p.999-1003) le long article consacré à la digestion par Gabriel-François Venel.

[8] Philippe Hecquet, médecin (1661-1737), auteur de *De la digestion et des maladies de l'estomac* (Paris, 1712, BV1600). Selon Voltaire, Hecquet 'mit au jour en 1722 le système raisonné de la *trituration*, idée ingénieuse qui n'explique pas la manière dont

digérer sans qu'il soit nécessaire que nous sachions son secret. Elle
nous donne des appétits, des goûts, et des aversions pour certains   25
aliments dont nous ne pourrons jamais savoir la cause.

On dit que notre chyle se trouve déjà tout formé dans les
aliments mêmes, dans une perdrix rôtie.[9] Mais que tous les
chimistes ensemble mettent des perdrix dans une cornue, ils n'en
retireront rien qui ressemble ni à une perdrix ni au chyle. Il faut   30
avouer que nous digérons ainsi que nous recevons la vie, que nous
la donnons, que nous dormons, que nous sentons, que nous
pensons, sans savoir comment.[10] On ne peut trop le redire.

Nous avons des bibliothèques entières sur la génération, mais
personne ne sait encore seulement quel ressort produit l'intumes-   35
cence dans la partie masculine.[11]

On parle d'un suc nerveux qui donne la sensibilité à nos nerfs,
mais ce suc n'a pu être découvert par aucun anatomiste.

Les esprits animaux qui ont une si grande réputation, sont
encore à découvrir.   40

Votre médecin vous fera prendre une médecine, et ne sait pas
comment elle vous purge.

33-34   7O, 71N, 71A: comment. ¶Nous

---

se fait la digestion' ('Catalogue des écrivains', *Le Siècle de Louis XIV*, *OH*, p.1167).
Voir aussi les articles 'Ventres paresseux' et 'Viande' des *QE* et *Les Adorateurs* (*M*,
t.28, p.315).

[9] Dans l'article 'Chyle' de l'*Encyclopédie*, Pierre Tarin fait remarquer qu'il y a
'des auteurs qui prétendent que le *chyle* est la matière immédiate de la nutrition' (t.3,
p.405); l'article ne comprend aucune allusion à une perdrix rôtie.

[10] Voir à ce propos l'article 'Ame' du *DP* (*OCV*, t.35, p.308 et n.10), qui rappelle
à son tour la fonction de la foi chez Locke.

[11] Voir dans l'*Encyclopédie* l'article 'Erection' par Arnulphe d'Aumont, qui
constate: 'Le mécanisme de l'arrêt du sang, nécessaire pour établir l'*érection* a été
diversement expliqué, surtout à l'égard de la verge (voyez "Verge"); mais les
raisons que l'on en a données jusqu'à présent ne paraissent pas entièrement
satisfaisantes' (t.5, p.903). L'article 'Verge', écrit par Jaucourt, décrit en détail la
structure physique du pénis, mais passe sous silence la question de l'érection
proprement dite (t.17, p.62).

La manière dont se forment nos cheveux et nos ongles, nous est aussi inconnue que la manière dont nous avons des idées. Le plus vil excrément confond tous les philosophes.

Vinslou[12] et Lémeri[13] entassent mémoire sur mémoire concernant la génération des mulets; les savants se partagent: l'âne fier et tranquille sans se mêler de la dispute, subjugue cependant sa cavale qui lui donne un beau mulet, sans que Lémeri et Vinslou se doutent par quel art ce mulet naît avec des oreilles d'âne et un corps de cheval.

Borelli dit que l'œil gauche est beaucoup plus fort que l'œil droit. D'habiles physiciens ont soutenu le parti de l'œil droit contre lui.[14]

Vossius attribuait la couleur des nègres à une maladie.[15] Ruisch a mieux rencontré en les disséquant, et en enlevant avec une

[12] Jacques Bénigne Winslow (1669-1760), anatomiste pionnier, né à Odense (Danemark), fils d'un ministre luthérien, mais qui abandonna la théologie pour la médecine. Il se fixa à Paris en 1698, où il devint professeur d'anatomie et de chirurgie au Jardin du roi et membre de l'Académie royale des sciences (1707). Il est l'auteur de l'*Exposition anatomique de la structure du corps humain* (Paris, 1732) et d'une célèbre *Dissertation sur l'incertitude des signes de la mort et l'abus des enterrements et embaumements précipités*, trad. Jacques-Jean Bruhier (Paris, 1742).

[13] Louis Lémery (1677-1743), chimiste, auteur d'un *Traité des aliments* (Paris, 1702) et d'une *Dissertation sur la nourriture des os* (Paris, 1704). Ici Voltaire fait allusion aux débats entre Winslow et Lémery menés sous l'égide de l'Académie royale des sciences entre 1723 et 1743 au sujet des monstres: à l'opposé de Lémery, Winslow rejetait toute explication providentialiste de la monstruosité en faveur d'une analyse dite préformationiste. L'existence du mulet mettait en cause la théorie préformationiste selon laquelle seul un parent pouvait transmettre des traits à sa progéniture.

[14] Dans ses 'Observations touchant la force inégale des yeux' dans le *Journal des savants* 3 (1673), p.291-94, Borelli propose en guise d'explication la possibilité de la plus grande force du sang qui alimente le nerf optique de l'œil gauche. Cette théorie fut critiquée par Le Cat, qui note dans son *Traité des sens* (Amsterdam, 1744) que chez certains gens l'œil gauche est plus fort, que chez d'autres l'œil droit est plus fort et que chez d'autres encore les deux yeux ont exactement la même force.

[15] Isaac Vossius (1618-1689), auteur de la *Dissertatio de vera aetate mundi* (1659). Voltaire fait allusion à Vossius et à ses idées sur les albinos, qu'il prétend être des lépreux, au début de sa *Relation touchant un Maure blanc* (*M*, t.23, p.190).

adresse singulière le corps muqueux réticulaire qui est noir;[16] et
malgré cela il se trouve encore des physiciens qui croient les noirs
originairement blancs. Mais qu'est-ce qu'un système que la nature
désavoue?

60

Boerhaave[17] assure que le sang dans les vésicules des poumons
est *pressé, chassé, foulé, brisé, atténué.*

Le Cat prétend que rien de tout cela n'est vrai. Il attribue la
couleur rouge du sang à un fluide caustique, et on lui nie son
caustique.

65

Les uns font des nerfs un canal par lequel passe un fluide
invisible; les autres en font un violon dont les cordes sont pincées
par un archet qu'on ne voit pas davantage.[18]

---

[16] Frederick Ruysch (1638-1731), élève du célèbre Boerhaave (voir n.17), que
Voltaire rencontra à Leyde en 1737, comme il le révèle dans l'*Essai sur les mœurs*: 'La
membrane muqueuse, ce réseau que la nature a étendu entre les muscles et la peau,
est blanche chez nous, chez eux noire, bronzée ailleurs. Le célèbre Ruysch fut le
premier de nos jours qui, en disséquant un nègre à Amsterdam, fut assez adroit pour
enlever tout ce réseau muqueux. Le czar Pierre l'acheta, mais Ruysch en conserva
une petite partie que j'ai vue' (ch.141, t.2, p.305-306); voir aussi les *Anecdotes sur le
czar Pierre le Grand* (*OCV*, t.46, p.57). Dans les années 1730 et 1740 la couleur de la
peau des nègres était un sujet très largement débattu, même dans des journaux
comme les *Mémoires de Trévoux*. Voir aussi les *Eléments de la philosophie de Newton*
(*OCV*, t.15, p.632) et le *Traité de métaphysique* (*OCV*, t.14, p.420-23).

[17] Herman Boerhaave (1668-1738), professeur de botanique, de chimie et de
médecine à Leyde, où ses cours attiraient des étudiants de partout en Europe: des
extraits de ces cours furent traduits en français et publiés dans les *Observations sur les
écrits modernes* en 1737 et 1738. Voltaire lui rendit visite en 1737 (voir D1262). En
octobre 1738, Voltaire se plaint auprès du marquis de Pompignan: 'La France est
jusqu'à présent le seul pays où les théories de Newton en physique et de Boerhaave en
médecine soient combattues' (D1643). Voltaire possédait un grand nombre des
ouvrages de Boerhaave (BV432-BV437; *CN*, t.1, p.370-76). Ici il s'agit d'une
paraphrase du chapitre 'Structure, force et action du poumon' dans les *Institutions
de médecine*: 'Toutes les liqueurs qui sont déterminées à couler par ce viscère
[poumon] y sont réciproquement pressées, comprimées, poussées, fouettées,
abandonnées à elles-mêmes, et rendues propres à traverser tous les tuyaux de ce
viscère' (t.2, p.356-57).

[18] Voir dans l'*Encyclopédie* l'article 'Nerf' de Jaucourt, où l'auteur compare un
nerf à 'une corde composée de différents fils ou fibres [...] qui se distribue dans toutes
les parties du corps, qui sert à y porter un suc particulier que quelques physiciens

La plupart des médecins attribuent les règles des femmes à la pléthore du sang.[19] Terenzoni[20] et Vieussans[21] croient que la cause 70 de ces évacuations est dans un esprit vital, dans le froissement des nerfs, enfin dans le besoin d'aimer.

On a recherché jusqu'à la cause de la sensibilité, et on est allé jusqu'à la trouver dans la trépidation des membres à demi animés. On a cru les membranes du fœtus irritables; et cette idée a été 75 fortement combattue.[22]

Celui-ci dit que la palpitation d'un membre coupé est le *ton* que le membre conserve encore. Cet autre dit que c'est l'*élasticité*; un troisième l'appelle *irritabilité*. La cause; tous l'ignorent; tous sont à la porte du dernier asile où la nature se renferme; elle ne se montre 80 jamais à eux, et ils devinent dans son antichambre.

Heureusement ces questions sont étrangères à la médecine utile, qui n'est fondée que sur l'expérience, sur la connaissance du tempérament d'un malade, sur des remèdes très simples donnés à propos; le reste est pure curiosité; et souvent charlatanerie. 85

Si un homme à qui on sert un plat d'écrevisses qui étaient toutes grises avant la cuisson, et qui sont devenues toutes rouges dans la

---

appellent *esprits animaux*'. Un peu plus loin il compare les nerfs à 'autant de queues de cheval enveloppées dans deux tuniques' (t.11, p.100), et il poursuit: 'On a supposé, il y a longtemps, que les *nerfs* sont des petits tuyaux, mais on a eu bien de la peine à découvrir leurs cavités', et ensuite: 'Il ne paraît pas qu'il y ait la moindre probabilité dans cette opinion (qui a cependant ses partisans) que les *nerfs* exécutent leurs opérations par la vibration de fibrilles tendues; en effet c'est un sentiment contraire à la nature des *nerfs*, dont la substance est molle, pulpeuse, flasque, croissée et ondée' (t.11, p.101).

[19] Voir l'article 'Règles' dans l'*Encyclopédie*, écrit par Jaucourt.

[20] Giovanni Antonio Terenzoni (1663-1746), médecin italien, auteur de *De Morbis uteri* (Lucques, 1715).

[21] Raymond de Vieussens (1641-1715), anatomiste français qui s'appliqua surtout à la névrologie, publiant en 1685 sa *Nevrologia universalis*. Il devint par la suite membre et de l'Académie des sciences de Paris et de la Royal Society de Londres. Il était responsable, du moins en partie, des planches sur les nerfs dans l'*Encyclopédie*, et dans son article 'Nerf' Jaucourt fait allusion à lui au sujet de sa prétendue découverte de tuyaux névro-lymphatiques (t.11, p.101).

[22] Voir le long article 'Fœtus' dans l'*Encyclopédie*, écrit par Jaucourt.

chaudière, croyait n'en devoir manger que lorsqu'il saurait bien précisément comment elles sont devenues rouges, il ne mangerait d'écrevisses de sa vie.[23]

90

[23] Voltaire fait écho à la vingt-cinquième des *Lettres philosophiques*, dans les éditions à partir de 1752 (t.2, p.217-18, variante). Voir aussi l'article 'Préjugés' du *DP* (*OCV*, t.36, p.458).

ANCIENS ET MODERNES

Le grand procès des anciens et des modernes n'est pas encore vidé;[1] il est sur le bureau depuis l'âge d'argent qui succéda à l'âge d'or. Les hommes ont toujours prétendu que le bon vieux temps

* Il n'y a pas d'article dans l'*Encyclopédie* traitant directement de la querelle des anciens et des modernes. Voltaire poursuit ici les réflexions de son article 'Goût' (*OCV*, t.33, p.128-32), article suivi dans l'*Encyclopédie* par un article sur le même sujet rédigé par Montesquieu; Voltaire va amplifier son article 'Goût' d'ailleurs ci-dessous dans les *QE*. Sur l'attitude que porte Voltaire sur les anciens et les modernes, voir Raymond Naves, *Le Goût de Voltaire* (Paris, 1938), p.295-322. La querelle des anciens et des modernes n'est plus actuelle à cette date: 'Vers la moitié du dix-huitième siècle, la querelle semble être éteinte' (Levent Yilmaz, *Le Temps moderne*, Paris, 2004, p.35); car, comme l'écrit Chantal Grell, 'le triomphe des modernes consacra [...] la victoire de la philosophie sur l'érudition' (*Le Dix-huitième Siècle et l'Antiquité en France*, *SVEC* 330-31, 1995, p.440). Voltaire avait déjà évoqué la question dans *Le Siècle de Louis XIV*: 'Cette indifférence que nous avons pour les grandes choses devenues trop familières, et cette admiration des anciens Grecs pour les petites, est encore une preuve de la prodigieuse supériorité de notre siècle sur les anciens. Boileau en France, le chevalier Temple en Angleterre, s'obstinaient à ne pas reconnaître cette supériorité: ils voulaient dépriser leur siècle pour se mettre eux-mêmes au-dessus de lui. Cette dispute entre les anciens et les modernes est enfin décidée, du moins en philosophie. Il n'y a pas un ancien philosophe qui serve aujourd'hui à l'instruction de la jeunesse chez les nations éclairées' (*OH*, p.1025). Voltaire vise moins dans l'article actuel à traiter de la querelle qu'à exploiter ce sujet pour créer un centon littéraire (Homère, la Bible, Ossian, etc.). Il compose un florilège de traductions et d'imitations (comme il le fera aussi dans l'article 'Epopée') qui a pour but ici de nier la notion de relativité du goût. Voltaire semble d'ailleurs avoir à cœur cet article. Il l'envoie à la duchesse de Choiseul et à Mme Du Deffand en juin 1770, en sollicitant leur opinion: 'Je vous prie toutes deux de prêter un peu d'attention à l'article "Anciens et modernes". C'est une affaire de goût. Vous êtes juges en dernier ressort' (D16372; voir aussi D17076). 'Il veut que nous soyons charmées de l'article "Anciens et modernes"' (D16412), confie la duchesse à son amie, qui, elle, répond à Voltaire: 'Votre article des "Anciens et des modernes" m'a fait très grand plaisir' (D16445). L'article paraît en novembre/décembre 1770 (70, t.1).

[1] Dans *Le Siècle de Louis XIV* on lit: 'Cette dispute a été et sera longtemps une affaire de parti, comme elle l'était du temps d'Horace' (*OH*, p.1193). Voir aussi les remarques de Voltaire sur la traduction d'Homère par Mme Dacier dans l'article 'Scoliaste' des *QE*.

valait beaucoup mieux que le temps présent. Nestor, dans l'*Iliade*,
en voulant s'insinuer comme un sage conciliateur dans l'esprit 5
d'Achille et d'Agamemnon, débute par leur dire... *j'ai vécu autrefois
avec des hommes qui valaient mieux que vous; non je n'ai jamais vu, et
je ne verrai jamais de si grands personnages que Drias, Cénée,
Exadius, Poliphême égal aux dieux*, etc.[2]

La postérité a bien vengé Achille du mauvais compliment de 10
Nestor, vainement loué par ceux qui ne louent que l'antique.
Personne ne connaît plus Drias; on n'a guère entendu parler
d'Exadius, ni de Cénée; et pour Poliphême égal aux dieux, il n'a
pas une trop bonne réputation, à moins que ce ne soit tenir de la
divinité que d'avoir un grand œil au front, et de manger des 15
hommes tout crus.

Lucrèce ne balance pas à dire que la nature a dégénéré.

> *Ipsa dedit dulceis foetus et pabula laeta,*
> *Quae nunc vix nostro grandescunt aucta labore;*
> *Conterimusque boves, et vires agricolarum.* Etc. 20

> La nature languit; la terre est épuisée;
> L'homme dégénéré dont la force est usée,
> Fatigue un sol ingrat par ses bœufs affaiblis.[3]

11-12   w68: que l'antiquité. Personne

[2] *Iliade*, livre 1, vers 260-65. Voltaire se sert ici, en l'adaptant un peu et en
l'abrégeant, de la traduction de Mme Dacier. Il possède dans sa bibliothèque les
traductions de l'*Iliade* de La Motte, de Mme Dacier, de Bitaubé, et de Dubois de
Rochefort (BV1669-BV1672). A la version de La Motte, chef de file des modernes,
Voltaire préfère la version de la championne des anciens.

[3] Lucrèce, *De rerum natura*, livre 2, vers 1160-62. Voltaire possède dans sa
bibliothèque les traductions du baron Des Coutures, de 1692, et de La Grange, de
1768 (BV2223-BV2224), et aussi une 'traduction libre' (en prose) due à
Ch.-J. Panckoucke, aussi de 1768 (BV2227). Il ne suit ici aucune de ces traductions,
ni celle de l'abbé de Marolles. La traduction doit être de Voltaire lui-même. Une
note de La Grange explique le contexte de ces vers: 'Presque toutes les sectes des
philosophes se réunissaient à croire non seulement que le monde devait périr un
jour, mais encore qu'il approchait de son terme. Le sage Platon prédisait le
dépérissement du monde' (*Lucrèce, traduction nouvelle, avec des notes, par Monsieur
L*** G****, 2 vol., Paris, 1768, t.1, p.246).

L'antiquité est pleine des éloges d'une autre antiquité plus reculée.

> Les hommes, en tout temps, ont pensé qu'autrefois   25
> De longs ruisseaux de lait serpentaient dans nos bois;
> La lune était plus grande, et la nuit moins obscure;
> L'hiver se couronnait de fleurs et de verdure;
> L'homme, ce roi du monde, et roi très fainéant,
> Se contemplait à l'aise, admirait son néant,   30
> Et formé pour agir se plaisait à rien faire. Etc.[4]

Horace combat ce préjugé avec autant de finesse que de force dans sa belle épître à Auguste. (*a*) 'Faut-il donc, dit-il, que nos poèmes soient comme nos vins, dont les plus vieux sont toujours préférés?'[5] Il dit ensuite: 35

> (*b*) *Indignor quidquam reprehendi, non quia crasse*
> *Compositum illepideve putetur; sed quia nuper;*
> *Nec veniam antiquis sed honorem et praemia posci.*
> ....
> *Ingeniis non ille favet, plauditque sepultis;*   40
> *Nostra sed impugnat: nos nostraque lividus odit.* Etc.[6]

(*a*) Epist. 1, lib. 2.
(*b*) Ibid.

[4] Il s'agit d'une autocitation silencieuse: le passage est extrait du sixième discours des *Discours en vers sur l'homme*, Voltaire ayant réécrit le premier vers pour la commodité du contexte (*OCV*, t.17, p.519, lignes 149-55).

[5] Horace, *Épîtres*, livre 2, épître 1, vers 34: 'Si le temps améliore les poèmes comme les vins' (*Épîtres*, trad. F. Villeneuve, Paris, 2002, p.153). La traduction qu'en donne Voltaire est donc approximative, et semble être la sienne. Il ne suit pas en tout cas celle d'André Dacier, la seule traduction des *Épîtres* d'Horace qu'il a dans sa bibliothèque. Mais par contre il a peut-être été influencé par le commentaire de Dacier sur ce vers: 'Horace tourne ici parfaitement en ridicule le préjugé que les Romains avaient en faveur de l'ancienneté. La plupart des gens en ont aujourd'hui un tout contraire, mais dont le ridicule n'est pas moins grand' (*Œuvres d'Horace en latin et en françois, avec des remarques critiques et historiques, par Monsieur Dacier*, 4ᵉ éd., 10 vol., Amsterdam, 1727, BV1678, t.9, p.43).

[6] Horace, *Épîtres*, livre 2, épître 1, vers 76-78, 88-89. 'Je m'indigne qu'un ouvrage soit blâmé non point parce qu'on l'estime exécuté grossièrement ou sans grâce, mais parce qu'il vient d'être fait, et qu'on réclame pour les vieux écrits non pas de

J'ai vu ce passage imité ainsi en vers familiers.

> Rendons toujours justice au beau.
> Est-il laid pour être nouveau?
> Pourquoi donner la préférence   45
> Aux méchants vers du temps jadis?
> C'est en vain qu'ils sont applaudis;
> Ils n'ont droit qu'à notre indulgence.
> Les vieux livres sont des trésors,
> Dit la sotte et maligne envie.   50
> Ce n'est pas qu'elle aime les morts;
> Elle hait ceux qui sont en vie. [7]

---

l'indulgence, mais des honneurs et des privilèges [...] [cet homme] accorde moins sa faveur et ses applaudissements aux génies ensevelis qu'il n'attaque les nôtres, qu'il ne nous porte, à nous et à nos ouvrages, une haine jalouse' (*Epîtres*, trad. F. Villeneuve, p.154-55). Voltaire a peut-être lu le commentaire de Dacier sur ces vers: 'Cela est fort bien dit, ces anciens ne méritent pas les honneurs et les récompenses dont ces gens entêtés de l'antiquité les jugent dignes. Mais aussi ils ne doivent pas être rejetés, il faut ne les pas juger à la rigueur, et leur faire grâce. Ils ont ouvert le chemin aux autres, et défriché les premiers une terre qui n'avait point encore été travaillée. Or il est injuste d'exiger que les inventeurs portent leurs ouvrages à ce point de perfection que le temps et le travail peuvent seuls donner [...]. Horace dit que ceux qui louent à tort et à travers l'antiquité, sans discerner ce qu'elle a de mauvais d'avec ce qu'elle a de bon, n'ont pas tant d'envie d'exalter les anciens poètes, que de ravaler les nouveaux. Et cela est vrai. L'envie et l'amour-propre sont les maîtres ressorts qui font agir et remuer les hommes. Du temps d'Horace les Romains favorisaient les poètes des siècles passés, pour ne pas rendre hommage à ceux de leur siècle. Ils disaient comme M. de La Fontaine: "Malheur à l'écrivain nouveau, / Le moins de gens qu'on peut à l'entour du gâteau, / C'est le droit du jeu, c'est l'affaire." Aujourd'hui quelques nouveaux critiques suivent une route toute contraire, ils ne louent que ceux de notre siècle, pour se donner en même temps eux-mêmes les louanges qu'on leur refuse, et pour ne pas rendre justice à ceux des siècles passés. Tout cela vient du même principe. Mais l'injustice de ces derniers me paraît la plus grande, en ce qu'ils méprisent souvent ce qu'ils n'ont jamais connu. Tel de ces critiques déclame incessamment contre Homère, Sophocle, Euripide, Aristote et Platon, qui non seulement ne les a jamais lus, mais qui ne sait pas même lire en leur langue' (*Œuvres d'Horace*, t.9, p.58, 62).

[7] Les traductions des *Epîtres* les plus en vue au dix-huitième siècle, celles d'André Dacier, du père Tarteron, de Sanadon, de Charles Batteux, sont toutes des traductions en prose. Une traduction des œuvres complètes d'Horace en vers

Le savant et ingénieux Fontenelle s'exprime ainsi sur ce sujet.

'Toute la question de la prééminence entre les anciens et les modernes, étant une fois bien entendue, se réduit à savoir, si les arbres qui étaient autrefois dans nos campagnes étaient plus grands que ceux d'aujourd'hui? En cas qu'ils l'aient été, Homère, Platon, Démosthène ne peuvent être égalés dans ces derniers siècles; mais si nos arbres sont aussi grands que ceux d'autrefois, nous pouvons égaler Homère, Platon, et Démosthène.

'Eclaircissons ce paradoxe. Si les anciens avaient plus d'esprit que nous, c'est donc que les cerveaux de ce temps-là étaient mieux disposés, formés de fibres plus fermes ou plus délicates, remplis de plus d'esprits animaux; mais en vertu de quoi les cerveaux de ce temps-là auraient-ils été mieux disposés? Les arbres auraient donc été aussi plus grands et plus beaux; car si la nature était alors plus jeune et plus vigoureuse, les arbres, aussi bien que les cerveaux des hommes, auraient dû se sentir de cette vigueur et de cette jeunesse.' ('Digression sur les anciens et les modernes'. Tome 4, édition de 1742.)[8]

Avec la permission de cet illustre académicien, ce n'est point là du tout l'état de la question. Il ne s'agit pas de savoir, si la nature a pu produire de nos jours d'aussi grands génies, et d'aussi bons ouvrages que ceux de l'antiquité grecque et latine; mais de savoir si nous en avons en effet. Il n'est pas impossible sans doute qu'il y ait d'aussi grands chênes dans la forêt de Chantilli que dans celle de Dodone: mais, supposé que les chênes de Dodone eussent parlé, il

---

alexandrins par l'abbé Salmon (1752) fut peu remarquée et ne fut jamais rééditée. Voltaire saisit l'occasion ici de faire sa propre traduction en vers octosyllabes, et de faire ainsi la leçon à tous les auteurs des traductions plates et prosaïques.

[8] Citation exacte du début de ce texte (Fontenelle, *Entretiens sur la pluralité des mondes; Digression sur les anciens et les modernes*, éd. R. Shackleton, Oxford, 1955, p.161). Voltaire possède les *Œuvres de Monsieur de Fontenelle*, nouv. éd. augmentée, 6 vol., Paris, 1742, BV1362 (manquent les tomes 2 et 5): le passage en question n'est pas annoté. Comparer ce que dit Voltaire dans le 'Catalogue des écrivains' du *Siècle de Louis XIV*: '[Fontenelle] essuya une [persécution] moins dangereuse, et qui n'était que littéraire, pour avoir soutenu qu'à plusieurs égards les modernes valaient bien les anciens' (*OH*, p.1162).

serait très clair qu'ils auraient un grand avantage sur les nôtres, qui probablement ne parleront jamais.

La Motte, homme d'esprit et de talents, qui a mérité des applaudissements dans plus d'un genre, a soutenu, dans une ode remplie de vers heureux, le parti des modernes.[9] Voici une de ses stances.

> Et pourquoi veut-on que j'encense
> Ces prétendus dieux dont je sors?
> En moi la même intelligence
> Fait mouvoir les mêmes ressorts.
> Croit-on la nature bizarre,
> Pour nous aujourd'hui plus avare,
> Que pour les Grecs et les Romains?
> De nos aînés mère idolâtre,
> N'est-elle plus que la marâtre
> Du reste grossier des humains?[10]

On pouvait lui répondre, Estimez vos aînés sans les adorer. Vous avez une intelligence et des ressorts comme Virgile et Horace en avaient; mais ce n'est pas peut-être absolument la même intelligence. Peut-être avaient-ils un talent supérieur au vôtre, et ils l'exerçaient dans une langue plus riche et plus harmonieuse que les langues modernes, qui sont un mélange de l'horrible jargon des Celtes et d'un latin corrompu.[11]

La nature n'est point bizarre; mais il se pourrait qu'elle eût donné aux Athéniens un terrain et un ciel plus propre que la Vestphalie et que le Limousin à former certains génies. Il se

---

[9] Allusion à l'ode 'L'Emulation', dédiée à Fontenelle. Voltaire avait déjà esquissé un portrait favorable de La Motte dans le 'Catalogue des écrivains' du *Siècle de Louis XIV* (*OH*, p.1173).

[10] La Motte, *Odes*, 4e éd., 2 vol. (Paris, 1713-1714, BV1903), t.2, p.96.

[11] Voltaire reste persuadé que la langue française ne se prête pas à la poésie. Comparer: 'nos jargons nouveaux, / Enfants demi-polis des Normands et des Goths' (*Epître à Horace*, vers 185-86, *OCV*, t.74B, p.289). A Mme Du Deffand, Voltaire écrit en mai 1754 (D5822): 'Toutes nos langues modernes sont sèches, pauvres et sans harmonie en comparaison de celles qu'ont parlé nos premiers maîtres les Grecs et les Romains. Nous ne sommes que des violons de village'.

pourrait bien encore que le gouvernement d'Athènes, en secondant
le climat, eût mis dans la tête de Démosthène quelque chose que   10
l'air de Clamar et de La Grenouillière, et le gouvernement du
cardinal de Richelieu ne mirent point dans la tête d'Omer Talon[12]
et de Jérôme Bignon.[13]

Quelqu'un répondit alors à La Motte par le petit couplet suivant:

> Cher La Motte, imite et révère   11
> Ces dieux dont tu ne descends pas.
> Si tu crois qu'Horace est ton père,
> Il a fait des enfants ingrats.
> La nature n'est point bizarre,
> Pour Danchet[14] elle est fort avare,   11
> Mais Racine en fut bien traité,
> Tibulle était guidé par elle;
> Mais pour notre ami La Chapelle, (c)[15]

(c) Ce La Chapelle était un receveur général des finances, qui traduisit
très platement Tibulle; mais ceux qui dînaient chez lui trouvaient ses vers
fort bons.

---

[12] Omer Talon (1596-1652), avocat général du parlement de Paris (1631), 'a laissé
des mémoires utiles, dignes d'un bon magistrat et d'un bon citoyen; mais son
éloquence n'est pas encore celle du bon temps' ('Catalogue des écrivains', *Le Siècle
de Louis XIV*, *OH*, p.1210). C'est l'apogée du règne de Louis XIV qui marque pour
Voltaire le 'bon temps' de la langue littéraire.

[13] Jérôme Bignon (1589-1656), conseiller d'Etat, avocat général du parlement de
Paris (1625), auteur de nombreux ouvrages tel le *Traité de l'excellence des rois et du
royaume de France*, etc. (1610). Dans le 'Catalogue des écrivains' du *Siècle de
Louis XIV* Voltaire le condamne dans des termes similaires à ceux qu'il emploie à
l'égard de Talon (voir la note précédente): 'il a laissé un plus grand nom que de
grands ouvrages. Il n'était pas encore du bon temps de la littérature' (*OH*, p.1139).

[14] Antoine Danchet (1671-1748), poète dramatique, membre de l'Académie
française (1712), a écrit des livrets et des tragédies. Voltaire l'a critiqué à plusieurs
occasions – voir par exemple 'Epigramme contre D***' (*OCV*, t.1B, p.373) et le
'Catalogue des écrivains' du *Siècle de Louis XIV* (*OH*, p.1153). Voltaire possède
Alphée et Aréthuse, ballet en 1 acte (Paris, 1752, BV936) avec paroles par Danchet.

[15] Jean de La Chapelle (1651-1723), membre de l'Académie française (1688),
auteur des *Amours de Tibulle* (nouv. éd., 2 vol., Paris, 1732, BV1805). On lit dans le
'Catalogue des écrivains' du *Siècle de Louis XIV*: 'Receveur général des finances,

Hélas, qu'elle a peu de bonté![16]

Cette dispute est donc une question de fait. L'antiquité a-t-elle 120
été plus féconde en grands monuments de tout genre jusqu'au
temps de Plutarque, que les siècles modernes ne l'ont été depuis le
siècle des Médicis jusqu'à Louis XIV inclusivement?[17]
Les Chinois, plus de deux cents ans avant notre ère vulgaire,
construisirent cette grande muraille qui n'a pu les sauver de 125
l'invasion des Tartares. Les Egyptiens, trois mille ans auparavant,
avaient surchargé la terre de leurs étonnantes pyramides, qui
avaient environ quatre-vingt-dix mille pieds carrés de base.
Personne ne doute que si on voulait entreprendre aujourd'hui
ces inutiles ouvrages, on n'en vînt aisément à bout en prodiguant 130
beaucoup d'argent. La grande muraille de la Chine est un
monument de la crainte; les pyramides sont des monuments de
la vanité et de la superstition. Les unes et les autres attestent une
grande patience dans les peuples, mais aucun génie supérieur. Ni
les Chinois, ni les Egyptiens n'auraient pu faire seulement une 135
statue telle que nos sculpteurs en forment aujourd'hui.

---

auteur de quelques tragédies qui eurent du succès en leur temps. Il était un de ceux
qui tâchait d'imiter Racine' (*OH*, p.1169).

[16] Le 'quelqu'un', auteur de ces vers, pourrait bien être Voltaire lui-même.

[17] Voir Nicolas Fréret: 'Il ne s'agit point [...] de donner aux anciens une
préférence absolue sur les modernes, encore moins de suivre une prévention
déterminée à tout défendre, et même à tout admirer. Cette disposition d'esprit,
qui, dans les disputes passées, semble avoir été celle des partisans de l'antiquité, a
peut-être encore plus contribué à décrier leur cause, que ne l'ont pu faire les raisons
de leurs adversaires. Ces derniers croyaient alors beaucoup gagner, s'ils pouvaient
amener les admirateurs de l'antiquité à reconnaître que la différence des siècles ne
mettait en général aucune différence réelle entre les hommes. Aujourd'hui, les
choses ont bien changé: ceux qui sans se livrer aux sentiments d'une admiration
aveugle, croient qu'on peut encore conserver quelque estime pour les anciens, se
trouvent à leur tour dans la nécessité de prouver que les hommes de tous les siècles
sont à peu près égaux' (cité par J. W. Lorimer, 'A neglected aspect of the *querelle des
anciens et des modernes*', *Modern Language Review* 51, 1956, p.179-85, p.183)

Du chevalier Temple

Le chevalier Temple,[18] qui a pris à tâche de rabaisser tous les modernes, prétend qu'ils n'ont rien en architecture de comparable aux temples de la Grèce et de Rome: mais tout Anglais qu'il était, il devait convenir que l'église de Saint-Pierre est incomparablement plus belle que n'était le Capitole.[19]

C'est une chose curieuse que l'assurance avec laquelle il prétend qu'il n'y a rien de neuf dans notre astronomie, rien dans la connaissance du corps humain, si ce n'est peut-être, dit-il, la circulation du sang.[20] L'amour de son opinion, fondé sur son extrême amour-propre, lui fait oublier la découverte des satellites de Jupiter, des cinq lunes et de l'anneau de Saturne, de la rotation du soleil sur son axe, de la position calculée de trois mille étoiles, des lois données par Képler et par Newton aux orbes célestes; des causes de la précession des équinoxes, et de cent autres connaissances dont les anciens ne soupçonnaient pas même la possibilité.

Les découvertes dans l'anatomie sont en aussi grand nombre.

[18] Sir William Temple (1628-1699), diplomate et écrivain, protecteur de Jonathan Swift; c'était 'un philosophe qui joignait les lettres aux affaires' ('Catalogue des écrivains', *Le Siècle de Louis XIV*, *OH*, p.703). Voir Homer E. Woodbridge, *Sir William Temple: the man and his work* (New York, 1940), et Pierre Marambaud, *Sir William Temple: sa vie, son œuvre* (Paris, 1968). Voltaire possédait ses *Mémoires* (La Haye, 1693, BV3255), ses *Nouveaux Mémoires* (La Haye, 1729, BV3256) et le troisième volume de ses essais, *Miscellanea* (Londres, 1701) – voir Serguëi Karp, *Quand Catherine II achetait la bibliothèque de Voltaire* (Ferney-Voltaire, 1999), p.41 et 26.

[19] 'Du savoir des anciens et des modernes', *Les Œuvres mêlées de Monsieur le chevalier Temple*, 2 vol. (Utrecht, 1693), t.2, p.60; traduit de l'anglais, 'Of ancient and modern learning' (*Miscellanea*, 2e partie, 1690). Cet essai prend comme point de départ la *Digression sur les anciens et sur les modernes* de Fontenelle; il introduisit en Angleterre la fameuse querelle entre Boileau et Perrault. L'essai de Temple est moins dogmatique que ne le dit Voltaire ici; pour Clara Marburg, l'argument de Temple n'est pas 'that the ancients were superior to the moderns in any absolute sense, but that the moderns were not superior to the ancients' (*Sir William Temple: a seventeenth-century 'libertin'*, New Haven, 1932, p.26).

[20] *Œuvres mêlées de Monsieur le chevalier Temple*, t.2, p.56-57.

Un nouvel univers en petit, découvert avec le microscope, était compté pour rien par le chevalier Temple; il fermait les yeux aux merveilles de ses contemporains, et ne les ouvrait que pour admirer l'ancienne ignorance. 155

Il va jusqu'à nous plaindre de n'avoir plus aucun reste de la magie des Indiens, des Chaldéens, des Egyptiens; et par cette magie il entend une profonde connaissance de la nature, par laquelle ils produisaient des miracles sans qu'il en cite aucun, parce qu'en effet 160 il n'y en a jamais eu.[21] 'Que sont devenus, dit-il, les charmes de cette musique qui enchantait si souvent les hommes et les bêtes, les poissons, les oiseaux, les serpents, et changeait leur nature?'[22]

Cet ennemi de son siècle croit bonnement à la fable d'Orphée, et n'avait apparemment entendu ni la belle musique d'Italie, ni même 165 celle de France, qui à la vérité ne charment pas les serpents, mais qui charment les oreilles des connaisseurs.

Ce qui est encore plus étrange, c'est qu'ayant toute sa vie cultivé les belles-lettres, il ne raisonne pas mieux sur nos bons auteurs que sur nos philosophes. Il regarde Rabelais comme un grand homme; 170 il cite les *Amours des Gaules* comme un de nos meilleurs ouvrages.[23] C'était pourtant un homme savant, un homme de

[21] *Œuvres mêlées de Monsieur le chevalier Temple*, t.2, p.58-59.

[22] Traduction exacte du texte anglais; la traduction française publiée en 1693 est plus libre: 'Que sont devenus ces charmes de la musique qui enchantaient les hommes et les bêtes, qui attiraient les poissons et les oiseaux, et qui rendaient les serpents incapables de faire du mal, contre leur nature' (*Œuvres mêlées de Monsieur le chevalier Temple*, t.2, p.57). Nous avons ici la preuve que Voltaire travaille à partir du texte anglais, même si le deuxième tome des *Miscellanea* a disparu de sa bibliothèque (voir ci-dessus, n.15). Temple lui-même désapprouva la traduction française de ses œuvres, se plaignant 'qu'on l'avait cruellement meurtri' (B. L. de Muralt, *Lettres sur les Anglois et les François et sur les voiages*, éd. Charles Gould, Paris, 1933, p.162).

[23] *Œuvres mêlées de Monsieur le chevalier Temple*, t.2, p.80-81. Voltaire défigure le texte de Temple, en passant sous silence un argument intéressant concernant l'évolution de la langue littéraire: 'Les Français modernes [...] ont tellement raffiné la langue française, qu'il est malaisé de les surpasser en cela. Mais je serais fort trompé s'il ne leur est arrivé ce qui arrive dans tous les ouvrages, qui plus on lime et on les polit, moins ils ont de poids et de force: car si la langue française a aujourd'hui beaucoup plus de délicatesse que du temps de Montagne, je tiens qu'elle est aussi beaucoup moins forte, et moins vive, et qu'elle se trouve plus bornée' (p.80-81).

cour, un homme de beaucoup d'esprit, un ambassadeur, qui avait fait de profondes réflexions sur tout ce qu'il avait vu. Il possédait de grandes connaissances: un préjugé suffit pour gâter tout ce mérite.

De Boileau et de Racine

Boileau et Racine, en écrivant en faveur des anciens contre Perrault, furent plus adroits que le chevalier Temple. Ils se gardèrent bien de parler d'astronomie et de physique. Boileau s'en tient à justifier Homère contre Perrault, mais en glissant adroitement sur les défauts du poète grec, et sur le sommeil que lui reproche Horace. Il ne s'étudie qu'à tourner Perrault, l'ennemi d'Homère, en ridicule. Perrault entend-il mal un passage, ou traduit-il mal un passage qu'il entend? voilà Boileau qui saisit ce petit avantage, qui tombe sur lui en ennemi redoutable, qui le traite d'ignorant, de plat écrivain:[24] mais il se pouvait très bien faire que Perrault se fût souvent trompé, et que pourtant il eût souvent raison sur les contradictions, les répétitions, l'uniformité des combats, les longues harangues dans la mêlée, les indécences, les inconséquences de la conduite des dieux dans le poème, enfin sur toutes les fautes où il prétendait que ce grand poète était tombé. En un mot, Boileau se moqua de Perrault beaucoup plus qu'il ne justifia Homère.[25]

De l'injustice et de la mauvaise foi de Racine dans la dispute contre Perrault au sujet d'Euripide, et des infidélités de Brumoy

Racine usa du même artifice, car il était tout aussi malin que Boileau pour le moins. Quoiqu'il n'eût pas fait comme lui son capital de la

[24] Allusion aux *Réflexions critiques I-IX* de Boileau, parues pour la première fois en 1694.

[25] Voltaire déforme le sens des remarques de Boileau, qui s'intéresse avant tout à la qualité de la langue d'Homère. Mais Voltaire n'entend pas le grec mieux que Perrault.

satire; il jouit du plaisir de confondre ses ennemis sur une petite   195
méprise très pardonnable où ils étaient tombés au sujet d'Euripide,
et en même temps de se sentir très supérieur à Euripide même. Il
raille autant qu'il le peut ce même Perrault et ses partisans sur leur
critique de l'*Alceste* d'Euripide;[26] parce que ces messieurs malheureusement avaient été trompés par une édition fautive d'Euri-   200
pide, et qu'ils avaient pris quelques répliques d'Admète pour celles
d'Alceste: mais cela n'empêche pas qu'Euripide n'eût grand tort en
tout pays, dans la manière dont il fait parler Admète à son père. Il
lui reproche violemment de n'être pas mort pour lui.[27]

'Quoi donc, lui répond le roi son père, à qui adressez-vous, s'il   205
vous plaît, un discours si hautain? Est-ce à quelque esclave de
Lydie ou de Phrygie? Ignorez-vous que je suis né libre et
thessalien?' (Beau discours pour un roi et pour un père!) 'Vous
m'outragez comme le dernier des hommes. Où est la loi qui dit que
les pères doivent mourir pour leurs enfants? Chacun est ici-bas   210
pour soi. J'ai rempli mes obligations envers vous. Quel tort vous
fais-je? demandai-je que vous mouriez pour moi? La lumière vous
est précieuse; me l'est-elle moins?... Vous m'accusez de lâcheté...
Lâche vous-même; vous n'avez pas rougi de presser votre femme
de vous faire vivre en mourant pour vous... Ne vous sied-il pas bien   215
après cela de traiter de lâches, ceux qui refusent de faire pour vous,
ce que vous n'avez pas le courage de faire vous-même... Croyez-
moi, taisez-vous... Vous aimez la vie; les autres ne l'aiment pas
moins... Soyez sûr que si vous m'injuriez encore, vous entendrez de
moi des duretés qui ne seront pas des mensonges.'[28]   220

---

[26] Racine, préface d'*Iphigénie* (*Œuvres complètes: théâtre-poésie*, éd. Georges
Forestier, Paris, 1999, p.699-701). Ce texte se trouve dans la bibliothèque de
Voltaire en deux exemplaires: *Œuvres de Racine*, 2 vol. (Amsterdam, 1713, BV2854),
et *Œuvres de Racine*, t.2 (Paris, 1736, BV2855).

[27] Suit une 'imitation' d'Euripide, *Alceste*, acte 3, scène 6. Voltaire connaît, mais
ne reproduit pas, la traduction du père Brumoy dans *Le Théâtre des Grecs*, seule
traduction d'Euripide disponible en français à cette date (voir ci-dessous, n.30).

[28] Ici Voltaire abrège le texte original.

Le chœur prend alors la parole. 'C'est assez et déjà trop des deux côtés: cessez, vieillard, cessez de maltraiter de paroles votre fils.'

Le chœur aurait dû plutôt ce semble faire une forte réprimande au fils d'avoir très brutalement parlé à son propre père, et de lui avoir reproché si aigrement de n'être pas mort.

Tout le reste de la scène est dans ce goût.

PHÉRÈS *à son fils.*

Tu parles contre ton père sans en avoir reçu d'outrage.

ADMÈTE

Oh! j'ai bien vu que vous aimez à vivre longtemps.

PHÉRÈS

Et toi, ne portes-tu pas au tombeau celle qui est morte pour toi?

ADMÈTE

Ah! le plus infâme des hommes, c'est la preuve de ta lâcheté.

PHÉRÈS

Tu ne pourras pas au moins dire qu'elle est morte pour moi.

ADMÈTE

Plût au ciel! que tu fusses dans un état où tu eusses besoin de moi.

LE PÈRE

Fais mieux, épouse plusieurs femmes, afin qu'elles meurent pour te faire vivre plus longtemps.

Après cette scène un domestique vient parler tout seul de l'arrivée d'Hercule. 'C'est un étranger, dit-il, qui a ouvert la porte lui-même, s'est d'abord mis à table; il se fâche de ce qu'on ne lui sert pas assez vite à manger, il remplit de vin à tout moment sa coupe, boit à longs traits du rouge et du paillet, et ne cesse de boire et de chanter de mauvaises chansons qui ressemblent à des

237   71N: lui-même et s'est

342

hurlements, sans se mettre en peine du roi et de sa femme que nous pleurons. C'est sans doute quelque fripon adroit, un vagabond, un assassin.'

Il peut être assez étrange qu'on prenne Hercule pour un fripon adroit; il ne l'est pas moins qu'Hercule ami d'Admète soit inconnu 245 dans la maison. Il l'est encore plus qu'Hercule ignore la mort d'Alceste, dans le temps même qu'on la porte au tombeau.

Il ne faut pas disputer des goûts; mais il est sûr que de telles scènes ne seraient pas souffertes chez nous à la foire. [29]

Brumoy qui nous a donné le *Théâtre des Grecs*, et qui n'a pas 250 traduit Euripide avec une fidélité scrupuleuse, [30] fait ce qu'il peut pour justifier la scène d'Admète et de son père; on ne devinerait pas le tour qu'il prend.

Il dit d'abord que *les Grecs n'ont pas trouvé à redire à ces mêmes choses qui sont à notre égard des indécences, des horreurs; qu'ainsi il* 255 *faut convenir qu'elles ne sont pas tout à fait telles que nous les imaginons; en un mot que les idées ont changé.* [31]

On peut répondre, que les idées des nations policées n'ont jamais changé sur le respect, que les enfants doivent à leurs pères.

Qui peut douter, ajoute-t-il, *que les idées n'aient changé en* 260 *différents siècles sur des points de morale plus importants?* [32]

---

[29] Voltaire défend ici la notion d'un goût absolu. Comparer, dans son article 'Goût' de l'*Encyclopédie*: 'On dit qu'il ne faut point disputer des *goûts*, et on a raison quand il n'est question que du *goût* sensuel, de la répugnance que l'on a pour une certaine nourriture, de la préférence qu'on donne à une autre [...]. Il n'en est pas de même dans les arts; comme ils ont des beautés réelles, il y a un bon *goût* qui les discerne, et un mauvais *goût* qui les ignore' (*OCV*, t.33, p.131).

[30] *Le Théâtre des Grecs* du père Pierre Brumoy, en trois tomes, fut publié pour la première fois en 1730, et devint une référence pour son siècle; une traduction anglaise, due à Charlotte Lennox, parut en 1759. Nous trouvons rien moins que trois éditions (1730, 1732 et 1749) dans la bibliothèque de Voltaire (BV556-BV558). Voltaire montre une certaine audace en critiquant la traduction du jésuite Brumoy, car il ne lit pas facilement le grec; en composant sa propre imitation ici, il a pu se servir d'une traduction d'Euripide en italien par P. Carmeli qu'il possède dans sa bibliothèque (*Tragedie di Euripide*, 20 vol., Padoue, 1743-1754, BV1247).

[31] Brumoy, *Le Théâtre des Grecs* (Paris, 1730), 'Réflexions sur Alceste', t.2, p.144.

[32] Brumoy, *Le Théâtre des Grecs*, t.2, p.144.

On répond qu'il n'y en a guère de plus importants.

Un Français, continue-t-il, *est insulté; le prétendu bon sens français veut qu'il coure les risques du duel, et qu'il tue ou meure pour recouvrer son honneur.*[33]

On répond que ce n'est pas le seul prétendu bon sens français, mais celui de toutes les nations de l'Europe sans exception.

On ne sent pas assez combien cette maxime paraîtra ridicule dans deux mille ans; et de quel air on l'aurait sifflée du temps d'Euripide.[34]

Cette maxime est cruelle et fatale, mais non pas ridicule; et on ne l'eût sifflée d'aucun air du temps d'Euripide. Il y avait beaucoup d'exemples de duels chez les Asiatiques. On voit, dès le commencement du premier livre de l'*Iliade*, Achille tirant à moitié son épée; et il était prêt à se battre contre Agamemnon, si Minerve n'était venue le prendre par les cheveux, et lui faire remettre son épée dans le fourreau.

Plutarque rapporte qu'Ephestion et Cratère se battirent en duel; et qu'Alexandre les sépara. Il est d'accord avec Quinte-Curce, qui dit (*d*) que deux autres officiers d'Alexandre se battirent en duel: *imparibus armis duello certant.*[35]

Et puis, quel rapport y a-t-il, je vous prie, entre un duel, et les reproches que se font Admète et son père Phérès tour à tour d'aimer trop la vie, et d'être des lâches?

(*d*) Quinte-Curce, livre 9.

272   70, 71N, 71A, W68: chez les Grecs et chez les
278-79   K84, K12: sépara. Quinte-Curce raconte que
279-81   K84, K12: duel en présence d'Alexandre; l'un armé de toutes pièces, l'autre qui était un athlète armé seulement d'un bâton, et que celui-ci vainquit son adversaire. ¶Et
282-83   71N: font tour à tour Admète et son père Phérès d'aimer
n.*d*   K12: Livre 4.

[33] Brumoy, *Le Théâtre des Grecs*, t.2, p.144.
[34] Brumoy, *Le Théâtre des Grecs*, t.2, p.144.
[35] Plutarque, *Vie d'Alexandre*, ch.47, sections 5-7; et Quinte-Curce, *Histoire d'Alexandre*, livre 9, ch.7, sections 16-22.

Je ne donnerai que cet exemple de l'aveuglement des traducteurs
et des commentateurs; puisque Brumoy, le plus impartial de tous,   285
s'est égaré à ce point, que ne doit-on pas attendre des autres? Mais
si les Brumoy et les Dacier étaient là, je leur demanderais
volontiers, s'ils trouvent beaucoup de sel dans le discours que
Poliphême tient dans Euripide: *Je ne crains point le foudre de Jupiter.*
Je ne sais si ce Jupiter est un dieu plus fier, et plus fort que moi. Je me   290
soucie très peu de lui. S'il fait tomber de la pluie, je me renferme dans
ma caverne; j'y mange un veau rôti, ou quelque bête sauvage; après quoi
je m'étends tout de mon long; j'avale un grand pot de lait; je défais mon
sayon; et je fais entendre un certain bruit qui vaut bien celui du tonnerre.

Il faut que les scholiastes n'aient pas le nez bien fin, s'ils ne sont   295
pas dégoûtés de ce bruit que fait Poliphême quand il a bien mangé.

Ils disent que le parterre d'Athènes riait de cette plaisanterie, et
que jamais les Athéniens n'ont ri d'une sottise.[36] Quoi! toute la
populace d'Athènes avait plus d'esprit que la cour de Louis XIV?
Et la populace n'est pas la même partout?[37]   300

Ce n'est pas qu'Euripide n'ait des beautés, et Sophocle encore
davantage; mais ils ont de très plus grands défauts. On ose dire que
les belles scènes de Corneille, et les touchantes tragédies de Racine,
l'emportent autant sur les tragédies de Sophocle et d'Euripide, que

302   71A: très grands
     K84, K12: de bien plus

[36] Euripide, *Le Cyclope*, acte 2, scène 1. Brumoy évite de citer le texte original,
qu'il ne donne qu'en résumé: 'Il [le Cyclope] polissonne même grossièrement,
comme les valets d'Aristophane, au sujet du tonnerre. Enfin il met le comble à ses
rodomontades impies, qu'on n'aurait pas souffert au théâtre d'Athènes (même dans
la bouche d'un Cyclope qui doit en être bientôt puni), si l'usage, comme je l'ai dit,
n'avait abandonné aux prêtres la religion fabuleuse, fort différente de la réelle' (*Le
Théâtre des Grecs*, t.3, p.361-62). Voltaire lit à travers le commentaire de Brumoy.

[37] Ce n'est pas une querelle entre 'anciens' et 'modernes' que Voltaire décrit ici,
mais plutôt le clivage entre le goût de la populace et celui de l'élite. Comparer ce que
Voltaire écrit à Saint-Lambert en 1769 (D15504): 'Nos Welches du parterre et des
loges [...] se doutent rarement si une pièce est bien écrite. Le nombre des vrais poètes
et des vrais connaisseurs sera toujours extrêmement petit, mais il faut qu'il le soit,
c'est le petit nombre des élus. Moins il y a d'initiés, plus les mystères sont sacrés'.

ces deux Grecs l'emportent sur Thespis. Racine sentait bien son 30
extrême supériorité sur Euripide; mais il louait ce poète grec pour
humilier Perrault. [38]

Molière, dans ses bonnes pièces, est aussi supérieur au pur, mais
froid Térence, et au farceur Aristophane, qu'au baladin Dancourt.

Il y a donc des genres dans lesquels les modernes sont de 31
beaucoup supérieurs aux anciens, et d'autres en très petit nombre
dans lesquels nous leur sommes inférieurs. C'est à quoi se réduit
toute la dispute.

De quelques comparaisons entre des ouvrages célèbres

La raison et le goût veulent, ce me semble, qu'on distingue dans un
ancien comme dans un moderne le bon et le mauvais, qui sont très 31
souvent à côté l'un de l'autre.

On doit sentir avec transport ce vers de Corneille, ce vers tel
qu'on n'en trouve pas un seul ni dans Homère, ni dans Sophocle, ni
dans Euripide qui en approche:

Que voulez-vous qu'il fît contre trois? – Qu'il mourût. 32

et l'on doit avec la même sagacité et la même justice réprouver les
vers suivants. [39]

[38] L'explication ne convainc pas: Racine, en bon étudiant de Port-Royal, étudia
Euridipe dans le grec original, ce dont Voltaire, en bon élève des jésuites, n'était pas
entièrement capable.

[39] Ce vers de Corneille (*Horace*, acte 3, scène 6) est surtout connu pour avoir été
cité par Boileau comme l'exemple par excellence du sublime dans le discours
littéraire, dans la préface de son *Traité du sublime*. Par la suite, la notion du sublime
fut identifiée avec le parti des anciens, et la réplique du vieil Horace fut souvent
citée, par les partisans des deux camps, dans la querelle des anciens et modernes; voir
N. Cronk, *The Classical Sublime: French neoclassicism and the language of literature*
(Charlottesville, VA, 2003). Dans ses *Commentaires sur Corneille*, Voltaire évoque
'ce trait du grand sublime, ce mot auquel il n'en est aucun de comparable dans toute
l'antiquité' (*OCV*, t.54, p.272). Le jésuite Brumoy avait lui aussi cité cette réplique
comme exemple du goût absolu: 'La vérité et la beauté sont unes [...]. Toute pensée
belle et vraie, tout sentiment qui passe pour sublime dans un pays et dans un temps,
sont les mêmes partout et toujours. Tel est le *qu'il mourût* de Corneille' (*Le Théâtre
des Grecs*, t.1, p.viii).

En admirant le sublime tableau de la dernière scène de *Rodogune*, les contrastes frappants des personnages et la force du coloris, l'homme de goût verra par combien de fautes cette situation terrible est amenée, quelles invraisemblances l'ont préparée, à quel point il a fallu que Rodogune ait démenti son caractère, et par quels chemins raboteux il a fallu passer pour arriver à cette grande et tragique catastrophe. [40]

Ce même juge équitable ne se lassera point de rendre justice à l'artificieuse et fine contexture des tragédies de Racine, les seules peut-être qui aient été bien ourdies d'un bout à l'autre depuis Æschile jusqu'au grand siècle de Louis XIV. Il sera touché de cette élégance continue, de cette pureté de langage, de cette vérité dans les caractères qui ne se trouvait que chez lui; de cette grandeur sans enflure qui seule est grandeur; de ce naturel qui ne s'égare jamais dans de vaines déclamations, dans des disputes de sophiste, dans des pensées aussi fausses que recherchées, souvent exprimées en solécismes; dans des plaidoyers de rhétorique plus faits pour les écoles de province que pour la tragédie. [41]

Le même homme verra dans Racine de la faiblesse et de l'uniformité dans quelques caractères; de la galanterie, et quelquefois de la coquetterie même; des déclarations d'amour qui tiennent de l'idylle et de l'élégie plutôt que d'une grande passion théâtrale. Il se plaindra de ne trouver dans plus d'un morceau très bien écrit, qu'une élégance qui lui plaît, et non pas un torrent d'éloquence qui l'entraîne; il sera fâché de n'éprouver qu'une faible émotion, et de

325

330

335

340

345

---

335 K84, K12: se trouve que

[40] A plusieurs reprises Voltaire signale les défauts de cette scène qu'il admire quand même; voir D20471 et les *Commentaires sur Corneille*, (*OCV*, t.53, p.252-54; t.54, p.554-60, en particulier p.556, n.238).

[41] Même comparaison entre la dernière scène de *Rodogune* et les tragédies de Racine dans D11891; voir aussi D9959. Cette description du style racinien se rapproche du sublime tel que le définit Boileau, qui parle 'des passages, qui bien que très sublimes, ne laissent pas d'être simples et naturels' (*Œuvres complètes*, éd. Françoise Escal, Paris, 1966, p.337).

se contenter d'approuver quand il voudrait, que son esprit fût étonné et son cœur déchiré.

C'est ainsi qu'il jugera les anciens, non pas sur leur nom, non pas sur le temps où ils vivaient, mais sur leurs ouvrages mêmes; ce n'est pas trois mille ans qui doivent plaire, c'est la chose même. Si une darique a été mal frappée, que m'importe qu'elle représente le fils d'Hystaspes? la monnaie de Varin est plus récente, mais elle est infiniment plus belle. [42]

Si le peintre Timante venait aujourd'hui présenter à côté des tableaux du Palais-Royal, son tableau du sacrifice d'Iphigénie, peint de quatre couleurs; s'il nous disait, Des gens d'esprit m'ont assuré en Grèce que c'est un artifice admirable d'avoir voilé le visage d'Agamemnon dans la crainte que sa douleur n'égalât pas celle de Clitemnestre, et que les larmes du père ne déshonorassent la majesté du monarque; il se trouverait des connaisseurs qui lui répondraient, C'est un trait d'esprit et non pas un trait de peintre. Un voile sur la tête de votre principal personnage, fait un effet affreux dans un tableau. Vous avez manqué votre art; voyez le chef-d'œuvre de Rubens, qui a su exprimer sur le visage de Marie de Médicis la douleur de l'enfantement, l'abattement, la joie, le sourire et la tendresse, non pas avec quatre couleurs, mais avec toutes les teintes de la nature. Si vous vouliez qu'Agamemnon cachât un peu son visage, il fallait qu'il en cachât une partie avec ses mains posées sur son front et sur ses yeux; et non pas avec un voile que les hommes n'ont jamais porté, et qui est aussi désagréable à la vue, aussi peu pittoresque qu'il est opposé au costume; vous deviez alors laisser voir des pleurs qui coulent, et que le héros veut cacher; vous deviez exprimer dans ses muscles les convulsions d'une douleur qu'il veut surmonter. Vous deviez peindre dans cette attitude la majesté et le désespoir. [43] Vous êtes Grec, et Rubens est Belge; mais le Belge l'emporte.

[42] Jean Varin (1604-1672), un des plus célèbres médailleurs du dix-septième siècle, sculpta les bustes de Richelieu, de Colbert, de Louis XIII et de Louis XIV.

[43] Voltaire avait déjà fait cette comparaison dans l'article 'Imagination' de l'*Encyclopédie* (*OCV*, t.33, p.212). Mais si son opinion n'a pas évolué, il s'exprime ici avec plus de vivacité.

D'un passage d'Homère

Un Florentin homme de lettres, d'un esprit juste et d'un goût cultivé, se trouva un jour dans la bibliothèque de Milord Chester- 380
field avec un professeur d'Oxford, et un Ecossais qui vantait le poème de *Fingal*, composé, disait-il, dans la langue du pays de Galles, laquelle est encore en partie celle des Bas-Bretons.⁴⁴ Que l'antiquité est belle, s'écriait-il; le poème de *Fingal* a passé de bouche en bouche jusqu'à nous depuis près de deux mille ans, sans 385
avoir été jamais altéré; tant les beautés véritables ont de force sur l'esprit des hommes! alors il lut à l'assemblée ce commencement de *Fingal*.

'Cuchulin était assis près de la muraille de Tura, sous l'arbre de la feuille agitée; sa pique reposait contre un rocher couvert de 390
mousse, son bouclier était à ses pieds sur l'herbe. Il occupait sa mémoire du souvenir du grand Carbar, héros tué par lui à la guerre. Moran né de Fitilh, Moran, sentinelle de l'Océan, se présenta devant lui.

'Lève-toi, lui dit-il, lève-toi Cuchulin; je vois les vaisseaux de 395
Suaran, les ennemis sont nombreux, plus d'un héros s'avance sur les vagues noires de la mer.

'Cuchulin aux yeux bleus, lui répliqua, Moran fils de Fitilh, tu trembles toujours; tes craintes multiplient le nombre des ennemis. Peut-être est-ce le roi des montagnes désertes, qui vient à mon 400

⁴⁴ *Fingal*, d'Ossian, c'est-à-dire de James Macpherson, fut publié en 1761 (la page de titre porte la date de 1762); le poème est mentionné pour la première fois en France en janvier 1762, dans le *Journal encyclopédique*: 'Les Anglais font un assez grand cas de ce poème; nous croyons cependant que tout son mérite consiste à peu près dans son antiquité. Une traduction française de cet ouvrage serait certainement insupportable' (p.145). Voltaire a dans sa bibliothèque une édition de *Fingal* (Londres, 1762, BV2244); cette édition, qui porte des marques de lecture (*CN*, t.5, p.473-74), est un des livres anglais qu'il légua à Henri Rieu. Il possède d'autres ouvrages de Macpherson: les *Fragments of ancient poetry* de 1760 (BV2245) et *The Songe of Selma* de 1762 (BV2246). Voir Paul Van Tieghem, *Ossian en France*, 2 vol. (Paris, 1917); et *The Reception of Ossian in Europe*, éd. Howard Gaskill (Londres, 2004).

secours dans les plaines d'Ullin. Non, dit Moran, c'est Suaran lui-même, il est aussi haut qu'un rocher de glace; j'ai vu sa lance, elle est comme un haut sapin ébranché par les vents; son bouclier est comme la lune qui se lève; il était assis au rivage sur un rocher, il ressemblait à un nuage qui couvre une montagne, etc.'[45]

Ah! voilà le véritable style d'Homère, dit alors le professeur d'Oxford;[46] mais ce qui m'en plaît davantage, c'est que j'y vois la sublime éloquence hébraïque.[47] Je crois lire les passages de ces beaux cantiques.

(*e*) 'Tu gouverneras toutes les nations que tu nous soumettras, avec une verge de fer; tu les briseras comme le potier fait un vase.'

(*f*) 'Tu briseras les dents des pécheurs.'

(*g*) 'La terre a tremblé, les fondements des montagnes se sont

(*e*) Psaume 2.
(*f*) Psaume 3.
(*g*) Psaume 17.

[45] C'est le début de *Fingal* (voir James Macpherson, *The Poems of Ossian and related works*, éd. Howard Gaskill, Edimbourg, 1996, p.55). Voltaire traduit fidèlement le texte anglais, à partir de l'édition de 1762 qui se trouve dans sa bibliothèque. En traduisant ainsi ce texte phare du 'préromantisme', Voltaire devient pionnier littéraire malgré lui: la première traduction intégrale de *Fingal*, due à Le Tourneur, ne paraîtra qu'en 1777.

[46] Le style 'homérique' de l'original se fait sentir notamment dans l'imitation des épithètes homériques; ceux-ci sont partiellement occultés dans la traduction de Voltaire. C'est ainsi que 'the dark-rolling sea' devient, plus prosaïquement, 'les vagues noires de la mer'.

[47] Déjà Suard avait fait un rapprochement, devenu habituel, entre la poésie erse et celle des Hébreux: 'C'est dans les poèmes des Hébreux et des autres peuples orientaux, des habitants de la Scandinavie, du Groenland et des montagnes de l'Ecosse, que l'on verra la poésie sous les couleurs simples et naïves que lui a données la nature, et dépouillée de tous les traits étrangers qu'elle a empruntés chez les nations éclairées du progrès de la raison et des arts' (*Journal étranger*, décembre 1761, p.43). Mais ce rapprochement, positif pour Suard, l'est évidemment moins pour Voltaire qui écrit à Turgot (22 février 1764, D11718): 'Je vous sais grand gré de trouver qu'Ossian fils de Fingal, et tous les fatras barbares, ressemblent comme deux gouttes d'eau à Isaïe, c'est que la belle nature est partout la même quand on est animé d'un divin enthousiasme'.

ébranlés, parce que le Seigneur s'est fâché contre les montagnes; et
il a lancé la grêle et des charbons.'   415

(*h*) 'Il a logé dans le soleil, et il en est sorti comme un mari sort de
son lit.'

(*i*) 'Dieu brisera leurs dents dans leur bouche, il mettra en
poudre leurs dents mâchelières; ils deviendront à rien comme de
l'eau; car il a tendu son arc pour les abattre; ils seront engloutis tout   420
vivants dans sa colère, avant d'attendre que les épines soient aussi
hautes qu'un prunier.'

(*k*) 'Les nations viendront vers le soir, affamées comme des
chiens; et toi, Seigneur, tu te moqueras d'elles, et tu les réduiras à
rien.'   425

(*l*) 'La montagne du Seigneur est une montagne coagulée;
pourquoi regardez-vous les monts coagulés? Le Seigneur a dit, Je
jetterai Basan; je le jetterai dans la mer, afin que ton pied soit teint
de sang, et que la langue de tes chiens lèche leur sang.'

(*m*) 'Ouvre la bouche bien grande, et je la remplirai.'   430

(*n*) 'Rends les nations comme une roue qui tourne toujours,
comme la paille devant la face du vent, comme un feu qui brûle une
forêt, comme une flamme qui brûle des montagnes; tu les poursuis
dans ta tempête, et ta colère les troublera.'

(*o*) 'Il jugera dans les nations; il les remplira de ruines, il cassera   435
les têtes dans la terre de plusieurs.'

(*p*) 'Bienheureux celui qui prendra tes petits enfants, et qui les
écrasera contre la pierre!' etc. etc. etc.

(*h*) Psaume 19.
(*i*) Psaume 57.
(*k*) Psaume 58.
(*l*) Psaume 57.
(*m*) Psaume 80.
(*n*) Psaume 82.
(*o*) Psaume 111.
(*p*) Psaume 136.

n.*h*   K12: Psaume 109.
n.*o*   K12: Psaume 18.

Le Florentin ayant écouté avec une grande attention les versets des cantiques récités par le docteur, et les premiers vers de *Fingal* 44 beuglés par l'Ecossais, avoua qu'il n'était pas fort touché de toutes ces figures asiatiques, et qu'il aimait beaucoup mieux le style simple et noble de Virgile.[48]

L'Ecossais pâlit de colère à ce discours, le docteur d'Oxford leva les épaules de pitié; mais Milord Chesterfield encouragea le 44 Florentin par un sourire d'approbation.

Le Florentin échauffé, et se sentant appuyé, leur dit; Messieurs, rien n'est plus aisé que d'outrer la nature, rien de plus difficile que de l'imiter. Je suis un peu de ceux qu'on appelle en Italie *improvisatori*, et je vous parlerais huit jours de suite en vers dans 45 ce style oriental, sans me donner la moindre peine, parce qu'il n'en faut aucune pour être ampoulé en vers négligés, chargés d'épithètes, qui sont presque toujours les mêmes; pour entasser combats sur combats, et pour peindre des chimères.

Qui? vous! lui dit le professeur, vous feriez un poème épique 45 sur-le-champ? – Non pas un poème épique raisonnable, et en vers corrects comme Virgile, répliqua l'Italien; mais un poème dans lequel je m'abandonnerais à toutes mes idées, sans me piquer d'y mettre de la régularité.

Je vous en défie, dirent l'Ecossais et l'Oxfordien. – Eh bien, 46 donnez-moi un sujet, répliqua le Florentin. Milord Chesterfield lui donna le sujet du Prince noir, vainqueur à la journée de Crécy, et donnant la paix après la victoire.[49]

L'improvisateur se recueillit, et commença ainsi:

462   k84, k12: de Poitiers, et

[48] Cette opposition entre le style figuré et le style simple rappelle l'esthétique classique de Boileau, et sa définition du discours sublime: 'Le style sublime veut toujours de grands mots; mais le sublime se peut trouver dans une seule pensée, dans une seule figure, dans un seul tour de paroles' (Boileau, *Œuvres complètes*, p.338).

[49] Le 'Prince noir' fut le surnom du fils du roi anglais Edouard III; Voltaire avait raconté l'histoire de la bataille de Crécy (1346) dans l'*Essai sur les mœurs* (ch.75, t.1, p.717-18).

'Muse d'Albion, génie qui présidez aux héros, chantez avec moi, 465
non la colère oisive d'un homme implacable envers ses amis et ses
ennemis; non des héros que les dieux favorisent tour à tour sans
avoir aucune raison de les favoriser; non le siège d'une ville qui
n'est point prise; non les exploits extravagants du fabuleux Fingal,
mais les victoires véritables d'un héros aussi modeste que brave, 470
qui mit des rois dans ses fers, et qui respecta ses ennemis vaincus.

'Déjà George, le Mars de l'Angleterre, était descendu du haut de
l'empyrée, monté sur le coursier immortel devant qui les plus fiers
chevaux du Limousin fuient, comme les brebis bêlantes et les
tendres agneaux se précipitent en foule les uns sur les autres pour se 475
cacher dans la bergerie à la vue d'un loup terrible, qui sort du fond
des forêts, les yeux étincelants, le poil hérissé, la gueule écumante,
menaçant les troupeaux et le berger de la fureur de ses dents avides
de carnage.

'Martin, le céleste protecteur des habitants de la fertile Touraine; 480
Geneviève, douce divinité des peuples qui boivent les eaux de la
Seine et de la Marne; Denis qui porta sa tête entre ses bras à l'aspect
des hommes et des immortels, tremblaient en voyant le superbe
George traverser le vaste sein des airs. Sa tête est couverte d'un
casque d'or orné des diamants qui pavaient autrefois les places 485
publiques de la Jérusalem céleste, quand elle apparut aux mortels
pendant quarante révolutions journalières de l'astre de la lumière, et
de sa sœur inconstante, qui prête une douce clarté aux sombres nuits.

'Sa main porte la lance épouvantable et sacrée, dont le demi-dieu
Michael, exécuteur des vengeances du Très-Haut, terrassa dans les 490
premiers jours du monde, l'éternel ennemi du monde et du
créateur. Les plus belles plumes des anges qui assistent autour
du trône, détachées de leurs dos immortels, flottaient sur son
casque, autour duquel volent la terreur, la guerre homicide, la
vengeance impitoyable, et la mort qui termine toutes les calamités 495
des malheureux mortels. Il ressemblait à une comète qui dans sa
course rapide franchit les orbites des astres étonnés, laissant loin
derrière elle des traits d'une lumière pâle et terrible, qui annoncent
aux faibles humains la chute des rois et des nations.

'Il s'arrête sur les rives de la Charente, et le bruit de ses armes   50
immortelles retentit jusqu'à la sphère de Jupiter et de Saturne. Il fit
deux pas, et il arriva jusqu'aux lieux où le fils du magnanime
Edouard attendait le fils de l'intrépide Philippe de Valois.'[50]

Le Florentin continua sur ce ton pendant plus d'un quart
d'heure. Les paroles sortaient de sa bouche (comme dit Homère)   50
plus serrées et plus abondantes que les neiges qui tombent pendant
l'hiver;[51] cependant ses paroles n'étaient pas froides; elles ressemblaient plutôt aux rapides étincelles, qui s'échappent d'une forge
enflammée, quand les cyclopes frappent les foudres de Jupiter sur
l'enclume retentissante.   51

Ses deux antagonistes furent enfin obligés de le faire taire, en lui
avouant qu'il était plus aisé qu'ils ne l'avaient cru, de prodiguer les
images gigantesques, et d'appeler le ciel, la terre et les enfers à son
secours; mais ils soutinrent que c'était le comble de l'art, de mêler le
tendre et le touchant au sublime.[52]   51

Y a-t-il rien, par exemple, dit l'Oxfordien, de plus moral, et en
même temps de plus voluptueux, que de voir Jupiter qui couche
avec sa femme sur le mont Ida?

Milord Chesterfield prit alors la parole; Messieurs, dit-il, je vous
demande pardon de me mêler de la querelle, peut-être chez les   52
Grecs c'était une chose très intéressante, qu'un dieu qui couche

---

[50] Pastiche du style imagé d'Ossian qui tourne à la parodie. Pierre Le Tourneur,
dans le 'Discours préliminaire' de sa traduction, s'en prend à cet exercice de style:
'Nous avons beaucoup retranché de ces comparaisons dont le retour fatigue: mais
nous savons qu'il en reste beaucoup trop pour tout lecteur qui voudra absolument
que les montagnes d'Ecosse ressemblent à un coteau fleuri de la France, et le siècle
d'Ossian au siècle de M. de Voltaire' (*Ossian, fils de Fingal, barde du troisième siècle:
poésies galliques*, 2 vol., trad. P. Le Tourneur, Paris, 1777, t.i, p.lx-lxi). Le problème
contentieux de l'authenticité des œuvres d'Ossian avait été soulevé en France dès
1762, dans le *Journal des savants*; mais Voltaire ne s'y réfère pas ici. Seul l'intéresse la
question du style dit asiatique.

[51] *Iliade*, chant 3, vers 121-22.

[52] Voltaire, qui pense au sublime 'classique' de Boileau-Longin, se sert du terme
de façon ironique; toujours est-il que la poésie d'Ossian marque le début d'un
sublime romantique qui va conquérir toute l'Europe; voir Fiona J. Stafford, *The
Sublime Savage: James Macpherson and the poems of Ossian* (Edimbourg, 1988).

avec son épouse sur une montagne. Mais je ne vois pas ce qu'on peut trouver là de bien fin et de bien attachant. Je conviendrai avec vous que le fichu, qu'il a plu aux commentateurs et aux imitateurs d'appeler *la ceinture de Vénus*, est une image charmante; mais je n'ai 525 jamais compris que ce fût un soporatif, ni comment Junon imaginait de recevoir les caresses du maître des dieux pour le faire dormir. Voilà un plaisant dieu de s'endormir pour si peu de chose! je vous jure que quand j'étais jeune je ne m'assoupissais pas si aisément. J'ignore s'il est noble, agréable, intéressant, spirituel et 530 décent de faire dire par Junon à Jupiter, 'Si vous voulez absolument me caresser, allons-nous-en au ciel, dans votre appartement, qui est l'ouvrage de Vulcain, et dont la porte ferme si bien qu'aucun des dieux n'y peut entrer'.

Je n'entends pas non plus comment le sommeil, que Junon prie 535 d'endormir Jupiter, peut être un dieu si éveillé. Il arrive en un moment des îles de Lemnos et d'Imbros au mont Ida; il est beau de partir de deux îles à la fois; de là il monte sur un sapin, il court aussitôt aux vaisseaux des Grecs; il cherche Neptune; il le trouve, il le conjure de donner la victoire ce jour-là à l'armée des Grecs; et il 540 retourne à Lemnos d'un vol rapide. Je n'ai rien vu de si frétillant que ce sommeil. [53]

Enfin, s'il faut absolument coucher avec quelqu'un dans un poème épique, j'avoue que j'aime cent fois mieux les rendez-vous d'Alcine avec Roger, et d'Armide avec Renaud. [54]   545

---

[53] Résumé quelque peu burlesque d'un épisode dans l'*Iliade*, chant 14, vers 179-330. Sur Voltaire et Homère, voir Michèle Mat-Hasquin, *Voltaire et l'Antiquité grecque*, *SVEC* 197 (1981), p.105-13. Pope dans son commentaire sur le poème grec adopte un point de vue semblable à celui de Voltaire: 'I don't know a bolder fiction in all antiquity, than this of Jupiter's being deceiv'd and laid asleep, or that has a greater air of impiety and absurdity' (*The Iliad of Homer: translated by Alexander Pope*, éd. S. Shankman, Harmondsworth, 1996, p.681).

[54] L'Arioste, *Roland furieux*, chant 7, et le Tasse, *La Jérusalem délivrée*, chant 14. Milord Chesterfield fait écho ici à l'opinion de Voltaire: 'Que de gens encore en Italie, qui, ne pouvant lire Homère avec dégoût, et lisant tous les jours l'Arioste et le Tasse avec transport, appellent encore Homère incomparable!' (*Le Siècle de Louis XIV*, *OH*, p.1193). Voir aussi l'*Essai sur les mœurs* (ch.121, t.2, p.169-70);

Venez, mon cher Florentin, me lire ces deux chants admirables de l'Arioste et du Tasse.

Le Florentin ne se fit pas prier. Milord Chesterfield fut enchanté. L'Ecossais pendant ce temps-là relisait *Fingal*; le professeur d'Oxford relisait Homère; et tout le monde était content. [55]

On conclut enfin, qu'heureux est celui qui dégagé de tous les préjugés, est sensible au mérite des anciens et des modernes, apprécie leurs beautés, connaît leurs fautes, et les pardonne.

Grimm conteste l'opinion qu'exprime Voltaire ici (*Correspondance littéraire*, t.3, p.348).

[55] La construction de la phrase rappelle la fin de la sixième lettre des *Lettres philosophiques*: 'Au sortir de ces pacifiques et libres assemblées, les uns vont à la synagogue, les autres vont boire [...], et tous sont contents' (t.1, p.74). Mais il s'agit ici d'un relativisme de pure façade, car Voltaire est loin de croire au respect du goût de chacun.

ÂNE

Ajoutons quelque chose à l'article 'Ane', concernant l'âne de
Lucien, qui devint d'or entre les mains d'Apulée. Le plus plaisant
de l'aventure est pourtant dans Lucien; et ce plaisant est, qu'une
dame devint amoureuse de ce monsieur, lorsqu'il était âne, et n'en
voulut plus lorsqu'il ne fut qu'homme.[1] Ces métamorphoses   5
étaient fort communes dans toute l'antiquité. L'âne de Silène
avait parlé,[2] et les savants ont cru qu'il s'était expliqué en arabe:
c'était probablement un homme changé en âne par le pouvoir de
Bacchus. Car on sait que Bacchus était Arabe.

Virgile parle de la métamorphose de Mœris en loup, comme   10
d'une chose très ordinaire.

> Saepe lupum fieri Moerim, et se condere sylvis.[3]

> Mœris devenu loup se cacha dans les bois.

Cette doctrine des métamorphoses était-elle dérivée des vieilles
fables d'Egypte, qui débitèrent que les dieux s'étaient changés en   15
animaux dans la guerre contre les géants?

---

1 K84: 'Ane' de l'Encyclopédie, concernant

* Voltaire répond, comme il va l'indiquer, à l'article 'Ane' de l'*Encyclopédie*.
Celui-ci, signé par Daubenton, était largement dévolu aux caractéristiques de l'âne
et dispensait un savoir pratique. Voltaire va substituer à un article de naturaliste
celui d'un historien et d'un homme de lettres. Voir Renée Relange, 'La fête des fous
dans l'*Encyclopédie*', *Recherches sur Diderot et sur l'Encyclopédie* 20 (1998), p.135-59.
Le présent article paraît en novembre/décembre 1770 (70, t.1).

[1] Pseudo-Lucien, *Lucius ou l'Ane*, section 56.

[2] Il s'agit de l'histoire racontée par Ovide, *Fasti*, livre 1, vers 433, bien que l'âne
de Silène ne fût guère bavard: 'Ecce rudens rauco Sileni vector asellus /
Intempestivos edidit ore sonos' ('Soudain la monture de Silène, l'âne, se mettant
à braire émet de son gosier des sons intempestifs', *Fasti*, trad. Henri La Bonniec,
Catane, 1967). Ce fut assez pour avertir les nymphes de l'approche de Priape.

[3] Eglogue 8, vers 97.

Les Grecs, grands imitateurs, et grands enchérisseurs sur les fables orientales, métamorphosèrent presque tous les dieux en hommes, ou en bêtes, pour les faire mieux réussir dans leurs desseins amoureux. 20

Si les dieux se changeaient en taureaux, en chevaux, en cygnes, en colombes, pourquoi n'aurait-on pas trouvé le secret de faire la même opération sur les hommes?

Plusieurs commentateurs, en oubliant le respect qu'ils devaient aux Saintes Ecritures, ont cité l'exemple de Nabucodonosor changé 25 en bœuf;[4] mais c'était un miracle, une vengeance divine, une chose entièrement hors de la sphère de la nature, qu'on ne devait pas examiner avec des yeux profanes, et qui ne peut être l'objet de nos recherches.

D'autres savants, non moins indiscrets peut-être, se sont 30 prévalus de ce qui est rapporté dans l'*Evangile de l'enfance*. Une jeune fille en Egypte, étant entrée dans la chambre de quelques femmes, y vit un mulet couvert d'une housse de soie, ayant à son cou un pendant d'ébène. Ces femmes lui donnaient des baisers, et lui présentaient à manger, en répandant des larmes. Ce mulet était 35 le propre frère de ces femmes. Des magiciennes lui avaient ôté la figure humaine; et le maître de la nature la lui rendit bientôt.[5]

Quoique cet évangile soit apocryphe, la vénération pour le seul nom qu'il porte, nous empêche de détailler cette aventure. Elle doit

---

36 71A: femmes. Les magiciennes

[4] Daniel 4:22. Calmet, dans son *Commentaire littéral* [*Ezéchiel et Daniel*] (1715, BV613), ajoutait une 'Dissertation sur la métamorphose de Nabuchodonosor'. Mme Du Châtelet en parle dans ses *Examens de la Bible* (éd. Bertram E. Schwarzbach, Paris, sous presse, t.1, p.461-66) et Voltaire construit son pastiche biblique, *Le Taureau blanc*, autour de cette métamorphose.

[5] L'*Evangile de l'enfance* est un évangile arabe tardif et dépendant du *Coran*. Pour cette scène, voir les chapitres 20-21 (*Evangiles apocryphes*, éd. Charles Michel et Paul Peeters, Paris, 1911-1914, t.2, p.21-25). Voltaire connaissait cet évangile par le *Codex apocryphus novi testamenti* de Johann Albert Fabricius (Hambourg, 1719, BV1248), t.1, p.168-211. Il avait traduit ce texte lui-même dans sa *Collection d'anciens évangiles* (1769; *OCV*, t.69, p.140-73).

servir seulement à faire voir combien les métamorphoses étaient à   40
la mode dans presque toute la terre. Les chrétiens qui composèrent
cet évangile, étaient sans doute de bonne foi. Ils ne voulaient point
composer un roman. Ils rapportaient avec simplicité ce qu'ils
avaient entendu dire. L'Eglise qui rejeta dans la suite cet évangile
avec quarante-neuf autres, n'accusa pas les auteurs d'impiété et de   45
prévarication; ces auteurs obscurs parlaient à la populace selon les
préjugés de leur temps. La Chine était peut-être le seul pays exempt
de ces superstitions.

L'aventure des compagnons d'Ulysse, changés en bêtes par
Circé, était beaucoup plus ancienne que le dogme de la métempsy-   50
cose annoncé en Grèce et en Italie par Pythagore.

Sur quoi se fondèrent les gens, qui prétendent qu'il n'y a point
d'erreur universelle, qui ne soit l'abus de quelque vérité? ils disent
qu'on n'a vu des charlatans, que parce qu'on avait vu de vrais
médecins, et qu'on n'a cru aux faux prodiges, qu'à cause des   55
véritables. [6]

Mais avait-on des témoignages certains que des hommes étaient
devenus loups, bœufs, ou chevaux, ou ânes? cette erreur universelle n'avait donc pour principe, que l'amour du merveilleux, et
l'inclination naturelle pour la superstition.   60

Il suffit d'une opinion erronée pour remplir l'univers de fables.
Un docteur indien voit que les bêtes ont du sentiment, et de la
mémoire. Il conclut qu'elles ont une âme. Les hommes en ont une
aussi. Que devient l'âme de l'homme après sa mort? Que devient
l'âme de la bête? Il faut bien qu'elles logent quelque part. Elles s'en   65
vont dans le premier corps venu, qui commence à se former. L'âme

52   K84, K12: se fondent les
56-57   K84: véritables. [*avec note*: Voyez les Remarques sur les pensées de
Pascal, [K84: vol. de] *Philosophie*, tome 1.] ¶Mais

[6] Voltaire parle ici de l'école d'analyse mythologique evhémériste identifiée en
particulier avec l'abbé Antoine Banier dont il possédait *La Mythologie et les fables
expliquées par l'histoire* (Paris, 1740, BV257), ouvrage dont il s'est servi. Voir Frank
E. Manuel, *The Eighteenth Century confronts the gods* (Cambridge, MA, 1959).

d'un brahmane loge dans le corps d'un éléphant, l'âme d'un âne se loge dans le corps d'un petit brahmane. Voilà le dogme de la métempsycose, qui s'établit sur un simple raisonnement.

Mais il y a loin de là au dogme de la métamorphose. Ce n'est plus une âme sans logis, qui cherche un gîte. C'est un corps, qui est changé en un autre corps, son âme demeurant toujours la même. Or, certainement nous n'avons dans la nature aucun exemple d'un pareil tour de gobelets.

Cherchons donc quelle peut être l'origine d'une opinion si extravagante et si générale. Sera-t-il arrivé qu'un père ayant dit à son fils plongé dans de sales débauches, et dans l'ignorance, *Tu es un cochon, un cheval, un âne*, ensuite l'ayant mis en pénitence avec un bonnet d'âne sur la tête, une servante du voisinage aura dit que ce jeune homme a été changé en âne en punition de ses fautes? ses voisines l'auront redit à d'autres voisines, et de bouche en bouche ces histoires, accompagnées de mille circonstances, auront fait le tour du monde. Une équivoque aura trompé toute la terre.

Avouons donc encore ici avec Boileau, que l'équivoque a été la mère de la plupart de nos sottises. [7]

Joignez à cela le pouvoir de la magie, reconnu incontestable chez toutes les nations; et vous ne serez plus étonné de rien. (Voyez 'Magie'.) [8]

Encore un mot sur les ânes. On dit qu'ils sont guerriers en Mésopotamie; et que Mervan, le vingt et unième calife, fut surnommé l'*âne* pour sa valeur.

Le patriarche Photius rapporte, dans l'*Extrait de la vie d'Isidore*, qu'Ammonius avait un âne, qui se connaissait très bien en poésie, et qui abandonnait son râtelier pour aller entendre des vers. [9]

La fable de Midas vaut mieux que le conte de Photius.

---

[7] Boileau, satire 12, 'Sur l'équivoque'. Voltaire possédait les *Œuvres* de Boileau (Genève, 1716, BV440); il a annoté cette satire (*CN*, t.1, p.377-79).

[8] 'De la magie', essai paru dans la *Suite des mélanges* de 1756 (*M*, t.20, p.18-20).

[9] Photius, *Myriobiblion sive Bibliotheca*, 'Ex Isidori philosophi vita' (*Patrologia graeca*, t.103, col.1263).

DE L'ÂNE D'OR DE MACHIAVEL

On connaît peu l'*Ane* de Machiavel. Les dictionnaires qui en parlent, disent que c'est un ouvrage de sa jeunesse; il paraît pourtant qu'il était dans l'âge mûr, puisqu'il parle des malheurs qu'il a essuyés autrefois et très longtemps. L'ouvrage est une satire de ses contemporains. L'auteur voit beaucoup de Florentins dont   5 l'un est changé en chat, l'autre en dragon, celui-ci en chien qui aboie à la lune, cet autre en renard qui ne s'est pas laissé prendre. Chaque caractère est peint sous le nom d'un animal. Les factions des Médicis et de leurs ennemis, y sont figurées sans doute; et qui aurait la clef de cette apocalypse comique, saurait l'*histoire secrète*   10 *du pape Léon X et des troubles de Florence*. Ce poème est plein de morale et de philosophie. Il finit par de très bonnes réflexions d'un gros cochon, qui parle à peu près ainsi à l'homme:

> Animaux à deux pieds, sans vêtements, sans armes,
> Point d'ongle, un mauvais cuir, ni plume, ni toison,   15
> Vous pleurez en naissant, et vous avez raison;
> Vous prévoyez vos maux; ils méritent vos larmes.
> Les perroquets et vous ont le don de parler.

1   70, 71N, 71A: Machiavel. Il ne fut point achevé, et c'est dommage; tous les

* Il s'agit dans cet article de l'œuvre de Machiavel *Dell'asino d'oro* (1517), poème allégorique et satirique en huit chapitres, mais inachevé. Mêlant *L'Ane d'or* d'Apulée avec la version du mythe de Circé proposée par Plutarque dans un dialogue entre Circé, Ulysse et Gryllus, Machiavel ménage une rencontre entre l'âne d'Apulée et le porc de Plutarque. Celui-ci plaide la cause selon laquelle les animaux sont supérieurs aux hommes. En transformant tous les types humains qu'il a fréquentés en une gamme de races animales rassemblées dans l'étable de Circé, Machiavel réussit à faire la satire du monde politique florentin contemporain. Voltaire possédait l'édition de 1726 des *Opere* de Machiavel (BV2242), qu'il semble avoir achetée en 1739, comme le laisse supposer sa lettre à Frédéric en septembre 1739 (D2074; voir aussi D2098); le texte du *Dell'asino d'oro* est marqué par des signets (*CN*, t.5, p.472). Cet article paraît en novembre/décembre 1770 (70, t.1).

La nature vous fit des mains industrieuses;
Mais vous fit-elle, hélas, des âmes vertueuses!   20
Et quel homme en ce point nous pourrait égaler?
L'homme est plus vil que nous, plus méchant, plus sauvage:
Poltrons ou furieux, dans le crime plongés,
Vous éprouvez toujours ou la crainte ou la rage.
Vous tremblez de mourir, et vous vous égorgez.   25
Jamais de porc à porc on ne vit d'injustices.
Notre bauge est pour nous le temple de la paix.
Ami, que le bon Dieu me préserve à jamais
De redevenir homme et d'avoir tous tes vices! [1]

Ceci est l'original de *la Satire de l'homme* que fit Boileau, [2] et de   30
la Fable des compagnons d'Ulysse écrite par la Fontaine. [3] Mais il est
très vraisemblable que ni la Fontaine ni Boileau n'avaient entendu
parler de l'*Ane* de Machiavel.

---

[1] Adaptation libre du chapitre 8, vers 121-51, du poème de Machiavel.

[2] Il s'agit de la satire 8 de Boileau, publiée en 1668, qui, faisant écho plutôt à la satire 15 de Juvénal, souligne l'infériorité de l'homme par rapport aux animaux. L'article 'Bataillon' des *QE* se termine ainsi: 'Observons que dans tous les ouvrages de Machiavel, sur tant de différents sujets, il n'y a pas un mot qui rende la vertu aimable, pas un mot qui parte du cœur. C'est une remarque qu'on a faite sur Boileau même. Il est vrai qu'il ne fait pas aimer la vertu; mais il la peint comme nécessaire'.

[3] La Fontaine, *Fables*, livre 12, fable 1. Voltaire reprendra cette observation dans une lettre à la *Bibliothèque universelle des romans* du 15 août 1775: 'C'est ainsi que la fable des compagnons d'Ulysse, changés en bêtes par Circé, et qui ne veulent point redevenir hommes, est entièrement imitée du petit poème de l'Ane d'or de Machiavel, et ne lui est pas supérieure, quoiqu'elle ait le mérite d'être plus courte' (D19605).

DE L'ÂNE DE VÉRONE

Il faut être vrai, et ne point tromper son lecteur. Je ne sais pas bien positivement si l'âne de Vérone subsiste encore dans toute sa splendeur, parce que je ne l'ai pas vu: mais les voyageurs qui l'ont vu, il y a quarante ou cinquante ans, s'accordent à dire que ses reliques étaient renfermées dans le ventre d'un âne artificiel fait   5
exprès; qu'il était sous la garde de quarante moines du couvent de Notre-Dame des Orgues à Vérone, et qu'on le portait en procession deux fois l'an. C'était une des plus anciennes reliques de la ville. La tradition disait que cet âne, ayant porté (*a*) notre Seigneur dans son entrée à Jérusalem, n'avait plus voulu vivre en   10
cette ville; qu'il avait marché sur la mer aussi endurcie que sa corne; qu'il avait pris son chemin par Chypre, Rhode, Candie, Malthe et la Sicile; que de là il était venu séjourner à Aquilée; et qu'enfin il s'établit à Vérone, où il vécut très longtemps.

Ce qui donna lieu à cette fable, c'est que la plupart des ânes ont   15
une espèce de croix noire sur le dos. Il y eut apparemment quelque vieil âne aux environs de Vérone, chez qui la populace remarqua une plus belle croix qu'à ses confrères: une bonne femme ne manqua pas de dire que c'était celui qui avait servi de monture à

(*a*) Voyez Misson, tome 1, pages 101 et 102.[1]

* Cet article, comme l'article 'Kalendes' du fonds de Kehl, est en rapport avec un texte de l'*Essai sur les mœurs*, ch.82, qui date de 1761. Pour les deux articles Voltaire se réfère aux *Mémoires pour servir à l'histoire de la fête des fous* (Lausanne et Genève, 1751, BV1194) de Jean Baptiste Lucette Du Tilliot, et à des articles de l'*Encyclopédie*, 'Fête des ânes' de Mallet, et 'Fête des fous' de Jaucourt. Le présent article paraît en novembre/décembre 1770 (70, t.1).

[1] François Maximilien Misson, *Nouveau Voyage d'Italie* (La Haye, 1698, BV2471), t.1, p.161-62 (les pages '101 et 102' de la note de Voltaire sont probablement une mauvaise transcription de ces chiffres). Tous les renseignements sur l'âne lui-même et sur sa relique se trouvent chez ce voyageur protestant, mais Voltaire adoucit la narration dont l'ironie est assez lourde.

363

l'entrée dans Jérusalem; on fit de magnifiques funérailles à l'âne. La   20
fête de Vérone s'établit; elle passa de Vérone dans les autres pays;
elle fut surtout célébrée en France; on chanta la prose de l'âne à la
messe.

> *Orientis partibus*
> *Adventavit asinus*   25
> *Pulcher et fortissimus.*

Une fille représentant la Sainte Vierge allant en Egypte, montait
sur un âne, et tenant un enfant entre ses bras, conduisait une longue
procession. Le prêtre à la fin de la messe, (*b*) au lieu de dire, *Ite,*
Missa est, se mettait à braire trois fois de toute sa force, et le peuple   30
répondait en chœur.

Nous avons des livres sur la fête de l'âne et sur celle des fous;[2] ils
peuvent servir à l'histoire universelle de l'esprit humain.

(*b*) Voyez Du Cange, et l'*Essai sur l'esprit et les mœurs des nations*.[3]

---

25   K84, K12: *Adventabit asinus*

---

[2] En particulier, Du Tilliot, *Mémoires pour servir à l'histoire de la fête des fous*, et
les articles de Mallet et de Jaucourt mentionnés ci-dessus, note *. Voir aussi Renée
Relange, 'La fête des fous dans l'*Encyclopédie*', *Recherches sur Diderot et sur*
l'Encyclopédie 20 (1998), p.135-59.

[3] Du Cange, 'Festum asinorum', *Glossarium*. Dans l'*Essai sur les mœurs* (ch.82,
t.1, p.768-71), Voltaire décrit la liturgie de la fête de l'âne et l'histoire de l'âne de
Vérone en plus grand détail qu'ici, mais s'inspirant toujours de Du Cange et de
Misson. Voltaire possédait le *Glossarium* dans l'édition augmentée par les bénédictins (Paris, 1733-1736, BV1115).

ANGE

Anges des Indiens, des Perses, etc.

L'auteur de l'article 'Ange' dans l'Encyclopédie, dit que *toutes les religions ont admis l'existence des anges, quoique la raison naturelle ne la démontre pas.*[1]

a K84, K12: Ange / Section 1
b 70, 71N, 71A: [*sous-titre absent*]

* Dans cet article Voltaire s'étend sur le système de comparaisons qu'il avait mis en place dans l'article 'Ange' du *DP* ('les Perses avaient des Péris, les Hébreux des Malakim, les Grecs leurs Demonoi', *OCV*, t.35, p.337). L'importance nouvelle accordée à l'histoire des anges chez les anciens brahmanes s'explique par la découverte du Shasta dont J. Z. Holwell donne une traduction dans *Interesting Historical Events, relative to the provinces of Bengal, and the empire of Indoustan* (Londres, 1766-1771, BV1666) – voir la lettre de Voltaire à Peacock (8 décembre 1767, D14579). Sur le Shasta, voir Antonin Debidour, qui met en doute la valeur documentaire du texte transmis à Holwell sur lequel se fonde Voltaire ('L'indianisme de Voltaire', *Revue de littérature comparée* 4, 1924, p.32). L'idée selon laquelle la chute des anges provient d'une 'ancienne fable des brahmanes', avancée dès 1767 (*Le Dîner du comte de Boulainvilliers*, *OCV*, t.63A, p.398), est encore exploitée dans les *Fragments historiques sur l'Inde* et les *Lettres chinoises, indiennes et tartares* (voir ci-dessous, n.3). Elle fournit un élément supplémentaire à l'appui de thèses maintes fois répétées sur la religion juive: que les Juifs ne formèrent leur 'religion telle qu'ils l'ont encore aujourd'hui, qu'au retour de la captivité de Babilone' (*La Défense de mon oncle*, *OCV*, t.64, p.261) et que 'tous les anciens peuples ont eu une genèse antérieure à celle des Juifs, et toute différente' (*L'A. B. C.*, dix-septième entretien, *M*, t.27, p.392-93). L'article paraît en novembre/décembre 1770 (70, t.1). L'édition de Kehl ajoute des sections 2 et 3: les articles 'Ange' du fonds de Kehl et du *DP* respectivement.

[1] *Encyclopédie*, t.1, p.458. L'abbé Mallet, l'auteur de cet article, signale en fait l'exception des saducéens – comme font Calmet dans son *Dictionnaire de la Bible* (t.1, p.77) et Voltaire dans l'article 'Oracle' des *QE* (*M*, t.20, p.136). L'article de l'*Encyclopédie* propose une étymologie qui correspond à celle que donne plus loin Voltaire, mentionne les débats théologiques sur la nature corporelle ou spirituelle des anges, fait état des hiérarchies établies par les auteurs ecclésiastiques et présente la doctrine chrétienne de la chute des anges et, chez les philosophes païens, la croyance aux génies et aux démons.

Nous n'avons point d'autre raison que la naturelle. Ce qui est surnaturel est au-dessus de la raison. Il fallait dire (si je ne me trompe) que plusieurs religions, et non pas *toutes* ont reconnu des anges. Celle de Numa, celle du sabisme, celle des druides, celle de la Chine, celle des Scythes, celle des anciens Phéniciens et des anciens Egyptiens, n'admirent point les anges.

Nous entendons par ce mot, des ministres de Dieu, des députés, des êtres mitoyens entre Dieu et les hommes, envoyés pour nous signifier ses ordres.[2]

Aujourd'hui, en 1772, il y a juste quatre mille huit cent soixante et dix-huit ans que les brahmanes se vantent d'avoir par écrit leur première loi sacrée, intitulée *Le Shasta*, quinze cents ans avant leur seconde loi, nommée *Veidam*, qui signifie *la parole de Dieu*.[3] Le *Shasta* contient cinq chapitres. Le premier, *de Dieu et de ses attributs*: le second, *de la création des anges*: le troisième, *de la chute des anges*: le quatrième, *de leur punition*: le cinquième, *de leur pardon, et de la création de l'homme*.

Il est utile de remarquer d'abord la manière dont ce livre parle de Dieu.

5

10

15

20

12-14   70, 71N, 71A: ordres. ¶Il y a aujourd'hui quatre mille huit cent quatre-vingt ans

[2] Le *Dictionnaire de Trévoux* (1752) donne aussi ce sens étymologique tout en signalant que 'l'usage a prévalu': ce nom 'se prend communément pour un nom de nature'.

[3] Dans l'article 'Job' du *DP*, Voltaire avait déjà mentionné le Shasta parmi les livres les plus anciens, 'd'une antiquité beaucoup plus reculée qu'aucun livre juif' (*OCV*, t.36, p.250). A partir de 1767, lorsque Voltaire prend connaissance des fragments traduits par Holwell, les références se font plus systématiques: voir, par exemple, l'*Essai sur les mœurs* (ch.3, t.1, p.229-30, ajout de 1768) et *La Philosophie de l'histoire* (*OCV*, t.59, p.149, ajout de 1769). Sur le Veidam, voir les articles 'Adam' et 'Ezour-Veidam' des *QE*. L'article 'Brahmanes, brames' des *QE* donne un résumé du Shasta. Les chapitres successifs du Shasta, cités ou résumés, servent aussi de fil conducteur dans l'article 23 des *Fragments historiques sur l'Inde* (*M*, t.29, p.170-76) et se trouvent dans les *Lettres chinoises, indiennes et tartares*, lettre 9 (*M*, t.29, p.479-85).

Premier chapitre du Shasta[4]

'Dieu est un; il a créé tout; c'est une sphère parfaite sans commencement ni fin. Dieu conduit toute la création par une providence générale résultante d'un principe déterminé. Tu ne 25 rechercheras point à découvrir l'essence et la nature de l'Eternel, ni par quelles lois il gouverne: une telle entreprise est vaine et criminelle; c'est assez que jour et nuit tu contemples dans ses ouvrages sa sagesse, son pouvoir et sa bonté.'

Après avoir payé à ce début du *Shasta* le tribut d'admiration que 30 nous lui devons,[5] voyons la création des anges.

Second chapitre du Shasta[6]

'L'Eternel absorbé dans la contemplation de sa propre existence, résolut dans la plénitude des temps de communiquer sa gloire et son essence à des êtres capables de sentir et de partager sa béatitude, comme de servir à sa gloire. L'Eternel voulut, et ils 35 furent.[7] Il les forma en partie de son essence, capables de perfection et d'imperfection selon leur volonté.

'L'Eternel créa d'abord Birma, Vitsnou, et Sib; ensuite Mozazor, et toute la multitude des anges. L'Eternel donna la prééminence à Birma, à Vitsnou et à Sib. Birma fut le prince de l'armée angélique; 40

[4] Holwell donne cinq précis du Shasta entre guillemets qu'il fait suivre de *remarks*. Une traduction de l'ouvrage paraît en 1768, mais le texte ici cité correspond sans doute à la propre traduction de Voltaire, ce qui expliquerait que le texte présente des variantes lorsqu'il est cité dans d'autres œuvres (voir ci-dessous). Pour ce premier chapitre, voir Holwell, *Interesting Historical Events*, t.2, p.31.

[5] Voir l'article 'Dieu, dieux' des *QE*: 'L'ancienne religion des brahmanes [...] s'explique d'une manière sublime sur l'unité et la puissance de Dieu, comme nous l'avons vu à l'article "Ange"' (*M*, t.18, p.360).

[6] Voir Holwell, *Interesting Historical Events*, t.2, p.34-35.

[7] Dans le chapitre 3 de l'*Essai sur les mœurs*, Voltaire donne une version avec variantes de ce texte qu'il présente comme 'le commencement du Shasta' (t.1, p.229). Autre version, avec variantes, dans *De l'âme, par Soranus, médecin de Trajan* (*M*, t.29, p.333).

Vitsnou et Sib furent ses coadjuteurs. L'Eternel divisa l'armée angélique en plusieurs bandes, et leur donna à chacune un chef. Ils adorèrent l'Eternel, rangés autour de son trône, chacun dans le degré assigné. L'harmonie fut dans les cieux. Mozazor chef de la première bande, entonna le cantique de louange et d'adoration au Créateur, et la chanson d'obéissance à Birma sa première créature; et l'Eternel se réjouit dans sa nouvelle création.'

Chapitre III. De la chute d'une partie des anges[8]

'Depuis la création de l'armée céleste, la joie et l'harmonie environnèrent le trône de l'Eternel dans l'espace de mille ans, multipliés par mille ans; et auraient duré jusqu'à ce que le temps ne fût plus, si l'envie n'avait pas saisi Mozazor et d'autres princes des bandes angéliques. Parmi eux était Raabon, le premier en dignité après Mozazor. Immémorants du bonheur de leur création et de leur devoir, ils rejetèrent le pouvoir de perfection, et exercèrent le pouvoir d'imperfection. Ils firent le mal à l'aspect de l'Eternel; ils lui désobéirent et refusèrent de se soumettre au lieutenant de Dieu et à ses associés Vitsnou et Sib; et ils dirent, Nous voulons gouverner; et sans craindre la puissance et la colère de leur Créateur, ils répandirent leurs principes séditieux dans l'armée céleste. Ils séduisirent les anges, et entraînèrent une grande multitude dans la rébellion; et elle s'éloigna du trône de l'Eternel; et la tristesse saisit les esprits angéliques fidèles, et la douleur fut connue pour la première fois dans le ciel.'[9]

Chapitre IV. Châtiment des anges coupables[10]

'L'Eternel, dont la toute-science, la prescience et l'influence s'étend sur toutes choses, excepté sur l'action des êtres qu'il a créés libres,

---

[8] Voir Holwell, *Interesting Historical Events*, t.2, p.42-43.
[9] Voir aussi l'*Essai sur les mœurs* (ch.3, t.1, p.229-30), avec variantes.
[10] Voir Holwell, *Interesting Historical Events*, t.2, p.44-45.

vit avec douleur et colère la défection de Mozazor, de Raabon, et des autres chefs des anges.

'Miséricordieux dans son courroux, il envoya Birma, Vitsnou et Sib, pour leur reprocher leur crime, et pour les porter à rentrer dans leur devoir: mais confirmés dans leur esprit d'indépendance, ils   70
persistèrent dans la révolte. L'Eternel alors commanda à Sib de marcher contre eux armé de la toute-puissance, et de les précipiter du lieu *éminent* dans le lieu de *ténèbres*, dans l'*onderâ*, pour y être punis pendant mille ans multipliés par mille ans.'

Précis du cinquième chapitre[11]

Au bout de mille ans, Birma, Vitsnou et Sib sollicitèrent la   75
clémence de l'Eternel en faveur des délinquants. L'Eternel daigna les délivrer de la prison de l'*Onderâ*, et les mettre dans un état de probation pendant un grand nombre de révolutions du soleil. Il y eut encore des rébellions contre Dieu dans ce temps de pénitence.   80

Ce fut dans un de ces périodes que Dieu créa la terre; les anges pénitents y subirent plusieurs métempsycoses; une des dernières fut leur changement en vaches. C'est de là que les vaches devinrent sacrées dans l'Inde; et enfin ils furent métamorphosés en hommes.[12] De sorte que le système des Indiens sur les anges, est   85
précisément celui du jésuite Bougeant, qui prétend que les corps des bêtes sont habités par des anges pécheurs.[13] Ce que les

---

77   w68: délivrer de l'Onderâ et

[11] Comme le titre l'indique, et alors que Voltaire avait intégralement traduit les quatre chapitres précédents, il donne ici un véritable 'précis' du texte de Holwell: voir *Interesting Historical Events*, t.2, p.47-59.

[12] Voltaire explique que c'est dans le Shasta qu'on trouve l'origine du purgatoire: 'Ces anges rebelles dont on copia l'histoire chez les Juifs du temps du rabbin Gamaliel, avaient été condamnés par l'Eternel et par son fils, à mille ans de purgatoire; après quoi Dieu leur pardonna et les fit hommes' (*QE*, article 'Purgatoire', *M*, t.20, p.310).

[13] Allusion à l'abbé Guillaume-Hyacinthe Bougeant (1690-1743), auteur d'un

brahmanes avaient inventé sérieusement, Bougeant l'imagina plus de quatre mille ans après par plaisanterie: si pourtant ce badinage n'était pas en lui un reste de superstition mêlé avec l'esprit systématique, ce qui est arrivé assez souvent.

Telle est l'histoire des anges chez les anciens brahmanes, qu'ils enseignent encore depuis environ cinquante siècles. Nos marchands, qui ont trafiqué dans l'Inde, n'en ont jamais été instruits; nos missionnaires ne l'ont pas été davantage; et les brahmes qui n'ont jamais été édifiés ni de leur science ni de leurs mœurs, ne leur ont point communiqué leurs secrets. Il a fallu qu'un Anglais, nommé M. Holwell, ait habité trente ans à Bénarès sur le Gange, ancienne école des brahmanes; qu'il ait appris l'ancienne langue sacrée du *Hanscrit*, et qu'il ait lu les anciens livres de la religion indienne, pour enrichir enfin notre Europe de ces connaissances singulières;[14] comme M. Sale avait demeuré longtemps en Arabie pour nous donner une traduction fidèle de l'Alcoran,[15] et des lumières sur l'ancien sabisme, auquel a succédé la religion musulmane: de même encore que M. Hide[16] a recherché pendant vingt années en Perse tout ce qui concerne la religion des mages.

Amusement philosophique sur le langage des bêtes (Paris, 1739, BV494) – voir l'édition critique procurée par Hester Hastings (Genève, 1954, p.56-61). Voltaire évoque le 'roman du jésuite Bougeant' dans l'article 'Brahmanes, brames' des *QE* (*M*, t.18, p.35-36).

[14] John Zephaniah Holwell (1711-1778), qui s'était rendu dès 1732 au Bengale comme chef de la Compagnie anglaise des Indes orientales, fut le premier Européen qui étudia les antiquités indiennes. Sur Holwell, voir le *Précis du siècle de Louis XV*, ch.29 (*OH*, p.1466-67).

[15] George Sale (1680-1736) est l'auteur d'une version anglaise du Coran, d'après l'original arabe: *The Koran, commonly called the Alcoran of Mohamed, translated into English immediately from the original Arabic* (Londres, 1734, BV1786). Sur Sale et sa traduction, voir ci-dessus, l'article 'Alcoran'.

[16] Orientaliste spécialisé dans l'étude du persan, Thomas Hyde (1636-1703) est l'auteur d'une *Veterum Persarum et Parthorum et Medorum religionis historia* (Oxford, 1760, BV1705).

Des anges des Perses

Les Perses avaient trente et un anges. [17] Le premier de tous, et qui est servi par quatre autres anges, s'appelle Bahaman; il a l'inspection de tous les animaux excepté de l'homme, sur qui Dieu s'est réservé une juridiction immédiate.

Dieu préside au jour où le soleil entre dans le bélier, et ce jour est un jour de sabbat; ce qui prouve que la fête du sabbat était observée chez les Perses dans les temps les plus anciens.

Le second ange préside au huitième jour, et s'appelle Débadur.

Le troisième est Kur, dont on a fait depuis probablement Cyrus; et c'est l'ange du soleil.

Le quatrième s'appelle Ma, et il préside à la lune.

Ainsi chaque ange a son district. C'est chez les Perses que la doctrine de l'ange gardien et du mauvais ange fut d'abord reconnue. On croit que Raphaël était l'ange gardien de l'empire persan. [18]

Des anges chez les Hébreux

Les Hébreux ne connurent jamais la chute des anges jusqu'aux premiers temps de l'ère chrétienne. Il faut qu'alors cette doctrine secrète des anciens brahmanes fût parvenue jusqu'à eux. Car ce fut

[17] Hyde énumère les noms des diables, qui ne sont que vingt-neuf (*Veterum Persarum*, ch.13, p.181-82). D'après Voltaire, 'Les Parsis ignicoles qui subsistent encore, ont communiqué à [Hyde] les noms des anges que les premiers Perses reconnaissaient. [...] On en trouve cent dix-neuf, parmi lesquels ne sont ni Raphaël, ni Gabriel, que les Perses n'adoptèrent que longtemps après' (*La Philosophie de l'histoire*, ch.48, *OCV*, t.59, p.253).

[18] Dans *La Bible enfin expliquée*, Voltaire cite les noms des anges persans et signale qu'ils sont 'tout différents' de ceux des Chaldéens. Il ajoute: 'Les Hébreux, étant esclaves chez les Chaldéens, et non chez les Persans, s'approprièrent donc les anges et les diables des Chaldéens, et se firent une théurgie toute nouvelle, à laquelle ils n'avaient point pensé encore' (*M*, t.30, p.250, n.2). Voir aussi l'article 'Apocryphe', ci-dessous.

dans ce temps qu'on fabriqua le livre, attribué à Enoch, touchant les
anges pécheurs chassés du ciel. [19]

Enoch devait être un auteur fort ancien, puisqu'il vivait, selon
les Juifs, dans la septième génération avant le déluge: [20] mais
puisque Seth, plus ancien encore que lui, avait laissé des livres aux
Hébreux, ils pouvaient se vanter d'en avoir aussi d'Enoch. Voici
donc ce qu'Enoch écrivit, selon eux. [21]

'Le nombre des hommes s'étant prodigieusement accru, ils
eurent de très belles filles; les anges, les brillants, *Egregori*, en
devinrent amoureux, et furent entraînés dans beaucoup d'erreurs.
Ils s'animèrent entre eux, ils se dirent: Choisissons-nous des
femmes parmi les filles des hommes de la terre. Semiaxas leur
prince, dit: Je crains que vous n'osiez pas accomplir un tel dessein,
et que je ne demeure seul chargé du crime. Tous répondirent:
Faisons serment d'exécuter notre dessein, et dévouons-nous à
l'anathème si nous y manquons. Ils s'unirent donc par serment, et
firent des imprécations. Ils étaient au nombre de deux cents. Ils
partirent ensemble du temps de Jared, et allèrent sur la montagne

---

[19] Sur le livre d'Hénoch, voir l'*Essai sur les mœurs*: 'Ces mystères des brahmanes
percèrent enfin jusque dans la Syrie: il fallait qu'ils fussent bien connus, puisque les
Juifs en entendirent parler du temps d'Hérode. Ce fut peut-être alors qu'on forgea,
suivant ces principes indiens, le faux livre d'Hénoch, cité par l'apôtre Jude, dans
lequel il est dit quelque chose de la chute des anges. Cette doctrine devint depuis le
fondement de la religion chrétienne' (ch.3, t.1, p.230). Calmet présente le livre
d'Hénoch comme l'ouvrage d'un 'chrétien converti du judaïsme' ('Dissertation sur
le livre d'Hénoch', *Nouvelles Dissertations*, Paris, 1720, p.400); dans les *Lettres
chinoises, indiennes et tartares*, Voltaire invite Calmet à 'montrer comment la chute
des anges n'avait été annoncée chez nous que dans un livre apocryphe' (lettre 9, *M*,
t.29, p.482).

[20] Sur Hénoch, 'le septième après Adam', voir la 'Dissertation sur le patriarche
Hénoch' de Calmet (*Nouvelles Dissertations*, p.363-84).

[21] 1 Hénoch 7. La source utilisée par Voltaire demeure problématique: il ne s'agit
pas du passage donné par saint Jude (chapitres 15 à 25). Calmet signale que 'saint
Jude avait tiré ce passage apparemment du livre *de la Révélation d'Hénoch*, dont on a
encore aujourd'hui un long fragment' (*Commentaire littéral*, 1707-1716, t.23, p.360),
mais ne donne pas non plus ce texte. Une citation partielle se trouve dans la
'Dissertation sur le livre d'Hénoch' (*Nouvelles Dissertations*, p.387-88).

appelée Hermonim à cause de leur serment. Voici le nom des principaux: Semiaxas, Atarculph, Araciel, Chobabiel, Hosampsich, Zaciel, Parmar, Thausaël, Samiel, Tiriel, Sumiel. 145

'Eux et les autres prirent des femmes l'an onze cent soixante et dix de la création du monde. De ce commerce naquirent trois genres d'hommes, les géants Nephilim, etc.'

L'auteur de ce fragment écrit de ce style, qui semble appartenir aux premiers temps; c'est la même naïveté. Il ne manque pas de 150 nommer les personnages; il n'oublie pas les dates; point de réflexions, point de maximes; c'est l'ancienne manière orientale.

On voit que cette histoire est fondée sur le sixième chapitre de la Genèse:[22] 'Or en ce temps il y avait des géants sur la terre; car les enfants de Dieu ayant eu commerce avec les filles des hommes, 155 elles enfantèrent les puissants du siècle.'

Le livre d'Enoch et la Genèse, sont entièrement d'accord sur l'accouplement des anges avec les filles des hommes, et sur la race des géants qui en naquit.[23] Mais ni cet Enoch, ni aucun livre de l'Ancien Testament ne parle de la guerre des anges contre Dieu, ni 160 de leur défaite, ni de leur chute dans l'enfer, ni de leur haine contre le genre humain.[24]

Presque tous les commentateurs de l'Ancien Testament disent unanimement, qu'avant la captivité de Babilone les Juifs ne surent

---

143   K84, K12: Voici les noms des

[22] Genèse 6:4. Dans sa 'Dissertation sur l'existence des géants', Calmet note que 'la plupart des anciens, trompés par le faux livre d'Hénoch, ont cru que les géants étaient nés des filles des hommes, qui avaient eu un commerce charnel avec les anges rebelles' (*Nouvelles Dissertations*, p.37).

[23] Sur l'accouplement des anges avec les filles des hommes, voir Genèse 6:2, Calmet, *Commentaire littéral*, t.1, p.148-49, et l'article 'Apocryphe', ci-dessous. Dans *La Bible enfin expliquée*, Voltaire signale que 'Origène, saint Justin, Athénagore, Tertullien, saint Cyprien, saint Ambroise, assurent que les anges, amoureux de nos filles, enfantèrent non des géants, mais des démons' (*M*, t.30, p.15, n.3).

[24] Voir aussi Calmet, 'Dissertation sur le livre d'Hénoch', *Nouvelles Dissertations*, p.388-89. Tout le passage (lignes 132-62) se trouve à l'identique dans *La Philosophie de l'histoire* (ch.48, *OCV*, t.59, p.257-58).

le nom d'aucun ange. [25] Celui qui apparut à Manué, père de   1(

Samson, ne voulut point dire le sien. [26]

Lorsque les trois anges apparurent à Abraham, et qu'il fit cuire
un veau entier pour les régaler, ils ne lui apprirent point leurs noms.
L'un d'eux lui dit: *Je viendrai vous voir, si Dieu me donne vie, l'année
prochaine, et Sara votre femme aura un fils.* [27]   1'

Dom Calmet trouve un très grand rapport entre cette histoire et
la fable qu'Ovide raconte, dans ses *Fastes*, [28] de Jupiter, de Neptune
et de Mercure, qui ayant soupé chez le vieillard Irié, et le voyant
affligé de ne pouvoir faire des enfants, pissèrent sur le cuir du veau
qu'Irié leur avait servi, et ordonnèrent à Irié d'enfouir sous terre, et   1'
d'y laisser pendant neuf mois ce cuir arrosé de l'urine céleste. Au
bout de neuf mois Irié découvrit son cuir; il y trouva un enfant
qu'on appela Orion, et qui est actuellement dans le ciel. [29] Calmet
dit même que les termes dont se servirent les anges avec Abraham,
peuvent se traduire ainsi: *Il naîtra un fils de votre veau.* [30]   18

Quoi qu'il en soit, les anges ne dirent point leur nom à Abraham;
ils ne le dirent pas même à Moïse; et nous ne voyons le nom de

---

175   71A: de l'enfouir sous

[25] Dans l'article 'Ange' du *Dictionnaire de la Bible*, Calmet tient le même discours
et ajoute que si l'on trouve un grand nombre d'anges appelés par leurs noms dans le
livre d'Hénoch, on sait aussi que 'cet ouvrage est supposé, et qu'il est postérieur à la
captivité dont on vient de parler' (t.1, p.75).

[26] Juges 13:3-6.

[27] Genèse 18:10. Dans l'article 'Abraham' du fonds de Kehl, Voltaire décrit
l'épisode (18:1-15) comme 'sujet à de grandes difficultés' et se demande si 'tout cela
n'est qu'une allégorie' (*M*, t.17, p.42, 43).

[28] 'L'histoire de la réception des trois anges, et de la naissance d'Isaac, se trouve
enveloppée et cachée dans la fable qu'Ovide raconte de Jupiter, de Mercure et de
Neptune' (Calmet, *Commentaire littéral*, t.1, p.415). Il s'agit des vers 495-535 des
Fastes.

[29] L'anecdote est également rapportée dans l'article 'Histoire' rédigé pour
l'*Encyclopédie* (*OCV*, t.33, p.181) et dans *Des allégories* (*M*, t.17, p.117-18). Voir
aussi les *Carnets* de Voltaire: 'Orion né de l'urine de trois dieux' (*OCV*, t.82, p.451).

[30] Calmet écrit: 'Il y aura un fils dans le taureau de votre holocauste'
(*Commentaire littéral*, t.1, p.415).

Raphaël que dans Tobie, du temps de la captivité.[31] Tous les autres noms d'anges sont pris évidemment des Chaldéens et des Perses. Raphaël, Gabriel, Uriel etc. sont persans et babyloniens. Il n'y a pas jusqu'au nom d'Israël qui ne soit chaldéen.[32] Le savant juif Philon le dit expressément dans le récit de sa députation vers Caligula.[33]

Nous ne répéterons point ici ce qu'on a dit ailleurs des anges.[34]

Savoir si les Grecs et les Romains admirent des anges?

Ils avaient assez de dieux et de demi-dieux pour se passer d'autres êtres subalternes.[35] Mercure faisait les commissions de Jupiter, Iris celles de Junon; cependant ils admirent encore des génies, des démons. La doctrine des anges gardiens fut mise en vers par Hésiode contemporain d'Homère. Voici comme il s'explique dans le poème *des travaux et des jours*.

> Dans les temps bienheureux de Saturne et de Rhée,
> Le mal fut inconnu, la fatigue ignorée;
> Les dieux prodiguaient tout. Les humains satisfaits
> Ne se disputant rien, forcés de vivre en paix,

185

190

195

---

189 71A: qu'on dit
189a 71N: [*sans point d'interrogation*]

[31] Tobie 5:18: Raphaël se présente d'abord sous le nom d'emprunt d'Azarias; il ne révèle son identité qu'en 12:15. Dans *La Bible enfin expliquée*, Voltaire affirme que 'c'est la première fois qu'un ange est nommé dans l'Ecriture' (*M*, t.30, p.250, n.2); même remarque chez Calmet (*Dictionnaire de la Bible*, t.1, p.75).

[32] Même idée dans l'*Essai sur les mœurs* (ch.3, t.1, p.229) et l'article 'Tophet' des *QE*.

[33] Voir l'article 'Abraham' du *DP* (*OCV*, t.35, p.296 et n.32).

[34] Voir, notamment, l'article 'Ange' du *DP*.

[35] Le rapprochement avec les Grecs figure aussi dans l'article 'Dieu, dieux' du fonds de Kehl. Sur le modèle des Egyptiens qui adoraient un être suprême, Osiris, et d'autres êtres supérieurs, les Grecs 'eurent leur Zeus, leur Jupiter, maître des autres dieux, qui n'étaient que ce que sont les anges chez les Babyloniens et chez les Hébreux, et les saints chez les chrétiens de la communion romaine' (*M*, t.18, p.358).

N'avaient point corrompu leurs mœurs inaltérables. 20
La mort, l'affreuse mort si terrible aux coupables,
N'était qu'un doux passage en ce séjour mortel,
Des plaisirs de la terre aux délices du ciel.
Les hommes de ces temps sont nos heureux génies;
Nos démons fortunés, les soutiens de nos vies; 20
Ils veillent près de nous; ils voudraient de nos cœurs
Ecarter, s'il se peut, le crime et les douleurs, etc. [36]

Plus on fouille dans l'antiquité, plus on voit combien les nations modernes ont puisé tour à tour dans ces mines aujourd'hui presque abandonnées. Les Grecs, qui ont si longtemps passé pour 21 inventeurs, avaient imité l'Egypte, qui avait copié les Chaldéens, qui devaient presque tout aux Indiens. La doctrine des anges gardiens, qu'Hésiode avait si bien chantée, fut ensuite sophistiquée dans les écoles; c'est tout ce qu'elles purent faire. Chaque homme eut son bon et son mauvais génie, [37] comme chacun eut son étoile. 21

Est genius natale comes qui temperat astrum. [38]

Socrate, comme on sait, avait un bon ange: [39] mais il faut que ce soit le mauvais qui l'ait conduit. Ce ne peut être qu'un très mauvais

[36] Hésiode, *Les Travaux et les jours*, vers 111-26: il s'agit de l'évocation de l'âge d'or dans le mythe des races. Cette traduction est assez libre.

[37] Voir l'article 'Ange' du *DP* (*OCV*, t.35, p.341-42 et n.23) et l'article 'Génies' de la *Suite des mélanges* de 1756 (*M*, t.19, p.247). L'idée est exploitée par Voltaire dans le conte intitulé *Le Blanc et le noir*. Calmet traite des 'anges gardiens' et, parmi les païens, il mentionne Hésiode, mais aussi Platon et Apulée (*Dictionnaire de la Bible*, t.1, p.76).

[38] Horace, *Epîtres*, livre 2, épître 2, vers 187: 'scit Genius, natale comes qui temperat astrum' ('Le Génie le sait, ce compagnon qui règle l'action de notre astre natal').

[39] Il est notamment question du *daimon* ou démon de Socrate dans l'article 'Génie' des *QE*, dans lequel Voltaire renvoie aussi au présent article. Outre la tragédie de *Socrate*, voir aussi l'article 'Socrate' de la *Suite des mélanges* (1756) et les paroles que Voltaire prête à Xénophon: 'votre démon familier aurait bien dû vous avertir de ne pas dire à un boucher et à un orfèvre ce que vous ne deviez dire qu'à Platon et à Xénophon' (*M*, t.20, p.429). Voir R. Trousson, *Socrate devant Voltaire, Diderot et Rousseau: la conscience en face du mythe* (Paris, 1967).

ange qui engage un philosophe à courir de maison en maison, pour dire aux gens, par demande et par réponse, que le père et la mère, le précepteur et le petit garçon sont des ignorants, des imbéciles. L'ange gardien a bien de la peine alors à garantir son protégé de la ciguë. 220

On ne connaît de Marcus Brutus que son mauvais ange, qui lui apparut avant la bataille de Philippes. [40] 225

220 K12: par demandes et par réponses, que
221 70, 71N, 71A, W68, K84, K12: ignorants et des
222 K84, K12: peine à garantir alors son
225 K84, K12: Philippes. [*ajoutent des sections 2 et 3 — voir note* *] //

[40] Voir l'article 'Génies' de la *Suite des mélanges*: 'Le mauvais génie de Brutus lui apparut, et lui annonça la mort avant la bataille de Philippes: de graves historiens ne l'ont-ils pas dit?' (*M*, t.19, p.247).

ANGUILLES

Race d'anguilles, formées de farine et de jus de mouton

Celui qui a dit le premier,[1] qu'il n'y a point de sottise dont l'esprit humain ne soit capable, était un grand prophète. Un jésuite irlandais, nommé Néedham,[2] qui voyageait dans l'Europe, en habit séculier, fit, il y a quelques années,[3] des expériences à l'aide

a-85   K84, K12: [*article absent*]

* Cet article n'est en réalité que la reprise du chapitre 20 des *Singularités de la nature* (1768), 'De la prétendue race d'anguilles formées de [...]', qui a perdu sa tonalité polémique par la suppression des trois premiers mots. Voltaire a probablement remarqué les deux articles 'Anguille' de l'*Encyclopédie*, rédigés par Dauben-ton, le premier consacré au 'poisson fort allongé en forme de serpent, glissant, sans écailles' (t.1, p.466), le second (d'une quinzaine de lignes seulement) consacré à 'l'animalcule que l'on ne découvre qu'à l'aide du microscope dans certaines liqueurs' (t.1, p.467). Buffon avait déjà décrit ces animalcules comme 'de petits corps organisés semblables par la figure à des anguilles' (*Histoire naturelle, générale et particulière*, 17 vol., Paris, 1749-1770, t.2, p.322). C'est par analogie que ces animaux microscopiques ont été baptisés 'anguilles', spécificité ici discrètement marquée par l'emploi de l'expression 'race d'anguilles'. C'est probablement ce passage des *Lettres* de Maupertuis (Berlin, 1752) qui a révélé à Voltaire les expériences de Needham: 'Dans la farine délayée on trouve des anguilles assez grandes pour être aperçues à la vue simple; ces anguilles sont remplies d'autres anguilles dont elles accouchent. On voit des grains de blé niellé se séparer dans l'eau par filets dont chacun aussitôt s'anime et présente aux yeux un petit poisson' (*Lettres*, p.120). Ayant d'abord jugé ces expériences plus grotesques que dangereuses, Voltaire a commencé par n'y voir qu'une occasion de plus de ridiculiser celui qui les avait rapportées plutôt que leur auteur. Le présent article paraît dans les *QE* en novembre/décembre 1770 (70, t.1); il ne figure pas parmi les articles alphabétiques de l'édition de Kehl.

[1] Cicéron, *De divinatione*, livre 2, section 58: 'nescio quo modo nihil tam absurde dici potest quod non dicatur ab aliquo philosophorum'.

[2] Needham n'était ni Irlandais ni jésuite et Voltaire le savait parfaitement. Sur ce qu'était réellement John Turberville Needham (1713-1781), voir *La Défense de mon oncle, OCV*, t.64, p.376-77, n.44, et J. Roger, *Les Sciences de la vie dans la pensée française du dix-huitième siècle* (Paris, 1963), p.494.

[3] Needham a fait ses premières observations microscopiques au collège anglais de Lisbonne en 1744.

de plusieurs microscopes. [4] Il crut apercevoir dans de la farine de   5
blé ergoté mise au four, et laissée dans un vase purgé d'air et bien
bouché; [5] il crut apercevoir, dis-je, des anguilles qui accouchaient
bientôt d'autres anguilles. Il s'imagina voir le même phénomène
dans du jus de mouton bouilli. [6]

Aussitôt plusieurs philosophes de crier merveilles, et de dire, Il   10
n'y a point de germe, tout se fait, tout se régénère par une force vive
de la nature. [7] C'est l'attraction, disait l'un; [8] c'est la matière

[4] La 'Description et usage du microscope' dans *Les Nouvelles Observations
microscopiques* (1750) de Needham montre qu'il disposait en effet d'un instrument
assez perfectionné pour l'époque et muni de micromètres.

[5] Voltaire semble se référer au premier ouvrage de Needham, *An account of some
new microscopical discoveries* (1765), à ce détail près que le blé alors observé par
l'expérimentateur était frappé par la maladie de la nielle qui convertit l'épi en une
poussière noirâtre. Needham y découvrit des paquets de fibres desséchées qu'il
s'avisa d'humecter d'eau: il les vit aussitôt prendre vie. Il découvrit que ces
'anguilles' étaient vivipares, ce que Voltaire relève ici en employant facétieusement
le terme accoucher que Maupertuis avait déjà employé dans ses *Lettres*. Mais
Needham à cette occasion ne parle ni de mise au four ni de vase purgé d'air et bien
bouché; ces précisions conviendraient fort bien pour décrire l'expérience que
Needham a réalisée avec du jus de viande rôtie (et non de mouton bouilli). Il est
douteux que Voltaire se soit jamais donné la peine de lire les relations faites par
Needham lui-même, se contentant de ce qu'il avait lu dans Buffon et Maupertuis.

[6] Evocation caricaturale des expériences de Needham. La première avait consisté
à boucher hermétiquement une fiole préalablement remplie de jus de viande rôtie
mêlée d'eau bouillante, puis à stériliser l'ensemble par la chaleur pour faire perdre
toute faculté productrice au peu d'air demeuré dans le col. Quatre jours plus tard, la
fiole grouillait d'animaux microscopiques. La seconde avait consisté à préparer une
infusion de blé broyé qui au bout de dix à vingt jours avait produit une masse
gélatineuse se révélant sous le microscope composée de filaments tous pleins de vie et
de mouvement. Needham en concluait que ces animaux étaient bien nés de la matière
morte et que celle-ci était douée d'une 'force végétative', animale ou végétale.

[7] Ces philosophes sont les savants, collaborateurs ou contemporains de l'*Encyclopédie* comme Maupertuis, Buffon, La Mettrie ou Diderot, qui jugent impossible
de traiter de la génération des animaux en dehors de perspectives résolument
épigénistes. Voltaire défend par contre la théorie des germes préexistants qui a été
formulée par Swammerdam en 1669 dans son *Histoire générale des insectes* et exposée
par Malebranche en 1674, dans le premier volume de *La Recherche de la vérité*. Selon
cette théorie, tout être animal ou végétal contient pour assurer sa reproduction un
germe dans lequel sont emboîtés d'autres germes à l'infini.

[8] Brève allusion à Maupertuis, présenté au chapitre 19 des *Singularités de la nature*

organisée, disait l'autre;[9] ce sont des molécules organiques vivantes qui ont trouvé leurs moules. De bons physiciens furent trompés par un jésuite.[10] C'est ainsi (comme nous l'avons dit ailleurs)[11] qu'un commis des fermes en Basse-Bretagne, fit accroire à tous les beaux esprits de Paris, qu'il était une jolie femme,[12] laquelle faisait très bien des vers.

Il faut avouer que ce fut la honte éternelle de l'esprit humain, que ce malheureux empressement de plusieurs philosophes à bâtir un système universel sur un fait particulier,[13] qui n'était qu'une méprise ridicule, indigne d'être relevée. On ne douta pas que la farine de mauvais blé formant des anguilles, celle de bon froment

---

comme le principal adversaire de la théorie des germes et à qui cette 'chimère' a valu une agressive prise à partie (*M*, t.27, p.158). Pour expliquer la formation d'un animal, Maupertuis qui ne met pas en doute l'existence d'une semence femelle, croit que le fœtus est formé du mélange des deux semences, mâle et femelle, dont chacune contient les parties destinées à former l'embryon. C'est le recours au principe de l'attraction qui lui permet d'expliquer que ces parties se rassemblent dans l'ordre voulu.

[9] Il s'agit de Buffon qui dès 1746 dans l'*Histoire des animaux* affirme l'organisation de la matière sur un modèle corpusculaire: 'Un individu n'est qu'un tout uniformément organisé dans toutes ses parties intérieures, un composé d'une infinité de figures semblables et de parties similaires [...]'. Il discute aussi de la matière vivante qui se dépose, sous l'action de mystérieuses 'forces pénétrantes', dans des 'moules intérieurs'. Voir aussi *OCV*, t.64, p.380-81, n.58.

[10] Ces 'bons physiciens' ne peuvent guère désigner que Maupertuis, Buffon et Lagrange (voir la lettre de Voltaire à D'Alembert, 2 septembre 1768, D15199).

[11] Au chapitre 20 des *Singularités de la nature*.

[12] C'est sous le nom de Mlle Malcrais de La Vigne, poétesse bretonne, que Paul Desforges Maillard en 1732 trompa maints auteurs parisiens. Voltaire fut une victime exemplaire de cette mystification (voir *OCV*, t.9, p.480-86, D15189, D16666).

[13] L'ambition de Maupertuis et surtout de Buffon était bien de découvrir 'les procédés généraux de la nature dans sa production et sa conservation' (*Lettre sur le progrès des sciences*, 1752). Ce qui est ici dénoncé est une extrapolation intempestive à partir du 'fait particulier' que représentent les expériences (jugées douteuses) de Needham sur le blé ergoté ou le jus de mouton. Si ces aspirations à l'universalisme ont le don d'exaspérer Voltaire, c'est d'abord parce que les systèmes qu'elles engendrent se fondent sur un refus aberrant des germes (voir *Des singularités de la nature*, *M*, t.27, p.158).

ne produisît des hommes. [14] L'erreur accréditée jette quelquefois de
si profondes racines, que bien des gens la soutiennent encore,   25
lorsqu'elle est reconnue et tombée dans le mépris, comme quelques
journaux historiques répètent des fausses nouvelles insérées dans
les gazettes, lors même qu'elles ont été rétractées.

Un nouvel auteur d'une traduction élégante et exacte de
Lucrèce, [15] enrichie de notes savantes, s'efforce, dans les notes   30
du troisième livre, de combattre Lucrèce même à l'appui des
malheureuses expériences de Néedham, [16] si bien convaincues de
fausseté par M. Spalanzani, [17] et rejetées de quiconque a un peu
étudié la nature. [18] L'ancienne erreur, que la corruption est mère de
la génération, allait ressusciter: [19] il n'y avait plus de germe: 35
plusieurs personnes mandaient que, dans la ménagerie du palais
de Bruxelles, un lapin avait fait des lapereaux à une poule. [20] Ce que
Lucrèce, avec toute l'antiquité, jugeait impossible, allait s'accomplir.

> *Ex omnibus rebus*   40
> *Omne genus nasci posset, nil semine egeret.*
> *Ex undis homines, ex terra posset oriri*
> *Squammiserum genus, et volucres; erumpere coelo,*
> *Armenta et pecudes... ferre omnes omnia possent.*

[14] Idée déjà exprimée dans *La Défense de mon oncle* (voir *OCV*, t.64, p.239, et
p.378, n.49).

[15] N. Lagrange (1738-1775) que le baron d'Holbach avait après 1760 engagé
comme précepteur de ses enfants, mais en le traitant sur un pied d'amitié. Diderot
suggéra à ce jeune disciple de traduire Lucrèce et Sénèque.

[16] Que Lagrange ait pu se prévaloir des expériences de Needham pour 'combattre
Lucrèce même', voilà qui est pour Voltaire un objet de scandale vivement dénoncé
dès août 1768 (D15189, D15199, D16602).

[17] Voir *La Défense de mon oncle*, *OCV*, t.64, p.379, n.53.

[18] Dans son compte rendu de *La Défense de mon oncle* Grimm avait très
exactement soutenu le contraire et procédé à une mise au point des plus fermes
(*Correspondance littéraire*, t.7, p.382-83).

[19] Voir *OCV*, t.64, p.380, n.56.

[20] Ce 'fait divers' sera rappelé dans l'article 'Dieu, dieux' des *QE*.

Le hasard incertain, de tout alors dispose. 45
L'animal est sans germe, et l'effet est sans cause.
On verra les humains sortir du fond des mers,
Les troupeaux bondissants tomber du haut des airs,
Les poissons dans les bois naissant sur la verdure;
Tout pourra tout produire; il n'est plus de nature. [21] 50

Lucrèce avait assurément raison en ce point de physique, quelque ignorant qu'il fût d'ailleurs; [22] et il est démontré aujourd'hui aux yeux et à la raison, qu'il n'est ni de végétal, ni d'animal qui n'ait son germe. On le trouve dans l'œuf d'une poule comme dans le gland d'un chêne. Une puissance forma- 55 trice, préside à tous ces développements, d'un bout de l'univers à l'autre.

Il faut bien reconnaître des germes puisqu'on les voit et qu'on les sème, [23] et que le chêne est en petit contenu dans le gland. On sait bien que ce n'est pas un chêne de soixante pieds de haut qui 60 est dans ce fruit; mais c'est un embryon qui croîtra par le secours de la terre et de l'eau, comme un enfant croît par une autre nourriture.

Nier l'existence de cet embryon parce qu'on ne conçoit pas comment il en contient d'autres à l'infini, c'est nier l'existence de la 65 matière parce qu'elle est divisible à l'infini. Je ne le comprends pas, donc cela n'est pas? ce raisonnement ne peut être admis contre les choses que nous voyons et que nous touchons. Il est excellent contre des suppositions, mais non pas contre les faits.

Quelque système qu'on substitue, il sera tout aussi incon- 70 cevable, et il aura par-dessus celui des germes le malheur d'être fondé sur un principe qu'on ne connaît pas, à la place d'un

[21] Cette 'belle infidèle' en six vers rend approximativement les cinq vers latins d'abord cités du livre 1 du *De rerum natura*. Voltaire cite-t-il de mémoire? Il s'agit en principe des vers 159 à 166, mais de ces huit vers n'en figurent ici que quatre et demi. Manque notamment la première moitié du vers 159 ('Nam si de nilo fierent').

[22] On lit au chapitre 22 des *Singularités de la nature*: 'Presque tout est absurde dans Lucrèce'. Suit un relevé de ces nombreuses erreurs (*M*, t.27, p.463).

[23] Voltaire insiste volontiers sur ce point, notamment au chapitre 19 des *Singularités de la nature* (*M*, t.27, p.158).

principe palpable dont tout le monde est témoin. Tous les systèmes sur la cause de la génération, de la végétation, de la nutrition, de la sensibilité, de la pensée, sont également 75 inexplicables.

Monades, qui étiez le miroir concentré de l'univers, harmonie préétablie entre l'horloge de l'âme et l'horloge du corps,[24] idées innées tantôt condamnées, tantôt adoptées par une Sorbonne,[25] *sensorium commune*, qui n'êtes nulle part,[26] détermination du 80 moment où l'esprit vient animer la matière; retournez au pays des *chimères* avec le *targum*,[27] le *talmud*, la *mishna*,[28] la *cabale*,[29]

---

[24] Au chapitre 27 du *Philosophe ignorant* (1766), Voltaire a mis dans la bouche de Leibniz un résumé sommaire et sarcastique de la *Monadologie* expliquant ce que sont les concepts de monade et d'harmonie préétablie (*OCV*, t.62, p.69).

[25] La théorie des idées innées est à ranger parmi les 'chimères' de Descartes, tout juste bonnes à occuper 'une' Sorbonne qui s'est déconsidérée en statuant sur de pareils objets et a achevé de se discréditer par sa versatilité (voir *Le Philosophe ignorant*, *OCV*, t.62, p.35).

[26] Ce terme scolastique, qui s'est conservé tel quel dans les langues modernes, désigne 'l'organe central où les sensations venues des divers sens s'unissent de manière à donner à l'esprit la représentation d'un objet. C'est le cœur d'après Aristote, le cerveau d'après quelques philosophes grecs' (A. Lalande, *Vocabulaire technique et critique de la philosophie*, Paris, 1980, p.984a). Voltaire a très rarement employé ce terme, mais un passage de la section 7 de l'article 'Ame' des *QE* montre qu'il le tient en fait pour un synonyme du mot 'âme'.

[27] 'C'est le nom que l'on donne aux paraphrases chaldaïques des livres de l'Ancien Testament' (Calmet, *Dictionnaire de la Bible*, t.4, p.301). Voltaire n'a employé ce terme qu'une dizaine de fois, mais c'est ordinairement pour faire entendre que la fiabilité des targums est encore plus incertaine que celle des textes sacrés qu'ils commentent.

[28] Calmet le définit comme un ouvrage comprenant 'le corps de la doctrine, de la religion, de la morale des Juifs'. Il y a le talmud de Babylone et le talmud de Jérusalem, le plus ancien, qui comprend deux parties: la Misne (Voltaire écrit Mishna) et la Gémarre. Misne, qui signifie seconde loi, est le titre donné au code de droit civil et ecclésiastique des Juifs (*Dictionnaire de la Bible*, t.4, p.198).

[29] Selon Calmet, le mot hébreu *cabala* signifie tradition, et 'les rabbins qui sont nommés cabalistes, s'appliquent principalement à la combinaison de certains mots, de certaines lettres, de certains nombres par le moyen desquels ils se vantent de découvrir les choses futures et de pénétrer le sens de plusieurs passages difficiles de l'Ecriture' (*Dictionnaire de la Bible*, t.2, p.1-2).

la *chiromancie*,[30] les *éléments de Descartes*,[31] et les *contes nouveaux.*
Sommes-nous à jamais condamnés à nous ignorer? Oui. (Voyez
'Génération'.)

85

---

[30] Aux yeux de Voltaire ceux qui l'exercent font un métier de charlatan (voir
Essai sur les mœurs, ch.104, t.2, p.66).

[31] Voltaire s'en prend notamment à la négation du vide, aux tourbillons et aux
trois éléments principaux dont serait formé le monde visible: la matière globuleuse,
la raclure, la matière cannelée (ou encore: 'On rougit aujourd'hui de la matière
subtile, rameuse et cannelée de René Descartes', 10 août 1777, D20759). Voir *La
Défense de mon oncle* (*OCV*, t.64, p.379, n.51).

ANNALES

Que de peuples ont subsisté longtemps, et subsistent encore sans
annales! Il n'y en avait dans l'Amérique entière, c'est-à-dire dans la
moitié de notre globe, qu'au Mexique et au Pérou, encore
n'étaient-elles pas fort anciennes. Et des cordelettes nouées ne
sont pas des livres qui puissent entrer dans de grands détails. [1]   5

Les trois quarts de l'Afrique n'eurent jamais d'annales: et
encore aujourd'hui chez les nations les plus savantes, chez celles
mêmes qui ont le plus usé et abusé de l'art d'écrire, on peut
compter toujours, du moins jusqu'à présent, quatre-vingt-dix-
neuf parties du genre humain sur cent qui ne savent pas ce qui   10
s'est passé chez elles au-delà de quatre générations, et qui à peine
connaissent le nom d'un bisaïeul. Presque tous les habitants des
bourgs et des villages sont dans ce cas; très peu de familles ont des
titres de leurs possessions. Lorsqu'il s'élève des procès sur
les limites d'un champ ou d'un pré, le juge décide suivant le   15
rapport des vieillards: le titre est la possession. Quelques grands

* Auteur des *Annales de l'Empire*, Voltaire reconnaît les mérites des annalistes
dans le 'Catalogue des écrivains' du *Siècle de Louis XIV* (*OH*, p.1135, 1180), mais,
pour avoir pratiqué maintes chroniques, il connaît aussi leurs insuffisances ou leurs
lacunes. Fort de cette expérience, il ne paraît pas avoir éprouvé le besoin de consulter
l'article 'Annales' de l'*Encyclopédie* par l'abbé Mallet qui s'efforce d'analyser les
différences entre annales et histoire. Voltaire ne mentionne pas dans sa correspondance cet article des *QE* dont on ne peut fixer la date de rédaction et qui reprend des
argumentations déjà développées dans l'article 'Histoire' qu'il a rédigé pour
l'*Encyclopédie* (*OCV*, t.33, p.164-86), dans *La Philosophie de l'histoire*, et dans *La
Défense de mon oncle*. Le présent article paraît en novembre/décembre 1770 (70, t.1).
[1] D'après Garcilaso de la Vega, qui inspire aussi le chapitre 148 de l'*Essai sur les
mœurs*, 'De la conquête du Pérou': 'Les Péruviens transmettaient les principaux faits
à la postérité par des nœuds qu'ils faisaient à des cordes', le *quipu* (t.2, p.355). Les
Lettres d'une Péruvienne de Mme de Graffigny, un des succès du siècle, ont vulgarisé
ce mode de communication, mais Voltaire n'est pas un chantre du primitivisme des
sociétés sans écriture, même s'il reconnaît que des nations 'ont subjugué une partie
de la terre sans avoir l'usage des caractères' (article 'Histoire', *OCV*, t.33, p.168).

événements se transmettent des pères aux enfants; et s'altèrent entièrement en passant de bouche en bouche; ils n'ont point d'autres annales.[2]

Voyez tous les villages de notre Europe si policée, si éclairée, si remplie de bibliothèques immenses, et qui semble gémir aujourd'hui sous l'amas énorme des livres. Deux hommes tout au plus par village, l'un portant l'autre, savent lire et écrire. La société n'y perd rien. Tous les travaux s'exécutent, on bâtit, on plante, on sème, on recueille comme on faisait dans les temps les plus reculés. Le laboureur n'a pas seulement le loisir de regretter qu'on ne lui ait pas appris à consumer quelques heures de la journée dans la lecture. Cela prouve que le genre humain n'avait pas besoin de monuments historiques pour cultiver les arts véritablement nécessaires à la vie.

Il ne faut pas s'étonner que tant de peuplades manquent d'annales, mais que trois ou quatre nations en aient conservées qui remontent à cinq mille ans, ou environ, après tant de révolutions qui ont bouleversé la terre. Il ne reste pas une ligne des anciennes annales égyptiennes, chaldéennes, persanes, ni de celles des Latins et des Etrusques. Les seules annales un peu antiques, sont les indiennes, les chinoises, les hébraïques. (Voyez 'Histoire'.)[3]

Nous ne pouvons appeler *annales* des morceaux d'histoire vagues, et décousus, sans aucune date, sans suite, sans liaison, sans ordre; ce sont des énigmes proposées par l'antiquité à la postérité qui n'y entend rien.

Nous n'osons assurer que Sanchoniaton qui vivait, dit-on, avant

31   w68: de peuples manquent

[2] Même argumentation sur la transmission orale d'une génération à l'autre dans l'article 'Histoire' de l'*Encyclopédie* (*OCV*, t.33, p.164).
[3] Voltaire renvoie à juste titre à son article 'Histoire' (*OCV*, t.33, p.164-73), mais il a également développé, avec quelques variantes, ces points de vue dans différents chapitres de *La Philosophie de l'histoire*.

le temps où l'on place Moïse, (*a*) ait composé des annales.[4] Il aura
probablement borné ses recherches à sa cosmogonie,[5] comme fit   45
depuis Hésiode en Grèce. Nous ne proposons cette opinion que
comme un doute, car nous n'écrivons que pour nous instruire, et
non pour enseigner.

Mais ce qui mérite la plus grande attention, c'est que Sanchoniaton cite les livres de l'Egyptien Thot, qui vivait, dit-il, huit cents   50

(*a*) On a dit que si Sanchoniaton avait vécu du temps de Moïse, ou
après lui, l'évêque de Césarée Eusèbe qui cite plusieurs de ses fragments,
aurait indubitablement cité ceux où il eût été fait mention de Moïse et des
prodiges épouvantables qui avaient étonné la nature. Sanchoniaton
n'aurait pas manqué d'en parler: Eusèbe aurait fait valoir son témoi-   5
gnage; il aurait prouvé l'existence de Moïse par l'aveu authentique d'un
savant contemporain, d'un homme qui écrivait dans un pays où les Juifs
se signalaient tous les jours par des miracles. Eusèbe ne cite jamais
Sanchoniaton sur les actions de Moïse. Donc Sanchoniaton avait écrit
auparavant. On le présume, mais avec la défiance que tout homme doit   10
avoir de son opinion, excepté quand il ose assurer que deux et deux font
quatre.

[4] Après avoir prétendu que Sanchoniathon 'vivait à peu près du temps de Moïse',
dont il ne parle pas (*La Philosophie de l'histoire*, 1765, ch.13, *OCV*, t.59, p.136),
Voltaire le considère, quelques années après, 'antérieur au temps où l'on place Moïse'
(*Dieu et les hommes*, 1769, *OCV*, t.69, p.314), voire 'incontestablement plus ancien
que Moïse' (*Le Pyrrhonisme de l'histoire*, 1769, ch.5, *M*, t.27, p.244). Sur Eusèbe de
Césarée et Sanchoniathon, voir *La Défense de mon oncle*, *OCV*, t.64, p.249.

[5] Dans l'article 'Idole, idolâtre, idolâtrie', rédigé en janvier 1757 pour l'*Encyclopédie*, Voltaire évoquait déjà la cosmogonie de Sanchoniathon et sa généalogie des
premiers hommes (*OCV*, t.33, p.195). L'article 'Genèse' du *DP* compare la
théogonie des Hébreux avec celle de Sanchoniathon (1765, *OCV*, t.36, p.143). Le
chapitre 13 ('Des Phéniciens, et de Sanchoniaton') de *La Philosophie de l'histoire*
(*OCV*, t.59, p.182, 136) et le chapitre 21 ('Seconde diatribe de l'abbé Bazin: De
Sanchoniaton') de *La Défense de mon oncle* discutent de l'authenticité et de la
datation des passages de Sanchoniathon rapportés par Eusèbe de Césarée dans sa
Préparation évangélique. Voir l'état de la controverse sur Sanchoniathon dans la
seconde moitié du dix-huitième siècle et la position de Voltaire dans le commentaire
de José-Michel Moureaux de son édition de *La Défense de mon oncle* (*OCV*, t.64,
p.218-54, 402-13).

ans avant lui. Or, Sanchoniaton écrivait probablement dans le siècle où l'on place l'aventure de Joseph en Egypte.

Nous mettons communément l'époque de la promotion du Juif Joseph au premier ministère d'Egypte, à l'an 2300 de la création. Si les livres de Thot furent écrits huit cents ans auparavant, ils furent donc écrits l'an 1500 de la création. Leur date était donc de cent cinquante-six ans avant le déluge. Ils auraient donc été gravés sur la pierre, et se seraient conservés dans l'inondation universelle.

Une autre difficulté, c'est que Sanchoniaton ne parle point du déluge, et qu'on n'a jamais cité aucun auteur égyptien qui en eût parlé. Mais ces difficultés s'évanouissent devant la Genèse inspirée par l'Esprit saint. [6]

Nous ne prétendons point nous enfoncer ici dans le chaos, que quatre-vingts auteurs ont voulu débrouiller, en inventant des chronologies différentes; [7] nous nous en tenons toujours à l'Ancien Testament. Nous demandons seulement, si du temps de Thot on écrivait en hiéroglyphes ou en caractères alphabétiques? [8]

Si on avait déjà quitté la pierre et la brique pour du vélin ou quelque autre matière?

Si Thot écrivit des annales, ou seulement une cosmogonie?

S'il y avait déjà quelques pyramides bâties du temps de Thot?

Si la Basse Egypte était déjà habitée?

Si on avait pratiqué des canaux pour recevoir les eaux du Nil?

55

60

65

70

---

60   w68: cité un auteur

[6] Sur le même sujet: 'L'auteur de la Genèse était inspiré, et Sanchoniaton ne l'était pas' (*La Défense de mon oncle*, *OCV*, t.64, p.251).

[7] Voir l'article 'Chronologies' des *QE* qui dénonce la vanité des systèmes. Mais Voltaire attribue un grand degré de certitude à la chronologie chinoise (article 'Histoire' de l'*Encyclopédie*, *OCV*, t.33, p.166), fort embarrassante pour les tenants de l'orthodoxie religieuse, car la querelle des chronologies fut vive au dix-huitième siècle.

[8] Sanchoniathon 'avoue en propres mots qu'il a tiré une partie de son histoire des écrits de Thot qui florissait huit cents ans avant lui. Cet aveu [...] prouve qu'il y avait donc déjà huit cents ans qu'on avait des livres écrits avec le secours de l'alphabet' (*La Défense de mon oncle*, *OCV*, t.64, p.249-50).

Si les Chaldéens avaient déjà enseigné les arts aux Egyptiens, et si les Chaldéens les avaient reçus des brahmanes? [9]   75

Il y a des gens qui ont résolu toutes ces questions. Sur quoi un homme d'esprit et de bon sens disait un jour d'un grave docteur, *Il faut que cet homme-là soit un grand ignorant, car il répond à tout ce qu'on lui demande.*

---

[9] Voltaire a déjà répondu à toutes ces questions. Il affirme que Thot écrivit une cosmogonie (*OCV*, t.64, p.249), que les premières pyramides ont au moins quatre mille ans d'antiquité (*OCV*, t.33, p.168), que l'Egypte a été habitée longtemps après les bords du Tigre et de l'Euphrate (*OCV*, t.59, p.158), que le peuple le plus ancien est toujours imité par ceux qui viennent après lui (*OCV*, t.59, p.135).

ANNATES

A cet article du Dictionnaire encyclopédique,[1] savamment traité, comme le sont tous les objets de jurisprudence dans ce grand et important ouvrage, on peut ajouter que l'époque de l'établissement des annates étant incertaine,[2] c'est une preuve que l'exaction des

* Selon le *Dictionnaire de Trévoux*, les annates désignent le 'Droit que l'on paie au pape sur tous les bénéfices consistoriaux, lorsqu'il donne les bulles, ou d'une abbaye, ou d'un évêché. C'est le revenu d'une année, qui a été taxé selon l'évaluation du revenu du bénéfice, faite au temps du Concordat'. La date de composition de cet article, que Voltaire présente comme un ajout à celui de Mallet paru dans l'*Encyclopédie*, demeure imprécise. S'il écrit, dans une lettre à Pierre-Michel Hennin du 17 octobre 1770 (D16707), que 'le pape nous vole des annates', il était déjà question des annates au moment où Voltaire s'employait à assurer la propagande de Catherine II dans ses opuscules hostiles aux confédérés polonais (voir sa lettre du 3 décembre 1768, D15349). Le 27 mars 1769, il déclare à Dupaty (D15538): 'Il viendra un temps où l'on ne dira plus les deux puissances [...]. Nous sommes au temps où l'on fouette les papes; mais en les fessant on leur paie encore des annates'. Voltaire suit les jalons historiques de l'article de l'*Encyclopédie*, mais il en précise les données à partir de différentes sources, en particulier l'*Histoire ecclésiastique* de Fleury (Paris, 1720-1738, BV1350) dont il ne retient que les éléments renforçant l'idée que le versement des annates est une usurpation qui a toujours été contestée au fil du temps. Voltaire défend ainsi une position gallicane que l'on retrouve dans les articles 'Droit canonique' et 'Puissance, les deux puissances' des *QE*. Le présent article paraît en novembre/décembre 1770 (70, t.1).
[1] Après avoir défini l'annate comme 'revenu d'un an, ou taxe sur le revenu de la première année d'un bénéfice vacant' (t.1, p.478), l'auteur de l'article 'Annate' de l'*Encyclopédie*, se fondant sur les écrits de Pierre de Marca, archevêque de Paris, retrace ce que l'on peut savoir de l'instauration de ce droit. Si la fin évoque la situation en Angleterre et en Allemagne, l'essentiel du développement aborde l'histoire, de Charles VI à Charles IX, de la résistance opposée par les Français à cette 'charge'.
[2] 'L'époque de son origine n'est pas bien certaine', écrit l'auteur de l'article 'Annate' de l'*Encyclopédie*, qui ajoute: 'Quelques-uns la rapportent à Boniface IX d'autres à Jean XXII et d'autres à Clément V' (t.1, p.478). Fleury signale les précédents de Clément V en 1306 et de Jean XXII en 1319, mais il déclare que 'ce fut Boniface IX qui le premier [en 1393] étendit l'annate même aux prélatures et pour toujours' (*Histoire ecclésiastique*, livre 99, section 27, t.20, p.499). Dans les *Annales*

annates n'est qu'une usurpation, une coutume tortionnaire.[3] Tout   5
ce qui n'est pas fondé sur une loi authentique est un abus. Tout abus
doit être réformé, à moins que la réforme ne soit plus dangereuse
que l'abus même. L'usurpation commence par se mettre peu à peu
en possession: l'équité, l'intérêt public jettent des cris, et réclament.
La politique vient, qui ajuste comme elle peut l'usurpation avec   10
l'équité. Et l'abus reste.

A l'exemple des papes, dans plusieurs diocèses, les évêques, les
chapitres, et les archidiacres établirent des annates sur les cures.
Cette exaction se nomme *droit de déport* en Normandie.[4] La
politique n'ayant aucun intérêt à maintenir ce pillage, il fut aboli   15
en plusieurs endroits; il subsiste en d'autres, tant le culte de l'argent
est le premier culte.

En 1409, au concile de Pise, le pape Alexandre V renonça
expressément aux annates;[5] Charles VII les condamna par un édit

14   70, 71N, 71A: *droit déport*
28   w68: cédant aux

---

de l'Empire, Voltaire avance que c'est Jean XXII qui 'inventa les annates, les
réserves, les expectatives' (*M*, t.13, p.398). Même affirmation dans l'*Histoire du
parlement de Paris* (ch.11, *OCV*, t.68, p.208). C'est ce qu'indique aussi le *Dictionnaire
de Trévoux*.

[3] A maintes reprises dans ses œuvres, Voltaire présente le paiement des annates
comme un abus. Voir, par exemple, l'*Histoire du parlement de Paris*: 'cet abus
qu'on nomme les *annates* subsiste encore aujourd'hui' (ch.11, *OCV*, t.68, p.206), et
Le Dîner du comte de Boulainvilliers: c'est 'un ridicule honteux et une simonie
évidente' (*OCV*, t.63A, p.394).

[4] Après avoir mentionné le décret du concile de Bâle (voir ci-dessous, n.7),
Fleury signale que 'les évêques en Normandie y dérogent encore aujourd'hui en
prenant le déport, c'est-à-dire, le revenu d'une année des cures vacantes, que les
curés qui succèdent, sont obligés de leur payer [...] il y a d'autres évêques en France
[...] qui ont embrassé ce déport, qui passe aujourd'hui pour un usage' (*Histoire
ecclésiastique*, livre 106, section 140, t.22, p.115).

[5] Voir Fleury, *Histoire ecclésiastique*: après son élection au concile de Pise, le pape
Alexandre V remet 'tous les arrérages dus à la chambre apostolique pour les annates'
(livre 100, section 33, t.20, p.601).

du mois d'avril 1418;[6] le concile de Bâle les déclara simoniaques;[7] 20
et la pragmatique sanction les abolit de nouveau.[8]

François Ier, suivant un traité particulier qu'il avait fait avec
Léon X, qui ne fut point inséré dans le concordat, permit au pape de
lever ce tribut,[9] qui lui produisit chaque année sous le règne de ce
prince, cent mille écus de ce temps-là, suivant le calcul qu'en fit 20
alors Jacques Capelle avocat général au parlement de Paris.[10]

[6] Selon Fleury, c'est Charles VI qui, à l'issue du concile de Constance, tout en
reconnaissant Martin comme 'pape légitime', 'laissa subsister dans toute sa force la
déclaration qu'il avait donnée au commencement d'avril [1418] pour rétablir l'Eglise
gallicane dans ses libertés, en supprimant les annates, les réserves, les subventions, et
autres semblables charges, qui étaient fort odieuses'. Il signale toutefois que cette
déclaration 'ne subsista pas longtemps [...] le duc de Bourgogne qui s'était rendu
maître de Paris, et de la personne du roi, [...] la fit révoquer avant la fin de l'année,
dans la vue de faire plaisir au pape et aux cardinaux qui lui étaient dévoués' (*Histoire
ecclésiastique*, livre 104, sections 148-49, t.21, p.507).

[7] Fleury rapporte le décret, intervenu à la vingt et unième session du concile de
Bâle (1435), qui défend 'de rien payer pour le droit de sceau, les annates et les déports
pour quelque bénéfice que ce fût': 'Que si quelqu'un contrevient à ce canon en
exigeant, donnant ou promettant, il encourra la peine portée contre les simoniaques'
(*Histoire ecclésiastique*, livre 106, sections 135-36, t.22, p.111-12). Même idée
exprimée dans l'*Essai sur les mœurs* (ch.86, t.1, p.795).

[8] Fleury rapporte que le dixième article, 'touchant les annates', de la pragmatique
faite le 7 juillet 1438 approuve la disposition de la vingt et unième session du concile
de Bâle (*Histoire ecclésiastique*, livre 107, section 104, t.22, p.206) – voir ci-dessus,
n.7. Sur la pragmatique sanction, voir l'*Essai sur les mœurs*: 'Les papes [...], malgré
cette pragmatique qui abolissait les annates et les autres exactions, les recevaient
presque toujours' (ch.128, t.2, p.270).

[9] Fleury écrit que François Ier eut 'la faiblesse' de céder aux pressions de la cour
de Rome: il 'laissa la conduite de toute cette affaire au chevalier du Prat, qui était
d'avis qu'on abolît la pragmatique sanction, et qu'on fît un concordat, par lequel le
pape remettrait au roi de France le droit de nommer aux bénéfices de France et du
Dauphiné, et le roi accorderait au pape les annates de ces grands bénéfices sur le pied
du revenu courant' (*Histoire ecclésiastique*, livre 124, sections 83-84, t.25, p.392). Le
concordat ne fait 'nulle mention' des 'articles de la pragmatique où il est parlé des
annates' (sections 126-27, p.429). Voir l'*Essai sur les mœurs*: 'le pape eut, par un
article secret, le revenu de la première année [...]. Le pape, immédiatement après la
signature du concordat se réserva les annates par une bulle' (ch.138, t.2, p.271).

[10] Jacques Capel avance 'la somme de deux à trois cents mille écus, pour le moins'
(*Mémoires dressés pour le roi très chrétien et l'Eglise gallicane*, dans Pierre Dupuy,

Les parlements, les universités, le clergé, la nation entière
réclamaient contre cette exaction;[11] et Henri II, cédant enfin aux
cris de son peuple, renouvela la loi de Charles VII par un édit du
3 septembre 1551.[12]

La défense de payer l'annate fut encore réitérée par Charles IX
aux états d'Orléans en 1560. '*Par avis de notre conseil, et suivant les
décrets des saints conciles; anciennes ordonnances de nos prédécesseurs
rois, et arrêts de nos cours de parlement; ordonnons que tous transport
d'or et d'argent hors de notre royaume, et paiement de deniers, sous
couleur d'*annates, *vacant et autrement, cesseront, à peine de quadruple
contre les contrevenants.*'[13]

30

35

---

34   K84, K12: *que tout transport*

Traité des droits et libertés de l'Eglise gallicane, 2 vol., s.l. [Paris], 1731, BV1178,
section 51, p.25). Dans son exemplaire, Voltaire a placé entre les pages 26 et 27 un
signet portant le mot 'annates' (*CN*, t.3, p.323).

[11] Dans l'*Essai sur les mœurs*, Voltaire fait état de la résistance opposée par
l'université et surtout par le parlement, et renvoie au chapitre 15 de l'*Histoire du
parlement de Paris*. 'Cependant', ajoute Voltaire, 'le parlement dans ses remontrances, l'université dans ses plaintes, semblaient oublier un service essentiel que
François Ier rendait à la nation en accordant les annates: elles avaient été payées
avant lui sur un pied exorbitant, ainsi qu'en Angleterre; il les modéra; elles ne
montent pas aujourd'hui à quatre cent mille francs, année canonique' (ch.138, t.2,
p.271).

[12] Fleury cite cette ordonnance, promulguée dans le contexte du concile de
Trente, qui stipule que 'notre Saint-Père le pape Jules [...] aurait [...] voulu
empêcher que l'Eglise gallicane ne s'y trouvât, afin que ledit concile ne se pût
célébrer, comme il doit l'être, principalement par la réformation des abus, fautes et
erreurs des ministres de l'Eglise' (*Histoire ecclésiastique*, livre 146, section 123, t.30,
p.153-54). Il fait aussi état de la trêve entre le pape et Henri II qui a lieu l'année
suivante (livre 148, section 50, p.369-70).

[13] A quelques petites variantes près, la citation est donnée par Fleury (*Histoire
ecclésiastique*, livre 155, section 12, t.31, p.551). Une note en marge précise que 'Ces
défenses furent levées par l'édit de Chartres du 10 janvier 1562'.

Cette loi promulguée dans l'assemblée générale de la nation, semblait devoir être irrévocable. Mais deux ans après, le même prince subjugué par la cour de Rome alors puissante, rétablit ce que la nation entière et lui-même avaient abrogé.   40

Henri IV qui ne craignait aucun danger, mais qui craignait Rome, confirma les annates par un édit du 22 janvier 1596. [14]

Trois célèbres jurisconsultes, Dumoulin, Lannoy et Duaren, ont fortement écrit contre les annates, qu'ils appellent *une véritable*   45 *simonie*. [15] Si à défaut de les payer, le pape refuse des bulles, Duaren conseille à l'Eglise gallicane, d'imiter celle d'Espagne, qui, dans le douzième concile de Tolède, chargea l'archevêque de cette ville, de donner, sur le refus du pape, des provisions aux prélats nommés par le roi. [16]   50

C'est une maxime des plus certaines du droit français, consacrée

---

50-51   71N: roi. Ou il n'y a plus de souverains sur la terre, et par conséquent plus de société civile, ou ils ont le droit de détruire de si énormes abus. ¶C'est

---

[14] L'*Histoire ecclésiastique* s'arrête en 1595, mais il est question des conditions mises par le pape à l'absolution de Henri IV, notamment l'observation fidèle du concordat fait avec le Saint-Siège 'tant pour la nomination des bénéfices que pour tout le reste' (livre 181, section 36, t.36, p.574).

[15] Charles Dumoulin (1500-1566), jurisconsulte suspect de luthéranisme, auteur notamment d'*Abus des petites dates, réservations, préventions, annates et autres usurpations et exactions de la cour de Rome contre les édits et ordonnances des rois de France* (Lyon, 1564). Jean de Launoy (1603-1678), docteur en Sorbonne, présenté par Bayle comme 'un des plus fermes appuis des privilèges de l'Eglise gallicane' (*Dictionnaire historique et critique*, t.3, p.63-64, article 'Launoy, Jean de'). François Duaren (mort en 1559), jurisconsulte puis maître des requêtes de la duchesse de Berry, également accusé de pencher pour la Réforme. L'auteur de l'article 'Annate' de l'*Encyclopédie* signale aussi que 'Le jurisconsulte Dumoulin et le docteur de Launoy, ont soutenu [...] que les *annates* étaient simoniaques' (t.1, p.478).

[16] Voir F. Duaren, *De Sacris Ecclesiae ministeriis ac beneficiis libri VIII* [...] *Item Pro libertate Ecclesiae Gallicae adversus Romanam aulam Defensio* (Paris, 1585): '*De annuo vectigali quod vulgo Annatam vocant, a novis antistitibus exigi solito, et explicata lex Julia de ambitu*' (livre 6, ch.3, p.132-34). La référence à cet ouvrage est également donnée dans l'article 'Annates' du *Dictionnaire de Trévoux*.

par l'article 14 de nos *libertés*, [17] (*a*) que l'évêque de Rome n'a aucun droit sur le temporel des bénéfices, et qu'il ne jouit des annates que par la permission du roi: [18] mais cette permission ne doit-elle pas avoir un terme? à quoi nous servent nos lumières si nous conservons toujours nos abus?   55

Le calcul des sommes qu'on a payées, et que l'on paie encore au pape, est effrayant. Le procureur général Jean de Saint Romain a remarqué que du temps de Pie II, vingt-deux évêchés ayant vaqué en France pendant trois années, il fallut porter à Rome cent vingt   60 mille écus; que soixante et une abbayes ayant aussi vaqué, on avait payé pareille somme à la cour de Rome; que vers le même temps on avait encore payé à cette cour, pour les provisions des prieurés, doyennés, et des autres dignités sans crosse, cent mille écus; que pour chaque curé il y avait eu au moins une grâce expectative [19] qui   65

(*a*) Voyez 'Libertés', mot très impropre pour signifier des droits naturels et imprescriptibles. [20]

[17] Il est question des libertés de l'Eglise gallicane que Richard Simon, dans l'*Histoire des matières ecclésiastiques*, 2 vol. (La Haye, 1690), définit ainsi: 'Bien que la France se soit soumise au droit nouveau, elle a néanmoins toujours retenu quelque chose du droit ancien; et lorsqu'elle a reconnu que les lois nouvelles étaient contraires au bien de l'Etat, elle a eu recours aux anciennes, et a prétendu se défendre par le droit commun. C'est ce qu'on a nommé privilèges ou libertés de l'Eglise gallicane, qui n'étaient en effet autre chose que l'ancien droit commun; mais qu'on a appelé privilèges ou libertés étant comparés avec le droit commun nouveau' (t.1, p.154-55).

[18] Voir *Le Cri des nations* (*M*, t.27, p.566).

[19] 'On appelait autrefois *grâce expectative*, les provisions que la cour de Rome donnait par avance du bénéfice d'un homme vivant' (*Dictionnaire de l'Académie*, 1762).

[20] Dans un ajout de 1768 au chapitre 35 du *Siècle de Louis XIV*, intitulé 'Des libertés de l'Eglise gallicane', Voltaire remarque que 'Ce mot de *libertés* suppose l'assujettissement [...]. Il fallait dire les droits, et non les libertés, de l'Eglise gallicane' (*OH*, p.1033). Voltaire ajoute qu'aucun des parlements 'ne perdit jamais une occasion de réprimer les prétentions de la cour de Rome' et que 'le roi approuva toujours cette vigilance, parce qu'en cela les droits essentiels de la nation étaient les droits du prince' (p.1034). Si les *QE* comportent un article 'Liberté' et un article 'Liberté de penser', on ne trouve pas d'article portant ce titre qui aborde les notions qu'évoque ici Voltaire.

était vendue vingt-cinq écus; outre une infinité de dispenses dont le calcul montait à deux millions d'écus.[21] Le procureur général de Saint Romain vivait du temps de Louis XI. Jugez à combien ces sommes monteraient aujourd'hui.[22] Jugez combien les autres Etats ont donné. Jugez si la république romaine, au temps de Lucullus, a plus tiré d'or et d'argent des nations vaincues par son épée, que les papes, les pères de ces mêmes nations, n'en ont tiré par leur plume.

Supposons que le procureur général Saint Romain se soit trompé de moitié, ce qui est bien difficile, ne reste-t-il pas encore une somme assez considérable pour qu'on soit en droit de compter avec la chambre apostolique,[23] et de lui demander une restitution, attendu que tant d'argent n'a rien d'apostolique?[24]

---

73   K84, K12: général de Saint

---

[21] Voir les *Remontrances faites au roi Louis XI de ce nom, par sa cour de parlement, sur les libertés de l'Eglise gallicane en l'an MCCCCLXI*, section 58, p.10, qui donnent des chiffres à peu près voisins.

[22] Ces questions suscitent de nombreux calculs dans l'œuvre de Voltaire: voir, par exemple, *Le Siècle de Louis XIV*, ch.35 (*OH*, p.1030), l'*Essai sur les mœurs*, ch.138 (t.2, p.271-72), et l'article 'Abbé, abbaye' des *QE*.

[23] 'Tribunal, juridiction qui connaît des revenus de l'état ecclésiastique, et qui en a l'administration' (*Dictionnaire de l'Académie*, 1762).

[24] Au sens de 'Qui vient des apôtres, qui procède des apôtres' (*Dictionnaire de l'Académie*, 1762).

ANNEAU DE SATURNE

Ce phénomène étonnant, mais pas plus étonnant que les autres,[1] ce corps solide et lumineux qui entoure la planète de Saturne, qui l'éclaire et qui en est éclairé, soit par la faible réflexion des rayons solaires, soit par quelque cause inconnue, était autrefois une mer, à ce que prétend un rêveur qui se disait philosophe. Cette mer, selon lui, s'est endurcie; elle est devenue terre ou rocher;[2] elle gravitait

5   K84, K12:   philosophe. [*avec note*: Maupertuis.] Cette

* L'édition de Kehl fait état d'une note de Voltaire, absente des éditions précédentes, qui identifie le 'rêveur': Maupertuis. Voltaire n'a pardonné ni les méfaits ni les folies de son ennemi, mort en 1759. Neuf ans plus tard, le 26 août 1768 (D15189), il les rappelle encore. Alors qu'il travaille au *Supplément de l'Encyclopédie* destiné à Panckoucke, il reproche à D'Alembert le 28 octobre 1769 d'avoir trop ménagé Maupertuis dans l'article 'Cosmologie' de l'*Encyclopédie* (D15976). Or D'Alembert est également l'auteur de l'entrée 'Anneau de Saturne' auquel il se réfère dans cet article, mais qui ne comporte pas de signe de lecture dans son exemplaire de l'*Encyclopédie*. Sa réplique a sans doute été écrite avant le 28 octobre 1769, Maupertuis étant alors présent à son esprit. L'article a paru en novembre/décembre 1770 (70, t.1).

[1] Voltaire prend le contre-pied des affirmations de D'Alembert: 'cet anneau si extraordinaire' ou 'nous ne voyons rien ou de semblable ou d'analogue à ce phénomène en parcourant tout ce que l'on a observé de plus merveilleux dans la nature' (*Encyclopédie*, t.1, p.480).

[2] Transcription caricaturale par Voltaire de l'explication de Maupertuis selon lequel les comètes 'traînent de longues queues qui sont des torrents immenses de vapeur que l'ardeur du soleil a fait élever de leur corps'. Passant auprès de quelque puissante planète, la pesanteur détermine ce torrent à tourner autour d'elle et il se forme 'un cours continu de matière, ou une espèce d'anneau autour de la planète' (*Discours sur les différentes figures des astres*, Paris, 1732, p.78). Maupertuis ajoutait que la pesanteur devait 'condenser' la matière. D'Alembert avait résumé cette hypothèse en remarquant que Maupertuis supposait que 'la matière de l'anneau était originairement fluide' (*Encyclopédie*, t.1, p.480).

jadis vers deux centres,[3] et ne gravite plus aujourd'hui que vers un seul.[4]

Comme vous y allez, mon rêveur! comme vous métamorphosez l'eau en rocher! Ovide n'était rien auprès de vous. Quel merveilleux pouvoir vous avez sur la nature! cette imagination ne dément pas vos autres idées.[5] O démangeaison de dire des choses nouvelles! ô fureur des systèmes! ô folies de l'esprit humain! si on a parlé dans le grand dictionnaire encyclopédique de cette rêverie, c'est sans doute pour en faire sentir l'énorme ridicule;[6] sans quoi les autres nations seraient en droit de dire, Voilà l'usage que font les Français des découvertes des autres peuples. Huyghens découvrit l'anneau de Saturne, il en calcula les apparences.[7] Hook[8]

---

[3] Selon Maupertuis, la planète exerce sur ce torrent une pesanteur réciproquement proportionnelle au carré de la distance et il existe à l'intérieur du torrent une seconde pesanteur résultant de la matière du torrent (*Discours sur les différentes figures des astres*, p.79). D'Alembert en avait donné un résumé correct.

[4] Plaisanterie de Voltaire. Maupertuis évoque une troisième force, centrifuge celle-ci, acquise par le mouvement de révolution et qui tend à aplatir l'anneau.

[5] Allusion aux hypothèses scientifiques aventureuses développées par Maupertuis dans ses *Lettres* (1752) que Voltaire avait ridiculisées dans sa *Diatribe du docteur Akakia* à laquelle il ajouta plusieurs pamphlets réunis dans l'*Histoire du docteur Akakia*. Voltaire a tracé la caricature d'un tyran académique, pétri d'orgueil et aux idées folles, en tirant les conséquences pratiques de vues spéculatives. L'Europe entière a ri de ces élucubrations: creuser un trou jusqu'au fond de la terre, disséquer des Patagons, accoupler un coq d'Inde et une mule, guérir une apoplexie à l'aide de la force centrifuge, enduire les malades de poix résine.

[6] Ironie de Voltaire, car telle n'était point l'intention de D'Alembert. Or Voltaire s'était fait jadis le thuriféraire de Maupertuis, lisant son *Discours* 'avec le plaisir d'une fille qui lit un roman, et la foi d'un dévot qui lit l'évangile' (20 novembre 1732, D538; voir aussi D534). Dans les *Eléments de la philosophie de Newton*, il a rendu hommage à cette 'belle idée' de Maupertuis expliquant la formation de l'anneau de Saturne en se fondant sur la physique newtonienne (*OCV*, t.15, p.689-712).

[7] Christian Huyghens (1629-1695), physicien et astronome hollandais, a mis au jour ses observations sur l'anneau de Saturne en 1659. Il ne l'a pas découvert, Galilée l'avait précédé, mais Voltaire lui attribue cette découverte (*Carnets*, *OCV*, t.81, p.177, 409, 548).

[8] Robert Hooke (1635-1703), astronome et mathématicien anglais (voir *OCV*, t.15, p.767-68) qui effectua de nombreuses observations sur Jupiter, les taches solaires, l'anneau de Saturne.

et Flamstead[9] les ont calculées comme lui. Un Français a découvert
que ce corps solide avait été un océan circulaire, et ce Français n'est   20
pas Cyrano de Bergerac.[10]

[9] John Flamsteed (1646-1719) – voir *OCV*, t.15, p.766. Voltaire cite son
'Catalogue des étoiles' (D1546, D1666; *Lettres philosophiques*, t.2, p.212; *OCV*,
t.15, p.266). L'ouvrage de Flamsteed, *Historia coelestis Britannica*, 3 tomes in-folio,
parut en 1725. Le 'Catalogue' est au tome 3.

[10] En renvoyant implicitement à *L'Autre Monde*, Voltaire s'efforce bien
évidemment de discréditer les hypothèses scientifiques de Maupertuis. La 'Séance
mémorable' de la *Diatribe du docteur Akakia* avait déjà envoyé jusqu'aux nues la
monade du président de l'Académie de Berlin à côté de Cyrano de Bergerac (*M*,
t.23, p.573). Les renvois à Cyrano sont destinés à fustiger les rêveurs fous (voir les
articles 'Fleuves', 'Péché originel', et 'Xénophanes' des *QE* et une 'note de M. de
Morza' dans *Les Cabales*, *OCV*, t.74B, p.189, n.*k*).

ANTIQUITÉ

Section première

Avez-vous quelquefois vu dans un village Pierre Aoudri et sa femme Peronelle, vouloir précéder leurs voisins à la procession? *Nos grands-pères*, disent-ils, *sonnaient les cloches avant que ceux qui nous coudoient aujourd'hui fussent seulement propriétaires d'une étable.* 5

La vanité de Pierre Aoudri, de sa femme et de ses voisins, n'en sait pas davantage. Les esprits s'échauffent. La querelle est importante; il s'agit de l'honneur. Il faut des preuves. Un savant qui chante au lutrin, découvre un vieux pot de fer rouillé, marqué d'un *A*, première lettre du nom du chaudronnier qui fit ce pot. 10 Pierre Aoudri se persuade que c'était un casque de ses ancêtres. Ainsi César descendait d'un héros et de la déesse Vénus. Telle est l'histoire des nations; telle est à peu de chose près la connaissance de la première antiquité.

Les savants d'Arménie *démontrent*, que le paradis terrestre était 15 chez eux. [1] De profonds Suédois *démontrent* qu'il était vers le lac

---

* L'article 'Antiquité' de l'*Encyclopédie* par l'abbé Edme-François Mallet fait la satire des 'erreurs chronologiques si ridicules' que commettent 'la plupart des nations [qui] se donnent plus d'ancienneté qu'elles ne sont en état d'en prouver' (t.1, p.516). Voltaire développe ce thème, puis enrichit son article de plusieurs sections sur les fêtes, où il réfute la théorie principale de Nicolas-Antoine Boulanger dans l'*Antiquité dévoilée par ses usages* (voir n.26), et sur l'origine des arts. L'article paraît en novembre/décembre 1770 (70, t.1).

[1] Voir l'article 'Genèse' du *DP* (*OCV*, t.36, p.142-73), ainsi que les articles 'Ararat' et 'Genèse' des *QE*. La question de la localisation du paradis terrestre a retenu l'attention d'érudits aussi considérables que Pierre-Daniel Huet et Augustin Calmet. Huet croit que 'le paradis terrestre était situé sur le canal que forment le Tigre et l'Euphrate joints ensemble' (*Traité de la situation du paradis terrestre*, Paris, 1691, p.18-19). Calmet localise le pays d'Eden dans 'une partie de la Mésopotamie, la Sophène, l'Adiabène et une partie de l'Arménie et de la Colchide', c'est-à-dire près des sources du Tigre et de l'Euphrate (*Commentaire littéral*, 1724-1726, t.1, p.22).

Vener,[2] qui en est visiblement un reste. Des Espagnols *démontrent* aussi qu'il était en Castille; tandis que les Japonais, les Chinois, les Tartares, les Indiens, les Africains, les Américains, sont assez malheureux pour ne savoir pas seulement qu'il y eut jadis un paradis terrestre à la source du Phison,[3] du Gehon,[4] du Tigre et de l'Euphrate,[5] ou bien à la source du Guadalquivir, de la Guadiana, du Duero et de l'Ebre;[6] car de Phison on fait aisément Phaetis; et de Phaetis on fait le Baetis, qui est le Guadalquivir. Le Gehon est visiblement la Guadiana, qui commence par un *G*. L'Ebre, qui est en Catalogne, est incontestablement l'Euphrate, dont un *E* est la lettre initiale.

Mais un Ecossais survient, qui *démontre* à son tour, que le jardin d'Eden était à Edimbourg, qui en a retenu le nom; et il est à croire que dans quelques siècles cette opinion fera fortune.

Tout le globe a été brûlé autrefois, dit un homme versé dans l'histoire ancienne et moderne;[7] car j'ai lu dans un

20

25

30

[2] Il s'agit du lac Vänern dans le sud-ouest de la Suède.

[3] Calmet affirme dans son *Commentaire littéral* que le Phison est le Phase, qui prend sa source dans les montagnes d'Arménie et se jette dans le Pont-Euxin. Voltaire lui fera écho dans l'article 'Bdellium' des *QE* et dans *La Bible enfin expliquée* (*M*, t.30, p.7, n.2).

[4] Tandis que d'autres y voient l'Indus ou le Haut-Nil, Calmet affirme que le Géhon est l'Araxe. Dans l'article 'Education' des *QE*, un étudiant en théologie doit passer 'six années à bien statuer s'il y a neuf chœurs d'anges, et quelle est la différence précise entre un trône et une domination; si le Phison dans le paradis terrestre était à droite ou à gauche du Géhon' (*M*, t.18, p.473).

[5] Sur le paradis terrestre et les quatre fleuves qui l'arrosent, voir aussi *Les Questions de Zapata* (*OCV*, t.62, p.384), les *Homélies prononcées à Londres* (*OCV*, t.62, p.463) et l'*Instruction du gardien des capucins de Raguse à frère Pédiculoso partant pour la Terre Sainte* (*M*, t.27, p.301).

[6] Quatre fleuves en Espagne: Voltaire reviendra sur le Guadalquivir dans l'article 'Fleuves' et dans l'*Essai sur les mœurs* (ch.44, t.1, p.478).

[7] Il est question dans cet alinéa et le suivant de l'article 'De la formation des planètes' dans l'*Histoire naturelle, générale et particulière* (Paris, 1749-1770, BV572; *CN*, t.1, p.559-612), au cours duquel Buffon affirme: 'La terre et les planètes au sortir du soleil étaient donc brûlantes et dans un état de liquéfaction totale; cet état de liquéfaction n'a duré qu'autant que la violence de la chaleur qui l'avait produit; peu à peu les planètes se sont refroidies, et c'est dans le temps de cet état de fluidité causée

journal,[8] qu'on a trouvé en Allemagne des charbons tout noirs, à cent pieds de profondeur, entre des montagnes couvertes de bois. Et on soupçonne même qu'il y avait des charbonniers en cet endroit.

L'aventure de Phaëton fait assez voir que tout a bouilli jusqu'au fond de la mer.[9] Le soufre du mont Vésuve prouve invinciblement que les bords du Rhin, du Danube, du Gange, du Nil et du grand fleuve Jaune, ne sont que du soufre, du nitre et de l'huile de gaïac, qui n'attendent que le moment de l'explosion, pour réduire la terre en cendres, comme elle l'a déjà été.[10] Le sable sur lequel nous marchons est une preuve évidente que l'univers a été vitrifié, et que notre globe n'est réellement qu'une boule de verre ainsi que nos idées.[11]

Mais si le feu a changé notre globe, l'eau a produit de plus belles révolutions.[12] Car vous voyez bien que la mer, dont les marées

35

40

45

---

par le feu qu'elles auront pris leur figure' (t.1, p.149-50). L'exemplaire que possédait Voltaire porte de nombreuses notes marginales, dont il s'est beaucoup servi dans les années 1767-1768, notamment pour *La Défense de mon oncle* et *Des singularités de la nature*.

[8] Voir Grimm, *Correspondance littéraire*, t.7, p.381-82.

[9] Phaëton réapparaît dans l'article 'Changements arrivés dans le globe' des *QE*; voir aussi les *Dialogues d'Evhémère* (*M*, t.30, p.520-21).

[10] Voltaire semble exagérer la thèse de Buffon, qui constate: 'Ces tremblements [causés par l'éruption du mont Vésuve] n'ont jamais ébranlé les Alpes, et ne se sont pas communiqués en France ou aux autres pays éloignés du Vésuve; ainsi les tremblements de terre produits par l'action des volcans sont bornés à un petit espace, c'est proprement l'effet de la réaction du feu, et ils ébranlent la terre, comme l'explosion d'un magasin à poudre produit une secousse et un tremblement sensible à plusieurs lieues de distance' (*Histoire naturelle*, t.1, p.527).

[11] Buffon distingue deux espèces de sable: 'L'une que je regarde comme la matière la plus abondante du globe, qui est vitrifiable, ou plutôt qui n'est qu'un composé de fragments de verre; l'autre, dont la quantité est beaucoup moindre, qui est calcinable, et qu'on doit regarder comme du débris ou de la poussière de pierre' (*Histoire naturelle*, t.1, p.326).

[12] Buffon explique la formation des montagnes, non pas par des phénomènes sismiques et volcaniques, mais par le mouvement de flux et de reflux des mers (*Histoire naturelle*, t.1, p.80-94). Voltaire ne cessera de combattre cette théorie, notamment dans *Saggio intorno ai cambiamenti avvenuti su'l globo della terra* (*OCV*,

montent jusqu'à huit pieds dans nos climats, (a) a produit les
montagnes qui ont seize à dix-sept mille pieds de hauteur. Cela est
si vrai, que des savants qui n'ont jamais été en Suisse, y ont trouvé   50
un gros vaisseau avec tous ses agrès pétrifiés sur le mont Saint-
Godart, (b) ou au fond d'un précipice, on ne sait pas bien où; mais il
est certain qu'il était là. [13] Donc originairement les hommes étaient
poissons, *quod erat demonstrandum*.

Pour descendre à une antiquité moins antique, parlons des   55
temps où la plupart des nations barbares quittèrent leurs pays pour
en aller chercher d'autres, qui ne valaient guère mieux. Il est vrai,
s'il est quelque chose de vrai dans l'histoire ancienne, qu'il y eut des
brigands gaulois qui allèrent piller Rome du temps de Camille.
D'autres brigands des Gaules avaient passé, dit-on, par l'Illyrie,   60
pour aller louer leurs services de meurtriers à d'autres meurtriers
vers la Thrace; ils échangèrent leur sang contre du pain, et

(a) Voyez les articles 'Mer' et 'Montagne'. [14]

(b) Voyez *Téliamed* et tous les systèmes forgés sur cette belle
découverte. [15]

---

t.30C, p.24-51), *La Philosophie de l'histoire* (*OCV*, t.59, p.90-91) et *La Défense de mon
oncle* (*OCV*, t.64, p.239). Voltaire réfute Buffon explicitement dans *Des singularités
de la nature* (*M*, t.27, p.141-42).

[13] La question du vaisseau retrouvé réapparaît dans le onzième des *Dialogues
d'Évhémère* (*M*, t.30, p.519), qui fait écho à l'avant-propos de l'*Essai sur les mœurs*:
'Dans combien de livres n'a-t-on pas dit qu'on a trouvé une ancre de vaisseau sur la
cime des montagnes de la Suisse? cela est pourtant aussi faux que tous les contes
qu'on trouve dans ces livres' (t.1, p.203). Voir aussi le *Saggio* (*OCV*, t.30C, p.25) et
Les Colimaçons du révérend père l'Escarbotier (*M*, t.27, p.221, 224).

[14] L'article 'Montagne' n'a pourtant aucun rapport avec ce dont il s'agit ici, et
l'article 'Mer' n'existe pas.

[15] Buffon avait emprunté sa théorie à l'ouvrage posthume de Benoît de Maillet,
*Telliamed ou entretiens d'un philosophe indien avec un missionnaire français sur la
diminution de la mer, la formation de la terre, l'origine de l'homme, etc.* (Amsterdam,
1748). Dans son exemplaire de l'*Histoire naturelle* de Buffon, Voltaire rejette l'idée
que les montagnes aient pu être formées par la mer: 'Ce système très ridicule de
Telliamed ne méritait pas d'être ramassé par un aussi beau génie que M. de Buffon'
(*CN*, t.1, p.561).

s'établirent ensuite en Galatie. Mais quels étaient ces Gaulois? était-ce des Bérichons et des Angevins? Ce furent sans doute des Gaulois que les Romains appelaient *Cisalpins*, et que nous nommons *Transalpins*,[16] des montagnards affamés, voisins des Alpes et de l'Apennin. Les Gaulois de la Seine et de la Marne ne savaient pas alors si Rome existait; et ne pouvaient s'aviser de passer le mont Cenis, comme fit depuis Annibal, pour aller voler les garde-robes des sénateurs romains, qui avaient alors pour tous meubles une robe d'un mauvais drap gris, ornée d'une bande couleur de sang de bœuf; deux petits pommeaux d'ivoire, ou plutôt d'os de chien, aux bras d'une chaise de bois; et dans leurs cuisines un morceau de lard rance.

Les Gaulois, qui mouraient de faim, ne trouvant pas de quoi manger à Rome, s'en allèrent donc chercher fortune plus loin, ainsi que les Romains en usèrent depuis, quand ils ravagèrent tant de pays l'un après l'autre; ainsi que firent ensuite les peuples du Nord, quand ils détruisirent l'empire romain.

Et par qui encore est-on très faiblement instruit de ces émigrations? C'est par quelques lignes que les Romains ont écrites au hasard; car pour les Celtes, Velches, ou Gaulois, ces hommes qu'on veut faire passer pour éloquents, ne savaient alors eux et leurs bardes (*c*) ni lire, ni écrire.

Mais inférer de là que les Gaulois ou Celtes, conquis depuis par quelques légions de César, et ensuite par une horde de Goths, et puis par une horde de Bourguignons, et enfin par une horde de Sicambres sous un Clodivic, avaient auparavant subjugué la terre entière, et donné leurs noms et leurs lois à l'Asie, cela me paraît bien fort; la chose n'est pas mathématiquement impossible; et si elle

65

70

75

80

85

90

(*c*) Bardes, bardi, *recitantes carmina bardi*; c'étaient les poètes, les philosophes des Velches.

[16] Les Romains nommaient le territoire au sud des Alpes la Gaule cisalpine et le territoire celte au nord et à l'ouest des Alpes (représenté aujourd'hui par la France et la Belgique, ainsi que par certaines parties de l'Allemagne, des Pays-Bas et de la Suisse) la Gaule transalpine.

est *démontrée*, je me rends: il serait fort incivil de refuser aux Velches ce qu'on accorde aux Tartares.[17]

Section seconde

De l'antiquité des usages

Qui étaient les plus fous et les plus anciennement fous, de nous ou des Egyptiens, ou des Syriens, ou des autres peuples? Que signifiait notre gui de chêne?[18] qui le premier a consacré un chat? c'est apparemment celui qui était le plus incommodé des souris. Quelle nation a dansé la première, sous des rameaux d'arbres, à l'honneur des dieux? Qui la première a fait des processions et mis des fous avec des grelots à la tête de ces processions? Qui promena un Priape par les rues, et en plaça aux portes en guise de marteaux?[19] Quel Arabe imagina de pendre le caleçon de sa femme à la fenêtre, le lendemain de ses noces?

Toutes les nations ont dansé autrefois à la nouvelle lune: s'étaient-elles donné le mot? Non, pas plus que pour se réjouir à la naissance de son fils, et de pleurer, ou faire semblant de pleurer à la mort de son père. Chaque homme est fort aise de revoir la lune après l'avoir perdue pendant quelques nuits. Il est cent usages qui sont si naturels à tous les hommes, qu'on ne peut dire que ce sont

95

100

105

105   71A: et pleurer, ou
         K84, K12: et pour pleurer, ou

[17] Dans l'article 'Celtes' des *QE*, Voltaire se moque à nouveau de ceux qui prétendent avoir trouvé l'origine des Celtes et tracent leurs conquêtes dans toute l'Europe.

[18] Voir l'article 31 des *Fragments historiques sur l'Inde* (*M*, t.29, p.194).

[19] Sur la procession du phallus en Egypte, voir avant tout l'article 'D'Ezéchiel' du *DP*. Voltaire y fait remarquer également: 'Défaisons-nous de tous nos préjugés quand nous lisons d'anciens auteurs, ou que nous voyageons chez des nations éloignées. La nature est la même partout, et les usages partout différents' (*OCV*, t.36, p.95-96).

les Basques qui les ont enseignés aux Phrygiens, ni les Phrygiens aux Basques.

On s'est servi de l'eau et du feu dans les temples; cette coutume s'introduit d'elle-même. Un prêtre ne veut pas toujours avoir les mains sales. Il faut du feu pour cuire les viandes immolées, et pour brûler quelques brins de bois résineux, quelques aromates qui combattent l'odeur de la boucherie sacerdotale.

Mais les cérémonies mystérieuses dont il est si difficile d'avoir l'intelligence, les usages que la nature n'enseigne point, en quel lieu, quand, où, pourquoi les a-t-on inventés? qui les a communiqués aux autres peuples? Il n'est pas vraisemblable qu'il soit tombé en même temps dans la tête d'un Arabe et d'un Egyptien, de couper à son fils un bout de prépuce;[20] ni qu'un Chinois et un Persan, aient imaginé à la fois de châtrer des petits garçons.

Deux pères n'auront pas eu en même temps, dans différentes contrées, l'idée d'égorger leur fils pour plaire à Dieu.[21] Il faut certainement que des nations aient communiqué à d'autres leurs folies sérieuses ou ridicules, ou barbares.

C'est dans cette antiquité qu'on aime à fouiller, pour découvrir, si on peut, le premier insensé et le premier scélérat qui ont perverti le genre humain.

[20] Cette défamiliarisation comique de la circoncision rappelle l'article qu'y consacre Voltaire dans le *DP* (*OCV*, t.35, p.600-13), ainsi que le néologisme 'déprépucer' que Voltaire introduit dans le huitième chant de *La Pucelle* (*OCV*, t.7, p.404); voir aussi l'article 'Juif' des *QE*, où Voltaire note: 'Je sais que l'instrument ou prépuce, ou déprépucé, a causé des querelles bien funestes'. Voltaire a toujours dénié aux Hébreux l'invention de cette pratique d'origine mal connue et affirme dans *La Philosophie de l'histoire* que les juifs 'avaient pris la circoncision des Egyptiens avec une partie de leurs cérémonies' (*OCV*, t.59, p.169); voir aussi *La Défense de mon oncle* (*OCV*, t.64, p.262).

[21] Allusion à Abraham et Isaac (Genèse, chapitre 22) et à Hillu et Jéhud (voir les lignes 130-31). Voir à ce propos la note dans l'article 'Genèse' de *La Bible enfin expliquée*: 'On a cherché si dans le temps où l'on place Abraham les hommes étaient déjà dans l'usage de sacrifier des enfants à leurs dieux. Sanchoniathon nous apprend qu'Illéus avait déjà immolé son fils Jéhud longtemps auparavant. Mais depuis, l'histoire est remplie du récit de ces horribles sacrifices' (*M*, t.30, p.34); voir aussi le *Traité sur la tolérance* (*OCV*, t.56c, p.202, n.m).

Mais comment savoir si Jéhud en Phénicie, fut l'inventeur des   130
sacrifices de sang humain en immolant son fils?

Comment s'assurer que Lycaon mangea le premier de la chair
humaine,[22] quand on ne sait pas qui s'avisa le premier de manger
des poules?

On recherche l'origine des anciennes fêtes. La plus antique et   135
la plus belle est celle des empereurs de la Chine, qui labourent et
qui sèment avec les premiers mandarins.[23] (Voyez 'Agriculture'.)
La seconde est celle des Thesmophories d'Athènes.[24] Célébrer à
la fois l'agriculture et la justice; montrer aux hommes combien
l'une et l'autre sont nécessaires; joindre le frein des lois à l'art qui   140
est la source de toutes les richesses, rien n'est plus sage, plus pieux
et plus utile.

Il y a de vieilles fêtes allégoriques qu'on retrouve partout,
comme celles du renouvellement des saisons. Il n'est pas nécessaire
qu'une nation soit venue de loin enseigner à une autre, qu'on peut   145
donner des marques de joie et d'amitié à ses voisins le jour de l'an.
Cette coutume était celle de tous les peuples. Les saturnales des
Romains sont plus connues que celles des Allobroges et des Pictes,
parce qu'il nous est resté beaucoup d'écrits et de monuments

[22] Voir l'article 'Anthropophages' des *QE*, ainsi que *La Philosophie de l'histoire*
(*OCV*, t.59, p.212). Il est question de Lycaon (ainsi que de Hillu et Jéhud) dans
l'ouvrage de Banier, *La Mythologie et les fables expliquées par l'histoire*, t.1, p.240;
voir aussi Ovide, *Métamorphoses*, livre 1, vers 165-243.

[23] Voir Jean-Baptiste Du Halde, *Description géographique, historique, chronologique, politique et physique de l'empire de la Chine et de la Tartarie chinoise* (Paris,
1735, BV1132; *CN*, t.3, p.256-90), t.2, p.70. Cet ouvrage est l'une des sources
principales de Voltaire sur la Chine, comme le démontre Basil Guy, *The French
image of China before and after Voltaire*, *SVEC* 21 (1963), p.214-85, 356. Il est aussi
question de cette cérémonie du labourage dans *La Philosophie de l'histoire*, ch.18
(*OCV*, t.59, p.152-58).

[24] Les Thesmophories étaient des fêtes en l'honneur de Déméter, déesse de la
fertilité de la terre, qui se déroulaient au mois d'octobre. Elles étaient réservées aux
femmes mariées de bonne naissance qui se réunissaient sur la colline du Pnyx. Le
premier jour (*Anodos*), on transportait sur les autels les objets consacrés l'année
précédente, le second jour (*Nesteia*) était jour de jeûne, et le troisième jour
(*Kalligeneia*) se déroulait un grand banquet rituel.

romains; et que nous n'en avons aucun des autres peuples de l'Europe occidentale.

La fête de Saturne était celle du temps; il avait quatre ailes: le temps va vite. Ses deux visages figuraient évidemment l'année finie et l'année commencée. Les Grecs disaient, qu'il avait dévoré son père, et qu'il dévorait ses enfants; il n'y a point d'allégorie plus sensible; le temps dévore le passé et le présent, et dévorera l'avenir.

Pourquoi chercher de vaines et tristes explications d'une fête si universelle, si gaie, et si connue! A bien examiner l'antiquité, je ne vois pas une fête annuelle triste; ou du moins, si elles commencent par des lamentations, elles finissent par danser, rire et boire. Si on pleure Adoni, ou Adonaï, que nous nommons Adonis, il ressuscite bientôt, et on se réjouit. Il en est de même aux fêtes d'Isis, d'Osiris et d'Horus. Les Grecs en font autant pour Cérès et pour Proserpine. On célébrait avec gaieté la mort du serpent Python. Jour de fête et jour de joie était la même chose. Cette joie n'était que trop emportée aux fêtes de Bacchus.

Je ne vois pas une seule commémoration générale d'un événement malheureux. Les instituteurs des fêtes n'auraient pas eu le sens commun, s'ils avaient établi dans Athènes la célébration de la bataille perdue à Cheronée; et à Rome, celle de la bataille de Cannes.

On perpétuait le souvenir de ce qui pouvait encourager les hommes, et non de ce qui pouvait leur inspirer la lâcheté du désespoir. Cela est si vrai, qu'on imaginait des fables, pour avoir le plaisir d'instituer des fêtes. Castor et Pollux n'avaient pas combattu pour les Romains auprès du lac Regile; mais des prêtres le disaient au bout de trois ou quatre cents ans, et tout le peuple dansait. Hercule n'avait point délivré la Grèce d'une hydre à sept têtes, mais on chantait Hercule et son hydre.

Section troisième

Fêtes instituées sur des chimères

Je ne sais s'il y eut dans toute l'antiquité une seule fête fondée sur un fait avéré. [25] On a remarqué ailleurs à quel point sont ridicules les scholiastes qui vous disent magistralement, Voilà une ancienne hymne à l'honneur d'Apollon qui visita Claros; donc Apollon est venu à Claros. On a bâti une chapelle à Persée, donc il a délivré Andromède. Pauvres gens! dites plutôt, Donc il n'y a point eu d'Andromède.

Eh! que deviendra donc la savante antiquité qui a précédé les olympiades? Elle deviendra ce qu'elle est, un temps inconnu, un temps perdu, un temps d'allégories et de mensonges, un temps méprisé par les sages, et profondément discuté par les sots qui se plaisent à nager dans *le vide* comme les atomes d'Epicure.

Il y avait partout des jours de pénitence, des jours d'expiation dans les temples. Mais ces jours ne s'appelèrent jamais d'un mot qui répondît à celui de fêtes. Toute fête était consacrée au divertissement; et cela est si vrai, que les prêtres égyptiens jeûnaient la veille pour manger mieux le lendemain. Coutume que nos moines ont conservée. Il y eut sans doute des cérémonies lugubres; on ne dansait pas le *branle* des Grecs en enterrant, ou en portant au bûcher son fils et sa fille; c'était une cérémonie publique, mais certainement ce n'était pas une fête.

Section quatrième

De l'antiquité des fêtes qu'on prétend avoir toutes été lugubres

Des gens ingénieux et profonds, des creuseurs d'antiquités, qui sauraient comment la terre était faite il y a cent mille ans, si le génie

[25] Voltaire s'élève contre l'evhémérisme de ceux qui, comme l'abbé Banier, croient que les anciens mythes ne sont que des transformations de faits réels, et les dieux de l'antiquité, des humains déifiés. Voir, à ce propos, *La Philosophie de l'histoire*, ch.24 (*OCV*, t.59, p.171-75), ainsi que l'article 'Histoire' des *QE*.

pouvait le savoir, ont prétendu que les hommes réduits à un très petit nombre dans notre continent et dans l'autre, encore effrayés des révolutions innombrables que ce triste globe avait essuyées, perpétuèrent le souvenir de leurs malheurs par des commémorations funestes et lugubres.[26] *Toute fête*, disent-ils, *fut un jour d'horreur, institué pour faire souvenir les hommes que leurs pères avaient été détruits par les feux échappés des volcans, par des rochers tombés des montagnes, par l'irruption des mers, par les dents et les griffes des bêtes sauvages, par la famine, la peste et les guerres.*

Nous ne sommes donc pas faits comme les hommes l'étaient alors. On ne s'est jamais tant réjoui à Londres qu'après la peste et l'incendie de la ville entière sous Charles II. Nous fîmes des chansons lorsque les massacres de la Saint-Barthélemi duraient encore. On a conservé des pasquinades faites le lendemain de l'assassinat de Coligni; on imprima dans Paris, *Passio domini nostri Gaspardi Colignii secundum Bartholomaeum.*[27]

Il est arrivé mille fois, que le sultan qui règne à Constantinople, a fait danser ses châtrés et ses odalisques dans des salons teints du sang de ses frères et de ses vizirs.

215-16   71N: fîmes de jolies chansons

[26] Il s'agit ici d'un résumé tendancieux de la théorie principale de Nicolas-Antoine Boulanger qui, dans son *Antiquité dévoilée par ses usages* (Amsterdam, 1766), publiée par d'Holbach après le décès de l'auteur, trouve dans le souvenir de déluges universels la source des premiers sentiments religieux des hommes et des premières fêtes. Après le décès de Boulanger en 1759, Voltaire lui attribue une addition importante à l'article 'Baptême' dans le *DP*, ainsi que deux articles entiers, 'Julien le philosophe' et 'Péché originel'. Dans une lettre du 16 octobre 1765, Voltaire exhorte D'Alembert à composer avec quelques 'frères' un ouvrage qui ébranlerait l'Infâme et éclairerait le monde: 'On mettra le nom de feu M. Boulanger à la tête de l'ouvrage' (D12937). Sur Boulanger, voir J. Hampton, *N.-A. Boulanger et la science de son temps* (Genève, 1955) et P. Sadrin, *Nicolas-Antoine Boulanger (1722-1759), ou avant nous le déluge, SVEC* 240 (1986).

[27] Voltaire fait allusion à ce texte dans *La Henriade*, chant 2, note (*OCV*, t.2, p.278). Pierre de L'Estoile en parle, lui aussi, dans son *Journal des choses mémorables advenues durant le règne de Henri III, roi de France et de Pologne* (Cologne, 1720), t.1, p.23, dont Voltaire possédait un exemplaire de l'édition de 1744, publiée à La Haye (BV2063; *CN*, t.5, p.314-16).

Que fait-on dans Paris le jour qu'on apprend la perte d'une
bataille et la mort de cent braves officiers? on court à l'opéra et à la
comédie.   225

Que faisait-on quand la maréchale d'Ancre était immolée dans
la Grève à la barbarie de ses persécuteurs,[28] quand le maréchal de
Marillac était traîné au supplice dans une charrette en vertu d'un
papier, signé par des valets en robe dans l'antichambre du cardinal
de Richelieu;[29] quand un lieutenant-général des armées, un   230
étranger qui avait versé son sang pour l'Etat, condamné par les
cris de ses ennemis acharnés, allait sur l'échafaud dans un
tombereau d'ordures avec un bâillon à la bouche;[30] quand un
jeune homme de dix-neuf ans, plein de candeur, de courage et de
modestie, mais très imprudent, était conduit aux plus affreux des   235
supplices?[31] On chantait des vaudevilles.

Tel est l'homme, ou du moins l'homme des bords de la Seine.
Tel il fut dans tous les temps, par la seule raison que les lapins ont
toujours eu du poil, et les alouettes des plumes.

235   K84, K12: conduit au plus

[28] La maréchale d'Ancre, femme de Concini, fut accusée de sorcellerie et
exécutée à Paris en 1617. Selon *La Philosophie de l'histoire*, elle 'fût brûlée à Paris
pour avoir tué un coq blanc dans la pleine lune' (ch.35, *OCV*, t.59, p.209).

[29] Louis de Marillac fut exécuté le 10 mai 1632. Voir aussi l'*Essai sur les mœurs*,
ch.176, et le *Précis du siècle de Louis XV*, ch.42, où il est question également de la
maréchale d'Ancre (*OH*, p.1557, 1563). Dans l'article 'Lois' des *QE*, on lit: 'j'ai dit et
je redis que la mort de la maréchale d'Ancre et du maréchal de Marillac sont la honte
éternelle des lâches barbares qui les condamnèrent' (w75G*, t.29, p.407).

[30] Il s'agit de Thomas Arthur, comte de Lally, baron de Tollendal (1702-1766), à
propos de qui Voltaire écrit une lettre à Gabriel-Henri Gaillard, le 23 janvier 1769
(D15445). Voir aussi le *Précis du siècle de Louis XV*, ch.34, et l'*Histoire du parlement
de Paris*, ch.69.

[31] Allusion au chevalier de La Barre qui en 1766, âgé de dix-neuf ans, fut la
dernière personne en France à être condamné à la peine de mort sur accusation de
blasphème. Les interventions de Voltaire dans cette affaire sont bien connues,
principalement la *Relation de la mort du chevalier de La Barre* et *Le Cri du sang
innocent*. Voltaire parle de ces quatre victimes judiciaires dans une lettre du
28 octobre 1770 (D16873) à Louis Philipon de La Madelaine, auteur du *Discours
sur la nécessité et les moyens de supprimer les peines capitales* (s.l., 1770, BV2713).

411

Section cinquième
De l'origine des arts

Quoi! nous voudrions savoir quelle était précisément la théologie de
Thot, de Zerdust, de Sanchoniaton, des premiers brahmanes:[32] et
nous ignorons qui a inventé la navette! le premier tisserand, le
premier maçon, le premier forgeron, ont été sans doute des grands
génies; mais on n'en a tenu aucun compte. Pourquoi? c'est qu'aucun
d'eux n'inventa un art perfectionné. Celui qui creusa un chêne pour
traverser un fleuve, ne fit point de galères: ceux qui arrangèrent des
pierres brutes avec des traverses de bois, n'imaginèrent point les
pyramides: tout se fait par degrés, et la gloire n'est à personne.

Tout se fit à tâtons jusqu'à ce que des philosophes, à l'aide de la
géométrie, apprirent aux hommes à procéder avec justesse et sûreté.

Il fallut que Pythagore, au retour de ses voyages, montrât aux
ouvriers la manière de faire une équerre, qui fût parfaitement
juste. (d) Il prit trois règles, une de trois pieds, une de quatre, une
de cinq, et il en fit un triangle rectangle. De plus, il se trouvait que le
côté 5 fournissait un carré qui était juste le double des carrés

240

243

251

251

(d) Voyez Vitruve, livre 9.[33]

243   K84, K12: doute de grands

[32] Sur l'ancienneté relative de Moïse, de Sanchoniaton, de Thot, du premier
Zoroastre, voir *La Défense de mon oncle* (*OCV*, t.64, p.213, 249-50, 402-403),
l'article 'Job' du *DP* (*OCV*, t.36, p.250) et les articles 'Annales' et 'Hermès, ou
Ermès, ou Mercure Trismégiste, ou Thaut, ou Taut, ou Thot' des *QE*.

[33] Les lignes 240-61 sont en effet tirées de la préface au neuvième livre du *De
architectura* de Vitruve, le premier et le plus célèbre texte dans l'histoire de
l'architecture occidentale. Sur Vitruve, voir *La Philosophie de l'histoire* (*OCV*,
t.59, p.125), ainsi que l'*Essai sur la poésie épique* (*OCV*, t.3B, p.400) et la lettre que
Voltaire écrit à Fyot de La Marche, le 18 janvier 1761 (D9558). Voltaire possédait un
exemplaire des *Dix Livres d'architecture de Vitruve*, trad. Charles Perrault (Paris,
1684, BV3455), traduction à laquelle Voltaire fait allusion dans le *Mémoire du sieur
de Voltaire* (*OCV*, t.20A, p.100). Voir aussi l'article 'Art poétique' des *QE*, où
Voltaire appelle Perrault ce 'savant traducteur de Vitruve'.

412

produits par les côtés 4 et 3; méthode importante pour tous les ouvrages réguliers. (*e*) C'est ce fameux théorème qu'il avait rapporté de l'Inde, et que nous avons dit ailleurs avoir été connu longtemps auparavant à la Chine, suivant le rapport de l'empereur Cam-hi.[34] Il y avait longtemps qu'avant Platon les Grecs avaient su doubler le carré par cette seule figure géométrique.

260

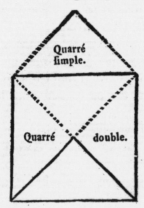

Archytas et Eratosthènes inventèrent une méthode pour doubler un cube, ce qui était impraticable à la géométrie ordinaire, et ce qui aurait honoré Archimède.[35]

(*e*) *Histoire générale de l'esprit et des mœurs des nations.* Tome 1.[36]

n.*e* K84, K12: *Essai sur les mœurs*, etc., tome 1.

[34] Sur Cam-Hi, voir aussi *Le Siècle de Louis XIV*, ch.39 (*OH*, p.1101-1109) et l'*Essai sur les mœurs*, ch.195 (t.2, p.785-93).

[35] L'un des principaux problèmes mathématiques en Grèce antique était la question du doublement d'un cube. Archytas de Tarentum était mathématicien, homme politique et philosophe, qui vivait au temps de Platon dans la première moitié du quatrième siècle av. J.-C., et c'est lui qui résolut le premier le problème de doubler un cube. Voir K. Saito, 'Doubling the cube: a new interpretation of its significance for early Greek geometry', *Historia Mathematica* 22/2 (1995), p.119-37.

[36] Au premier chapitre de l'*Essai sur les mœurs*, Voltaire rapporte ce que dit là-dessus l'abbé Parennin dans une lettre à Dortous de Mairan, reproduite dans les *Lettres édifiantes et curieuses* (Paris, 1734), t.30, p.109.

Cet Archimède trouva la manière de supputer au juste combien on avait mêlé d'alliage à de l'or; et on travaillait en or depuis des siècles avant qu'on pût découvrir la fraude des ouvriers. La friponnerie exista longtemps avant les mathématiques. Les pyramides construites d'équerre, et correspondant juste aux quatre points cardinaux, font voir assez que la géométrie était connue en Egypte de temps immémorial; et cependant il est prouvé que l'Egypte était un pays tout nouveau.

Sans la philosophie, nous ne serions guère au-dessus des animaux qui se creusent des habitations, qui en élèvent, qui s'y préparent leur nourriture, qui prennent soin de leurs petits dans leurs demeures, et qui ont par-dessus nous le bonheur de naître vêtus.

Vitruve qui avait voyagé en Gaule et en Espagne, dit[37] qu'encore de son temps les maisons étaient bâties d'une espèce de torchis, couvertes de chaume ou de bardeau de chêne; et que les peuples n'avaient pas l'usage des tuiles. Quel était le temps de Vitruve? Celui d'Auguste. Les arts avaient pénétré à peine chez les Espagnols qui avaient des mines d'or et d'argent, et chez les Gaulois qui avaient combattu dix ans contre César.

Le même Vitruve nous apprend que dans l'opulente et ingénieuse Marseille, qui commerçait avec tant de nations, les toits n'étaient que de terre grasse pétrie avec de la paille.

Il nous instruit que les Phrygiens se creusaient des habitations dans la terre. Ils fichaient des perches autour de la fosse, et les assemblaient en pointes; puis ils élevaient de la terre tout autour. Les Hurons et les Algonquins sont mieux logés. Cela ne donne pas une grande idée de cette Troye bâtie par les dieux, et du magnifique palais de Priam.

265

270

275

280

285

290

274   K84, K12: élèvent, et qui

[37] Aux lignes 278-93, Voltaire suit le *De architectura* de Vitruve, livre 2, ch.1, paragraphes 4-5.

414

Apparet domus intus, atque atria longa patescunt
Apparent Priami et veterum penetralia regum. [38]   295

Mais aussi le peuple n'est pas logé comme les rois: on voit des huttes près du Vatican et de Versailles.

De plus, l'industrie tombe et se relève chez les peuples par mille révolutions,

Et campos ubi Troja fuit. [39]   300

Nous avons nos arts; l'antiquité eut les siens. Nous ne saurions faire aujourd'hui une trirème; mais nous construisons des vaisseaux de cent pièces de canon.

Nous ne pouvons élever des obélisques de cent pieds de haut d'une seule pièce; mais nos méridiennes sont plus justes.   305

Le byssus nous est inconnu; [40] les étoffes de Lyon valent bien le byssus.

Le Capitole était admirable; l'église de Saint-Pierre est beaucoup plus grande et plus belle.

Le Louvre est un chef-d'œuvre en comparaison du palais de   310
Persépolis, dont la situation et les ruines n'attestent qu'un vaste monument d'une riche barbarie.

La musique de Rameau vaut probablement celle de Timothée; [41] et il n'est point de tableau présenté dans Paris au salon d'Apollon,

[38] Virgile, *Enéide*, livre 2, vers 483-84 ('A l'intérieur, la maison apparaît et se découvre la longue suite des cours; les appartements de Priam et de nos vieux rois apparaissent', *Enéide*, trad. Jacques Perret, Paris, 1981, t.1, p.56-57).

[39] Virgile, *Enéide*, livre 3, vers 11 ('Je quitte [...] les plaines où fut Troie', trad. Perret, t.1, p.75).

[40] Sur ce tissu extrêmement fin, voir l'article 'Bysse' dans l'*Encyclopédie*, écrit par Jaucourt, qui y accumule les théories diverses des nombreux commentateurs afin de prouver leur ignorance fondamentale sur cette étoffe précieuse des anciens, terminant ainsi son article: 'Si je connaissais quelque ouvrage, quelque traité particulier sur le *byssus* des anciens, j'y renverrais les curieux' (t.2, p.472).

[41] Poète-musicien de Millet, du temps de Philippe de Macédoine (446-357 av. J.-C.), qui excellait dans la poésie lyrique et dithyrambique; on lui doit le perfectionnement de la cithare.

qui ne l'emporte sur les peintures qu'on a déterrées dans 31
Herculaneum. [42] (Voyez 'Anciens et Modernes'.)

---

[42] Les fouilles ont commencé en 1738, mais ce n'est qu'à partir de 1747 que le
public s'y intéresse et que les artistes réagissent. Certains mettent en doute le
caractère exceptionnel des découvertes. Falconet s'en fait l'écho dans une lettre à
Diderot en 1766 (Diderot, *Œuvres complètes*, t.15, Paris, 1986, p.106). Le jugement
sévère de Voltaire est donc partagé de son temps.

ANTITRINITAIRES

Ce sont des hérétiques qui pourraient ne pas passer pour chrétiens.
Cependant ils reconnaissent Jésus comme sauveur et médiateur;[1]
mais ils osent soutenir[2] que rien n'est plus contraire à la droite
raison, que ce qu'on enseigne parmi les chrétiens touchant la *trinité*
des personnes dans une seule essence divine, dont la seconde est   5
engendrée par la première, et la troisième procède des deux autres.

Que cette doctrine inintelligible ne se trouve dans aucun endroit
de l'Ecriture.

Qu'on ne peut produire aucun passage qui l'autorise, et auquel
on ne puisse, sans s'écarter en aucune façon de l'esprit du texte,   10

---

3   w68: soutenir qu'il est contraire
4   w68: ce que l'on enseigne

---

* La présence de cet article dans les *QE* trahit une obsession de Voltaire à l'égard
de ces 'hérétiques' dont il exposait les points de vue dès les *Lettres philosophiques* (t.1,
p.78-81). C'est une reprise de l'article 'Antitrinitaires' du *DP*, lequel était lui-même
tiré du long article 'Unitaires' de l'*Encyclopédie* par Naigeon. Il était alors destiné à
accréditer la thèse de l'ouvrage collectif développée dans la préface de l'édition du
DP publiée par Grasset à Genève en 1765 (sigle 65v) – voir *OCV*, t.35, p.282. Son
statut dans ce nouvel ouvrage peut étonner, car on ne peut pas dire que Voltaire pose
des questions à l'*Encyclopédie*, ni qu'il complète de façon significative l'un de ses
articles, comme le promettait l'Introduction' aux *QE*. L'article du *DP* est
réemployé dans les *QE* avec une amplification du début, et l'ajout d'une phrase
finale et d'un renvoi à l'article 'Trinité'. Le présent article paraît pour la première
fois en 1774 (w68, t.22).

[1] La rédaction nouvelle de la première phrase et du début de la seconde va dans le
sens d'un appel à réviser les jugements que les orthodoxes portent sur les
antitrinitaires alors qu'ils reconnaissent le Christ comme sauveur et médiateur.
Ceux-ci se revendiquent comme représentants du christianisme primitif, l'*Essai sur
les mœurs* le rappelle (t.2, p.688 et 743). D'où l'argumentation de Voltaire: ils sont
hérétiques puisqu'ils soutiennent une doctrine condamnée par l'Eglise catholique,
mais ils demeurent chrétiens.

[2] Lignes 3-89: reprise de l'article 'Antitrinitaires' du *DP*. Pour l'annotation de ce
texte, voir *OCV*, t.35, p.351-57.

417

donner un sens plus clair, plus naturel, plus conforme aux notions communes et aux vérités primitives et immuables.

Que soutenir, comme font leurs adversaires, qu'il y a plusieurs *personnes* distinctes dans l'essence divine, et que ce n'est pas l'Eternel qui est le seul vrai Dieu, mais qu'il y faut joindre le Fils et le Saint-Esprit, c'est introduire dans l'Eglise de Jésus-Christ, l'erreur la plus grossière et la plus dangereuse; puisque c'est favoriser ouvertement le polythéisme.

Qu'il implique contradiction de dire qu'il n'y a qu'un Dieu et que néanmoins il y a trois *personnes*, chacune desquelles est véritablement Dieu.

Que cette distinction, un en essence et trois en personnes, n'a jamais été dans l'Ecriture.

Qu'elle est manifestement fausse, puisqu'il est certain qu'il n'y a pas moins d'*essences* que de *personnes*, et de *personnes* que d'*essences*.

Que les trois *personnes* de la *trinité* sont ou trois substances différentes, ou des accidents de l'essence divine, ou cette essence même sans distinction.

Que dans le premier cas on fait trois dieux.

Que dans le second on fait Dieu composé d'accidents, on adore des accidents, et on métamorphose des accidents en des personnes.

Que dans le troisième, c'est inutilement et sans fondement qu'on divise un sujet indivisible et qu'on distingue en *trois* ce qui n'est point distingué en soi.

Que si on dit que les trois *personnalités* ne sont ni des substances différentes dans l'essence divine, ni des accidents de cette essence, on aura de la peine à se persuader qu'elles soient quelque chose.

Qu'il ne faut pas croire que les *trinitaires* les plus rigides et les plus décidés, aient eux-mêmes quelque idée claire de la manière dont les trois *hypostases* subsistent en Dieu, sans diviser sa substance et par conséquent sans la multiplier.

Que saint Augustin lui-même, après avoir avancé sur ce sujet mille raisonnements aussi faux que ténébreux, a été forcé d'avouer qu'on ne pouvait rien dire sur cela d'intelligible.

39   β: idée clairée de [*erreur*]

418

Ils rapportent ensuite le passage de ce Père qui en effet est très 45
singulier. 'Quand on demande, dit-il, ce que c'est que les *trois*, le
langage des hommes se trouve court, et l'on manque de termes
pour les exprimer: on a pourtant dit *trois personnes*, non pas pour
dire quelque chose; mais parce qu'il faut parler et ne pas demeurer
muet.' *Dictum est tres personnae, non ut aliquid diceretur, sed ne* 50
taceretur, de trinit. Luc. V, chap. IX.

Que les théologiens modernes n'ont pas mieux éclairci cette
matière.

Que quand on leur demande ce qu'ils entendent par ce mot de
personne, ils ne l'expliquent qu'en disant que c'est une certaine 55
distinction incompréhensible, qui fait que l'on distingue dans une
nature unique en nombre, un Père, un Fils et un Saint-Esprit.

Que l'explication qu'ils donnent des termes d'*engendrer* et de
procéder n'est pas plus satisfaisante; puisqu'elle se réduit à dire que
ces termes marquent certaines relations incompréhensibles qui 60
sont entre les trois *personnes* de la *trinité*.

Que l'on peut recueillir de là que l'état de la question entre les
orthodoxes et eux, consiste à savoir, s'il y a en Dieu trois
distinctions dont on n'a aucune idée, et entre lesquelles il y a
certaines relations dont on n'a point d'idées non plus. 65

De tout cela ils concluent qu'il serait plus sage de s'en tenir à
l'autorité des apôtres qui n'ont jamais parlé de la *trinité*, et de bannir
à jamais de la religion tous les termes qui ne sont pas dans
l'Ecriture, comme ceux de *trinité*, de *personne*, *d'essence*, *d'hypo-*
stase, *d'union hypostatique* et *personnelle*, *d'incarnation*, de *génération*, 70
de *procession*, et tant d'autres semblables qui étant absolument vides
de sens, puisqu'ils n'ont dans la nature aucun être réel représentatif,
ne peuvent exciter dans l'entendement que des notions fausses,
vagues, obscures et incomplètes.

(Tiré en grande partie de l'article 'Unitaires' de 75
l'Encyclopédie.) [3]

---

[3] Voltaire a supprimé la référence à l'abbé de Bragelogne du *DP*.

Ajoutons à cet article ce que dit Dom Calmet dans sa dissertation sur le passage de l'épître de Jean l'évangéliste, *il y en a trois qui donnent témoignage en terre, l'esprit, l'eau et le sang, et ces trois sont un. Il y en a trois qui donnent témoignage au ciel, le Père, le Verbe et l'Esprit, et ces trois sont un.* Dom Calmet avoue que ces deux passages ne sont dans aucune Bible ancienne, et il serait en effet bien étrange que saint Jean eût parlé de la Trinité dans une lettre, et n'en eût pas dit un seul mot dans son Evangile. On ne voit nulle trace de ce dogme ni dans les Evangiles canoniques, ni dans les apocryphes. Toutes ces raisons et beaucoup d'autres pourraient excuser les antitrinitaires, si les conciles n'avaient pas décidé. Mais comme les hérétiques ne font nul cas des conciles, on ne sait plus comment s'y prendre pour les confondre. Bornons-nous à croire et à souhaiter qu'ils croient. (Voyez 'Trinité'.)[4]

---

[4] L'ajout de la phrase finale relève d'un vœu hypocrite non exempt d'ironie. Le renvoi à l'article 'Trinité', loin d'inciter les antitrinitaires à se convertir au dogme de la Sainte Trinité, ne peut que les ancrer dans leur incroyance. Car ce dernier texte ouvre des perspectives sur l'histoire du concept, sur ses différentes interprétations et tend à montrer que ce mystère est inexplicable. La tactique de Voltaire consiste donc à disséminer la critique, à l'enrichir en la présentant sous différents angles. La réfection de cet article, toute modeste qu'elle soit, n'en est pas moins efficace.

ANTHROPOMORPHITES

C'est, dit-on, une petite secte du quatrième siècle de notre ère vulgaire,[1] mais c'est plutôt la secte de tous les peuples qui eurent des peintres et des sculpteurs. Dès qu'on sut un peu dessiner ou tailler une figure, on fit l'image de la Divinité.

Si les Egyptiens consacraient des chats et des boucs, ils sculptaient Isis et Osiris; on sculpta Bel à Babilone, Hercule à Tyr, Brama dans l'Inde.[2]   5

Les musulmans ne peignirent point Dieu en homme.[3] Les

---

* Cet article répond peut-être à l'entrée du même nom de l'*Encyclopédie* (t.1, p.498) classée sous la rubrique 'Théologie' et signée par l'abbé Mallet. Celui-ci faisait l'historique d'une secte qui, prenant à la lettre la Genèse, affirmait que Dieu a fait l'homme à son image et lui attribuait une figure humaine alors que la doctrine orthodoxe dit que Dieu est un être immatériel. Le fondateur de cette secte, Audius, est un contemporain d'Arius. On soupçonne Tertullien d'avoir donné dans cette erreur. Or Voltaire, s'il se réfère à cette secte, entend montrer que tous les peuples versent dans l'anthropomorphisme. Cet article paraît en mars/avril 1772 (70, t.9, 'Supplément').

[1] L'article de l'*Encyclopédie* explique que ces hérétiques prétendaient que Dieu 'avait réellement des pieds, des mains'. Ils croyaient que 'les patriarches avaient vu Dieu dans sa propre substance divine, avec les yeux du corps' (t.1, p.498). Le *Dictionnaire de théologie catholique* (Paris, 1903-1950) consacre un article à cette secte (t.1, col.1367-70, par A. Chollet) à la suite d'un article sur l'anthropomorphisme (t.1, col.1370-72, par R. Bareille). Voltaire ne traite pas de la distinction théologique entre des hérétiques qui croient que Dieu a figure humaine et des chrétiens reconnus orthodoxes qui le représentent comme tel.

[2] Les connaissances de Voltaire en matière de statuaire sacrée, bien que limitées, lui permettent néanmoins d'illustrer sa thèse. A titre d'exemple, voir ce qu'il sait de la sculpture hindoue dans l'article 'Brahmanes' des *QE*, dans *Dieu et les hommes*, ch.6 (*OCV*, t.69, p.300), dans le *Précis du siècle de Louis XV*, ch.29 (*OH*, p.1467).

[3] L'interdit de l'Islam porte sur la figuration, les monothéismes s'étant constitués contre le paganisme idolâtrique. La fabrication de formes figuratives est considérée comme une activité menaçant le monopole de Dieu. La question du rapport à l'image est traitée dans la sunna de Muhammad al-Bukhari (810-870). Selon la tradition, l'image est interdite, bien que cette interdiction ne soit pas exprimée explicitement dans le Coran, mais elle a pris sa source dans le livre saint qui affirme

Guèbres n'eurent point d'image du Grand Etre. Les Arabes
sabéens ne donnèrent point la figure humaine aux étoiles; les
Juifs ne la donnèrent point à Dieu dans leur temple. Aucun de ces
peuples ne cultivait l'art du dessin; et si Salomon mit des figures
d'animaux dans son temple,⁴ il est vraisemblable qu'il les fit
sculpter à Tyr: mais tous les Juifs ont parlé d'un dieu comme
d'un homme.

Dans l'Alcoran même, Dieu est toujours regardé comme un roi.
On lui donne au chapitre XII, un trône qui est au-dessus des eaux.⁵
Il a fait écrire ce Koran par un secrétaire, comme les rois font écrire
leurs ordres. Il a envoyé ce Koran à Mahomet par l'ange Gabriel,⁶
comme les rois signifient leurs ordres par les grands-officiers de la
couronne. En un mot, quoique Dieu soit déclaré dans l'Alcoran,
non engendreur et non engendré,⁷ il y a toujours un petit coin
d'anthropomorphisme.

Les Juifs, quoiqu'ils n'eussent point de simulacres, semblèrent

14   K84, K12:   parlé de Dieu
15-16   K84, K12:   homme. ¶Quoiqu'ils n'eussent point de simulacres, ils
semblèrent faire de Dieu un homme dans toutes les occasions. Il descend dans le
jardin, il s'y promène tous les jours à midi, il parle à ses créatures, il parle au serpent, il
se fait entendre à Moïse dans le buisson, il ne se fait voir à lui que par derrière sur la
montagne; il lui parle pourtant face à face comme un ami à un ami. ¶Dans
23-30   K84, K12:   anthropomorphisme. ¶On a toujours peint Dieu avec

que Allah est le grand créateur; les hommes qui reproduisent la figure humaine sont
donc des imitateurs (voir l'*Encyclopédie de l'Islam*, Leyde, 1954-1982).

⁴ Les chérubins, dans la tradition judaïque, sont des gardiens, représentés avec
des corps d'hommes, des ailes et des têtes d'animaux. Ceux du temple de Salomon
ont dix coudées de haut (1 Rois 6:23-29).

⁵ Le Coran, sourate 11, verset 7: 'Il créa les cieux et la terre en six jours. Son trône
était porté sur les eaux'.

⁶ Sourate 91, verset 1: 'Nous t'envoyâmes le Koran dans la nuit célèbre'. Selon la
tradition, le Coran fut apporté pendant cette nuit de la table gardée au septième ciel.
Gabriel, qui l'avait recueilli en un seul volume, le dicta à Mahomet pendant vingt-
trois ans.

⁷ Sourate 112, verset 3, déjà cité dans l'article 'Alcoran' et dans l'*Essai sur les
mœurs* (ch.7, t.1, p.271).

faire de Dieu un homme dans toutes les occasions. Il descend dans   25
le jardin, il s'y promène tous les jours à midi,[8] il parle à ses
créatures, il parle au serpent,[9] il se fait entendre à Moïse dans le
buisson,[10] il ne se fait voir à lui que par derrière sur la montagne;[11]
il lui parle pourtant face à face comme un ami à un ami.[12]

On l'a toujours peint avec une grande barbe dans l'Eglise   30
grecque et dans la latine.[13]

Voyez à l'article 'Emblème' les vers d'Orphée et de Xénophanes.

[8] Genèse 3:8.
[9] Genèse 3:9-23.
[10] Exode 3:2.
[11] Exode 33:18-23.
[12] Exode 33:11, Nombres 12:8, Deutéronome 34:10. Voltaire prend l'Ancien
Testament au pied de la lettre. L'article 'Anthropomorphisme' du *Dictionnaire de
théologie catholique* fait valoir qu'il était nécessaire de 'parler aux races primitives un
langage imagé' (t.1, col.1370).
[13] Tradition picturale qui s'appuie sur la Genèse 1:26: 'Faisons l'homme à notre
image et à notre ressemblance'. Dans *La Bible enfin expliquée*, Voltaire remarque
que l'antiquité profane était anthropomorphite: 'Ce n'était pas l'homme qu'elle
imaginait semblable aux dieux. Elle se figurait des dieux semblables aux hommes.
C'est pourquoi tant de philosophes disaient que si les chats s'étaient forgé des dieux,
il les auraient fait courir après les souris. La Genèse, en ce point comme en plusieurs
autres, se conforme toujours à l'opinion vulgaire, pour être à la portée des simples'
(*M*, t.30, p.5, n.2).

ANTHROPOPHAGES

On lit dans l'*Histoire générale des mœurs et de l'esprit des nations*, ce passage singulier. [1]

a K84, K12: Anthropophages / Section 2
1 K84, K12: *nations*, tome 3, ce

* Cet article en deux sections présente de nombreux points de convergence avec l'article correspondant du *DP* (*OCV*, t.35, p.344-50), dont il développe certaines références et étoffe la perspective historique. S'il est difficile de dater la première section, qui paraît toute seule dans le premier tome de l'édition originale en novembre/décembre 1770 (70, t.1), on peut estimer que la seconde section (sauf les trois derniers alinéas) a été composée entre fin 1770 et début 1772 – la seconde section ne paraissant dans l'édition originale qu'en 1772, dans le 'Supplément' ajouté à la fin du neuvième tome. En 1774 (w68) les deux sections paraissent ensemble pour la première fois et Voltaire ajoute les trois derniers alinéas de l'article. On rencontre dans la correspondance de Voltaire plusieurs échos de l'article. Il écrit à Mme Du Deffand (4 octobre 1772, D17946): 'Il est vrai que les hommes ne se mangent pas les uns les autres dans Paris comme dans la Nouvelle Zélande qui est habitée par des anthropophages dans huit cents lieues de circonférence, mais on se mange dans Paris le blanc des yeux fort mal à propos'. L'entrée en matière de la seconde section fait référence au voyage autour du monde entrepris par James Cook de 1768 à 1771 que Voltaire connaît par la lecture, signalée dans une lettre au chevalier de Lisle (11 juin 1774, D18978), sinon de l'ouvrage de Joseph Banks (*A journal of a voyage round the world, in his majesty's ship Endeavour in the years 1768, 1769, 1770 and 1771*, Londres, 1771, BV259), du moins de celui de John Hawkesworth (*Relation d'un voyage fait autour du monde, dans les années 1769, 1770 et 1771, par le lieutenant Jacques Cook*, Paris, 1774, BV1597): voir ci-dessous, n.42. La question de l'anthropophagie, présente notamment dans la *Lettre de Monsieur Clocpicre à Monsieur Eratou* de 1761, fournit souvent un élément de comparaison dans une échelle de la cruauté et de la barbarie, que confirme sa mise en relation avec la rage exterminatrice dans l'article 'Genèse' du *DP* (*OCV*, t.36, p.169), mais aussi, par la suite, avec les affaires Sirven (D13420) et La Barre (D13470). Sur Voltaire et les anthropophages, voir M. Duchet, *Anthropologie et histoire au siècle des Lumières* (Paris, 1971), ch.2; C. Mervaud, 'Les cannibales sont parmi nous. L'article "Anthropophages" du *Dictionnaire philosophique*', *Europe* 781 (mai 1994), p.102-10.

[1] *Essai sur les mœurs*, ch.146 (t.2, p.343-45). Contrairement à ce que semblent indiquer les guillemets, l'emprunt à ce chapitre s'étend jusqu'à la ligne 51.

424

'Herrera[2] nous assure, que les Mexicains mangeaient les victimes humaines immolées. La plupart des premiers voyageurs et des missionnaires disent tous, que les Brasiliens, les Caraïbes, les Iroquois, les Hurons et quelques autres peuplades, mangeaient les captifs faits à la guerre; et ils ne regardent pas ce fait comme un usage de quelques particuliers, mais comme un usage de nation. Tant d'auteurs anciens et modernes ont parlé d'anthropophages, qu'il est difficile de les nier. Je vis en 1725 quatre sauvages amenés du Mississipi à Fontainebleau;[3] il y avait parmi eux une femme de couleur cendrée comme ses compagnons; je lui demandai par l'interprète qui les conduisait, si elle avait mangé quelquefois de la chair humaine? Elle me répondit, que oui très froidement et comme à une question ordinaire. Cette atrocité si révoltante pour notre nature, est pourtant bien moins cruelle que le meurtre. La véritable barbarie est de donner la mort, et non de disputer un mort aux corbeaux ou aux vers. Des peuples chasseurs, tels qu'étaient les Brasiliens et les Canadiens, des insulaires comme les Caraïbes, n'ayant pas toujours une subsistance assurée, ont pu devenir quelquefois anthropophages. La famine et la vengeance les ont accoutumés à cette nourriture: et quand nous voyons dans les siècles les plus civilisés, le peuple de Paris dévorer les restes sanglants du maréchal d'Ancre, et le peuple de La Haye manger le cœur du grand-pensionnaire de Witt, nous ne devons pas être

10-18 κ84, κ12: nier... Des

[2] Antonio de Herrera, *Histoire générale des voyages et conquêtes des Castillans*, trad. N. de La Coste (Paris, 1660), livre 6, ch.17 ('Autres particularités notables de Tlascala'), p.441-42: 'Aux sacrifices qu'ils faisaient des hommes, ils étaient fort cruels, pour le profit qu'ils tiraient des chairs, quoiqu'ils ne mangeassent que celle des ennemis; et toutefois il n'y avait pas longtemps qu'ils avaient introduit cette maudite coutume, qui ne procédait que de leurs passions déréglées, pour se venger de leurs ennemis, et fut continuée peu à peu, jusqu'à ce que par une rage désordonnée elle s'était convertie en coutume de se manger ainsi les uns les autres; et enfin ils en vinrent jusque-là qu'ils avaient des boucheries publiques de chair humaine'. L'épisode est daté de 1519.
[3] Sur cette anecdote, plusieurs fois rapportée par Voltaire, voir l'article 'Anthropophages' du *DP*, *OCV*, t.35, p.346 et n.12.

surpris qu'une horreur chez nous passagère, ait duré chez les sauvages.'[4]

Les plus anciens livres que nous ayons, ne nous permettent pas de douter que la faim n'ait poussé les hommes à cet excès. Le prophète Ezéchiel, suivant quelques commentateurs, (a) promet aux Hébreux, de la part de Dieu, (b) que s'ils se défendent bien

30

(a) Ezéchiel, ch.39.

(b) Voici les raisons de ceux qui ont soutenu qu'Ezéchiel, en cet endroit, s'adresse aux Hébreux de son temps, aussi bien qu'aux autres animaux carnassiers (car assurément les Juifs d'aujourd'hui ne le sont pas, et c'est plutôt l'Inquisition qui a été carnassière envers eux). Ils disent, qu'une partie de cette apostrophe regarde les bêtes sauvages, et que l'autre est pour les Juifs. La première partie est ainsi conçue.

5

'Dis à tout ce qui court, à tous les oiseaux, à toutes les bêtes des champs, Assemblez-vous, hâtez-vous, courez à la victime que je vous immole, afin que vous mangiez la chair et que vous buviez le sang. Vous mangerez la chair des forts, vous boirez le sang des princes de la terre et des béliers, et des agneaux, et des boucs, et des taureaux, et des volailles, et de tous les gras.'

10

Ceci ne peut regarder que les oiseaux de proie, et les bêtes féroces. Mais la seconde partie a paru adressée aux Hébreux mêmes. *'Vous vous rassasierez sur ma table du cheval et du fort cavalier, et de tous les guerriers, dit le Seigneur, et je mettrai ma gloire dans les nations, etc.'*[5]

15

n.*a*   71N: Ezéchiel, ch.30.

[4] Sur l'assassinat de Concini, maréchal d'Ancre, et les outrages qu'a subis son cadavre, voir notamment l'*Essai sur les mœurs*, ch.175 (t.2, p.572-73) et l'*Histoire du parlement de Paris*, ch.48 (*OCV*, t.68, p.399-404). Sur Jan de Witt et son frère Cornelius, mis à mort d'une façon atroce au cours d'une émeute à La Haye lors de l'invasion de la Hollande par les troupes de Louis XIV, voir *Le Siècle de Louis XIV*, ch.10 (*OH*, p.719-20): ces 'horreurs' sont comparées à celles qu'a éprouvées le maréchal d'Ancre.

[5] Ces deux passages se trouvent dans Ezéchiel 29:17-18 et 21. Voltaire les commente dans *La Bible enfin expliquée*, où il est également question des Scythes 'qui mangeaient de la chair, et qui s'abreuvaient de sang dans le crâne des ennemis' (*M*, t.30, p.267). Voir aussi l'article 'Anthropophages' du *DP* (*OCV*, t.35, p.348-49 et n.23) et l'article 'Juif' des *QE*, qui renvoie au présent article.

contre le roi de Perse, ils auront à manger *de la chair de cheval et de la chair de cavalier.* [6]

Marco Paolo ou Marc Paul, dit que de son temps, dans une partie de la Tartarie, les magiciens ou les prêtres (c'était la même chose) avaient le droit de manger la chair des criminels condamnés à mort. [7] Tout cela soulève le cœur; mais le tableau du genre humain doit souvent produire cet effet.

Il est très certain, que les rois de Babilone avaient des Scythes dans leurs armées. Ces Scythes buvaient du sang dans les crânes de leurs ennemis vaincus, et mangeaient leurs chevaux, et quelquefois de la chair humaine. Il se peut très bien que le prophète ait fait allusion à cette coutume barbare, et qu'il ait menacé les Scythes, d'être traités comme ils traitaient leurs ennemis.

Ce qui rend cette conjecture vraisemblable, c'est le mot de *table. Vous mangerez à ma table le cheval et le cavalier.* Il n'y a pas d'apparence qu'on ait adressé ce discours aux animaux; et qu'on leur ait parlé de se mettre à table. Ce serait le seul endroit de l'Ecriture, où l'on aurait employé une figure si étonnante. Le sens commun nous apprend qu'on ne doit point donner à un mot une acception qui ne lui a jamais été donnée dans aucun livre. C'est une raison très puissante pour justifier les écrivains qui ont cru les animaux désignés par les versets 17 et 18; et les Juifs désignés par les versets 19 et 20. De plus, ces mots, *je mettrai ma gloire dans les nations*, ne peuvent s'adresser qu'aux Juifs, et non pas aux oiseaux; cela paraît décisif. Nous ne portons point notre jugement sur cette dispute; mais nous remarquons avec douleur, qu'il n'y a jamais eu de plus horribles atrocités sur la terre, que dans la Syrie, pendant douze cents années presque consécutives.

n.*b*, 29-30   71A: animaux désignés par les versets 19 et 20. De

[6] Ezéchiel 39:20.
[7] Voir, dans Pierre Bergeron, *Voyages faits principalement en Asie dans les XIIe, XIIIe, XIVe et XVe siècles*, 2 vol. (La Haye, 1735, BV357), la *Relation des pays orientaux de Marc Paul, Vénitien*, livre 1, ch.65: 'On mange aussi dans cette province de la chair humaine de ceux, qui ont été exécutés à mort, pour leurs crimes' (t.1, p.56).

Comment des peuples toujours séparés les uns des autres, ont-ils pu se réunir dans une si horrible coutume? faut-il croire qu'elle n'est pas aussi opposée à la nature humaine qu'elle le paraît? Il est sûr qu'elle est rare, mais il est sûr qu'elle a existé. On ne voit pas que ni les Tartares ni les Juifs aient mangé souvent leurs semblables. La faim et le désespoir contraignirent aux sièges de Sancerre et de Paris, pendant nos guerres de religion, des mères à se nourrir de la chair de leurs enfants.[8] Le charitable Las Casas évêque de Chiapa, dit, que cette horreur n'a été commise en Amérique que par quelques peuples chez lesquels il n'a pas voyagé.[9] Dampier assure qu'il n'a jamais rencontré d'anthropophages, et il n'y a peut-être pas aujourd'hui deux peuplades où cette horrible coutume soit en usage.[10]

40

45

50

41   K84, K12: pas absolument aussi
50   K12: aujourd'hui de peuplade où

[8] Episodes évoqués dans *La Henriade*, chant 10 (*OCV*, t.2, p.608-609, et p.620, n.*f*) et l'*Essai sur les mœurs*, ch.171 (t.2, p.497).
[9] Dans son *Histoire admirable des horribles insolences, cruautés et tyrannies exercées par les Espagnols ès Indes occidentales*, trad. J. de Miggrode (s.l., 1582, BV646), Bartolomé de Las Casas s'emploie à laver de cette accusation les Indiens qui habitent dans les 'grandes îles espagnoles, Sainct Iean, Cuba, Iamayca, et [...] soixante îles des Lucayos [...]. Nous disons [...] du manger de la chair humaine, que cela ne se fait point en ces quartiers-là: combien qu'il se fait en quelques autres lieux' (p.182-83). Voltaire convoque encore le témoignage de Las Casas dans l'article 'Conspirations contre les peuples' des *QE* (qui reprend un opuscule du même titre paru dans les *Mélanges* de 1766). A son retour en Espagne, Las Casas plaide la cause des Indiens dans une requête imprimée à Valladolid et rencontre l'opposition du docteur Sepulvéda, qui 's'attacha seulement à prouver que tous ces Indiens méritaient la mort, parce qu'ils étaient coupables du péché contre nature, et qu'ils étaient anthropophages' (*M*, t.26, p.8). Voltaire a placé un signet portant le nom 'sepulveda' au début du 'Sommaire de la dispute entre l'évêque don frère Barthélemy de Las Casas et le docteur Sepulvéda' (*Histoire admirable*, p.210-15; voir *CN*, t.2, p.378).
[10] William Dampier, *Nouveau Voyage autour du monde*, 2 vol. (Amsterdam, 1698, BV935), t.2, p.543. Dans son exemplaire, Voltaire a marqué d'un signet le passage où l'explorateur anglais écrit qu'il n'a jamais 'trouvé de ces sortes de gens' (*CN*, t.3, p.24). Voir aussi *Le Philosophe ignorant* (*OCV*, t.62, p.82).

Améric Vespuce dit, dans une de ses lettres, que les Brasiliens furent fort étonnés quand il leur fit entendre que les Européens ne mangeaient point leurs prisonniers de guerre depuis longtemps.[11]

Les Gascons et les Espagnols avaient commis autrefois cette 55 barbarie, à ce que rapporte Juvenal dans sa quinzième satire.[12] Lui-même fut témoin en Egypte d'une pareille abomination sous le consulat de Junius; une querelle survint entre les habitants de Tintire et ceux d'Ombo; on se battit; et un Ombien étant tombé entre les mains des Tintiriens, ils le firent cuire, et le mangèrent 60 jusqu'aux os; mais il ne dit pas que ce fût un usage reçu. Au contraire, il en parle comme d'une fureur peu commune.[13]

Le jésuite Charlevoix, que j'ai fort connu, et qui était un homme très véridique, fait assez entendre, dans son *Histoire du Canada*, pays où il a vécu trente années, que tous les peuples de l'Amérique 65 septentrionale étaient anthropophages; puisqu'il remarque, comme une chose fort extraordinaire, que les Acadiens ne mangeaient point d'hommes en 1711.[14]

Le jésuite Brebeuf raconte qu'en 1640, le premier Iroquois qui fut converti, étant malheureusement ivre d'eau-de-vie, fut pris par 70

[11] Voir A. M. Bandini, *Vita e lettere di Amerigo Vespucci* (Florence, 1745, p.109-10) – il s'agit de la 'Lettera del terzo viaggio', adressée à Lorenzo de Médicis. L'affirmation se trouve aussi dans l'*Essai sur les mœurs* (ch.150, t.2, p.365); voir aussi les *Carnets* (*OCV*, t.81, p.185, et t.82, p.561).

[12] Voir l'article 'Anthropophages' du *DP*, *OCV*, t.35, p.345 et n.10 (sur les Vascons), n.8 et 9 (sur les peuples de Tentyra et d'Ombos). L'exemple est réutilisé dans l'article 'Religion' du *DP* (*OCV*, t.36, p.476).

[13] Juvénal, *Satires*, satire 15, vers 124-26: 'Qua nec terribles Cimbri nec Brittones umquam / Sauromataeque truces aut inmanes Agathyrsi, / hac saevit rabie inbelle et inutile vulgus' ('Cette rage inconnue aux terribles Cimbres, aux Bretons, aux farouches Sarmates, aux cruels Agathyrses, c'est une vile et lâche canaille qui s'y est portée', trad. P. de Labriolle et F. Villeneuve, Paris 1962, p.193).

[14] Dans son *Histoire et description générale de la Nouvelle France* (6 vol., Paris, 1744, BV718; 3 vol., Paris, 1744), Charlevoix écrit simplement: 'Non seulement ils n'ont jamais été anthropophages, mais on leur a toujours remarqué beaucoup de douceur et de docilité; aussi n'ont-ils pas eu beaucoup de peine à s'accoutumer à nos manières; ce qui leur est commun avec les autres peuples de cette côte méridionale du Canada' (livre 3, t.1, p.124). Dans son exemplaire, Voltaire a placé un signet à cet endroit du récit, daté en réalité de 1611 (*CN*, t.2, p.516 et n.334).

429

les Hurons ennemis alors des Iroquois. Le prisonnier baptisé par le père Brebeuf sous le nom de Joseph, fut condamné à la mort. On lui fit souffrir mille tourments, qu'il soutint toujours en chantant, selon la coutume du pays. On finit par lui couper un pied, une main et la tête, après quoi les Hurons mirent tous ses membres dans la chaudière, chacun en mangea, et on en offrit un morceau au père Brebeuf. (c)

Charlevoix parle, dans un autre endroit, de vingt-deux Hurons mangés par les Iroquois. [15] On ne peut donc douter que la nature humaine ne soit parvenue dans plus d'un pays à ce dernier degré d'horreur; et il faut bien que cette exécrable coutume soit de la plus haute antiquité, puisque nous voyons dans la Sainte Ecriture, que les Juifs sont menacés de manger leurs enfants s'ils n'obéissent pas à leurs lois. Il est dit aux Juifs; (d) 'que non seulement ils auront la gale, que leurs femmes s'abandonneront à d'autres, mais qu'ils mangeront leurs filles et leurs fils dans l'angoisse et la dévastation; qu'ils se disputeront leurs enfants pour s'en nourrir; que le mari ne voudra pas donner à sa femme un morceau de son fils, parce qu'il dira qu'il n'en a pas trop pour lui.' [16]

Il est vrai que de très hardis critiques prétendent, que le Deutéronome ne fut composé qu'après le siège mis devant Samarie par Benadad; siège pendant lequel il est dit au quatrième livre des

75

80

85

90

(c) Voyez la lettre de Brebeuf, et l'Histoire de Charlevoix, tome 1, page 327 et suivantes. [17]

(d) Deutéronome, ch.28, verset 53.

n.d K12: Deutéronome, ch.28, versets 53 et suivants.

[15] Charlevoix mentionne le cas de vingt-deux prisonniers hurons suppliciés par les Iroquois, mais ils sont laissés en vie à l'exception de trois chefs (*Histoire de la nouvelle France*, livre 6, t.1, p.236-39).

[16] Sur ce passage, voir l'article 'Anthropophages' du *DP* (*OCV*, t.35, p.348 et n.20 et 21).

[17] Dans l'exemplaire de la *Histoire de la Nouvelle France* que possédait Voltaire, un signet rédigé par Wagnière indique: 'Prisonnier tué et / mangé' (*CN*, t.2, p.517). L'anecdote figure également dans *Un chrétien contre six Juifs* (ch.30, *M*, t.29, p.530).

Rois, que les mères mangèrent leurs enfants. [18] Mais ces critiques, en ne regardant le Deutéronome que comme un livre écrit après ce siège de Samarie, ne font que confirmer cette épouvantable aventure. D'autres prétendent, qu'elle ne peut être arrivée comme elle est rapportée dans le quatrième livre des Rois. 'Il y est dit, (e) que le roi d'Israël, en passant par le mur ou sur le mur de Samarie, une femme lui dit: *Sauvez-moi, seigneur roi*; il lui répondit: *Ton Dieu ne te sauvera pas; comment pourrais-je te sauver? serait-ce de l'aire ou du pressoir?* Et le roi ajouta: *que veux-tu?* et elle répondit: *O roi; voici une femme qui m'a dit, Donnez-moi votre fils, nous le mangerons aujourd'hui, et demain nous mangerons le mien. Nous avons donc fait cuire mon fils, et nous l'avons mangé: je lui ai dit aujourd'hui, Donnez-moi votre fils afin que nous le mangions, et elle a caché son fils.'* [19]

Ces censeurs prétendent qu'il n'est pas vraisemblable, que le roi Benadad assiégeant Samarie, le roi Joram [20] ait passé tranquille-

95

100

105

(e) Ch.6, versets 26 et suivants.

107   71A: prétendent [*avec note*: La prétention de ces censeurs est chimérique, puisque le texte ne dit pas que ce fut Benadad qui passa sur le mur, mais le roi d'Israël qui pouvait sans doute bien passer sur le mur de sa capitale.] qu'il
108   70, 71N, 71A, w68: Benadad, en assiégeant Samarie, ait

[18] Voir *La Bible enfin expliquée*, *M*, t.30, p.120, n.1.
[19] Dans *La Bible enfin expliquée*, Voltaire cite une note de Du Marsais: 'c'est une grande question, dit Du Marsais, si [cette femme] avait le droit de manger à son tour la moitié de l'enfant de cette commère, selon son marché: il y a de grandes autorités pour et contre'. Il ajoute: 'Ce passage de Du Marsais fait trop voir qu'il ne croyait point à cette aventure, et qu'il la regardait comme une de ces exagérations que les Juifs se permettaient si souvent' (*M*, t.30, p.231, n.3). Voir aussi *Un chrétien contre six Juifs* (ch.30, *M*, t.29, p.531).
[20] Dans une lettre de décembre 1774 (D19238), Voltaire signale à Cramer que les mots 'le roi Joram' ont été omis de cette phrase dans les épreuves de l'édition encadrée: 'J'ai retrouvé à l'article Anthropophage [...] une énorme sottise qui ne peut être que de ma façon, à moins qu'il n'y ait une ligne d'oubliée par le compositeur [...]. Monsieur Cramer est instamment prié de faire mettre un carton en cet endroit, la faute est trop grossière, et messieurs les critiques en abuseraient pour décrier tout le livre. Ils se diraient, Quel ignorant! quel butor! qui a pris

ment par le mur ou sur le mur, pour y juger des causes entre des Samaritains. Il est encore moins vraisemblable que deux femmes ne se soient pas contentées d'un enfant pour deux jours. Il y avait là de quoi les nourrir quatre jours au moins: mais de quelque manière qu'ils raisonnent, on doit croire que les pères et les mères mangèrent leurs enfants au siège de Samarie, comme il est prédit expressément dans le Deutéronome.

La même chose arriva au siège de Jérusalem par Nabucodonosor (*f*); elle est encore prédite par Ezéchiel (*g*).

Jérémie s'écrie dans ses lamentations; (*h*) *Quoi donc, les femmes mangeront-elles leurs petits enfants qui ne sont pas plus grands que la main?* Et dans un autre endroit: (*i*) *les mères compatissantes ont cuit leurs enfants de leurs mains et les ont mangés.* On peut encore tirer ces paroles de Baruch: *l'homme a mangé la chair de son fils et de sa fille.* [21]

Cette horreur est répétée si souvent, qu'il faut bien qu'elle soit

(*f*) Livre 4 des Rois, ch.25, verset 3. [22]
(*g*) Ezéchiel, ch.5, verset 10. [23]
(*h*) Lamentations, ch.2, verset 20.
(*i*) Ch.4, verset 10.

121   K12:   encore citer ces

Benadad pour Joram! Voilà comme sont tous ces philosophes; ils n'ont jamais lu attentivement la Sainte Ecriture'. Comme l'indique la variante de cette ligne, l'erreur paraît dans le texte de toutes les éditions antérieures à 1775; la note insérée dans 71A fait allusion à cette erreur.

[21] Baruch 2:3.

[22] Il n'est pas fait mention d'anthropophagie dans ce verset: 'Et jusqu'au neuvième jour du mois; la ville fut extrêmement pressée par la famine, et il ne se trouvait point de pain pour nourrir le peuple'.

[23] 'Les pères mangeront leurs enfants au milieu de vous, et les enfants mangeront leurs pères'. Pour un traitement ironique du même exemple, voir l'*Instruction du gardien des capucins de Raguse à frère Pédiculoso*: 'Si le déjeuner d'Ezéchiel est un peu puant, le dîner des Israélites dont il parle est un peu anthropophage. [...] Passe encore que les pères mangent les enfants, qui sont dodus et tendres; mais que les enfants mangent leurs pères, qui sont coriaces, cela est-il de la nouvelle cuisine?' (*M*, t.27, p.306).

vraie; (*k*) enfin on connaît l'histoire rapportée dans Joseph de cette femme, qui se nourrit de la chair de son fils lorsque Titus assiégeait 125 Jérusalem. 24

Le livre attribué à Enoch, cité par saint Jude, dit, que les géants nés du commerce des anges et des filles des hommes, furent les premiers anthropophages. 25

Dans la huitième homélie attribuée à saint Clément, saint Pierre, 130 qu'on fait parler, dit, que les enfants de ces mêmes géants s'abreuvèrent de sang humain, et mangèrent la chair de leurs semblables. 26 Il en résulta, ajoute l'auteur, des maladies jusqu'alors inconnues; des monstres de toute espèce naquirent sur la terre; et ce fut alors que Dieu se résolut à noyer le genre humain. Tout cela fait 135 voir combien l'opinion régnante de l'existence des anthropophages était universelle.

Ce qu'on fait dire à saint Pierre, dans l'homélie de saint Clément, a un rapport sensible à la fable de Lycaon, 27 qui est une des plus anciennes de la Grèce, et qu'on retrouve dans le 140 premier livre des *Métamorphoses* d'Ovide. 28

La *Relation des Indes et de la Chine*, faite au huitième siècle, par deux Arabes, et traduite par l'abbé Renaudot, 29 n'est pas un livre

---

(*k*) Livre 7, ch.8.

---

24 Voir Josèphe, *Antiquités judaïques*, livre 6, ch.21, section 459, vers 229-32.

25 1 Hénoch 7:13. Voir aussi l'article 'Ange' des *QE*. Même observation sur les géants dans l'article 'Anthropophages' du *Dictionnaire de Trévoux* (1752).

26 Voir *Les Homélies clémentines*, trad. A. Siouville (Paris, 1991), livre 8, sections 15-17, p.213-15: Pierre est à Tripoli et s'adresse à la foule.

27 Dans l'article 'Antiquité', ci-dessus, Voltaire demande: 'Comment s'assurer que Lycaon mangea le premier de la chair humaine, quand on ne sait pas qui s'avisa le premier de manger des poules?'

28 Ovide, *Métamorphoses*, livre 1, vers 216 et suiv.

29 Voir Eusèbe Renaudot, *Anciennes Relations des Indes et de la Chine, de deux voyageurs mahométans, qui y allèrent dans le neuvième siècle* (Paris, 1718, BV2950). Sur Renaudot, voir le 'Catalogue des écrivains' du *Siècle de Louis XIV*, qui le présente comme 'très savant dans l'histoire et dans les langues de l'Orient' (*OH*, p.1198).

qu'on doive croire sans examen, il s'en faut beaucoup; mais il ne faut pas rejeter tout ce que ces deux voyageurs disent, surtout lorsque leur rapport est confirmé par d'autres auteurs, qui ont mérité quelque créance. Ils assurent, que dans la mer des Indes, il y a des îles peuplées de nègres qui mangeaient des hommes. Ils appellent ces îles, *Ramni*.[30] Le géographe de Nubie[31] les nomme *Rammi*, ainsi que la *Bibliothèque orientale* d'Herbelot.[32]

Marc Paul qui n'avait point lu la relation de ces deux Arabes, dit la même chose quatre cents ans après eux.[33] L'archevêque Navarette, qui a voyagé depuis dans ces mers, confirme ce témoignage: *los europeos que cogen, es constante que vivos se los van comiendo*.[34]

Texeira prétend que les Javans se nourrissaient de chair humaine, et qu'ils n'avaient quitté cette abominable coutume que deux cents ans avant lui. Il ajoute, qu'ils n'avaient connu des mœurs plus douces qu'en embrassant le mahométisme.

156 70, 71N, 71A: les savants se

[30] Voir Renaudot, *Anciennes Relations*, p.4-5. Le développement qui suit (lignes 149-55) est emprunté aux pages 131-32 de cet ouvrage. Dans le *Fragment sur l'histoire générale*, on lit: 'Le nombre des peuples que ces deux Arabes nomment anthropophages est étonnant: ce sont d'abord les habitants d'une petite île auprès de Ceilan, peuplée de noirs. Plus loin sont d'autres îles qu'ils appellent Rammi et Angaman, où les peuples dévoraient les voyageurs qui tombaient entre leurs mains' (*M*, t.29, p.235). Sur les deux voyageurs arabes, voir aussi l'*Essai sur les mœurs* (ch.3, t.1, p.228-29).

[31] Dans 'Le chapitre des arts' de l'*Essai sur les mœurs*, Voltaire évoque aussi 'le chérif africain Ben Mohamed, qu'on appelle le géographe de Nubie' (t.2, p.836).

[32] Voir Barthélemy D'Herbelot, *Bibliothèque orientale* (Paris, 1697, BV1626), p.708: l'article 'Rami' ne dit rien sur les anthropophages. La source de Voltaire provient des *Anciennes Relations* de Renaudot (p.131).

[33] Voir le *Fragment sur l'histoire générale* (*M*, t.29, p.235), passage dans lequel on retrouve les références des lignes 152-60.

[34] Renaudot, *Anciennes Relations*, p.131, note (*a*). Dans le texte, la phrase est ainsi traduite: 'Il est constant qu'ils mangent tout vifs, les Européens qu'ils peuvent attraper'. La citation figure aussi dans le *Fragment sur l'histoire générale* (*M*, t.29, p.235).

On a dit la même chose de la nation du Pégu,[35] des Cafres,[36] et de plusieurs peuples de l'Afrique. Marc Paul, que nous venons déjà de citer, dit que chez quelques hordes tartares, quand un criminel avait été condamné à mort, on en faisait un repas, *Hanno costoro un bestiale e orribile costume, che quando alcuno è judicato a morte lo tolgono e cuocono e mangian'selo.*[37]

Ce qui est plus extraordinaire et plus incroyable, c'est que les deux Arabes attribuent aux Chinois mêmes ce que Marc Paul avance de quelques Tartares: *qu'en général les Chinois mangent tous ceux qui ont été tués.*[38] Cette horreur est si éloignée des mœurs chinoises, qu'on ne peut la croire. Le père Parennin l'a réfutée en disant, qu'elle ne mérite pas de réfutation.[39]

Cependant, il faut bien observer que le huitième siècle, temps auquel ces Arabes écrivirent leur voyage, était un des siècles les plus funestes pour les Chinois. Deux cent mille Tartares passèrent la grande muraille, pillèrent Pékin, et répandirent partout la désolation la plus horrible. Il est très vraisemblable qu'il y eut alors une grande famine. La Chine était aussi peuplée qu'aujourd'hui. Il se peut que dans le petit peuple, quelques misérables aient mangé des corps morts. Quel intérêt auraient eu ces Arabes à

161   w68: peuples d'Afrique.

[35] Ancien royaume du sud-est asiatique, situé en basse Birmanie. Dans l'*Essai sur les mœurs*, Voltaire concède qu'il 'faut lire avec un esprit de doute presque toutes les relations qui nous viennent de ces pays éloignés' (ch.143, t.2, p.322).

[36] Voltaire, qui associe (ou confond) fréquemment les Hottentots et les Cafres, présente ce peuple comme emblématique de l'état sauvage.

[37] Renaudot, *Anciennes Relations*, p.132, note (*b*) ('Ceux-là ont une coutume bestiale et horrible, [à savoir] que lorsque quelqu'un est condamné à mort, ils le prennent, le cuisent et se le mangent', trad. L. Macé).

[38] Renaudot, *Anciennes Relations*, p.42.

[39] Voir, dans les *Lettres édifiantes et curieuses, écrites des missions étrangères* (éd. Charles Le Gobien et autres, 34 vol., Paris, 1707-1776, BV2104), la lettre du père Parennin à Mairan du 11 août 1730 (t.11, p.76-183) que Voltaire, dans son exemplaire, a repérée par un signet indiquant 'parenin / a mairan' (*CN*, t.5, p.347). Voltaire cite aussi cette lettre dans le *Fragment sur l'histoire générale* (*M*, t.29, p.234).

inventer une fable si dégoûtante? Ils auront pris peut-être, comme presque tous les voyageurs, un exemple particulier pour une coutume du pays.

Sans aller chercher des exemples si loin, en voici un dans notre patrie, dans la province même où j'écris. Il est attesté par notre vainqueur, par notre maître Jules César. (*l*) Il assiégeait Alexie dans l'Auxois; les assiégés, résolus de se défendre jusqu'à la dernière extrémité, et manquant de vivres, assemblèrent un grand conseil, où l'un des chefs, nommé Critognat, proposa de manger tous les enfants l'un après l'autre, pour soutenir les forces des combattants. Son avis passa à la pluralité des voix. Ce n'est pas tout; Critognat, dans sa harangue, dit, que leurs ancêtres avaient déjà eu recours à une telle nourriture, dans la guerre contre les Teutons et les Cimbres.

Finissons par le témoignage de Montagne. Il parle de ce que lui ont dit les compagnons de Villegagnon, qui revenaient du Bresil, et de ce qu'il a vu en France. Il certifie que les Brasiliens mangeaient leurs ennemis tués à la guerre; mais lisez ce qu'il ajoute. (*m*)[40] *Où est plus de barbarie à manger un homme mort qu'à le faire rôtir par le menu, et le faire meurtrir aux chiens et pourceaux, comme nous avons vu de fraîche mémoire, non entre ennemis anciens, mais entre voisins et concitoyens; et qui pis est, sous prétexte de piété et de religion.* Quelles cérémonies pour un philosophe tel que Montagne! Si Anacréon et Tibulle étaient nés Iroquois, ils auraient donc mangé des hommes?... Hélas!

(*l*) *Bell. gall.*, livre 7.[41]
(*m*) Livre 1, ch.30.

n.*m*   w68: Livre 1, ch.21.

[40] Montaigne, *Essais*, livre 1, ch.31, 'Des cannibales', éd. P. Villey (Paris, 1992), t.1, p.209.
[41] Voir *La Guerre des Gaules*, livre 7, ch.77-78; passage également mentionné dans *Un chrétien contre six Juifs* (*M*, t.29, p.530-31).

Section seconde

Eh bien, voilà deux Anglais qui ont fait le voyage du monde. Ils ont   205
découvert que la nouvelle Zélande est une île plus grande que
l'Europe, et que les hommes s'y mangent encore les uns les
autres. [42] D'où provient cette race? supposé qu'elle existe. Des-
cend-elle des anciens Egyptiens, des anciens peuples de l'Ethiopie,
des Africains, des Indiens, ou des vautours ou des loups? Quelle   210
distance des Marc-Aurèle, des Epictète aux anthropophages de la
nouvelle Zélande! cependant, ce sont les mêmes organes, les
mêmes hommes! J'ai déjà parlé de cette propriété de la race
humaine; il est bon d'en dire encore un mot.

Voici les propres paroles de saint Jérôme dans une de ses lettres,   215
*Quid loquar de caeteris nationibus cum ipse adolescentulus in Gallia
viderim Scotos gentem Britannicam humanis vesci carnibus et cum per
sylvas porcorum greges pecudumque reperiant, tamen pastorum nates,
et foeminarum papillas solere abscindere, et has solas ciborum delicias
arbitrari.* [43]   220

204a   70, 71N, 71A: Anthropophages [*voir note* *]
      K84, K12: Section 3
205   K12: voyage du tour du monde.
206   K84, K12: nouvelle Hollande est
208   K84, K12: autres, ainsi que dans la nouvelle Zélande. D'où
220-21   K84, K12: *arbitrari.* Que

[42] Voltaire fait sans doute référence à la *Relation d'un voyage fait autour du monde*
rédigée par John Hawkesworth (voir note *), qui rapporte que les Indiens
affirmèrent être 'dans l'usage de manger [...] leurs ennemis' (livre 2, ch.3, t.3,
p.91-92). Comme preuve de l'existence de l'anthropophagie dans la 'nouvelle
Zélande', Voltaire avance le témoignage de James Cook, Joseph Banks et Daniel
Solander (voir *De la mort de Louis XV et de la fatalité*, *M*, t.29, p.304, et *Un chrétien
contre six Juifs*, *M*, t.29, p.530).
[43] Saint Jérôme, *Adversus Jovinianum*, livre 2, ch.7 (*Patrologia latina*, t.23,
col.296). Passage également cité dans *Un chrétien contre six Juifs* (*M*, t.29, p.531,
et n.1): Voltaire se réfère en note à 'l'édition de saint Jérôme, in-folio, à Francfort,
chez Christ. Genskium, 1684' (BV1635).

Que vous dirai-je des autres nations! puisque moi-même étant encore jeune, j'ai vu des Ecossais dans les Gaules qui, pouvant se nourrir de porcs et d'autres animaux dans les forêts, aimaient mieux couper les fesses des jeunes garçons, et les tétons des jeunes filles. C'étaient pour eux les mets les plus friands.   22

Peloutier qui a recherché tout ce qui pouvait faire le plus d'honneur aux Celtes, n'a pas manqué de contredire saint Jérôme, et de lui soutenir qu'on s'était moqué de lui. [44] Mais Jérôme parle très sérieusement; il dit qu'il a vu. On peut disputer avec respect contre un Père de l'Eglise sur ce qu'il a entendu dire, mais sur ce   23 qu'il a vu de ses yeux, cela est bien fort. Quoi qu'il en soit, le plus sûr est de se défier de tout, et de ce qu'on a vu soi-même.

Encore un mot sur l'anthropophagerie. [45] On trouve dans un livre qui a eu assez de succès chez les honnêtes gens, ces paroles ou à peu près. [46]   23

Du temps de Cromwell une chandelière de Dublin vendait d'excellentes chandelles, faites avec de la graisse d'Anglais. Au bout de quelque temps, un de ses chalands se plaignit de ce que sa chandelle n'était plus si bonne. Monsieur, lui dit-elle, c'est que les Anglais nous ont manqué.   24

Je demande qui était le plus coupable, ou ceux qui assassinaient des Anglais, ou la pauvre femme qui faisait de la chandelle avec leur suif? Je demande encore quel est le plus grand crime, ou de faire cuire un Anglais pour son dîner, ou d'en faire des chandelles pour s'éclairer à souper? Le grand mal, ce me semble, est qu'on   24

---

222   K84, K12: dans la Gaule qui
232-48   70, 71N, 71A: soi-même. //

---

[44] Voir Simon Pelloutier, *Histoire des Celtes, et particulièrement des Gaulois et des Germains, depuis les temps fabuleux, jusqu'à la prise de Rome par les Gaulois* (La Haye, 1740, BV2683).

[45] D'après le *Voltaire électronique* (cd-rom, Oxford, 1999), l'emploi de ce terme constitue un hapax dans l'œuvre de Voltaire.

[46] L'anecdote qui suit figure dans l'article 'Anthropophages' du *DP* (voir *OCV*, t.35, p.349-50, et n.26).

nous tue. Il importe peu qu'après notre mort nous servions de rôti ou de chandelle, un honnête homme même n'est pas fâché d'être utile après sa mort.

APOCALYPSE

Section première

Justin le martyr, qui écrivait vers l'an 270 de notre ère, est le premier qui ait parlé de l'Apocalypse; il l'attribue à l'apôtre Jean l'évangéliste: dans son dialogue avec Triphon, ce Juif lui demande s'il ne croit pas que Jérusalem doit être rétablie un jour? Justin lui répond qu'il le croit ainsi avec tous les chrétiens qui pensent juste. *Il y a eu*, dit-il, *parmi nous un certain personnage nommé Jean, l'un des douze apôtres de Jésus; il a prédit que les fidèles passeront mille ans dans Jérusalem.*

Ce fut une opinion longtemps reçue parmi les chrétiens, que ce règne de mille ans. Cette période était en grand crédit chez les gentils. Les âmes des Egyptiens reprenaient leurs corps au bout de mille années; les âmes du purgatoire chez Virgile, étaient exercées pendant ce même espace de temps, *et mille per annos*. La nouvelle Jérusalem de mille années devait avoir douze portes, en mémoire des douze apôtres; sa forme devait être carrée; sa longueur, sa largeur et sa hauteur devaient être de douze mille stades, c'est-à-dire, cinq cents lieues, de façon que les maisons devaient avoir aussi cinq cents lieues de haut. Il eût été assez désagréable de demeurer

a-85   70, 71N, 71A: Apocalypse / Ajoutons

* Toute la première section est reprise de l'article du même titre du *DP* (pour l'annotation de cette section voir *OCV*, t.35, p.362-68, n.1-25). Les allusions à Newton et à Bossuet du dernier paragraphe de cet article sont développées dans une seconde section qui s'enrichit d'une analyse de *L'Apocalypse de Méliton*, occasion d'une mise au point sur les ordres monastiques. Alors que Voltaire avait utilisé en 1764 un manuscrit de Firmin Abauzit concernant surtout les Pères de l'Eglise, dans cette seconde section, il fait état de lectures modernes de l'Apocalypse. Dans l'édition originale des *QE* (70, t.1), l'article comprend seulement la seconde section du présent article; les deux sections paraissent ensemble pour la première fois en 1774 (w68).

au dernier étage; mais enfin, c'est ce que dit l'Apocalypse au chap. 21.

Si Justin est le premier qui attribua l'Apocalypse à saint Jean, quelques personnes ont récusé son témoignage, attendu que dans ce même dialogue avec le Juif Triphon, il dit que selon le récit des apôtres, Jésus-Christ en descendant dans le Jourdain, fit bouillir les eaux de ce fleuve, et les enflamma, ce qui pourtant ne se trouve dans aucun écrit des apôtres.

Le même saint Justin cite avec confiance les oracles des sibylles; de plus, il prétend avoir vu les restes des petites maisons où furent enfermés les soixante et douze interprètes dans le phare d'Egypte du temps d'Hérode. Le témoignage d'un homme qui a eu le malheur de voir ces petites maisons, semble indiquer que l'auteur devait y être renfermé.

Saint Irénée qui vient après, et qui croyait aussi le règne de mille ans, dit qu'il a appris d'un vieillard, que saint Jean avait fait l'Apocalypse. Mais on a reproché à saint Irénée d'avoir écrit qu'il ne doit y avoir que quatre Evangiles, parce qu'il n'y a que quatre parties du monde, et quatre vents cardinaux, et qu'Ezéchiel n'a vu que quatre animaux. Il appelle ce raisonnement une démonstration. Il faut avouer que la manière dont Irénée démontre, vaut bien celle dont Justin a vu.

Clément d'Alexandrie ne parle dans ses *Electa*, que d'une Apocalypse de saint Pierre dont on faisait très grand cas. Tertullien, l'un des grands partisans du règne de mille ans, non seulement assure que saint Jean a prédit cette résurrection, et ce règne de mille ans dans la ville de Jérusalem, mais il prétend que cette Jérusalem commençait déjà à se former dans l'air, que tous les chrétiens de la Palestine, et même les païens, l'avaient vue pendant quarante jours de suite à la fin de la nuit: mais malheureusement la ville disparaissait dès qu'il était jour.

Origène, dans sa préface sur l'Evangile de saint Jean, et dans ses homélies, cite les oracles de l'Apocalypse, mais il cite également les oracles des sibylles. Cependant saint Denys d'Alexandrie, qui écrivait vers le milieu du troisième siècle, dit dans un de ses

fragments, conservés par Eusèbe, que presque tous les docteurs
rejetaient l'Apocalypse, comme un livre destitué de raison; que ce 55
livre n'a point été composé par saint Jean, mais par un nommé
Cérinthe, lequel s'était servi d'un grand nom, pour donner plus de
poids à ses rêveries.

Le concile de Laodicée, tenu en 360, ne compta point l'Apocalypse parmi les livres canoniques. Il était bien singulier que 60
Laodicée, qui était une Eglise à qui l'Apocalypse était adressée,
rejetât un trésor destiné pour elle; et que l'évêque d'Ephèse qui
assistait au concile, rejetât aussi ce livre de saint Jean, enterré dans
Ephèse.

Il était visible à tous les yeux, que saint Jean se remuait toujours 65
dans sa fosse; et faisait continuellement hausser et baisser la terre.
Cependant, les mêmes personnages qui étaient sûrs que saint Jean
n'était pas bien mort, étaient sûrs aussi qu'il n'avait pas fait
l'Apocalypse. Mais ceux qui tenaient pour le règne de mille ans,
furent inébranlables dans leurs opinions. Sulpice Sévère, dans son 70
Histoire sacrée liv. 9, traite d'insensés et d'impies, ceux qui ne
recevaient pas l'Apocalypse. Enfin, après bien des oppositions de
concile à concile, l'opinion de Sulpice Sévère a prévalu. La matière
ayant été éclaircie, l'Eglise a décidé que l'Apocalypse est incontestablement de saint Jean; ainsi il n'y a pas d'appel. 75

Chaque communion chrétienne s'est attribué les prophéties
contenues dans ce livre; les Anglais y ont trouvé les révolutions
de la Grande-Bretagne; les luthériens les troubles d'Allemagne; les
réformés de France le règne de Charles IX et la régence de
Catherine de Médicis: ils ont tous également raison. Bossuet et 80
Newton ont commenté tous deux l'Apocalypse; mais à tout
prendre, les déclamations éloquentes de l'un, et les sublimes
découvertes de l'autre, leur ont fait plus d'honneur que leurs
commentaires.

Section seconde

Ajoutons à l'article 'Apocalypse', que deux grands hommes, mais   85
d'une grandeur fort différente, ont commenté l'Apocalypse dans le
dix-septième siècle. L'un est Newton, à qui une pareille étude ne
convenait guère; l'autre est Bossuet, à qui cette entreprise
convenait davantage. [1] L'un et l'autre donnèrent beaucoup de
prise à leurs ennemis par leurs commentaires; et, comme on l'a   90
déjà dit, le premier consola la race humaine de la supériorité qu'il
avait sur elle, et l'autre réjouit ses ennemis.

Les catholiques et les protestants ont tous expliqué l'Apocalypse
en leur faveur; et chacun y a trouvé tout juste ce qui convenait à ses
intérêts. Ils ont surtout fait des merveilleux commentaires sur la   95
grande bête à sept têtes et à dix cornes, ayant le poil d'un léopard,

84a-85   K84, K12: Section 2 / Ainsi deux
87   K84, K12: siècle: Newton
88   K84, K12: guère; Bossuet
95   K84, K12: fait de merveilleux

[1] Allusion à *L'Apocalypse avec une explication* de Bossuet (Paris, 1689; La Haye, 1690, BV482), ouvrage qui fit époque dans l'interprétation de l'Apocalypse en constituant une réplique polémique aux idées de Pierre Jurieu (voir ci-dessous, n.6). Voltaire se réfère également ici aux *Observations on the prophecies of Daniel and the Apocalypse of St John* de Newton, ouvrage posthume édité par B. Smith (Londres, 1733). Dès *Du fanatisme* (1742), Voltaire présente la superstition comme 'une maladie épidémique dont les âmes les plus fortes ne sont pas toujours exemptes', et il condamne à cet égard Newton: 'S'il était permis de révéler la turpitude de gens à qui l'on doit le plus sincère respect, je dirais ici que Newton, le grand Newton, a trouvé dans l'Apocalypse que le pape est l'Antéchrist, et bien d'autres choses de cette nature; je dirais qu'il était arien très sérieusement. Je sais que cet écart de Newton est à celui de mon autre géomètre comme l'unité est à l'infini: il n'y a point de comparaison à faire. Mais quelle pauvre espèce que le genre humain, si le grand Newton a cru trouver dans l'Apocalypse l'histoire présente de l'Europe!' (*M*, t.19, p.86). Cette condamnation anticipe sur l'article 'Esprit faux' du *DP*, où il fait remarquer que 'les plus grands génies peuvent avoir l'esprit faux sur un principe qu'ils ont reçu sans examen. Newton avait l'esprit très faux quand il commentait l'Apocalypse' (*OCV*, t.36, p.63); voir aussi *André Destouches à Siam* (*OCV*, t.62A, p.353-54), et l'*Histoire de Jenni*, ch.7 (*Romans et contes*, p.629).

les pieds d'un ours, la gueule du lion, la force du dragon; et il fallait, pour vendre et acheter, avoir le caractère et le nombre de la bête; et ce nombre était 666. [2]

Bossuet trouve que cette bête, était évidemment l'empereur Dioclétien, en faisant un acrostiche de son nom; [3] Grotius croyait que c'était Trajan. [4] Un curé de Saint-Sulpice, nommé La Chétardie, connu par d'étranges aventures, prouve que la bête, était Julien. [5] Jurieu prouve que la bête, est le pape. [6] Un prédicant a

[2] Apocalypse 13:18. A ce propos, Voltaire renverra à l'article 'Apocalypse' dans son article 'Nombre', où il fait l'analyse avec une ironie mordante de la soi-disant philosophie selon laquelle les nombres ont certaines vertus et significations inhérentes.

[3] Voir Bossuet, *L'Apocalypse avec une explication*, p.217: 'Le nom de Dioclétien avant qu'il fut empereur était Diocles. [...] Pour en faire un empereur, qui est ici ce que saint Jean a désigné par la bête, il ne faut qu'ajouter à son nom particulier *Diocles*, sa qualité *Augustus*, que les empereurs avaient en effet accoutumé de joindre à leur nom: aussitôt on verra paraître d'un coup d'œil dans les lettres numérales des Latins ainsi qu'il est convenable, s'agissant d'un empereur romain, le nombre 666. DIoCLes AUgUstUs: DCLXVI'. Voir aussi l'article 'Nombre' des *QE*, dans lequel Voltaire se moque de l'arithmétique de Bossuet.

[4] Erudit, penseur et créateur du système de droit naturel, le Hollandais Hugo Grotius (1583-1645) fut aussi un théologien important, l'auteur du célèbre *De veritate religionis christianae* (Paris, 1627), dont Voltaire possédait une traduction française (*Traité de la vérité de la religion chrétienne*, Amsterdam, 1728, BV1555), et des *Annotationes in Novum Testamentum* (Paris, 1644), ouvrage dans lequel, en n'identifiant pas le pape comme l'Antéchrist, il se distingue de la tradition exégétique protestante. Bossuet se réfère à Grotius dans la longue préface de son *Apocalypse avec une explication*.

[5] Allusion à l'*Explication de l'Apocalypse par l'histoire ecclésiastique pour prémunir les catholiques et les nouveaux convertis contre la fausse interprétation des ministres* (Bourges, 1692) de Joachim Trotti de La Chétardie (1636-1714), curé de Saint-Sulpice, où il fonde les Ecoles chrétiennes dominicales, chargé par Louis XIV d'essayer de terminer l'affaire du jansénisme, et auteur également du *Catéchisme, ou abrégé de la doctrine chrétienne* (Bourges, 1688). La Chétardie s'opposait aux interprétations protestantes de l'Apocalypse en suivant, selon lui, l'exemple de saint Jérôme, à savoir la méthode dite historique, ce qui le menait selon toute apparence à conclure que l'empereur apostat romain Julien (361-63) était l'antéchrist (*Explication de l'Apocalypse*, p.322-40).

[6] Allusion à l'ouvrage du célèbre protestant Pierre Jurieu, *L'Accomplissement des prophéties, ou la délivrance prochaine de l'Eglise* (Rotterdam, 1688; 1689-1690,

démontré que c'est Louis XIV. [7] Un bon catholique a démontré que 105
c'est le roi d'Angleterre Guillaume; il n'est pas aisé de les accorder
tous. [8]

Il y a eu des vives disputes, concernant les étoiles qui tombèrent
du ciel sur la terre, [9] et touchant le soleil et la lune qui furent frappés
à la fois de ténèbres dans leurs troisièmes parties. [10] 110

Il y a eu plusieurs sentiments sur le livre que l'ange fit manger à
l'auteur de l'Apocalypse, lequel livre fut doux à la bouche et amer

---

107-108 K84, K12: tous. [*avec note*: Un savant moderne a prétendu prouver que
cette bête de l'Apocalypse n'est autre chose que l'empereur Caligula. Le nombre 666
est la valeur numérale des lettres de son nom. Ce livre est, selon l'auteur, une
prédiction des désordres du règne de Caligula faite après coup, et à laquelle on ajouta
des prédictions équivoques de la ruine de l'empire romain. Voilà par quelle raison les 5
protestants qui ont voulu trouver dans l'Apocalypse la puissance papale et sa
destruction, ont rencontré quelques explications très frappantes.] ¶Il
108 K84, K12: eu de vives

BV1763). Petit-fils de Pierre Du Moulin, théologien protestant et l'auteur de *De
l'accomplissement des prophéties* (Paris, 1624), ouvrage dans lequel Du Moulin prédit
que le règne de la papauté se terminera en 1689, Jurieu, en bon protestant, fait écho
aux injures de Luther à l'égard du pape (voir *Essai sur les mœurs*, ch.128, t.2, p.219,
221), tout en cherchant à faire revivre les idées de son grand-père. Sur Jurieu, voir
aussi l'article 'Prophéties' des *QE*.

[7] A l'affût de son pouvoir et de ses ambitions territoriales dans les années 1680,
Louis XIV se voit présenter comme l'incarnation de l'Antéchrist par, entre autres,
Gregorio Leti (1630-1701), historien calviniste d'origine italienne, auteur en 1689 de
la *Monarchia universale del re Luigi XIV*, ouvrage traduit en français sous le titre *La
Monarchie universelle de Louis XIV* (Amsterdam, 1689). Voltaire fait allusion à Leti,
'qui faisait des histoires comme les poules pondent des œufs', dans une lettre à
Cramer en janvier/février 1766 (D13145). Voltaire possédait plusieurs de ces mêmes
histoires (voir BV2065-BV2070), mais non pas celle consacrée à Louis XIV.

[8] Depuis le seizième siècle, certains catholiques et protestants ont eu à maintes
reprises l'occasion de se traiter mutuellement d'Antéchrist. Pour les catholiques,
Luther fut l'Antéchrist; le pape le fut pour les protestants (voir *Candide*, ch.3, *OCV*,
t.48, p.128). Voltaire met en lumière cet antagonisme irrationnel dans l'article
'Fanatisme' du *DP* (*OCV*, t.36, p.106). Il évoque l'Antéchrist dans d'autres
ouvrages – voir, par exemple, *Histoire de l'empire de Russie* (*OCV*, t.46, p.608),
Histoire de Charles XII (*OCV*, t.4, p.187-88) et *Essai sur les mœurs* (ch.191, t.2, p.759).

[9] Apocalypse 6:13.
[10] Apocalypse 8:12.

dans le ventre.[11] Jurieu prétendait que les livres de ses adversaires étaient désignés par là: et on rétorquait son argument contre lui.[12]

On s'est querellé sur ce verset, '*J'entendis une voix dans le ciel, comme la voix des grandes eaux, et comme la voix d'un grand tonnerre; et cette voix que j'entendis était comme des harpeurs harpant sur leurs harpes.*'[13] Il est clair qu'il valait mieux respecter l'Apocalypse que la commenter.

Le Camus évêque du Belley fit imprimer au siècle précédent un gros livre contre les moines, qu'un moine défroqué abrégea; il fut intitulé *Apocalypse*, parce qu'il y révélait les défauts et les dangers de la vie monacale; Apocalypse de Méliton, parce que Méliton évêque de Sardes au second siècle avait passé pour prophète.[14] L'ouvrage de cet évêque n'a rien des obscurités de l'Apocalypse de saint Jean; jamais on ne parla plus clairement. L'évêque ressemble à ce magistrat qui disait à un procureur; *Vous êtes un faussaire, un fripon. Je ne sais si je m'explique.*

L'évêque du Belley suppute dans son apocalypse ou révélation, qu'il y avait de son temps quatre-vingt-dix-huit ordres de moines rentés ou mendiants, qui vivaient aux dépens des peuples sans rendre le moindre service, sans s'occuper du plus léger travail. Il comptait six cent mille moines dans l'Europe. Le calcul est un peu

---

123   70, 71N, 71A, W68: monacale; Méliton, parce

[11] Apocalypse 10:9-10.

[12] Allusion tout d'abord à la fin du troisième chapitre de *L'Accomplissement des prophéties* de Jurieu. En revanche, Bossuet, par exemple, commente ces versets ainsi: 'C'est une consolation de voir la puissance de Dieu exercée sur ses ennemis' (*L'Apocalypse avec une explication*, p.134).

[13] Apocalypse 14:2. Voir à ce propos La Chétardie, *Explication de l'Apocalypse par l'histoire ecclésiastique*, p.346-52.

[14] *L'Apocalypse de Méliton, ou révélations de mystères cénobitiques, par Méliton* (Saint-Léger, 1662; réimpression, 1668), abrégé par Claude Pithois des *Eclaircissements de Méliton sur les Entretiens curieux d'Hermodore* (s.l., 1635), ouvrage de Jean-Pierre Camus (1584-1652), évêque de Belley, auteur d'ouvrages de spiritualité et de romans. Voltaire renvoie le lecteur à *L'Apocalypse de Méliton* à la fin de l'article 'Abbé, abbaye'; il s'y réfère aussi dans l'article 'Biens d'Eglise'.

enflé. Mais il est certain que le nombre des moines était un peu trop
grand. [15]   135

Il assure que les moines sont les ennemis des évêques, des curés
et des magistrats. [16]

Que parmi les privilèges accordés aux cordeliers, le sixième
privilège, est la sûreté d'être sauvé, quelque crime horrible qu'on
ait commis, (a) pourvu qu'on aime l'ordre Saint François.   140

Que les moines ressemblent aux singes: (b) plus ils montent
haut, plus on voit leur cul.

(c) Que le nom de *moine* est devenu si infâme et si exécrable,
qu'il est regardé par les moines mêmes comme une sale injure et
comme le plus violent outrage qu'on leur puisse faire.   145

Mon cher lecteur, qui que vous soyez, un ministre ou magistrat,
considérez avec attention ce petit morceau du livre de notre
évêque.

(d) 'Représentez-vous un couvent de l'Escurial, ou du mont
Cassin, où les cénobites ont toutes sortes de commodités néces-   150
saires, utiles, délectables, superflues, surabondantes, puisqu'ils ont

(a) Page 89.
(b) Page 105.
(c) Page 101.
(d) Pages 160 et 161.

140 K84, K12: l'ordre de Saint
146 K84, K12: soyez, ou ministre
149 K84, K12: Représentez-vous le couvent

[15] Cette critique des vœux monastiques, et particulièrement des moines
mendiants, récurrente chez les philosophes des Lumières, rappelle notamment
Des embellissements de la ville de Cachemire (*OCV*, t.31B, p.257), le *Dialogue entre un
philosophe et un contrôleur-général des finances* (*OCV*, t.32A, p.88), l'article 'Les
vœux' paru dans les *Nouveaux Mélanges* en 1765 (*M*, t.20, p.588-90), et les articles
'Droit canonique', 'Fêtes des saints' et 'Population' des *QE*.

[16] Voltaire fait remarquer dans sa *Lettre d'un ecclésiastique*: 'Les moines ont
toujours été dans une espèce de guerre contre les curés et les évêques: consultez sur
cela l'évêque de Belley, dans son *Apocalypse de Méliton*' (*M*, t.29, p.288).

les cent cinquante mille, les quatre cent mille, les cinq cent mille écus de rente; et jugez si monsieur l'abbé a de quoi laisser dormir la méridienne à ceux qui voudront.

'D'un autre côté représentez-vous un artisan, un laboureur, qui n'a pour tout vaillant que ses bras, chargé d'une grosse famille, travaillant tous les jours en toute saison, comme un esclave, pour la nourrir du pain de douleur, et de l'eau des larmes; et puis, faites comparaison de la prééminence de l'une ou de l'autre condition en fait de pauvreté.'

Voilà un passage de l'*Apocalypse épiscopale*, qui n'a pas besoin de commentaires: il n'y manque qu'un ange qui vienne remplir sa coupe du vin des moines pour désaltérer les agriculteurs, qui labourent, sèment et recueillent pour les monastères.

Mais ce prélat ne fit qu'une satire au lieu de faire un livre utile. Sa dignité lui ordonnait de dire le bien comme le mal. Il fallait avouer que les bénédictins ont donné beaucoup de bons ouvrages, que les jésuites ont rendu de grands services aux belles-lettres.[17] Il fallait bénir les frères de la charité et ceux de la rédemption des captifs.[18] Le premier devoir est d'être juste. Le Camus se livrait trop à son imagination. Saint François de Sales lui conseilla de faire des romans de morale; mais il abusa de ce conseil.

---

161   K12: besoin de commentaire: il

[17] Echo d'une observation dans *Le Temple du goût*: 'Un janséniste dira que les jésuites se fourrent partout: mais la vérité est que de tous les religieux, les jésuites sont ceux qui entendent le mieux les belles-lettres, et qu'ils ont toujours réussi dans l'éloquence et dans la poésie' (*OCV*, t.9, p.166).

[18] Rappel de l'article 'Des médecins' paru dans les *Nouveaux Mélanges* en 1765: 'Il se trouva enfin, vers l'an 1517 un citoyen nommé Jean, animé d'un zèle charitable; ce n'est pas Jean Calvin que je veux dire, c'est Jean surnommé de Dieu, qui institua les frères de la Charité. Ce sont, avec les religieux de la rédemption des captifs, les seuls moines utiles' (*M*, t.20, p.58).

APOCRYPHE,

du mot grec qui signifie 'caché'

On remarque très bien, dans le Dictionnaire encyclopédique, que les divines Ecritures pouvaient être à la fois sacrées et apocryphes; sacrées, parce qu'elles sont indubitablement dictées par Dieu même; apocryphes, parce qu'elles étaient cachées aux nations, et même au peuple juif.[1]

Qu'elles fussent cachées aux nations, avant la traduction grecque faite dans Alexandrie sous les Ptolomées, c'est une

5

---

a   K84, K12: Apocryphes

---

* La question des apocryphes est récurrente dans l'œuvre de Voltaire qui ne cesse d'énumérer ceux qui couraient parmi les premiers chrétiens et de dénoncer des fraudes pieuses (voir par exemple *La Philosophie de l'histoire*, *OCV*, t.59, p.195-96). Il se moque à maintes reprises du miracle de leur séparation des livres canoniques au concile de Nicée: 'on les met tous sur une table, et les apocryphes tombent tous à terre' (*De la paix perpétuelle par le docteur Goodheart*, *M*, t.28, p.121). En 1769 il a fait paraître sa *Collection d'anciens évangiles* (*OCV*, t.69, p.3-245) et *Dieu et les hommes* (*OCV*, t.69, p.249-506). Il dispose des deux recueils, les plus complets de l'époque, des textes apocryphes, le *Codex apocryphus Novi Testamenti* de Johann Albert Fabricius (2e éd., Hambourg, 1719-1743, BV1284), le *Spicilegium SS. Patrum, ut et haereticorum* de Johann Ernst Grabe (Oxford, 1700, BV1509), et il utilise à maintes reprises l'ouvrage de Jean Baptiste Cotelier, *SS. Patrum, qui temporibus apostolicis floruerunt, Barnabae, Clementis, Hermae, Ignatii, Polycarpi opera, vera et supposititia* (Amsterdam, 1724, BV877). Bien qu'ayant déjà beaucoup écrit sur ce sujet, Voltaire, pour lequel les apocryphes restent une pièce de choix dans son combat contre l'infâme, fait de nouveau le point dans les *QE* tout en reprenant dans les lignes 105-217 et 224-73 la plus large partie des chapitres 24, 'D'une vie de Moïse très curieuse, écrite par les Juifs après la captivité', et 25, 'De la mort de Moïse', de *Dieu et les hommes* (*OCV*, t.69, p.385-89, 390-93). Cet article paraît en novembre/décembre 1770 (70, t.2).

[1] Résumé fidèle du deuxième paragraphe de l'article 'Apocryphe' rédigé par l'abbé Mallet (*Encyclopédie*, t.1, p.529). C'est Voltaire toutefois qui – au niveau des Ecritures – insiste sur le fait qu'elles 'sont indubitablement dictées par Dieu même'.

vérité reconnue. Joseph l'avoue (*a*) dans la réponse qu'il fit à Appion,[2] après la mort d'Appion; et son aveu n'en a pas moins de poids, quoiqu'il prétende le fortifier par une fable. Il dit dans son histoire, (*b*) que les livres juifs étant tous divins, nul historien, nul poète étranger n'en avait osé jamais parler.[3] Et immédiatement après avoir assuré que jamais personne n'osa s'exprimer sur les lois juives, il ajoute que l'historien Théopompe ayant eu seulement le dessein d'en insérer quelque chose dans son histoire, Dieu le rendit fou pendant trente jours; qu'ensuite ayant été averti dans un songe qu'il n'était fou, que pour avoir voulu connaître les choses divines, et les faire connaître aux profanes, il en demanda pardon à Dieu, qui le remit dans son bon sens.[4]

Joseph, au même endroit, rapporte encore qu'un poète nommé Théodecte, ayant dit un mot des Juifs, dans ses tragédies, devint aveugle, et que Dieu ne lui rendit la vue qu'après qu'il eut fait pénitence.[5]

(*a*) Livre 1, ch.4.
(*b*) Livre 12, ch.2.

12 K84, K12: avait jamais osé parler

[2] Le souverain pontife, Eléazar, répondant à l'appel de Ptolomée II, dit Philadelphe (pharaon de 285 à 247 av. J.-C.) – qui avait ordonné la traduction du Pentateuque – lui envoya à Alexandrie les six membres les plus savants en hébreu et en grec de chacune des douze tribus. D'où le nom donné au résultat de leurs travaux: *la Version des Septante.* Josèphe ne dit pas ouvertement que les Ecritures avaient été 'cachées aux nations'. C'est par contre une évidente interprétation de son texte dans le quatrième chapitre du *deuxième* (et non du premier livre) de *Contra Apionem.*

[3] Effectivement cette déclaration se trouve telle quelle dans les *Antiquités judaïques* (livre 12, section 14).

[4] Théopompe, orateur et historien grec (378-v.320 av. J.-C.). De son *Histoire de la Grèce* en douze livres, et des *Philippiques*, l'histoire de Philippe V, roi de Macédoine, en cinquante-huit livres, il ne reste que des fragments. Voltaire rapporte l'anecdote de Josèphe (*Antiquités judaïques*, livre 12, section 14) de façon fidèle. Il aurait pu faire remarquer que Théopompe vivait à une époque bien antérieure à la traduction en grec des Ecritures qui logiquement lui avaient été cachées aussi.

[5] Le renvoi et les informations sont exacts. Théodecte, poète tragique et orateur, vivait vers le milieu du quatrième siècle. Il avait composé une cinquantaine de tragédies, dont il ne reste que de rares fragments.

Quant au peuple juif, il est certain qu'il y eut des temps où il ne put lire les divines Ecritures, puisqu'il est dit dans le quatrième livre des Rois (c), et dans le deuxième des Paralipomènes (d), [6] que sous le roi Josias on ne les connaissait pas, et qu'on en trouva par hasard un seul exemplaire dans un coffre, chez le grand-prêtre Helcias ou Helkia. 25

Les dix tribus, qui furent dispersées par Salmanasar, n'ont jamais reparu; et leurs livres, s'ils en avaient, ont été perdus avec elles. Les deux tribus, qui furent esclaves à Babilone, et qui revinrent au bout de soixante et dix ans, n'avaient plus leurs livres; [7] ou du moins ils étaient très rares et très défectueux, puisque Esdras fut obligé de les rétablir. [8] Mais quoique ces livres fussent apocryphes pendant la captivité de Babilone, c'est-à-dire, cachés, inconnus au peuple, ils étaient toujours sacrés; ils portaient le sceau de la Divinité, ils étaient, comme tout le monde en convient, le seul monument de vérité qui fût sur la terre. 30 35

Nous appelons aujourd'hui *apocryphes* les livres qui ne méritent 40

(c) Ch.22, verset 8.
(d) Ch.34, verset 14.

31   K84, K12: livres, si elles en

[6] Les références sont exactes.

[7] Salmanasar, roi d'Assyrie, qui régna de 725 à 721 av. J.-C., détruisit le royaume du roi Osée, et emmena en captivité la plus grande partie de la nation juive. Ici Voltaire semble confondre Salmanasar et Nabuchodonosor II. C'est à la suite de la révolte de Sédécias que Nabuchodonosor envahit le pays (587 av. J.-C.) et à son tour emmena la plus grande partie de la population en esclavage d'où ne devaient revenir que les familles appartenant aux tribus de Benjamin et de Juda.

[8] Un des restaurateurs de la nationalité juive, Esdras obtint d'Artaxerce Longue-Main la permission de ramener en Palestine les Juifs qui restaient encore dans ses Etats. En 467 av. J.-C., Esdras fut de retour à Jérusalem où il travailla au rétablissement du culte et à la révision des Ecritures. Regardé par certains comme l'auteur des Paralipomènes et des deux derniers livres des Rois, il composa les livres d'Esdras et de Néhémie (lesquels racontent le retour des Juifs et la reconstruction du Temple, de la religion et de l'identité juives).

aucune créance,[9] tant les langues sont sujettes au changement. Les catholiques et les protestants s'accordent à traiter d'apocryphes en ce sens et à rejeter

La Prière de Manassé, roi de Juda, qui se trouve dans le quatrième livre des Rois.

Le troisième et quatrième livre des Machabées.

Le quatrième livre d'Esdras, quoiqu'ils soient incontestablement écrits par des Juifs; mais on nie que les auteurs aient été inspirés de Dieu, ainsi que les autres Juifs.

Les autres livres juifs, rejetés par les seuls protestants, et regardés par conséquent comme non inspirés par Dieu même, sont

La Sagesse, quoiqu'elle soit écrite du même style que les Proverbes.

L'Ecclésiastique, quoique ce soit encore le même style.

Les deux premiers livres des Machabées, quoiqu'ils soient écrits par un Juif; mais ils ne croient pas que ce Juif ait été inspiré de Dieu.

Tobie, quoique le fond en soit édifiant. Le judicieux et profond Calmet affirme,[10] qu'une partie de ce livre fut écrite par Tobie

---

46 K84, K12: *et le quatrième*

[9] L'opinion de Calmet est plus nuancée: 'Il y a [...] divers degrés entre les livres apocryphes. Les uns sont absolument faux, dangereux, impies, composés par des hérétiques [...]. D'autres sont simplement apocryphes, ne contenant rien de contraire à la foi et aux bonnes mœurs, et que l'on peut lire en particulier avec édification' (*Dictionnaire de la Bible*, Paris, 1730, BV615, t.1, p.255). Voltaire aborde pour la première fois la critique des fraudes pieuses des premiers chrétiens dans le chapitre 9 de l'*Essai sur les mœurs* (t.1, p.288-95). La position qu'il y adopte préfigure largement celle que l'on trouve dans la *Collection d'anciens évangiles* (*OCV*, t.69, p.3-245).

[10] La formule 'judicieux et profond' n'équivaut pas à un assassinat par antiphrase. Voltaire (malgré certaines réflexions désobligeantes proférées à l'égard de Dom Antoine-Augustin Calmet) était un sincère admirateur – et surtout constant utilisateur – de ses vastes connaissances de l'Ecriture. Pendant des années, Voltaire utilise sans arrière-pensée ces mêmes termes approbateurs (voir, par exemple, *La Pucelle*, *OCV*, t.7, p.334; *Traité sur la tolérance*, *OCV*, t.56c, p.204; articles 'Apôtres', 'Argent', 'Emblème', etc., des *QE*). Une déclaration contenue dans *Le Marseillais et le lion* ferait même croire que Voltaire considérait cette approbation comme générale car il y évoque: 'le révérend père Dom Calmet dont le profond jugement est reconnu de tout le monde' (*OCV*, t.66, p.753).

père, et l'autre par Tobie fils, et qu'un troisième auteur ajouta la
conclusion du dernier chapitre, laquelle dit, que le jeune Tobie   60
mourut à l'âge de 99 ans, et que ses enfants l'*enterrèrent gaîment*.[11]

Le même Calmet, à la fin de sa préface, s'exprime ainsi: (*e*) 'Ni
cette histoire en elle-même, ni la manière dont elle est racontée, ne
portent en aucune manière le caractère de fable, ou de fiction. S'il
fallait rejeter toutes les histoires de l'Ecriture où il paraît du   65
merveilleux et de l'extraordinaire, où serait le livre sacré que
l'on pourrait conserver?'[12]

Judith, quoique Luther lui-même déclare (*f*) que 'ce livre est
beau, bon, saint, utile, et que c'est le discours d'un saint poète et
d'un prophète animé du Saint-Esprit, qui nous instruit, etc.'[13]   70

Il est difficile à la vérité de savoir en quel temps se passa l'aventure
de Judith, et où était située la ville de Béthulie.[14] On a disputé
aussi beaucoup sur le degré de sainteté de l'action de Judith;[15] mais

(*e*) Préface de Tobie.
(*f*) Luther dans la préface allemande du livre de Judith.

[11] Calmet, *Commentaire littéral* (Paris, 1724-1726, BV613), t.4, p.379. Les
informations concernant la rédaction nous sont fidèlement rapportées. La transcription du texte est toutefois quelque peu infidèle. Calmet avait écrit, non 'l'enterrèrent
gaîment', mais 'l'ensevelirent avec joie'.

[12] La citation prise dans le texte de Calmet est fidèle sauf en un seul endroit où
Voltaire change le style. L'original porte: 'où serait le livre sacré que l'on pût
conserver?' (*Commentaire littéral*, t.4, p.382)

[13] Nous ne savons si Voltaire avait pu consulter le texte même de Luther. Il est
plus probable qu'il se soit basé sur Calmet.

[14] Bellarmin, Petau et Salien plaçaient l'histoire de Judith vers 688 av. J.-C., sous
le règne de Nabuchodonosor. Saint Augustin, Sulpice Sévère, Bède et Torniel
préféraient privilégier le règne de Xerxès, plus de deux cents ans plus tard, après la
captivité de Babylone. Calmet – ayant examiné ce problème sous toutes ses faces,
ainsi que celui de l'emplacement exact de la ville de Béthulie – s'avoue tout à fait
indécis (*Commentaire littéral*, t.3, p.441, 442-43).

[15] Judith délivra la ville de Béthulie, assiégée par les Assyriens, au moyen de son
extrême beauté qui avait séduit le général ennemi, Holopherne. Introduite dans sa
chambre, et l'y trouvant ivre, elle lui coupa la tête. Quant à la moralité de sa
conduite, Voltaire devait dire, dans *La Bible enfin expliquée*: 'une honnête femme
serait encore plus embarrassée à justifier la conduite de la belle Judith. Aller coucher

453

le livre ayant été déclaré canonique au concile de Trente, il n'y a plus
à disputer. [16]

Baruch, quoiqu'il soit écrit du style de tous les autres prophètes.

Esther. Les protestants n'en rejettent que quelques additions
après le chapitre dix; mais ils admettent tout le reste du livre, encore
que l'on ne sache pas qui était le roi Assuérus, personnage principal
de cette histoire.

Daniel. Les protestants en retranchent l'aventure de Susanne, et
des petits enfants dans la fournaise; mais ils conservent le songe de
Nabucodonosor et son habitation avec les bêtes.

De la vie de Moïse, livre apocryphe
de la plus haute antiquité

L'ancien livre qui contient la vie et la mort de Moïse, paraît écrit du
temps de la captivité de Babilone. Ce fut alors que les Juifs
commencèrent à connaître les noms que les Chaldéens et les
Perses donnaient aux anges. (*g*)

C'est là qu'on voit les noms de Zinguiel, Samaël, Tsakon,
Lakah, et beaucoup d'autres dont les Juifs n'avaient fait aucune
mention.

Le livre de la mort de Moïse paraît postérieur. Il est reconnu que
les Juifs avaient plusieurs vies de Moïse très anciennes, et d'autres
livres indépendamment du Pentateuque. Il y était appelé Moni, et

(*g*) Voyez 'Ange'.

---

avec un général d'armée pour lui couper la tête, cela n'est pas modeste' (*M*, t.30,
p.253). Calmet s'était avoué choqué par sa conduite 'impudique' (*Commentaire
littéral*, t.3, p.491-92). A la fin de son commentaire, il adopte toutefois une autre
position sur cette histoire: 'Mais si on l'envisage par des vues supérieures et plus
relevées, nous verrons dans Judith une vraie figure de l'Eglise de Jésus-Christ' (t.3,
p.516).

[16] A vrai dire, le livre de Judith avait été reçu au nombre des livres canoniques par
le concile de Nicée (325 ap. J.-C.) et le concile de Carthage (330). Ces décisions
furent entérinées par le concile de Trente (1545).

non pas Moïse; et on prétend que *mo* signifiait de l'*eau*, et *ni* la particule *de*. On le nomma aussi du nom général Melk; on lui donna 95 ceux de Joakim, Adamosi, Tehtmosi, et surtout on a cru que c'était le même personnage que Manethon appelle Ozarziph.[17]

Quelques-uns de ces vieux manuscrits hébraïques furent tirés de la poussière des cabinets des Juifs vers l'an 1517. Le savant Gilbert Gaumin,[18] qui possédait la langue parfaitement, les traduisit en 100 latin vers l'an 1635. Ils furent imprimés ensuite et dédiés au cardinal de Bérule. Les exemplaires sont devenus d'une rareté extrême.[19]

Jamais le rabbinisme, le goût du merveilleux, l'imagination orientale, ne se déployèrent avec plus d'excès.

Fragment de la vie de Moïse[20]

Cent trente ans après l'établissement des Juifs en Egypte, et 105 soixante ans après la mort du patriarche Joseph, le pharaon eut

100   K84, K12: possédait leur langue
101   K84, K12: l'an 1535. Ils

[17] Calmet avait écrit: 'Un auteur hébreu cité par M. Gaulmin dans ses notes sur le livre de la vie de Moïse, chapitre 3, dit que le nom égyptien de Moïse était *Monios*. *Mo* en cette langue signifie de l'*eau*, *ni* signifie *de*' (*Commentaire littéral*, t.1, p.389). Les autres détails concernant les noms donnés à Moïse se trouvent de même chez Calmet.

[18] D'après Voltaire: 'les Juifs d'Italie [les] firent imprimer dans Venise au quinzième siècle, et le célèbre Gaulmin, conseiller d'Etat, l'enrichit de notes en latin. Fabricius les a insérées dans sa traduction latine de la *Vie et de la mort de Moïse*, autre ancien ouvrage plus que rabbinique, écrit, à ce qu'on a prétendu, vers le temps d'Esdras' (*A Monsieur Du M***, membre de plusieurs académies, sur plusieurs anecdotes*, M, t.30, p.347). Gilbert Gaumin (1585-1665), intendant du Nivernais, se comptait parmi les érudits distingués de son époque.

[19] Voltaire avait cherché à se procurer cet ouvrage (*De vita et morte Mosis*, Hambourg, 1714, BV957) dès juin 1765 (voir sa lettre à Cramer, D12636). Il est évident, par une lettre à Marmontel du 13 janvier 1768 (D14665), qu'il avait dû éprouver des difficultés pour le dénicher: 'Où diable avez-vous trouvé le livre de Gaumin? Savez-vous bien que rien n'est plus rare, et que j'ai été obligé de le faire venir de Hambourg?' Voltaire a mis des signets dans son exemplaire (*CN*, t.3, p.64).

[20] Voltaire reproduit ici le chapitre 24 de *Dieu et les hommes* (1769, *OCV*, t.69, p.385-89), à l'exception du premier et du dernier paragraphes, et avec l'ajout d'un sous-titre et quelques menues modifications.

un songe en dormant. Un vieillard tenait une balance; dans l'un des bassins étaient tous les habitants de l'Egypte, dans l'autre était un petit enfant, et cet enfant pesait plus que tous les Egyptiens ensemble. Le pharaon appelle aussitôt ses shotim, ses sages. L'un des sages lui dit: *O roi! cet enfant est un Juif, qui fera un jour bien du mal à votre royaume. Faites tuer tous les enfants des Juifs, vous sauverez par là votre empire, si pourtant on peut s'opposer aux ordres du destin.*

Ce conseil plut à Pharaon, il fit venir les sages-femmes, et leur ordonna d'étrangler tous les mâles dont les Juives accoucheraient... Il y avait en Egypte un homme nommé Abraham fils de Keath, mari de Jocabed sœur de son frère. Cette Jocabed lui donna une fille nommée Marie, qui signifie *persécutée*, parce que les Egyptiens descendants de Cham persécutaient les Israélites descendants évidemment de Sem. Jocabed accoucha ensuite d'Aaron, qui signifie *condamné à mort*, parce que le pharaon avait condamné à mort tous les enfants juifs. Aaron et Marie furent préservés par les anges du Seigneur, qui les nourrirent aux champs, et qui les rendirent à leurs parents quand ils furent dans l'adolescence.

Enfin Jocabed eut un troisième enfant: ce fut Moïse (qui par conséquent avait quinze ans de moins que son frère). Il fut exposé sur le Nil. La fille du pharaon le rencontra en se baignant, le fit nourrir, et l'adopta pour son fils, quoiqu'elle ne fût point mariée.

Trois ans après, son père le pharaon prit une nouvelle femme; il fit un grand festin, sa femme était à sa droite, sa fille était à sa gauche avec le petit Moïse. L'enfant en se jouant lui prit sa couronne et la mit sur sa tête. Balaam le magicien, eunuque du roi, se ressouvint alors du songe de Sa Majesté. Voilà, dit-il, cet enfant qui doit un jour vous faire tant de mal; l'esprit de Dieu est en lui. Ce qu'il vient de faire est une preuve qu'il a déjà un dessein formel de vous détrôner. Il faut le faire périr sur-le-champ. Cette idée plut beaucoup au pharaon.

On allait tuer le petit Moïse, lorsque Dieu envoya sur-le-champ

120-21   70, 71N, 71A: Israëlites. Jocabed accoucha

son ange Gabriel déguisé en officier du pharaon, et qui lui dit;   140
Seigneur, il ne faut pas faire mourir un enfant innocent qui n'a pas
encore l'âge de discrétion; il n'a mis votre couronne sur sa tête que
parce qu'il manque de jugement. Il n'y a qu'à lui présenter un rubis
et un charbon ardent; s'il choisit le charbon, il est clair que c'est un
imbécile qui ne sera pas dangereux; mais s'il prend le rubis, c'est   145
signe qu'il y entend finesse, et alors il faut le tuer.

Aussitôt on apporte un rubis et un charbon; Moïse ne manque
pas de prendre le rubis; mais l'ange Gabriel par un *léger de main*,
glisse le charbon à la place de la pierre précieuse. Moïse mit le
charbon dans sa bouche, et se brûla la langue si horriblement qu'il   150
en resta bègue toute sa vie; et c'est la raison pour laquelle le
législateur des Juifs ne put jamais articuler.

Moïse avait quinze ans et était favori du pharaon. Un Hébreu
vint se plaindre à lui, de ce qu'un Egyptien l'avait battu après avoir
couché avec sa femme. Moïse tua l'Egyptien. Le pharaon ordonna   155
qu'on coupât la tête à Moïse. Le bourreau le frappa; mais Dieu
changea sur-le-champ le cou de Moïse en colonne de marbre; et
envoya l'ange Michel qui en trois jours de temps conduisit Moïse
hors des frontières.

Le jeune Hébreu se réfugia auprès de Mécano roi d'Ethiopie, qui   160
était en guerre avec les Arabes. Mécano le fit son général d'armée,
et après la mort de Mécano, Moïse fut élu roi et épousa la veuve.
Mais Moïse, honteux d'épouser la femme de son seigneur, n'osa
jouir d'elle, et mit une épée dans le lit entre lui et la reine. Il
demeura quarante ans avec elle sans la toucher. La reine irritée   165
convoqua enfin les états du royaume d'Ethiopie, se plaignit de ce
que Moïse ne lui faisait rien, et conclut à le chasser, et à mettre sur le
trône le fils du feu roi.

Moïse s'enfuit dans le pays de Madian chez le prêtre Jéthro. Ce
prêtre crut que sa fortune était faite s'il remettait Moïse entre les   170
mains du pharaon d'Egypte, et il commença par le faire mettre dans

142   w68: sur la tête
148   71n, k12: *léger tour de*

un cul-de-basse-fosse, où il fut réduit au pain et à l'eau. Moïse engraissa à vue d'œil dans son cachot. Jéthro en fut tout étonné. Il ne savait pas que sa fille Séphora était devenue amoureuse du prisonnier, et lui portait elle-même des perdrix et des cailles avec d'excellent vin. Il conclut que Dieu protégeait Moïse, et ne le livra point au pharaon.

Cependant le prêtre Jéthro voulut marier sa fille; il avait dans son jardin un arbre de saphir sur lequel était gravé le nom de Jaho ou Jéhova. Il fit publier dans tout le pays qu'il donnerait sa fille à celui qui pourrait arracher l'arbre de saphir. Les amants de Séphora se présentèrent, aucun d'eux ne put seulement faire pencher l'arbre. Moïse qui n'avait que soixante et dix-sept ans l'arracha tout d'un coup sans effort. Il épousa Séphora dont il eut bientôt un beau garçon nommé Gerson.

Un jour en se promenant il rencontra Dieu, qui se nommait auparavant Sadaï, et qui alors s'appelait Jéhova, dans un buisson, qui lui ordonna d'aller faire des miracles à la cour du pharaon: il partit avec sa femme et son fils. Ils rencontrèrent chemin faisant un ange qu'on ne nomme pas, qui ordonna à Séphora de circoncire le petit Gerson avec un couteau de pierre. Dieu envoya Aaron sur la route; mais Aaron trouva fort mauvais que son frère eût épousé une Madianite, il la traita de putain et le petit Gerson de bâtard; il les renvoya dans leur pays par le plus court.

Aaron et Moïse s'en allèrent donc tout seuls dans le palais du pharaon. La porte du palais était gardée par deux lions d'une grandeur énorme. Balaam l'un des magiciens du roi, voyant venir les deux frères, lâcha sur eux les deux lions; mais Moïse les toucha de sa verge, et les deux lions humblement prosternés léchèrent les pieds d'Aaron et de Moïse. Le roi tout étonné fit venir les deux pèlerins devant tous ses magiciens. Ce fut à qui ferait le plus de miracles.

186   71N: promenant vers un buisson il y rencontra
187-88   71N: Jéhova. Dieu lui
      K84, K12: buisson, et Dieu lui
193   K84, K12: traita de p... et

L'auteur raconte ici les dix plaies d'Egypte à peu près comme elles sont rapportées dans l'Exode. Il ajoute seulement que Moïse couvrit toute l'Egypte de poux jusqu'à la hauteur d'une coudée, et qu'il envoya chez tous les Egyptiens des lions, des loups, des ours, des tigres, qui entraient dans toutes les maisons, quoique les portes fussent fermées aux verrous, et qui mangeaient tous les petits enfants.

Ce ne fut point, selon cet auteur, les Juifs qui s'enfuirent par la mer Rouge, ce fut le pharaon qui s'enfuit par ce chemin avec son armée; les Juifs coururent après lui, les eaux se séparèrent à droite et à gauche pour les voir combattre; tous les Egyptiens, excepté le roi, furent tués sur le sable. Alors ce roi voyant bien qu'il avait à faire à forte partie, demanda pardon à Dieu. Michaël et Gabriel furent envoyés vers lui; ils le transportèrent dans la ville de Ninive où il régna quatre cents ans.

De la mort de Moïse[21]

Dieu avait déclaré au peuple d'Israël, qu'il ne sortirait point de l'Egypte à moins qu'il n'eût retrouvé le tombeau de Joseph. Moïse le retrouva, et le porta sur ses épaules en traversant la mer Rouge. Dieu lui dit, qu'il se souviendrait de cette bonne action, et qu'il l'assisterait à la mort.

Quand Moïse eut passé six-vingts ans, Dieu vint lui annoncer qu'il fallait mourir, et qu'il n'avait plus que trois heures à vivre. Le mauvais ange Samaël assistait à la conversation. Dès que la première heure fut passée, il se mit à rire de ce qu'il allait bientôt s'emparer de l'âme de Moïse, et Michaël se mit à pleurer. Ne te réjouis pas tant, méchante bête, dit le bon ange au mauvais, Moïse va mourir, mais nous avons Josué à sa place.

214-15   70, 71N, 71A, K12: avait affaire à forte

[21] Le chapitre 25 de *Dieu et les hommes* a le même titre. Les lignes 224-73 sont reprises avec quelques menues modifications. Voltaire réécrit le début du chapitre (lignes 218-24) et le dernier paragraphe (lignes 274-77)

Quand les trois heures furent passées, Dieu commanda à 23
Gabriel de prendre l'âme du mourant. Gabriel s'en excusa, Michaël
aussi. Dieu refusé par ces deux anges s'adresse à Zinguiel. Celui-ci
ne voulut pas plus obéir que les autres; C'est moi, dit-il, qui ai été
autrefois son précepteur, je ne tuerai pas mon disciple. Alors Dieu
se fâchant dit au mauvais ange Samaël, Eh bien, méchant, prends 23
donc son âme. Samaël plein de joie tire son épée et court sur Moïse.
Le mourant se lève en colère, les yeux étincelants; Comment,
coquin, lui dit Moïse, oserais-tu bien me tuer, moi qui étant enfant
ai mis la couronne d'un pharaon sur ma tête; qui ai fait des miracles
à l'âge de quatre-vingts ans; qui ai conduit hors d'Egypte soixante 24
millions d'hommes; qui ai coupé la mer Rouge en douze; qui ai
vaincu deux rois si grands que du temps du déluge, l'eau ne leur
venait qu'à mi-jambe? Va-t-en, maraud, sors de devant moi tout à
l'heure.

Cette altercation dura encore quelques moments. Gabriel 24
pendant ce temps-là prépara un brancard pour transporter l'âme
de Moïse; Michaël un manteau de pourpre; Zinguiel une soutane.
Dieu lui mit les deux mains sur la poitrine et emporta son âme.

C'est à cette histoire que l'apôtre saint Jude fait allusion dans son
épître, lorsqu'il dit que l'archange Michaël disputa le corps de 25
Moïse au diable. [22] Comme ce fait ne se trouve que dans le livre que
je viens de citer, il est évident que saint Jude l'avait lu, et qu'il le
regardait comme un livre canonique.

La seconde histoire de la mort de Moïse, est encore une
conversation avec Dieu. Elle n'est pas moins plaisante et moins 25
curieuse que l'autre. Voici quelques traits de ce dialogue.

Moïse. Je vous prie, Seigneur, de me laisser entrer dans la terre
promise, au moins pour deux ou trois ans.

Dieu. Non, mon décret porte que tu n'y entreras pas.

Moïse. Que du moins on m'y porte après ma mort. 26

241 K84, K12: en deux, qui

[22] Jude 9.

Dieu. Non, ni mort ni vif.

Moïse. Hélas! bon Dieu, vous êtes si clément envers vos créatures, vous leur pardonnez deux ou trois fois, je n'ai fait qu'un péché et vous ne me pardonnez pas!

Dieu. Tu ne sais ce que tu dis, tu as commis six péchés... Je me souviens d'avoir juré ta mort ou la perte d'Israël; il faut qu'un de ces deux serments s'accomplisse. Si tu veux vivre, Israël périra.

Moïse. Seigneur, il y a là trop d'adresse, vous tenez la corde par les deux bouts. Que Moïse périsse plutôt qu'une seule âme d'Israël.

Après plusieurs discours de la sorte, l'écho de la montagne dit à Moïse, Tu n'as plus que cinq heures à vivre. Au bout des cinq heures, Dieu envoya chercher Gabriel, Zinguiel et Samaël. Dieu promit à Moïse de l'enterrer, et emporta son âme.

Quand on fait réflexion que presque toute la terre a été infatuée de pareils contes, et qu'ils ont fait l'éducation du genre humain, on trouve les fables de Pilpay, de Lokman, d'Esope, bien raisonnables. [23]

Livres apocryphes de la nouvelle loi

I°. Cinquante évangiles, tous assez différents les uns des autres, dont il ne nous reste que quatre entiers, celui de Jacques, celui de Nicodème, celui de l'enfance de Jésus, et celui de la naissance de

265

270

275

280

277a-78   k84, k12: *loi* / Cinquante

[23] Dès l'époque de *La Pucelle* (*OCV*, t.7, p.566, n.6), Voltaire accole ces trois noms et y reviendra, avec la même formule, à plusieurs reprises pendant sa carrière. Pilpay, ou Bidpay, était un brahmane légendaire, auteur supposé des anciens apologues indiens. Lokman, ou Lugman, était de même un personnage légendaire du paganisme arabe. Les fables qu'on lui attribue sont des traductions arabes des fables d'Esope (voir *Essai sur les mœurs*, ch.5, t.1, p.247). Les fables de Pilpay, recueil du quatrième siècle, étaient connues en France par deux traductions (*Livre des lumières ou la conduite des rois composé par le sage Pilpay, indien*, trad. Gilbert Gaumin, Paris, 1644; *Les Contes et fables indiennes de Bid-Paï et de Lokman*, trad. Antoine Galland, Paris, 1724).

Marie. Nous n'avons des autres que des fragments et de légères notices.[24]

Le voyageur Tournefort envoyé par Louis XIV en Asie, nous apprend que les Géorgiens ont conservé l'*Evangile de l'enfance*, qui leur a été probablement communiqué par les Arméniens. (Tournefort, lettre XIX.)[25]

Dans les commencements plusieurs de ces évangiles, aujourd'hui reconnus comme apocryphes, furent cités comme authentiques, et furent même les seuls cités. On trouve dans les *Actes des apôtres* ces mots que prononce saint Paul: (*h*) *Il faut se souvenir des paroles du Seigneur Jésus: car lui-même a dit, Il vaut mieux donner que recevoir.*[26]

Saint Barnabé, ou plutôt saint Barnabas, fait parler ainsi Jésus-

(*h*) Ch.20, verset 25.

282-83 K84, K12: notices. [*avec note*: Voyez la *Collection d'anciens évangiles*, volume 2 [K12: volume 5], de *Philosophie*.] ¶Le

[24] A partir d'ici Voltaire commence à avoir massivement recours à l'ouvrage de Fabricius, *Codex apocryphus Novi Testamenti*, ouvrage utilisé dans la confection, en 1769, de sa *Collection d'anciens évangiles*. Tout ce premier paragraphe est un renvoi discret au *Codex* où l'on trouve la liste des cinquante évangiles et, en entier, les évangiles de Jacques, de Nicodème, de l'enfance de Jésus, et de la naissance de Marie (voir la *Collection d'anciens évangiles*, OCV, t.69, p.1-245, *passim*). La dernière phrase renvoie au titre que Fabricius donna à cette collection (t.1, p.335): '*Notitia et fragmenta Evangeliorum (XL fere) apocryphorum, ordine alphabetico dispositorum*'.

[25] Dans le 'Catalogue des écrivains' du *Siècle de Louis XIV*, on lit: 'Tournefort (Joseph Pitton de), né en Provence en 1656, le plus grand botaniste de son temps. Il fut envoyé par Louis XIV en Espagne, en Angleterre, en Hollande, en Grèce, et en Asie, pour perfectionner l'histoire naturelle. Il nous rapporta treize cent trente-six nouvelles espèces de plantes, et il nous apprit à connaître les nôtres' (*OH*, p.1211). Il est l'auteur de la *Relation d'un voyage au Levant, fait par ordre du roi* (Paris, 1717), voyage accompli de 1700 à 1702 qui lui permit de visiter Candie (Crète), Constantinople, l'Arménie, la Géorgie, l'Asie mineure, Smyrne et Ephèse. A propos des Géorgiens, Tournefort écrit: 'Outre l'Evangile de Jésus-Christ, ils ont leur petit Evangile qui court en manuscript chez eux, et qui ne contient que des extravagances' (*Relation d'un voyage au Levant*, t.2, p.320).

[26] Il faut rectifier la référence: pour le verset 25, lire 35.

Christ dans son épître catholique: (*i*) *Résistons à toute iniquité, et*
ayons-la en haine... Ceux qui veulent me voir et parvenir à mon   295
royaume, doivent me suivre par les afflictions et par les peines.[27]

(*k*) Saint Clément, dans sa seconde épître aux Corinthiens, met
dans la bouche de Jésus-Christ ces paroles: *Si vous êtes assemblés*
dans mon sein et que vous ne suiviez pas mes commandements, (*l*) *je*
vous rejetterai, et je vous dirai, Retirez-vous de moi, je ne vous connais   300
pas; retirez-vous de moi artisans d'iniquité.[28]

Il attribue ensuite ces paroles à Jésus-Christ: *Gardez votre chair*
chaste, et le cachet immaculé, afin que vous receviez la vie éternelle.

Dans les *Constitutions apostoliques*, qui sont du second siècle, on
trouve ces mots: *Jésus-Christ a dit; Soyez des agents de change*   305
honnêtes.[29]

Il y a beaucoup de citations pareilles, dont aucune n'est tirée des

(*i*) N° 4 et 7.
(*k*) N° 4.
(*l*) N° 8.

[27] Fabricius, *Codex*, t.1, p.341, n° 6, renvoie uniquement aux interprètes. La
référence de Voltaire ('N° 4 et 7') demeurerait donc mystérieuse si l'on n'avait pas
devant les yeux le texte de l'*Epistola Catholica* qui se trouve dans Cotelier, *SS.*
Patrum, qui temporibus apostolicis floruerunt (Anvers, 1700), t.1, p.15-66. Dans le
quatrième chapitre, on lit: 'Sicut dicit Filius Dei: *Resistamus omni iniquitati; et odio*
habeamus eam' (t.1, p.59). Dans le septième chapitre, on trouve: 'Sic inquit, *qui volunt*
me videre, et attingere regnum meum, debent compressi, et multa passi accipere' (t.1,
p.62).

[28] Fabricius, *Codex*, t.1, p.335-36, n° 1. La référence (c'est-à-dire: 'N° 4') n'a de
sens que si l'on peut consulter le texte même (Cotelier, *SS. Patrum*, t.1, p.185:
Epistola ad Corinthios secunda, ch.4): 'Si fueritis mecum congregati in sinu meo, et
non feceritis mandata mea, adjiciam vos, et dicam vobis; Discedite a me; nescio vos,
unde sitis, operarii iniquitatis'. La seconde citation, très librement traduite (Cotelier,
SS. Patrum, t.1, p.187, ch.8) est ainsi conçue: 'Quare, fratres, voluntatem Patris
facientes, et carnem servantes castam, et mandata Domini custodientes, conseque-
mur vitam aeternam'.

[29] On trouve les *Constitutiones sacrorum apostolorum per Clementem episcopus et*
civum romanum dans Cotelier, *SS. Patrum*, t.1, p.199-423. La citation échappe à
toutes les recherches.

quatre Evangiles reconnus dans l'Eglise pour les seuls canoniques. Elles sont pour la plupart tirées de l'évangile selon les Hébreux, évangile traduit par saint Jérôme, et qui est aujourd'hui regardé comme apocryphe.[30]

Saint Clément le Romain, dit dans sa seconde épître: *Le Seigneur étant interrogé, quand viendrait son règne, répondit, Quand deux feront un, quand ce qui est dehors sera dedans, quand le mâle sera femelle, et quand il n'y aura ni femelle ni mâle.*[31]

Ces paroles sont tirées de l'évangile selon les Egyptiens, et le texte est rapporté tout entier par saint Clément d'Alexandrie.[32] Mais à quoi pensait l'auteur de l'évangile égyptien, et saint Clément lui-même? Les paroles qu'ils citent sont injurieuses à Jésus-Christ; elles font entendre qu'il ne croyait pas que son règne advînt. Dire qu'une chose arrivera, *quand deux feront un, quand le mâle sera femelle,* c'est dire qu'elle n'arrivera jamais. C'est comme nous disons la semaine des trois jeudis, les calendes grecques: un tel passage est bien plus rabbinique qu'évangélique.

Il y eut aussi des *Actes des apôtres* (m) apocryphes, saint Epiphane les cite. C'est dans ces actes qu'il est rapporté que saint Paul était fils d'un père et d'une mère idolâtre; et qu'il se fit juif pour épouser la fille de Gamaliel; et qu'ayant été refusé, ou ne l'ayant pas

(m) Ch.30, paragraphe 16.

328   70, 71N, 71A: Gamaliel; qu'ayant

[30] Fabricius, *Codex*, t.1, p.351-52, n° 15. Voir aussi la *Collection d'anciens évangiles* (*OCV*, t.69, p.86, 90, 121, et suiv.). Dans cet ouvrage, Voltaire écrit: 'Bède remarque que l'Evangile selon les Hébreux ne doit pas être compris parmi les apocryphes, mais parmi les histoires ecclésiastiques, d'autant que saint Jérôme interprète de l'Ecriture sainte en a pris nombre de témoignages' (p.90).

[31] Voir Fabricius, *Codex*, t.1, p.335*-336, n° 1, et Cotelier, *SS. Patrum*, p.188, ch.12. La traduction de Voltaire est exacte. Ici ce dernier s'est donné la peine de consulter Grabe, *Spicilegium SS. patrum*. En face de ce passage, il mit: 'quand / 2. feront / 1' (*CN*, t.4, p.166). La même déclaration, avec d'infimes variantes, se trouve dans la *Collection d'anciens évangiles*, *OCV*, t.69, p.75.

[32] Fabricius, *Codex*, t.1, p.335*-336, n° 1. La note (*b*) de Fabricius signale que le passage est 'plus complet' chez Clément d'Alexandrie, *Stromateis*, livre 3, p.465.

464

trouvée vierge, il prit le parti des disciples de Jésus.[33] C'est un
blasphème contre saint Paul.   330

Des autres livres apocryphes du premier
et du second siècles

I°. *Livre d'Enoch septième homme après Adam*, lequel fait
mention de la guerre des anges rebelles sous leur capitaine Semexia
contre les anges fidèles, conduits par Michaël.[34] L'objet de la
guerre était de jouir des filles des hommes, comme il est dit à
l'article 'Ange'[35] (*n*).   335

II°. *Les actes de sainte Thècle et de saint Paul*, écrits par un

(*n*) Il y a encore un autre livre d'Enoch chez les chrétiens d'Ethiopie,
que Peiresc conseiller au parlement de Provence fit venir à très grands
frais;[36] il est d'un autre imposteur. Faut-il qu'il y en ait aussi en Ethiopie?

[33] Dans *Adversus haereses*, partie 1, livre 2, ch.30, paragraphe 16 (cité par
Fabricius, *Codex*, t.1, p.762-65, n° 7), saint Epiphane cite les Ebionites comme
source. Dans la *Collection d'anciens évangiles* (*OCV*, t.69, p.65), Voltaire donne à
peu près la même leçon concernant saint Paul que celle que l'on trouve dans le
Spicilegium SS. patrum de Grabe. Lisant ce dernier, Voltaire avait noté sur un signet
entre les pages 38-39: 'St paul / amoureux / de la fille / de gamaliel' (*CN*, t.4, p.166-
67). Ici la version de Voltaire est plus lapidaire.
[34] Voltaire aborde le problème du prétendu livre d'Hénoch dans *La Philosophie
de l'histoire* (*OCV*, t.59, p.255-58) et ensuite dans *L'Examen important de Milord
Bolingbroke* (*OCV*, t.62, p.257). Dans *Dieu et les hommes*, il évoque la guerre des
puissances célestes rebelles, Semexiah, Araciel et Chababiel, contre les anges fidèles,
Michel, Raphaël et Uriel (*OCV*, t.69, p.293).
[35] Ci-dessus, p.373.
[36] Nicolas-Claude Fabri de Peiresc (1580-1637), conseiller au parlement d'Aix,
érudit, collectionneur et mécène. C'est lui (voir *Collection d'anciens évangiles*, *OCV*,
t.69, p.224, n.1) qui obtint de Chypre une copie, exécutée au onzième siècle, d'un
recueil d'extraits d'historiens grecs, classiques, byzantins et juifs dressé par
Théodose le Petit pour l'empereur Constantin Porphyrogenète qui régna de 911
à 959. Le célèbre Henri de Valois publia ce manuscrit (*Polybii, Diodori Siculi,
Nicolai Damasceni* [...], Paris, 1634), mais il ne s'y trouve aucune trace de cet 'autre
livre d'Enoch'.

disciple nommé Jean attaché à saint Paul. C'est dans cette histoire que Thècle s'échappe des mains de ses persécuteurs pour aller trouver saint Paul déguisée en homme. C'est là qu'elle baptise un lion; mais cette aventure fut retranchée depuis.[37] C'est là qu'on trouve le portrait de Paul, *statura brevi, calvastrum, cruribus curvis, surosum; superciliis junctis, naso aquilino, plenum gratia Dei.*[38]

Quoique cette histoire ait été recommandée par saint Grégoire de Nazianze, par saint Ambroise et par saint Jean Chrysostome etc., elle n'a eu aucune considération chez les autres docteurs de l'Eglise.[39]

III°. *La prédication de Pierre.* Cet écrit est aussi appelé *l'Evangile, la révélation de Pierre.* Saint Clément d'Alexandrie en parle avec beaucoup d'éloge; mais on s'aperçut bientôt qu'il était d'un faussaire qui avait pris le nom de cet apôtre.[40]

---

341   w68: de saint Paul

[37] La source de Voltaire est de nouveau Grabe, *Spicilegium SS. patrum.* Sur un signet placé entre les pages 86-87, il note: 'acte / de tecle / par un disciple / de paul' (*CN*, t.4, p.167). Sur un autre signet, placé entre les pages 114-15, il note: 'thecle / deguisée / en homme / pr aller voir / paul' (*CN*, t.4, p.169). C'est dans la *Collection d'anciens évangiles* que Voltaire, se basant sur le texte de Grabe (t.1, p.95-107), donne un abrégé de la légende et des supplices de Thècle, et des actes de Thècle et de Paul (*OCV*, t.69, p.66-73).

[38] Sur un signet placé dans Grabe (*Spicilegium SS. patrum*, p.94-95), en face de la même citation latine que l'on trouve ici, on lit: 'portrait / de Paul' (*CN*, t.4, p.169). Le même texte, traduit en français, se trouve dans la *Collection d'anciens évangiles* (*OCV*, t.69, p.67), dans l'*Histoire de l'établissement du christianisme* (*M*, t.31, p.69) et dans *L'Examen important de Milord Bolingbroke* (*OCV*, t.62, p.228).

[39] Dans la *Collection d'anciens évangiles* (*OCV*, t.69, p.68-69, notes *n, o* et *q*), Voltaire cite l'autorité de saint Grégoire de Nysse (*Commentarius in Canticum Canticorum*, homilia 14) et de saint Jean Chrysostome (*Homiliae de sancta Thecla martyre, homiliae LXXVII, et commentarius in Acta apostolorum, homilia XXV*). Voltaire ne se comptait pas non plus parmi ses admirateurs. Sur un signet (p.116-17), il nota: 'continua / tion des / betises / sur thecle' (*CN*, t.4, p.169).

[40] Sur un signet placé dans Grabe (*Spicilegium SS. patrum*, p.62-63), Voltaire avait mis: 'predi / cation / de Pierre' (*CN*, t.4, p.167). D'après Fabricius (*Codex*, t.1, p.374-76, n° 41,), ce sont Gélase, Origène, Eusèbe de Césarée, et saint Jérôme qui établirent le caractère supposé de cet écrit.

IV°. *Les actes de Pierre*, ouvrage non moins supposé. [41]

V°. *Le Testament des douze patriarches*. On doute si ce livre est d'un Juif ou d'un chrétien. Il est très vraisemblable pourtant qu'il est d'un chrétien des premiers temps; car il est dit dans le *Testament de Lévi*, qu'à la fin de la septième semaine il viendra des prêtres adonnés à l'idolâtrie, *bellatores, avari, scribae iniqui, impudici, puerorum corruptores et pecorum*. Qu'alors il y aura un nouveau sacerdoce; que les cieux s'ouvriront; que la gloire du Très-Haut, et l'esprit d'intelligence et de sanctification s'élèvera sur ce nouveau prêtre. Ce qui semble prophétiser Jésus-Christ. [42]

VI°. *La lettre d'Abgare*, prétendu roi d'Edesse, *à Jésus-Christ, et la réponse de Jésus-Christ au roi Abgare*. [43] On croit qu'en effet il y avait du temps de Tibère, un toparque [44] d'Edesse, qui avait passé du service des Perses à celui des Romains: mais son commerce épistolaire a été regardé par tous les bons critiques comme une chimère.

VII°. *Les actes de Pilate, Les lettres de Pilate à Tibère sur la mort de Jésus-Christ. La vie de Procula femme de Pilate*. [45]

[41] Fabricius, *Codex*, t.2, p.801-805, et Grabe, *Spicilegium SS. patrum*, t.1, p.79-80.

[42] *Testamenta XII. Patriarchum, filiorum Jacob, ad filios suos*: ces textes se trouvent dans Grabe, *Spicilegium SS. patrum*, t.1, p.145-252. Pour la paraphrase du *Testament de Levi* (*Spicilegium SS. patrum*, t.1, p.158-73), voir la page 171 où la déclaration est légèrement différente: 'In septima vero hebdomade venient sacerdotes idololatrantes, bellatores, avari, superbi, iniqui, impudici, puerorum corruptores, pecorum corruptores'. Pour la référence au nouveau sacerdoce, voir p.171-72.

[43] Fabricius, *Codex*, t.1, p.135-38 et note (*a*), et Grabe, *Spicilegium SS. patrum*, t.1, p.6-7. Sur Abgare, voir la *Collection d'anciens évangiles* (*OCV*, t.69, p.57, n.37). On trouve ces deux pièces dans l'*Histoire de l'Eglise* d'Eusèbe (Paris, 1675, BV1250), livre 1, ch.13. Dans l'*Essai sur les mœurs*, on lit: 'C'est ce même Eusèbe qui rapporte la lettre dont nous avons déjà parlé, d'un Abgare, roi d'Edesse, à Jésus-Christ, dans laquelle il lui offre sa *petite ville, qui est assez propre*; et la réponse de Jésus-Christ au roi Abgare' (ch.10, t.1, p.297).

[44] Une toparquie était le nom donné sous les Romains à une petite souveraineté ou principauté. Spécialement en Palestine, il signifiait province.

[45] Fabricius, *Codex*, t.1, p.298*-300, 300*-301. On trouve ces deux *Lettres de Pilate* dans la *Collection d'anciens évangiles* (*OCV*, t.69, p.218-24) avec la *Relation au gouverneur Pilate, touchant Jésus-Christ notre Seigneur, envoyée à l'empereur Tibère qui était à Rome* (Fabricius, *Codex*, t.2, p.456-65).

VIII°. *Les actes de Pierre et de Paul*, où l'on voit l'histoire de la querelle de saint Pierre avec Simon le magicien: Abdias, Marcel et Egésippe ont tous trois écrit cette histoire. Saint Pierre dispute d'abord avec Simon, à qui ressuscitera un parent de l'empereur Néron, qui venait de mourir; Simon le ressuscite à moitié, et saint Pierre achève la résurrection. Simon vole ensuite dans l'air, et saint Pierre le fait tomber; et le magicien se casse les jambes. L'empereur Néron, irrité de la mort de son magicien, fait crucifier saint Pierre, la tête en bas, et fait couper la tête à saint Paul qui était du parti de saint Pierre. [46]

IX°. *Les gestes du bienheureux Paul apôtre et docteur des nations.* Dans ce livre, on fait demeurer saint Paul à Rome deux ans après la mort de saint Pierre. L'auteur dit, que quand on eut coupé la tête à Paul, il en sortit du lait au lieu de sang, et que Lucina femme dévote le fit enterrer à vingt milles de Rome, sur le chemin d'Ostie, dans sa maison de campagne. [47]

X°. *Les gestes du bienheureux apôtre André.* L'auteur raconte que saint André alla prêcher dans la ville des Mirmidons, et qu'il y baptisa tous les citoyens. Un jeune homme, nommé Sostrate, de la ville d'Amasée, qui est du moins plus connue que celle des Mirmidons, vint dire au bienheureux André, 'Je suis si beau, que ma mère a conçu pour moi de la passion; j'ai eu horreur pour ce crime exécrable, et j'ai pris la fuite; ma mère en fureur m'accuse

---

374   K84, K12: l'air, saint

[46] Fabricius, *Codex*, t.2. p.402-41. Le titre que donne Voltaire induit en erreur. Dans Fabricius, on lit: 'De rebus a Beato Petro, Principe Apostolorum, praeclare gestis' (t.2, p.402). Pour Paul, il faut se reporter à la section 9, plus bas. (Quant à la querelle de Paul avec Simon le magicien, on la trouve également dans la *Relation de Marcel*: pour ce dernier texte, voir Fabricius, *Codex*, t.2, p.632-53, et pour la traduction qu'en propose Voltaire, voir la *Collection d'anciens évangiles*, *OCV*, t.69, p.226-45). A partir de cette entrée, les résumés de Voltaire seront remarquables par leur sélectivité subjective.

[47] Fabricius, *Codex*, t.2, p.441-56. Les informations dans la première phrase se trouvent dans Fabricius (p.449 et 452). Celles véhiculées par la seconde sont chez Fabricius à la page 455.

auprès du proconsul de la province, de l'avoir voulu violer. Je ne puis rien répondre; car j'aimerais mieux mourir que d'accuser ma mère.' Comme il parlait ainsi, les gardes du proconsul vinrent se saisir de lui. Saint André accompagna l'enfant devant le juge, et 395 plaida sa cause; la mère ne se déconcerta point; elle accusa saint André lui-même d'avoir engagé l'enfant à ce crime. Le proconsul aussitôt ordonne qu'on jette saint André dans la rivière: mais l'apôtre ayant prié Dieu, il se fit un grand tremblement de terre, et la mère mourut d'un coup de tonnerre. 400

Après plusieurs aventures de ce genre, l'auteur fait crucifier saint André à Patras. [48]

XI°. *Les gestes de saint Jacques le majeur.* L'auteur le fait condamner à la mort par le pontife Abiathar à Jérusalem, et il baptise le greffier avant d'être crucifié. [49] 405

XII°. *Des gestes de saint Jean l'évangéliste.* L'auteur raconte qu'à Ephèse dont saint Jean était évêque, Drusilla convertie par lui, ne voulut plus de la compagnie de son mari Andronic, et se retira dans un tombeau. [50] Un jeune homme nommé Callimaque, amoureux d'elle, la pressa quelquefois dans ce tombeau même de condes- 410 cendre à sa passion. Drusilla, pressée par son mari et par son amant, souhaita la mort, et l'obtint. Callimaque informé de sa perte, fut encore plus furieux d'amour; il gagna par argent un domestique d'Andronic, qui avait les clefs du tombeau; il y court, il dépouille sa maîtresse de son linceul, il s'écria, 'Ce que tu n'as pas voulu 415 m'accorder vivante, tu me l'accorderas morte.' Et dans l'excès

[48] Fabricius, *Codex*, t.2, p.456-515. Pour la conversion des Myrmidons, voir p.457-59. La note (*h*) de Fabricius nous renseigne sur la ville des Myrmidons: 'Urbi Aetheopiae. Confer Andream Saussayum de gloria S. Andreae lib.2.c.10. *Myrmenen* vocat Nicephorus lib.2.c.41. Hist. Eccles. et in Antropophagorum terra sita esse ait' (p.457). Pour l'histoire de Sostrate, voir p.461-63. Pour la crucifixion d'André, voir p.510-14.

[49] Fabricius, *Codex*, t.2, p.516-31. Pour la condamnation et la mort de saint Jacques, et la conversion du greffier (*scriba*), voir p.528-31.

[50] Fabricius, *Codex*, t.2, p.531-90. Pour l'histoire de Drusilla et Callimaque, Voltaire se base sur les pages 542-55. A noter que Fabricius appelle la jeune femme 'Drusiana'.

horrible de sa démence, il assouvit ses désirs sur ce corps inanimé. Un serpent sort à l'instant du tombeau; le jeune homme tombe évanoui, le serpent le tue; il en fait autant du domestique complice, et se roule sur son corps. Saint Jean arrive avec le mari; ils sont étonnés de trouver Callimaque en vie. Saint Jean ordonne au serpent de s'en aller, le serpent obéit. Il demande au jeune homme comment il est ressuscité? Callimaque répond, qu'un ange lui était apparu, et lui avait dit: 'Il fallait que tu mourusses pour revivre chrétien.' Il demanda aussitôt le baptême, et pria saint Jean de ressusciter Drusilla. L'apôtre ayant sur-le-champ opéré ce miracle, Callimaque et Drusilla le supplièrent de vouloir bien aussi ressusciter le domestique. Celui-ci qui était un païen obstiné, ayant été rendu à la vie, déclara qu'il aimait mieux remourir que d'être chrétien; et en effet il remourut incontinent. Sur quoi saint Jean dit, qu'un mauvais arbre portait toujours de mauvais fruits.

Aristodême grand-prêtre d'Ephèse, quoique frappé d'un tel prodige, ne voulut pas se convertir; il dit à saint Jean: 'Permettez que je vous empoisonne, et si vous n'en mourez pas, je me convertirai.' L'apôtre accepte la proposition: mais il voulut qu'auparavant Aristodême empoisonnât deux Ephésiens condamnés à mort; Aristodême aussitôt leur présenta le poison; ils expirèrent sur-le-champ. Saint Jean prit le même poison, qui ne lui fit aucun mal. Il ressuscita les deux morts; et le grand-prêtre se convertit.

Saint Jean ayant atteint l'âge de quatre-vingt-dix-sept ans, Jésus-Christ lui apparut, et lui dit: 'Il est temps que tu viennes à mon festin avec tes frères.' Et bientôt après, l'apôtre s'endormit en paix.[51]

XIII°. *L'histoire des bienheureux Jacques le mineur, Simon et Jude*

---

431   K84, K12: arbre porte toujours

---

[51] Sur un signet placé dans son exemplaire de Fabricius entre les pages 549-50, Voltaire avait inscrit: 'couche avec / une morte' (*CN*, t.3, p.463). Quant à la résurrection du domestique qui s'appelait Fortunatus, on lit: 'ingratus salutis suae, ait: Mori sibi melius fuisse quam resuscitari, ne videret quod etiam ad illos virtutis gratia pervenisset' (*Codex*, t.2, p.555). La réflexion de saint Jean se présente

frères. Ces apôtres vont en Perse, y exécutent des choses aussi 445
incroyables que celles que l'auteur rapporte de saint André. [52]

XIV°. *Les gestes de saint Matthieu apôtre et évangéliste*. Saint
Matthieu va en Ethiopie, dans la grande ville de Nadaver: il y
ressuscite le fils de la reine Candace, et il y fonde des églises
chrétiennes. [53] 450

XV°. *Les gestes du bienheureux Barthélemi dans l'Inde*. Barthélemi va d'abord dans le temple d'Astarot. Cette déesse rendait des
oracles et guérissait toutes les maladies; Barthélemi la fait taire, et
rend malades tous ceux qu'elle avait guéris. Le roi Polimius dispute
avec lui; le démon déclare devant le roi qu'il est vaincu. Saint 455
Barthélemi sacre le roi Polimius évêque des Indes. [54]

XVI°. *Les gestes du bienheureux Thomas apôtre de l'Inde*. Saint
Thomas entre dans l'Inde par un autre chemin, et y fait beaucoup
plus de miracles que saint Barthélemi; il est enfin martyrisé, et
apparaît à Xiphoro, et à Susani. [55] 460

XVII°. *Les gestes du bienheureux Philippe*. Il alla prêcher en
Scythie. On voulut lui faire sacrifier à Mars; mais il fit sortir un
dragon de l'autel qui dévora les enfants des prêtres; il mourut à
Hiérapolis à l'âge de quatre-vingt-sept ans. [56] On ne sait quelle est
cette ville; il y en avait plusieurs de ce nom. Toutes ces histoires 465
passent pour être écrites par Abdias évêque de Babilone, et sont
traduites par Jules Africain.

---

textuellement comme suit: 'Hoc est quod Dominus in Evangelio locutus est, quia
arbor mala malos fructus facit'. Pour l'anecdote concernant Aristodême et sa
conversion, voir *Codex*, t.3, p.575-80. La traduction du passage concernant l'appel
adressé à saint Jean par le Christ est exacte (p.581).

[52] Fabricius, *Codex*, t.2, p.591-636. Voir aussi la *Collection d'anciens évangiles*
(*OCV*, t.69, p.91-92 et n.95-96).

[53] Fabricius, *Codex*, t.2, p.636-68.

[54] Fabricius, *Codex*, t.2, p.669-87. Pour l'idole Astaroth, voir p.670-73; pour la
dispute avec le roi Polymius et la défaite du démon, voir p.675-81. C'est à la fin que
Barthelemi sacre Polymius évêque des Indes (p.687).

[55] Fabricius, *Codex*, t.2, p.687-736.

[56] Fabricius, *Codex*, t.2, p.736-42, et spécialement p.738-39, et la note (*q*), p.740,
qui nous apprend que Philippe mourut à Hierapolis.

XVIII°. A cet abus des saintes Ecritures on en a joint un moins révoltant, et qui ne manque point de respect au christianisme comme ceux qu'on vient de mettre sous les yeux du lecteur. Ce sont les liturgies attribuées à saint Jacques, à saint Pierre, à saint Marc, dont le savant Tillemont a fait voir la fausseté. [57]

XIX°. Fabricius met parmi les écrits apocryphes l'*Homélie* attribuée à saint Augustin, *sur la manière dont se forma le Symbole*: mais il ne prétend pas sans doute que le *Symbole*, que nous appelons *des apôtres*, en soit moins sacré et moins véritable. Il est dit dans cette homélie, dans Rufin et ensuite dans Isidore, que dix jours après l'ascension les apôtres étant renfermés ensemble de peur des Juifs, Pierre dit: *Je crois en Dieu le Père tout-puissant.* André, *Et en Jésus-Christ son fils.* Jacques, *Qui a été conçu du Saint-Esprit.* Et qu'ainsi chaque apôtre ayant prononcé un article, le Symbole fut entièrement achevé. [58]

Cette histoire n'étant point dans les *Actes des apôtres*, on est dispensé de la croire; mais on n'est pas dispensé de croire au Symbole, dont les apôtres ont enseigné la substance. La vérité ne doit point souffrir des faux ornements qu'on a voulu lui donner.

XX°. *Des constitutions apostoliques.* [59]

487 K84, K12: XX°. *Les constitutions apostoliques*

[57] Pour les liturgies de saint Jacques, saint Pierre et saint Marc, voir Fabricius, *Codex*, t.3, p.2-159, 159-200, 253-325. Dans ses *Mémoires pour servir à l'histoire ecclésiastique des six premiers siècles* (16 vol., Paris, 1693-1712), Sébastien Le Nain de Tillemont (1637-1698) écrit: 'Nous avons une liturgie qui porte le nom de saint Pierre: mais il est certain qu'elle n'est pas de lui dans tout ce qu'elle comprend, (ce qui rend douteuses et incertaines les choses mêmes qui pourraient venir de lui). [...] Les Orientaux lui attribuent non seulement une, mais deux liturgies. Ils prétendent aussi avoir une lettre de lui à saint Clément traduite en éthiopéen' (t.1, p.197-98).

[58] L'homélie de saint Augustin dont il s'agit est la douzième. Pour le texte du credo, voir Fabricius, *Codex*, t.3, p.340-43. Les références à Rufin et à Isidore se trouvent à la page 339 et note (*a*). Sur un signet placé entre les pages 340-41, Voltaire avait inscrit: 'le credo / atribué / a st augustin' (*CN*, t.3, p.465).

[59] Ici Voltaire se tourne de nouveau vers Cotelier où l'on trouve les '*Constitutiones apostolorum* per Clementem, episcopum et cives romanus', livre 2, ch.2 (*SS. Patrum*, t.1, p.199-423). A l'époque de Voltaire, attribuer l'ouvrage à Clément était toujours l'opinion orthodoxe.

On met aujourd'hui dans le rang des apocryphes les *Constitutions des saints apôtres*, qui passaient autrefois pour être rédigées par saint Clément le Romain. La seule lecture de quelques chapitres suffit pour faire voir que les apôtres n'ont eu aucune part à cet ouvrage.

Dans le chapitre IX, on ordonne aux femmes de ne se laver qu'à la neuvième heure. [60] Au premier chapitre du second livre, on veut que les évêques soient savants: [61] mais du temps des apôtres il n'y avait point d'hiérarchie, point d'évêques attachés à une seule église. Ils allaient instruire de ville en ville, de bourgade en bourgade; ils s'appelaient *apôtres*, et non pas *évêques*, et surtout ils ne se piquaient pas d'être savants.

Au chapitre II de ce second livre, il est dit qu'un évêque ne doit avoir *qu'une femme qui ait grand soin de sa maison*: [62] ce qui ne sert qu'à prouver qu'à la fin du premier, et au commencement du second siècle, lorsque la hiérarchie commença à s'établir, les prêtres étaient mariés.

Dans presque tout le livre, les évêques sont regardés comme les juges des fidèles; et l'on sait assez que les apôtres n'avaient aucune juridiction.

Il est dit au chapitre XXI, qu'il faut écouter les deux parties; ce qui suppose une juridiction établie. [63]

Il est dit au chapitre XXVI. *L'évêque est votre prince, votre roi,*

[60] Livre 1, ch.9, 'Quod mulier non debet cum viris lavare'. L'heure est exacte: 'hora decima' (Cotelier, *SS. Patrum*, t.1, p.210).

[61] Livre 2, ch.1, 'Quod oportet Episcopum esse eruditum, et in sermone exercitatum'. Cotelier, *SS. Patrum*, t.1, p.213: 'Sit ergo Episcopus doctus et sermonis peritus'. Remarquons que Voltaire élague considérablement la liste des qualités requises pour un évêque.

[62] Cotelier, *SS. Patrum*, t.1, p.214. Continuation de la liste des qualités requises pour un évêque. Ici un signet ainsi conçu: 'episcopus / debet habere / uxorem / pudicam' (*CN*, t.2, p.769). Il concerne le passage suivant: 'Talem vero esset decet Episcopum; *unus uxoris univirae virum, suae domui bene praesidentem* [...] *an uxorem pudicam ac fidelem*'.

[63] Cotelier, *SS. Patrum*, t.1, p.229. Au lieu de citer une phrase bien précise, Voltaire interprète le titre du chapitre 21, 'Quod periculum sit una tantum parte audita judicature, et poenam decernere contra eum qui nondum convictus est'.

votre empereur, votre Dieu en terre.[64] Ces expressions sont bien fortes pour l'humilité des apôtres.

Au chapitre XXVIII. Il faut, dans les festins des agapes, donner aux diacres le double de ce qu'on donne à une vieille: au prêtre, le double de ce qu'on donne au diacre; parce qu'ils sont les conseillers de l'évêque, et la couronne de l'Eglise. Le lecteur aura une portion en l'honneur des prophètes, aussi bien que le chantre et le portier. Les laïques qui voudront avoir quelque chose, doivent s'adresser à l'évêque par le diacre.[65]

Jamais les apôtres ne se sont servis d'aucun terme qui répondît à *laïque*, et qui marquât la différence entre les profanes et les prêtres.

Au chapitre XXXIV. 'Il faut révérer l'évêque comme un roi, l'honorer comme le maître, lui donner vos fruits, les ouvrages de vos mains, vos prémices, vos décimes, vos épargnes, les présents qu'on vous a faits, votre froment, votre vin, votre huile, votre laine, et tout ce que vous avez.'[66] Cet article est fort.

Au chapitre LVII. 'Que l'église soit longue,[67] qu'elle regarde l'Orient, qu'elle ressemble à un vaisseau, que le trône de l'évêque soit au milieu; que le lecteur lise les livres de Moïse, de Josué, des Juges, des Rois, des Paralipomènes, de Job, etc.'

Au chapitre XVII du livre III. 'Le baptême est donné pour la mort de Jésus, l'huile pour le Saint-Esprit. Quand on nous plonge dans la cuve nous mourons; quand nous en sortons nous

513-14   K12: donner au diacre le

[64] Cotelier, *SS. Patrum*, t.1, p.239. Le chapitre 26, du livre 2, commence ainsi: '*Qui espiscopus est*, hic verbi est minister, scientiae custos, mediator Dei et vestrum in divino culto; hic est magister pietatis, [...] hic princeps et dux vester; *hic vester rex et dynastes*; hic vobis post deum terrenus deus, cui honorem debetis praestate'.

[65] Cotelier, *SS. Patrum*, t.1, p.241. Le résumé est assez fidèle. Or la référence à la 'vieille' qui reçoit la moitié de ce que reçoit le diacre n'est autorisée que par la note 83 de Cotelier: 'Vel sunt Diaconissae, seu Viduae, aetate senili jussae ordinari'.

[66] Cotelier, *SS. Patrum*, t.1, p.245. Sauf quelques légères suppressions, la traduction est exacte.

[67] Cotelier, *SS. Patrum*, t.1, p.261-62. Lire plutôt: 'sit [ecclesia] *oblonga*'. A cette exception près, encore une fois, malgré les suppressions, la traduction est fidèle.

ressuscitons. *Le père est le Dieu de tout*, Christ est fils unique Dieu, fils aimé et seigneur de gloire. Le saint souffle est Paraclet envoyé 535 de Christ, docteur enseignant, et prédicateur de Christ.' [68]

Cette doctrine serait aujourd'hui exprimée en termes plus canoniques.

Au chapitre VII du livre V, on cite des vers des sibylles sur l'avènement de Jésus, et sur la résurrection. [69] C'est la première fois 540 que les chrétiens supposèrent des vers des sibylles, ce qui continua pendant plus de trois cents années.

Au chapitre XXVIII du livre VI. La pédérastie et l'accouplement avec les bêtes sont défendus aux fidèles. [70]

Au chapitre XXIX, il est dit 'qu'un mari et une femme sont purs 545 en sortant du lit, puisqu'ils ne se lavent point.' [71]

Au chapitre V du livre VIII, on trouve ces mots, 'Dieu *tout-puissant*, donne à l'évêque par ton Christ la participation du Saint-Esprit.' [72]

Au chapitre VI. 'Recommandez-vous au seul Dieu par Jésus- 550 Christ', [73] ce qui n'exprime pas assez la divinité de notre Seigneur.

Au chapitre XII, est la constitution de Jacques frère de Zebedée. [74]

534   K12: unique de Dieu
546   K84, K12: lit, quoiqu'ils ne

[68] Cotelier, *SS. Patrum*, t.1, p.288. Pour 'le père est le Dieu de tout', lire 'Pater est super omnia Deus'.

[69] Cotelier, *SS. Patrum*, t.1, p.306-307.

[70] Cotelier, *SS. Patrum*, t.1, p.356-57. Ici un signet qui porte: 'aux catécumenes / ordre de ne / coucher ny avec / des garcons ny / avec des bêtes' (*CN*, t.3, p.769).

[71] Cotelier, *SS. Patrum*, t.1, p.358. La traduction est infidèle: 'Igitur vir ac mulier, cum in legitimo matrimonio liberis operam dant, et a communi lecto exsurgunt, precantur, nulla superstitione, deterriti; *etsi* non laverint, puri sunt'. Les éditeurs de Kehl la rectifient (voir la variante).

[72] Cotelier, *SS. Patrum*, t.1, p.392. Le chapitre 5 traite de l'*Invocatio in ordinatione episcoporum*: 'Da illi, Domine omnipotens, per Christum tuum participationeus sancti Spiritus'.

[73] Cotelier, *SS. Patrum*, t.1, p.393. Le chapitre 6 traite de la *Divina liturgiae, in qua oratio pro catechumenis*.

[74] Cotelier, *SS. Patrum*, t.1, p.398-404.

Au chapitre XV. Le diacre doit prononcer tout haut, *Inclinez-vous devant Dieu par le Christ.*[75] Ces expressions ne sont pas aujourd'hui assez correctes. 55

Suite des livres apocryphes

XXI°. *Des canons apostoliques.*[76] Le sixième canon ordonne qu'aucun évêque, ni prêtre ne se sépare de sa femme sous prétexte de religion; que s'il s'en sépare il soit excommunié; que s'il persévère il soit chassé. 56

Le 7e. Qu'aucun prêtre ne se mêle jamais d'affaires séculières.

Le 19e. Que celui qui a épousé les deux sœurs ne soit point admis dans le clergé.

Le 21e et 22e. Que les eunuques soient admis à la prêtrise, excepté ceux qui se sont coupé à eux-mêmes les génitoires. 56 Cependant Origène fut prêtre malgré cette loi.

Le 55e. Si un évêque ou un prêtre, ou un diacre, ou un clerc, mange de la chair où il y ait encore du sang, qu'il soit déposé.[77]

Il est assez évident que ces canons ne peuvent avoir été promulgués par les apôtres. 57

---

557 K84, K12: XXI°. *Les canons apostoliques*

---

[75] Cotelier, *SS. Patrum*, t.1, p.406. Le chapitre 15 traite de l'*Invocation post communionem*: 'Et Diaconus dicat; Deo per Christum ejus inclinate, et accipite benedictionem'. Sur un signet, Voltaire mit: 'deo / per chris / tum' (*CN*, t.2, p.771).

[76] *Canones apostolici* ou *apostolorum* (Cotelier, *SS. Patrum*, t.1, p.437-50).

[77] Les références aux sixième (Cotelier, *SS. Patrum*, t.1, p.437), septième (p.437), dix-neuvième (p.439), vingt et unième, et vingt-deuxième canons (p.440), cités *ex versione Dionysii exigui*, sont exactes. Leur traduction est de même fidèle. Le cinquante-cinquième (LXIII [vel] LV) canon (p.446), cité d'après les *Canones ecclesiastici eorundem sanctorum apostolorum*, est à son tour fidèlement traduit. L'histoire de la mutilation qu'Origène (v.185-254), docteur et Père de l'Eglise, se fit à lui-même pour échapper aux tentations de la chair est restée célèbre dans les annales ecclésiastiques et a servi de thème à des controverses sans nombre.

XXII°. *Les reconnaissances de saint Clément à Jacques frère du Seigneur, en dix livres, traduites du grec en latin par Rufin.* [78]
Ce livre commence par un doute sur l'immortalité de l'âme; *Utrumne sit mihi aliqua vita post mortem; an nihil omnino postea sim futurus.* (o) [79] Saint Clément agité par ce doute, et voulant savoir si 575 le monde était éternel, ou s'il avait été créé; s'il y avait un Tartare et un Phlegeton, un Ixion et un Tantale, etc. etc. [80] voulut aller en Egypte apprendre la nécromancie; mais ayant entendu parler de saint Barnabé qui prêchait le christianisme, il alla le trouver dans l'Orient, dans le temps que Barnabé célébrait une fête juive. 580 Ensuite il rencontra saint Pierre à Césarée avec Simon le magicien et Zachée. Ils disputèrent ensemble, et saint Pierre leur raconta tout ce qui s'était passé depuis la mort de Jésus. Clément se fit chrétien, mais Simon demeura magicien.

Simon devint amoureux d'une femme qu'on appelait la *Lune*, et 585 en attendant qu'il l'épousât il proposa à saint Pierre, à Zachée, à Lazare, à Nicodème, à Dosithée et à plusieurs autres, de se mettre au rang de ses disciples. Dosithée lui répondit d'abord par un grand coup de bâton; mais le bâton ayant passé à travers du corps de Simon comme à travers de la fumée, Dosithée l'adora et devint son 590

(o) N° 17 et dans l'exorde.

589   K84, K12: passé au travers
590   K84, K12: comme au travers

[78] Cotelier, *SS. Patrum*, t.1, p.487-596. Il s'agit des *Recognitionum S. Clementis ad Jacobum fratrum Domini, libri decem; a Rufino Torano, Aquileiense, Presbytero, e Graeco in Latinum versi.*
[79] Cotelier, *SS. Patrum*, t.1, p.487. Cette citation latine tirée de l'exorde est textuellement exacte. La même question, à laquelle Voltaire fait référence dans sa note, mais qui est formulée d'une manière totalement différente, se trouve, non dans les *Reconnaissances*, mais dans la première homélie, ch.17 ('Clementis ad Petrum interrogatio de anima, et de aliis rebus'). Voir *CN*, t.2, p.772: 'clement / demande a St / pierre si / lame est / mortelle'. Voir ci-dessous, lignes 615-18.
[80] Cotelier, *SS. Patrum*, t.1, p.487. C'est au début du livre 1, section 6 (p.487-88) que Clément, s'étant posé ces questions précises (dont Voltaire restitue la teneur très fidèlement), se mit en devoir d'y trouver des réponses.

lieutenant; après quoi Simon épousa sa maîtresse, et assura qu'elle était la lune elle-même, descendue du ciel pour se marier avec lui.[81]

Ce n'est pas la peine d'épouser plus loin les reconnaissances de saint Clément. Il faut seulement remarquer qu'au livre IX il est parlé des Chinois sous le nom de *sères*,[82] comme des plus justes et des plus sages de tous les hommes; après eux viennent les brahmanes, auxquels l'auteur rend la justice que toute l'antiquité leur a rendue. L'auteur les cite comme des modèles de sobriété, de douceur et de justice.[83]

XXIII°. *La lettre de saint Pierre à saint Jacques, et la lettre de saint Clément au même saint Jacques frère du Seigneur, gouvernant la sainte Eglise des Hébreux à Jérusalem et toutes les Eglises.*[84] La lettre de saint Pierre ne contient rien de curieux; mais celle de saint Clément est très remarquable; il prétend que saint Pierre le déclara évêque de Rome avant sa mort, et son coadjuteur; qu'il lui imposa les mains, et qu'il le fit asseoir dans sa chaire épiscopale en présence de

---

593   71N, 71A, W68, K84, K12: peine de pousser plus

[81] Tous ces développements et détails sont pris çà et là dans les sections 7-12 (Cotelier, *SS. Patrum*, t.1, p.488, 489, 504, 506, 507).

[82] Les Anciens (à l'exception de Ptolémée) avaient placé les Sères n'importe où sauf en Chine. A l'époque de Moreri on les plaçait plutôt dans la grande Tartarie (*Le Grand Dictionnaire historique*, t.4, p.458); cinquante ans plus tard, on était convenu de les situer dans la Chine septentrionale (voir l'*Encyclopédie*, t.15, p.82). Voir Cotelier, *SS. Patrum*, t.1, p.576-77: 'Denique primi Seres, qui initio orbis terrae habitant, neque homicidium, neque adulterium, neque scortum nosse, neque furtum committere, neque idola venerari', etc.

[83] La formule 'après eux' est ambiguë. Voltaire veut dire: 'dans le chapitre suivant'. Cotelier, *SS. Patrum*, t.1, p.577: 'Sunt similiter et apud Bactras in regionibus Indorum immensae multitudines Bragmanorum; quia et ipsi ex traditione majorum, moribus legibusque concordibus, neque homicidium neque adulterium [...]'. Tout le chapitre 20 leur est consacré.

[84] Cotelier, *SS. Patrum*, t.1, p.602-604, pour la lettre de saint Pierre à saint Jacques; suivie d'une seconde lettre de saint Clément à saint Jacques (celle-là même que Voltaire a en vue: p.611-14), à la tête de laquelle Clément est qualifié de: 'regenti Hebraeorum sanctam Ecclesiamin Hierosolymis; sed et omnes Ecclesias'. Deux signets pour indiquer la présence d'une 'lettre de St / pierre a St / jaques' et d'une seconde lettre de saint 'clement a St / jaques' (*CN*, t.2, p.772).

tous les fidèles. *Ne manquez pas*, lui dit-il, *d'écrire à mon frère Jacques dès que je serai mort.*[85]

Cette lettre semble prouver qu'on ne croyait pas alors que saint Pierre eût été supplicié, puisque cette lettre attribuée à saint Clément aurait probablement fait mention du supplice de saint Pierre. Elle prouve encore qu'on ne comptait pas Clet et Anaclet parmi les évêques de Rome.

XXIV°. *Homélies de saint Clément au nombre de dix-neuf.*

Il raconte dans sa première homélie ce qu'il avait déjà dit dans les *reconnaissances*, qu'il était allé chercher saint Pierre avec saint Barnabé à Césarée, pour savoir si l'âme est immortelle, et si le monde est éternel.[86]

On lit dans la seconde homélie numéro 38 un passage bien plus extraordinaire; c'est saint Pierre lui-même, qui parle de l'Ancien Testament; et voici comme il s'exprime.

'La loi écrite contient certaines choses fausses, contre la loi de Dieu créateur du ciel et de la terre; c'est ce que le diable a fait pour une juste raison, et cela est arrivé aussi par le jugement de Dieu, afin de découvrir ceux qui écouteraient avec plaisir ce qui est écrit contre lui, etc. etc.'[87]

Dans la 6e homélie saint Clément rencontre Appion, le même qui avait écrit contre les Juifs du temps de Tibère; il dit à Appion qu'il est amoureux d'une Egyptienne; et le prie d'écrire une lettre en son nom à sa prétendue maîtresse, pour lui persuader, par l'exemple de tous les dieux, qu'il faut faire l'amour. Appion écrit la lettre, et saint Clément fait la réponse au nom de l'Egyptienne; après quoi il dispute sur la nature des dieux.[88]

---

[85] Détails épars pris dans Cotelier, *SS. Patrum*, t.1, p.614-15.

[86] Cotelier, *SS. Patrum*, t.1, p.615-748. Voir ci-dessus, n.79.

[87] Cotelier, *SS. Patrum*, t.1, p.622-34. Voltaire traduit le texte de Clément, intermédiaire, de façon fidèle. Voir *CN*, t.2, p.773 (ayant rapport à *Petri de Scripturis*). Devant ce développement, Voltaire avait placé un signet: 'St pierre dit / quil y a des / mensonges / dans la bible'.

[88] Pour l'homélie 6, voir Cotelier, *SS. Patrum*, t.1, p.663-71. Voir aussi *CN*, t.2, p.773, un signet ainsi conçu: 'St clement / feint detre / amoureux'.

XXV°. *Deux épîtres de saint Clément aux Corinthiens.*[89]

Il ne paraît pas juste d'avoir rangé ces épîtres parmi les apocryphes. Ce qui a pu engager quelques savants à ne les pas reconnaître, c'est qu'il y est parlé *du phénix d'Arabie qui vit cinq cents ans, et qui se brûle en Egypte dans la ville d'Héliopolis.*[90] Mais il se peut très bien faire que saint Clément ait cru cette fable que tant d'autres croyaient, et qu'il ait écrit des lettres aux Corinthiens.

On convient qu'il y avait alors une grande dispute entre l'Eglise de Corinthe et celle de Rome. L'Eglise de Corinthe, qui se disait fondée la première, se gouvernait en commun; il n'y avait presque point de distinction entre les prêtres et les séculiers, encore moins entre les prêtres et l'évêque; tous avaient également voix délibérative;[91] du moins plusieurs savants le prétendent.[92] Saint Clément dit aux Corinthiens, dans sa première épître, 'Vous qui avez jeté les premiers fondements de la sédition, soyez soumis aux prêtres, corrigez-vous par la pénitence, fléchissez les genoux de votre cœur, apprenez à obéir.' Il n'est point du tout étonnant qu'un évêque de Rome ait employé ces expressions.

C'est dans la 2de épître qu'on trouve encore cette réponse de Jésus-Christ que nous avons déjà rapportée, sur ce qu'on lui demandait quand viendrait son royaume des cieux. *Ce sera,* dit-il,

63

64

64

65

649   K84, K12: pénitence, et fléchissez

[89] Cotelier, *SS. Patrum*, t.1, p.143-188; *Sancti Clementis Epistola ad Corinthios prima*, p.143-80; *Epistola secunda*, p.184-88.

[90] Un premier signet (*CN*, t.2, p.768: 'du phénix') attire l'attention de Voltaire sur les gloses de Gerhardus Johannes Vossius, livre 3, 'De origine et progressu idolatriae', ch.99, 'De avibus fabulosis'. Un deuxième signet a rapport à tout ce développement de la première épître de Clément (section 25): 'phœnix / se brule / au bout / de cinq cent ans' (*CN*, t.2, p.768).

[91] Encore un signet: 'dispute / entre / eveques / et pretres' (*CN*, t.2, p.769).

[92] Ici Cotelier, *SS. Patrum*, t.1, p.131-40, laisse parler plusieurs exégètes (Grotius, Vossius, Blondellus, Hermannus Conringius, Joachim Johannes Maderus), mais Voltaire privilégie l'opinion du seul David Blondellus, auteur de l'*Apologia pro sententia Hieronymi de presbyteris et episcopis*. Relevant une déclaration contenue dans la section 2, p.9, de ce dernier, il avait noté sur un signet: 'pretres / egaux / aux eveques / laiques aux /pretres' (*CN*, t.2, p.768).

quand deux feront un, quand ce qui est dehors sera dedans, quand le   655
mâle sera femelle, et quand il n'y aura ni mâle ni femelle.[93]

XXVI°. *Lettre de saint Ignace le martyr à la Vierge Marie, et la
réponse de la Vierge à saint Ignace.*[94]

A MARIE QUI A PORTÉ CHRIST,
son dévot Ignace   660

'Vous deviez me consoler, moi néophyte et disciple de votre Jean.
J'ai entendu plusieurs choses admirables de votre Jésus, et j'en ai
été stupéfait; je désire de tout mon cœur d'en être instruit par vous
qui avez toujours vécu avec lui en familiarité, et qui avez su tous ses
secrets. Portez-vous bien et confortez les néophytes qui sont avec   665
moi de vous et par vous, Amen.'[95]

RÉPONSE DE LA SAINTE VIERGE,
à Ignace son disciple chéri,
l'humble servante de Jésus-Christ.

'Toutes les choses que vous avez apprises de Jean sont vraies;   670
croyez-les, persistez-y, gardez votre vœu de christianisme, con-
formez-lui vos mœurs et votre vie; je viendrai vous voir avec Jean,
vous et ceux qui sont avec vous. Soyez ferme dans la foi, agissez en
homme; que la sévérité de la persécution ne vous trouble pas; mais
que votre esprit se fortifie, et exulte en Dieu votre sauveur, Amen.'[96]   675

On prétend que ces lettres sont de l'an 116 de notre ère
vulgaire;[97] mais elles n'en sont pas moins fausses et moins

[93] Voir ci-dessus, n.31.

[94] Fabricius, *Codex*, t.2, p.841-42, 843-44. Entre les pages 844-45, Voltaire plaça
un signet (*CN*, t.3, p.465) pour indiquer l'emplacement de quelque déclaration à
reconsulter dans les *Epistolae apocryphae S. Mariae Virginis*.

[95] La traduction est exacte. A noter toutefois que Voltaire supprime (entre
'secrets' et 'Portez-vous') un membre de phrase et une phrase complète: 'desidero ex
animo fieri certior de auditis. Scripsi tibi etiam alias et rogavi de eisdem'.

[96] La traduction est exacte.

[97] Fabricius, *Codex*, t.2, p.834. Ayant consulté ici l'appareil critique, Voltaire note
l'avis de James Ussher (Usserius, 1580-1656), archevêque d'Armagh, quant à la date
de composition.

absurdes; ce serait même une insulte à notre sainte religion, si elles n'avaient pas été écrites dans un esprit de simplicité qui peut faire tout pardonner.

XXVII°. *Fragments des apôtres.*

On y trouve ce passage, 'Paul homme de petite taille, au nez aquilin, au visage angélique, instruit dans le ciel, a dit à Plantilla la Romaine avant de mourir: Adieu, Plantilla, petite plante de salut éternel, connais ta noblesse, tu es plus blanche que la neige, tu es enregistrée parmi les soldats de Christ, tu es héritière du royaume céleste.'[98] Cela ne méritait pas d'être réfuté.

XXVIII°. *Onze apocalypses,* qui sont attribuées aux patriarches et prophètes, à saint Pierre, à Cérinthe, à saint Thomas, à saint Etienne protomartyr, deux à saint Jean différentes de la canonique, et trois à saint Paul. Toutes ces apocalypses ont été éclipsées par celle de saint Jean.[99]

XXIX°. *Les visions, les préceptes et les similitudes d'Hermas.*[100]

Hermas paraît être de la fin du premier siècle. Ceux qui traitent son livre d'apocryphe, sont obligés de rendre justice à sa morale. Il commence par dire, que son père nourricier avait vendu une fille à Rome. Hermas reconnut cette fille après plusieurs années, et l'aima, dit-il, comme sa sœur: il la vit un jour se baigner dans le Tibre, il lui tendit la main et la tira du fleuve; et il disait dans son cœur, *que je serais heureux si j'avais une femme semblable à elle pour la beauté et pour les mœurs!*[101]

[98] Fabricius, *Codex,* t.2, p.743-832, '*Notitia et fragmenta Actuum apostolorum apocryphorum,* Alphabetico ordine digesta'. Nulle trace toutefois dans cette section de la citation alléguée. Pour le même portrait de Paul, voir aussi ci-dessus, n.38.

[99] Fabricius, *Codex,* t.2, p.935-70, '*Dodecas Apocalypseon apocryphorum'.* Outre les patriarches et prophètes qu'il cite lui-même (en suivant l'ordre de Fabricius), on trouve aussi dans cette section: Esdras et Hermas. Voltaire en réduit le nombre de douze à onze pour la bonne raison qu'il classait l'*Apocalypse de saint Jean* comme un livre canonique (encore que l'entrée à lui consacrée traite de la version: *diversa a canonica).*

[100] Fabricius, *Codex,* t.3, p.774-1036; Cotelier, *SS. Patrum,* t.1, p.75-124.

[101] Voltaire nous donne ici la traduction littérale (et exacte) du tout début du premier chapitre du Pasteur d'Hermas (Fabricius, *Codex,* t.2, p.774-75; Cotelier, *SS. Patrum,* t.1, p.75).

Aussitôt le ciel s'ouvrit, et il vit tout d'un coup cette même femme, qui lui fit une révérence du haut du ciel, et lui dit, *Bonjour Hermas.* Cette femme était l'Eglise chrétienne. Elle lui donna beaucoup de bons conseils. [102]   705

Un an après l'Esprit le transporta au même endroit où il avait vu cette belle femme, qui pourtant était une vieille; mais sa vieillesse était fraîche; et elle n'était vieille que parce qu'elle avait été créée dès le commencement du monde, et que le monde avait été fait pour elle. [103]   710

Le livre des *préceptes* contient moins d'allégories; mais celui des *similitudes* en contient beaucoup.

Un jour que je jeûnais, dit Hermas, et que j'étais assis sur une colline, rendant grâces à Dieu de tout ce qu'il avait fait pour moi, un berger vint s'asseoir à mes côtés, et me dit, Pourquoi êtes-vous   715
venu ici de si bon matin? C'est que je suis en station, lui répondis-je. Qu'est-ce qu'une station? me dit le berger. C'est un jeûne. Et qu'est-ce que ce jeûne? C'est ma coutume. *Allez,* me répliqua le berger, *vous ne savez ce que c'est que de jeûner, cela ne fait aucun profit à Dieu; je vous apprendrai ce que c'est que le vrai jeûne agréable à la*   720
Divinité. (p) Votre jeûne n'a rien de commun avec la justice et la vertu. Servez Dieu d'un cœur pur; gardez ses commandements; n'admettez dans votre cœur aucun désir coupable. Si vous avez toujours la crainte de Dieu devant les yeux, si vous vous abstenez de tout mal, ce sera là le vrai jeûne, le grand jeûne dont Dieu vous saura gré. [104]   725

Cette piété philosophique et sublime est un des plus singuliers

(*p*) Similitude 5e, livre 3.

707   w68: qui était pourtant une
714   70, 71N, 71A: rendant grâce à

[102] Le Pasteur d'Hermas, livre 1, vision 1, 1:3-8. Fabricius, *Codex,* t.3, p.775-77; Cotelier, *SS. Patrum,* t.2, p.75.

[103] Le Pasteur d'Hermas, livre 1, vision 2 (Fabricius, *Codex,* t.3, p.778).

[104] Le Pasteur d'Hermas, livre 3, similitude 5, ch.1 (Fabricius, *Codex,* t.3, p.928-31). La traduction de tout ce paragraphe, malgré quelques légères suppressions, est fidèle.

monuments du premier siècle. Mais ce qui est assez étrange, c'est qu'à la fin des *similitudes* le berger lui donne des filles très affables, *valde affabiles*, chastes et industrieuses pour avoir soin de sa maison; et lui déclare qu'il ne peut accomplir les commandements de Dieu sans ces filles, qui figurent visiblement les vertus. [105]

Ne poussons pas plus loin cette liste; elle serait immense si on voulait entrer dans tous les détails. Finissons par les sibylles.

XXX°. *Des sibylles*. [106]

Ce qu'il y eut de plus apocryphe dans la primitive Eglise, c'est la prodigieuse quantité de vers attribués aux anciennes sibylles en faveur des mystères de la religion chrétienne. [107] (*q*) Diodore de Sicile n'en reconnaissait qu'une, qui fut prise dans Thèbes par les Epigones, et qui fut placée à Delphes avant la guerre de Troye. [108] De cette sibylle, c'est-à-dire de cette prophétesse, on en fit bientôt

73

73

74

(*q*) Diodore, livre 4.

734   K84, K12: XXX°. *Les sibylles*

[105] Le Pasteur d'Hermas, livre 3, similitude 10, ch.3 (Fabricius, *Codex*, t.3, p.1033-34): 'Misi autem tibi has Virgines, ut habitent tecum: vidi enim eas valde affabiles tibi esse. Habebis igitur tu eas adjutrices, quo magis possis hujus mandate servare: non potest enim fieri, ut sine his virginibus haec mandata serventur'.

[106] Dans l'*Epître aux Romains*, de 1768, Voltaire avait écrit: 'La supposition la plus hardie peut-être, et la plus grossière, est celle des prophéties attribuées aux Sibylles qui prédisent l'incarnation de Jésus, ses miracles, et son supplice, en vers acrostiches' (*M*, t.27, p.97). Entre les pages 736-37 de son exemplaire de l'*Histoire de l'Eglise* (Paris, 1675, BV1250), écrite par Eusèbe, Voltaire avait mis un signet (*CN*, t.3, p.445, 'acrostiche / de la sibile / éritrée') concernant le chapitre 18 intitulé 'Prédiction de la Passion faite par la Sibylle Erytrée'.

[107] Pour se faire une idée de l'importance du phénomène, consulter l'*Histoire des oracles* (1686) de Fontenelle et surtout la *Réponse à l'Histoire des oracles* (1707) du R. P. Jean-François Baltus, S. J. Parmi les auteurs chrétiens à avoir invoqué les témoignages des sibylles, on peut citer par exemple Jérôme, Lactance, Tertullien, Clément d'Alexandrie, Eusèbe et Sozomène.

[108] Diodore de Sicile, *Biblioteke historike*. Les *Epigones*: nom que les Grecs donnaient aux capitaines (fils des capitaines de la première guerre) qui firent le second siège de Thèbes. Diodore dit que Daphné, fille de Tirésias, savante dans l'art de la divination, produisit un grand nombre d'oracles après avoir été transportée de Thèbes à Delphes.

dix. Celle de Cume avait le plus grand crédit chez les Romains, et la sibylle Erythrée chez les Grecs. [109]

Comme tous les oracles se rendaient en vers, toutes les sibylles ne manquèrent pas d'en faire; et pour donner plus d'autorité à ces vers, on les fit quelquefois en acrostiches. Plusieurs chrétiens qui n'avaient pas un zèle selon la science, non seulement détournèrent le sens des anciens vers qu'on supposait écrits par les sibylles; ils en firent eux-mêmes, et qui pis est, en acrostiches. Ils ne songèrent pas que cet artifice pénible de l'acrostiche ne ressemble point du tout à l'inspiration, et à l'enthousiasme d'une prophétesse. Ils voulurent soutenir la meilleure des causes par la fraude la plus maladroite. Ils firent donc de mauvais vers grecs, dont les lettres initiales signifiaient en grec, *Jesu, Christ, Fils, Sauveur*, et ces vers disaient, qu'*avec cinq pains et deux poissons il nourrirait cinq mille hommes au désert, et qu'en ramassant les morceaux qui resteront il remplirait douze paniers*. [110]

Le règne de mille ans, et la nouvelle Jérusalem céleste, que Justin avait vue dans les airs pendant quarante nuits, ne manquèrent pas d'être prédits par les sibylles. [111]

Lactance au quatrième siècle, recueillit presque tous les vers attribués aux sibylles, et les regarda comme des preuves con-

745

750

755

760

---

753   K84, K12: grec, *Jésus* [K84: *Jesus*], *Christ*

---

[109] La célébrité de la sibylle de Delphes, comme le dit Voltaire, enfanta une bonne dizaine d'imitatrices. Lactance, que Voltaire utilise dans cette partie de l'article en identifie précisément dix (*Divinae institutiones*, livre 4, ch.6), celles qui se trouvaient à: Ancyre, Claros, Cumes, Delos, Eubée, Erythrée, Gergis, Marmèse, Samos et Tibur.

[110] Voltaire avait déjà cité ces vers, attribués par Lactance à la Sibylle Erythrée, dans *La Philosophie de l'histoire* (*OCV*, t.59, p.197). On les retrouvera encore dans l'article 'Christianisme' du *DP* (*OCV*, t.35, p.562). C'est surtout Lactance qui invoque au profit du christianisme le miracle des pains et des poissons prétendument annoncé par la Sibylle (*Divinae institutiones*, livre 4, ch.15).

[111] Lactance prédit le règne de mille ans, en se fondant sur les prophéties de la Sibylle, dans les *Divinae institutiones*, livre 7, ch.24.

vaincantes. [112] Cette opinion fut tellement autorisée, et se maintint si longtemps, que nous chantons encore des hymnes dans lesquels le témoignage des sibylles est joint aux prédictions de David.

> *Solvet saeclum in favilla*   76
> *Teste David cum sibylla.* [113]

Ne poussons pas plus loin la liste de ces erreurs ou de ces fraudes, on pourrait en rapporter plus de cent; tant le monde fut toujours composé de trompeurs et de gens qui aimèrent à se tromper. Mais ne recherchons point une érudition si dangereuse.   77
Une grande vérité approfondie vaut mieux que la découverte de mille mensonges.

Toutes ces erreurs, toute la foule des livres apocryphes, n'ont pu nuire à la religion chrétienne; parce qu'elle est fondée, comme on sait, sur des vérités inébranlables. Ces vérités sont appuyées par   77
une Eglise militante et triomphante, à laquelle Dieu a donné le pouvoir d'enseigner et de réprimer. Elle unit dans plusieurs pays l'autorité spirituelle et la temporelle. La prudence, la force, la richesse sont ses attributs; et quoiqu'elle soit divisée, quoique ses divisions l'aient ensanglantée, on la peut comparer à la république   78
romaine toujours agitée de discordes civiles, mais toujours victorieuse. [114]

766-73   70, 71N, 71A: *sibylla.* ¶Toutes

[112] Lactance cite les prédictions sibyllines les plus importantes dans les *Divinae institutiones*, livre 2, ch.12 et 16; livre 4, ch.6, 11, 13, 15-19; livre 7, ch.23-24.

[113] Il s'agit ici des deuxième et troisième vers de la première strophe de la *Prose* (ou *Hymne*) *des morts*, plus couramment connue comme le *Dies irae*. Dans deux textes où il est question spécifiquement de ces vers, Voltaire ne cache pas son incrédulité devant ces 'misérables facéties' ou 'ces mensonges ridicules' (voir *L'Epître aux Romains*, M, t.27, p.97, et l'*Histoire de l'établissement du christianisme*, M, t.31, p.79-80).

[114] Voir aussi l'article 'Saint Denis l'Aréopagite, et de la fameuse éclipse' des *QE*, qui sert de post-scriptum à celui-ci.

APPOINTÉ, DÉSAPPOINTÉ

Soit que ce mot vienne du latin, *punctum*,[1] ce qui est très vraisemblable; soit qu'il vienne de l'ancienne barbarie, qui se plaisait fort aux *oins, soin, coin, loin, foin, hardouin, albouin, grouin, poing*, etc.; il est certain que cette expression, bannie aujourd'hui mal à propos du langage, est très nécessaire. Le naïf Amiot,[2] et l'énergique Montagne,[3] s'en servent souvent. Il n'est pas même possible jusqu'à présent d'en employer une autre. Je lui *appointai* l'hôtel des Ursins; à sept heures du soir je m'y rendis; je fus *désappointé*. Comment exprimerez-vous en un seul mot le manque de parole de celui qui devait venir à l'hôtel des Ursins à sept heures du soir, et l'embarras de celui qui est venu et qui ne trouve personne?[4] A-t-il été trompé dans son attente? Cela est d'une longueur insupportable, et n'exprime pas précisément la chose. Il a été *désappointé*; il n'y a que ce mot. Servez-vous-en donc, vous qui

9   K84, K12: Comment expliquerez-vous en

* Dans l'*Encyclopédie* quatre articles courts traitent 'appointé' comme terme militaire, comme terme de marine, comme terme de blason et comme terme judiciaire. Voltaire ne répond évidemment à aucun de ces articles; l'article actuel, qui témoigne de l'intérêt de Voltaire pour l'histoire de la langue, constitue plutôt un complément à ceux de l'*Encyclopédie*. Il paraît en novembre/décembre 1770 (70, t.2).

[1] Cette étymologie est proposée par Caseneuve dans le *Dictionnaire étymologique* de Ménage (Paris, 1694, BV2416; *CN*, t.5, p.598), à l'article 'Apointer', p.14.

[2] L'adjectif 'naïf' est fréquent sous la plume de Voltaire pour désigner la littérature du seizième siècle et plus particulièrement Amyot. Voir *Le Siècle de Louis XIV* (*OH*, p.1003).

[3] L'adjectif 'énergique' pour qualifier le style de Montaigne est employé pour la première fois par Voltaire dans son *Discours de réception à l'Académie française* en 1746 (*OCV*, t.30A, p.27). Amyot et Montaigne sont associés dans les mêmes termes dans les *Carnets* (*OCV*, t.82, p.582).

[4] Le passage est directement inspiré de la lettre de Voltaire à d'Olivet du 20 août 1761 (D9959), où il déplore que des mots et expressions du temps de Corneille soient oubliés au dix-huitième siècle. Il cite l'exemple de 'appointé / désappointé'.

voulez qu'on vous entende vite; vous savez que les circonlocutions 15
sont la marque d'une langue pauvre. Il ne faut pas dire: *vous me
deve₂ cinq pièces de dou₂e sous*, quand vous pouvez dire: *vous me
deve₂ un écu*.

Les Anglais ont pris de nous ces mots *appointé*, *désappointé*, ainsi
que beaucoup d'autres expressions très énergiques; ils se sont 20
enrichis de nos dépouilles, et nous n'osons reprendre notre bien.[5]

---

[5] Les rapports entre les Anglais et les Français et l'avantage des premiers nommés
se trouvaient dans la lettre à d'Olivet (voir n.4) et se retrouvent dans une lettre écrite
à Saurin le 28 février 1764 (D11727) qui oppose le mérite des poètes français à celui
des poètes anglais. Sur la richesse de la langue anglaise, voir la lettre D10413.

APPOINTER, APPOINTEMENT,

termes du palais

Ce sont procès par écrit. On *appointe* une cause; c'est-à-dire, que les juges ordonnent, que les parties produisent par écrit les faits et les raisons. Le dictionnaire de Trévoux, fait en partie par les jésuites, s'exprime ainsi: *Quand les juges veulent favoriser une mauvaise cause, ils sont d'avis de l'appointer au lieu de la juger.*[1]

Ils espéraient qu'on appointerait leur cause dans l'affaire de leur banqueroute,[2] qui leur procura leur expulsion. L'avocat[3] qui plaidait contre eux trouva heureusement leur explication du mot *appointer*; il en fit part aux juges, dans une de ses oraisons. Le parlement, plein de reconnaissance, n'appointa pas leur affaire; il

b   K12: *Terme du*
7-8   K12: L'avocat qui plaida contre

* Voltaire prend appui sur un article de l'*Encyclopédie*, intitulé 'Appointement' (t.2, p.554) et rédigé par François-Vincent Toussaint. Le présent article paraît en novembre/décembre 1770 (70, t.2).

[1] Cette phrase existe dans les éditions du *Dictionnaire de Trévoux* de 1704, 1732, 1743, 1752; elle a été supprimée dans l'édition de 1771 publiée après la remarque de Voltaire.

[2] La banqueroute en question concerne un jésuite nommé La Valette qui avait contracté des dettes à l'égard de deux établissements marseillais. Après la faillite de La Valette, les banquiers demandèrent la restitution de l'argent aux jésuites qui refusèrent et sollicitèrent le jugement du parlement de Paris. Voltaire commente avec délectation cette affaire dans sa correspondance (D9742, D9743, D9765), approuvant un mémoire qui venait de paraître contre les 'jésuites banqueroutiers'. Voir l'*Histoire du parlement de Paris*, ch.68, 'De l'abolissement des jésuites' (*OCV*, t.68, p.547-54).

[3] L'avocat est Jean Charlemagne Lalourcé, auteur du *Mémoire à consulter et consultation pour Jean Lioncy, créancier et syndic de la masse de la maison de commerce établie à Marseille, sous le nom de Lioncy frères et Gouffre, contre le corps et société des PP. jésuites* (Paris, 1761).

5

10

fut jugé à l'audience [4] que tous les jésuites, à commencer par le père général, restitueraient l'argent de la banqueroute avec dépens, dommages et intérêts. Il fut jugé depuis qu'ils étaient de trop dans le royaume; [5] et cet arrêt, qui était pourtant un *appointé*, eut son exécution avec grands applaudissements du public. [6]

15

[4] Voltaire évoque l'audience du 8 mai 1761 et son arrêt dans l'*Histoire du parlement de Paris* (*OCV*, t.68, p.551).

[5] Sur l'expulsion des jésuites, voir l'*Histoire du parlement de Paris*, ch.68. C'est l'avocat Pierre-Jean-Baptise Gerbin (1725-1788) qui obtint au barreau du parlement l'abolition de la Société de Jésus.

[6] 'Le prononcé fut reçu du public avec des applaudissements et des battements de mains incroyables' (*Histoire du parlement de Paris*, ch.68, *OCV*, t.68, p.551). Une note des éditeurs de Kehl commente cette haine contre les jésuites en évoquant l'histoire du père Griffet (*Histoire du parlement de Paris*, *M*, t.16, p.105, n.1).

APOSTAT

C'est encore une question parmi les savants, si l'empereur Julien était en effet apostat,[1] et s'il avait jamais été chrétien véritablement.[2]

Il n'était pas âgé de six ans lorsque l'empereur Constance plus barbare encore que Constantin, fit égorger son père et son frère, et sept de ses cousins germains. A peine échappa-t-il à ce carnage avec son frère Gallus. Mais il fut toujours traité très durement par Constance. Sa vie fut longtemps menacée; il vit bientôt assassiner

* L'article fut composé probablement après la publication, en mars 1769, du *Discours de l'empereur Julien contre les chrétiens* (*OCV*, t.71B, p.237-373). Le paragraphe qui fait allusion à l'évêque d'Annecy, Jean-Pierre Biord (voir lignes 102-12 et n.20), semble avoir été écrit en mai 1769 tant le ton et les propos sont proches de deux lettres à D'Alembert des 23 et 24 mai (D15659, D15660). L'article reprend, dans sa première section, de larges extraits de 'Julien le philosophe', paru en 1767 dans le *DP* (*OCV*, t.36, p.267-80) et du 'Portrait de l'empereur Julien', en tête du *Discours de l'empereur Julien* (t.71B, p.243-57), mais tout est désormais axé sur le problème de la réalité de cette apostasie. La seconde section propose une nouvelle réfutation de la prétendue authenticité des globes de feu sortis de terre pour empêcher la construction du temple. Voltaire a beaucoup écrit sur l'apostasie, mais il prétend que 'c'est encore une question parmi les savants' (ligne 1), laissant entendre qu'il ne l'a pas encore traitée à fond. Cet article paraît en novembre/décembre 1770 (70, t.2); le 13 mars 1771, Voltaire proposera de l'envoyer à la duchesse de Choiseul (D17076).

[1] L'article 'Julien le philosophe' du *DP* vise à bannir de l'usage l'appellation traditionnelle de Julien *l'apostat*. Le mot ne figure pas dans l'article de 1767, mais il a été employé dans l'addition de 1769 au 'Portrait de l'empereur Julien' (*Discours de l'empereur Julien*, *OCV*, t.71B, p.253).

[2] Bien que le *Dictionnaire de l'Académie* (1762) définisse sans nuance l'apostasie comme 'le crime d'un homme qui renonce à la religion chrétienne', il s'agit en fait de savoir non pas si Julien a renoncé à cette religion dans laquelle il avait été baptisé et instruit, puisque cette renonciation ne fait de doute pour personne et qu'il en a lui-même convenu, mais s'il a jamais adhéré de cœur à une religion imposée par son persécuteur Constance qui venait de faire massacrer toute sa famille. A en croire J. Bidez dans *La Vie de l'empereur Julien* (2e éd., Paris, 1965, p.34), 'nulle part toutefois, Julien ne donne lieu de mettre en doute la sincérité de ses convictions premières'.

par les ordres du tyran le frère qui lui restait. [3] Les sultans turcs les plus barbares n'ont jamais surpassé, je l'avoue à regret, ni les cruautés, ni les fourberies de la famille Constantine. L'étude fut la seule consolation de Julien, dès sa plus tendre jeunesse. Il voyait en secret les plus illustres philosophes qui étaient de l'ancienne religion de Rome. [4] Il est bien probable qu'il ne suivit celle de son oncle Constance, que pour éviter l'assassinat. Julien fut obligé de cacher son esprit, comme avait fait Brutus sous Tarquin. [5] Il devait être d'autant moins chrétien que son oncle l'avait forcé à être moine, et à faire les fonctions de lecteur dans l'église. [6] On est rarement de la religion de son persécuteur, surtout quand il veut dominer sur la conscience.

Une autre probabilité, c'est que dans aucun de ses ouvrages, il ne dit qu'il ait été chrétien. [7] Il n'en demande jamais pardon aux pontifes

[3] Voir le *Discours de l'empereur Julien*, *OCV*, t.71B, p.253, n.31, et *SVEC* 322 (1994), p.246, n.39.

[4] Au témoignage d'Eunape, Julien demanda bientôt à Constance la permission qu'il obtint de se rendre à Pergame pour y fréquenter rhéteurs et philosophes: il alla entendre le philosophe Aidesios, disciple de Jamblique, lui-même disciple de Porphyre, lui-même disciple de Plotin. Julien suivit également les leçons de deux élèves d'Aidesios, Chrysanthe de Sardes et Eusèbe de Myndos. Lorsqu'il apprit qu'un troisième élève d'Aidesios, Maxime d'Ephèse, 'obtenait des résultats surprenants en pratiquant la théurgie, formellement condamnée par Eusèbe, aussitôt Julien partit pour Ephèse, et s'appliqua avec acharnement à pénétrer le secret de la doctrine, sous la direction très attentive de Maxime et de Chrysanthe appelé à la rescousse' (J. Bouffartigue, *L'Empereur Julien et la culture de son temps*, Paris, 1992, p.16).

[5] Voir le *Discours de l'empereur Julien*, *OCV*, t.71B, p.253, n.33, et *SVEC* 322, p.247, n.41.

[6] Voir le *Discours de l'empereur Julien*, *OCV*, t.71B, p.253, n.32, et *SVEC* 322, p.246, n.40.

[7] Affirmation inexacte et susceptible d'un double démenti: (1) Julien a écrit aux Alexandrins convertis au christianisme une lettre de vifs reproches de ce qu'il regarde comme une trahison particulièrement grave de leur part des dieux olympiens. Il ajoute cette confidence: 'Comme vous j'ai marché dans cette voie-là jusqu'à l'âge de vingt ans, et voici qu'avec l'aide des dieux je marche dans celle-ci depuis douze années déjà' (Julien, *Œuvres complètes*, trad. J. Bidez, Paris, 1932, t.1, partie 2, p.191). (2) Au début de son discours sur Hélios-Roi, Julien remarque qu'il pourrait expliquer quels étaient dans sa jeunesse ses 'sentiments à l'égard des dieux', mais préfère vouer 'à l'oubli ces temps de ténèbres', faisant ainsi clairement allusion à son adolescence chrétienne (Julien, *Œuvres complètes*, t.1, partie 2, p.131).

de l'ancienne religion. Il leur parle dans ses lettres comme s'il avait
toujours été attaché au culte du sénat. Il n'est pas même avéré qu'il ait
pratiqué les cérémonies du taurobole, qu'on pouvait regarder   25
comme une espèce d'expiation, ni qu'il eût voulu laver avec du
sang de taureau ce qu'il appelait si malheureusement *la tache de son
baptême.* ⁸ C'était une dévotion païenne qui d'ailleurs ne prouverait
pas plus que l'association aux mystères de Cérès. En un mot, ni ses
amis, ni ses ennemis ne rapportent aucun fait, aucun discours qui   30
puisse prouver qu'il ait jamais cru au christianisme, et qu'il ait passé
de cette croyance sincère à celle des dieux de l'empire.

S'il est ainsi, ceux qui ne le traitent point d'apostat paraissent très
excusables.

La saine critique s'étant perfectionnée, ⁹ tout le monde avoue   35
aujourd'hui que l'empereur Julien était un héros et un sage, un
stoïcien égal à Marc-Aurèle. On condamne ses erreurs, on convient
de ses vertus. On pense aujourd'hui comme Prudentius son
contemporain, ¹⁰ auteur de l'hymne *Salvete flores martyrum.* Il dit
de Julien,   40

> *Ductor fortissimus armis*
> *Conditor et legum celeberrimus: ore manuque*
> *Consultor patriae: sed non consultor habendae*
> *Relligionis: amans tercentum millia divum.*
> *Perfidus ille Deo, sed non est perfidus orbi.*   45

> Fameux par ses vertus, par ses lois, par la guerre,
> Il méconnut son Dieu, mais il servit la terre. ¹¹

47-84   к84, к12: servit la terre. ¶Ses détracteurs

⁸ Selon Grégoire de Naziance (*Oratio 4*, 101), Julien lui-même voulut après son
apostasie se débarrasser de 'la souillure du baptême' en recourant à des cérémonies
expiatoires du type de celles qu'évoque Voltaire.

⁹ Voir l'article 'Julien le philosophe' du *DP* (*OCV*, t.36, p.268, n.3).

¹⁰ Cet ancien haut fonctionnaire de Théodose II né en Espagne (348-410) où il fut
deux fois gouverneur de province, consacra sa retraite à la composition de poèmes
chrétiens. Son *Péri stéphanôn* est un recueil de poèmes en vers lyriques célébrant des
martyrs espagnols ou romains.

¹¹ Le mérite de cette 'belle infidèle' tient plus à sa concision qu'à son exactitude.
De ces cinq vers on pourrait proposer cette traduction littérale: 'chef de guerre très

Voici comme on en parle souvent dans un livre nouveau souvent réimprimé. [12]

'Aujourd'hui, après avoir comparé les faits, les monuments, les écrits de Julien et ceux de ses ennemis, on est forcé de reconnaître que s'il n'aimait pas le christianisme, il fut excusable aux yeux des hommes, de haïr une religion [13] souillée du sang de toute sa famille; qu'ayant été persécuté, emprisonné, exilé, menacé de mort par les Galiléens sous le règne du barbare Constance, il ne les persécuta jamais; qu'au contraire, il pardonna à dix soldats chrétiens qui avaient conspiré contre sa vie. On lit ses lettres, et on admire. *Les Galiléens*, dit-il, *ont souffert sous mon prédécesseur l'exil et les prisons; on a massacré réciproquement ceux qui s'appellent tour à tour hérétiques. J'ai rappelé leurs exilés, élargi leurs prisonniers; j'ai rendu leurs biens aux proscrits; je les ai forcés de vivre en paix. Mais telle est la fureur inquiète des Galiléens qu'ils se plaignent de ne pouvoir plus se dévorer les uns les autres.* Quelle lettre! quelle sentence portée par la philosophie contre le fanatisme persécuteur! Dix chrétiens conspirent contre sa vie, on les découvre, il leur pardonne. Quel homme! mais quels lâches fanatiques que ceux qui ont voulu déshonorer sa mémoire!' [14]

50

55

60

65

48   70, 71N, 71A: parle dans

---

efficace et législateur de grand renom: par sa parole et son action conseiller de sa patrie, mais ne prescrivant pas à quelle religion on doit appartenir, s'étant épris de trois cent mille divinités. Cet homme fut déloyal envers Dieu, mais pas envers le monde de son temps'. Voltaire a adouci de son mieux l'embarrassant 'perfidus ille Deo' en le rendant par 'il méconnut son Dieu'. Admettre l'idée d'une perfidie de Julien à l'égard de Dieu irait à l'encontre de la thèse de Voltaire: il n'est pas légitime de traiter d'apostat un homme qui n'a jamais été véritablement chrétien.

[12] Les lignes 50-64, 68-89 sont extraites, avec quelques modifications, de l'article 'Julien le philosophe' du *DP*. Pour l'annotation de ce passage, voir *OCV*, t.36, p.270-73, lignes 17-55, n.9-19. Voir aussi le passage comparable du 'Portrait de l'empereur Julien', *OCV*, t.71B, p.244-47, lignes 15-53, variantes et notes.

[13] Léger durcissement du ton: dans le *DP* on lisait seulement une 'secte' au lieu d'une 'religion'.

[14] Les deux phrases terminant le paragraphe sont un ajout au passage extrait du *DP*, servant à souligner des idées déjà abordées.

Enfin, en discutant les faits, on a été obligé de convenir que Julien avait toutes les qualités de Trajan, hors le goût si longtemps pardonné aux Grecs et aux Romains; toutes les vertus de Caton, mais non pas son opiniâtreté et sa mauvaise humeur; tout ce qu'on admira dans Jules César, et aucun de ses vices; il eut la continence de Scipion. Enfin il fut en tout égal à Marc-Aurèle le premier des hommes. 70

On n'ose plus répéter aujourd'hui après le calomniateur Théodoret, qu'il immola une femme dans le temple de Carres pour se rendre les dieux propices. On ne redit plus qu'en mourant il jeta de sa main quelques gouttes de son sang au ciel, en disant à Jésus-Christ: *Tu as vaincu Galiléen*, comme s'il eût combattu contre Jésus en faisant la guerre aux Perses; comme si ce philosophe qui mourut avec tant de résignation, avait reconnu Jésus; comme s'il eût cru que Jésus était en l'air, et que l'air était le ciel! ces inepties ne se répètent plus aujourd'hui. [15] 75

80

Ses détracteurs sont réduits à lui donner des ridicules; mais il avait plus d'esprit que ceux qui le raillent. Un historien lui reproche d'après Saint Grégoire de Nazianze, *d'avoir porté une barbe trop grande*. Mais, mon ami, si la nature la lui donna longue, pourquoi voudrais-tu qu'il la portât courte? *Il branlait la tête*. Tiens mieux la tienne. – *Sa démarche était précipitée*. Souviens-toi que l'abbé d'Aubignac prédicateur du roi, sifflé à la comédie, se moque de la démarche et de l'air du grand Corneille. [16] Oserais-tu espérer de tourner le maréchal de Luxembourg en ridicule, parce qu'il marchait mal, et que sa taille était irrégulière? Il marchait très 85

90

69   71A: goût longtemps

[15] Dans le *DP* on lit: 'ces inepties de gens qu'on appelle Pères de l'Eglise ne se répètent plus' (*OCV*, t.36, p.273).
[16] Après avoir fait de grands éloges de Corneille dans sa *Pratique du théâtre* (Paris, 1657), François Hédelin, abbé d'Aubignac, avait violemment critiqué l'écrivain dans ses *Dissertations contre Corneille* (1663) et spécialement dans la *Quatrième Dissertation en forme de remarques sur la tragédie de Monsieur Corneille intitulée Œdipe* (Paris, 1663) où les attaques personnelles prédominent.

bien à l'ennemi. Laissons l'ex-jésuite Patouillet,[17] et l'ex-jésuite Nonotte etc. appeler l'empereur, *Julien l'apostat*.[18] Eh gredins! son 95 successeur chrétien, Jovien, l'appela *Divus Julianus*.[19]

Traitons cet empereur comme il nous a traités lui-même. (*a*) Il disait en se trompant; *Nous ne devons pas les haïr, mais les plaindre; ils sont déjà assez malheureux d'errer dans la chose la plus importante.*

Ayons pour lui la même compassion, puisque nous sommes sûrs 10 que la vérité est de notre côté.

Il rendait exactement justice à ses sujets, rendons-la donc à sa mémoire. Des Alexandrins s'emportent contre un évêque chrétien, méchant homme il est vrai,[20] élu par une brigue de scélérats. C'était le fils d'un maçon nommé George Biordos.[21] Ses mœurs 10

(*a*) Lettre 52, de l'empereur Julien.

105 K84, K12: Biordos. [*avec note*: Biord, fils d'un maçon, a été évêque d'Anneci au dix-huitième siècle. Comme il ressemblait beaucoup à Georges d'Alexandrie, M. de Voltaire son diocésain s'est amusé à joindre au nom de l'évêque le surnom de Biordos.] Ses

[17] Le père Louis Patouillet n'a rien écrit sur Julien l'Apostat. Mais Voltaire, qui lui attribue aussi bien qu'à Nonnotte le *Dictionnaire anti-philosophique* (1767) de Louis Chaudon (D14562) lui attribue souvent les dires de Nonnotte (D10837, D15433).

[18] L'article 'De Julien', paru en 1756 dans la *Suite des mélanges* (voir *M*, t.19, p.541-46), a retenu l'attention de Nonnotte qui le réfute presque paragraphe par paragraphe aux chapitres 7 et 8 des *Erreurs de Voltaire* en 1762. Nonnotte prédisait: 'Malgré la décision de l'oracle des nouveaux philosophes [...] on dira toujours le grand Constantin, le pieux Théodose et Julien l'Apostat' (p.54).

[19] Voltaire confond sans doute ici ce que dit La Bléterie (*Histoire de l'empereur Jovien*, Amsterdam, 1750, p.141-42) de la déification de Julien décidée par le sénat romain avec la relation des funérailles solennelles ordonnées par Jovien.

[20] Georges de Cappadoce, évêque arien d'Alexandrie, s'était rendu fort impopulaire par son comportement violemment agressif à l'égard de ses concitoyens restés fidèles au culte des dieux. La mort de Constance qui les persécutait, puis l'avènement de Julien qui les soutenait, incitèrent les païens d'Alexandrie à se révolter contre l'évêque d'abord incarcéré, mais bientôt mis à mort dans son cachot, le 24 décembre 361. Ses meurtriers promenèrent son cadavre sur un chameau avant de le brûler et de jeter ses cendres dans la mer. La sauvagerie de cette exécution qui n'avait rien d'un acte de justice indigna Julien et lui fit adresser aux Alexandrins en janvier 362 la lettre de reproches dont Voltaire prétend citer plus loin un extrait.

[21] Forme plaisamment hellénisée du nom de son ennemi du moment, Jean-Pierre

étaient plus basses que sa naissance, il joignait la perfidie la plus
lâche à la férocité la plus brute, et la superstition à tous les vices;
avare, calomniateur, persécuteur, imposteur, sanguinaire, séditieux, détesté de tous les partis; enfin les habitants le tuèrent à coups
de bâton. Voyez la lettre que l'empereur Julien écrit aux Alexan-   110
drins sur cette émeute populaire. Voyez comme il leur parle en père
et en juge.

'Quoi! au lieu de me réserver la connaissance de vos outrages,
vous vous êtes laissés emporter à la colère, vous vous êtes livrés aux
mêmes excès que vous reprochez à vos ennemis! George méritait   115
d'être traité ainsi, mais ce n'était pas à vous d'être ses exécuteurs.
Vous avez des lois, il fallait demander justice etc.' [22]

On a osé flétrir Julien de l'infâme nom d'*intolérant* et de
persécuteur, lui qui voulait extirper la persécution et l'intolérance.
Relisez sa lettre cinquante-deuxième, [23] et respectez sa mémoire.   120
N'est-il pas déjà assez malheureux de n'avoir pas été catholique, et
de brûler dans l'enfer avec la foule innombrable de ceux qui n'ont
pas été catholiques, sans que nous l'insultions encore jusqu'au
point de l'accuser d'intolérance.

Biord, depuis 1764 évêque d'Annecy et de Genève, avec qui Voltaire est entré en
conflit au printemps de 1768 pour avoir fait ses pâques dans l'église de Ferney et
prononcé un sermon durant l'office (voir *VST*, t.2, p.300-302). Voltaire a plus d'une
fois relevé la basse naissance du prélat (D14946, D15157, D15659, D15660), mais
Eugène Ritter a établi que le prétendu fils de maçon (ou petit-fils, car Voltaire varie)
avait en réalité eu pour père et grand-père deux notaires ducaux à Samoëns (*Revue
savoisienne*, mars-avril 1890).

[22] En dépit des guillemets, il ne s'agit pas d'une véritable citation, mais plutôt
d'un condensé des reproches formulés par Julien à différents endroits de sa lettre
(voir Julien, *Œuvres complètes*, t.1, partie 2, p.69 et 70).

[23] La lettre se termine par un plaidoyer éloquent pour la tolérance (voir Julien,
Œuvres complètes, t.1, partie 2, p.195) dont Voltaire vient de citer la dernière phrase
(lignes 98-99).

Des globes de feu qu'on a prétendu être sortis de terre, pour empêcher la réédification du temple de Jérusalem, sous l'empereur Julien[24]

Il est très vraisemblable que lorsque Julien résolut de porter la guerre en Perse, il eut besoin d'argent; très vraisemblable encore, que les Juifs lui en donnèrent, pour obtenir la permission de rebâtir leur temple, détruit en partie par Titus, et dont il restait les fondements, une muraille entière et la tour Antonia.[25] Mais est-il si vraisemblable que des globes de feu s'élançassent sur les ouvrages et sur les ouvriers, et fissent discontinuer l'entreprise?

N'y a-t-il pas une contradiction palpable dans ce que les historiens racontent?[26]

1°. Comment se peut-il faire que les Juifs commençassent par détruire (comme on le dit)[27] les fondements du temple qu'ils voulaient et qu'ils devaient rebâtir à la même place? Le temple devait être nécessairement sur la montagne Moria. C'était là que Salomon l'avait élevé; c'était là qu'Hérode l'avait rebâti avec beaucoup plus de solidité et de magnificence, après avoir préalablement élevé un beau théâtre dans Jérusalem, et un temple à Auguste dans Césarée. Les fondations de ce temple agrandi par Hérode, avaient jusqu'à vingt-cinq pieds de longueur, au rapport

---

[24] L'article 'Julien le philosophe' du *DP* comportait déjà une réfutation très polémique, argumentée en neuf points, de la prétendue authenticité du prodige des globes de feu.

[25] Voir le *Discours de l'empereur Julien*, *OCV*, t.71B, p.248, n.18.

[26] Voltaire attaque ici non seulement La Blèterie (*Vie de l'empereur Julien*, Paris, 1746, BV1798, p.396 et suiv.), mais aussi William Warburton qui, dans son *Julian, or a discourse concerning the earthquake and fiery eruption which defeated that emperor's attempt to rebuild the temple at Jerusalem, in which the reality of a divine interposition is shown* (Londres, 1751), défend la vérité du fait en s'appuyant sur les témoignages d'Ammien Marcellin, Théodoret, Sozomène, Socrate, Philostorge, Grégoire de Nazianze, Jean Chrysostome et Ambroise. Sur le feu du temple, voir aussi la discussion de J. Bidez, *La Vie de l'empereur Julien*, p.305-307.

[27] Voir le *Discours de l'empereur Julien*, *OCV*, t.71B, p.248, n.18.

de Joseph.[28] Serait-il possible que les Juifs eussent été assez insensés du temps de Julien pour vouloir déranger ces pierres qui étaient si bien préparées à recevoir le reste de l'édifice, et sur lesquelles on a vu depuis les mahométans bâtir leur mosquée? (*b*) Quel homme fut jamais assez fou, assez stupide pour se priver ainsi à grands frais et avec une peine extrême du plus grand avantage qu'il pût rencontrer sous ses yeux et sous ses mains? Rien n'est plus incroyable.

2°. Comment des éruptions de flammes seraient-elles sorties du sein de ces pierres? Il se pourrait qu'il fût arrivé un tremblement de terre dans le voisinage;[29] ils sont fréquents en Syrie; mais que de larges quartiers de pierres aient vomi des tourbillons de feu! ne faut-il pas placer ce conte parmi tous ceux de l'antiquité?

3°. Si ce prodige, ou si un tremblement de terre, qui n'est pas un prodige, était effectivement arrivé, l'empereur Julien n'en aurait-il pas parlé dans la lettre où il dit, qu'il a eu intention de rebâtir ce temple? N'aurait-on pas triomphé de son témoignage? N'est-il pas au contraire infiniment probable qu'il changea d'avis? Cette lettre

---

(*b*) Omar[30] ayant pris Jérusalem, y fit bâtir une mosquée sur les fondements mêmes du temple d'Hérode et de Salomon; et ce nouveau temple fut consacré au même Dieu que Salomon avait adoré avant qu'il fût idolâtre, au Dieu d'Abraham et de Jacob que Jésus-Christ avait adoré quand il fut à Jérusalem, et que les musulmans reconnaissent. Ce temple subsiste encore: il ne fut jamais entièrement démoli: mais il n'est permis ni aux Juifs, ni aux chrétiens d'y entrer; ils n'y entreront que quand les Turcs en seront chassés.

---

[28] Flavius Josèphe, *Antiquités judaïques*, livre 8, ch.3, section 2.
[29] On saisit mal la portée de cet argument absent de l'article 'Julien le philosophe' de 1767, mais ajouté dans le 'Portrait de l'empereur Julien' où il est formulé de façon beaucoup plus claire: 'les auteurs contemporains rapportent que dans le même temps il y eut en Syrie un grand tremblement de terre, qu'elle s'enflamma en plusieurs endroits, et engloutit plusieurs villes. Alors plus de miracle' (*Discours de l'empereur Julien*, *OCV*, t.71B, p.251).
[30] Sur Omar, voir le *Discours de l'empereur Julien*, *OCV*, t.71B, p.249, n.19.

ne contient-elle pas ces propres mots? *Que diront les Juifs de leur temple qui a été détruit trois fois et qui n'est point encore rebâti? Ce n'est point un reproche que je leur fais, puisque j'ai voulu moi-même relever ses ruines; je n'en parle que pour montrer l'extravagance de leurs prophètes qui trompaient de vieilles femmes imbéciles:*[31] Quid de templo suo dicent, quod cum tertio sit eversum, nondum ad hodiernam usque diem instauratur? haec ego, non ut illis exprobrarem in medium adduxi, utpote qui templum illud tanto intervallo a ruinis excitare voluerim. Sed ideo commemoravi, ut ostenderem delirasse, prophetas istos quibus cum stolidis aniculis negotium erat.

N'est-il pas évident que l'empereur ayant fait attention aux prophéties juives,[32] que le temple serait rebâti plus beau que jamais, et que toutes les nations y viendraient adorer, crut devoir révoquer la permission de relever cet édifice? La probabilité historique serait donc, par les propres paroles de l'empereur, qu'ayant malheureusement en horreur les livres juifs ainsi que les nôtres, il avait enfin voulu faire mentir les prophètes juifs.

L'abbé de La Blétrie, historien de l'empereur Julien, n'entend pas comment le temple de Jérusalem fut détruit trois fois.[33] Il dit (c)

(c) Page 399.

161 K84, K12: ces mots:
166 K12: quod, quum tertio

[31] Voltaire cite quelques lignes de la longue lettre adressée vers janvier 363 par Julien, en tant que *pontifex maximus*, à son ami Théodore, grand prêtre d'Asie, chargé de surveiller temples et clergé de la religion païenne. Voltaire semble avoir traduit lui-même en français la traduction latine donnée en note par La Blétérie (*La Vie de l'empereur Julien*, p.398-99), mais on notera, à s'en tenir au texte grec et à la traduction proposée par J. Bidez que cette traduction latine reste d'une fidélité douteuse (voir Julien, *Œuvres complètes*, t.1, partie 2, p.163).

[32] Il est difficile d'identifier les prophéties concernées sous cette désignation très générale. Font-elles suite à la ruine ordonnée par Titus, ou s'agit-il des thèmes d'espérance messianique que véhiculait la tradition prophétique au temps de la reconstruction menée par Zorobabel?

[33] Edifié par Salomon à Jérusalem vers 1016 av. J.-C., le temple fut détruit une

qu'apparemment Julien compte pour une troisième destruction la catastrophe arrivée sous son règne. Voilà une plaisante destruction que des pierres d'un ancien fondement qu'on n'a pu remuer! Comment cet écrivain n'a-t-il pas vu que le temple bâti par Salomon, reconstruit par Zorobabel, détruit entièrement par Hérode, rebâti par Hérode même avec tant de magnificence, ruiné enfin par Titus, fait manifestement trois temples détruits? le compte est juste. Il n'y a pas là de quoi calomnier Julien. (*d*)

L'abbé de La Blétrie le calomnie assez en disant qu'il n'avait que (*e*) *des vertus apparentes et des vices réels*; mais Julien n'était ni hypocrite, ni avare, ni fourbe, ni menteur, ni ingrat, ni lâche, ni ivrogne, ni débauché, ni paresseux, ni vindicatif. Quels étaient donc ses vices?

4°. Voici enfin l'arme redoutable dont on se sert pour persuader que des globes de feu sortirent des pierres. Ammien Marcellin, auteur païen et non suspect, l'a dit. Je le veux; mais cet Ammien a dit aussi que lorsque l'empereur voulut sacrifier dix bœufs à ses dieux pour sa première victoire remportée contre les Perses, il en tomba neuf par terre avant d'être présentés à l'autel.[34] Il raconte cent prédictions, cent prodiges. Faudra-t-il l'en croire? Faudra-t-il croire tous les miracles ridicules que Tite-Live rapporte?[35]

Et qui vous a dit qu'on n'a point falsifié le texte d'Ammien

(*d*) Julien pouvait même compter quatre destructions du temple, puisque Antiochus Eupator en fit abattre tous les murs.

(*e*) Préface de La Blétrie.

---

première fois par Nabuchodonosor en 588 av. J.-C. et finalement reconstruit vers 538, sous Cyrus puis Darius (fin des travaux en 520), par les soins de Zorobabel, petit-fils de Joakim, le roi judéen déporté à Babylone. Vers 17 av. J.-C., Hérode le Grand entreprit de rebâtir entièrement le temple de Jérusalem (les travaux durèrent huit ans), mais il ne subsista dans cet état qu'environ soixante-quinze ans, jusqu'à sa destruction par Titus en 70 ap. J.-C. Voltaire a bien vu d'où venait l'erreur de La Blétrie: ne pas avoir pris en compte la destruction ordonnée par Hérode du temple édifié par Zorobabel pour pouvoir bâtir le sien, d'une tout autre envergure.

[34] Ammien Marcellin, *Histoire*, livre 24, ch.6, section 17.

[35] Voir *La Défense de mon oncle*, *OCV*, t.64, p.230, lignes 27-32.

Marcellin? serait-ce la première fois qu'on aurait usé de cette supercherie?

Je m'étonne que vous n'ayez pas fait mention des petites croix de feu que tous les ouvriers aperçurent sur leur corps quand ils allèrent se coucher.[36] Ce trait aurait figuré parfaitement avec vos globes.

Le fait est que le temple des Juifs ne fut point rebâti, et ne le sera point, à ce qu'on présume. Tenons-nous-en là; et ne cherchons point des prodiges inutiles. *Globi flammarum*, des globes de feu ne sortent ni de la pierre, ni de la terre. Ammien et ceux qui l'ont cité n'étaient pas physiciens. Que l'abbé de La Blétrie regarde seulement le feu de la Saint-Jean, il verra que la flamme monte toujours en pointe ou en onde, et qu'elle ne se forme jamais en globe. Cela seul suffit pour détruire la sottise dont il se rend le défenseur avec une critique peu judicieuse et une hauteur révoltante.

Au reste la chose importe fort peu. Il n'y a rien là qui intéresse la foi et les mœurs: et nous ne cherchons ici que la vérité historique.[37]

219   K84, K12: historique. [*avec note*: Voyez 'Julien le philosophe' [K12: Voyez 'Julien'].] //

[36] Selon Théodoret, *Histoire ecclésiastique*, livre 3, ch.15, ces croix apparurent sur les vêtements des Juifs.

[37] A l'exception de ce dernier alinéa, la seconde moitié de cet article 'Apostat' sera en 1776 reprise et insérée par Voltaire dans *L'Examen important de Milord Bolingbroke* dont elle formera le chapitre 35 sous le titre: 'Du prétendu miracle arrivé sous Julien dans les fondements du temple de Jérusalem'.

APÔTRES

Leurs vies, leurs femmes, leurs enfants

Après l'article 'Apôtre' de l'Encyclopédie, lequel est aussi savant qu'orthodoxe, il reste bien peu de chose à dire. Mais on demande souvent: Les apôtres étaient-ils mariés? ont-ils eu des enfants? que sont devenus ces enfants? où les apôtres ont-ils vécu? où ont-ils écrit? où sont-ils morts? ont-ils eu un district? ont-ils exercé un 5 ministère civil? avaient-ils une juridiction sur les fidèles? étaient-ils évêques? y avait-il une hiérarchie? des rites, des cérémonies?[1]

Les apôtres étaient-ils mariés?

Iº. Il existe une lettre attribuée à saint Ignace le martyr, dans laquelle sont ces paroles décisives. 'Je me souviens de votre sainteté comme d'Elie, de Jérémie, de Jean-Baptiste, des disciples choisis, 10 Timothée, Titus, Evodius, Clément, qui ont vécu dans la chasteté:

b   70, 71N, 71A: [sous-titre absent]

* Terminé le 1er janvier 1770, date à laquelle Voltaire le donne à Paul-Claude Moultou comme 'déjà fait' en lui proposant de le reprendre (D16069) sans qu'on puisse déterminer la part effectivement prise par celui-ci, l'article a vraisemblablement été rédigé pour l'essentiel en 1769. Plutôt que de discuter l'article 'Apôtre' de l'Encyclopédie, dans lequel Mallet exprime des idées très orthodoxes, Voltaire, en optant pour le pluriel, rassemble quantité de détails déjà évoqués dans d'autres textes qu'il complète au besoin, fort des connaissances accumulées dans les récentes éditions du DP, de la Collection d'anciens évangiles et de l'Essai sur les mœurs qu'on retrouve encore dans la section 2 de l'article 'Paul' et dans l'article 'Voyage de saint Pierre à Rome' des QE. Le sous-titre, anecdotique et faussement anodin, reflète mal la tonalité érudite et polémique de cet article qui s'inspire largement du Dictionnaire de la Bible de Dom Calmet. L'article paraît en novembre/décembre 1770 (70, t.2).

[1] Schéma interrogatif faisant appel à la raison et au bon sens du lecteur déjà utilisé dans l'article 'Paul' du DP (OCV, t.36, p.422) et dans Les Questions de Zapata.

mais je ne blâme point les autres bienheureux qui ont été liés par le mariage; et je souhaite être trouvé digne de Dieu, en suivant leurs vestiges dans son règne, à l'exemple d'Abraham, d'Isaac, de Jacob, de Joseph, d'Isaïe, des autres prophètes tels que Pierre et Paul et les autres apôtres qui ont été mariés.'[2]

Quelques savants ont prétendu que le nom de saint Paul est interpolé dans cette lettre fameuse; cependant Turrien, et tous ceux qui ont vu les lettres de saint Ignace en latin dans la bibliothèque du Vatican, avouent que le nom de saint Paul s'y trouve.[3] (a) Et Baronius ne nie pas que ce passage ne soit dans quelques manuscrits grecs: *non negamus in quibusdam graecis codicibus*: mais il prétend que ces mots ont été ajoutés par des Grecs modernes.[4]

Il y avait dans l'ancienne bibliothèque d'Oxford un manuscrit des lettres de saint Ignace en grec, où ces mots se trouvaient. J'ignore s'il n'a pas été brûlé avec beaucoup d'autres livres à la prise d'Oxford (b) par Cromwell. Il en reste encore un latin dans la même bibliothèque; les mots *Pauli et Apostolorum* y sont effacés, mais de façon qu'on peut lire aisément les anciens caractères.[5]

(a) 3[e] Baronius anno 57.
(b) Voyez Cotellier, tome 2[d], page 242.

15-16 K84, K12: Paul et des autres
28   71N: *Apostolorum* sont

[2] Ignace, *Epître aux Philadelphiens* (*Patrologia graeca*, t.5, p.823-24).
[3] Polémique entièrement retracée dans J.-B. Cotelier, *SS. Patrum* (Amsterdam, 1724, BV877), t.2, p.242, qui cite notamment Turrien et Baronius.
[4] Baronius, qui tient le nom de Paul et des autres apôtres comme interpolé, retrace l'état de la question dans le cadre de sa polémique contre l'Eglise grecque orthodoxe qui admet le mariage des prêtres (*Annales ecclesiastici*, Lucques, 1738, t.1, p.440, *anno* 57, section 65). Les *Annales* ne figurent pas dans la bibliothèque de Ferney mais Voltaire les a très certainement consultées en 1769, comme le montre une addition à l'article 'Conciles' du *DP* (*OCV*, t.35, p.618).
[5] Cotelier cite le texte grec portant 'avec Paul et les aùtres apôtres' et évoque également le témoignage d'Alphonse de Castro sur un manuscrit présentant les lettres d'Ignace conservées à Oxford, dans lequel 'le nom de Paul n'existe pas et où on n'en trouve aucune trace' (*SS. Patrum*, t.2, p.241-43).

Il est certain que ce passage existe dans plusieurs éditions de ces 30
lettres. Cette dispute sur le mariage de saint Paul est peut-être assez
frivole. Qu'importe qu'il ait été marié ou non, si les autres apôtres
l'ont été? Il n'y a qu'à lire sa première épître aux Corinthiens, (c)
pour prouver qu'il pouvait être marié comme les autres: 'N'avons-
nous pas droit de manger et de boire chez vous? n'avons-nous pas 35
droit d'y amener notre femme, notre sœur, comme les autres
apôtres, et les frères du Seigneur, et Céphas? serions-nous donc les
seuls Barnabé et moi qui n'aurions pas ce pouvoir? Qui va jamais à
la guerre à ses dépens?' (d) 6

Il est clair par ce passage que tous les apôtres étaient mariés aussi 40
bien que saint Pierre. Et saint Clément d'Alexandrie déclare (e)
positivement que saint Paul avait une femme. 7

La discipline romaine a changé: mais cela n'empêche pas qu'il
n'y ait eu un autre usage dans les premiers temps. (Voyez
Constitutions apostoliques au mot 'Apocryphe'.) 8 45

(c) Ch.9, versets 5 et 6.
(d) Qui? les anciens Romains qui n'avaient point de paie, les Grecs, les
Tartares destructeurs de tant d'empires, les Arabes, tous les peuples
conquérants.
(e) Stromates, livre 3.

6 1 Corinthiens 9:4-5 et non 5-6 comme Voltaire l'indique en note. Voltaire a
marqué le *Commentaire littéral* de Calmet à 1 Corinthiens 9:1-5 (t.21, p.435-37) par
un signet portant les mots 'paul apôtre' (*CN*, t.2, p.271). Il a déjà abordé le thème du
mariage de l'apôtre dans l'article 'Paul' du *DP* (*OCV*, t.36, p.420), dans *L'Examen
important de Milord Bolingroke* (*OCV*, t.62, p.226) et dans l'*Epître aux Romains* (*M*,
t.27, p.84) et il l'évoquera encore dans l'*Histoire de Jenni* (*M*, t.21, p.533), mais
jamais de manière aussi érudite.
7 *Opera quae exstant* (Oxford, 1715), t.1, p.535. Saint Clément ne figure pas dans la
Bibliothèque de Voltaire à Saint-Pétersbourg mais Voltaire possédait le volume à
Ferney (*SVEC* 9, n° 671). Il emprunte peut-être l'anecdote à Eusèbe, *Histoire de
l'Eglise* (Paris, 1675, BV1250), livre 3, ch.30, p.130).
8 Le mariage des apôtres est un thème récurrent des *QE*, voir les articles 'Clerc',
'Eglise' et 'Paul'. Encore généralement attribuées à Clément à l'époque de Voltaire,
les *Constitutions apostoliques* sont données comme douteuses par Cotelier qui les
publie dans *SS. Patrum* (*Patrologia graeca*, t.1, p.509-1156). Sur le peu de crédit

Des enfants des apôtres

II°. On a très peu de notions sur leurs familles. Saint Clément d'Alexandrie dit (*f*) que Pierre eut des enfants; que Philippe eut des filles, et qu'il les maria.[9]

Les *Actes des apôtres* (*g*) spécifient saint Philippe, dont les quatre filles prophétisaient. On croit qu'il y en eut une de mariée, et que c'est sainte Hermione.[10]   50

Eusèbe rapporte (*h*) que Nicolas, choisi par les apôtres pour coopérer au saint ministère avec saint Etienne, avait une fort belle femme dont il était jaloux. Les apôtres lui ayant reproché sa jalousie, il s'en corrigea, leur amena sa femme, et leur dit: *Je suis*   55 *prêt à la céder; que celui qui la voudra l'épouse.* Les apôtres n'acceptèrent point sa proposition. Il eut de sa femme un fils et des filles.[11]

Cléophas, selon Eusèbe et saint Epiphane, était frère de saint Joseph, et père de saint Jacques le mineur et de saint Jude, qu'il   60

(*f*) Stromates, livre 7, et Eusèbe, livre 3, ch.30.
(*g*) Actes, ch.21.
(*h*) Eusèbe, livre 3, ch.29.

---

attribué aux *Constitutions apostoliques* par Voltaire lui-même, voir *L'Examen important de Milord Bolingbroke* (*OCV*, t.62, p.254-55) et *Dieu et les hommes* (*OCV*, t.69, p.441).

[9] Sur Philippe, Voltaire s'inspire sans doute de l'article 'Philippe' du *Dictionnaire de la Bible* de Calmet: 'Saint Clément d'Alexandrie dit que saint Philippe eut des filles et qu'il les maria' (t.3, p.586).

[10] Actes 21:9 mentionne les quatre filles prophètes de Philippe mais sans nommer explicitement Hermione. Le pronom 'on' renvoie aux sources de Calmet qui, dans l'article 'Philippe' de son *Dictionnaire de la Bible*, avait écrit: 'Polycrate parle encore d'une autre fille de saint Philippe, qui avait vécu dans une grande sainteté, et reposait à Ephèse. C'est apparemment celle-là qui avait été mariée; et c'est peut-être cette dernière que les Grecs honorent sous le nom de sainte Hermione, qu'ils disent avoir enterrée à Ephèse, et qu'ils font fille de saint Philippe apôtre' (t.3, p.586).

[11] Paraphrase d'Eusèbe, *Histoire de l'Eglise*, livre 3, ch.29, p.128-29. Voltaire, qui a marqué le passage d'un signet portant: 'apotres / disciples / mariés nicolas' (*CN*, t.3, p.441), extrapole du récit d'Eusèbe le discours de Nicolas.

avait eus de Marie sœur de la Sainte Vierge.[12] Ainsi saint Jude l'apôtre était cousin germain de Jésus-Christ.

Egésippe, cité par Eusèbe, dit que deux petits-fils de saint Jude furent déférés à l'empereur Domitien, (*i*) comme descendants de David; et ayant un droit incontestable au trône de Jérusalem. Domitien craignant qu'ils ne se servissent de ce droit, les interrogea lui-même; ils exposèrent leur généalogie; l'empereur leur demanda quelle était leur fortune; ils répondirent, qu'ils possédaient trente-neuf arpents de terre, lesquels payaient tribut; et qu'ils travaillaient pour vivre. L'empereur leur demanda quand arriverait le royaume de Jésus-Christ; ils dirent que ce serait à la fin du monde. Après quoi Domitien les laissa aller en paix; ce qui prouverait qu'il n'était pas persécuteur.[13]

Voilà, si je ne me trompe, tout ce qu'on sait des enfants des apôtres.

65

70

75

Où les apôtres ont-ils vécu? où sont-ils morts?

Selon Eusèbe, (*k*) Jacques, *surnommé le juste*, frère de Jésus-Christ, fut d'abord placé le premier *sur le trône épiscopal* de la ville de

(*i*) Eusèbe, livre 3, ch.20.
(*k*) Eusèbe, livre 3.

63   70, 71N, 71A, w68: deux des petits-fils

[12] Eusèbe, *Histoire de l'Eglise*, livre 4, ch.22, p.180; Epiphane, *Adversus haereses*, livre 3, ch.2, 78.7 (*Patrologia graeca*, t.42, p.707-10).

[13] Hégésippe, le plus ancien historien de l'Eglise, auteur d'une *Histoire de l'Eglise depuis la mort de Jésus-Christ* dont un fragment est conservé dans l'*Histoire de l'Eglise* d'Eusèbe (livre 3, ch.20, p.113-14), parle sans les dénombrer de petits-fils de Jude. Un signet placé entre les pages 112 et 113 de l'*Histoire de l'Eglise* d'Eusèbe porte les mots: 'petitfils de / jud pa-rents / de jesu' (*CN*, t.3, p.441). La conclusion de Voltaire diffère radicalement de la version d'Eusèbe selon laquelle Domitien, méprisant leur faiblesse, les renvoya sans rien ordonner contre eux mais 'arrêta par un édit public le cours de la persécution contre les fidèles'. Dans l'*Essai sur les mœurs* qui donnait erronément le fragment comme tiré de Tertullien et que Voltaire corrige donc sur ce point, ce récit illustre la manière dont 'l'histoire a été écrite par tant d'hommes plus pieux qu'éclairés' (ch.8, t.1, p.281).

Jérusalem; ce sont ses propres mots.[14] Ainsi, selon lui, le premier évêché fut celui de Jérusalem, supposé que les Juifs connussent le nom d'*évêque*. Il paraissait en effet bien vraisemblable, que le frère de notre Sauveur fût le premier après lui; et que la ville même, où s'était opéré le miracle de notre salut, fût la métropole du monde chrétien. A l'égard de *trône épiscopal*, c'est un terme dont Eusèbe se sert par anticipation. On sait assez qu'alors il n'y avait ni trône ni siège.[15]

Eusèbe ajoute, d'après saint Clément, que les autres apôtres ne contestèrent point à saint Jacques l'honneur de cette dignité. Ils l'élurent immédiatement après l'Ascension. *Le Seigneur*, dit-il, *après sa résurrection, avait donné à Jacques surnommé le juste, à Jean et à Pierre le don de la science*: paroles bien remarquables.[16] Eusèbe nomme Jacques le premier, Jean le second. Pierre ne vient ici que le dernier; il semble juste que le frère, et le disciple bien-aimé de Jésus passent avant celui qui l'a renié.[17] L'Eglise grecque tout entière, et tous les réformateurs demandent où est la primauté de Pierre?[18]

81 K84, K12: de Jésus fût
83 K84, K12: l'égard du *trône*

[14] Citation exacte d'Eusèbe, *Histoire de l'Eglise*, livre 2, ch.1, p.46 (*CN*, t.3, p.440, avec signet: 'St jaques / le premier / de tous') et non du livre 3 comme l'indique erronément la note (*k*) de Voltaire. Dans la *Collection d'anciens évangiles* contemporaine des premiers articles des *QE*, Voltaire traduit de Fabricius le *Proto-évangile attribué à Jaques, surnommé le Juste, frère du Seigneur* (*OCV*, t.69, p.117-35).

[15] Sur ce thème récurrent, voir l'*Essai historique et critique sur les dissensions des Eglises de Pologne* (*OCV*, t.63A, p.266) et le *Fragment sur l'histoire générale* (*M*, t.29, p.237). Dans l'*Essai sur les mœurs*, Voltaire pointe du doigt le 'ridicule sensible' du terme de siège attribué à Pierre (ch.8, t.1, p.280). Sur les quinze premiers évêques de Jérusalem, Voltaire tient son information d'Epiphane (*CN*, t.3, p.431) et d'Eusèbe (livre 4, ch.5, p.179).

[16] Citation quasi exacte d'Eusèbe, *Histoire de l'Eglise*, livre 2, ch.1, p.47.

[17] Sous les dehors du bon sens, Voltaire utilise un argument fréquemment avancé par Erasme, comme il l'a lui-même souligné dans l'article 'Pierre' du *DP* (*OCV*, t.36, p.452).

[18] Comme les réformés Philippe Melanchton (*Loci communes*, 1555) et Isaac Casaubon (*De rebus sacris et ecclesiasticis exercitationes XVI*, 1655), cités tous deux

Les catholiques romains répondent: S'il n'est pas nommé le 95
premier chez les Pères de l'Eglise, il l'est dans les *Actes des
apôtres*.[19] Les Grecs et les autres répliquent, qu'il n'a pas été le
premier évêque; et la dispute subsistera autant que ces Eglises.

Saint Jacques, ce premier évêque de Jérusalem, frère du
Seigneur, continua toujours à observer la loi mosaïque. Il était 100
récabite, ne se faisant jamais raser, marchant pieds nus, allant se
prosterner dans le temple des Juifs deux fois par jour, et surnommé
par les Juifs *Oblia*, qui signifie *le Juste*.[20] Enfin ils s'en rapportèrent
à lui pour savoir qui était Jésus-Christ: (*l*) mais ayant répondu que
Jésus était *le fils de l'homme assis à la droite de Dieu, et qu'il viendrait* 105
dans les nuées, il fut assommé à coups de bâton.[21] C'est de saint
Jacques le mineur que nous venons de parler.

Saint Jacques le majeur était son oncle, frère de saint Jean
l'évangéliste, fils de Zebedée et de Salome. (*m*) On prétend
qu'Agrippa roi des Juifs lui fit couper la tête à Jérusalem.[22] 110

(*l*) Eusèbe, Epiphane, Jérôme, Clément d'Alexandrie.
(*m*) Eusèbe, livre 3.

---

dans l'article 'Pierre' du *DP* (*OCV*, t.36, p.449), Voltaire se scandalise de ce que la
primauté de Pierre soit fondée sur le jeu de mots de Matthieu 16:18 (*OCV*, t.81-82,
p.609).

[19] Actes 1:13.

[20] Même description de Jacques dans l'*Essai sur les mœurs* (ch.9, t.1, p.290-92). La
source commune aux deux passages est Thierry Ruinart, *Les Véritables Actes des
martyrs, recueillis, revus et corrigés sur plusieurs anciens manuscrits, sous le titre d'Acta
primorum martyrum sincera et selecta* (Paris, 1708, BV3052), qui s'inspire lui-même
d'Eusèbe.

[21] Paraphrase d'Eusèbe, *Histoire de l'Eglise*, livre 2, ch.23, p.79-80. On trouve
une version quasi identique de la mort de Jacques dans *L'Examen important de
Milord Bolingbroke* (*OCV*, t.62, p.289) tandis que dans l'*Histoire de l'établissement
du christianisme* (*M*, t.31, p.69) et dans l'*Histoire de Jenni* (*M*, t.21, p.533), Voltaire
impute à Paul la mort de Jacques le juste sur la foi du témoignage d'Abdias.

[22] Le martyre de Jacques apôtre sur ordre d'Agrippa II (Hérode), frère de
Bérénice, est rapporté dans Eusèbe, *Histoire de l'Eglise*, livre 2, ch.10, p.58-59, et non
dans le livre 3 comme l'indique erronément la note (*m*) de Voltaire. L'article

Saint Jean resta dans l'Asie, et gouverna l'église d'Ephèse, où il fut, dit-on, enterré. (*n*)[23]

Saint André, frère de saint Pierre, quitta l'école de saint Jean-Baptiste pour celle de Jésus-Christ.[24] On n'est pas d'accord s'il prêcha chez les Tartares ou dans Argos. Mais pour trancher la difficulté, on a dit que c'était dans l'Epire. Personne ne sait où il fut martyrisé, ni même s'il le fut. Les actes de son martyre sont plus que suspects aux savants;[25] les peintres l'ont toujours représenté sur une croix en sautoir, à laquelle on a donné son nom; c'est un usage qui a prévalu sans qu'on en connaisse la source.

Saint Pierre prêcha aux Juifs dispersés dans le Pont, la Bithynie, la Capadoce, dans Antioche, à Babilone.[26] Les *Actes des apôtres* ne parlent point de son voyage à Rome. Saint Paul même ne

(*n*) Eusèbe, livre 3.

'Apocryphe' des *QE* reprend en revanche la version des *Gestes de saint Jacques le majeur* qui fait mourir Jacques sur l'ordre du pontife Abiathar à Jérusalem.

[23] Eusèbe, *Histoire de l'Eglise*, livre 3, ch.31, p.130-31 (*CN*, t.3, p.441). Voltaire a placé un signet portant: 'mort / de jean / et de / philippe' entre les pages 130 et 131. De l'article 'Jean l'évangéliste' du *Dictionnaire de la Bible* de Calmet, *L'Examen important de Milord Bolingbroke* (*OCV*, t.62, p.299) puis *La Bible enfin expliquée* (*M*, t.30, p.314) reprennent la légende selon laquelle Jean, enterré à Ephèse, remuait continuellement sa fosse.

[24] Version rapportée par Jean 1:35-38, 40-42 qui contredit celle des trois autres évangélistes. Sur ce désaccord, voir l'*Extrait des sentiments de Jean Meslier* (*OCV*, t.56A, p.114).

[25] Par exemple Noël Alexandre, cité pour son scepticisme à l'endroit de ces Actes par l'article 'Messe' du fonds de Kehl (*M*, t.20, p.59). Comme le *Testament de Jean Meslier*, l'*Extrait des sentiments de Jean Meslier* énonce plus clairement encore que 'les apostoliques introduisaient d'autres Ecritures, pour maintenir leurs erreurs, et pour cet effet se servaient de certains actes qu'ils attribuaient à saint André et à saint Thomas' (*OCV*, t.56A, p.106 et 188-89).

[26] Sous des dehors anodins, assertion hautement polémique dans la mesure où elle réfute implicitement l'interprétation figurative de cette lettre qui voulait que Pierre, par Babylone, eût en fait désigné Rome; voir, par exemple, *Les Questions de Zapata* (*OCV*, t.62, p.403-404), l'article 'Pierre' du *DP* (*OCV*, t.36, p.450) et l'article 'Voyage de saint Pierre à Rome' des *QE*.

fait aucune mention de lui dans les lettres qu'il écrit de cette capitale. [27] Saint Justin est le premier auteur accrédité qui ait parlé de ce voyage, sur lequel les savants ne s'accordent pas. [28] Saint Irénée, après saint Justin, dit expressément que saint Pierre et saint Paul vinrent à Rome, et qu'ils donnèrent le gouvernement à saint Lin. C'est encore là une nouvelle difficulté. S'ils établirent saint Lin pour inspecteur de la société chrétienne naissante à Rome, on infère qu'ils ne la conduisirent pas, et qu'ils ne restèrent point dans cette ville. [29]

La critique a jeté sur cette matière une foule d'incertitudes. L'opinion que saint Pierre vint à Rome sous Néron, et qu'il y occupa la chaire pontificale vingt-cinq ans, [30] est insoutenable,

[27] Arguments présentés comme décisifs dans un ajout au chapitre 8 de l'*Essai sur les mœurs* datant de 1769: 'Enfin ce qui doit trancher toute difficulté aux yeux de tous les chrétiens, c'est que ni dans les Actes des Apôtres, ni dans les Epîtres de Paul, il n'est pas dit un seul mot d'un voyage de Simon Barjone à Rome' (t.1, p.280). Mais les doutes de Voltaire sur la présence de Pierre à Rome sont anciens, déjà exprimés dans le *Sermon des cinquante* et maintes fois répétés.

[28] A Ferney, Voltaire possédait les *Œuvres* de saint Justin (Venise, 1747, BV1768), abondamment annotées (*CN*, t.4, p.638-42). Pour réfuter cette thèse soutenue par Calmet dans sa 'Dissertation sur le voyage de saint Pierre à Rome' (*Commentaire littéral*, t.15, p.15 et suiv.), qu'il a lue attentivement (*CN*, t.2, p.147-48), il s'inspire en partie de Conyers Middleton, *Letter from Rome*, dont il possède la traduction française, *Lettre écrite de Rome* (Amsterdam, 1744, BV2448).

[29] Originaire d'Etrurie et pape de 67 à 76 ap. J.-C., saint Lin aurait été converti par saint Paul. L'article 'Lin' du *Dictionnaire de la Bible* de Calmet précise en outre que 'Saint Irénée, [...] saint Epiphane, saint Augustin, saint Jérôme assurent que saint Lin succéda immédiatement à saint Pierre dans le siège de Rome' et que le livre des constitutions apostoliques (livre 7, ch.46) 'dit qu'assez longtemps avant la mort de saint Pierre, saint Lin avait été ordonné évêque de Rome par saint Paul' (t.3, p.77). Lin serait surtout l'auteur d'un texte contenant des informations sur les actes de Pierre à Rome et sur son martyre, *De sui predecessorio divi Petri apostolorum principis [...] passione libellus* (Paris, 1566), cité dans une note de la *Relation de Marcel* donnée par Voltaire dans la *Collection d'anciens évangiles* (*OCV*, t.69, p.243).

[30] Selon Eusèbe et saint Jérôme, Pierre serait allé à Rome sous le règne de Claude (41-54 ap. J.-C.) et son pontificat aurait duré vingt-cinq ans. Voir la note ajoutée par Voltaire en 1771 à *L'Examen important de Milord Bolingbroke*, ch.21 (*OCV*, t.62, p.262) et l'article 'Voyage de saint Pierre à Rome' des *QE*.

puisque Néron ne régna que treize années.[31] La chaise de bois qui est enchâssée dans l'église à Rome, ne peut guère avoir appartenu à saint Pierre; le bois ne dure pas si longtemps; et il n'est pas vraisemblable que saint Pierre ait enseigné dans ce fauteuil comme dans une école toute formée, puisqu'il est avéré que les Juifs de Rome étaient les ennemis violents des disciples de Jésus-Christ.

La plus forte difficulté peut-être, est que saint Paul dans son épître écrite de Rome aux Colossiens, (o) dit positivement qu'il n'a été secondé que par Aristarque, Marc, et un autre qui portait le nom de Jésus. Cette objection a paru insoluble aux plus savants hommes.[32]

Dans sa lettre aux Galates, il dit (p) *qu'il obligea Jacques, Céphas et Jean qui étaient colonnes*, à reconnaître aussi pour colonne lui et Barnabé.[33] S'il place Jean avant Céphas, Céphas n'était donc pas le chef. Heureusement ces disputes n'entament pas le fond de notre sainte religion. Que saint Pierre ait été à Rome ou non, Jésus-

(o) Colossiens, ch.4, versets 10 et 11.
(p) Ch.2, verset 9.

148   K12: pour colonnes lui
149   K12: place Jacques avant

[31] Dans deux ajouts au chapitre 8 de l'*Essai sur les mœurs* datés de 1769, Voltaire tire du prétendu gouvernement de saint Lin un autre argument contre la présence de Pierre à Rome: seul 'l'esclavage des écrivains copistes d'un premier imposteur' avait pu 'compter parmi les papes l'apôtre Pierre, Lin, Clet, et d'autres, dans le Ier siècle', l'imposture remontant à 'un livre apocryphe, intitulé *Le Pontificat de Damase*, qui dit en parlant de Lin, prétendu successeur de Pierre, que Lin fut pape jusqu'à la treizième année de l'empereur Néron. [...] Or c'est précisément cette année 13 qu'on fait crucifier Pierre: il y aurait donc eu deux papes à la fois' (t.1, p.279-80).

[32] La référence à Colossiens 4:10-11 est exacte mais Paul parle au présent et non au passé: 'De ceux qui nous sont venus de la Circoncision, ce sont les seuls qui travaillent avec moi pour le Royaume de Dieu'.

[33] La référence à Galates 2:9 est exacte mais le verbe *obliger* semble extrapolé. Il l'est déjà dans les *Carnets* où Voltaire note: 'Paul se vante d'avoir forcé Jacques Cephas et Jean, colonnes de l'église, à le reconnaître – Galates' (*OCV*, t.82, p.655).

Christ n'en est pas moins fils de Dieu et de la Vierge Marie, et n'en est pas moins ressuscité; il n'en a pas moins recommandé l'humilité et la pauvreté qu'on néglige, il est vrai, mais sur lesquelles on ne dispute pas. 155

Nicéphore-Caliste, auteur du quatorzième siècle, dit que Pierre était *menu, grand et droit, le visage long et pâle, la barbe et les cheveux épais, courts et crépus, les yeux noirs, le nez long, plutôt camus que pointu.* C'est ainsi que Dom Calmet traduit ce passage. Voyez son *Dictionnaire de la Bible.* [34] 160

Saint Barthélemi, mot corrompu de Bar-Ptolomaios, (*q*) fils de Ptolomée. [35] Les *Actes des apôtres* nous apprennent qu'il était de Galilée. [36] Eusèbe prétend qu'il alla prêcher dans l'Inde, dans l'Arabie heureuse, dans la Perse et dans l'Abissinie. [37] On croit que c'était le même que Nathanaël. On lui attribue un évangile; 165 mais tout ce qu'on a dit de sa vie et de sa mort est très incertain. On a prétendu qu'Astyage, frère de Polémon roi d'Arménie, le fit écorcher vif; mais cette histoire est regardée comme fabuleuse par tous les bons critiques. [38]

(*q*) Nom grec et hébreu, ce qui est singulier, et ce qui a fait croire que tout fut écrit par des Juifs hellénistes loin de Jérusalem.

[34] Nicéphore Caliste, *Ecclesiasticae historiae*, livre 2, ch.37 (*Patrologia greca*, t.145, p.853-54), cité par Calmet dans l'article 'Pierre' de son *Dictionnaire de la Bible* (t.3, p.618) mais dans des termes légèrement différents de ceux de Voltaire ici.
[35] Etymologie empruntée à Calmet, *Dictionnaire de la Bible*, article 'Barthelemy', t.1, p.388.
[36] Actes 2:7.
[37] Eusèbe, *Histoire de l'Eglise*, livre 5, ch.11, p.219, cité par Calmet (*Dictionnaire de la Bible*, article 'Barthelemy', t.1, p.388), qui évoque sans citer ses sources toutes les traditions concernant les prédications de Barthélemy et que Voltaire résume ici.
[38] Décalque de Calmet que Voltaire résume ici mais dont il retient le scepticisme (*Dictionnaire de la Bible*, article 'Barthélemy', t.1, p.388). Calmet cite quelques-unes des sources que Voltaire désigne sous le pronom 'on' ici, Jansenius Cornelius et l'abbé Rupert notamment. Sur les prédications de Barthélemy en Inde et sur l'évangile qui lui est attribué, voir encore l'article 'Apocryphe' des *QE* qui cite les *Gestes du bienheureux Barthelemi dans l'Inde*.

Saint Philippe. Si l'on en croit les légendes apocryphes, il vécut quatre-vingt-sept ans, et mourut paisiblement sous Trajan.[39]

Saint Thomas-Dydime. Origène cité par Eusèbe, dit qu'il alla prêcher aux Mèdes, aux Perses, aux Caramaniens, aux Bactriens et aux mages, comme si les mages avaient été un peuple.[40] On ajoute qu'il baptisa un des mages qui étaient venus à Bethléem. Les manichéens prétendaient qu'un homme ayant donné un soufflet à saint Thomas, fut dévoré par un lion. Des auteurs portugais assurent qu'il fut martyrisé à Méliapour, dans la presqu'île de l'Inde. L'Eglise grecque croit qu'il prêcha dans l'Inde, et que de là on porta son corps à Edesse.[41] Ce qui fait croire qu'il alla dans l'Inde, c'est qu'on y trouva, vers la côte d'Ormus, à la fin du quinzième siècle, quelques familles nestoriennes établies par un marchand de Mozoul nommé Thomas.[42] La légende porte qu'il bâtit un palais magnifique pour un roi de l'Inde, appelé Gondafer: mais les savants rejettent toutes ses histoires.[43]

17

17

18

18

180   K84, K12: croire encore à quelques moines qu'il
185   71A, K84, K12: toutes ces histoires

[39] Eusèbe, *Histoire de l'Eglise*, livre 3, ch.31, p.130-31 (*CN*, t.3, p.441). Un signet portant les mots 'mort / de jean / et de / philippe' signale le passage.

[40] Eusèbe, *Histoire de l'Eglise*, livre 3, ch.1, p.87-88; mais la phrase, comme tout le paragraphe, est décalquée du *Dictionnaire de la Bible* de Calmet (article 'Saint Thomas apôtre', t.4, p.378) qui donne les 'Mèdes, Perses, Carmaniens, Hircaniens, Bactriens et Mages' comme des 'peuples composant alors l'empire des Parthes' et avec qui Voltaire polémique ici.

[41] Sur ces trois points, Voltaire décalque l'article 'Saint Thomas apôtre' du *Dictionnaire de la Bible* de Calmet, plus précis que Voltaire sur les sources de ces légendes, 'l'auteur de l'ouvrage imparfait sur saint Matthieu' à propos du baptême des mages, Grégoire de Nazianze, Jérôme, Ambroise et les auteurs portugais à propos du lieu où serait mort Thomas, Abdias et Augustin à propos de l'homme maudit par Thomas et dévoré par un lion (t.4, p.379).

[42] Voltaire reviendra sur la confusion à l'origine de cette légende, qu'il n'emprunte pas au *Dictionnaire de la Bible* de Calmet, dans la première partie des *Fragments historiques sur l'Inde* (*M*, t.29, p.121).

[43] La légende qui trouve son origine chez Abdias est rapportée avec plus de détails dans l'article 'Saint Thomas apôtre' du *Dictionnaire de la Bible* de Calmet.

Saint Mathias. On ne sait de lui aucune particularité. Sa vie n'a été écrite qu'au douzième siècle, par un moine de l'abbaye de saint Mathias de Trèves, qui disait la tenir d'un Juif qui la lui avait traduite de l'hébreu en latin.[44]

Saint Matthieu. Si l'on en croit Rufin, Socrate, Abdias, il prêcha   190
et mourut en Ethiopie. Héracléon le fait vivre longtemps, et mourir d'une mort naturelle: mais Abdias dit, qu'Hirtacus roi d'Ethiopie, frère d'Eglipus, voulant épouser sa nièce Iphigénie, et n'en pouvant obtenir la permission de saint Matthieu, lui fit trancher la tête, et mit le feu à la maison d'Iphigénie. Celui à qui nous devons l'Evangile le   195
plus circonstancié que nous ayons, méritait un meilleur historien qu'Abdias.[45]

Saint Simon Cananéen, qu'on fête communément avec saint Jude. On ignore sa vie. Les Grecs modernes disent, qu'il alla prêcher dans la Lybie, et de là en Angleterre. D'autres le font   200
martyriser en Perse.[46]

Saint Thadée, ou Lebée, le même que saint Jude, que les Juifs

---

Parmi les savants qui rejettent cette histoire, il faut compter Calmet pour qui 'l'édifice dont il parlait était celui que les bienheureux espéraient dans le Ciel' (*Dictionnaire de la Bible*, t.4, p.379).

[44] Paraphrase de Calmet, *Dictionnaire de la Bible*, article 'Matthias', t.3, p.215. Voltaire connaît bien en revanche l'évangile apocryphe attribué à Mathias qu'il mentionne dans sa *Collection d'anciens évangiles* (*OCV*, t.69, p.99) après Fabricius (*Codex apocryphus*, t.1, p.371).

[45] Paraphrase de Calmet, *Dictionnaire de la Bible*, t.3, p.217, qui cite Rufin, Socrate et Héracléon d'après le quatrième livre des *Stromata* de saint Clément. D'après l'article 'Apocryphe' des *QE*, Matthieu mourut dans la ville de Nadaver où, selon les *Gestes de saint Mathieu apôtre et évangéliste*, il aurait ressuscité le fils de la reine Candace et fondé des églises chrétiennes.

[46] Voltaire retient l'essentiel de l'article 'Simon Cananéen' du *Dictionnaire de la Bible* de Calmet. Celui-ci évoque plus précisément les deux traditions concernant l'apôtre: la première, attribuée à Nicéphore et aux 'nouveaux grecs', qui voulait que Simon ait parcouru l'Egypte, la Cyrénaïque et l'Afrique puis aurait prêché en Mauritanie et en Libye avant de passer en Angleterre; la seconde, issue notamment du récit d'Abdias, selon laquelle Simon serait mort martyr à Sunic en Perse (t.4, p.224).

appellent, dans saint Matthieu (*r*), *frère* de Jésus-Christ; et qui, selon Eusèbe, était son cousin germain.[47] Toutes ces relations, la plupart incertaines et vagues, ne nous éclairent point sur la vie des apôtres. Mais s'il y a peu pour notre curiosité, il reste assez pour notre instruction.

Des quatre Evangiles choisis parmi les cinquante-quatre, qui furent composés par les premiers chrétiens, il y en a deux qui ne sont point faits par des apôtres.[48]

Saint Paul n'était pas un des douze apôtres; et cependant ce fut lui qui contribua le plus à l'établissement du christianisme.[49] C'était le seul homme de lettres qui fût parmi eux. Il avait étudié dans l'école de Gamaliel.[50] Festus même, gouverneur de Judée, lui reproche qu'il est trop savant; et ne pouvant comprendre les sublimités de sa doctrine, il lui dit: (*s*) Tu es fou, Paul; tes grandes études t'ont conduit à la folie. *Insanis, Paule; multae te litterae ad insaniam convertunt.*

(*r*) Matthieu, ch.13, verset 55.
(*s*) Actes, ch.26.[51]

---

[47] Eusèbe ne prononce pas le nom de cousin mais l'appelle 'frère selon la chair' (*Histoire de l'Eglise*, livre 3, ch.20, p.113). Voltaire avait pu trouver une information abondante sur ce personnage dans les articles 'Jude' (t.2, p.869-70), 'Thadée' (t.4, p.347) et surtout dans l'article 'Lébée' du *Dictionnaire de la Bible* de Calmet qui le présente comme le 'frère de saint Jacques le mineur, fils de Marie sœur de la Sainte Vierge et de Cléophas frère de saint Joseph' (t.3, p.42).

[48] Le nombre d'évangiles apocryphes fixé par Fabricius est un leitmotiv des *QE*, articles 'Christianisme' (*M*, t.18, p.170-72) et 'Livres' (*M*, t.19, p.594), et de *Dieu et les hommes* (*OCV*, t.69, p.432 et 440).

[49] D'où son rôle chez Voltaire. Sur le traitement de plus en plus véhément réservé à Paul par Voltaire, voir Alfred J. Bingham, 'Voltaire and the New Testament', *SVEC* 24 (1963), p.204-206, et Marie-Hélène Cotoni, *L'Exégèse du Nouveau Testament dans la philosophie française du dix-huitième siècle*, *SVEC* 220 (1984), p.349-51.

[50] Docteur juif 'honoré de tout le peuple' (Actes 5:34), membre du sanhédrin de Jérusalem, petit-fils de Hillel et fondateur d'une école rabbinique libérale. Sur Paul 'disciple' de Gamaliel, voir l'article 'Paul' du *DP* (*OCV*, t.36, p.417).

[51] Il s'agit du verset 24.

Il se qualifie apôtre, *envoyé*, dans sa première épître aux
Corinthiens. (*t*) 'Ne suis-je pas libre? Ne suis-je pas apôtre?   220
N'ai-je pas vu notre Seigneur? N'êtes-vous pas mon ouvrage en
notre Seigneur? Quand je ne serais pas apôtre à l'égard des autres,
je le suis à votre égard... Sont-ils ministres du Christ? Quand on
devrait m'accuser d'imprudence, je le suis encore plus.'[52]

Il se peut en effet qu'il eût vu Jésus, lorsqu'il étudiait à Jérusalem   225
sous Gamaliel. On peut dire cependant que ce n'était point une
raison qui autorisât son apostolat. Il n'avait point été au rang des
disciples de Jésus; au contraire, il les avait persécutés; il avait été
complice de la mort de saint Etienne.[53] Il est étonnant qu'il ne
justifie pas plutôt son apostolat volontaire par le miracle que fit   230
depuis Jésus-Christ en sa faveur, par la lumière céleste qui lui
apparut en plein midi, qui le renversa de cheval; et par son
enlèvement au troisième ciel.[54]

Saint Epiphane cite des *Actes des apôtres* (*u*) qu'on croit
composés par les chrétiens nommés *ébionites*, ou *pauvres*, et qui   235

(*t*) 1ʳᵉ aux Corinthiens, ch.9.
(*u*) Hérésies, livre 30, section 6.

219   K84, K12:   qualifie *envoyé*
224   K84, K12:   m'accuser d'impudence, je

[52] La référence à 1 Corinthiens 9:1-2 est exacte mais la suite de la citation est à
chercher dans 1 Corinthiens 11:23. Voir de même *L'Examen important de Milord
Bolingbroke* (*OCV*, t.62, p.227).

[53] Accusation récurrente chez Voltaire qui suit le texte apocryphe d'Abdias de
Babylone, voir par exemple l'*Histoire de l'établissement du christianisme* (*M*, t.31,
p.68-69) et *L'Examen important de Milord Bolingbroke* (*OCV*, t.62, p.227).

[54] 2 Corinthiens 12:2. Abordé de manière interrogative dans l'article 'Paul' du
DP (*OCV*, t.36, p.421), le ravissement de Paul au troisième ciel dont Voltaire a pu
trouver la définition dans Calmet (*Commentaire littéral*, t.8, p.331) est évoqué de
manière ouvertement polémique dans *L'Examen important de Milord Bolingbroke*
(*OCV*, t.62, p.227) et dans l'*Histoire de l'établissement du christianisme* (*M*, t.31,
p.69).

furent rejetés par l'Eglise; actes très anciens à la vérité, mais pleins d'outrages contre saint Paul. [55]

C'est là qu'il est dit que saint Paul était né à Tarsis de parents idolâtres; *utroque parente gentili procreatus*; [56] et qu'étant venu à Jérusalem, où il resta quelque temps, il voulut épouser la fille de Gamaliel; que dans ce dessein il se rendit prosélyte juif, et se fit circoncire: mais que n'ayant pas obtenu cette vierge (ou ne l'ayant pas trouvée vierge) [57] la colère le fit écrire contre la circoncision, le sabbat et toute la loi.

Cumque Hierosolimam accessisset, et ibidem aliquamdiu mansisset, pontificis filiam ducere in animum induxisse, et eam ob rem proselytum factum, atque circumcisum esse, postea quod virginem eam non accepisset, succensuisse; et adversus circumcisionem ac sabbathum totamque legem scripsisse.

Ces paroles injurieuses font voir que ces premiers chrétiens, sous le nom de *pauvres*, étaient attachés encore au sabbat et à la circoncision, [58] se prévalant de la circoncision de Jésus-Christ, et de son observance du sabbat; qu'ils étaient ennemis de saint Paul; qu'ils le regardaient comme un intrus qui voulait tout renverser. En un mot ils étaient hérétiques, et en conséquence ils s'efforçaient de répandre la diffamation sur leurs ennemis, emportement trop ordinaire à l'esprit de parti et de superstition.

---

[55] Voltaire a pu lire les Actes des ébionites dans Fabricius, *Codex apocryphus Novi Testamenti* (Hambourg, 1719-1743, BV1284), t.2, p.764.

[56] Dans Actes 21:39, Paul se dit à la fois 'Juif, natif de Tarse en Cilicie, et citoyen de cette ville' et citoyen romain par la naissance (Actes 22:26-28). Sur la naissance de Paul à Tarsis, voir *L'Examen important de Milord Bolingbroke* (*OCV*, t.62, p.228).

[57] Parenthèse malicieusement ajoutée par Voltaire. Dans les articles 'Christianisme' et 'Paul' du *DP* (*OCV*, t.35, p.553 et t.36, p.417) de même que dans *L'Examen important de Milord Bolingbroke* (*OCV*, t.62, p.228) et dans sa lettre à d'Argental (D12351), Voltaire soutient la thèse présentée par les Actes des ébionites selon laquelle Gamaliel lui aurait refusé sa fille.

[58] Sur la proximité entre les Juifs et les premiers chrétiens, notamment sur le point de la circoncision, voir l'*Essai sur les mœurs*, ch.8 (t.1, p.277) et l'article 'Christianisme' du *DP* (*OCV*, t.35, p.555).

Aussi saint Paul les traite-t-il de faux apôtres, d'ouvriers trompeurs, et les accable d'injures (*x*); il les appelle *chiens*[59] dans sa lettre aux Galates. (*y*)

Saint Jérôme prétend (*ʒ*) qu'il était né à Giscala, bourg de Galilée, et non à Tarsis.[60] D'autres lui contestent sa qualité de citoyen romain, parce qu'il n'y avait alors de citoyen romain ni à Tarsis, ni à Galgala; et que Tarsis ne fut colonie romaine qu'environ cent ans après.[61] Mais il en faut croire les *Actes des apôtres* qui sont inspirés par le Saint-Esprit, et qui doivent l'emporter sur le témoignage de saint Jérôme, tout savant qu'il était.

Tout est intéressant de saint Pierre et de saint Paul. Si Nicéphore nous a donné le portrait de l'un, les *Actes* de sainte Thécle, qui, bien que non canoniques, sont du premier siècle, nous ont fourni le portrait de l'autre. Il était (disent ces actes) de petite taille, chauve, les cuisses tortues, la jambe grosse, le nez aquilin, les sourcils joints, plein de la grâce du Seigneur.

(*x*) 2de épître aux Corinthiens, ch.11, verset 13.

(*y*) Ch.3, verset 2.

(*ʒ*) Saint Jérôme, épître à Philemon.

260   K84, K12: aux habitants de Philippes. (*y*)

264   K84, K12: ni à Giscala; et

274-77   K84, K12: Seigneur. *Statura brevi*, etc. ¶Au

[59] La traduction proposée ici par Voltaire est particulièrement forte.

[60] Même affirmation dans sa *Vie des hommes illustres*, livre 5 (*Patrologia latina*, t.23, p.615).

[61] Notamment Calmet, sceptique sur son statut de citoyen romain et sur la manière dont son père avait pu conquérir cette citoyenneté romaine (*Commentaire littéral*, t.7, p.958). Dans l'article 'Christianisme' du *DP* (*OCV*, t.35, p.554) et dans l'article 'Eglise' des *QE* (*M*, t.18, p.480), Voltaire cite deux sources ayant traité du statut de Tarsis: C. Cellarius, *Notitia orbis antiqui, sive geographia plenoria* (Leipzig, 1731-1732), t.2, p.214-16, et le commentaire de Grotius à Actes 21:39 dans ses *Opera omnia theologica* (Londres, 1679), t.2, p.647.

Statura brevi, calvastrum, cruribus curvis, surosum, naso aquilino, superciliis junctis, plenum gratia Dei. [62]   27

Au reste, ces *Actes* de saint Paul et de sainte Thécle furent composés, selon Tertullien, par un Asiatique disciple de Paul lui-même, qui les mit d'abord sous le nom de l'apôtre, et qui en fut repris et même déposé, c'est-à-dire exclus de l'assemblée; car la   28
hiérarchie n'étant pas encore établie, il n'y avait pas de déposition proprement dite. [63]

Quelle était la discipline sous laquelle vivaient les apôtres et les premiers disciples?

Il paraît qu'ils étaient tous égaux. L'égalité était le grand principe des esséniens, des récabites, des thérapeutes, des disciples de Jean, et surtout de Jésus-Christ qui la recommande plus d'une fois. [64]   28

Saint Barnabé, qui n'était pas un des douze apôtres, donne sa voix avec eux. [65] Saint Paul qui était encore moins apôtre choisi du vivant de Jésus, non seulement est égal à eux, mais il a une sorte d'ascendant; il tance rudement saint Pierre. [66]

[62] Citation quasi exacte de Grabe, *Spicilegium* (Oxford, 1700), t.1, p.95, mais il faut lire 'furosum' et non 'surosum'. Ces actes apocryphes, édités pour la première fois en grec et en latin par Grabe, avaient été réclamés à Moultou dès le 9 novembre 1764 (D12187). La traduction donnée ici diffère légèrement de celle de l'article 'Paul' du *DP* (*OCV*, t.36, p.418) mais aussi de celle, plus récente et plus fidèle, de la *Collection d'anciens évangiles* (*OCV*, t.69, p.67). Pour un autre portrait de Paul, voir *L'Examen important de Milord Bolingbroke* (*OCV*, t.62, p.228).

[63] Voltaire n'utilise pas ici toute l'information concernant les cautions des Actes de sainte Thècle qu'il tient de Grabe. Sur ces Actes dont Voltaire donne un précis fidèle dans sa *Collection d'anciens évangiles*, voir *OCV*, t.69, p.66-73.

[64] Notamment Matthieu 20:16, cité dans l'article 'Prêtre' du *DP* (*OCV*, t.36, p.461) et repris deux fois dans l'article 'Eglise' des *QE* qui revient avec d'autres arguments sur le thème de l'égalité des premiers chrétiens.

[65] D'après les *Reconnaissances de saint Clément à Jacques frère du Seigneur, en dix livres, traduit du grec en latin par Rufin*, Clément serait allé trouver Barnabé dans l'Orient où il prêchait le christianisme, voir ci-dessus, l'article 'Apocryphe'.

[66] Allusion vraisemblable à la querelle rapportée dans Galates 2:11-14 et Actes 15:1-31. Dans l'article 'Christianisme' du *DP* (*OCV*, t.35, p.558), Voltaire

On ne voit parmi eux aucun supérieur, quand ils sont assemblés. 290
Personne ne préside, pas même tour à tour. Ils ne s'appellent point
d'abord évêques. Saint Pierre ne donne le nom d'*évêque*, ou
l'épithète équivalente, qu'à Jésus-Christ, qu'il appelle *le surveillant
des âmes*. (*a*)[67] Ce nom de *surveillant*, d'*évêque*, est donné ensuite
indifféremment aux anciens, que nous appelons *prêtres*; mais nulle 295
cérémonie, nulle dignité, nulle marque distinctive de prééminence.

Les anciens, ou vieillards, sont chargés de distribuer les aumônes.
Les plus jeunes sont élus à la pluralité des voix, (*b*) pour *avoir soin des
tables*, et ils sont au nombre de sept; ce qui constate évidemment des
repas de communauté. Voyez l'article 'Eglise'.[68] 300

De juridiction, de puissance de commandement, de punition, on
n'en voit pas la moindre trace.

Il est vrai qu'Ananiah et Saphira sont mis à mort pour n'avoir
pas donné tout leur argent à saint Pierre; pour en avoir retenu une
petite partie dans la vue de subvenir à leurs besoins pressants; pour 305
ne l'avoir pas avoué; pour avoir corrompu par un petit mensonge la
sainteté de leurs largesses; mais ce n'est pas saint Pierre qui les
condamne.[69] Il est vrai qu'il devine la faute d'Ananiah; il la lui

(*a*) Epître 1re, ch.2.
(*b*) Actes, ch.6, verset 2.

301   K84, K12: commandement, on

---

s'était déjà arrêté longuement sur cette querelle commentée par Middleton dans *Some
cursory reflections on the dispute or dissension which happened at Antioch between the
apostles Peter and Paul* (*Miscellaneous works*, Londres, 1755, BV2447, t.2, p.269-95).

[67] Première épître de Pierre 2:25. Parmi les sources possibles, Philippe
Melanchton (1497-1560), cité dans l'article 'Pierre' du *DP* (*OCV*, t.36, p.449) et
dont les *Loci communes* (1555) insistaient sur le fait que tous les évêques, y compris
celui de Rome, étaient serviteurs de l'Eglise et sans pouvoir temporel.

[68] Voltaire invente l'idée d'une répartition des tâches en fonction de l'âge des
disciples, idée du reste absente de l'article 'Eglise' des *QE* dans lequel Voltaire
revient sur ce thème.

[69] Comme les clandestins et les philosophes (voir M.-H. Cotoni, *L'Exégèse du*

reproche; il lui dit: (*c*) *Vous avez menti au Saint-Esprit*, et Ananiah tombe mort. [70] Ensuite Saphira vient, et Pierre au lieu de l'avertir l'interroge; ce qui semble une action de juge. Il la fait tomber dans le piège en lui disant: *Femme, dites-moi combien vous avez vendu votre champ*; la femme répond comme son mari. [71] Il est étonnant qu'en arrivant sur le lieu, elle n'ait pas su la mort de son époux, que personne ne l'en ait avertie, qu'elle n'ait pas vu dans l'assemblée l'effroi et le tumulte qu'une telle mort devait causer, et surtout la crainte mortelle que la justice n'accourût pour informer de cette mort comme d'un meurtre. Il est étrange que cette femme n'ait pas rempli la maison de ses cris, et qu'on l'ait interrogée paisiblement comme dans un tribunal sévère, où les huissiers contiennent tout le monde dans le silence. Il est encore plus étonnant que saint Pierre lui ait dit: *Femme, vois-tu les pieds de ceux qui ont porté ton mari en terre; ils vont t'y porter*. Et dans l'instant la sentence est exécutée. Rien ne ressemble plus à l'audience criminelle d'un juge despotique. [72]

Mais il faut considérer que saint Pierre n'est ici que l'organe de Jésus-Christ et du Saint-Esprit; que c'est à eux qu'Ananiah et sa femme ont menti; et que ce sont eux qui les punissent par une mort subite; que c'est même un miracle fait pour effrayer tous ceux qui en donnant leurs biens à l'Eglise, et qui en disant qu'ils ont tout

(*c*) Actes, ch.5.

Nouveau Testament, p.169 et 295), l'histoire tragique d'Ananie et Saphira a scandalisé Voltaire qui réfute l'idée d'un Dieu cruel: il l'exploite pour la première fois de manière polémique en 1763 dans le *Catéchisme de l'honnête homme* (*M*, t.24, p.531) et la reprendra à maintes reprises. Dans l'article 'Pierre' du *DP*, Voltaire avoue une partie de ses sources, notamment Casaubon, Corringius et Erasme (*OCV*, t.36, p.451-52).

[70] Actes 5:1-10 (*CN*, t.2, p.179). Voltaire déforme les faits quand il ajoute à l'histoire une circonstance aggravant la cruauté des apôtres (les besoins pressants) et exagère en parlant de 'mise à mort'.

[71] Actes 5:8 donne une version plus cruelle encore dans laquelle Pierre indique lui-même à Saphira le prix de vente auquel le champ est supposé avoir été vendu.

[72] Mourir sans avoir pu se défendre est une obsession de Voltaire depuis l'affaire Calas.

donné, retiendront quelque chose pour des usages profanes. [73] Le judicieux Dom Calmet fait voir combien les Pères et les commentateurs diffèrent sur le salut de ces deux premiers chrétiens, dont le péché consistait dans une simple réticence, mais coupable. [74]

Quoi qu'il en soit, il est certain que les apôtres n'avaient aucune juridiction, aucune puissance, aucune autorité que celle de la persuasion, qui est la première de toutes, et sur laquelle toutes les autres sont fondées. [75]

D'ailleurs il paraît par cette histoire même que les chrétiens vivaient en commun.

Quand ils étaient assemblés deux ou trois, Jésus-Christ était au milieu d'eux. [76] Ils pouvaient tous recevoir également l'Esprit. Jésus était leur véritable, leur seul supérieur; il leur avait dit: (d) *N'appelez personne sur la terre, votre père; car vous n'avez qu'un père qui est dans le ciel. Ne désirez point qu'on vous appelle, maîtres; parce que vous n'avez qu'un seul maître, et que vous êtes tous frères; ni qu'on vous appelle, docteurs; car votre seul docteur est Jésus.* [77] Voyez 'Eglise'.

Il n'y avait du temps des apôtres aucun rite, point de liturgie, point d'heures marquées pour s'assembler, nulle cérémonie. Les disciples baptisaient les catéchumènes; on leur soufflait dans la

335

340

345

350

(d) Saint Matthieu, ch.23.

[73] Voltaire entre ici dans les raisons de ceux qui le combattaient comme Chaudon pour qui le meurtre d'Ananie est juste puisque Dieu le voulait: 'C'était Dieu lui-même qui les punissait par le ministère de saint Pierre, et qui dans la première prédication de sa loi, voulait donner cet exemple de terreur à ceux qui seraient tentés de le transgresser. Est-ce à une chétive créature de demander compte au Créateur?' (Louis-Mayeul Chaudon, *Dictionnaire anti-philosophique*, Avignon, 1767, BV728, p.258-59, article 'Pierre'). Voltaire a lu et commenté Chaudon (*CN*, t.2, p.605-609), et semble le parodier ici.

[74] Calmet, *Commentaire littéral*, t.20, p.79.

[75] Pareille affirmation dans l'article 'Eglise' des *QE*.

[76] Paraphrase de Matthieu 18:20.

[77] Matthieu 28:8-10. Voltaire semble citer de mémoire car il intervertit l'ordre 'maître', 'père', 'docteur'.

bouche, pour y faire entrer l'Esprit saint avec le souffle, (*e*) ainsi que Jésus-Christ avait soufflé sur les apôtres; ainsi qu'on souffle encore aujourd'hui en plusieurs églises dans la bouche d'un enfant, quand on lui administre le baptême.[78] Tels furent les commence- 355 ments du christianisme. Tout se faisait par inspiration, par enthousiasme, comme chez les thérapeutes et chez les judaïtes, s'il est permis de comparer un moment des sociétés judaïques, devenues réprouvées, à des sociétés conduites par Jésus-Christ même du haut du ciel, où il était assis à la droite de son père. 36c

Le temps amena des changements nécessaires; l'Eglise s'étant étendue, fortifiée, enrichie, eut besoin de nouvelles lois.[79]

(*e*) Saint Jean, ch.20, verset 22.

[78] Ni l'article 'Baptême' du *DP* ni celui des *QE* n'évoquent cette pratique, rapportée aux 'antiques cérémonies de la théurgie chaldéenne et syriaque' dans *La Bible enfin expliquée* (*M*, t.30, p.312-13).

[79] Affirmation fréquemment avancée par Voltaire, parfois de manière ouvertement polémique comme dans *Le Dîner du comte de Boulainvilliers* où le comte accuse les chrétiens d'insulter Jésus 'en substituant [leurs] lois aux siennes' (*OCV*, t.63A, p.377).

APPARENCE

Toutes les apparences sont-elles trompeuses? Nos sens ne nous
ont-ils été donnés que pour nous faire une illusion continuelle?
Tout est-il erreur? Vivons-nous dans un songe entourés d'ombres
chimériques? Vous voyez le soleil se coucher à l'horizon, quand il
est déjà dessous. Il n'est pas encore levé, et vous le voyez paraître.   5
Cette tour carrée vous semble ronde. Ce bâton enfoncé dans l'eau
vous semble courbé.

Vous regardez votre image dans un miroir. Il vous la représente
derrière lui. Elle n'est ni derrière, ni devant.[1] Cette glace, qui au
toucher et à la vue est si lisse, et si unie, n'est qu'un amas inégal   10
d'aspérités et de cavités. La peau la plus fine et la plus blanche n'est
qu'un réseau hérissé, dont les ouvertures sont incomparablement
plus larges que le tissu, et qui renferment un nombre infini de petits
crins. Des liqueurs passent sans cesse sous ce réseau, et il en sort des
exhalaisons continuelles, qui couvrent toute cette surface.[2] Ce que   15

* Cet article semble une suite de l'article 'Corps' qui fut publié dans le *DP* en 1764,
dans la mesure où il met une fois de plus en cause la thèse de Berkeley. Vulgarisateur de
l'*Optique* de Newton, Voltaire s'est toujours intéressé aux phénomènes optiques.
Lorsqu'il écrit ce texte, il a lu *De la recherche de la vérité* de Malebranche (voir n.2) et
les articles 'Apparence' et 'Apparent' de l'*Encyclopédie* par D'Alembert, annotant le
second article qui démontre que 'la *grandeur apparente* d'un objet dépend beaucoup de
sa distance apparente, c'est-à-dire de l'éloignement auquel il nous paraît être', passage
devant lequel il note: 'angle / optique / appa / rent' (*CN*, t.3, p.367). Le présent article
paraît en novembre/décembre 1770 (70, t.2).

[1] Voltaire avait déjà expliqué ces phénomènes optiques dans les *Eléments de la
philosophie de Newton* (*OCV*, t.15, p.305-14). L'exemple de la tour vient de
Descartes, *Méditations*, méditation sixième, dont Voltaire possède l'édition de
Paris, 1724 (BV997). Il y a un signet et un ruban dans l'exemplaire de Voltaire au
tome 2, pages 196-97, 'Réponses de l'auteur aux cinquièmes objections faites par
Monsieur Gassendy' (*CN*, t.3, p.113). L'article de D'Alembert traitait du lieu
apparent et exposait les différentes théories qui avaient été émises à ce sujet.

[2] L'échange d'*esprits* par les surfaces internes et externes de la peau et, surtout, la
relativité de la perception, sont des thèmes de Malebranche, *De la Recherche de la
vérité*, t.1, *passim*, et t.2, ch.2-4 (BV2276-BV2277). Voltaire a lu attentivement cet
ouvrage (voir *CN*, t.5, p.485-504).

vous appelez *grand* est très petit pour un éléphant, et ce que vous appelez *petit* est un monde pour des insectes. [3]

Le même mouvement, qui serait rapide pour une tortue, serait très lent aux yeux d'un aigle. Ce rocher, qui est impénétrable au fer de vos instruments, est un crible percé de plus de trous qu'il n'a de matière, et de mille avenues d'une largeur prodigieuse, qui conduisent à son centre, où logent des multitudes d'animaux, qui peuvent se croire les maîtres de l'univers.

Rien n'est ni comme il vous paraît, ni à la place où vous croyez qu'il soit.

Plusieurs philosophes fatigués d'être toujours trompés par les corps, ont prononcé de dépit que les corps n'existent pas, et qu'il n'y a de réel que notre esprit. [4] Ils pouvaient conclure tout aussi bien que toutes les apparences étant fausses, et la nature de l'âme étant inconnue comme la matière, il n'y avait en effet ni esprit ni corps.

C'est peut-être ce désespoir de rien connaître, qui a fait dire à certains philosophes chinois, que le néant est le principe et la fin de toutes choses.

Cette philosophie destructive des êtres était fort connue du temps de Molière. Le docteur Marphurius représente toute cette école, quand il enseigne à Sganarelle, qu'*il ne faut pas dire: je suis venu; mais il me semble que je suis venu. Et il peut vous le sembler, sans que la chose soit véritable.* [5]

28-29   K12: pouvaient tout aussi bien conclure que
29   70, 71N: et que la [70 Errata: β]

[3] Variation sur le thème pascalien des deux infinis qui conduit, dans l'optique voltairienne, à une réflexion sur la relativité. Dans l'ordre de la fiction, *Micromégas* l'avait illustrée; cet article s'enrichit ainsi de maints exemples concrets, de remarques accessibles à tout lecteur alors que l'article de D'Alembert est une mise au point scientifique renvoyant à des articles consacrés à la dioptrique, à l'astronomie, aux mathématiques, aux miroirs et lentilles.

[4] Evidemment Voltaire pense à Berkeley à qui il avait consacré l'article 'Corps' du *DP* et qu'il réfutait. Voir l'annotation de cet article, *OCV*, t.35, p.644-47.

[5] Voltaire cite *Le Mariage forcé* de Molière, scène 5, avec une petite omission. Voici le passage en entier: '*Marphurius*: Vous ne devez pas dire: "Je suis venu";

Mais à présent une scène de comédie n'est pas une raison, 40
quoiqu'elle vaille quelquefois mieux; et il y a souvent autant de
plaisir à rechercher la vérité qu'à se moquer de la philosophie.

Vous ne voyez pas le réseau, les cavités, les cordes, les inégalités,
les exhalaisons de cette peau blanche et fine que vous idolâtrez. Des
animaux mille fois plus petits qu'un ciron, discernent tous ces 45
objets qui vous échappent. Ils s'y logent, ils s'y nourrissent, ils s'y
promènent comme dans un vaste pays. Et ceux, qui sont sur le bras
droit, ignorent qu'il y ait des gens de leur espèce sur le bras gauche.
Si vous aviez le malheur de voir ce qu'ils voient, cette peau
charmante vous ferait horreur. 50

L'harmonie d'un concert que vous entendez avec délices, doit
faire sur certains petits animaux l'effet d'un tonnerre épouvantable,
et peut-être les tuer. Vous ne voyez, vous ne touchez, vous
n'entendez, vous ne sentez les choses que de la manière dont
vous devez les sentir. 55

Tout est proportionné. Les lois de l'optique, qui vous font voir
dans l'eau l'objet où il n'est pas, et qui brisent une ligne droite,
tiennent aux mêmes lois qui vous font paraître le soleil sous un
diamètre de deux pieds, quoiqu'il soit un million de fois plus gros
que la terre. Pour le voir dans sa dimension véritable, il faudrait 60
avoir un œil qui en rassemblât les rayons sous un angle aussi grand
que son disque; ce qui est impossible. Vos sens vous assistent donc
beaucoup plus qu'ils ne vous trompent.[6]

Le mouvement, le temps, la dureté, la mollesse, les dimensions,

---

mais: "Il me semble que je suis venu." / *Sganarelle*: Il me semble! / *Marphurius*:
Oui. / *Sganarelle*: Parbleu! il faut bien qu'il me le semble, puisque cela est. /
Marphurius: Ce n'est pas une conséquence; et il peut vous sembler, sans que la chose
soit véritable'. Voltaire évoque la même scène dans l'article 'Affirmation par
serment', ci-dessus.

[6] Dans les *Eléments de la philosophie de Newton*, Voltaire affirmait que 'nous
avons [...] très grand tort quand nous disons que nos sens nous trompent. Chacun de
nos sens fait la fonction à laquelle la nature l'a destiné. Ils s'aident mutuellement
pour envoyer à notre âme, par les mains de l'expérience, la mesure des connaissances
que notre état comporte' (*OCV*, t.15, p.323).

l'éloignement, l'approximation, la force, la faiblesse, les appa- 65
rences, de quelque genre qu'elles soient, tout est relatif. Et qui a fait
ces relations?[7]

<hr>

[7] La question, pour Voltaire, doit recevoir une réponse déiste à laquelle, selon lui,
tout effort de connaissance doit conduire.

APPARITION,

et particulièrement de sainte Potamienne
et de la Princesse Palatine

Ce n'est point du tout une chose rare qu'une personne, vivement émue, voie ce qui n'est point. Une femme en 1726, accusée à Londres d'être complice du meurtre de son mari, niait le fait; on lui présente l'habit du mort qu'on secoue devant elle; son imagination épouvantée lui fait voir son mari même; elle se jette à ses pieds, et 5 veut les embrasser. Elle dit aux jurés qu'elle avait vu son mari. [1]

b-c   70, 71N, 71A, K84, K12: [*sous-titre absent*]

* Cet article n'a rien à voir avec l'article 'Apparition' de l'*Encyclopédie* qui porte un astérisque et qui s'attache, en quelques lignes, à distinguer la vision de l'apparition (t.1, p.546). Voltaire va traiter à la fois des apparitions et des visions, en mettant l'accent sur les 'écarts de l'imagination'. La documentation de cet article comprend des sources primaires en histoire ecclésiastique qui manquent dans la Bibliothèque de Voltaire, ainsi que des textes patristiques que Voltaire possédait mais dont il est peu probable qu'il connaissait tous les recoins qu'il cite ici ou dans les articles 'Apocalypse' et 'Biens d'Eglise' des *QE*, dans le chapitre 145 de l'*Essai sur les mœurs*, et les articles 'Abbaye' et 'Quête' du fonds de Kehl. Soit Voltaire copiait ou abrégeait des sources secondaires qui n'ont pas encore été identifiées, soit il écrivait des notes dont il s'est servi pour la rédaction de ces articles dans une ou plusieurs bibliothèques plus riches que la sienne, comme celle de Dom Calmet à Senones, où il passa trois semaines studieuses pendant l'été de 1754. Cet article paraît en novembre/décembre 1770 (70, t.2).

[1] Il semble que Voltaire se souvient ici de ce qu'il avait entendu dire du procès de Katherine Hayes devant le tribunal à Old Bailey, le 20 avril 1726, dont il ne pouvait pas être témoin, n'étant arrivé à Londres que le 11 mai. Katherine Hayes avait été condamnée et apparemment exécutée pour avoir suscité le meurtre de son mari, John Hayes, qui la maltraitait et la privait de nourriture. Pour se débarrasser du cadavre il fallait que les assassins lui coupassent devant elle la tête et les jambes, mais on put finalement récupérer la tête ainsi que le manteau du défunt. 'At the sight of the coat, the prisoner at the Bar fainted away [...]' (*The Proceedings of the Old Bailey*, réf.: t17260420-42, http://www.oldbaileyonline.org/html_sessions/T17260420. html, consulté le 27 mars 2007). Il y a plus de détails dans les *Examples of the*

Il ne faut pas s'étonner que Théodoric ait vu dans la tête d'un poisson, qu'on lui servait, celle de Simmaque qu'il avait assassiné, ou fait exécuter injustement; (c'est la même chose). [2]

Charles IX, après la Saint-Barthélemi, voyait des morts et du sang, non pas en songe, mais dans les convulsions d'un esprit troublé, qui cherchait en vain le sommeil. Son médecin et sa nourrice l'attestèrent. [3] Des visions fantastiques sont très fréquentes dans les fièvres chaudes. Ce n'est point s'imaginer voir, c'est voir en effet. Le fantôme existe pour celui qui en a la perception. Si le don de la raison, accordé à la machine humaine, ne venait pas corriger ces illusions, toutes les imaginations échauffées seraient dans un transport presque continuel, et il serait impossible de les guérir.

C'est surtout dans cet état mitoyen, entre la veille et le sommeil, qu'un cerveau enflammé voit des objets imaginaires, et entend des sons que personne ne prononce. La frayeur, l'amour, la douleur, le remords sont les peintres qui tracent les tableaux dans les imaginations bouleversées. L'œil qui est ébranlé pendant la nuit par un coup vers le petit canthus, et qui voit jaillir des étincelles, n'est qu'une très faible image des inflammations de notre cerveau.

Aucun théologien ne doute qu'à ces causes naturelles, la volonté

---

interposition of Providence in the detection and punishment of murder de Henry Fielding (Dublin, 1752): 'by the manner of its [le manteau de son mari] being lifted up (the under parts of the skirts being hid by the crowd) its appearance was very much like that of a man without his head. This struck such horror into the heart of the prisoner at the bar, especially as it was the coat of her husband, that she fell dead on the floor, and though afterwards returned to life, yet she made no further defence' (p.65); ce livre manque dans la Bibliothèque de Voltaire. (Nous remercions le professeur Robert Shoemaker de l'université de Sheffield de ces informations.)

[2] Procope, *Histoire des guerres*, livre 5, ch.1, section 35-39. Théodoric, roi arien d'Italie, fit exécuter Simmaque en 526. Claude Fleury, *Histoire ecclésiastique* (Paris, 1691-1734, BV1350), t.7, p.286, raconte cette histoire sans ajouter que Simmaque était philosophe païen et ennemi acharné du christianisme.

[3] On lit cette histoire dans un des recueils de Pierre de L'Estoile. Voir le *Journal de L'Estoile pour le règne d'Henri III*, éd. L.-R. Lefèvre (Paris, 1943), p.663. Voltaire a l'édition parue à La Haye, t.1-5, chez Gosse, BV2063, qu'il a annotée (*CN*, t.5, p.314-16).

du maître de la nature n'ait joint quelquefois sa divine influence. L'Ancien et le Nouveau Testament en sont d'assez évidents témoignages. [4] La Providence daigna employer ces apparitions, ces visions en faveur du peuple juif, qui était alors son peuple chéri.

Il se peut que dans la suite des temps, quelques âmes, pieuses à la vérité, mais trompées par leur enthousiasme, aient cru recevoir d'une communication intime avec Dieu ce qu'elles ne tenaient que de leur imagination enflammée. C'est alors qu'on a besoin du conseil d'un honnête homme, et surtout d'un bon médecin.

Les histoires des apparitions sont innombrables. On prétend que ce fut sur la foi d'une apparition que saint Théodore, au commencement du quatrième siècle, alla mettre le feu au temple d'Amasée, et le réduisit en cendre. [5] Il est bien vraisemblable que Dieu ne lui avait pas ordonné cette action, qui en elle-même est si criminelle, dans laquelle plusieurs citoyens périrent, et qui exposait tous les chrétiens à une juste vengeance.

Que sainte Potamienne ait apparu à saint Basilide, Dieu peut l'avoir permis; il n'en a rien résulté qui troublât l'Etat. [6] On ne niera pas que Jésus-Christ ait pu apparaître à saint Victor; [7] mais que

[4] Ce sont précisément les thèses de Dom Calmet, *Dissertations sur les apparitions des anges, des démons et des esprits* (Paris, 1746), et de Nicolas Lenglet Du Fresnoy, *Recueil de dissertations anciennes et nouvelles, sur les apparitions, les visions et les songes* (Avignon, 1751, BV2041; *CN*, t.5, p.308). Selon ces auteurs les apparitions bibliques garantissent le phénomène qui a d'ailleurs une base naturelle dans la psychologie, donc on doit employer une critique fine pour distinguer les apparitions qui sont une communication divine de celles qui sont purement des créations d'un esprit inquiet, sans parler de celles qui sont tout à fait frauduleuses. Voltaire possédait Calmet dans l'édition de Paris, 1751, BV618, où il reste des papillons dans les marges et des traces de papillons. Voir *CN*, t.2, p.358-63.

[5] Voir Grégoire de Nysse, *Oratio laudatoria sancti ac magni martyris Theodori* (*Patrologia graeca*, t.46, col.738, 743). Exemple déjà cité dans *L'Examen important de Milord Bolingbroke* (*OCV*, t.62, p.288).

[6] Eusèbe, *Historia ecclesiastica*, livre 6, ch.5 (*Patrologia graeca*, t.20, p.534). Voltaire possédait l'*Histoire de l'Eglise* d'Eusèbe (trad. M. Cousin, Paris, 1675, BV1250; *CN*, t.3, p.440-48).

[7] Apparition que Voltaire a pu trouver chez Fleury, *Histoire ecclésiastique*, t.2, p.401-402.

saint Benoît ait vu l'âme de saint Germain de Capoue portée au ciel par des anges, et que deux moines aient vu celle de saint Benoît marcher sur un tapis étendu depuis le ciel jusqu'au mont Cassin,[8] cela est plus difficile à croire.

On peut douter de même, sans offenser notre auguste religion, que saint Eucher fut mené par un ange en enfer, où il vit l'âme de Charles Martel;[9] et qu'un saint ermite d'Italie ait vu des diables qui enchaînaient l'âme de Dagobert dans une barque, et lui donnaient cent coups de fouet;[10] car après tout, il ne serait pas aisé d'expliquer nettement comment une âme marche sur un tapis, comment on l'enchaîne dans un bateau, et comment on la fouette.

Mais il se peut très bien faire que des cervelles allumées aient eu de semblables visions; on en a mille exemples de siècle en siècle. Il faut être bien éclairé pour distinguer, dans ce nombre prodigieux de visions, celles qui viennent de Dieu même, et celles qui sont produites par la seule imagination.

L'illustre Bossuet rapporte, dans l'*Oraison funèbre de la Princesse Palatine*, deux visions, qui agirent puissamment sur cette princesse, et qui déterminèrent toute la conduite de ses dernières années. Il faut croire ces visions célestes, puisqu'elles sont regardées comme telles par le disert et savant évêque de Meaux,

---

[8] Grégoire Ier, *Dialogues*, livre 2, ch.35 et 37 (*Patrologia latina*, t.66, p.198, 202). L'article 'Abbaye' du fonds de Kehl évoque cette apparition (*M*, t.17, p.18).

[9] Une *Vita* anonyme mais contemporaine, publiée dans les *Acta sanctorum* (éd. Jean Bolland; réimpression, Paris, 1863-1875, février, t.3, p.222c) mais connue depuis longtemps, l'affirme. César Baronius, *Annales ecclesiastici* (Anvers, 1612), *anno* 741, section 23, avait douté de cette apparition. Cet ouvrage manque dans la Bibliothèque de Voltaire.

[10] *Gesta Dagoberti*, section 45 (*Collection de mémoires relatifs à l'histoire de France*, éd. François Guizot, Paris, 1823-1826, t.2, p.309). Cet ouvrage était disponible depuis les *Historiae Francorum scriptores* publiées par André Duchesne (Paris, 1636-1649, t.1, p.587), mais l'article 'Abbaye' du fonds de Kehl donne à croire que Voltaire ne connaissait ces deux apparitions, de Charles Martel et de Dagobert, que par une source intermédiaire encore non identifiée. Voltaire parlera de l'apparition de Charles Martel encore une fois, dans *La Bible enfin expliquée*, 'Continuation de l'histoire hébraïque: Les Machabées' (1776; *M*, t.30, p.278).

qui pénétra toutes les profondeurs de la théologie, et qui même
entreprit de lever le voile dont l'Apocalypse est couverte.[11]

Il dit donc, que la Princesse Palatine, après avoir prêté cent mille 70
francs à la reine de Pologne sa sœur (a), vendu le duché de Rételois
un million, marié avantageusement ses filles, étant heureuse selon
le monde, mais doutant malheureusement des vérités de la religion
catholique, fut rappelée à la conviction et à l'amour de ces vérités
ineffables par deux visions.[12] La première fut un rêve, dans lequel 75
un aveugle-né lui dit, qu'il n'avait aucune idée de la lumière, et
qu'il fallait en croire les autres sur les choses qu'on ne peut
concevoir. La seconde fut un violent ébranlement des méninges
et des fibres du cerveau dans un accès de fièvre. Elle vit une poule
qui courait après un de ses poussins qu'un chien tenait dans sa 80
gueule. La Princesse Palatine arrache le petit poulet au chien; une
voix lui crie: Rendez-lui son poulet; si vous le privez de son
manger, il fera mauvaise garde. Non, s'écria la princesse; je ne le
rendrai jamais.

Ce poulet, c'était l'âme d'Anne de Gonzague Princesse Palatine; 85
la poule était l'Eglise; le chien était le diable. Anne de Gonzague,
qui ne devait jamais rendre le poulet au chien, était la grâce
efficace.[13]

(a) *Oraison funèbre*, page 310 et suivantes, édition de 1749.

n.a   70, 71N, 71A, K84, K12:   Oraisons funèbres, page

[11] Jacques-Bénigne Bossuet, *L'Apocalypse avec une explication* (Paris, 1690,
BV482).
[12] *Recueil des oraisons funèbres* (Paris, 1749, BV486), p.310 et suiv. Ce passage, qui
est bien résumé, a été remarqué par Voltaire (*CN*, t.i, p.410-12).
[13] C'est Voltaire et non Bossuet qui interprète la vision si littéralement. Bossuet
écrit seulement: 'En ce moment, elle s'éveilla, et l'application de la figure qui lui
avait été montrée se fit en un instant dans son esprit, comme si on lui eût dit: "Si
vous, qui êtes mauvaise, ne pouvez vous résoudre à rendre ce petit animal que vous
avez sauvé, pourquoi croyez-vous que Dieu, infiniment bon, vous redonnera au
démon après vous avoir tirée de sa puissance? Espérez et prenez courage" ' (*Recueil
des oraisons funèbres*, p.319).

Bossuet prêchait cette oraison funèbre aux religieuses carmélites du faubourg Saint-Jacques à Paris, devant toute la maison de Condé; il leur dit ces paroles remarquables: *Ecoutez, et prenez garde surtout de ne pas écouter avec mépris l'ordre des avertissements divins, et la conduite de la grâce.*[14] 90

Les lecteurs doivent donc lire cette histoire avec le même respect que les auditeurs l'écoutèrent. Ces effets extraordinaires de la Providence, sont comme les miracles des saints qu'on canonise. Ces miracles doivent être attestés par des témoins irréprochables. Eh! quel déposant plus légal pourrions-nous avoir des apparitions et des visions de la Princesse Palatine, que celui qui employa sa vie à distinguer toujours la vérité de l'apparence?[15] Il combattit avec vigueur contre les religieuses de Port-Royal sur le formulaire;[16] contre Paul Ferri sur le catéchisme;[17] contre le ministre Claude sur les variations de l'Eglise;[18] contre le docteur Du Pin sur la Chine;[19] 95 10

[14] Citation exacte (*Recueil des oraisons funèbres*, p.310).

[15] Il y avait un meilleur témoin: l'*Ecrit de Mme Anne de Gonzague de Clèves, Princesse Palatine, où elle rend compte de ce qui a été l'occasion de sa conversion* (s.l.n.d.), qui manque à la Bibliothèque de Voltaire. Voir Bossuet, *Oraisons funèbres*, éd. J. Truchet (Paris, 1961), p.248, n.2, et p.279, n.4. Dans sa *Lettre sur les panégyriques* (*M*, t.26, p.309), Voltaire discute la mauvaise foi de Bossuet dans cet éloge funèbre car Anne de Gonzague avait mené une vie scandaleuse avant sa vieillesse et son repentir.

[16] Bossuet était le théologien de Hardouin de Beaumont de Péréfixe, archevêque de Paris depuis 1662, et il avait eu l'occasion de se rendre à Port-Royal plusieurs fois entre 1661 et 1665 pour persuader les religieuses de signer le formulaire.

[17] *Réfutation du Catéchisme du Sieur Paul Ferry* (Metz, 1655). Manque dans la Bibliothèque de Voltaire.

[18] *Conférence avec Monsieur Claude* (Paris, 1682). Manque dans la Bibliothèque de Voltaire. L'*Histoire des variations des Eglises protestantes* (BV484) date de 1688, et Bossuet s'engagea dans une controverse avec Pierre Jurieu pour la défendre.

[19] En 1686 Bossuet sollicita de son ennemi Achille de Harlay, premier président du parlement de Paris de 1686 à 1707, l'interdiction du premier volume de la *Nouvelle Bibliothèque des auteurs ecclésiastiques* de Louis Elliés Dupin (5 t. en 6 vol., Paris, 1686-1691), mais il censure Dupin pour avoir critiqué la littérature patristique plutôt que pour ses opinions sur la Chine. Voltaire a utilisé l'ouvrage de Dupin (BV1159; *CN*, t.3, p.310-19) qu'il apprécie ('Catalogue des écrivains', *Le Siècle de Louis XIV*, *OH*, p.1160).

contre le père Simon sur l'intelligence du texte sacré;[20] contre le cardinal Sfondrate sur la prédestination;[21] contre le pape sur les droits de l'Eglise gallicane;[22] contre l'archevêque de Cambrai sur l'amour pur et désintéressé.[23] Il ne se laissait séduire ni par les noms, ni par les titres, ni par la réputation, ni par la dialectique de ses adversaires. Il a rapporté ce fait; il l'a donc cru. Croyons-le comme lui, malgré les railleries qu'on en a faites. Adorons les secrets de la Providence: mais défions-nous des écarts de l'imagination, que Mallebranche appelait, *la folle du logis*.[24] Car les deux visions accordées à la Princesse Palatine, ne sont pas données à tout le monde.

Jésus-Christ apparut à sainte Catherine de Sienne; il l'épousa; il lui donna un anneau. Cette apparition mystique est respectable, puisqu'elle est attestée par Raimond de Capoue, général des dominicains, qui la confessait, et même par le pape Urbain VI.

105   70, 71N, W75G, β, K84, K12: Sfrondate [*erreur*]

[20] Bossuet obtint l'interdiction de l'*Histoire critique du Vieux Testament* [Paris, 1678], de l'oratorien Richard Simon, et en 1702 il attaqua son *Nouveau Testament de notre seigneur Jésus-Christ* (Trévoux, 1702) par un mandement dans son diocèse, n'ayant pu obtenir l'interdiction de cette 'Version de Trévoux' par les autorités séculières. Voir Paul Auvray, *Richard Simon 1638-1712: étude bio-bibliographique avec des textes inédits* (Paris, 1974), p.125-31, et John Woodbridge, 'Censure royale et censure épiscopale: le conflit de 1690', *Dix-huitième Siècle* 8 (1976), p.333-55. Les ouvrages de R. Simon figurent en bonne place dans la Bibliothèque de Voltaire (BV3170-BV3173).

[21] Bossuet et le cardinal de Noailles sollicitèrent la condamnation du *Nodus praedestinationis* (Rome, 1696) de Célestin Sfondrate (ou Celestino Sfondrati).

[22] *Sermon sur l'unité de l'Eglise, prêché à l'ouverture de l'Assemblée du clergé de France, 1681* (Paris, 1726). Manque dans la Bibliothèque de Voltaire.

[23] Après 1697 Bossuet lança une longue série d'attaques contre l'*Explication des maximes des saints* de Fénelon. Dans le chapitre 'Du quiétisme' du *Siècle de Louis XIV*, Voltaire accuse Bossuet de jalousie et retrace longuement le combat qu'il mena contre Fénelon (*OH*, p.1093).

[24] Attribué soit à Nicolas Malebranche, *La Recherche de la vérité*, sans précisions, soit à Montaigne. Pourtant la concordance des *Œuvres complètes* de Malebranche, sous la direction d'André Robinet (Paris, 1984), ne connaît pas le mot de 'logis' chez ce philosophe bien que 'folle' arrive seize fois, et l'index des *Essais* de Montaigne ne connaît pas l'expression.

Mais elle est rejetée par le savant Fleuri, auteur de l'*Histoire ecclésiastique*.[25] Et une fille qui se vanterait aujourd'hui d'avoir contracté un tel mariage, pourrait avoir une place aux petites-maisons pour présent de noces.

L'apparition de la mère Angélique abbesse du Port-Royal, à sœur Dorothée, est rapportée par un homme d'un très grand poids dans le parti qu'on nomme *janséniste*, c'est le sieur Dufossé auteur des mémoires de Pontis.[26] La mère Angélique longtemps après sa mort, vint s'asseoir dans l'église de Port-Royal à son ancienne place, avec sa crosse à la main. Elle commanda qu'on fît venir sœur Dorothée, à qui elle dit de terribles secrets.[27] Mais le témoignage de ce Dufossé ne vaut pas celui de Raimond de Capoue, et du pape Urbain VI, lesquels pourtant n'ont pas été recevables.

Celui qui vient d'écrire ce petit morceau a lu ensuite les quatre volumes de l'abbé Langlet sur les apparitions,[28] et ne croit pas devoir en rien prendre. Il est convaincu de toutes les apparitions avérées par l'Eglise; mais il a quelques doutes sur les autres jusqu'à ce qu'elles soient authentiquement reconnues. Les cordeliers et les jacobins, les jansénistes et les molinistes ont eu leurs apparitions et leurs miracles. *Illiacos intra muros peccatur et extra.*[29] (Voyez 'Vision' et 'Vampires'.)

138   70, 71N, 71A: *et extra.* //
      w75G, β: *et intra.* (Voyez [*erreur*]
      K84, K12: *et extra.* [*avec note*: Voyez 'Vision' et 'Vampires'.] //

[25] Fleury, *Histoire ecclésiastique*, t.20, p.288-89.

[26] Pierre Thomas Du Fossé, *Mémoires du sieur de Pontis* (Rouen et Paris, 1676). Du Fossé (1634-1698) collabora avec Louis Isaac Le Maistre de Sacy à la traduction de la Bible dite 'Version de Mons' ou 'Version de Port-Royal' (1667-1693).

[27] Voltaire suit un extrait d'une lettre à la fin des *Mémoires pour servir à l'histoire de Port-Royal* (Utrecht, 1739), p.515, publié par Lenglet Du Fresnoy, *Recueil de dissertations*, t.2, p.189-92. Manque dans la Bibliothèque de Voltaire.

[28] Voir Lenglet Du Fresnoy, *Recueil de dissertations*. Dans la Bibliothèque de Voltaire, deux tomes figurent, mais Voltaire a possédé quatre tomes, qui sont signalés dans le catalogue de Wagnière.

[29] Horace, *Epîtres*, livre I, épître 2, vers 16. 'Désunion, fourberies, crime, caprice, colère, / Ce ne sont que fautes dans les et hors des murs d'Ilion' (*Epîtres*, trad. François Villeneuve, Paris, 1934).

APROPOS, L'APROPOS

L'apropos est comme l'avenir, l'atour, l'ados et plusieurs termes pareils,[1] qui ne composent plus aujourd'hui qu'un seul mot, et qui en faisaient deux autrefois.

Si vous dites: à propos, j'oubliais de vous parler de cette affaire; alors ce sont deux mots, et *à* devient une préposition. Mais si vous dites: voilà un *apropos* heureux, un *apropos* bien adroit, apropos n'est plus qu'un seul mot.

La Motte a dit, dans une de ses odes:

> Le sage, le prompt apropos,
> Dieu qu'à tort oublia la fable.[2]

Tous les heureux succès en tout genre sont fondés sur les choses dites ou faites à propos.

Arnaud de Bresse, Jean Hus et Jérôme de Prague ne vinrent pas assez à-propos, ils furent tous trois brûlés;[3] les peuples n'étaient pas

13   71A: Jean et

* Il n'y a pas d'article 'Apropos' dans l'*Encyclopédie*. La locution adverbiale 'à propos' ne fait que figurer dans l'article non signé 'Propos'. Voltaire, dans les *QE*, a tendance à rédiger de petits essais à partir d'un mot ou d'une expression. Cet article paraît en novembre/décembre 1770 (70, t.2); l'édition de Neuchâtel (71N) ajoute un dernier paragraphe qui ne figure pas dans les autres éditions.

[1] *Atour*: parure des femmes, au pluriel; *Ados*: 'Terme de jardinage. Terre élevée en talus contre une muraille bien exposée' (*Dictionnaire de Trévoux*, 1752).

[2] Houdar de La Motte, *L'Aveuglement*, ode 'ajoutée', 'faite à l'occasion des fautes qui s'étaient glissées dans cette édition', dans *Odes* (1709 et suivantes). Voltaire a une édition des *Odes* de La Motte (2 vol., Paris, 1713-1714, BV1903).

[3] Dans son chapitre 73 de l'*Essai sur les mœurs*, Voltaire rapproche déjà Jean Hus et Jérôme de Prague, disciples en Bohème de l'hérésie de Jean Wyclif par leur rejet de l'Eglise romaine et des pouvoirs du pape, tous deux condamnés au concile de Constance (1413-1418). Arnaud de Brescia prêche au douzième siècle contre la richesse de l'Eglise et prône une réforme du clergé; il fait chasser le pape et installe une démocratie à Rome, avant d'être à son tour chassé et brûlé en 1155.

encore assez irrités; l'invention de l'imprimerie n'avait point 15
encore mis sous les yeux de tout le monde les abus dont on se
plaignait. Mais quand les hommes commencèrent à lire; quand la
populace, qui voulait bien ne pas aller en purgatoire, mais qui ne
voulait pas payer trop cher des indulgences, commença à ouvrir les
yeux, les réformateurs du seizième siècle vinrent très *à-propos*, et 20
réussirent.

Un des meilleurs *apropos*, dont l'histoire ait fait mention, est
celui de Pierre Danez au concile de Trente.[4] Un homme qui
n'aurait pas eu l'esprit présent n'aurait rien répondu au froid jeu de
mots de l'évêque italien: *Ce coq chante bien: iste gallus bene* 25
cantat. (*a*) Danez répondit par cette terrible réplique: *Plût à*
Dieu que Pierre se repentît au chant du coq!

La plupart des recueils de bons mots sont remplis de réponses
très froides. Celle du marquis Mafei, ambassadeur de Sicile auprès
du pape Clément XI, n'est ni froide, ni injurieuse, ni piquante, mais 30
c'est un bel apropos. Le pape se plaignait avec larmes de ce qu'on
avait ouvert, malgré lui, les églises de Sicile qu'il avait interdites:
Pleurez, Saint-Père, lui dit-il, *quand on les fermera.*[5]

(*a*) Les dames, qui pourront lire ce morceau, sauront que *Gallus*
signifie *Gaulois* et *Coq.*

[4] Pierre Danès (1497-1579), évêque de Lavaur, avait été envoyé à Rome par
François Ier, et fit lors du concile de Trente une harangue contre le désordre de la
cour de Rome qui a donné lieu à cette répartie, en effet devenue un poncif de
l'Histoire et des recueils de bons mots et d'anecdotes – voir par exemple la
Bibliothèque des gens de cour, ou mélanges curieux des bons mots d'Henri IV, de
Louis XIV, etc. de François Gayot de Pitaval (Paris, 1726), p.132; le *Recueil de bons*
mots des anciens et des modernes (Paris, 1709), p.9.
[5] Voir les *Carnets* de Voltaire: 'Pour le pape Clément onze, il ressemble à saint
Pierre, il pleure, il prêche, il renie, il se repent' (*OCV*, t.81, p.133). Dans *Les Droits*
des hommes et les usurpations des papes, Voltaire rappelle que la papauté voulait
asservir la Sicile et que le pape Clément XI 'crut abolir par une bulle le tribunal de la
monarchie sicilienne' et ordonna qu'on fermât les églises de l'île. Il rapporte alors le
bon mot de Maffei, ambassadeur en Sicile (*M*, t.27, p.200-202).

Les Italiens appellent une chose dite hors de propos: un *sproposito*. Ce mot manque à notre langue.

C'est une grande leçon dans Plutarque que ces paroles: Tu tiens sans propos beaucoup de bons propos. [6] Ce défaut se trouve dans beaucoup de nos tragédies, où les héros débitent des maximes bonnes en elles-mêmes, qui deviennent fausses dans l'endroit où elles sont placées.

L'apropos fait tout dans les grandes affaires, dans les révolutions des Etats. On a déjà dit, que Cromwell, sous Elizabeth, ou sous Charles II; le cardinal de Retz, quand Louis XIV gouverna par lui-même, auraient été des hommes très ordinaires. [7]

César, né du temps de Scipion l'Africain, n'aurait pas subjugué la république romaine; et si Mahomet revenait aujourd'hui, il serait tout au plus chérif de la Mecque. Mais si Archimède et Virgile renaissaient, l'un serait encore le meilleur mathématicien, l'autre le meilleur poète de son pays. [8]

34-35   70, 71N, 71A: un *exproposito*. Ce
49   71N: pays. ¶Si plusieurs philosophes qui écrivent aujourd'hui assez librement des vérités utiles eussent vécu et parlé ainsi, il y a moins d'un siècle, ils eussent
été brûlés. La raison a fait des progrès, ils osent attaquer d'antiques erreurs; on les lit,
ils plaisent, quelques-uns sont admirés, et on les laisse tous vivre. L'apropos fait tout
le succès de la plupart des vérités. //

[6] La traduction d'Amyot des *Apophtègmes des Lacédémoniens* porte 'tu dis ce qu'il faut ailleurs qu'il ne faut' (référence donnée par Beuchot, *M*, t.19, p.5).

[7] Mêmes exemples dans les deux derniers paragraphes de la lettre 7 des *Lettres philosophiques*.

[8] Voltaire rejoint ici un thème qu'il traite ailleurs dans les *QE* dans l'article 'Anciens et modernes': la gloire des grands hommes ne dépend pas de l'apropos; elle s'impose dans tous les temps et dans tous les pays.

ARABES,

et par occasion du livre de Job

Si quelqu'un veut connaître à fond les antiquités arabes, il est à présumer qu'il n'en sera pas plus instruit que de celles de l'Auvergne et du Poitou. Il est pourtant certain, que les Arabes étaient quelque chose longtemps avant Mahomet. Les Juifs eux-mêmes disent, que Moïse épousa une fille arabe, [1] et son beau-père   5 Jéthro paraît un homme de fort bon sens. [2]

Mecka, ou la Mecque passa, et non sans vraisemblance, pour une des plus anciennes villes du monde; [3] et ce qui prouve son

---

3   70, 71N, 71A du Limousin. Il

---

* L'article 'Arabes, état de la philosophie chez les anciens Arabes', non signé, de l'*Encyclopédie* (t.1, p.566-69), s'applique à démontrer que ces peuples n'ont pas de vraie philosophie et qu'ils ont tiré leur religion de la secte superstitieuse des 'Zabiens' (Sabéens). Auteur de deux chapitres sur les Arabes dans l'*Essai sur les mœurs*, le chapitre 6, 'De l'Arabie et de Mahomet', le chapitre 7, 'De l'Alcoran', où il fait preuve d'un vif intérêt pour les Arabes et pour leur religion, Voltaire, dans cet article, fait l'éloge de leur littérature et plus particulièrement de leurs contes. Il entend aussi élargir le sujet, comme l'indique le sous-titre, 'Et par occasion du livre de Job', et reprend un thème qu'il a déjà maintes fois traité, à savoir que le livre de Job est l'ouvrage d'un Arabe. Cet article paraît en 1770 (70, t.2).

[1] Moïse épousa Séphora, fille de Raguel (ou Jéthro), prêtre du pays de Madian, en Arabie (Exode 2:21-22, 18:1-27).

[2] Jéthro conseille à Moïse de ne pas juger seul au nom de Dieu, car c'est une tâche au-dessus de ses forces, mais de choisir parmi le peuple des hommes capables qui porteront devant lui les causes importantes et décideront eux-mêmes dans les petites causes (Exode 18:15-26).

[3] George Sale, *Observations historiques et critiques sur le mahométisme, ou traduction du discours préliminaire mis à la tête de la version anglaise de l'Alcoran* (Amsterdam et Leipzig, 1775), t.1, p.6. Voltaire possédait l'édition de Genève, 1751 (BV3076). Voltaire estime que Sale, qui a passé vingt-cinq ans en Arabie, est 'savant et judicieux' (*Essai sur les mœurs*, ch.6, t.1, p.255, note *). Il le considère comme le meilleur traducteur du Coran (voir par exemple la *Lettre civile et honnête*,

ancienneté, c'est qu'il est impossible qu'une autre cause que la superstition seule ait fait bâtir une ville en cet endroit; elle est dans un désert de sable, l'eau y est saumache,[4] on y meurt de faim et de soif. Le pays, à quelques milles vers l'orient, est le plus délicieux de la terre, le plus arrosé, le plus fertile. C'était là qu'il fallait bâtir, et non à la Mecque. Mais il suffit d'un charlatan, d'un fripon, d'un faux prophète qui aura débité ses rêveries pour faire de la Mecque un lieu sacré, et le rendez-vous des nations voisines. C'est ainsi que le temple de Jupiter Ammon était bâti au milieu des sables,[5] etc. etc.

L'Arabie s'étend du désert de Jérusalem jusqu'à Aden ou Eden, vers le quinzième degré, en tirant droit du nord-est au sud-est. C'est un pays immense, environ trois fois grand comme l'Allemagne. Il est très vraisemblable que ses déserts de sable ont été apportés par les eaux de la mer,[6] et que ses golfes maritimes ont été des terres fertiles autrefois.

Ce qui semble déposer en faveur de l'antiquité de cette nation, c'est qu'aucun historien ne dit qu'elle ait été subjuguée; elle ne le fut pas même par Alexandre, ni par aucun roi de Syrie, ni par les Romains.[7] Les Arabes au contraire ont subjugué cent peuples depuis l'Inde jusqu'à la Garonne; et ayant ensuite perdu leurs

11 K84, K12: est saumâtre, on
20-21 71N: fois plus grand que l'Allemagne

---

de 1760, *M*, t.24, p.142, les *Remarques pour servir de supplément à l'Essai sur les mœurs* de 1763, *Essai sur les mœurs*, t.2, p.916, et l'article 'Arot et Marot' des *QE*). Il évoque Sale et Du Ryer dans l'article 'Alcoran' des *QE*.

[4] L'eau des sources de La Mecque est amère et mauvaise à boire. Celle du puits de Zemzem est meilleure, mais elle est 'sommache' et cause des élevures à ceux qui en boivent trop (Sale, *Observations*, t.1, p.7). La forme 'saumache', à côté de 'saumâtre', est attestée jusqu'à la fin du dix-huitième siècle. Voir l'entrée 'Saumache' dans l'*Encyclopédie* (t.14, p.715).

[5] On sait qu'Amon, le 'roi des dieux' en Egypte, était identifié à Zeus par les Grecs. Son temple est situé à Karnak, dans la plaine de Thèbes, 'au milieu des sables'.

[6] Les déserts de sable n'ont pas été apportés par les eaux de la mer.

[7] G. Sale observe que l'Arabie ne craignit pas Alexandre, et que les Romains n'ont jamais conquis aucune partie de l'Arabie (*Observations*, t.1, p.28).

conquêtes, ils se sont retirés dans leur pays sans s'être mêlés avec
d'autres peuples. [8]   30

N'ayant jamais été ni asservis, ni mélangés, il est plus que
probable qu'ils ont conservé leurs mœurs et leur langage; aussi
l'arabe est-il en quelque façon la langue mère de toute l'Asie
jusqu'à l'Inde, et jusqu'au pays habité par les Scythes. [9] Supposé
qu'il y ait en effet des langues mères; [10] mais il n'y a que des langues   35
dominantes. Leur génie n'a point changé, ils font encore des *Mille
et une nuits*, comme ils en faisaient du temps qu'ils imaginaient un
Bach ou Bacchus, [11] qui traversait la mer Rouge avec trois millions
d'hommes, de femmes et d'enfants; qui arrêtait le soleil et la lune,
qui faisait jaillir des fontaines de vin avec une baguette, laquelle il   40
changeait en serpent, quand il voulait. [12]

31-32   71N: plus probable
33   70, 71N: est-il la
       70 Errata, 71A: est-il comme la
34-36   70, 71N, 71A: Scythes. Leur

[8] Dans *La Philosophie de l'histoire*, Voltaire écrivait également que les Arabes
'n'ont jamais subi le joug étranger' et sont un peuple 'sans mélange d'aucune autre
nation' (*OCV*, t.59, p.141). D'Herbelot, dans la *Bibliothèque orientale* (Paris, 1697,
BV1626), p.120, distingue quant à lui les Arabes sans mélange et les descendants
d'Ismaël ou 'Arabes mêlés'.

[9] L'arabe n'est pas la 'langue mère' de toute l'Asie. Elle appartient au groupe
méridional des langues sémitiques. Les langues sémitiques elles-mêmes (phénicien,
araméen, hébreu, langues éthiopiennes, arabe, etc.) constituent l'un des quatre
groupes de la famille chamito-sémitique.

[10] L'idée de langue mère ou de langue primitive n'est qu'une 'plaisante chimère',
écrivait Voltaire dans l'article 'Alphabet' des *QE*. Il récusait ainsi la Genèse 11:1
(selon laquelle la terre n'avait alors qu'une seule langue, et qu'une manière de la
parler), version soutenue dans l'article 'Langue' de l'*Encyclopédie* (t.9, p.255).

[11] Pour Voltaire, les Arabes 'sont probablement les premiers auteurs des fables
inventées sur Bacchus' (*QE*, article 'Bacchus', *M*, t.17, p.518).

[12] Ces miracles de Bacchus sont rapportés dans *Dieu et les hommes* (*OCV*, t.69,
p.324), *La Philosophie de l'histoire* (*OCV*, t.59, p.184) et les *Fragments historiques sur
l'Inde* (*M*, t.29, p.164-65). Le thème de Bacchus est un thème récurrent chez
Voltaire. Bacchus est un Arabe né en Egypte (*OCV*, t.69, p.324) ou en Arabie (*M*,
t.29, p.164). Il y a une 'prodigieuse ressemblance de son histoire fabuleuse avec les
aventures véritables de Moïse' (*QE*, article 'Bacchus', *M*, t.17, p.516). Comme le

Une nation ainsi isolée, et dont le sang est sans mélange, ne peut changer de caractère. Les Arabes qui habitent les déserts ont toujours été un peu voleurs.[13] Ceux qui habitent les villes ont toujours aimé les fables, la poésie et l'astronomie.

Il est dit dans la *préface historique de l'Alcoran*,[14] que lorsqu'ils avaient un bon poète dans une de leurs tribus, les autres tribus ne manquaient pas d'envoyer des députés pour féliciter celle à qui Dieu avait fait la grâce de lui donner un poète.[15]

Les tribus s'assemblaient tous les ans par représentants dans une place nommée Ocad,[16] où l'on récitait des vers à peu près comme on fait aujourd'hui à Rome, dans le jardin de l'Académie des Arcades; et cette coutume dura jusqu'à Mahomet. De son temps chacun affichait ses vers à la porte du temple de la Mecque.

Labid fils de Rabia,[17] passait pour l'Homère des Mecquois; mais

45

50

55

51-52 w68: comme l'on fait

---

remarque J. Hellegouarc'h, le parallèle Bacchus/Moïse est 'une antienne de Voltaire' (*DP*, article 'Moïse', *OCV*, t.36, p.395, n.32). Selon Voltaire, Bacchus a conquis l'Inde (*OCV*, t.59, p.147). Il est le 'législateur du Gange' (*Le Dimanche, ou les filles de Minée, M*, t.10, p.60).

[13] 'Les Arabes sont voleurs et belliqueux' (*Encyclopédie*, article 'Arabie', t.1, p.570). G. Sale rapporte que les 'vols fréquents commis par ces peuples sur les commerçants et les voyageurs ont rendu le nom d'Arabe presque infâme en Europe' (*Observations*, t.1, p.63). Dans l'article 'Alcoran' des *QE*, Voltaire qualifie les Arabes de 'peuple de brigands' qui volaient avant Mahomet et au temps de Mahomet (voir ci-dessus).

[14] Il s'agit de *The Koran*, traduit en anglais par George Sale (Londres, 1734, BV1786), ou des *Observations* de George Sale (voir n.3), qui précèdent dans le tome 1 (p.1-378) sa traduction du Coran.

[15] Sale, *Observations*, t.1, p.56-57. Voltaire rapportait cette coutume dans le chapitre 6 de l'*Essai sur les mœurs* (t.1, p.259).

[16] Sale, *Observations*, t.1, p.57-58. Cette foire d'Ocad fut supprimée par Mahomet (p.58). Pour Ocad, dans *Dieu et les hommes* (*OCV*, t.69, p.324), Voltaire renvoyait en note à la préface de la traduction anglaise de l'Alcoran, de George Sale – sur cet ouvrage, voir n.3.

[17] Labîd (ou Lebid) ibn Rabi'a, né vers 560, mort à Kufah (actuellement en Irak) vers 660, est un poète antéislamique, auteur de l'un des sept ou dix poèmes que la

ayant vu le second chapitre de l'Alcoran[18] que Mahomet avait affiché, il se jeta à ses genoux, et lui dit: *O Mohammed, fils d'Abdallah, fils de Motaleb, fils d'Achem, vous êtes un plus grand poète que moi, vous êtes sans doute le prophète de Dieu.*[19]

Autant les Arabes du désert étaient voleurs, autant ceux de 60 Maden, de Naïd, de Sanaa étaient généreux. Un ami était déshonoré dans ces pays quand il avait refusé des secours à un ami.

Dans leur recueil de vers intitulé *Tograïd*,[20] il est rapporté qu'un

---

tradition arabe transmet sous le nom de *Mu'allaqât*. Il se convertit à l'Islam après avoir lu les vers du second chapitre du Coran. Il rendit ensuite de grands services à Mahomet. Les historiens arabes le font naître en 540 et mourir en 672. D'après D'Herbelot, il serait mort à 140 ans, en l'an 141 de l'Hégire (*Bibliothèque orientale*, p.513).

[18] Le second chapitre du Coran a pour thèmes, entre autres, la toute-puissance de Dieu et l'héritage judéo-chrétien des musulmans. Dans l'*Essai sur les mœurs*, Voltaire trouve 'sublime' le commencement du second chapitre du Coran, dont il cite quelques phrases. Il ajoute que Labîd, l'ayant lu, déchira ses propres vers (t.1, p.259). Dans l'article 'Alcoran' des *QE*, Voltaire cite également le début du second chapitre, en observant que le Coran passe pour le livre 'le plus sublime' qui ait été écrit en arabe. Il cite ensuite les 'règlements de Mahomet sur les femmes' extraits des chapitres 2 et 4. Voir aussi, à propos de la traduction anglaise de Sale, *CN*, t.4, p.658-59, la note marginale 'femmes / divorces'.

[19] Cette citation ne se trouve ni dans l'ouvrage de G. Sale, ni dans celui de D'Herbelot, auquel Sale se réfère fréquemment. Voltaire reprend ici presque textuellement un passage de la *Lettre civile et honnête* (*M*, t.24, p.145). Selon D'Herbelot, Labîd reconnut que les paroles du Coran 'ne pouvaient sortir de la bouche des hommes sans une inspiration de Dieu' (*Bibliothèque orientale*, p.513), et Sale écrit que Labîd 'fut saisi d'admiration à la lecture des premiers versets, et professa tout de suite la religion qui y était enseignée, déclarant que de telles paroles ne pouvaient venir que d'une personne inspirée' (*Observations*, t.1, p.123-24), traduction conforme à l'édition anglaise (p.61).

[20] Il ne s'agit pas d'un recueil de vers qui porterait ce nom, mais de Toghrâ'i (Abou-Ismail-Hosein-al), poète d'origine persane (1061-1121), auteur de la *Lâmiyyat al-'Adjam*, élégie composée de distiques, écrite en arabe à Bagdad en 1112. A la chancellerie des sultans seldjoukides, Toghrâ'i était chargé d'écrire la *toghra*, ou paraphe du sultan, d'où son surnom. Devenu vizir à la cour de Masoud, prince de Mossoul, il fut mis à mort après la défaite de Masoud révolté contre son frère Mahmoud, qui régnait en Perse. D'Herbelot présente Toghrâ'i comme un auteur 'très illustre en son temps' par ses ouvrages et par l'amitié des princes

jour dans la cour du temple de la Mecque trois Arabes disputaient
sur la générosité et l'amitié, et ne pouvaient convenir qui méritait la 65
préférence de ceux qui donnaient alors les plus grands exemples de
ces vertus. Les uns tenaient pour Abdallah fils de Giafar oncle de
Mahomet, les autres pour Kaïs fils de Saad, et d'autres pour Arabad
de la tribu d'As. Après avoir bien disputé, ils convinrent d'envoyer
un ami d'Abdallah vers lui, un ami de Kaïs vers Kaïs, et un ami 70
d'Arabad vers Arabad, pour les éprouver tous trois, et venir
ensuite faire leur rapport à l'assemblée.

L'ami d'Abdallah courut donc à lui, et lui dit; Fils de l'oncle de
Mahomet, je suis en voyage et je manque de tout. Abdallah était
monté sur son chameau chargé d'or et de soie, et en descendit au 75
plus vite, lui donna son chameau et s'en retourna à pied dans sa
maison.

Le second alla s'adresser à son ami Kaïs fils de Saad. Kaïs
dormait encore, un de ses domestiques demande au voyageur ce
qu'il désire. Le voyageur répond, qu'il est l'ami de Kaïs et qu'il a 80
besoin de secours. Le domestique lui dit: Je ne veux pas éveiller
mon maître; mais voilà sept mille pièces d'or, c'est tout ce que nous
avons à présent dans la maison; prenez encore un chameau dans
l'écurie avec un esclave, je crois que cela vous suffira jusqu'à ce que
vous soyez arrivé chez vous. Lorsque Kaïs fut éveillé, il gronda 85
beaucoup le domestique de n'avoir pas donné davantage.

Le troisième alla trouver l'ami Arabad de la tribu d'As. Arabad
était aveugle, et il sortait de sa maison appuyé sur deux esclaves

75   K84, K12: soie, il en
87   K84, K12: trouver son ami

---

seldjoukides (*Bibliothèque orientale*, supplément, p.1027). La *Lâmiyyat al-'Adjam* fut
traduite et publiée en latin, en anglais et en français. Voltaire connaissait peut-être
l'*Elégie du Tograï, avec quelques sentences tirées des poètes arabes*, trad. Pierre Vattier
(Paris, 1660). Mais elle ne contient aucun conte sur l'amitié. En réalité, Voltaire
rapporte le conte arabe qui suit d'après les *Observations* de G. Sale (t.1, p.60-62).
Dans le chapitre 5 de *Zadig*, intitulé 'Les généreux', Voltaire imagine un épisode qui
ressemble à ce conte arabe, tout en ayant d'autres sources.

pour aller prier Dieu au temple de la Mecque; dès qu'il eut entendu
la voix de l'ami, il lui dit: Je n'ai de bien que mes deux esclaves, je 90
vous prie de les prendre et de les vendre; j'irai au temple comme je
pourrai avec mon bâton.

Les trois disputeurs étant revenus à l'assemblée, racontèrent
fidèlement ce qui leur était arrivé. On donna beaucoup de louanges
à Abdallah fils de Giafar, à Kaïs fils de Saad, et à Arabad de la tribu 95
d'As; mais la préférence fut pour Arabad.

Les Arabes ont plusieurs contes de cette espèce. Nos nations
occidentales n'en ont point; nos romans ne sont pas dans ce goût.
Nous en avons plusieurs qui ne roulent que sur des friponneries,
comme ceux de Bocace, Gusman d'Alfarache, Gilblas, etc.[21] 100

De l'Arabe Job

Il est clair que du moins les Arabes avaient des idées nobles et
élevées. Les hommes les plus savants dans les langues orientales
pensent que le livre de Job, qui est de la plus haute antiquité, fut
composé par un Arabe de l'Idumée.[22] La preuve la plus claire et la
plus indubitable, c'est que le traducteur hébreu a laissé dans sa 105

100-101   70, 71A: etc. ¶Il
          71N: etc. Une intrigue dont l'amour est toujours le principe, une
métaphysique de sentiments amoureux, est le fonds de la plupart de nos autres
romans. ¶Il

[21] Aucun de ces ouvrages ne se trouve dans la Bibliothèque de Voltaire à Saint-
Pétersbourg. Voltaire apprécie Boccace (*Essai sur les mœurs*, ch.82, t.1, p.765),
évoque *Gil Blas* dans le 'Catalogue des écrivains' du *Siècle de Louis XIV* (*OH*,
p.1182), cite des aventures de Gusman d'Alfarache dans sa correspondance, par
exemple lorsqu'il est question d'aventuriers (D17837).

[22] 'Il est évident que ce livre [de Job] est d'un Arabe qui vivait avant le temps où
nous plaçons Moïse', écrivait Voltaire dans le *DP*, article 'Job' (*OCV*, t.36, p.249). Il
n'est pas impossible, selon un exégète moderne, que cet 'écrit' ait recueilli une
'histoire de Job' de l'héritage d'Edom ou d'Arabie du Nord, région qui fournit un
décor à l''histoire' (André-Marie Gérard, *Dictionnaire de la Bible*, Paris, 1989,
p.668).

traduction plus de cent mots arabes qu'apparemment il n'entendait
pas. [23]

Job, le héros de la pièce, ne peut avoir été un Hébreu: car il dit,
dans le quarante-deuxième chapitre, qu'ayant recouvré son premier état, il partagea ses biens également à ses fils et à ses filles: ce   110
qui est directement contraire à la loi hébraïque. [24]

Il est très vraisemblable que si ce livre avait été composé après le
temps où l'on place l'époque de Moïse, l'auteur qui parle de tant de
choses, et qui n'épargne pas les exemples, aurait parlé de quelqu'un
des étonnants prodiges opérés par Moïse, et connus sans doute de   115
toutes les nations de l'Asie.

Dès le premier chapitre, Sathan paraît devant Dieu, et lui
demande la permission d'affliger Job; on ne connaît point Sathan
dans le Pentateuque, c'était un mot chaldéen. [25] Nouvelle preuve
que l'auteur arabe était voisin de la Chaldée.   120

On a cru qu'il pouvait être Juif, parce qu'au douzième chapitre
le traducteur hébreu a mis Jéhova à la place d'El ou de Bel, ou de
Shadaï. Mais quel est l'homme un peu instruit qui ne sache que le
mot de Jéhova [26] était commun aux Phéniciens, aux Syriens, aux
Egyptiens, et à tous les peuples des contrées voisines?   125

[23] 'La langue originale du livre de Job est l'hébraïque, mais mêlée de plusieurs
expressions arabes et chaldéennes, et de plusieurs tours qui ne sont pas connus de
l'hébreu' (Calmet, *Dictionnaire de la Bible*, article 'Job'). Voltaire écrivait dans *La
Philosophie de l'histoire*: 'L'allégorie de Job fut certainement écrite en arabe, puisque
les traductions hébraïques et grecques ont conservé plusieurs termes arabes' (*OCV*,
t.59, p.108); et dans les *Homélies prononcées à Londres*: 'Job est un personnage arabe;
c'est en arabe que cette allégorie fut écrite. Il reste encore dans la traduction
hébraïque des phrases entières arabes' (*OCV*, t.62, p.465).
[24] Voltaire fait probablement allusion au droit d'aînesse, que Jacob vendit à Esaü
pour un plat de lentilles (Genèse 25:27-34).
[25] Voir *La Philosophie de l'histoire*, *OCV*, t.59, p.255; *DP*, article 'Job', *OCV*,
t.36, p.244. Satan n'est pas un mot chaldéen; c'est un mot hébreu qui signifie
'l'adversaire' (Gérard, *Dictionnaire de la Bible*, p.1252; *Grand Robert*, article 'Satan').
[26] Sur Jéhovah, nom syrien et égyptien, voir l'article 'Alphabet' des *QE*; nom
phénicien, article 'Ignorance' des *QE*; nom phénicien et égyptien, *La Philosophie de
l'histoire* (*OCV*, t.59, p.134). Comme l'a remarqué J. Hellegouarc'h, Voltaire récuse
ainsi Moreri et l'*Encyclopédie*, qui considèrent le nom comme hébreu (*DP*, article

Une preuve plus forte encore et à laquelle on ne peut rien répliquer, c'est la connaissance de l'astronomie qui éclate dans le livre de Job. Il est parlé des constellations que nous nommons (*a*) l'Arcture, l'Orion, les Hiades, et même de celles *du midi qui sont cachées*. Or les Hébreux n'avaient aucune connaissance de la sphère, n'avaient pas même de terme pour exprimer l'astronomie;[27] et les Arabes ont toujours été renommés pour cette science[28] ainsi que les Chaldéens.

Il paraît donc très bien prouvé que le livre de Job ne peut être d'un Juif, et est antérieur à tous les livres juifs.[29] Philon et Joseph sont trop avisés pour le compter dans le canon hébreu. C'est incontestablement une parabole, une allégorie arabe.

Ce n'est pas tout; on y puise des connaissances des usages de l'ancien monde, et surtout de l'Arabie. (*b*) Il y est question du commerce des Indes,[30] commerce que les Arabes firent dans tous les temps, et dont les Juifs n'entendirent seulement pas parler.

(*a*) Ch.9, verset 9.
(*b*) Ch.28, verset 16, etc.

'Job', *OCV*, t.36, p.244, n.3). En fait, le nom de Jéhovah est bien hébreu, mais la vraie prononciation du tétragramme divin est Yahveh. On n'a pas 'de raison suffisante pour refuser aux Juifs la propriété exclusive du nom de Jéhovah' (F. Vigouroux, *Dictionnaire de la Bible*, Paris, 1905-1912, t.3, col.1227 et 1230).

[27] Remarque qui figure dans l'article 'Job' du *DP*, *OCV*, t.36, p.249.

[28] Selon D'Alembert, 'l'astronomie n'était pas la science la moins cultivée' par les Arabes; 'ils ont écrit un grand nombre de livres sur ce sujet; la seule bibliothèque d'Oxford en contient plus de 400' (*Encyclopédie*, article 'Astronomie', t.1, p.788).

[29] Pour Voltaire, le livre de Job est plus ancien que le Pentateuque – voir par exemple le *DP*, article 'Job' (*OCV*, t.36, p.243) et les *Fragments historiques sur l'Inde* (*M*, t.29, p.164).

[30] Dans la Bible de Lemaître de Sacy, utilisée par Voltaire, Job, au chapitre 28, verset 16, parle des 'marchandises des Indes'. Toutefois, dans des traductions récentes, il s'agit de l'Ophir, c'est-à-dire de l'Arabie heureuse. Voltaire reprendra l'argument du commerce dans les *Fragments historiques sur l'Inde* (*M*, t.29, p.164).

On y voit que l'art d'écrire était très cultivé, et qu'on faisait déjà de gros livres. (*c*)[31]

On ne peut dissimuler que le commentateur Calmet, tout profond qu'il est, manque à toutes les règles de la logique, en prétendant que Job annonce l'immortalité de l'âme, et la résurrection du corps, quand il dit: *Je sais que Dieu qui est vivant aura pitié de moi, que je me relèverai un jour de mon fumier, que ma peau reviendra, que je reverrai Dieu dans ma chair. Pourquoi donc dites-vous à présent, Persécutons-le, cherchons des paroles contre lui? Je serai puissant à mon tour, craignez mon épée, craignez que je ne me venge, sachez qu'il y a une justice.*[32]

Peut-on entendre par ces paroles autre chose, que l'espérance de la guérison? L'immortalité de l'âme, et la résurrection des corps au dernier jour, sont des vérités si indubitablement annoncées dans le Nouveau Testament, si clairement prouvées par les Pères et par les conciles, qu'il n'est pas besoin d'en attribuer la première connaissance à un Arabe. Ces grands mystères ne sont expliqués dans aucun endroit du Pentateuque hébreu; comment le seraient-ils dans ce seul verset de Job, et encore d'une manière si obscure? Calmet n'a pas plus de raison de voir l'immortalité de l'âme et la résurrection dans les discours de Job, que d'y voir la vérole dans la maladie dont il est attaqué.[33] Ni la logique, ni la physique ne sont d'accord avec ce commentateur.

(*c*) Ch.31.

155   71N: vérités indubitablement

[31] Il s'agit des versets 35-36 du chapitre 31.

[32] Job 19:25-29 (Voltaire a sauté le verset 27). Dom Calmet expose les différentes interprétations de ce passage: les uns l'expliquent par le rétablissement de Job dans son premier état, d'autres le rapportent à la résurrection de Jésus-Christ, et d'autres à la résurrection de Job et des justes. C'est la dernière explication que suit Calmet. Mais il ne fait pas d'allusion à l'immortalité de l'âme (*Commentaire littéral* [*Job*], 1724-1726, t.3, p.697).

[33] Dans le *DP*, Voltaire affirmait aussi que Calmet 'ne balance point à dire que Job avait la vérole'. J. Hellegouarc'h estime à juste titre que cela semble exagéré (*OCV*, t.36, p.252-53, n.40).

Au reste, ce livre allégorique de Job étant manifestement arabe, 16
il est permis de dire, qu'il n'y a ni méthode, ni justesse, ni précision.
Mais c'est peut-être le monument le plus précieux et le plus ancien
des livres qui aient été écrits au-deçà de l'Euphrate.

168   K84, K12: écrits en-deçà de

ARANDA

Droits royaux, jurisprudence, Inquisition [1]

Quoique les noms propres ne soient pas l'objet de nos Questions encyclopédiques, notre société littéraire a cru devoir faire une exception en faveur du comte d'Aranda, président du conseil suprême en Espagne, et capitaine général de la Castille nouvelle, qui a commencé à couper les têtes de l'hydre de l'Inquisition. [2]

Il était bien juste qu'un Espagnol délivrât la terre de ce monstre, puisqu'un Espagnol l'avait fait naître. Ce fut un saint, à la vérité, ce

5

---

* Cet article date de mars 1770. Le 5 mars (D16199), Voltaire mande au comte d'Argental: 'Vous avez vu sans doute la belle pancarte du roi d'Espagne signée d'Aranda'. Il s'agit de l'arrêt du 5 février 1770 auquel il est fait allusion plus loin (lignes 27-32). Voltaire en avait eu connaissance par Michel Paul Gui de Chabanon auquel il promet que 'cette petite anecdote trouvera sa place avant qu'il soit peu' (7 mars 1770, D16206). Il fait part de sa satisfaction à La Harpe (D16209), à Audibert (D16212). Pour remplir sa promesse, il reprend alors de larges extraits de l'article 'Inquisition' du *DP* (les lignes 49-58 et 73-170 du présent article, avec de menues variantes). Pour l'annotation de ces passages, voir *OCV*, t.36, p.234-39. L'article paraît dans les *QE* en novembre/décembre 1770 (70, t.2). Dans l'article 'Aranda' de K12, les éditeurs suppriment une grande partie du texte repris de l'article 'Inquisition', renvoyant le lecteur à ce dernier article.

[1] Voltaire, dans ce sous-titre, met l'accent sur les ambitions de ce nouvel article alors qu'il a déjà beaucoup écrit sur le sujet au point d'être désormais une référence. En effet, les articles 'Inquisiteur' et 'Inquisition' de l'*Encyclopédie* par le chevalier de Jaucourt s'inspiraient largement des écrits de Voltaire.

[2] Don Pedro Pablo Abarca, comte d'Aranda (1718-1799), diplomate et ministre espagnol, président du conseil de Castille, s'illustra en expulsant les jésuites en 1767 et en restreignant le pouvoir de l'Inquisition. Voltaire l'admirait et il rima des vers en son honneur (D16527, n.). Son portrait ornait des montres de Ferney (D16381, D16527, D16536); par l'intermédiaire du marquis d'Ossun, il lui en fit accepter une (D17063). Le comte d'Aranda lui envoie du vin et de la belle faïence (D17522, D17523), le 20 décembre 1771, Voltaire l'en remercie, évoque l'arrêt de février 1770 dont l'Europe tout entière doit le louer (D17522).

fut saint Dominique *l'encuirassé*,[3] qui étant illuminé d'en haut, et croyant fermement que l'Eglise catholique apostolique et romaine, ne pouvait se soutenir que par des moines et des bourreaux, jeta les 10 fondements de l'Inquisition au treizième siècle,[4] et lui soumit les rois, les ministres, et les magistrats: mais il arrive quelquefois qu'un grand homme est plus qu'un saint dans les choses purement civiles, et qui concernent directement la majesté des couronnes, la dignité du conseil des rois, les droits de la magistrature, la sûreté des 15 citoyens.

La conscience, le for intérieur (comme l'appelle l'université de Salamanque) est d'une autre espèce; elle n'a rien de commun avec les lois de l'Etat. Les inquisiteurs, les théologiens doivent prier Dieu pour les peuples; et les ministres, les magistrats établis par les 20 rois sur les peuples, doivent juger.[5]

Un soldat bigame ayant été arrêté pour ce délit par l'auditeur de

---

8   K84, K12: *l'encuirassé, [avec note*: Dominique fondateur de l'ordre de Saint Jacques Clément, et inventeur de l'Inquisition, est différent du Dominique surnommé *l'encuirassé*, parce qu'il s'était endurci la peau à force de se donner la discipline. On voit dans la suite de cet article que M. de Voltaire connaissait très bien la différence de ces deux saints. Mais le fondateur de l'Inquisition ne mérite-t-il pas bien aussi l'épithète d'*encuirassé*? *Illi robur et aes triplex circa pectus erat. [K12 ajoute à cette note les lignes* 60-72 *du texte*: ¶Il faudrait rechercher [...], mais qu'il ne porta point d'armes.] qui

[3] Ce cénobite italien, qui vécut au onzième siècle, ayant été ordonné prêtre par simonie, du fait de ses parents, voulut expier ses péchés par une rude pénitence. Il porta longtemps une cuirasse de fer, d'où son nom. Il est considéré comme l'inventeur de la discipline, mais n'a rien à voir avec l'établissement de l'Inquisition qui aura lieu deux siècles plus tard. Voir les *Vies de saints* par les révérends pères bénédictins de Paris (Paris, 1935-1959), t.10, p.452-54. Inadvertance de Voltaire qui le confond avec saint Dominique, fondateur de l'ordre des Frères prêcheurs. Or il les distingue plus loin, voir lignes 66-72, ce qui laisse penser que cet article a été écrit très rapidement.

[4] De 1231 à 1235, le pape Grégoire IX décharge les évêques de la poursuite de l'hérésie qu'il confie à des tribunaux d'inquisiteurs dominicains.

[5] La séparation du pouvoir civil et du pouvoir ecclésiastique est l'un des leitmotive voltairiens. Voir l'article 'Lois civiles et ecclésiastiques' du *DP*, *OCV*, t.36, p.320-23.

la guerre au commencement de l'année 1770, et le Saint-Office ayant prétendu que c'était à lui seul qu'il appartenait de juger ce soldat, le roi d'Espagne a décidé que cette cause devait uniquement 25
ressortir au tribunal du comte d'Aranda capitaine général, par un arrêt solennel du 5 février de la même année. [6]

L'arrêt porte, que le très révérend archevêque de Pharsale, (ville qui appartient aux Turcs) inquisiteur général des Espagnols, [7] doit observer les lois du royaume, respecter les juridictions royales, se 30
tenir dans ses bornes, et ne se point mêler d'emprisonner les sujets du roi.

On ne peut pas tout faire à la fois; Hercule ne put nettoyer en un jour les écuries du roi Augias. Les écuries d'Espagne étaient pleines des plus puantes immondices depuis plus de cinq cents ans; c'était 35
grand dommage de voir de si beaux chevaux, si fiers, si légers, si courageux, si brillants, n'avoir pour palefreniers que des moines qui leur appesantissaient la bouche par un vilain mors, et qui les faisaient croupir dans la fange.

Le comte d'Aranda qui est un excellent écuyer, commence à 40
mettre la cavalerie espagnole sur un autre pied; et les écuries d'Augias seront bientôt de la plus grande propreté.

Nous saisissons cette occasion de dire un petit mot des premiers beaux jours de l'Inquisition, parce qu'il est d'usage dans les dictionnaires, quand on parle de la mort des gens, de faire mention 45
de leur naissance et de leurs dignités.

42-43 K12: propreté. ¶Ce pourrait être ici l'occasion de
46-171 K12: dignités; mais on en trouvera le détail à l'article 'Inquisition' [*avec appel pour la note (b) de Voltaire*], aussi bien que la patente curieuse donnée par saint Dominique. [*avec appel pour la note (a) de Voltaire*] ¶Observons seulement que le comte d'Aranda a mérité la reconnaissance de l'Europe entière, en rognant les griffes, et en limant les dents du monstre. ¶Bénissons

[6] L'arrêt du 5 février 1770 se trouve dans la *Novissima recopilació de las leyes de España* (Madrid, 1850), t.4, p.94 (*libro* 12, *titulo* 28, *ley* 10).
[7] Emmanuel Quintano Bonifaz, archevêque de Pharsale, grand inquisiteur d'Espagne de 1755 à 1774.

Nous commençons par cette patente curieuse[8] donnée par saint Dominique.

'Moi, (a)[9] frère Dominique, je réconcilie à l'Eglise le nommé Roger porteur des patentes, à condition qu'il se fera fouetter par un prêtre trois dimanches consécutifs, depuis l'entrée de la ville jusqu'à la porte de l'église; qu'il fera maigre toute sa vie, qu'il jeûnera trois carêmes dans l'année; qu'il ne boira jamais de vin, qu'il portera le *san-benito* avec des croix; qu'il récitera le bréviaire tous les jours, dix pater dans la journée, et vingt à l'heure de minuit; qu'il gardera désormais la continence, et qu'il se présentera tous les mois au curé de sa paroisse, sous peine d'être traité comme hérétique, parjure et impénitent.'

Il faudrait savoir si ce n'est pas un autre saint du même nom qui donna cette patente. Il faudrait diligemment rechercher si du temps de saint Dominique on faisait porter le *san-benito* aux pécheurs, et si ce *san-benito* n'était pas une chemise bénite[10] qu'on leur donnait en

50

55

60

(a) Ce témoignage de la toute-puissance de saint Dominique se trouve dans Louis de Paramo, l'un des plus grands théologiens d'Espagne. Elle est citée dans le *Manuel de l'Inquisition*, ouvrage d'un théologien français qui est d'une autre espèce. Il écrit à la manière de Pascal.

n.*a*, 3-4 w68: d'un Français qui
50 k84: des présentes, à

[8] Sur cette patente, voir *OCV*, t.36, p.235, n.2.
[9] Cette note donne la référence exacte qui n'était point indiquée dans l'article du *DP*. Voltaire a donc consulté de nouveau le *Manuel des inquisiteurs à l'usage des inquisiteurs d'Espagne et de Portugal* de Morellet (Lisbonne [Paris], 1762, BV2514; *CN*, t.5, p.784). Il renvoie à sa source, signale que cette patente se trouve dans Luis de Paramo. Bien entendu, Morellet ne se faisait point passer pour un 'théologien français'; dans l''Avertissement de l'éditeur' il annonce qu'il va donner une bibliographie de ceux qui ont écrit sur l'Inquisition.
[10] La sentence contre l'hérétique pénitent rapportée par Morellet décrit ainsi le san-benito: 'un habit brun, fait comme un scapulaire de moine sans capuchon, avec des croix jaunes devant et derrière longues de deux palmes et larges d'un demi-palme' (*Manuel des inquisiteurs*, p.126). Le terme de 'chemise' est employé à la page 124.

échange de leur argent qu'on leur prenait.[11] Mais étant retirés au milieu des neiges au pied du mont Crapak,[12] qui sépare la Pologne de la Hongrie, nous n'avons qu'une bibliothèque médiocre. 65

La disette de livres dont nous gémissons vers ce mont Crapak où nous sommes, nous empêche aussi d'examiner si saint Dominique assista en qualité d'inquisiteur à la bataille de Muret,[13] ou en qualité de prédicateur, ou en celle d'officier volontaire; et si le titre d'*encuirassé* lui fut donné aussi bien qu'à l'ermite Dominique; je 70 crois qu'il était à la bataille de Muret, mais qu'il ne porta point d'armes.

Quoique Dominique soit le véritable fondateur de l'Inquisition, cependant Louis de Paramo l'un des plus respectables écrivains et des plus brillantes lumières du Saint-Office, rapporte au titre 75 second de son second livre, que Dieu fut le premier instituteur du Saint-Office, et qu'il exerça le pouvoir des frères prêcheurs contre Adam. D'abord Adam est cité au tribunal, *Adam ubi es?* et en effet, ajoute-t-il, le défaut de citation aurait rendu la procédure de Dieu nulle. 80

Les habits de peau que Dieu fit à Adam et à Eve furent le modèle du *san-benito* que le Saint-Office fait porter aux hérétiques. Il est vrai que par cet argument on prouve que Dieu fut le premier tailleur; mais il n'est pas moins évident qu'il fut le premier inquisiteur. 85

Adam fut privé de tous les biens immeubles qu'il possédait dans

74-75   K84: écrivains et l'une des

---

[11] Le chapitre 11 du *Manuel des inquisiteurs* traite 'De la privation de tout emploi, office, bénéfice, dignité, pouvoir, autorité contre les hérétiques'.

[12] Voltaire, qui est à Ferney, entretient la fiction du mont Krapack.

[13] Dans l'*Essai sur les mœurs*, Voltaire a évoqué la croisade contre les Albigeois aux douzième et treizième siècles. Le comte de Toulouse, excommunié, se réfugie chez Pierre II d'Aragon. Le 12 septembre 1213, ils seront vaincus à Muret par Simon de Montfort. En 1769, Voltaire dénonce les absurdités de ceux qui voulurent y voir un miracle: 'Plusieurs historiens assurent que saint Dominique était à la tête des troupes, un crucifix de fer à la main, encourageant les croisés au carnage. Ce n'était pas là la place d'un saint' (ch.62, t.1, p.629).

le paradis terrestre, c'est de là que le Saint-Office confisque les biens de tous ceux qu'il a condamnés.

Louis de Paramo remarque que les habitants de Sodome furent brûlés comme hérétiques, parce que la sodomie est une hérésie formelle. De là il passe à l'*Histoire des Juifs*; il y trouve partout le Saint-Office.

Jésus-Christ est le premier inquisiteur de la nouvelle loi; les papes furent inquisiteurs de droit divin, et enfin ils communiquèrent leur puissance à saint Dominique.

Il fait ensuite le dénombrement de tous ceux que l'Inquisition a mis à mort, et il en trouve beaucoup au-delà de cent mille.

Son livre fut imprimé en 1589 à Madrid avec l'approbation des docteurs, les éloges de l'évêque et le privilège du roi. Nous ne concevons pas aujourd'hui des horreurs si extravagantes à la fois et si abominables; mais alors rien ne paraissait plus naturel et plus édifiant. Tous les hommes ressemblent à Louis de Paramo quand ils sont fanatiques.

Ce Paramo était un homme simple, très exact dans les dates, n'omettant aucun fait intéressant, et supputant avec scrupule le nombre des victimes humaines que le Saint-Office a immolées dans tous les pays.

Il raconte avec la plus grande naïveté l'établissement de l'Inquisition en Portugal, et il est parfaitement d'accord avec quatre autres historiens qui ont tous parlé comme lui. Voici ce qu'ils rapportent unanimement.

Etablissement curieux de l'Inquisition en Portugal

Il y avait longtemps que le pape Boniface IX, au commencement du quinzième siècle, avait délégué des frères prêcheurs qui allaient en Portugal de ville en ville brûler les hérétiques, les musulmans et les Juifs; mais ils étaient ambulants, et les rois mêmes se plaignirent quelquefois de leurs vexations. Le pape Clément VII voulut leur

99   K84: et privilège

donner un établissement fixe en Portugal comme ils en avaient en Arragon et en Castille. Il y eut des difficultés entre la cour de Rome et celle de Lisbonne, les esprits s'aigrirent, l'Inquisition en souffrait et n'était point établie parfaitement. 120

En 1539 il parut à Lisbonne un légat du pape, qui était venu, disait-il, pour établir la Sainte Inquisition sur des fondements inébranlables. Il apporte au roi Jean III des lettres du pape Paul III. Il avait d'autres lettres de Rome pour les principaux officiers de la cour; ses patentes de légat étaient dûment scellées et signées; il montra les pouvoirs les plus amples de créer un grand inquisiteur et tous les juges du Saint-Office. C'était un fourbe nommé Savedra qui savait contrefaire toutes les écritures, fabriquer et appliquer de faux sceaux et de faux cachets. Il avait appris ce métier à Rome et s'y était perfectionné à Séville dont il arrivait avec deux autres fripons. Son train était magnifique, il était composé de plus de cent vingt domestiques. Pour subvenir à cette énorme dépense, lui et ses deux confidents empruntèrent à Séville des sommes immenses au nom de la chambre apostolique de Rome; tout était concerté avec l'artifice le plus éblouissant.

Le roi de Portugal fut étonné d'abord que le pape lui envoyât un légat *à latere* sans l'en avoir prévenu. Le légat répondit fièrement que dans une chose aussi pressante que l'établissement fixe de l'Inquisition, Sa Sainteté ne pouvait souffrir les délais, et que le roi était assez honoré que le premier courrier qui lui en apportait la nouvelle fût un légat du Saint-Père. Le roi n'osa répliquer. Le légat dès le jour même établit un grand inquisiteur, envoya partout recueillir des décimes; et avant que la cour pût avoir des réponses de Rome, il avait déjà fait brûler deux cents personnes, et recueilli plus de deux cent mille écus.

Cependant le marquis de Villanova, seigneur espagnol de qui le légat avait emprunté à Séville une somme très considérable sur de faux billets, jugea à propos de se payer par ses mains, au lieu d'aller se compromettre avec le fourbe à Lisbonne. Le légat faisait alors sa tournée sur les frontières de l'Espagne. Il y marche avec cinquante hommes armés, l'enlève et le conduit à Madrid.

125
130
135
140
145
150

La friponnerie fut bientôt découverte à Lisbonne, le conseil de Madrid condamna le légat Savedra au fouet et à dix ans de galères; mais ce qu'il y eut d'admirable, c'est que le pape Paul IV confirma depuis tout ce qu'avait établi ce fripon; il rectifia par la plénitude de sa puissance divine toutes les petites irrégularités des procédures, et rendit sacré ce qui avait été purement humain.

155

Qu'importe de quel bras Dieu daigne se servir.

Voilà comme l'Inquisition devint sédentaire à Lisbonne, et tout le royaume admira la Providence.

160

Au reste on connaît assez toutes les procédures de ce tribunal; on sait combien elles étaient opposées à la fausse équité et à l'aveugle raison de tous les autres tribunaux de l'univers. On était emprisonné sur la simple dénonciation des personnes les plus infâmes, un fils pouvait dénoncer son père, une femme son mari; on n'était jamais confronté avec ses accusateurs, les biens étaient confisqués au profit des juges. C'est ainsi du moins que l'Inquisition s'est conduite jusqu'à nos jours; il y a là quelque chose de divin: car il est incompréhensible que les hommes aient souffert ce joug patiemment. (*b*)

165

170

(*b*) Consultez, si vous voulez, sur la jurisprudence de l'Inquisition le révérend père Yvonet,[14] le docteur Chucalon,[15] et surtout magister

---

153   K84: de galère;
n.*b*, 2   71A: surtout le magister

---

[14] Le père Ivonet est cité à maintes reprises dans le *Manuel des inquisiteurs*. Il est l'auteur d'une formule proposée comme modèle pour l'interrogatoire d'un hérétique qui essaie de cacher son crime (p.53); voir aussi p.165.

[15] Le docteur Jérôme Chucalon (ou Jerónimo Cucalón) édita, avec de nombreuses additions importantes, l'ouvrage de Angelo Gambiglione, *Angeli aretini maleficiorum opus noviter castigatum* (Lyon, 1530). L'autorité de Jérôme Chucalon est invoquée, dans le *Manuel des inquisiteurs*, pour dissiper les scrupules des inquisiteurs qui useraient de ruse pour découvrir la vérité. Ce docteur approuve la dissimulation du juge qui promet au prévenu d'user de miséricorde envers lui s'il avoue alors qu'il n'a aucune intention de respecter sa promesse (p.57-58). Sur Chucalon et Ivonet, voir aussi le *Traité sur la tolérance*, *OCV*, t.56C, p.248, et p.332, n.6.

Bénissons le comte d'Aranda.

Grillandus, beau nom pour un inquisiteur. [16]

Et vous, rois de l'Europe, princes souverains, républiques, souvenez-vous à jamais que les moines inquisiteurs se sont intitulés *inquisiteurs par la grâce de Dieu*! [17]   5

171   K84, K12: d'Aranda. [*avec note*: Depuis que M. le comte d'Aranda a cessé de gouverner l'Espagne, l'Inquisition y a repris toute sa splendeur et toute sa force pour abrutir les hommes; mais par l'effet infaillible du progrès des Lumières, même sur les ennemis de la raison, elle a perdu un peu de sa férocité.] / /

[16] Paolo Grillando, auteur du *Tractatus de haereticis et sortilegiis* (Lyon, 1536), est cité dès l'"Avertissement de l'éditeur' du *Manuel des inquisiteurs* (p.9); il l'est aussi pour ses opinions quant à l'usage de la question. Non seulement il approuve les cinq espèces de tourments habituellement utilisés par les inquisiteurs, mais également d'autres imaginés par Marsilius, comme la privation de sommeil. Nicolas Eymeric, auteur de ce *Directorium Inquisitorium*, remarque que ce sont là 'des recherches de bourreaux, plutôt que des traités de théologie' (p.83-84). On comprend que dans des notes prises par Voltaire sur l'Inquisition et reproduites par l'édition de Kehl, Grillandus soit cité (article 'Inquisition', *M*, t.19, p.483).

[17] Voltaire a trouvé cette formule dans le *Manuel des inquisiteurs*. Elle annonce une sentence de torture: 'Nous, par la grâce de Dieu, N, inquisiteur [...]' (p.78). Pour la citation d'un hérétique contumax et fugitif, la formule était: 'Nous, inquisiteurs de la foi [...]' (p.88), et pour l'absolution: 'Le saint nom de Dieu invoqué, nous déclarons [...]' (p.94).

ARARAT
Déluge

Montagne d'Arménie, sur laquelle s'arrêta l'arche.[1] On a longtemps agité la question sur l'universalité du déluge, s'il inonda
toute la terre sans exception,[2] ou seulement toute la terre alors
connue. Ceux qui ont cru qu'il ne s'agissait que des peuplades, qui
existaient alors, se sont fondés sur l'inutilité de noyer des terres non
peuplées; et cette raison a paru assez plausible. Nous nous en
tenons au texte de l'Ecriture, sans prétendre l'expliquer. Mais nous
prendrons plus de liberté avec Bérose, ancien auteur chaldéen, dont
on retrouve des fragments conservés par Abidène, cités dans
Eusèbe, et rapportés mot à mot par George le Sincelle.[3]

b   70, 71N, 71A: [sous-titre absent]

* L'article 'Ararat' de l'Encyclopédie ne comporte qu'une seule phrase: 'Haute
montagne d'Asie en Arménie, sur laquelle l'arche de Noé se reposa, suivant la
Vulgate' (t.1, p.575). Voltaire avait abordé la question de l'universalité du déluge
dans l'article 'Inondation' du DP (1764). Elle sera reprise dans l'article 'Déluge
universel' des QE. Mais ici Voltaire se fonde surtout sur l'histoire comparée des
mythes, déjà présente dans La Philosophie de l'histoire (OCV, t.59, p.120). Il y
revient, en évoquant souvent l'histoire du roi Xissutre, dans des textes assez tardifs:
Dieu et les hommes, les articles 'Changements arrivés dans le globe', 'Ignorance',
'Samothrace' des QE, les Fragments historiques sur l'Inde (1773), le chapitre 5 du
Taureau blanc et les Dialogues d'Evhémère, dont le chapitre 11 reprend le texte de
Dieu et les hommes. Cela nous incite à penser que cet article n'a pas dû être rédigé
avant 1769. Il paraît en novembre/décembre 1770 (70, t.2).
[1] Le Supplément à l'Encyclopédie (1776) révise l'article 'Ararat' de l'Encyclopédie
en soutenant que 'la Vulgate ne parle point du mont Ararat, mais des montagnes
d'Arménie; et Bochart prouve que le mot Ararat signifie l'Arménie, et non pas une
montagne [...]. L'arche s'arrêta sur les monts Gordiens' (Supplément, t.1, p.514).
[2] C'est la première question posée par l'article 'Inondation', à laquelle Voltaire
répond négativement. Voir les notes 1 et 2 de cet article (DP, OCV, t.36, p.229).
[3] Le chapitre 27 de Dieu et les hommes donne explicitement l'histoire relatée par
ces auteurs comme 'la source du récit du déluge que les Juifs firent dans leur Genèse

On voit par ces fragments, que les Orientaux, qui bordent le Pont-Euxin, faisaient anciennement de l'Arménie la demeure des dieux. Et c'est en quoi les Grecs les imitèrent. Ils placèrent les dieux sur le mont Olympe. Les hommes transportent toujours les choses humaines aux choses divines. Les princes bâtissaient leurs cita- delles sur des montagnes: donc les dieux y avaient aussi leurs demeures: elles devenaient donc sacrées. Les brouillards dérobent aux yeux le sommet du mont Ararat: donc les dieux se cachaient dans ces brouillards; et ils daignaient quelquefois apparaître aux mortels dans le beau temps.

Un dieu de ce pays, qu'on croit être Saturne, [4] apparut un jour à Xixutre, dixième roi de la Chaldée, suivant la supputation d'Africain, d'Abidène, et d'Apollodore. [5] Ce dieu lui dit: *Le quinze du mois d'Oesi le genre humain sera détruit par le déluge. Enfermez bien tous vos écrits dans Sipara, la ville du soleil, afin que la mémoire des choses ne se perde pas. Bâtissez un vaisseau; entrez-y avec vos parents et vos amis; faites-y entrer des oiseaux, des quadrupèdes; mettez-y des provisions; et quand on vous demandera, Où voulez-vous*

15 w68: princes bâtirent leurs

---

quand ils écrivirent dans la suite des temps sous le nom de Moïse. Eusèbe et George le Sincelle, c'est-à-dire le greffier, nous ont conservé des fragments d'un certain Abidène. Cet Abidène avait transcrit des fragments de Bérose ancien auteur chaldéen. Ce Bérose avait écrit des romans, et dans ces romans il avait parlé d'une inondation arrivée sous un roi de Chaldée nommé Xissuther' (*OCV*, t.69, p.396). En effet Bérose, prêtre chaldéen, avait rédigé en grec, sous Seleucus Nicator, les annales et légendes de sa patrie. Eusèbe conserva des fragments de l'œuvre de Bérose (comme de Sanchoniaton), à partir d'abrégés dus à des polygraphes plus tardifs, Abydène et Alexandre Polystor. Georges le Syncelle est un chroniqueur byzantin du huitième siècle. Sa chronique s'étend de la création du monde jusqu'à Dioclétien.

[4] 'Un dieu chaldéen dont on a fait depuis Saturne', écrit Voltaire dans *Dieu et les hommes* (*OCV*, t.69, p.397).

[5] Selon les textes, Voltaire nomme ce roi Xissuther, Xissutre, Xixutre, Xixou- trou. Apollodore, grammairien athénien, du deuxième siècle avant J.-C., avait laissé une histoire des dieux et des héros. Sextus Julius Africanus avait écrit, au troisième siècle après J.-C., une *Chronologie* qui sera abrégée par Eusèbe.

aller avec votre vaisseau? répondez: Vers les dieux, pour les prier de
favoriser le genre humain. [6]   30

Xixutre bâtit son vaisseau, qui était large de deux stades, et long
de cinq; c'est-à-dire, que sa largeur était de deux cent cinquante pas
géométriques, et sa longueur de six cent vingt-cinq. Ce vaisseau,
qui devait aller sur la mer Noire, était mauvais voilier. Le déluge
vint. Lorsque le déluge eut cessé, Xixutre lâcha quelques-uns de   35
ses oiseaux, qui, ne trouvant point à manger, revinrent au vaisseau.
Quelques jours après il lâcha encore ses oiseaux, qui revinrent avec
de la boue aux pattes. Enfin ils ne revinrent plus. Xixutre en fit
autant: il sortit de son vaisseau, qui était perché sur une montagne
d'Arménie; et on ne le vit plus; les dieux l'enlevèrent. [7]   40

Dans cette fable, il y a probablement quelque chose d'historique.
Le Pont-Euxin franchit ses bornes, et inonda quelques terrains. [8] Le
roi de Chaldée courut réparer le désordre. Nous avons dans

---

[6] La citation est exactement la même dans *Dieu et les hommes*. R. Mortier précise
que Voltaire cite d'après une traduction de Georges le Syncelle.

[7] Tout ce paragraphe est repris, avec une seule variante stylistique, de *Dieu et les*
hommes (*OCV*, t.69, p.397). Mais Voltaire a trouvé tous ces éléments chez Dom
Calmet qui, comme l'abbé Pluche, voyait dans Xissutre un Noé chaldéen. L'article
'Sisuthre' du *Dictionnaire de la Bible*, en renvoyant aux ouvrages de Georges le
Syncelle et d'Eusèbe, assure que les Babyloniens ont su quelque chose du déluge de
Noé et ont caché ce patriarche sous le nom de Sisuthre. Il donne tous les détails
communs aux deux histoires (apparition du dieu et prédiction du déluge, ordre de
construire un vaisseau et de s'y réfugier avec sa famille, ainsi que des animaux de
chaque espèce et, à la fin, envoi à trois reprises d'oiseaux qui, les eaux ayant baissé,
finissent par trouver où se poser). Le bénédictin précise même, en stades et en pas, les
dimensions du vaisseau. Plus tard l'abbé Du Contant de la Mollette et l'abbé Clémence
feront les mêmes rapprochements, les mythes païens leur paraissant confirmer la
véracité du texte biblique. L'article 'Déluge' de l'*Encyclopédie*, dont une bonne partie
est due à Boulanger, compare, dans un autre esprit, les histoires de Deucalion,
Ogyges, Xissutre, Noé; et l'auteur voit dans cette multitude de témoignages très
ressemblants la preuve d'un cataclysme universel. Sur les diverses traditions
diluviennes et les interprétations des dix-septième et dix-huitième siècles, voir
M. S. Seguin, *Science et religion dans la pensée française du dix-huitième siècle: le mythe*
du déluge universel (Paris, 2001). Voltaire ne fait donc qu'inverser le raisonnement des
apologistes, en affirmant que le récit biblique s'est inspiré de mythes païens.

[8] La même explication, dans *Dieu et les hommes*, est prêtée aux 'incrédules'
(*OCV*, t.69, p.398).

Rabelais des contes non moins ridicules, fondés sur quelques
vérités. Les anciens historiens sont pour la plupart des Rabelais   45
sérieux.

Quant à la montagne d'Ararat, on a prétendu qu'elle était une
des montagnes de la Phrygie, et qu'elle s'appelait d'un nom qui
répond à celui d'Arche, parce qu'elle était enfermée par trois
rivières.[9]   50

Il y a trente opinions sur cette montagne. Comment démêler le
vrai? Celle que les moines arméniens appellent aujourd'hui Ararat,
était, selon eux, une des bornes du paradis terrestre; paradis dont il
reste peu de traces.[10] C'est un amas de rochers, et de précipices
couverts d'une neige éternelle. Tournefort y alla chercher des   55
plantes par ordre de Louis XIV; il dit, *que tous les environs en sont*
horribles, et la montagne encore plus; qu'il trouva des neiges de quatre
pieds d'épaisseur, et toutes cristallisées; que de tous les côtés il y a des
précipices taillés à plomb.

Le voyageur Jean Struis prétend y avoir été aussi. Il monta, si on   60
l'en croit, jusqu'au sommet, pour guérir un ermite affligé d'une
descente. (*a*) *Son ermitage*, dit-il, *était si éloigné de terre, que nous n'y*
arrivâmes qu'au bout de sept jours; et chaque jour nous faisions cinq
lieues. Si dans ce voyage il avait toujours monté, ce mont Ararat

(*a*) *Voyage de Jean Struis*, in-4°, page 208.

[9] Voltaire s'inspire probablement, en le déformant un peu, de l'article 'Arche' de
l'*Encyclopédie*, dû à l'abbé Mallet. Ce dernier y reprend les indications données par
Dom Calmet, dans le *Supplément* (1728) à son *Dictionnaire de la Bible*, à l'article
'Apamée': certains ont cru que l'arche s'était arrêtée près d'Apamée, ville de
Phrygie, sur le fleuve Marsyas, parce que cette ville prenait le surnom d'arche et
portait la figure d'une arche dans ses médailles. Dans des vers sybillins, on lit, en
effet, que le mont Ararat, au sommet duquel s'était posée l'arche, est sur les confins
de la Phrygie, aux sources du fleuve Marsyas. Toutefois, Mallet et Calmet jugent
cette opinion insoutenable.

[10] Sur les récits faits par les Arméniens, voir, par exemple, Paul Lucas, *Voyage*
dans le Levant, éd. H. Duranton (Saint-Etienne, 1998), p.148. Voltaire possédait ses
récits de voyage et les avait annotés (*Voyage du sieur Paul Lucas*, BV2216-BV2218;
CN, t.5, p.447-48).

serait haut de trente-cinq lieues. Du temps de la guerre des géants,
en mettant quelques Ararats l'un sur l'autre, on aurait été à la lune
fort commodément. Jean Struis assure encore que l'ermite, qu'il
guérit, lui fit présent d'une croix faite du bois de l'arche de Noé.[11]
Tournefort n'a pas eu tant d'avantage.

[11] Voltaire possédait la *Relation du voyage au Levant* de Joseph Pitton de
Tournefort (Paris, 1727, BV3321) et les *Voyages de Jean Struys* (Amsterdam,
1681, BV3216). Il avait pu voir déjà mentionner la contradiction entre les deux récits
chez Dom Calmet ou dans l'article 'Arche' de l'*Encyclopédie*, dû à l'abbé Mallet. Ce
dernier reproduit les témoignages divergents de Struys et de Tournefort, en
mentionnant ses sources: l'article 'Ararat' du *Dictionnaire de la Bible* de Calmet.
Les deux extraits que Voltaire ajoute lui-même sont de nature différente. Si la
citation de Jean Struys est exacte, à quelques minimes modifications près, la phrase
attribuée à Pitton de Tournefort est, en fait, une synthèse composée à partir
d'expressions trouvées dans la douzaine de pages qu'il consacre au mont Ararat (par
exemple 'tous ces précipices sont taillés à plomb', 'cette neige avait plus de quatre
pieds d'épaisseur et elle était toute cristallisée').

ARBRE À PAIN

L'arbre à pain croît dans les îles Philippines,[1] et principalement dans celles de Gaam et de Ténian,[2] comme le coco croît dans l'Inde. Ces deux arbres seuls, s'ils pouvaient se multiplier dans les autres climats, serviraient à nourrir et à désaltérer le genre humain.

L'arbre à pain est plus gros et plus élevé que nos pommiers ordinaires; les feuilles sont noires, le fruit est jaune, et de la dimension de la plus grosse pomme de calville; son écorce est épaisse et dure, le dedans est une espèce de pâte blanche et tendre

* Il n'y a pas d'article 'Arbre à pain' dans l'*Encyclopédie*. Voltaire, qui se montre très sensible au problème des subsistances, utilise ici une documentation tirée de la lecture des relations de voyage. Il a tendance à rêver à propos des nourritures exotiques (voir Christiane Mervaud, *Voltaire à table*, Paris, 1998, p.158-59), et ne se prive pas de dénoncer les absurdités des Welches. Cet article paraît en novembre/ décembre 1770 (70, t.2); Voltaire ajoute un dernier paragraphe en 1774 (w68).

[1] Dans l'*Essai sur les mœurs*, Voltaire note brièvement: 'On voit dans une des Philippines un arbre dont le fruit peut remplacer le pain' (ch.143, t.2, p.322). Dans le *Précis du siècle de Louis XV* (1756), Voltaire écrit: 'Ce qu'on trouva de plus singulier [dans l'île de Tinian] est un arbre dont le fruit, d'un goût agréable, peut remplacer le pain; trésor réel qui, transplanté, s'il se pouvait, dans nos climats, serait bien préférable à ces richesses de convention qu'on va ravir, parmi tant de périls, au bout de la terre' (*OH*, p.1459). Une note marginale de Voltaire 'arbre à pain' figurera dans la *Relation des voyages entrepris par ordre de Sa Majesté Britannique, actuellement régnante, pour faire des découvertes dans l'hémisphère méridional*, de John Hawkesworth (Paris, 1774, BV1597; *CN*, t.4, p.266). Dans *Les Oreilles du comte de Chesterfield* (1775), Voltaire écrira: 'Cette île [d'Otaïti] est bien plus civilisée que celle du Zélande et que le pays des Cafres, [...] parce que la nature l'a favorisée d'un sol plus fertile; elle lui a donné l'arbre à pain, présent aussi utile qu'admirable, qu'elle n'a fait qu'à quelques îles de la mer du Sud' (*Romans et contes*, éd. F. Deloffre et J. van den Heuvel, Paris, 1979, p.588).

[2] Charles de Brosses, dans le tome 2 de son *Histoire des navigations aux terres australes* (Paris, 1756, BV547), cite un passage du *Premier Voyage en Magellanique, en Polynésie et en Australasie* de William Dampier, t.2, p.74-75. En face de ce passage de Dampier, on lit la note marginale suivante de Voltaire: 'arbre de pain à l'île Guaam ainsi qu'à Tinian' (*CN*, t.1, p.514). C'est cet extrait de Dampier cité par de Brosses que résume Voltaire dans sa description de l'arbre à pain. Mais il ajoute deux détails qui rendent son récit plus vivant: les pommes *de Calville*, et les pains *au lait*.

qui a le goût des meilleurs petits pains au lait; mais il faut le manger
frais; il ne se garde que vingt-quatre heures, après quoi il se sèche,   10
s'aigrit, et devient désagréable; mais en récompense ces arbres en
sont chargés huit mois de l'année. Les naturels du pays n'ont point
d'autre nourriture; ils sont tous grands, robustes, bien faits, d'un
embonpoint médiocre, d'une santé vigoureuse, telle que la doit
procurer l'usage unique d'un aliment salubre; et c'est à des nègres   15
que la nature a fait ce présent.

Le voyageur Dampier[3] fut le premier qui en parla. Il reste
encore quelques officiers qui ont mangé de ce pain, quand l'amiral
Anson[4] y a relâché, et qui l'ont trouvé d'un goût supérieur. Si cet
arbre était transplanté comme l'a été l'arbre à café, il pourrait tenir   20
lieu en grande partie à l'invention de Triptolême,[5] qui coûte tant de
soins et de peines multipliées. Il faut travailler une année entière,
avant que le blé puisse être changé en pain; et quelquefois tous ces
travaux sont inutiles.

Le blé n'est pas assurément la nourriture de la plus grande partie   25
du monde. Le maïs, la cassave[6] nourrissent toute l'Amérique.

21   K84, K12:   partie de l'invention
22   70, 71N, 71A: soins et tant de

[3] William Dampier (1652-1715), navigateur et corsaire anglais, auteur d'un
Nouveau Voyage autour du monde (trad. de l'anglais, 2 vol., Amsterdam, 1698,
BV935). Dans cet ouvrage, on trouve la même description de l'arbre à pain (t. 2,
p.336) que celle citée par de Brosses. Mais la source de l'article des *QE* semble être
l'extrait donné par de Brosses, et non l'exemplaire de Dampier possédé par Voltaire,
qui ne comporte que des cornes en haut de page et des signets (*CN*, t.3, p.24).

[4] George Anson (1697-1762), amiral anglais, auteur de *A voyage round the world*,
compilé par Richard Walter (Londres, 1749, BV81). Anson et ses compagnons
préféraient au pain ordinaire ce 'bread-fruit', qui, lorsqu'il était mûr, avait un goût
de fond d'artichaut et une odeur de pêche (p.417-18). Dans le *Précis du siècle de
Louis XV*, Voltaire consacrait tout un chapitre au 'Voyage de l'amiral Anson autour
du globe' (ch.27, *OH*, p.1454-61). En 1769, il reçut de la famille d'Anson une
médaille d'or à l'effigie du navigateur (voir les lettres de Voltaire à Thiriot du 14 juin
1769, D15686, et à d'Argental, du 7 juillet, D15735).

[5] Le roi mythique d'Eleusis avait appris de Déméter à labourer avec une charrue
et à semer l'orge et le blé.

[6] Farine de manioc dont on fait des galettes. L'*Encyclopédie* lui consacre un assez
long article (t.2, p.743-44).

Nous avons des provinces entières où les paysans ne mangent que du pain de châtaignes, [7] plus nourrissant et d'un meilleur goût que ceux de seigle ou d'orge, dont tant de gens s'alimentent, et qui vaut beaucoup mieux que le pain de munition qu'on donne au soldat. Toute l'Afrique australe ignore le pain. L'immense archipel des Indes, Siam, le Laos, le Pégu, [8] la Cochinchine, le Tunquin, une partie de la Chine, le Japon, les côtes de Malabar et de Coromandel, les bords du Gange, fournissent un riz, dont la culture est beaucoup plus aisée que celle du froment, et qui le fait négliger. Le blé est absolument inconnu dans l'espace de quinze cents lieues sur les côtes de la mer Glaciale. Cette nourriture, à laquelle nous sommes accoutumés, est parmi nous si précieuse, que la crainte seule de la voir manquer cause des séditions chez les peuples les plus soumis. Le commerce du blé est partout un des grands objets du gouvernement; c'est une partie de notre être; et cependant on prodigue quelquefois ridiculement cette denrée essentielle.

Les amidonniers emploient la meilleure farine pour couvrir la tête de nos jeunes gens, et de nos femmes. [9]

28-29 K84, K12: que celui de seigle
30-31 K84, K12: soldat. [*avec note*: En France une société de physiciens éclairés s'occupe depuis quelques années à perfectionner l'art de fabriquer le pain: grâce à ses soins, celui des hôpitaux et de la plupart des prisons de Paris est devenu meilleur que celui dont se nourrissent les habitants aisés de la plupart des provinces.] Toute

[7] Dans le *Discours aux Welches*, Voltaire notait que dans des provinces entières, en France, le peuple se nourrissait de châtaignes (*M*, t.25, p.233). Ce pain de châtaignes est allégué en général comme preuve de la misère des paysans français: l'*Antidote* attribué à Catherine II ne manque pas de l'évoquer.

[8] Une partie de la Birmanie actuelle. Au dix-huitième siècle, on avait peu d'informations sur le Pégou et sur les Etats qui forment aujourd'hui la Birmanie (Numa Broc, *La Géographie des philosophes*, Paris, 1975, p.89-90). Pégou est aussi le nom d'une ville près de Rangoon. Dans l'*Essai sur les mœurs*, Voltaire évoque cette 'ville de Pégu, gardée par des crocodiles dans des fossés pleins d'eau' (ch.143, t.2, p.321).

[9] Voltaire, défenseur du luxe, n'en condamne pas moins ironiquement ce gaspillage: 'D'ailleurs la dépense que la plus brillante partie de la nation fait en fine farine pour poudrer ses têtes [...], cette dépense est si universelle qu'on fait très bien d'empêcher de porter à l'étranger une denrée dont vous faites un si bel usage' (*Discours aux Welches*, *M*, t.25, p.233).

Le Dictionnaire encyclopédique remarque avec très grande 45
raison, que le pain bénit, dont on ne mange presque point, et dont la
plus grande partie est perdue, monte en France à quatre millions de
livres par an. [10] Ainsi, de ce seul article, l'Angleterre est au bout de
l'année plus riche de quatre millions que la France.

Les missionnaires ont éprouvé quelquefois de grandes angoisses 50
dans des pays où l'on ne trouve ni pain ni vin; les habitants leur
disaient par interprètes, Vous voulez nous baptiser avec quelques
gouttes d'eau, dans un climat brûlant où nous sommes obligés de
nous plonger tous les jours dans les fleuves. Vous voulez nous
confesser, et vous n'entendez pas notre langue; vous voulez nous 55
communier, et vous manquez des deux ingrédients nécessaires, le
pain et le vin. Il est donc évident que votre religion universelle n'a
pu être faite pour nous. Les missionnaires répondaient très
justement que la bonne volonté suffit, qu'on les plongerait dans
l'eau sans aucun scrupule, qu'on ferait venir du pain et du vin de 60
Goa; et quant à la langue, que les missionnaires l'apprendraient
dans quelques années. [11]

49   70, 71N, 71A: France. //

[10] Voir l'article 'Pain béni' de l'*Encyclopédie* (t.11, p.751).
[11] Ce dernier paragraphe a été ajouté dans les *QE* de 1774 (w68). A l'époque où il
rédigeait l'*Histoire de l'empire de Russie sous Pierre le Grand*, Voltaire avait écrit dans
le manuscrit 'Description du Kamtchatka': 'camshatka grand pays ou ny pain ny vin,
comment messe', suggérant ainsi que le christianisme ne peut se prétendre universel
(*OCV*, t.46, p.192, et t.47, p.1007).

ARBRE À SUIF

On nomme dans l'Amérique *chandel-berri-trée*, ou *bai-berri-trée*, ou *l'arbre à suif*[1] une espèce de bruyère, dont la baie donne une graisse propre à faire des chandelles. Elle croît en abondance dans un terrain bas et bien humecté; il paraît qu'elle se plaît sur les rivages maritimes. Cet arbuste est couvert de baies d'où semble suinter une   5
substance blanche et farineuse; on les cueille à la fin de l'automne lorsqu'elles sont mûres; on les jette dans une chaudière qu'on remplit d'eau bouillante; la graisse se fond et s'élève au-dessus de l'eau: on met dans un vase à part cette graisse refroidie, qui ressemble à du suif ou à de la cire; sa couleur est communément   10
d'un vert sale. On la purifie, et alors elle devient d'un assez beau vert. Ce suif est plus cher que le suif ordinaire, et coûte moins que la cire. Pour en former des chandelles, on le mêle souvent avec du suif commun; alors elles ne sont pas si sujettes à couler. Les pauvres se servent volontiers de ce suif végétal, qu'ils recueillent eux-mêmes,   15
au lieu qu'il faudrait acheter l'autre.

1-2   K12: l'Amérique *candel-berri-tree*, ou *bai-berri-tree*, ou *l'arbre*

---

* Si cet article est bien de Joseph-Marie Durey de Morsan, comme l'indique Voltaire à la ligne 30, il aurait pu être écrit au cours du troisième séjour de Durey à Ferney, entre avril 1769 (D15524) et le 1ᵉʳ avril 1770 (D16271). Voltaire l'avait accueilli, bien que sa réputation fût mauvaise. Il vante ses talents de médecin et d'apothicaire, car 'il prépare très bien tous les médicaments' (16 août 1769, D15828). Dans ce texte, il est question de l'usage de la graisse tirée de la baie de l'arbre à suif pour les plaies. Faut-il y voir une trace du savoir de Durey de Morsan en matière de potions pharmaceutiques? L'article paraît en novembre/décembre 1770 (70, t.2).

[1] Il n'y a pas d'entrée 'Arbre à suif' dans l'*Encyclopédie*, mais Daubenton y décrit un arbre 'qui porte des savonnettes' et que les botanistes désignent par *arbor saponaria americana*. Il croît à la Jamaïque et dans d'autres contrées des Indes occidentales (t.1, p.589, article 'Arbre'); l'article renvoie à Tournefort.

On en fait aussi du savon, et des savonnettes d'une odeur assez agréable.[2]

Les médecins et les chirurgiens en font usage pour les plaies.

Un négociant de Philadelphie envoya de ce suif dans les pays catholiques de l'Amérique, dans l'espoir d'en débiter beaucoup pour des cierges: mais les prêtres refusèrent de s'en servir.

Dans la Caroline on en a fait aussi une sorte de cire à cacheter.

On indique enfin la racine du même arbuste comme un remède contre les fluxions des gencives, remède usité chez les sauvages.

A l'égard du cirier ou de l'arbre à cire, il est assez connu. Que de plantes utiles à tout le genre humain la nature a prodigué aux Indes orientales et occidentales! le quinquina seul valait mieux que les mines du Pérou, qui n'ont servi qu'à mettre la cherté dans l'Europe.

(Cet article est de M. Durey.)[3]

---

29 K84, K12: l'Europe. //

[2] Cet arbrisseau est décrit dans l'article 'Cire' de l'*Encyclopédie* (t.3, p.472-73). Il croît dans les endroits tempérés de l'Amérique septentrionale (Louisiane, Caroline, Floride, etc.). Sa cire portée à l'ébullition devient verte et a une 'odeur douce et aromatique assez agréable'.

[3] Joseph-Marie Durey de Morsan (1717-1795), secrétaire du roi Stanislas, membre de l'Académie de Nancy, auteur de pièces de théâtre qui ne semblent pas avoir été publiées ou jouées en public. Il séjourna cinq fois à Ferney, où il devint l'un des copistes de Voltaire et servit en même temps les intérêts de la Société typographique de Neuchâtel pour la publication des *QE*. L'étude la plus complète sur cet aventurier bohême est celle de J. Vercruysse, 'Joseph-Marie Durey de Morsan, chroniqueur de Ferney (1769-1772) et l'édition neuchâteloise des *Questions sur l'Encyclopédie*', *SVEC* 230 (1985), p.323-91. Le *Testament politique du cardinal Jules Alberoni*, attribué à Durey (Lausanne, 1753, BV1186; *CN*, t.3, p.324-25) aurait été revu et publié par Jean Henri Maubert de Gouvest (Cioranescu). Sur cette question, voir J. Vercruysse, 'Joseph-Marie Durey de Morsan', p.332.

ARC

Jeanne d'Arc dite la Pucelle d'Orléans

Il convient de mettre le lecteur au fait de la véritable histoire de
Jeanne d'Arc surnommée la Pucelle. Les particularités de son
aventure sont très peu connues et pourront faire plaisir aux
lecteurs. Les voici.[1]

* Cet article est mentionné dans une lettre non datée à l'imprimeur (D16232).
Voltaire s'est contenté de modifier le début et la fin d'un texte déjà publié et d'y
ajouter deux paragraphes. Ce développement 'Sur Jeanne d'Arc' a en effet paru pour
la première fois, avec un début et une fin différents, dans *Les Honnêtetés littéraires*
(1767), section 16 de la 'Vingt-deuxième honnêteté, fort ordinaire'. Il a ensuite été
inséré en 1769 dans les *Eclaircissements historiques à l'occasion d'un libelle calomnieux
de l'Essai sur les mœurs* ('Dix-huitième sottise, sur Jeanne d'Arc'), version
augmentée d'un texte paru dans l'*Essai sur l'histoire générale, et sur les mœurs et
l'esprit des nations, depuis Charlemagne jusqu'à nos jours* (1763), en réponse aux
Erreurs de Voltaire du jésuite Claude-François Nonnotte (1762). Cet article paraît
dans les *QE* en novembre/décembre 1770 (70, t.2).

[1] Dans la 'Vingt-deuxième honnêteté', Voltaire indique les sources du texte qui
suit: 'Je tirerai les faits des auteurs contemporains, des actes du procès de Jeanne
d'Arc, et de l'histoire très curieuse de l'Orléanais, écrite par M. le marquis de
Luchet, qui n'est pas un Nonnotte'. On sait que Voltaire possède les *Chroniques*
d'Enguerrand de Monstrelet (Paris, 1572, BV2484) et a beaucoup pratiqué Mézeray
et l'*Histoire d'Angleterre* de Rapin-Thoyras (16 vol., La Haye [Paris], 1749,
BV2871), contenant le 'Recueil des actes publiés d'Angleterre de Thomas
Rymer'. Mais l'article est entièrement constitué d'emprunts successifs à deux
ouvrages tout récents en 1767, l'*Histoire de l'Orléannais, depuis l'an 703 de la
fondation de Rome jusqu'à nos jours* de Jean Pierre Louis de La Roche du Maine,
marquis de Luchet (Amsterdam et Paris, 1766, BV2220; *CN*, t.5, p.448-49) et
l'*Histoire de France depuis l'établissement de la monarchie jusqu'au règne de Louis XIV*
de Claude Villaret (Paris, 1765). Dans la longue démonstration de Luchet qui a
pour ambition d'examiner à la lumière de la raison les sources de l'histoire de
Jeanne d'Arc et d'arriver enfin à 'la vérité' comme dans l'histoire critique de
Villaret qui cite volontiers l'*Essai sur les mœurs*, Voltaire trouve un recueil de faits
et de textes servant une position idéologique fort proche de la sienne. Depuis *La
Henriade*, il n'a en effet jamais cessé de revenir sur l'histoire de Jeanne d'Arc: la
démarche de l'historien et du philosophe s'applique exemplairement aux fables

Paul Jove dit que le courage des Français fut animé par cette 5
fille, et se garde bien de la croire inspirée. Ni Robert Gagain, ni
Paul Emile, ni Polidore Virgile, ni Genebrar, ni Philippe de
Bergame, ni Papire Masson, ni même Mariana, ne disent qu'elle
était envoyée de Dieu; et quand Mariana le jésuite l'aurait dit, en
vérité cela ne m'en imposerait pas. [2]   10

Mézerai conte, *que le prince de la milice céleste lui apparut*;[3] j'en
suis fâché pour Mézerai, et j'en demande pardon au prince de la
milice céleste.

La plupart de nos historiens qui se copient tous les uns les autres,
supposent que la Pucelle fit des prédictions et qu'elles s'accom-   15
plirent. On lui fait dire qu'*elle chassera les Anglais hors du royaume*,

---

hagiographiques communément admises à son sujet. Qu'il en fasse l'héroïne légère
d'une épopée parodique ou le sujet du chapitre 80 de l'*Essai sur les mœurs*, Voltaire,
contre la majorité des auteurs de son temps (dont le jésuite Nonnotte est un bon
représentant), refuse le surnaturel: instrument d'une intrigue politique fondée sur la
crédulité publique, la jeune servante d'auberge, abandonnée à l'adversaire quand les
choses tournent mal, est victime de l'intolérance et du fanatisme (voir Jeroom
Vercruysse, 'Jeanne d'Arc au siècle des Lumières', *SVEC* 90, 1972, p.1659-1729, et
son introduction à *La Pucelle*, *OCV*, t.7, p.1-250).

[2] L'argument ainsi que tous ces noms d'historiens des quinzième et seizième
siècles, dans le même ordre, viennent de Luchet (*Histoire de l'Orléannais*, p.340-41).

[3] Voltaire a déjà cité le même passage de François Eudes de Mézeray en 1764 à
l'occasion d'une réflexion historiographique suscitée par une nouvelle parution:
'Mézerai, dans sa grande *Histoire*, dit que *saint Michel, le prince de la milice céleste,
apparut à cette fille*; mais dans son *Abrégé*, mieux fait que sa grande *Histoire*, il se
contente de dire que "Jeanne assurait avoir commission expresse de Dieu de
secourir la ville d'Orléans, et puis de faire sacrer le roi à Reims, étant, disait-elle,
sollicitée à cela par de fréquentes apparitions des anges et des saints" ' ('Lettre écrite
de Munich aux auteurs de la *Gazette littéraire*, sur la bataille d'Azincourt et sur la
Pucelle d'Orléans, à l'occasion des tomes 13 et 14 de l'*Histoire de France*, par M. de
Villaret', *M*, t.25, p.213). On lit exactement dans l'*Histoire de France, depuis
Faramond jusqu'au règne de Louis le Juste [...] par le Sieur de Mezeray, historiographe
de France* (Paris, 1685): 'Comme elle fut parvenue à l'âge de quatorze ans, Dieu la
trouvant disposée par ses vertus à ce qu'il voulait opérer, lui envoya le Prince de la
Milice Céleste, le gardien de cette monarchie saint Michel, pour lui faire entendre sa
volonté, et lui commander qu'elle allât trouver le roi' (t.2, p.614).

et ils y étaient encore cinq ans après sa mort. [4] On lui fait écrire une longue lettre au roi d'Angleterre, et assurément elle ne savait ni lire, ni écrire; on ne donnait pas cette éducation à une servante d'hôtellerie dans le Barrois; et son procès porte qu'elle ne savait pas signer son nom. [5]

Mais, dit-on, elle a trouvé une épée rouillée dont la lame portait cinq fleurs de lis d'or gravées; et cette épée était cachée dans l'église de Sainte-Catherine-de-Fierbois à Tours. [6] Voilà certes un grand miracle!

La pauvre Jeanne d'Arc ayant été prise par les Anglais, en dépit de ses prédictions et de ses miracles, soutint d'abord dans son interrogatoire que sainte Catherine, et sainte Marguerite l'avaient honorée de beaucoup de révélations. [7] Je m'étonne qu'elle n'ait rien dit de ses conversations avec le prince de la milice céleste. Apparemment que ces deux saintes aimaient plus à parler que saint Michel. Ses juges la crurent sorcière, elle se crut inspirée; et c'est là le cas de dire,

> Ma foi, juge et plaideurs, il faudrait tout lier. [8]

Une grande preuve que les capitaines de Charles VII employaient le merveilleux pour encourager les soldats dans l'état déplorable où la France était réduite, c'est que Saintrailles avait son berger, comme le comte de Dunois avait sa bergère. Ce berger faisait ses prédictions d'un côté, tandis que la bergère les faisait de l'autre.

Mais malheureusement la prophétesse du comte de Dunois fut

---

32   70, 71N, 71A: sorcière, et elle

[4] La phrase entière est une citation de Luchet (*Histoire de l'Orléannais*, p.343).

[5] Argument développé dans Luchet, *Histoire de l'Orléanais*, p.343.

[6] Voltaire reprend les termes mêmes de Luchet (*Histoire de l'Orléannais*, p.367).

[7] Information donnée par Luchet (*Histoire de l'Orléannais*, p.370), citant Rapin-Thoyras.

[8] Célèbre dernier vers du premier acte des *Plaideurs* de Racine. Pour les *QE*, Voltaire supprime une ligne qui figure après la citation dans les textes antérieurs aux *QE*: 'si l'on pouvait se permettre la plaisanterie sur de telles horreurs'.

prise au siège de Compiègne par un bâtard de Vendôme, et le prophète de Saintrailles fut pris par Talbot. Le brave Talbot n'eut garde de faire brûler le berger. Ce Talbot était un de ces vrais Anglais qui dédaignent les superstitions, et qui n'ont pas le fanatisme de punir les fanatiques. [9]

Voilà ce me semble ce que les historiens auraient dû observer, et ce qu'ils ont négligé.

La Pucelle fut amenée à Jean de Luxembourg comte de Ligny. On l'enferma dans la forteresse de Beaulieu, ensuite dans celle de Beaurevoir, et de là dans celle du Crotoy en Picardie.

D'abord Pierre Cauchon évêque de Beauvais, qui était du parti du roi d'Angleterre contre son roi légitime, revendique la Pucelle comme une sorcière arrêtée sur les limites de sa métropole. Il veut la juger en qualité de sorcière. Il appuyait son prétendu droit d'un insigne mensonge. Jeanne avait été prise sur le territoire de l'évêché de Noyon: et ni l'évêque de Beauvais, ni l'évêque de Noyon n'avaient assurément le droit de condamner personne, et encore moins de livrer à la mort une sujette du duc de Lorraine, et une guerrière à la solde du roi de France.

Il y avait alors (qui le croirait?) un vicaire général de l'Inquisition en France, nommé frère Martin. C'était bien là un des plus horribles effets de la subversion totale de ce malheureux pays. Frère Martin réclama la prisonnière comme *sentant l'hérésie, odorantem haeresim.* Il somma le duc de Bourgogne et le comte de Ligny, *par le droit de son office, et de l'autorité à lui commise par le Saint-Siège, de livrer Jeanne à la sainte Inquisition.* [10]

---

45   K84, K12: superstitions, qui
54   K84, K12: de son dicocèse. Il

[9] L'histoire du 'berger prophète' prisonnier des Anglais vient de l'*Histoire de France* de Villaret (t.15, p.35-36).

[10] 'Le grand inquisiteur de France, écrit Luchet, réclama Jeanne d'Arc, comme *odorant* l'hérésie' (*Histoire de l'Orléannais,* p.376). Mais c'est dans Villaret qu'il est appelé 'frère Martin, vicaire général de l'Inquisition en France, titre heureusement oublié parmi nous' et que ses propos (abrégés ici) sont cités (*Histoire de France,* t.15, p.39).

La Sorbonne se hâta de seconder frère Martin: elle écrivit au duc de Bourgogne et à Jean de Luxembourg: 'Vous avez employé votre noble puissance à appréhender icelle femme qui se dit *la Pucelle*, au moyen de laquelle l'honneur de Dieu a été sans mesure offensé, la foi excessivement blessée, et l'Eglise trop fort déshonorée; car par son occasion idolâtrie, erreurs, mauvaise doctrine et autres maux inestimables se sont ensuivis en ce royaume... mais peu de chose serait avoir fait telle prinse, si ne s'ensuivait ce qu'il appartient pour satisfaire l'offense par elle perpétrée contre notre doux créateur et sa foi, et la sainte Eglise, avec ses autres méfaits innumérables... et si, serait intolérable offense contre la majesté divine s'il arrivait qu'icelle femme fût délivrée.' (*a*)

Enfin la Pucelle fut adjugée à Pierre Cauchon qu'on appelait l'indigne évêque, l'indigne Français et l'indigne homme. [11] Jean de Luxembourg vendit la Pucelle à Cauchon et aux Anglais pour dix mille livres, et le duc de Bedfort les paya. La Sorbonne, l'évêque et frère Martin, présentèrent alors une nouvelle requête à ce duc de Bedfort régent de France: *En l'honneur de notre Seigneur et Sauveur Jésus-Christ, pour qu'icelle Jeanne fût brièvement mise ès mains de la justice de l'Eglise.* [12] Jeanne fut conduite à Rouen. L'archevêché était alors vacant, et le chapitre permit à l'évêque de Beauvais, de *besogner* dans la ville. (C'est le terme dont on se servit.) [13] Il choisit pour ses assesseurs neuf docteurs de Sorbonne avec trente-cinq

70

75

80

85

90

(*a*) C'est une traduction du latin de la Sorbonne, faite longtemps après. [14]

75 K12: avoir telle
77 70, 71N, 71A, W68: foi, et sa sainte

[11] Villaret le qualifie à deux reprises d'*indigne prélat* (*Histoire de France*, t.15, p.15 et 42), Luchet d'*infâme prélat* ou de *prélat assassin* (*Histoire de l'Orléannais*, p.377 et 409).
[12] Phrase citée dans Villaret (*Histoire de France*, t.15, p.44-45).
[13] Le terme 'besogner' vient de Luchet (*Histoire de l'Orléannais*, p.378); la citation (raccourcie) de Villaret (*Histoire de France*, t.15, p.45).
[14] Document cité dans l'*Histoire de France* de Villaret (t.15, p.40-41).

autres assistants, abbés ou moines. Le vicaire de l'Inquisition, Martin, présidait avec Cauchon; et comme il n'était que vicaire, il n'eut que la seconde place.

Jeanne subit quatorze interrogatoires; ils sont singuliers. Elle dit qu'elle a vu sainte Catherine et sainte Marguerite à Poitiers. Le docteur Beaupère lui demanda, à quoi elle a reconnu les deux saintes? elle répond que c'est à leur manière de faire la révérence. Beaupère lui demande si elles sont bien jaseuses? Allez, dit-elle, le voir sur le registre. Beaupère lui demande si quand elle a vu saint Michel il était tout nu? elle répond, Pensez-vous que notre Seigneur n'eût de quoi le vêtir? [15]

Les curieux observeront ici soigneusement, que Jeanne avait été longtemps dirigée avec quelques autres dévotes de la populace par un fripon nommé Richard, qui faisait des miracles, et qui apprenait à ces filles à en faire. Il donna un jour la communion trois fois de suite à Jeanne, à l'honneur de la Trinité. C'était alors l'usage dans les grandes affaires et dans les grands périls. Les chevaliers faisaient dire trois messes, et communiaient trois fois quand ils allaient en bonne fortune, ou quand ils s'allaient battre en duel. C'est ce qu'on a remarqué du bon chevalier Bayard. [16]

Les faiseuses de miracles compagnes de Jeanne, (*b*) et soumises à frère Richard, se nommaient Pierrone et Catherine. Pierrone affirmait qu'elle avait vu que Dieu apparaissait à elle en humanité

(*b*) *Mémoires pour servir à l'Histoire de France et de Bourgogne*, tome 1er.

[15] Partie de l'interrogatoire transcrite dans Luchet (*Histoire de l'Orléannais*, p.384-85).

[16] La triple communion de Jeanne est notamment rapportée par Villaret (*Histoire de France*, t.14, p.258, t.15, p.77). Il n'existe pas de témoignage de celle de Bayard, mais on sait que Voltaire ironise volontiers sur le vertueux Bayard (placé au nombre des 'saints à faire' dans *La Canonisation de saint Cucufin*). A rapprocher du chapitre 121 de l'*Essai sur les mœurs*, à propos des duels: 'On ne manquait pas surtout de se confesser et de communier avant de se préparer au meurtre. Le bon chevalier Bayard faisait toujours dire une messe lorsqu'il allait se battre en duel' (t.2, p.164).

comme ami fait à ami, Dieu était long vêtu de robe blanche avec huque vermeil dessous,[17] etc.[18]

Voilà jusqu'à présent le ridicule; voici l'horrible.

Un de ses juges, docteur en théologie et prêtre, nommé Nicolas l'Oiseleur, vient la confesser dans la prison. Il abuse du sacrement jusqu'au point de cacher derrière un morceau de serge deux prêtres qui transcrivent la confession de Jeanne d'Arc.[19] Ainsi les juges employèrent le sacrilège pour être homicides. Et une malheureuse idiote, qui avait eu assez de courage pour rendre de très grands services au roi et à la patrie, fut condamnée à être brûlée par quarante-quatre prêtres français qui l'immolaient à la faction de l'Angleterre.

On sait assez comment on eut la bassesse artificieuse de mettre auprès d'elle un habit d'homme pour la tenter de reprendre cet habit,[20] et avec quelle absurde barbarie on prétexta cette prétendue transgression pour la condamner aux flammes, comme si c'était dans une fille guerrière un crime digne du feu, de mettre une culotte au lieu d'une jupe. Tout cela déchire le cœur, et fait frémir le sens commun. On ne conçoit pas comment nous osons, après les

117   K84, K12: Un des juges de Jeanne, docteur

---

[17] La *huque* est selon le *Dictionnaire historique* de La Curne de Sainte-Palaye un 'manteau de femme, transformé au quatorzième siècle en une courte casaque à l'usage des hommes'. Les termes de la vision viennent de l'*Histoire de France* de Villaret (t.15, p.36).

[18] Les lignes 102-15 ne figurent pas dans les textes antérieurs aux *QE*. Les seules informations présentes exclusivement dans l'ouvrage mentionné dans la note (*b*) (*Mémoires pour servir à l'histoire de France et de Bourgogne contenant un journal de Paris, sous les règnes de Charles VI et de Charles VII*, recueillis par Dom Des Salles, 2 vol., Paris, 1729) sont les noms de 'Peronne' et de 'Katerine de la Rochelle' comme compagnes de la Pucelle 'gouvernées' par 'frère Richart le cordelier' (t.1, p.142). Pour le reste la matière vient de Villaret (*Histoire de France*, t.15, p.36).

[19] Voltaire suit ici jusque dans le détail le récit de Villaret (*Histoire de France*, t.15, p.52).

[20] Episode raconté dans Villaret (*Histoire de France*, t.15, p.65-66).

horreurs sans nombre dont nous avons été coupables, appeler aucun peuple du nom de *barbare*.

La plupart de nos historiens, plus amateurs des prétendus embellissements de l'histoire que de la vérité, disent que Jeanne alla au supplice avec intrépidité; mais comme le portent les chroniques du temps, et comme l'avoue l'historien Villaret, elle reçut son arrêt avec des cris et avec des larmes; faiblesse pardonnable à son sexe, et peut-être au nôtre, et très compatible avec le courage que cette fille avait déployé dans les dangers de la guerre; car on peut être hardi dans les combats, et sensible sur l'échafaud.

Je dois ajouter ici que plusieurs personnes ont cru sans aucun examen que la Pucelle d'Orléans n'avait point été brûlée à Rouen, quoique nous ayons le procès-verbal de son exécution. Elles ont été trompées par la relation que nous avons encore, d'une aventurière qui prit le nom de la Pucelle, trompa les frères de Jeanne d'Arc, et à la faveur de cette imposture épousa en Lorraine un gentilhomme de la maison des Armoises. Il y eut deux autres friponnes qui se firent aussi passer pour la Pucelle d'Orléans. Toutes les trois prétendirent qu'on n'avait point brûlé Jeanne, et qu'on lui avait substitué une autre femme. De tels contes ne peuvent être admis que par ceux qui veulent être trompés.[21]

135

140

145

150

139   w68: et des larmes

[21] Dans les 'Preuves historiques' à la fin de son *Histoire de l'Orléannais*, Luchet propose, sous le titre 'Problème historique sur la pucelle d'Orléans', une dissertation sur les fausses Jeanne apparues après la mort de la vraie (p.95), mais c'est dans Villaret qu'apparaît le nom de des Armoises (*Histoire de France*, t.15, p.74). La question intéressait Voltaire qui concluait à ce sujet dans sa 'Lettre écrite de Munich': 'on voit qu'il y a du merveilleux dans l'histoire de la Pucelle d'Orléans jusqu'après sa mort même' (*M*, t.25, p.215). Dans les *Eclaircissements historiques*, le texte se termine par deux lignes de conclusion: 'Apprends, Nonnote, comme il faut étudier l'histoire quand on ose en parler'. La conclusion est plus longue dans *Les Honnêtetés littéraires* de 1767; elle continue ainsi, devenant un excellent résumé de la thèse voltairienne: 'Ne fais plus de Jeanne d'Arc une inspirée, mais une idiote hardie qui se croyait inspirée, une héroïne de village à qui on fit jouer un grand rôle, une brave fille que des inquisiteurs et des docteurs firent brûler avec la plus lâche cruauté [...]'.

ARDEUR

Le Dictionnaire encyclopédique n'ayant parlé que des ardeurs d'urine, et de l'ardeur d'un cheval,[1] il paraît expédient de citer aussi d'autres ardeurs; celle du feu, celle de l'amour.[2] Nos poètes français, italiens, espagnols, parlent beaucoup des ardeurs des amants: l'opéra n'a presque jamais été sans ardeurs *parfaites*. Elles 5 sont moins *parfaites* dans les tragédies, mais il y a toujours beaucoup d'ardeurs.

Le dictionnaire de Trévoux dit, qu'ardeur en général signifie une *passion amoureuse*.[3] Il cite pour exemple ce vers:

C'est de tes jeunes yeux que mon ardeur est née.[4] 10

Et on ne pouvait guère en rapporter un plus mauvais. Remarquons ici que ce dictionnaire est fécond en citations de vers détestables. Il tire tous ses exemples de je ne sais quel nouveau choix de vers, parmi lesquels il serait très difficile d'en trouver un bon. Il donne pour exemple de l'emploi du mot d'*ardeur* ces deux vers de Corneille: 15

Une première ardeur est toujours la plus forte;
Le temps ne l'éteint point, la mort seule l'emporte.[5]

---

* Dans une lettre non datée à Cramer (D16232), Voltaire écrit: 'On avait oublié d'envoyer *Arc, Jeanne d'Arc*, dite la Pucelle d'Orléans, qui doit être placé avant l'article *Ardeur*'. L'article paraît en novembre/décembre 1770 (70, t.2).

[1] On lit dans l'*Encyclopédie* (t.1, p.628): 'Ardeur d'urine. Voyez *Dysurie*' (article par Jaucourt), et 'Ardeur (manège). Cheval d'ardeur, ou qui a de l'ardeur [...]' (article par Eidous).

[2] Voltaire a rédigé pour l'*Encyclopédie* un article 'Feu': 'le feu, surtout en poésie, signifie souvent l'amour' (*OCV*, t.33, p.78).

[3] 'Ardeur se dit figurément en morale, et signifie passion, vivacité, emportement, fougue. [...] *Ardeur* en général signifie un attachement, une passion amoureuse' (*Dictionnaire de Trévoux*, 1752).

[4] François Maynard, *La Belle Vieille*, vers 25 (voir *Poésies de François Maynard*, éd. F. Gohin, Paris, 1927, p.141).

[5] Voltaire cite d'après le *Dictionnaire de Trévoux*.

Et celui-ci de Racine:

> *Rien ne peut modérer mes ardeurs insensées.*[6]

Si les compilateurs de ce dictionnaire avaient eu du goût, ils auraient donné pour exemple du mot *ardeur* bien placé cet excellent morceau de *Mithridate*:

> *J'ai su, par une longue et pénible industrie,*
> *Des plus mortels venins prévenir la furie.*
> *Ah! qu'il eût mieux valu, plus sage et plus heureux,*
> *Et repoussant les traits d'un amour dangereux,*
> *Ne pas laisser remplir d'ardeurs empoisonnées*
> *Un cœur déjà glacé par le froid des années!*[7]

C'est ainsi qu'on peut donner une nouvelle énergie à une expression ordinaire et faible. Mais pour ceux qui ne parlent d'*ardeur* que pour rimer avec *cœur*, et qui parlent de leur vive ardeur ou de leur tendre ardeur, et qui joignent encore à cela les *alarmes* ou les *charmes* qui leur ont coûté tant de *larmes*, et qui, lorsque toutes ces platitudes sont arrangées en douze syllabes croient avoir fait des vers, et qui après avoir écrit quinze cents lignes remplies de ces termes oiseux en tout genre, croient avoir fait une tragédie,[8] il faut les renvoyer au nouveau choix de vers, ou au recueil en douze volumes des meilleures pièces de théâtre,[9] parmi lesquelles on n'en trouve pas une seule qu'on puisse lire.[10]

---

[6] Voltaire cite d'après le *Dictionnaire de Trévoux*; mais Racine a écrit: 'Il n'est plus temps. Il sait mes ardeurs insensées' (*Phèdre*, acte 3, scène 1).

[7] *Mithridate*, acte 4, scène 5.

[8] Voir aussi l'article 'Auteurs' des *QE*.

[9] Voltaire fait sans doute allusion au *Théâtre françois, ou recueil des meilleures pièces de théâtre* (12 vol., Paris, 1737, BV3270; ouvrage annoté par Voltaire).

[10] On y trouve les pièces de Rotrou, la *Sophonisbe* de Mairet, des tragédies de Tristan L'Hermite, de Du Ryer, de Genest, de Desmarest de Saint-Sorlin, de Donneau de Visé, les comédies de Lesage et de Fuzelier.

ARGENT

Mot dont on se sert pour exprimer de l'or. Monsieur, voudriez-
vous me prêter cent louis d'or? Monsieur, je le voudrais de tout
mon cœur; mais je n'ai point d'argent; je ne suis pas en argent
comptant: l'Italien vous dirait, *Signore non ho di danari*. Je n'ai point
de deniers.   5

Harpagon demande à maître Jacques, Me feras-tu bonne chère?
Oui; si vous me donnez beaucoup d'argent.[1]

On demande tous les jours quel est le pays de l'Europe le plus
riche en argent? on entend par là quel est le peuple qui possède le
plus de métaux représentatifs des objets de commerce. On   10
demande par la même raison quel est le plus pauvre? et alors
trente nations se présentent à l'envi; le Vestphalien, le Limousin, le
Basque, l'habitant du Tirol, celui du Valais, le Grison, l'Istrien,
l'Ecossais et l'Irlandais du nord, le Suisse d'un petit canton, et
surtout le sujet du pape.   15

Pour deviner qui en a davantage, on balance aujourd'hui entre la
France, l'Espagne, et la Hollande qui n'en avait point en 1600.

Autrefois, dans le treizième, quatorzième, et quinzième siècles,
c'était la province de la daterie[2] qui avait sans contredit le plus
d'argent comptant; aussi faisait-elle le plus grand commerce.   20

18   K12: dans les treizième

* Voltaire écrit cet article fin 1769 (voir ligne 204). Il se réfère à l'article 'Argent'
de l'*Encyclopédie* (t.1, p.637-43), marqué de l'astérisque qui désigne Diderot, mais
aussi à l'article 'Monnaie' (t.10, p.644-51), par le chevalier de Jaucourt. Le présent
article paraît en novembre/décembre 1770 (70, t.2).

[1] Molière, *L'Avare*, acte 3, scène 1: 'nous feras-tu bonne chère? – Oui, si vous me
donnez bien de l'argent'.

[2] *Daterie*: chambre à la cour de Rome où l'on s'adresse, moyennant salaire, 'pour
les expéditions qui regardent les bénéfices ou dispenses de mariage' (Moreri, *Le
Grand Dictionnaire historique*). Il y a 'une infinité d'officiers à la daterie' (Furetière,
Dictionaire universel).

Combien vendez-vous cela? disait-on à un marchand. Il répondait, *Autant que les gens sont sots.*

Toute l'Europe envoyait alors son argent à la cour romaine, qui rendait en échange des grains bénis, des agnus, des indulgences plénières ou non plénières, des dispenses, des confirmations, des exemptions, des bénédictions, et même des excommunications contre ceux qui n'étaient pas assez bien en cour de Rome, et à qui les payeurs en voulaient. [3]

Les Vénitiens ne vendaient rien de tout cela; mais ils faisaient le commerce de tout l'Occident par Alexandrie; on n'avait que par eux du poivre et de la cannelle. L'argent qui n'allait pas à la daterie venait à eux, un peu aux Toscans et aux Génois. Tous les autres royaumes étaient si pauvres en argent comptant, que Charles VIII fut obligé d'emprunter les pierreries de la duchesse de Savoie, et de les mettre en gage, pour aller conquérir Naples qu'il perdit bientôt: les Vénitiens soudoyèrent des armées plus fortes que la sienne. [4] Un noble Vénitien avait plus d'or dans son coffre et plus de vaisselle d'argent sur sa table, que l'empereur Maximilien surnommé *Pochi danari.* [5]

Les choses changèrent quand les Portugais allèrent trafiquer aux Indes, en conquérants, et que les Espagnols eurent subjugué le Mexique et le Pérou avec six ou sept cents hommes. On sait qu'alors le commerce de Venise, celui des autres villes d'Italie, tout tomba. Philippe II maître de l'Espagne, du Portugal, des Pays-Bas,

25

30

35

40

[3] Voltaire a dans sa bibliothèque la *Taxe de la chancellerie romaine, ou la banque du pape dans laquelle l'absolution des crimes les plus énormes se donne pour de l'argent*, trad. A. Du Pinet de Noroy (Rome, 1744, BV3252).

[4] On retrouve la même anecdote dans l'*Essai sur les mœurs* (ch.107, t.2, p.78). L'historienne Yvonne Labande-Mailfert confirme le vide du trésor royal et les fréquents emprunts royaux, et parle d'une autre mécène: 'La reine Anne a donc offert ses bijoux, déposés à la banque de Sauli de Gènes', après avoir cité l'exemple de Marc-Aurèle (*Charles VIII*, Paris, 1986, p.204).

[5] L'empereur Maximilien succède à son père Frédéric III, mort en 1493, 'roi de Hongrie, de Dalmatie, de Croatie, archiduc d'Autriche'. Voir l'*Essai sur les mœurs*: 'Au reste, on sait qu'on l'appelait *Massimiliano pochi danari*, surnom qui ne désignait pas un puissant prince' (ch.102, t.2, p.52).

des deux Siciles, du Milanais, de quinze cents lieues de côtes dans   45
l'Asie, et des mines d'or et d'argent dans l'Amérique, fut le seul
riche, et par conséquent le seul puissant en Europe. [6] Les espions
qu'il avait gagnés en France, baisaient à genoux les doublons
catholiques; et le petit nombre d'angelots et de carolus [7] qui
circulaient en France n'avaient pas un grand crédit. On prétend   50
que l'Amérique et l'Asie lui valurent à peu près dix millions de
ducats de revenu. Il eût en effet acheté l'Europe avec son argent,
sans le fer de Henri IV et les flottes de la reine Elizabeth.

Le Dictionnaire encyclopédique, à l'article 'Argent', cite l'*Esprit
des lois*, dans lequel il est dit: 'J'ai ouï déplorer plusieurs fois   55
l'aveuglement du conseil de François Ier, qui rebuta Christophe
Colomb qui lui proposait les Indes; en vérité, en vérité, on fit, peut-
être par imprudence, une chose bien sage.' [8]

Nous voyons par l'énorme puissance de Philippe, que le conseil
prétendu de François Ier n'aurait pas fait *une chose si sage*. Mais   60
contentons-nous de remarquer que François Ier n'était pas né,
quand on prétend qu'il refusa les offres de Christophe Colomb; ce
Génois aborda en Amérique en 1492, et François Ier naquit en 1494,
et ne parvint au trône qu'en 1515.

51   w68: lui valaient à
57   k84, k12: Indes; en vérité, on

[6] Même démonstration de la puissance de Philippe II dans l'*Essai sur les mœurs*,
ch.163, 'De Philippe II, roi d'Espagne' (t.2, p.430-38).
[7] L'angelot, ou ange, est une espèce de monnaie d'or fin qui était en usage vers
l'an 1340, portant l'image de l'ange saint Michel. Le carolus est une monnaie frappée
du temps de Charles VIII, roi de France. Le doublon est une ancienne monnaie d'or
espagnole.
[8] Le passage cité dans l'article 'Argent' de l'*Encyclopédie* (t.1, p.642) est au
livre 21, chapitre 22 ('Des richesses que l'Espagne tira de l'Amérique') de l'*Esprit des
lois* de Montesquieu. L'article de l'*Encyclopédie* recopie presque mot pour mot son
chapitre 22 et repose entièrement sur l'idée centrale du livre 21 selon laquelle 'la
valeur de signe de l'argent et de l'or est proportionnelle à sa rareté en tant que
marchandise'. Voltaire utilise dans cet article Montesquieu sans le dire (sur les
Romains, sur la valeur de rareté), et ne le cite ici que pour reprendre une erreur de
date et le contredire sur la richesse de Philippe II.

Comparons ici le revenu de Henri III, de Henri IV, et de la reine   65
Elizabeth, avec celui de Philippe II;[9] le subside ordinaire d'Elizabeth n'était que de cent mille livres sterling: et, avec l'extraordinaire, il fut, année commune, d'environ quatre cent mille; mais il
fallait qu'elle employât ce surplus à se défendre de Philippe II. Sans
une extrême économie elle était perdue, et l'Angleterre avec elle.   70

Le revenu de Henri III se montait à la vérité à trente millions de
livres de son temps; cette somme était à la seule somme que
Philippe II retirait des Indes, comme trois à dix; mais il n'entrait pas
le tiers de cet argent dans les coffres de Henri III très prodigue, très
volé, et par conséquent très pauvre: il se trouve que Philippe II était   75
d'un seul article dix fois plus riche que lui.[10]

Pour Henri IV, ce n'est pas la peine de comparer ses trésors avec
ceux de Philippe II. Jusqu'à la paix de Vervins[11] il n'avait que ce
qu'il pouvait emprunter ou gagner à la pointe de son épée, et il
vécut en chevalier errant jusqu'au temps qu'il devint le premier roi   80
de l'Europe.

L'Angleterre avait toujours été si pauvre, que le roi Edouard III
fut le premier qui fit battre de la monnaie d'or.[12]

On veut savoir ce que devient l'or et l'argent qui affluent
continuellement du Mexique et du Pérou en Espagne? Il entre dans   85
les poches des Français, des Anglais, des Hollandais qui font le

[9] Voltaire, *Carnets* (*OCV*, t.82, p.619). Henri III a négligé les finances, Henri IV a
été secouru par la reine d'Angleterre.

[10] Voltaire utilise les informations réunies pour l'*Essai sur les mœurs*: voir en
particulier sur Philippe II les chapitres 163 et 166 (Philippe II 'avait environ trente
millions de ducats d'or de revenu', t.2, p.462) et le chapitre 173 sur Henri III. Mais
d'autres passages de l'*Essai sur les mœurs*, qui ne sont pas fondés sur cette
comparaison entre les deux monarques, donnent d'autres chiffres et établissent
une autre logique: Henri III 'n'avait environ que treize millions de revenu; mais ces
treize millions en valaient environ cinquante d'aujourd'hui. [...] Il n'est donc pas
étonnant qu'avec ce faible revenu numéraire et une sage économie, il vécût avec
splendeur, et maintînt son peuple dans l'abondance' (ch.114, t.2, p.115).

[11] Paix signée le 2 mai 1598 à Vervins (Aisne) entre Henri IV et Philippe II.

[12] L'*Essai sur les mœurs*, au chapitre 81, avait déjà parlé de la pauvreté de
l'Angleterre, ainsi qu'au chapitre 84 ('Tailles et monnaies') dans lequel Voltaire écrit
que 'le roi Edouard III fut le premier qui fit frapper des espèces d'or' (t.1, p.782).

commerce de Cadix sous des noms espagnols, et qui envoient en Amérique les productions de leurs manufactures. Une grande partie de cet argent s'en va aux Indes orientales payer des épiceries, du coton, du salpêtre, du sucre candi, du thé, des toiles, des diamants et des magots. [13]

On demande ensuite ce que deviennent tous ces trésors des Indes? je réponds: Que Sha Thamas-Koulikan ou Sha-Nadir a emporté tout celui du Grand Mogol avec ses pierreries. Vous voulez savoir où sont ces pierreries, cet or, cet argent que Sha-Nadir a emportés en Perse? une partie a été enfouie dans la terre pendant les guerres civiles; des brigands se sont servis de l'autre pour se faire des partis. 'Car, comme dit fort bien César, avec de l'argent on a des soldats, et avec des soldats on vole de l'argent.'

Votre curiosité n'est point encore satisfaite; vous êtes embarrassé de savoir où sont les trésors de Sésostris, de Crésus, de Cyrus, de Nabucodonosor, et surtout de Salomon, qui avait, dit-on, vingt milliards, et plus, de nos livres de compte, à lui tout seul dans sa cassette. [14]

Je vous dirai que tout cela s'est répandu par le monde. Soyez sûr que du temps de Cyrus, les Gaules, la Germanie, le Dannemarck, la Pologne, la Russie, n'avaient pas un écu. Les choses se sont mises au niveau avec le temps, sans ce qui s'est perdu en dorure, ce qui reste enfoui à Notre-Dame de Lorette, et autres lieux; et ce qui a été englouti dans l'*avare* [15] mer. [16]

[13] L'*Essai sur les mœurs*, au chapitre 145, avait déjà tracé cette circulation: 'Quant à la manière dont l'or et l'argent du Pérou parviennent à tous les peuples de l'Europe, et de là vont en partie aux grandes Indes, c'est une chose connue, mais étonnante' (t.2, p.336).

[14] Sur les trésors des anciens, voir l'article 'Argent' de l'*Encyclopédie* (t.1, p.643).

[15] Au sens ancien d'avide. Voir Racine, *Phèdre*: 'Et l'avare Achéron ne lâche point sa proie' (acte 2, scène 5).

[16] Dans l'*Essai sur les mœurs*, Voltaire s'est déjà montré intéressé par ces engloutissements de trésors, par exemple à propos de Charles Quint: 'les premiers trésors qu'on lui avait envoyé du Mexique furent engloutis dans la mer' (ch.124, t.2, p.190), ou de manière plus générale: 'de tous ces trésors d'Ophir, il ne reste pas aujourd'hui en Espagne cent millions de piastres et autant en orfèvrerie' ('Remarques pour servir de supplément à l'*Essai sur les mœurs*', t.2, p.937-38).

Comment faisaient les Romains sous leur grand Romulus fils de Mars et d'une religieuse, et sous le dévot Numa Pompilius? Ils avaient un Jupiter de bois de chêne mal taillé, des huttes pour palais, une poignée de foin au bout d'un bâton pour étendard,[17] et pas une pièce d'argent de douze sous dans leur poche. Nos cochers ont des montres d'or que les sept rois de Rome, les Camille, les Manlius, les Fabius n'auraient pu payer.

Si par hasard la femme d'un receveur général des finances se faisait lire ce chapitre à sa toilette par le bel esprit de la maison, elle aurait un étrange mépris pour les Romains des trois premiers siècles, et ne voudrait pas laisser entrer dans son antichambre un Manlius, un Curius, un Fabius, qui viendraient à pied, et qui n'auraient pas de quoi faire sa partie de jeu.

Leur argent comptant était du cuivre.[18] Il servait à la fois d'armes et de monnaie. On se battait, et on comptait avec du cuivre. Trois ou quatre livres de cuivre de douze onces, payaient un bœuf. On achetait le nécessaire au marché comme on l'achète aujourd'hui; et les hommes avaient comme de tout temps la nourriture, le vêtement et le couvert. Les Romains plus pauvres que leurs voisins, les subjuguèrent, et augmentèrent toujours leur territoire dans l'espace de près de cinq cents années, avant de frapper de la monnaie d'argent.

Les soldats de Gustave-Adolphe n'avaient en Suède que de la monnaie de cuivre pour leur solde, avant qu'il fît des conquêtes hors de son pays.[19]

Pourvu qu'on ait un gage d'échange pour les choses nécessaires à la vie, le commerce se fait toujours. Il n'importe que ce gage

[17] Frédéric, prince royal de Prusse, avait été choqué par un vers de la *Défense du Mondain* évoquant les anciens Romains: 'Ils arboraient du foin pour étendards'. Une note de Voltaire définira le *Manipulus* (*OCV*, t.16, p.307). Aux interrogations du prince dans sa lettre du 23 janvier 1737 (D1266), Voltaire répond en prouvant, textes à l'appui, que ces bottes de foin sont dûment constatées (c.30 mars 1737, D1307).

[18] Voltaire a pris sans le dire cette information dans *De l'esprit des lois*, livre 22, ch.12.

[19] Voir le chapitre 84 de l'*Essai sur les mœurs*: 'On ne connaissait alors en Suède que la monnaie de fer et de cuivre' (t.1, p.782).

d'échange soit de coquilles ou de papier. L'or et l'argent à la longue n'ont prévalu partout, que parce qu'ils sont plus rares. [20]

C'est en Asie que commencèrent les premières fabriques de la monnaie de ces deux métaux, parce que l'Asie fut le berceau de tous les arts.

Il n'est point question de monnaie dans la guerre de Troye; on y pèse l'or et l'argent. Agamemnon pouvait avoir un trésorier, mais point de cour des monnaies.

Ce qui a fait soupçonner à plusieurs savants téméraires, [21] que le Pentateuque n'avait été écrit que dans le temps où les Hébreux commencèrent à se procurer quelques monnaies de leurs voisins, c'est que dans plus d'un passage il est parlé de sicles. On y dit qu'Abraham qui était étranger, et qui n'avait pas un pouce de terre dans le pays de Canaan, y acheta un champ et une caverne pour enterrer sa femme, quatre cents sicles d'argent monnayé de bon aloi; (a) *Quadringintos siclos argenti probatae monetae publicae*. Le judicieux Dom Calmet évalue cette somme à quatre cent quarante-huit livres six sous neuf deniers, [22] selon les anciens calculs imaginés assez au hasard quand le marc d'argent était à vingt-six livres de compte le marc. Mais comme le marc d'argent est augmenté de moitié, la somme vaudrait huit cent quatre-vingt-seize livres.

Or comme en ce temps-là il n'y avait point de monnaie marquée au coin, qui répondît au mot *pecunia*, cela faisait une petite difficulté dont il est aisé de se tirer. (b)

(a) Genèse, ch.23, verset 16.

(b) Ces hardis savants, qui sur ce prétexte et sur plusieurs autres,

145   71N: cour de monnaie.

[20] C'est l'idée centrale des livres 21 et 22 de l'*Esprit des lois*.

[21] Il s'agit ici d'abord de Richard Simon, citant d'autres 'téméraires savants'. Voir la note (b) de Voltaire. Dans sa bibliothèque figure l'*Histoire critique du Vieux Testament* de Simon (Rotterdam, 1685, BV3173).

[22] Calmet écrit '648 livres six sols huit deniers' dans son *Dictionnaire de la Bible*, article 'Abraham' (Paris, 1730, BV615), t.i, p.31.

Une autre difficulté, c'est que dans un endroit il est dit, (c) qu'Abraham acheta ce champ en Hébron, et dans un autre en Sichem. Consultez sur cela le vénérable Bede, Raban Maure et Emmanuel Sa.[23]

Nous pourrions parler ici des richesses que laissa David à Salomon en argent monnayé. Les uns les font monter à vingt et un, vingt-deux milliards tournois, les autres à vingt-cinq. Il n'y a point de garde du trésor royal, ni de tefterdar[24] du Grand Turc, qui puisse supputer au juste le trésor du roi Salomon. Mais les jeunes bacheliers d'Oxford et de Sorbonne font ce compte tout courant.

Je ne parlerai point des innombrables aventures qui sont arrivées à l'argent depuis qu'il a été frappé, marqué, évalué, altéré, prodigué, resserré, volé, ayant dans toutes ses transmigrations demeuré constamment l'amour du genre humain. On l'aime au point que chez tous les princes chrétiens, il y a encore une vieille loi

---

attribuent le Pentateuque à d'autres qu'à Moïse, se fondent encore sur les témoignages de saint Théodoret, de Mazius, etc. Ils disent, Si saint Théodoret et Mazius affirment que le livre de Josué n'a pas été écrit par Josué, et n'en est pas moins admirable, ne pouvons-nous pas croire aussi que le Pentateuque est très admirable sans être de Moïse? Voyez sur cela le premier livre de l'*Histoire critique du Vieux Testament*, par le révérend père Simon de l'oratoire. Mais quoi qu'en aient dit tant de savants, il est clair qu'il faut s'en tenir au sentiment de la sainte Eglise apostolique et romaine, la seule infaillible.

(c) Actes, ch.7, verset 5.

n.c, 1 K84, K12: ch.7, verset 16.

[23] Bede, dit le Vénérable, prêtre anglais (672-735); Rabanus Maurus, archevêque de Mayence (788-856); Emmanuel Sa, jésuite portugais du seizième siècle, prédicateur en Italie: tous trois ont écrit des commentaires sur les livres sacrés. Richard Simon, dans son *Histoire critique du Vieux Testament*, cite à la suite Bede et Raban Maure comme modèle de compilation plus que de commentaire (p.410).

[24] L'article 'Teftardar' de l'*Encyclopédie*, par le chevalier de Jaucourt, renvoie à 'Deftardar', trésorier des finances dans l'empire turc, choisi parmi les plus pauvres beys.

qui subsiste, c'est de ne point laisser sortir d'or et d'argent de leurs royaumes. Cette loi suppose de deux choses l'une, ou que ces princes règnent sur des fous à lier qui se défont de leurs espèces en pays étranger pour leur plaisir; ou qu'il ne faut pas payer ses dettes à un étranger. Il est clair pourtant que personne n'est assez insensé pour donner son argent sans raison, et que quand on doit à l'étranger il faut payer soit en lettres de change, soit en denrées, soit en espèces sonnantes. Aussi cette loi n'est pas exécutée depuis qu'on a commencé à ouvrir les yeux, et il n'y a pas longtemps qu'ils sont ouverts.

Il y aurait beaucoup de choses à dire sur l'argent monnayé; comme sur l'augmentation injuste et ridicule des espèces, qui fait perdre tout d'un coup des sommes considérables à un Etat, sur la refonte ou la remarque avec une augmentation de valeur idéale, qui invite tous vos voisins, tous vos ennemis, à remarquer votre monnaie et à gagner à vos dépens, enfin, sur vingt autres tours d'adresse inventés pour se ruiner. Plusieurs livres nouveaux sont pleins de réflexions judicieuses sur cet article.[25] Il est plus aisé d'écrire sur l'argent que d'en avoir. Et ceux qui en gagnent, se moquent beaucoup de ceux qui ne savent qu'en parler.

En général, l'art du gouvernement consiste à prendre le plus d'argent qu'on peut à une grande partie des citoyens, pour le donner à une autre partie.

On demande s'il est possible de ruiner radicalement un royaume, dont en général la terre est fertile? On répond, que la chose n'est pas praticable, attendu que depuis la guerre de 1689 jusqu'à la fin de 1769 où nous écrivons, on a fait presque sans discontinuation tout ce qu'on a pu pour ruiner la France sans ressource, et qu'on n'a jamais pu en venir à bout. C'est un bon corps qui a eu la fièvre pendant quatre-vingts ans avec des

[25] La Bibliothèque de Voltaire montre qu'il possédait en particulier de nombreux livres des physiocrates (Dupont de Nemours, Quesnay, Roussel de La Tour), auxquels il répond d'ailleurs dans son conte *L'Homme aux quarante écus* (1768; *OCV*, t.66, p.211-409). Voir également l'article 'Intérêt' des *QE*.

redoublements, et qui a été entre les mains des charlatans, mais qui vivra.

Si vous voulez lire un morceau curieux et bien fait sur l'argent de différents pays, adressez-vous à l'article 'Monnaie' de M. le chevalier de Jaucour, dans l'Encyclopédie.[26] On ne peut en parler plus savamment et avec plus d'impartialité. Il est beau d'approfondir un sujet qu'on méprise.

210

---

[26] L'article 'Monnaie' par le chevalier de Jaucourt emprunte des lumières à l'auteur des *Considérations sur les finances*, M. Boizard. Il étudie les monnaies des Grecs, des Romains, des Hébreux, du Moyen Age, des Modernes, le cours des monnaies.

ARIANISME

Toutes les grandes disputes théologiques pendant douze cents ans ont été grecques. Qu'auraient dit Homère, Sophocle, Démosthène, Archimède, s'ils avaient été témoins de ces subtils ergotismes qui ont coûté tant de sang?

Arius a l'honneur encore aujourd'hui de passer pour avoir   5
inventé son opinion; comme Calvin passe pour être fondateur du calvinisme. La vanité d'être chef de secte est la seconde de toutes les vanités de ce monde; car celle des conquérants est, dit-on, la première. Cependant ni Calvin, ni Arius n'ont certainement pas la triste gloire de l'invention.   10

On se querellait depuis longtemps sur la Trinité, lorsqu'Arius se mêla de la querelle dans la disputeuse ville d'Alexandrie, où Euclide n'avait pu parvenir à rendre les esprits tranquilles et justes. Il n'y eut jamais de peuple plus frivole que les Alexandrins; les Parisiens mêmes n'en approchent pas.   15

Il fallait bien qu'on disputât déjà vivement sur la Trinité, puisque le patriarche, auteur de la *Chronique d'Alexandrie*, conservée à Oxford, assure qu'il y avait deux mille prêtres qui soutenaient le parti qu'Arius embrassa. [1]

6   70, 71N, 71A: être le fondateur

* Voltaire répond sur un point précis à l'article 'Arianisme' de l'*Encyclopédie* (t.1, p.649), rédigé par Mallet, mais son propre article est très différent, à la fois plus abondant et plus 'philosophique'; il cite d'autre part 'Vision, apparition' du chevalier de Jaucourt. Voltaire avait déjà traité de l'arianisme dans *L'Examen important de Milord Bolingbroke* (*OCV*, t.62, p.315-19) et dans l'article 'Arius' du *DP* (article qu'il cite intégralement, avec quelques additions et variantes, aux lignes 22-98, ci-dessous). Le présent article paraît en novembre/décembre 1770 (70, t.2).

[1] Le même Eutychius qui est cité plus loin (lignes 71-73) comme auteur d'une histoire de l'Eglise d'Alexandrie (voir *OCV*, t.35, p.373, n.12). Dans *L'Examen important de Milord Bolingbroke*, Voltaire cite le même chiffre (*OCV*, t.62, p.318). La chronique en question a en fait été éditée par John Selden, et Voltaire en aurait

Mettons ici, pour la commodité du lecteur, ce qu'on dit d'Arius   20
dans un petit livre qu'on peut n'avoir pas sous la main.[2]

'Voici une question incompréhensible, qui a exercé depuis plus
de seize cents ans la curiosité, la subtilité sophistique, l'aigreur,
l'esprit de cabale, la fureur de dominer, la rage de persécuter, le
fanatisme aveugle et sanguinaire, la crédulité barbare; et qui a   25
produit plus d'horreurs que l'ambition des princes, qui pourtant en
a produit beaucoup.' Jésus est-il verbe? S'il est verbe, est-il émané
de Dieu dans le temps ou avant le temps? S'il est émané de Dieu,
est-il coéternel et consubstantiel avec lui? Ou est-il d'une substance
semblable? Est-il distinct de lui ou ne l'est-il pas? Est-il fait ou   30
engendré? Peut-il engendrer à son tour? A-t-il la paternité ou la
vertu productive sans paternité? Le Saint-Esprit est-il fait, ou
engendré, ou produit, ou procédant du Père, ou procédant du Fils,
ou procédant de tous les deux? Peut-il engendrer, peut-il produire?
Son hypostase est-elle consubstantielle avec l'hypostase du Père et   35
du Fils? Et comment, ayant précisément la même nature, la même
essence que le Père et le Fils, peut-il ne pas faire les mêmes choses
que ces deux personnes qui sont lui-même?

Ces questions si au-dessus de la raison, avaient certainement
besoin d'être décidées par une Eglise infaillible.[3]   40

21-22   K12:   main. [*avec note*: La première édition du *Dictionnaire philosophique*,
en un volume, dont tous les articles ne se trouvent pas dans les *Questions sur
l'Encyclopédie*, publiées depuis; ces deux ouvrages et quelques autres de même genre
sont réunis dans cette nouvelle édition du *Dictionnaire philosophique*.] ¶'Voici

---

trouvé mention dans Bolingbroke (voir *OCV*, t.35, p.617, n.10). Les chiffres de
Selden, avec mention de leur origine, se trouvent pourtant déjà dans une des sources
majeures de Voltaire en matière d'arianisme, les *Mémoires pour servir à l'histoire
ecclésiastique des six premiers siècles* de Louis-Sébastien Le Nain de Tillemont (Paris,
1699), t.6, p.805.

[2] Il s'agit de l'article 'Arius' du *DP* (voir note *, ci-dessus). Pour l'annotation et
les sources, voir *OCV*, t.35, p.369-74. Deux autres articles du *DP* contiennent des
développements sur l'arianisme et le concile de Nicée: 'Christianisme' et 'Conciles'.

[3] Cette phrase, très proche d'une addition de 1761 au chapitre 20 de l'*Essai sur les
mœurs* ('Cette question [de la trinité], décidée avec le temps par les lumières de

On sophistiquait, on ergotait, on se haïssait, on s'excommuniait chez les chrétiens pour quelques-uns de ces dogmes inaccessibles à l'esprit humain avant les temps d'Arius et d'Athanase. Les Grecs égyptiens étaient d'habiles gens, ils coupaient un cheveu en quatre, mais cette fois-ci ils ne le coupèrent qu'en trois. Alexandros évêque 45 d'Alexandrie s'avise de prêcher que Dieu étant nécessairement individuel, simple, une monade dans toute la rigueur du mot, cette monade est trine.

Le prêtre Arious, que nous nommons Arius est tout scandalisé de la monade d'Alexandros; il explique la chose différemment, il 50 ergote en partie comme le prêtre Sabellious, qui avait ergoté comme le Phrygien Praxeas grand ergoteur. Alexandros assemble vite un petit concile de gens de son opinion, et excommunie son prêtre. Eusebios évêque de Nicomédie prend le parti d'Arious, voilà toute l'Eglise en feu. 55

L'empereur Constantin était un scélérat, je l'avoue, un parricide qui avait étouffé sa femme dans un bain, égorgé son fils, assassiné son beau-père, son beau-frère et son neveu, je ne le nie pas; un homme bouffi d'orgueil et plongé dans les plaisirs, je l'accorde; un détestable tyran ainsi que ses enfants, transeat: mais il avait du bon 60 sens. On ne parvient point à l'empire, on ne subjugue pas tous ses rivaux sans avoir raisonné juste.

Quand il vit la guerre civile des cervelles scolastiques allumée, il envoya le célèbre évêque Ozius avec des lettres déhortatoires aux deux parties belligérantes. (*a*) *Vous êtes de grands fous*, (leur dit-il 65

(*a*) Un professeur de l'université de Paris, qui a écrit l'*Histoire du bas empire*, se garde bien de rapporter la lettre de Constantin telle qu'elle est,

n.*a*, 1   K84, K12: Paris, nommé le Beau qui

l'Eglise romaine infaillible, semblait alors très obscure', t.1, p.353), ne se trouve pas dans l'article 'Arius' du *DP*; elle remplace une formulation à la première personne: 'Je n'y comprends rien assurément; personne n'y a jamais rien compris; et c'est la raison pour laquelle on s'est égorgé' (*OCV*, t.35, p.370).

expressément dans sa lettre) *de vous quereller pour des choses que vous n'entendez pas. Il est indigne de la gravité de vos ministères, de faire tant de bruit sur un sujet si mince.*

Constantin n'entendait pas par *mince sujet* ce qui regarde la Divinité; mais la manière incompréhensible dont on s'efforçait d'expliquer la nature de la Divinité. Le patriarche arabe qui a écrit l'*Histoire de l'Eglise d'Alexandrie*, fait parler à peu près ainsi Ozius en présentant la lettre de l'empereur.

'Mes frères, le christianisme commence à peine à jouir de la paix, et vous allez le plonger dans une discorde éternelle. L'empereur n'a que trop raison de vous dire, que vous vous *querellez pour un sujet fort mince.* Certainement si l'objet de la dispute était essentiel, Jésus-Christ que nous reconnaissons tous pour notre législateur, en aurait parlé; Dieu n'aurait pas envoyé son fils sur la terre pour ne nous pas apprendre notre catéchisme. Tout ce qu'il ne nous a pas dit expressément est l'ouvrage des hommes, et l'erreur est leur partage. Jésus vous a commandé de vous aimer, et vous commencez par lui désobéir en vous haïssant, en excitant la discorde dans l'empire. L'orgueil seul fait naître les disputes, et Jésus votre maître vous a ordonné d'être humbles. Personne de vous ne peut savoir si Jésus est fait ou engendré. Et que vous importe sa nature pourvu

----

et telle que la rapporte le savant auteur du Dictionnaire des hérésies. *Ce bon prince*, dit-il, *animé d'une tendresse paternelle, finissait en ces termes: Rendez-moi des jours sereins et des nuits tranquilles.* Il rapporte les compliments de Constantin aux évêques, mais il devait aussi rapporter le reproche. L'épithète de *bon prince* convient à Titus, à Trajan, à Marc-Antonin, à Marc-Aurèle, et même à Julien le philosophe, qui ne versa jamais que le sang des ennemis de l'empire en prodiguant le sien, et non pas à Constantin le plus ambitieux des hommes, le plus vain, le plus voluptueux, et en même temps le plus perfide et le plus sanguinaire. Ce n'est pas écrire l'histoire, c'est la défigurer.[4]

[4] Cette note, ajoutée à la main, entre autres corrections et additions, par Voltaire dans son exemplaire de *La Raison par alphabet* (1769), est citée et annotée au titre de variante dans le *DP* (*OCV*, t.35, p.371-72).

que la vôtre soit d'être justes et raisonnables? qu'a de commun une vaine science de mots avec la morale qui doit conduire vos actions? Vous chargez la doctrine de mystères, vous qui n'êtes faits que pour affermir la religion par la vertu. Voulez-vous que la religion chrétienne ne soit qu'un amas de sophismes? Est-ce pour cela que le Christ est venu? Cessez de disputer, adorez, édifiez, humiliez-vous, nourrissez les pauvres, apaisez les querelles des familles au lieu de scandaliser l'empire entier par vos discordes.'

Ozius parlait à des opiniâtres. On assembla le concile de Nicée, et il y eut une guerre civile spirituelle dans l'empire romain. Cette guerre en amena d'autres, et de siècle en siècle on s'est persécuté mutuellement jusqu'à nos jours.[5]

Ce qu'il y eut de triste, c'est que la persécution commença dès que le concile fut terminé; mais lorsque Constantin en avait fait l'ouverture, il ne savait encore quel parti prendre, ni sur qui il ferait tomber la persécution. Il n'était point chrétien, (b) quoiqu'il fût à la tête des chrétiens; le baptême seul constituait alors le christianisme, et il n'était point baptisé; il venait même de faire rebâtir à Rome le temple de la Concorde.[6] Il lui était sans doute fort indifférent qu'Alexandre d'Alexandrie, ou Eusèbe de Nicomédie, et le prêtre Arios eussent raison ou tort; il est assez évident par la lettre ci-dessus rapportée qu'il avait un profond mépris pour cette dispute.

Mais il arriva ce qu'on voit, et ce qu'on verra à jamais dans toutes les cours. Les ennemis de ceux qu'on nomma depuis *Ariens*,

(b) Voyez l'article 'Vision de Constantin' dans l'Encyclopédie.[7]

n.*b* K84, K12: Constantin'.

[5] Fin de la citation et fin de l'article 'Arius' du *DP*.
[6] 'Comme il est prouvé par une inscription qui se lisait du temps de Lelio Giraldi, dans la basilique de Latran', complète Voltaire dans l'article 'Vision de Constantin' des *QE*. Lilio Gregorio Giraldi (1479-1552) est notamment l'auteur de *De Deis gentium varia et multiplex histori* (Bâle, 1548).
[7] C'est dans une subdivision de l'article 'Vision, apparition' de l'*Encyclopédie* que se trouve 'Vision céleste de Constantin' (t.17, p.348); un article 'Vision de Constantin', rédigé par Voltaire lui-même, figure dans les articles du fonds de Kehl.

accusèrent Eusèbe de Nicomédie d'avoir pris autrefois le parti de Licinius contre l'empereur: *J'en ai des preuves*, dit Constantin dans sa lettre à l'Eglise de Nicomédie, *par les prêtres et les diacres de sa suite que j'ai pris*, etc.[8]

Ainsi donc dès le premier grand concile, l'intrigue, la cabale, la persécution sont établies avec le dogme sans pouvoir en affaiblir la sainteté. Constantin donna les chapelles de ceux qui ne croyaient pas la consubstantiabilité à ceux qui la croyaient, confisqua les biens des dissidents à son profit, et se servit de son pouvoir despotique pour exiler Arius et ses partisans qui alors n'étaient pas les plus forts. On a dit même, que de son autorité privée il condamna à mort quiconque ne brûlerait pas les ouvrages d'Arius: mais ce fait n'est pas vrai. Constantin, tout prodigue qu'il était du sang des hommes, ne poussa pas la cruauté jusqu'à cet excès de démence absurde de faire assassiner par ses bourreaux celui qui garderait un livre hérétique, pendant qu'il laissait vivre l'hérésiarque.[9]

Tout change bientôt à la cour; plusieurs évêques inconsubstantiels, des eunuques, des femmes parlèrent pour Arius, et obtinrent la révocation de la lettre de cachet.[10] C'est ce que nous avons vu arriver plusieurs fois dans nos cours modernes en pareille occasion.

115

120

125

130

128-29   w68: évêques consubstantiels, des

[8] Voltaire a trouvé la matière de ce paragraphe dans les *Mémoires pour servir à l'histoire ecclésiastique*, article 6 de l''Histoire abrégée de l'arianisme': Constantin 'se plaint [...] qu'il [Eusèbe de Nicomédie] rendait à Licinius toutes sortes de services [...]; et il assure que tout cela était très bien justifié par ses prêtres et ses diacres que l'on avait pris' (p.252).

[9] Ce passage répond à l'article 'Arianisme' de l'*Encyclopédie*, dans lequel se trouvent les lignes suivantes: 'On dit même qu'il y eut un ordre de Constantin qui condamnait à mort quiconque ne brûlerait pas tous les ouvrages d'Arius qui lui tomberaient entre les mains' (t.1, p.649).

[10] Les *Mémoires pour servir à l'histoire ecclésiastique* rapportent qu'Eusèbe se sert de la sœur de Constantin et d'un prêtre pour rentrer en grâce auprès de Constantin (p.270-73); ils mentionnent aussi à plusieurs reprises la présence d'eunuques.

Le célèbre Eusèbe, évêque de Césarée, connu par ses ouvrages qui ne sont pas écrits avec un grand discernement, accusait fortement Eustate, évêque d'Antioche, d'être sabellien; et Eustate accusait Eusèbe d'être arien. On assembla un concile à Antioche; Eusèbe gagna sa cause; on déposa Eustate; on offrit le siège d'Antioche à Eusèbe qui n'en voulut point; les deux partis s'armèrent l'un contre l'autre; ce fut le prélude des guerres de controverse. Constantin, qui avait exilé Arius pour ne pas croire le fils consubstantiel, exila Eustate pour le croire. De telles révolutions sont communes. [11]

Saint Athanase était alors évêque d'Alexandrie; il ne voulut point recevoir dans la ville Arius que l'empereur y avait envoyé, disant, qu'*Arius était excommunié; qu'un excommunié ne devait plus avoir ni maison, ni patrie, qu'il ne pouvait ni manger, ni coucher nulle part, et qu'il vaut mieux obéir à Dieu qu'aux hommes.* Aussitôt nouveau concile à Tyr, et nouvelles lettres de cachet. Athanase est déposé par les pères de Tyr, et exilé à Trèves par l'empereur. [12] Ainsi Arius, et Athanase son plus grand ennemi, sont condamnés tour à tour par un homme qui n'était pas encore chrétien.

Les deux factions employèrent également l'artifice, la fraude, la calomnie selon l'ancien et l'éternel usage. Constantin les laissa disputer et cabaler; il avait d'autres occupations. Ce fut dans ce temps-là que ce *bon prince* fit assassiner son fils, sa femme, et son neveu le jeune Licinius, l'espérance de l'empire, qui n'avait pas encore douze ans.

Le parti d'Arius fut toujours victorieux sous Constantin. Le

135

140

145

150

155

---

149   K84, K12: Tyr, exilé
155   K84, K12: femme, son

[11] Voltaire reste fidèle à sa source, mais simplifie le récit lu dans les *Mémoires pour servir à l'histoire ecclésiastique* en ne retenant parmi d'autres que le nom d'Eustathe (p.273-76).
[12] Le Nain de Tillemont décrit dans le détail le déroulement du concile de Tyr de 335, et fournit donc la matière du paragraphe, à l'exception des propos d'Athanase (*Mémoires pour servir à l'histoire ecclésiastique*, p.281-90).

parti opposé n'a pas rougi d'écrire qu'un jour saint Macaire, l'un des plus ardents sectateurs d'Athanase, sachant qu'Arius s'ache- 160 minait pour entrer dans la cathédrale de Constantinople, suivi de plusieurs de ses confrères, pria Dieu si ardemment de confondre cet hérésiarque, que Dieu ne put résister à la prière de Macaire; que sur-le-champ tous les boyaux d'Arius lui sortirent par le fonde- ment; ce qui est impossible; mais enfin Arius mourut. [13] 165

Constantin le suivit une année après, en 337 de l'ère vulgaire. On prétend qu'il mourut de la lèpre. L'empereur Julien dans ses *Césars* dit, que le baptême que reçut cet empereur quelques heures avant sa mort ne guérit personne de cette maladie. [14]

Comme ses enfants régnèrent après lui, la flatterie des peuples 170 romains, devenus esclaves depuis longtemps, fut portée à un tel excès, que ceux de l'ancienne religion en firent un dieu, et ceux de la nouvelle en firent un saint. On célébra longtemps sa fête avec celle de sa mère.

Après sa mort, les troubles occasionnés par le seul mot 175 *consubstantiel*, agitèrent l'empire avec violence. Constance, fils et successeur de Constantin, imita toutes les cruautés de son père, et tint des conciles comme lui; ces conciles s'anathématisèrent réciproquement. Athanase courut l'Europe et l'Asie pour soutenir son parti. Les eusébiens l'accablèrent. Les exils, les prisons, les 180 tumultes, les meurtres, les assassinats signalèrent la fin du règne de Constance. L'empereur Julien, fatal ennemi de l'Eglise, fit ce qu'il

[13] Le Nain de Tillemont, qui évoque brièvement ailleurs saint Macaire de Jérusalem, attribue la mort d'Arius à saint Alexandre de Constantinople et à saint Jacques de Nisibe (*Mémoires pour servir à l'histoire ecclésiastique*, p.830). Il la décrit ainsi: 'Il vida en même temps les boyaux, les intestins, le sang, la rate et le foie; et il mourut ainsi [...] crevé par le milieu du corps comme Judas, [...] par l'effet non d'une maladie commune, mais des prières des saints' (p.296-97).

[14] Dans sa satire intitulée *Les Césars*, Julien s'en prend à Constantin et au christianisme, religion adoptée par la Mollesse et la Débauche parce qu'il n'y a 'point de souillure que n'efface à l'instant l'eau' dont elle lave (Jean-Philippe René de La Blétérie, *Histoire de l'empereur Jovien et traductions de quelques ouvrages de l'empereur Julien*, Paris, 1748, BV1797, t.1, p.313); il n'y est toutefois pas question de lèpre.

put pour rendre la paix à l'Eglise, [15] et n'en put venir à bout. Jovien, et après lui Valentinien, donnèrent une liberté entière de con-science: [16] mais les deux partis ne la prirent que pour une liberté d'exercer leur haine et leur fureur.

185

Théodose se déclara pour le concile de Nicée: mais l'impératrice Justine, [17] qui régnait en Italie, en Illyrie, en Afrique comme tutrice du jeune Valentinien, proscrivit le grand concile de Nicée; et bientôt les Goths, les Vandales, les Bourguignons, les Francs, qui se répandirent dans tant de provinces, y trouvant l'arianisme établi, l'embrassèrent pour gouverner les peuples conquis par la propre religion de ces peuples mêmes.

190

Mais la foi nicéenne ayant été reçue chez les Gaulois, Clovis, leur vainqueur, suivit leur communion par la même raison que les autres barbares avaient professé la foi arienne.

195

Le grand Théodoric [18] en Italie entretint la paix entre les deux partis; et enfin, la formule nicéenne prévalut dans l'Occident et dans l'Orient.

L'arianisme reparut vers le milieu du seizième siècle, à la faveur de toutes les disputes de religion qui partageaient alors l'Europe: mais il reparut armé d'une force nouvelle, et d'une plus grande incrédulité. [19] Quarante gentilshommes de Vicence formèrent une

200

190   K84, K12: Bourguignons, qui

[15] Voltaire prend ici le contre-pied de la source qu'il continue à suivre: on lit en effet dans les *Mémoires pour servir à l'histoire ecclésiastique*: 'Il est aisé de s'imaginer que son intention [celle de Julien] en cela n'était nullement de rendre la paix à l'Eglise' (p.523).

[16] 'Il [Jovien] laissait à tout le monde une grande liberté pour la religion' (Le Nain de Tillemont, *Mémoires pour servir à l'histoire ecclésiastique*, p.529).

[17] Flavia Justina Augusta (v.330-388), épouse de Maxence, puis de Valentinien, fait proclamer le fils de ce dernier, Valentinien le Jeune, empereur à la mort de son père.

[18] Théodoric le Grand (v.455-526), roi des Ostrogoths, se fait reconnaître roi d'Italie à Ravenne en 493.

[19] L'affirmation figure déjà sous une forme très proche dans les *Lettres philosophiques*, lettre 7.

académie,[20] dans laquelle on n'établit que les seuls dogmes qui parurent nécessaires pour être chrétiens. Jésus fut reconnu pour verbe, pour sauveur et pour juge: mais on nia sa divinité, sa consubstantiabilité, et jusqu'à la Trinité.

Les principaux de ces dogmatiseurs[21] furent Lélius Socin, Okin, Pazuta, Gentilis.[22] Servet se joignit à eux. On connaît sa malheureuse dispute avec Calvin; ils eurent quelque temps ensemble un commerce d'injures par lettres. Servet fut assez imprudent pour passer par Genève, dans un voyage qu'il faisait en Allemagne. Calvin fut assez lâche pour le faire arrêter, et assez barbare pour le faire condamner à être brûlé à petit feu; c'est-à-dire, dans le même supplice auquel Calvin avait à peine échappé en France. Presque tous les théologiens d'alors étaient tour à tour persécuteurs et persécutés, bourreaux ou victimes.[23]

Le même Calvin sollicita dans Genève la mort de Gentilis. Il trouva cinq avocats qui signèrent que Gentilis méritait de mourir

205

210

215

214   K84, K12: c'est-à-dire, au même

[20] En 1546. Lélius Socin fut admis en son sein.

[21] L'article 'Dogmatiser' de l'*Encyclopédie*, signé par Mallet comme 'Arianisme', définit ainsi le terme: 'se prend aujourd'hui en mauvaise part et dans un sens odieux pour exprimer l'action d'un homme qui sème des erreurs et des principes pernicieux. Ainsi l'on dit que Calvin et Socin commencèrent à dogmatiser en secret' (t.5, p.13).

[22] Bayle cite parmi ceux qui assistent secrètement aux conférences sur la religion de Lélius Socin (1525-1562), 'le premier auteur de la secte socinienne', Bernardin Ochin ou Okin (1487-1564) et Jean-Valentin Gentilis (mort en 1566). Ils ont tous trois en commun d'être 'de ces Italiens qui abandonnèrent leur patrie dans le seizième siècle, afin de s'unir à l'Eglise protestante; et qui ensuite s'amusèrent à tant raffiner sur le mystère de la Trinité, qu'ils formèrent un nouveau parti, non moins odieux aux protestants qu'aux catholiques' (Bayle, *Dictionnaire historique et critique*, article 'Alciat, Jean-Paul'). Le nom de 'Pazuta' n'apparaît nulle part dans l'histoire du socinianisme. Moland le corrige en 'Paruta' (*M*, t.17, p.364), qui ne convient pas mieux. On attendrait Alciat ou Blandrata, tous deux italiens et associés à Socin.

[23] Voltaire a souvent dénoncé l'intolérance de Calvin. Servet figure, aux côtés de Gentilis, sur la liste de ses victimes dans les *Carnets* (*OCV*, t.82, p.675, fragment 43). Le chapitre 134 de l'*Essai sur les mœurs* offre le récit le plus circonstancié de l'affaire Servet (t.2, p.244-50).

dans les flammes. De telles horreurs sont dignes de cet abominable   220
siècle. Gentilis fut mis en prison, et allait être brûlé comme Servet:
mais il fut plus avisé que cet Espagnol; il se rétracta, donna les
louanges les plus ridicules à Calvin, et fut sauvé. Mais son malheur
voulut ensuite que n'ayant pas assez ménagé un bailli du canton de
Berne, il fut arrêté comme arien. Des témoins déposèrent qu'il   225
avait dit, que les mots de *trinité*, d'*essence*, d'*hypostase* ne se
trouvaient pas dans l'Ecriture sainte; et sur cette déposition, les
juges, qui ne savaient pas plus que lui ce que c'est qu'une
hypostase, le condamnèrent sans raisonner à perdre la tête. [24]

Faustus Socin, neveu de Lélius Socin, et ses compagnons furent   230
plus heureux en Allemagne; ils pénétrèrent en Silésie et en
Pologne; ils y fondèrent des églises, ils écrivirent, ils prêchèrent;
ils réussirent; [25] mais à la longue, comme leur religion était
dépouillée de presque tous les mystères, et plutôt une secte
philosophique paisible qu'une secte militante, ils furent aban-   235
donnés; les jésuites qui avaient plus de crédit qu'eux, les
poursuivirent et les dispersèrent.

Ce qui reste de cette secte en Pologne, en Allemagne, en
Hollande, se tient caché et tranquille. La secte a reparu en
Angleterre avec plus de force et d'éclat. Le grand Newton et   240
Locke l'embrassèrent; Samuel Clarke célèbre curé de Saint-James,
auteur d'un si bon livre sur l'*existence de Dieu*, se déclara hautement
arien, et ses disciples sont très nombreux. [26] Il n'allait jamais à sa

[24] Voltaire ne reprend pas les circonstances exactes de la mort de Gentilis, telle
que Bayle par exemple la rapporte, mais choisit d'en faire l'emblème des
persécutions religieuses.

[25] Fauste Socin (1539-1604) est 'le principal fondateur d'une très mauvaise secte
qui porte son nom, et qui, nonobstant les persécutions, a fleuri assez longtemps dans
la Pologne' (Bayle, *Dictionnaire historique et critique*, article 'Socin, Fauste').

[26] Newton, Locke et Clarke étaient déjà les noms cités dans les *Lettres
philosophiques*, lettre 7, 'Sur les sociniens, ou ariens, ou antitrinitaires'. Voltaire a
rencontré en 1726 Samuel Clarke, l'auteur de *A Discourse concerning the being and
attributes of God, the obligations of natural religion and the truth and certainty of the
Christian revelation* (Londres, 1725), qu'il qualifie volontiers de 'très bon livre' (par
exemple dans les *Lettres à S. A. Monseigneur le prince de* ***, lettre 4, *M*, t.26, p.485).

paroisse le jour qu'on y récitait le *Symbole de saint Athanase*.[27] On pourra voir, dans le cours de cet ouvrage, les subtilités que tous ces opiniâtres, plus philosophes que chrétiens, opposent à la pureté de la foi catholique. 245

Quoiqu'il y eût un grand troupeau d'ariens à Londres parmi les théologiens, les grandes vérités mathématiques découvertes par Newton, et la sagesse métaphysique de Locke ont plus occupé les esprits. Les disputes sur la consubstantiabilité ont paru très fades aux philosophes. Il est arrivé à Newton en Angleterre la même chose qu'à Corneille en France; on oublia *Pertharite*, *Théodore* et son recueil de vers, on ne pensa qu'à *Cinna*.[28] Newton fut regardé comme l'interprète de Dieu dans le calcul des fluxions, dans les lois de la gravitation, dans la nature de la lumière. Il fut porté à sa mort par les pairs et le chancelier du royaume près des tombeaux des rois, et plus révéré qu'eux. Servet qui découvrit, dit-on, la circulation du sang, avait été brûlé à petit feu dans une petite ville des Allobroges, maîtrisée par un théologien de Picardie.[29] 260

250

255

Dans sa bibliothèque figure, très annotée, la traduction française de P. Ricotier: *Traités de l'existence et des attributs de Dieu: des devoirs de la religion naturelle, et de la vérité de la religion chrétienne*, 3 vol. (Amsterdam, 1727-1728, BV785; *CN*, t.2, p.637-58).

[27] Ou 'symbole de Nicée', credo adopté lors de ce concile en 325 par les adversaires d'Arius.

[28] Le rapprochement est plaisant. On sait que dans son *Théâtre de Pierre Corneille avec des commentaires*, Voltaire, tout en publiant l'ensemble de l'œuvre du dramaturge, a établi une claire hiérarchie entre les chefs-d'œuvre, abondamment commentés et loués, et les pièces jugées indignes et précédées seulement de quelques mots fort critiques: 'Comment ne se trouva-t-il personne qui empêchât l'auteur de *Cinna* de déshonorer ses talents par le choix honteux d'un tel sujet, et par une exécution aussi mauvaise que le sujet même?', écrit-il par exemple en tête de *Théodore* (*OCV*, t.54, p.457).

[29] Calvin est né à Noyon en 1509.

ARISTÉE

Quoi? l'on voudra toujours tromper les hommes sur les choses les plus indifférentes, comme sur les plus sérieuses! Un prétendu Aristée [1] veut faire croire qu'il a fait traduire l'Ancien Testament en grec, pour l'usage de Ptolomée Philadelphe, [2] comme le duc de Montausier a réellement fait commenter les meilleurs auteurs latins à l'usage du dauphin qui n'en faisait aucun usage. [3]

5

6   70, 71N, 71A: n'en fit aucun

* Eusèbe dans *Praeparatorio evangelica* rapporte l'histoire de la version des Septante et évoque Aristée. Dans son exemplaire, Voltaire note 'la fable d'Aristée' (Paris, 1628, BV1251; *CN*, t.3, p.450). Sur le prétendu Aristée, voir l'article que Dom Calmet lui consacre dans son *Dictionnaire de la Bible*: 'Auteur de l'histoire ou plutôt du roman de la version des Septante' dont on ne sait 'ni l'origine, ni le pays, ni l'âge', qui se donne pour Egyptien, 'garde du corps de Ptolomée Philadelphe', mais qui est certainement Juif. L'histoire de la version des Septante est rapportée également par Josèphe, *Antiquités judaïques*, livre 12, ch.2. Voltaire a déjà traité de cette fable dans *Dieu et les hommes* (*OCV*, t.69, p.338-39), mais il lui consacre un développement beaucoup plus complet dans cet article. Il paraît en novembre/décembre 1770 (70, t.2).

[1] Cette formule renvoie aux analyses de Richard Simon, dans son *Histoire critique du Vieux Testament* (Rotterdam, 1685, BV3173), livre 2, ch.2, qui récusent Aristée, crédibilisé par Josèphe et Philon, et attribuent la *Lettre d'Aristée à Philocrate* à 'quelque Juif helléniste' qui aurait 'écrit ce livre sous le nom d'Aristée en faveur de sa nation [...]. En effet, il n'y a rien qui marque plus le génie des Juifs que ces paroles de ce prétendu Aristée' (p.187). Pour une discussion plus récente sur cette *Lettre*, traduction en grec de la loi juive, voir André Pelletier, *Lettre d'Aristée à Philocrate* (Paris, 1962), qui cite certains philologues allemands parlant du 'pseudo-Aristée'.

[2] Ptolémée II, surnommé Philadelphe ('celui qui aime sa sœur', Arsinoé, qu'il avait épousée), 308-246 av. J.-C., n'était pas un guerrier mais un bâtisseur de villes qui développe les structures politico-économiques du royaume, et poursuit les projets du musée et de la bibliothèque d'Alexandrie initiés par son père.

[3] Charles de Sainte-Maure (1610-1690), duc de Montausier, a été gouverneur du dauphin de 1668 à 1680, aidé de Bossuet, de Huet, pour qui il a tracé son plan d'éducation, concrétisé en particulier par la fameuse collection *ad usum delphini*. Voltaire pense ici à cette dernière, fondée sur des notes et des gloses en latin de textes latins classiques.

Si on en croit cet Aristée, Ptolomée brûlait d'envie de connaître les lois juives; et pour connaître ces lois que le moindre Juif d'Alexandrie lui aurait traduites pour cent écus, il se proposa d'envoyer une ambassade solennelle au grand-prêtre des Juifs de Jérusalem, de délivrer six-vingt mille esclaves juifs que son père Ptolomée Soter[4] avait pris prisonniers en Judée, et de leur donner à chacun environ quarante écus de notre monnaie pour leur aider à faire le voyage agréablement; ce qui fait quatorze millions quatre cent mille de nos livres.[5]

Ptolomée ne se contenta pas de cette libéralité inouïe. Comme il était fort dévot sans doute au judaïsme, il envoya au temple à Jérusalem une grande table d'or massif enrichie partout de pierres précieuses; et il eut soin de faire graver sur cette table la carte du Méandre fleuve de Phrygie;[6] (a) le cours de cette rivière était marqué par des rubis et par des émeraudes. On sent combien cette carte du Méandre devait enchanter les Juifs. Cette table était chargée de deux immenses vases d'or encore mieux travaillés; il donna trente autres vases d'or et une infinité de vases d'argent. On

(a) Il se peut très bien pourtant que ce ne fût pas un plan du cours du Méandre, mais ce qu'on appelait en grec un *méandre*, un lacis, un nœud de pierres précieuses. C'était toujours un fort beau présent.

[4] Ptolémée Ier, dit Soter ('le Sauveur'), v.365-282 av. J.-C., fils de la maîtresse de Philippe, père d'Alexandre le Grand, est le fondateur de la dynastie macédonienne des Ptolémées.

[5] La source de Voltaire dans tout ce récit est Flavius Josèphe (37-v.95), auteur des *Antiquités judaïques* (*CN*, t.3, p.591-607). Voltaire y renvoie déjà dans la critique que *La Philosophie de l'histoire* fait des 'contes de Josèphe, indignes de l'histoire et d'un homme qui a le sens commun', et plus précisément de celui dans lequel Josèphe 'raconte, avec ses exagérations ordinaires, la manière aussi honorable qu'incroyable dont le roi Ptolémée Philadelphe acheta une traduction grecque des livres juifs' (*OCV*, t.59, p.261).

[6] En marge de la description fort longue de la table, Flavius Josèphe, dans ses *Antiquités judaïques*, précise à propos de cette 'figure du Méandre': 'Méandre est un fleuve de Phrygie qui a plusieurs tours et retours' (livre 12, ch.2).

n'a jamais payé si chèrement un livre; on aurait toute la biblio-   25
thèque du Vatican à bien meilleur marché.

Eléazar, prétendu grand-prêtre de Jérusalem, lui envoya à son
tour des ambassadeurs qui ne présentèrent qu'une lettre en beau
vélin écrite en caractères d'or. [7] C'était agir en dignes Juifs que de
donner un morceau de parchemin pour environ trente millions.   30

Ptolomée fut si content du style d'Eléazar qu'il en versa des
larmes de joie. [8]

Les ambassadeurs dînèrent avec le roi et les principaux prêtres
d'Egypte. Quand il fallut bénir la table, les Egyptiens cédèrent cet
honneur aux Juifs.   35

Avec ces ambassadeurs arrivèrent soixante et douze interprètes,
six de chacune des douze tribus, tous ayant appris le grec en
perfection dans Jérusalem. C'est dommage, à la vérité, que de ces
douze tribus il y en eût dix d'absolument perdues, et disparues de la
face de la terre depuis tant de siècles. Mais le grand-prêtre Eléazar   40
les avait retrouvées exprès pour envoyer des traducteurs à
Ptolomée.

Les soixante et douze interprètes furent enfermés dans l'île de
Pharos, chacun d'eux fit sa traduction à part en soixante et douze
jours, et toutes les traductions se trouvèrent semblables mot pour   45
mot; c'est ce qu'on appelle la *traduction des septante*, et qui devrait
être nommée la *traduction des septante-deux*.

Dès que le roi eut reçu ces livres, il les adora tant il était bon

---

29   70, 71N, 71A: C'était en agir [70 Errata: β]
47-48   71N: *septante-deux*, ou *des soixante et douze*, tout comme l'on voudra. ¶Dès

---

[7] Ici Voltaire introduit une confusion, délibérée sans doute, entre la lettre
d'Eléazar et la traduction de la loi, qui seule dans le récit de Josèphe est faite en
'caractères d'or'.

[8] Ici encore Voltaire déforme Josèphe qui écrit: 'après l'avoir considérée assez
longtemps il leur dit: qu'il les remerciait d'être venus; qu'il remerciait encore
davantage celui qui les avait envoyés, et qu'il ne pouvait assez remercier Dieu de qui
ils lui apportaient les lois. Ces députés lui souhaitaient toute sorte de prospérité avec
des témoignages d'affection dont il fut si touché qu'il ne put retenir ses larmes'
(*Antiquités judaïques*, livre 12, ch.2).

Juif. [9] Chaque interprète reçut trois talents d'or; et on envoya encore au grand sacrificateur pour son parchemin dix lits d'argent, une couronne d'or, des encensoirs et des coupes d'or, un vase de trente talents d'argent, (c'est-à-dire du poids d'environ soixante mille écus) avec dix robes de pourpre, et cent pièces de toile du plus beau lin. 50

Presque tout ce beau conte est fidèlement rapporté par l'historien Joseph, [10] qui n'a jamais rien exagéré. Saint Justin a enchéri sur Joseph; il dit que ce fut au roi Hérode que Ptolomée s'adressa, et non pas au grand-prêtre Eléazar. [11] Il fait envoyer deux ambassadeurs de Ptolomée à Hérode, c'est beaucoup ajouter au merveilleux; car on sait qu'Hérode ne naquit que longtemps après le règne de Ptolomée Philadelphe. 55 60

Ce n'est pas la peine de remarquer ici la profusion d'anachronismes qui règnent dans tout ce roman et dans tous leurs semblables; la foule des contradictions et les énormes bévues dans lesquelles l'auteur juif tombe à chaque phrase: cependant cette fable a passé pendant des siècles pour une vérité incontestable. [12] Et pour mieux exercer la crédulité de l'esprit humain, chaque auteur 65

---

63 K84, K12: règnent dans ces romans et

[9] Josèphe écrit: 'Lorsque le roi eut reçu ces livres des mains de Démétrius, il les adora, et commanda qu'on les gardât avec un extrême soin, afin qu'on ne put rien altérer' (*Antiquités judaïques*, livre 12, ch.2).

[10] Voltaire suit ici l'ordre des séquences du récit que fait Josèphe au livre 12, ch.2, des *Antiquités judaïques*. Voltaire résume assez fidèlement cet épisode, mais en ôtant les 'documents' cités par Josèphe (lettre de Ptolémée à Eléazar et sa réponse, ordonnance de libération des Juifs, etc.), Voltaire détruit l'aspect pseudo-historique du récit, et en concentrant l'information, il fait au contraire surgir des invraisemblances et construit des jugements de valeur.

[11] Dans son *Apologie* contre le paganisme et ses persécutions, saint Justin (100-166) remplace en effet Eléazar par le roi Hérode (apologie 1).

[12] Voltaire, héritier de Richard Simon, a été justifié par les philologues du dix-neuvième et vingtième siècles. Pelletier explique par 'l'intention de propagande' la raison de ces anachronismes et de cette fiction (A. Pelletier, *Lettre d'Aristée à Philocrate*, p.53).

qui la citait, ajoutait ou retranchait à sa manière; de sorte qu'en croyant cette aventure il fallait la croire de cent manières différentes. Les uns rient de ces absurdités dont les nations ont été abreuvées, les autres gémissent de ces impostures; la multitude infinie des mensonges fait des Démocrites et des Héraclites. [13]

70

[13] Voltaire entend par là que ces absurdités sont propres à faire naître des athées; dans l'article 'Dieu, dieux' des *QE*, il cite Démocrite et Héraclite parmi les 'athées de l'Antiquité' (*M*, t.18, p.365).

OUVRAGES CITÉS

Acta sanctorum, éd. Jean Bolland (Paris, 1863-1875).

Albert le Grand, saint, *Les Admirables Secrets d'Albert le Grand, contenant plusieurs traités sur la conception des femmes, et les vertus des herbes, des pierres précieuses et des animaux* (Cologne, 1703).

– *Secrets merveilleux de la magie naturelle et cabalistique du Petit Albert, traduits exactement sur l'original latin qui a pour titre: 'Alberti Parvi Lucii Libellus de mirabilibus naturae arcanis'*, nouv. éd. (Cologne, 1722).

Albertan-Coppola, Sylviane, 'Autour de la vingt-quatrième lettre anglaise de Voltaire sur les académies', dans *Académie et sociétés savantes en Europe (1650-1800)*, éd. D.-O. Hurel et G. Laudin (Paris, 2000).

Anson, George, *A voyage round the world*, éd. Richard Walter (Londres, 1749, BV81).

Apulée, *L'Ane d'or*, trad. Compain de Saint-Martin (Paris, 1736, BV90).

Argentré, Bertrand D', *Histoire de Bretagne* (Paris, 1588).

L'Arioste, *Le Roland furieux*, éd. Michel Orcel, 2 vol. (Paris, 2000).

Arrêts de la cour de parlement, portant condamnation de plusieurs livres et autres ouvrages imprimés: extrait des registres du parlement, du 23 janvier 1759 (Paris, 1759).

Artigas-Menant, Geneviève, 'Voltaire et les trois Bastide', *Revue d'histoire littéraire de la France* (1983), p.29-44.

Aubignac, François Hédelin, d', abbé, *Dissertations contre Corneille* (Paris, 1663).

Aude, A. F., *Bibliographie critique et raisonnée des ana français et étrangers* (Paris, 1910).

Augustin, saint, *De la cité de Dieu*, trad. Louis Giry (Paris, 1665-1667, BV218).

– *Lettres de saint Augustin*, trad. Ph. Dubois-Goibaud (Paris, 1684, BV219).

– *Œuvres complètes*, 34 vol. (Paris, 1869-1878).

Auvray, Paul, *Richard Simon 1638-1712: étude bio-bibliographique avec des textes inédits* (Paris, 1974).

Avenel, Georges, et Emile de la Bédollière, 'Appendice à la vie de Voltaire par Condorcet', dans Voltaire, *Œuvres complètes* (Paris, 1867).

Balcou, Jean, *Le Dossier Fréron: correspondance et documents* (Saint-Brieuc, 1975).

– *Fréron contre les philosophes* (Genève, 1975).

Bandini, A. M., *Vita e lettere di Amerigo Vespucci* (Florence, 1745).

Banier, Antoine, *La Mythologie et les fables expliquées par l'histoire* (Paris, 1738-1740, BV257).

Banks, Joseph, *A journal of a voyage round the world, in his majesty's ship Endeavour in the years 1768, 1769, 1770 and 1771* (Londres, 1771, BV259).

Barbier, Antoine-Alexandre, *Diction-naire des ouvrages anonymes* (Paris, 1872-1879).

Barclay, Robert, *Theologiae vere christianae apologia* (Amsterdam, 1676).

Baronius, César, *Annales ecclesiastici* (Cologne, 1609; Anvers, 1612; Lucques, 1738).

Basnage, Jacques, *Annales des Provinces-Unies* (La Haye, 1726).

– *Histoire des Juifs* (Paris, 1710, BV282).

Bayle, Pierre, *Dictionnaire historique et critique, par Monsieur Pierre Bayle*, 5ᵉ éd., 5 vol. (Amsterdam, 1740).

– *Œuvres diverses*, 4 vol. (La Haye, 1727-1731); 5 t. en 4 vol. (La Haye [Trévoux], 1737, BV290).

Béraud, Armand-Bernard, abbé, *Traité des annates* (Amsterdam, 1708).

Bergeron, Pierre, *Voyages faits principalement en Asie dans les XIIᵉ, XIIIᵉ, XIVᵉ et XVᵉ siècles*, 2 vol. (La Haye, 1735, BV357).

Bernier, François, *Abrégé de la philosophie de Gassendi* (Lyon, 1678, BV372).

Besterman, Theodore, 'Voltaire's notebooks: thirteen new fragments', *SVEC* 148 (1976), p.7-35.

Béthune, Maximilien de, baron de Rosny et duc de Sully, *Mémoires* (Londres, 1745, BV3223).

Bidez, J., *La Vie de l'empereur Julien*, 2ᵉ éd. (Paris, 1965).

Bingham, Alfred J., 'Voltaire and the New Testament', *SVEC* 24 (1963), p.183-218.

Bloch, O., et W. von Wartburg, *Dictionnaire étymologique de la langue française* (Paris, 1950).

Blondel, François, *Histoire du calendrier romain, qui contient son origine et les divers changements qui lui sont arrivés* (La Haye, 1684, BV429).

Boerhaave, Herman, *Institutions de médecine*, trad. Julien Offray de La Mettrie (Paris, 1740, BV434); 2ᵉ éd. (Paris, 1743, BV435).

Boileau, Nicolas, *Œuvres* (Genève, 1716, BV440).

– *Œuvres complètes*, éd. A. Adam (Paris, 1966).

– *Œuvres complètes*, éd. Françoise Escal (Paris, 1966).

Boillet, D., éd., *Anthologie bilingue de la poésie italienne* (Paris, 1994).

Boisguilbert, Pierre Le Pesant de, *Le Détail de la France, la cause de la diminution de ses biens et la facilité du remède, en fournissant en un mois tout l'argent dont le roi a besoin, et enrichissant tout le monde* (s.l., 1695).

– *Le Détail de la France, sous le règne présent* (s.l., 1707, BV448).

Borelli, Giovanni Alfonso, 'Observations touchant la force inégale des yeux', *Journal des savants* 3 (1673), p.291-94.

Bossu, Jean-Bernard, *Nouveaux Voyages aux Indes occidentales* (Paris, 1768, BV481).

Bossuet, Jacques-Bénigne, *L'Apocalypse avec une explication* (Paris, 1689; La Haye, 1690, BV482).

– *Conférence avec Monsieur Claude* (Paris, 1682).

– *Oraisons funèbres*, éd. J. Truchet (Paris, 1961).

– *Recueil des oraisons funèbres* (Paris, 1749, BV486).

– *Réfutation du Catéchisme du Sieur Paul Ferry* (Metz, 1655).

– *Sermon sur l'unité de l'Eglise, prêché à l'ouverture de l'Assemblée du clergé de France, 1681* (Paris, 1726).

Bouffartigue, J., *L'Empereur Julien et la culture de son temps* (Paris, 1992).

Bougeant, Guillaume-Hyacinthe, *Amusement philosophique sur le langage des bêtes* (Paris, 1739, BV494; Amsterdam, 1750); éd. Hester Hastings (Genève, 1954).

Boulainvilliers, Henri, comte de, *Vie de Mohamed* (Londres, 1730).

Boursier, Laurent-François, *De l'action de Dieu sur les créatures ou traité dans lequel on prouve la prémotion physique par le raisonnement* (Paris, 1713).

Boyle, Robert, *Some considerations touching the usefulness of experimental natural philosophy* (Oxford, 1663, BV531).

Broc, Numa, *La Géographie des philosophes* (Paris, 1975).

Brosses, Charles de, *Histoire des navigations aux terres australes* (Paris, 1756, BV547).

– *Traité de la formation mécanique des langues, et des principes physiques de l'étymologie*, 2 vol. (Paris, 1765, BV549).

Brumoy, Pierre, *Le Théâtre des Grecs*, 3 vol. (Paris, 1730).

Bruzen de La Martinière, Antoine-Augustin, *Le Grand Dictionnaire géographique et critique* (La Haye, 1726-1739, BV564).

Buffon, George-Louis Leclerc, comte de, *Histoire naturelle, générale et particulière, avec la description du cabinet du roi*, 16 vol. (Paris, 1750-1770, BV572).

Bullet, Jean-Baptiste, *Mémoires sur la langue celtique*, 3 vol. (Besançon, 1754-1760, BV577).

Bury, Richard Girard de, *Histoire de la vie de Henri IV*, 2 vol. (Paris, 1765).

– *Histoire de la vie de Henri IV, roi de France et de Navarre*, 4 vol. (Paris, 1766).

– *Lettre sur quelques ouvrages de Monsieur de Voltaire* (Amsterdam [Paris], 1769).

Bussy-Rabutin, Roger, *Les Lettres de Messire Roger de Rabutin comte de Bussy* (Paris, 1697).

Calmet, Augustin, *Commentaire littéral sur tous les livres de l'Ancien et du Nouveau Testament*, 23 t. en 22 vol. (Paris, 1707-1716); 25 vol. (Paris, 1709-1734, BV613); 8 t. en 9 vol. (Paris, 1724-1726).

– *Dictionnaire historique, critique, chronologique, géographique et littéral de la Bible*, nouv. éd., 4 vol. (Paris, 1730, BV615).

– *Dissertations sur les apparitions des anges, des démons et des esprits* (Paris, 1746).

– *Nouvelles Dissertations sur plusieurs questions importantes et curieuses* (Paris, 1720, BV617).

– *Traité sur les apparitions des esprits et sur les vampires ou les revenants de Hongrie, de Moravie, etc.* (Paris, 1751, BV618).

Camus, Jean-Pierre, *L'Apocalypse de Méliton, ou révélations de mystères cénobitiques, par Méliton*, éd. Claude Pithois (Saint-Léger, 1662; Saint-Léger, 1668).

– *Les Eclaircissements de Méliton sur les 'Entretiens curieux d'Hermodore' à la justification du 'Directeur désintéressé', par le sieur de Saint-Agatange* (s.l., 1635).

Casaubon, Isaac, *Historiae Augustae scriptores* (Leyde, 1671).

Cellarius, C., *Notitia orbis antiqui, sive*

geographia plenoria (Leipzig, 1731-1732).

Cerfvol, *Cri d'une honnête femme qui réclame le divorce, conformément aux lois de la primitive Eglise, à l'usage actuel du royaume catholique de Pologne, et à celui de tous les peuples de la terre qui existent ou ont existé excepté nous* (Paris, 1770, BV682).

– *Législation du divorce* (Londres, 1769, BV683).

César, Jules, *La Guerre des Gaules*, trad. L.-A. Constans, 2 vol. (Paris, 2002).

Challes, Robert, *Journal d'un voyage fait aux Indes orientales* (Rouen, 1721, BV697).

Chamberlayne, E., *Etat présent de l'Angleterre sous le roi Guillaume troisième*, 2 vol. (Amsterdam, 1698).

Chardin, Jean, *Voyages de Monsieur le chevalier Chardin en Perse et autres lieux de l'Orient* (Amsterdam 1711, BV712).

Charlevoix, Pierre-François-Xavier de, *Histoire et description générale de la Nouvelle France, avec le journal historique d'un voyage fait par ordre du roi dans l'Amérique septentrionale*, 3 vol. (Paris, 1744, BV718).

Charrier, Charlotte, *Héloïse dans l'histoire et dans la légende* (Paris, 1933).

Chaudon, Louis-Mayeul, *Dictionnaire anti-philosophique, pour servir de commentaire et de correctif au Dictionnaire philosophique* (Avignon, 1767, BV728).

– *Les Grands Hommes vengés ou examen des jugements portés par M. de Voltaire [...] sur plusieurs hommes célèbres* (Amsterdam et Lyon, 1769).

Chaumeix, Abraham de, *Préjugés légitimes contre l'Encyclopédie, et essai de réfutation de ce dictionnaire*, 8 vol. (Bruxelles et Paris, 1758-1759).

Chevrier, François-Antoine, *Testament politique du maréchal duc de Belle-Isle* (Amsterdam, 1761).

Chiniac de la Bastide du Claux, Pierre de, *Histoire de l'Eglise gallicane depuis l'établissement de la religion jusqu'en 1700* (Paris, 1769).

Christine, reine de Suède, *Lettres secrètes de Christine, reine de Suède, aux personnages illustres de son siècle*, 2 vol. (Villefranche [Paris], 1759; Genève, 1761).

Christodoulou, K. E., 'Alexandre le Grand chez Voltaire', dans *Voltaire et ses combats*, éd. U. Kölving et C. Mervaud (Oxford, 1997), t.2, p.1423-34.

Clarke, Samuel, *Traités de l'existence et des attributs de Dieu*, 2e éd., trad. P. Ricotier (Amsterdam, 1727-1728, BV785).

Collection de mémoires relatifs à l'histoire de France, éd. François Guizot (Paris, 1823-1826).

Le Coran, trad. Cheikh Si Hamza Boubakeur, édition bilingue, 2 vol. (Fayard, 1985).

Le Coran, trad. D. Masson (Paris, 1967).

Corpus juris civilis Romani, in quo institutiones, digesta, ad codicem Florentinum emendata, codex item et novellae, nec non Justiniani edicta, Leonis et aliorum imperatorum novellae (Bâle, 1756, BV872).

Cotelier, Jean-Baptiste, *S.S. Patrum, qui temporibus apostolicis floruerunt, Barnabae, Clementis, Hermae, Ignatii, Polycarpi opera, vera et supposititia* 2 vol. (Anvers, 1700); 2 vol. (Amsterdam, 1724, BV877).

Cotoni, Marie-Hélène, *L'Exégèse du Nouveau Testament dans la philosophie française du dix-huitième siècle*, *SVEC* 220 (1984).

Crampe-Casnabet, M., 'Les articles "Ame" de l'*Encyclopédie*', *Recherches sur Diderot et sur l'Encyclopédie* 25 (1998), p.91-99.

Cronk, Nicholas, *The Classical Sublime: French neoclassicism and the language of literature* (Charlottesville, VA, 2003).

Cumberland, Richard, *Origines gentium antiquissimae* (Londres, 1724, BV922).

Daire, Eugène, éd., *Economistes-financiers du XVIIIᵉ siècle* (s.l., 1843).

Damours, Louis, *Lettres de Ninon de l'Enclos au marquis de Sévigné*, 2 vol. (Amsterdam, 1750).

Dampier, William, *Nouveau Voyage autour du monde*, trad. de l'anglais, 2 vol. (Amsterdam, 1698, BV935).

Daniel, Gabriel, *Histoire de France depuis l'établissement de la monarchie française dans les Gaules* (Paris, 1729, BV938; Paris, 1755-1757).

Darnton, Robert, *L'Aventure de l'Encyclopédie: un best-seller au siècle des Lumières* (Paris, 1982).

Debidour, Antonin, 'L'indianisme de Voltaire', *Revue de littérature comparée* 4 (1924), p.32.

Deodati de' Tovazzi, G.-L., *Dissertation sur l'excellence de la langue italienne* (Paris, 1761, BV983).

Demandre, A., *Dictionnaire de l'élocution française* (Paris, 1769, BV979).

Deparcieux, Antoine, *Essai sur les probabilités de la durée de la vie humaine* (Paris, 1746, BV984).

Descartes, René, *Lettres de Monsieur Descartes* (Paris, 1724-1725, BV996).

Desfontaines, Pierre-François Guyot, abbé, *La Voltairomanie* (s.l.n.d. [1738]).

Des Salles, Dom, *Mémoires pour servir à l'histoire de France et de Bourgogne contenant un journal de Paris, sous les règnes de Charles VI et de Charles VII*, 2 vol. (Paris, 1729).

Dictionnaire de l'Académie française (Paris, 1694; Paris, 1762).

Dictionnaire de théologie catholique, éd. A. Vacart et autres, 15 vol. (Paris 1899-1950).

Dictionnaire européen des Lumières, éd. Michel Delon (Paris, 1997).

Dictionnaire historique de la langue française, éd. Alain Rey (Paris, 1993).

Dictionnaire universel françois et latin, vulgairement appelé Dictionnaire de Trévoux (Paris, 1743, BV1029; Paris, 1752; Paris, 1771).

Diderot, Denis, *Œuvres complètes* (Paris, 1986).

Diodore de Sicile, *Histoire universelle*, trad. abbé Terrasson (Paris, 1737).

Diogène Laërce, *Les Vies des plus illustres philosophes de l'Antiquité*, 3 vol. (Amsterdam, 1761, BV1042).

Donvez, J., *De quoi vivait Voltaire?* (Paris, 1949).

Duaren, F., *De Sacris Ecclesiae ministeriis ac beneficiis libri VIII [...] item pro libertate Ecclesiae Gallicae adversus Romanam aulam defensio* (Paris, 1585).

Du Bon, A., *Remarques sur un livre intitulé Dictionnaire philosophique portatif* (Lausanne, 1765).

Du Cange, Charles Du Fresne, sieur, *Glossarium ad scriptores mediae et infimae latinitatis*, 6 vol. (Paris, 1733-

1736, BV1115; réimpression, Graz, 1954).

Duchet, M., *Anthropologie et histoire au siècle des Lumières* (Paris, 1971).

Du Fossé, Pierre Thomas, *Mémoires du sieur de Pontis* (Rouen et Paris, 1676).

Du Haillan, Bernard de Girard, seigneur, *De l'Estat et succez des affaires de France* (Paris, 1570; éd. augmentée, Rouen, 1611).

Du Halde, Jean-Baptiste, *Description géographique, historique, chronologique, politique et physique de l'empire de la Chine et de la Tartarie chinoise*, 4 vol. (Paris, 1735; La Haye, 1736, BV1132).

Du Jardin, Pierre, sieur et capitaine de la Garde, *La Mort de Henry le Grand, descouverte à Naples, en l'année 1608* (s.l., 1619; réédition, Delft, 1717).

Duchet, Michèle, *Anthropologie et histoire au siècle des Lumières* (Paris, 1971).

Dupin, Louis-Elliés, *Nouvelle Bibliothèque des auteurs ecclésiastiques* (5 t. en 6 vol., Paris, 1686-1691; Paris, 1690-1730, BV1167).

Dupleix, Scipion, *Histoire de Henry le Grand, quatrième du nom* (Paris, 1632).

Dupuy, Pierre, *Traité des droits et libertés de l'Eglise gallicane*, 2 vol. (s.l. [Paris], 1731, BV1178).

Du Tilliot, Jean Baptiste Lucette, *Mémoires pour servir à l'histoire de la fête des fous* (Lausanne et Genève, 1751, BV1194).

Encyclopédie de l'Islam, éd. Peri J. Bearman (Leyde, 1954-1982).

Encyclopédie d'Yverdon (Yverdon-les-Bains, 1770-1780).

Encyclopédie, ou dictionnaire raisonné des sciences, des arts et des métiers, par une société des gens de lettres, éd. J. Le Rond D'Alembert et D. Diderot, 35 vol. (1751-1780).

Estienne, Charles, *L'Agriculture et maison rustique de M. Charles Estienne*, [...] *en laquelle est contenu tout ce qui peut estre requis pour bastir maison champestre, nourrir et médeciner bestiail et volaille* (Paris, 1564).

Eusèbe de Césarée, *Histoire de l'Eglise*, trad. Louis Cousin (Paris, 1675, BV1250).

– *Preparatio evangelica* (Paris, 1628, BV1251).

Evangiles apocryphes, éd. Charles Michel et Paul Peeters (Paris, 1911-1914).

Evans, Hywel Berwyn, 'A provisional bibliography of English editions and translations of Voltaire', *SVEC* 8 (1959), p.9-121.

Examen de la nouvelle histoire de Henri IV de M. de Bury, par le marquis de B***. Lu dans une séance d'Académie; auquel on a joint une pièce analogue (Genève, 1768, BV1792).

Fabricius, *Codex apocryphus Novi Testamenti* (Hambourg, 1719-1743, BV1284).

Fénelon, François de Salignac de La Mothe, *Œuvres* (Paris, 1983).

Fielding, Henry, *Examples of the interposition of Providence in the detection and punishment of murder* (Dublin, 1752).

Fisher, J. L., 'L'*Encyclopédie* présente-t-elle une pré-science des monstres?', *Recherches sur Diderot et sur l'Encyclopédie* 16 (1994), p.113-52.

Flavius Josèphe, *Histoire des Juifs écrite par Flavius Joseph sous le titre de Antiquitez judaïques*, trad. R. Arnaud d'Andilly, nouv. éd., 5 vol. (Paris, 1735-1736).

Fleury, Claude, *Histoire ecclésiastique* (Paris, 1691-1734, BV1350).

Fontenelle, Bernard Le Bovier de, *Entretiens sur la pluralité des mondes; Digression sur les anciens et les modernes*, éd. R. Shackleton (Oxford, 1955).

Fort, B., *Le Langage de l'ambiguïté dans l'œuvre de Crébillon fils* (Paris, 1978).

Foucher, Paul, *Traité historique de la religion des Perses*, dans *Histoire de l'Académie royale des inscriptions et belles-lettres* (Paris, 1761), t.27.

Furetière, Antoine, *Dictionnaire universel contenant généralement tous les mots françois tant vieux que modernes de toutes les sciences et des arts* (La Haye et Rotterdam, 1690).

Gargett, Graham, *Jacob Vernet, Geneva and the philosophes*, *SVEC* 321 (1994).

Gaskill, Howard, éd., *The Reception of Ossian in Europe* (Londres, 2004).

Gassendi, Pierre, *Disquisitio metaphysica, seu dubitationes et instantiae adversus Renati Cartesii metaphysicam et responsa* (Amsterdam, 1644).

– *Syntagma philosophiae Epicuri* (La Haye, 1659).

Gautier, Léon, *Bibliographie des chansons de geste* (Paris, 1897).

Gayot de Pitaval, François, *Bibliothèque des gens de cour, ou mélanges curieux des bons mots d'Henri IV, de Louis XIV, etc.* (Paris, 1726).

Génestal, R., *Les Origines de l'appel comme d'abus* (Paris, 1950).

Gérard, André-Marie, *Dictionnaire de la Bible* (Paris, 1989).

Gergy, Jean-Joseph Languet de, *La Vie de la vénérable mère Marguerite-Marie* (Paris, 1729, BV1912).

Gibbon, Edward, *The Letters of Edward Gibbon*, éd. J. E. Norton (Londres, 1956).

Goudar, Ange, *Testament politique de Louis Mandrin, généralissime des troupes de contrebandiers, écrit par lui-même* (Genève, 1755).

Grabe, Johann-Ernst, *Spicilegium S.S. patrum, ut et haereticorum* (Oxford, 1700, BV1509).

Grégoire le Grand, saint, *Dialogues de saint Grégoire le Grand, pape*, trad. Louis Bulteau (Paris, 1689).

Grell, Chantal, *Le Dix-huitième Siècle et l'Antiquité en France*, *SVEC* 330-31 (1995).

Greslon, père Adrien, *Histoire de la Chine sous la domination des Tartares* (Paris, 1671).

Griffet, Henri, *Histoire du règne de Louis XIII* (Paris, 1758).

– *Traité des différentes sortes de preuves qui servent à établir la vérité de l'histoire* (Liège, 1769, BV1546).

Grimm, Friedrich Melchior, *Correspondance littéraire, philosophique et critique*, éd. Maurice Tourneux (Paris, 1877-1882).

Grosclaude, P., *Malesherbes témoin et interprète de son temps* (Paris, 1961).

Grotius, Hugo, *Opera omnia theologica* (Londres, 1679).

Guy, Basil, *The French image of China before and after Voltaire*, *SVEC* 21 (1963).

Guyon, Claude Marie, *Histoire des Amazones* (Paris, 1741).

Halley, Edmond, 'An estimate of the degrees of the mortality of mankind, drawn from curious tables of the births and funerals at the city of Breslaw, with an attempt to ascertain the price of annuities upon lives', *Philosophical transactions* 196 (janvier 1693), p.596-610.

Hampton, J., *N.-A. Boulanger et la science de son temps* (Genève, 1955).

Hawkesworth, John, *Relation d'un voyage fait autour du monde, dans les années 1769, 1770 et 1771, par le lieutenant Jacques Cook* (Paris 1774, BV1597).

Hébrail, Jacques, abbé, *La France littéraire* (Paris, 1769-1784).

– *Pratique du théâtre* (Paris, 1657).

Helvétius, Claude-Adrien, *De l'esprit* (Paris, 1758, BV1609).

Helyot, Pierre, *Histoire des ordres religieux* (Paris, 1714-1719).

Hénault, Charles-Jean-François, *Nouvel Abrégé chronologique de l'histoire de France* (Paris, 1744); 2ᵉ éd. (Paris 1746); 3ᵉ éd. (Paris, 1749).

Hérault, Jean, sieur de Gourville, *Mémoires* (Paris, 1724).

Herbelot, Barthélemy D', *Bibliothèque orientale, ou dictionnaire universel contenant généralement tout ce qui regarde la connaissance des peuples de l'Orient* (Paris, 1697, BV1626).

Hérodote, *Histoires*, trad. Ph.-E. Legrand (Paris, 1972).

Hésiode, *Les Travaux et les jours*, éd. P. Mazon (Paris, 1964).

Hilaire, *Commentarius in Matthaeum*, dans *Opera* (Paris, 1693).

Historiae Francorum scriptores (Paris, 1636-1649).

Hoffmann, Paul, *La Femme dans la pensée des Lumières* (Genève, 1995).

Holbach, Paul-Henri Thiry, baron d', *Histoire critique de Jésus-Christ, ou analyse raisonnée des Evangiles* (s.l.n.d. [Amsterdam, 1770], BV1656).

– *Théologie portative* (Londres, 1768, BV1663).

Holwell, J. Z., *Interesting Historical Events, relative to the provinces of Bengal, and the empire of Indoustan*, 2ᵉ éd., 2 vol. (Londres, 1766-1771, BV1666).

Homère, *The Iliad of Homer: translated by Alexander Pope*, éd. S. Shankman (Londres, 1996).

Horace, *Epîtres*, trad. François Villeneuve (Paris, 1934).

– *Œuvres d'Horace en latin et en français*, trad. André Dacier, 4ᵉ éd., 10 vol. (Amsterdam, 1727, BV1678).

– *Satires*, trad. François Villeneuve (Paris, 1946; Paris, 1989).

Huet, Pierre-Daniel, *Traité de la situation du paradis terrestre* (Paris, 1691).

Hyde, Thomas, *Veterum Persarum et Parthorum et Medorum religionis historia* (Oxford, 1700; Oxford, 1760, BV1705).

Joly, Bernard, *Rationalité de l'alchimie* (Paris, 1992).

Julien, empereur, *Œuvres complètes*, trad. J. Bidez (Paris, 1932).

Jurieu, Pierre, *L'Accomplissement des prophéties, ou la délivrance prochaine de l'Eglise* (Rotterdam, 1689-1690, BV1763).

Justin, *S. P. N. Justini philosophi et martyris opera quae exstant omnia, necnon Tatiani adversus Graecos oratio* (Venise, 1747, BV1768).

Juvénal, *Satires*, trad. P. de Labriolle et F. Villeneuve (Paris, 1962).

Kafker, Frank A., et L. Kafker, *The Encyclopedists as individuals: a dictionary of the authors of the Encyclopédie*, *SVEC* 257 (1988).

Karp, Sergueï, *Quand Catherine II achetait la bibliothèque de Voltaire* (Ferney-Voltaire, 1999).

Kersseboom, Willem, *Essais d'arithmétique politique contenant trois traités sur la population de la province de Hollande et Frise occidentale* (La Haye, 1738-1742; Paris, 1970).

The Koran, commonly called the Alcoran of Mohamed, translated into English immediately from the original Arabic, trad. George Sale (Londres, 1734, BV1786).

La Beaumelle, Laurent Angliviel de, *Mémoires pour servir à l'histoire de Madame de Maintenon et à celle du siècle passé*, 9 vol. (Amsterdam, 1755-1756).

– *Le Siècle de Louis XIV [...], augmentée par un très grand nombre de remarques de M. de La B**** (Francfort, 1753).

La Bléterie, Jean-Philippe-René de, *Histoire de l'empereur Jovien et traductions de quelques ouvrages de l'empereur Julien* (Paris, 1748, BV1797; Amsterdam, 1750).

La Chétardie, Joachim Trotti de, *Explication de l'Apocalypse par l'histoire ecclésiastique pour prémunir les catholiques et les nouveaux convertis contre la fausse interprétation des ministres* (Bourges, 1692).

Lafitau, Joseph-François, *Mœurs des sauvages américains comparées aux mœurs des premiers temps* (Paris, 1724, BV1852).

Lagrange-Chancel, François-Joseph de, 'Lettre à M. Fréron', *L'Année littéraire* (1759), t.3, p.188-95.

Lalande, A., *Vocabulaire technique et critique de la philosophie* (Paris, 1980).

La Motte, Antoine Houdar de, *Odes*, 4ᵉ éd., 2 vol. (Paris, 1713-1714, BV1903).

La Peyrère, Isaac de, *Praeadamitae sive exercitatio super versibus duodecimo, decimo tertio et decimo quarto capitis quinti epistolae D. Pauli ad Romanos, quibus inducuntur primi homines ante Adamum conditi* (s.l., 1655).

Larcher, Pierre-Henri, *Supplément à la Philosophie de l'histoire de feu M. l'abbé Bazin* (Amsterdam, 1767, BV1923).

Las Casas, Bartolomeo de, *Histoire admirable des horribles insolences, cruautés et tyrannies exercées par les Espagnols ès Indes occidentales*, trad. J. de Miggrode (s.l., 1582, BV646).

Le Cat, Claude-Nicolas, *Traité des sens* (Amsterdam, 1744).

LeClerc, Paul O., *Voltaire and Crébillon père: history of an enmity*, *SVEC* 115 (1973).

Lee, J. P., 'Chaumeix, Abraham de', dans *Dictionnaire des journalistes, 1600-1789*, éd. Jean Sgard (Oxford, 1999).

Lefebvre de Saint-Marc, Charles-Hugues, *Abrégé chronologique de l'histoire générale d'Italie* (Paris, 1761-1770).

Le Guern, Michel, 'Le *Dictionnaire* de Trévoux (1704)', *Cahiers de l'Association internationale des études françaises* (1983), p.51-68.

Lémery, Louis, *Traité des aliments, où l'on trouve [...] la différence et le choix qu'on doit faire de chacun d'eux en particulier* (Paris, 1702).

– *Dissertation sur la nourriture des os, où l'on explique la nature et l'usage de la moelle, avec trois lettres sur le livre de la génération des vers dans le corps de l'homme* (Paris, 1704).

Le Nain de Tillemont, Sébastien, *Mémoires pour servir à l'histoire ecclésiastique des six premiers siècles*, 16 vol. (Paris, 1693-1712).

Lenglet Du Fresnoy, Nicolas, *Histoire de la philosophie hermétique* (Paris, 1742, BV2037).

– *Mémoires de Condé, tome sixième* (Paris, 1745).

– *Méthode pour étudier l'histoire* (Paris, 1729, BV2039).

– *Plan d'une histoire générale et particulière de la monarchie française* (Paris, 1754).

– *Recueil de dissertations anciennes et nouvelles, sur les apparitions, les visions et les songes* (Avignon, 1751, BV2041).

Le Pelletier, Jean, *Dissertations sur l'arche de Noé, et sur l'hémine et la livre de S. Benoist* (Rouen, 1700).

Leroy, Charles-Georges, *Lettres sur les animaux* (Nuremberg, 1768).

– *Lettres sur les animaux*, éd. E. Anderson, *SVEC* 316 (1994).

Leti, Gregorio, *La Monarchie universelle de Louis XIV. Traduite de l'italien* (Amsterdam, 1689).

Lettres édifiantes et curieuses, écrites des missions étrangères, éd. Charles Le Gobien et autres, 34 vol. (Paris, 1707-1776, BV2104).

L'Estoile, Pierre de, *Journal de L'Estoile pour le règne d'Henri III*, éd. L.-R. Lefèvre (Paris, 1943).

– *Journal des choses mémorables advenues durant le règne de Henri III, roi de France et de Pologne* (Cologne, 1720).

– *Journal du règne de Henri IV* (La Haye [Paris], 1741, BV2064).

Ligon, Richard, *A true and exact history of the island of Barbados* (Londres, 1657).

Locke, John, *Essai philosophique concernant l'entendement humain*, trad. Pierre Coste (Amsterdam, 1758, BV2150).

Loirette, F., 'Montesquieu, Voltaire et Richelieu', *Etudes sur Montesquieu*, dans *Archives des lettres modernes* 197 (1981), p.3-30.

London and its environs described, containing an account of whatever is most remarkable[...] in the city and in the country twenty miles round it, etc., 6 vol. (Londres, 1761).

Lortholary, A., *Le Mirage russe en France au dix-huitième siècle* (Paris, 1951).

Lough, John, *Essays on the Encyclopédie of Diderot and D'Alembert* (Londres, 1968).

Lucas, Paul, *Voyage dans le Levant*, éd. H. Duranton (Saint-Etienne, 1998).

Luchet, Jean-Pierre-Louis de La Roche du Maine, marquis de, *Histoire de l'Orléannais, depuis l'an 703 de la fondation de Rome jusqu'à nos jours* (Amsterdam et Paris, 1766, BV2220).

Lucrèce, *De la nature*, trad. A. Ernout, 2 vol. (Paris, 2002).

– *De la nature des choses. Traduction nouvelle, avec des notes, par M. L*** G****, trad. La Grange, 2 vol. (Paris, 1768, BV2224).

Mabillon, Jean, *Museum Italicum* (Paris, 1687).

Macpherson, James, *Ossian, fils de Fingal, barde du troisième siècle: poésies galliques*, trad. P. Le Tourneur, 2 vol. (Paris, 1777).

– *The Poems of Ossian and related works*, éd. Howard Gaskill (Edimbourg, 1996).

Malebranche, Nicolas de, *De la recherche de la vérité* (Paris, 1674-1678).

– *Œuvres complètes*, éd. André Robinet et autres (Paris, 1958-1994).

– *Réflexions sur la prémotion physique* (Paris, 1715).

Mandeville, Bernard, *La Fable des abeilles*, éd. L. Carrive et P. Carrive (Paris, 1998).

– *The Fable of the bees* (Londres, 1724, BV2300; Londres, 1729, BV2301).

Manuel, Frank E., *The Eighteenth Century confronts the gods* (Cambridge, MA, 1959).

Marambaud, Pierre, *Sir William Temple: sa vie, son œuvre* (Paris, 1968).

Marburg, Clara, *Sir William Temple: a seventeenth-century 'libertin'* (New Haven, CT, 1932).

Mat-Hasquin, Michèle, *Voltaire et l'Antiquité grecque*, *SVEC* 197 (1981).

Maupertuis, Pierre-Louis Moreau de, *Discours sur les différentes figures des astres* (Paris, 1732).

– *Lettres* (Berlin, 1752).

– *La Vénus physique* (s.l., 1745).

Maynard, François, *Poésies de François Maynard*, éd. F. Gohin (Paris, 1927).

Mélèse, Pierre, *Le Théâtre et le public à Paris sous Louis XIV, 1659-1715* (Paris, 1934).

Ménage, Gilles, *Dictionnaire étymologique de la langue française* (Paris, 1694, BV2416).

– *Ménagiana, ou les bons mots et remarques critiques, historiques, morales et d'érudition, de Monsieur Ménage*, 4 vol. (Paris, 1729, BV2417).

Mervaud, Christiane, 'Les cannibales sont parmi nous. L'article "Anthropophages" du *Dictionnaire philosophique*', *Europe* 781 (mai 1994), p.102-10.

– *Voltaire à table* (Paris, 1998).

– *Voltaire et Frédéric II: une dramaturgie des Lumières, 1736-1778*, *SVEC* 234 (1985).

Mervaud, Michel, 'Une lettre oubliée de Catherine II à Voltaire', *Revue Voltaire* 4 (2004), p.293-97.

Mézeray, François Eudes de, *Histoire de France, depuis Faramond jusqu'au règne de Louis le Juste [...] par le Sieur de Mezeray, historiographe de France* (Paris, 1685).

Middleton, Conyers, *The Miscellaneous Works of the late reverend and learned Conyers Middleton* (Londres, 1755, BV2447).

– *Lettre écrite de Rome* (Amsterdam, 1744, BV2448).

Misson, François Maximilien, *Nouveau Voyage d'Italie* (La Haye, 1698, BV2471).

Montaigne, Michel de, *Essais*, éd. P. Villey, 3 vol. (Paris, 1992).

Morellet, André, *Manuel des inquisiteurs à l'usage des inquisiteurs d'Espagne et de Portugal* (Lisbonne [Paris], 1762, BV2514).

Moréri, Louis, *Le Grand Dictionnaire historique, ou le mélange curieux de l'histoire sacrée et profane*, 7 vol. (Amsterdam, 1740); nouv. éd., 10 vol. (Paris, 1759).

Moureau, François, *La Plume et le plomb: espaces de l'imprimé et du manuscrit au siècle des Lumières* (Paris, 2006).

– 'Sources et ressources de l'article "Ana, anecdotes" des *Questions sur l'Encyclopédie*', dans *Copier/coller: écriture et réécriture chez Voltaire*, Actes du colloque international (Pise, 2005), éd. Gianluigi Goggi, Catherine Volpilhac-Auger et Olivier Ferret (sous presse).

Moureaux, José-Michel, 'Race et altérité dans l'anthropologie voltairienne', dans *L'Idée de race dans les sciences humaines et la littérature, XVIIIᵉ-XIXᵉ siècles*, Actes du colloque international de Lyon (16-18 novembre 2000), éd. Sarga Moussa (Paris, 2003), p.41-53.

– 'Voltaire et Saint-Evremond', dans *Voltaire en Europe: hommage à Christiane Mervaud*, éd. M. Delon et C. Seth (Oxford, 2000), p.331-43.

Muralt, Béat Louis de, *Lettres sur les Anglois et les François et sur les voiages: 1728*, éd. Charles Gould (Paris, 1933).

Naveau, Jean-Baptiste, *Le Financier citoyen*, 2 vol. (Paris, 1757, BV2556).

Naves, R., *Le Goût de Voltaire* (Paris, 1938).

Newton, Sir Isaac, *Observations on the prophecies of Daniel and the Apocalypse of St John*, éd. B. Smith (Londres, 1733).

– *Opticks* (Londres, 1730).

Nickolls, John, *Remarques sur les avantages et les désavantages de la France et de la Grande-Bretagne par rapport au commerce et aux autres sources de la puissance des Etats*, trad. Plumard de Dangeul (Leyde [Paris], 1754, BV2767).

Nicole, Pierre, *Essais de morale, contenus en divers traités sur plusieurs devoirs importants*, 13 vol. (Paris, 1743-1755, BV2569).

Nonnotte, Claude-François, *Les Erreurs de Voltaire*, 2 vol. (Paris, 1762).

Nouvelle Biographie universelle: depuis les temps les plus reculés jusqu'à nos jours. Tomes premier-deuxième, Aa-Aragona, éd. Ferdinand Hoefer (Paris, 1852).

Novissima recopilació de las leyes de España (Madrid, 1850).

Ockley, Simon, *The Conquest of Syria, Persia and Aegypt by the Saracens, containing the lives of Abubeker, Omar, and Othman, etc.* (Londres, 1708).

– *Histoire des Sarrasins, contenant leurs premières conquêtes, et ce qu'ils ont fait de plus remarquable sous les onze premiers khalifes ou successeurs de Mahomet*, trad. Auguste-François Jault, 2 vol. (Paris, 1748, BV2604).

Oelschläger, Adam, *dit* Olearius, *Voyages très curieux et très renommés faits en Moscovie, Tartarie et en Perse* (Amsterdam, 1727, BV2606).

Ordonnances des rois de France (Paris, 1820).

Origène, *Traité d'Origène contre Celse, ou défense de la religion chrétienne contre les accusations des païens*, trad. E. Bouhéreau (Amsterdam, 1700, BV2618).

Origny, Antoine d', *Annales du Théâtre-Italien: depuis son origine jusqu'en ce jour* (Paris, 1788).

Orléans, Pierre Joseph d', *Histoire des révolutions d'Angleterre depuis le commencement de la monarchie* (Paris, 1689).

Ovide, *Les Fastes*, trad. R. Schilling, 2 vol. (Paris, 1993).

– *Fasti*, trad. Henri La Bonniec (Catane, 1967).

– *Trista; Ex ponto*, trad. Arthur Leslie Wheeler, 2ᵉ éd. (Cambridge, MA, 1988).

Oxford Dictionary of national biography: from the earliest times to the year 2000, éd. H. C. G. Matthew et Brian Harrison, 61 vol. (Oxford, 2004).

Pardies, Ignace-Gaston, *Discours de la connaissance des bêtes* (Paris, 1678, BV2643).

Parennin, Dominique, *Lettres de Monsieur de Mairan au R. P. Parennin [...] contenant diverses questions sur la Chine* (Paris, 1759, BV2271).

Parfaict, Claude, et François Parfaict, *Histoire de l'ancien Théâtre italien* (Paris, 1767).

Pasquier, Etienne, *Recherches de la France*, dans *Œuvres* (Amsterdam, 1723, BV2657).

Patrologiae cursus completus, series graeca, éd. J.-P. Migne, 161 vol. (Paris, 1857-1866).

Patrologiae cursus completus, series latina, éd. J.-P. Migne, 221 vol. (Paris, 1844-1864).

Pauw, Cornelius de, *Recherches philosophiques sur les Américains*, 2 vol. (Berlin, 1768-1769); 3 vol. (Londres, 1770, BV2673).

Pecquet, Antoine, *Mémoires secrets pour servir à l'histoire de Perse* (Amsterdam, 1745).

— *Anecdotes secrètes pour servir à l'histoire galante de la cour de Pékin* (Pékin [Paris], 1746).

Pelletier, André, *Lettre d'Aristée à Philocrate* (Paris, 1962).

Pellisson-Fontanier, Paul, *Histoire de Louis XIV, depuis la mort du cardinal Mazarin en 1661 jusqu'à la paix de Nimègue en 1678*, 3 vol. (Paris, 1749, BV2681).

— *Lettres historiques*, 3 vol. (Paris, 1729, BV2682).

— *Relation contenant l'Histoire de l'Académie françoise* (Paris, 1653).

Pellisson-Fontanier, Paul, et Pierre-Joseph Thoulier d'Olivet, *Histoire de l'Académie française*, 2e éd, 2 vol.

(Paris, 1730); 3e éd., 2 vol. (Paris, 1743, BV1253).

Pelloutier, Simon, *Histoire des Celtes, et particulièrement des Gaulois et des Germains, depuis les temps fabuleux, jusqu'à la prise de Rome par les Gaulois* (La Haye, 1740, BV2683).

Peter, Hermann, *Die Scriptores Historiae Augustae: sechs litterar-geschichtliche Untersuchungen* (Leipzig, 1892).

Pezron, Paul Yves, père, *Antiquité de la nation et de la langue des Celtes, autrement appelés Gaulois* (Paris, 1703).

Philbert, Francois Antoine, *Cri d'un honnête homme qui se croit fondé en droit naturel et divin à répudier sa femme pour représenter à la législation française les motifs de justice tant ecclésiastique que civile, les vues d'utilité tant morale que politique, qui militeraient pour la dissolution du mariage dans de certaines circonstances données* (s.l., 1768).

Pièces échappées du portefeuille de M. de Voltaire, comte de Tournay (Lausanne, 1759).

Platon, *Phaedon*, dans *Œuvres*, trad. André Dacier (Amsterdam, 1760, BV2750).

Pline l'Ancien, *Histoire naturelle*, éd. E. de Saint Denis (Paris, 1961).

Pluche, Noël-Antoine, *Le Spectacle de la nature* (Paris, 1732-1746, BV2765; 1755-1764, BV2766).

Plutarque, *Les Œuvres morales et mêlées de Plutarque*, trad. Jacques Amyot (Paris, 1572).

— *Les Vies des hommes illustres de Plutarque*, trad. André Dacier, 10 vol. (Amsterdam, 1734, BV2774).

— *Les Vies des hommes illustres grecs et romains*, trad. Jacques Amyot (Genève, 1535, BV2773; Paris, 1599).

Pomeau, René, et autres, *Voltaire en son temps*, 2ᵉ éd., 2 vol. (Oxford, 1995).

Prior, Matthew, *Poems on several occasions*, 2 vol. (Londres, 1721, BV2812).

The Proceedings of the Old Bailey, http://www.oldbaileyonline.org/html_sessions

Proust, J., *L'Encyclopédie* (Paris, 1965).

Pufendorf, Samuel von, *Le Droit de la nature et des gens, ou système général des principes les plus importants de la morale, de la jurisprudence, et de la politique* (Amsterdam, 1712, BV2827).

Quinte Curce, *De la vie et des actions d'Alexandre le Grand* (La Haye, 1700).

– *Histoires*, trad. H. Bardon (Paris, 1976).

Quintilien, Marcus Fabius, *De l'institution de l'orateur*, trad. abbé Gédoyn, 4 vol. (Paris, 1752, BV2848).

Rabelais, François, *Œuvres de Maître François Rabelais [...] avec des remarques historiques et critiques* (Paris, 1732, BV2851).

Racine, Jean, *Œuvres complètes*, éd. Georges Forestier (Paris, 1999).

Radicati di Passerano, *Recueil de pièces curieuses sur les matières les plus intéressantes* (Londres, 1749, BV2659).

Raynal, Guillaume-Thomas-François, *Anecdotes littéraires ou histoire de ce qui est arrivé de plus singulier et de plus intéressant aux écrivains français, depuis le renouvellement des lettres sous François Iᵉʳ jusqu'à nos jours. Nouvelle édition augmentée*, 3 vol. (Paris, 1752, BV2877).

– *Histoire philosophique et politique des établissements et du commerce des Européens dans les deux Indes*, 6 vol. (Amsterdam, 1770, BV2880; Genève, 1780).

Réaumur, René Antoine Ferchault de, *Mémoires pour servir à l'histoire des insectes*, 6 vol. (Paris, 1734-1742).

Recueil de bons mots des anciens et des modernes (Paris, 1709).

Recueil des testaments politiques du cardinal de Richelieu, du duc de Lorraine, de M. Colbert et de M. de Louvois, 4 vol. (Amsterdam [Paris], 1749, BV2907).

Relange, Renée, 'La Fête des fous dans l'*Encyclopédie*', *Recherches sur Diderot et sur l'Encyclopédie* 20 (1998), p.135-59.

Remontrances faites au roi Louis XI de ce nom, par sa cour de parlement, sur les libertés de l'Eglise gallicane en l'an MCCCCLXI (s.l.n.d).

Renaudot, Eusèbe, *Anciennes Relations des Indes et de la Chine, de deux voyageurs mahométans, qui y allèrent dans le neuvième siècle* (Paris, 1718, BV2950).

Richard, Charles-Louis, *Dictionnaire universel dogmatique, canonique, historique, géographique et chronologique des sciences ecclésiastiques*, 6 vol. (Paris, 1760-1765).

Richelet, César-Pierre, *Dictionnaire français* (Genève, 1680).

Richelieu, Armand-Jean Du Plessis, cardinal de, *Maximes d'Etat ou testament politique*, 2 vol. (Paris, 1764, BV2980).

– *Testament politique* (Amsterdam, 1688).

– *Testament politique*, éd. Louis André (Paris, 1947).

Robinet, Jean-Baptiste-René, éd., *Lettres de M. de Voltaire à ses amis du Parnasse* (Genève [Amsterdam], 1766).

– *Lettres secrètes de M. de Voltaire, publiées par M. L. B.* (Genève, 1765).

Rochas, Henri de, *Histoire des eaux minérales* (Paris, 1648).

Roger, J., *Les Sciences de la vie dans la pensée française du dix-huitième siècle* (Paris, 1963; 1971).

Rollin, Charles, *Histoire ancienne des Egyptiens, des Carthaginois, des Assyriens, des Babyloniens, des Mèdes et des Perses, des Macédoniens, des Grecs* (Paris, 1731-1737, BV3008).

Ruinart, Thierry, *Les Véritables Actes des martyrs, recueillis, revus et corrigés sur plusieurs anciens manuscrits, sous le titre d'Acta primorum martyrum sincera et selecta* (Paris, 1708, BV3052).

Sadrin, P., *Nicolas-Antoine Boulanger, 1722-1759, ou avant nous le déluge, SVEC* 240 (1986).

Saint-Evremond, Charles de Marguetel de Saint-Denis, seigneur de, *La Comédie des académistes; Les Académiciens*, éd. Paolo Carile (Milan, 1976).

Saint-Foix, Germain-François Poullain de, *Lettre de M. de Saint-Foix au sujet de l'homme au masque de fer* (Paris, 1768).

– *Réponse de M. de Saint-Foix au R. P. Griffet, et recueil de tout ce qui a été écrit sur le prisonnier masqué* (Paris, 1770).

Saint-Simon, Claude-Henri, comte de, *Mémoires, 1701-1707*, éd. Yves Coirault (Paris, 1983).

Saito, K., 'Doubling the cube: a new interpretation of its significance for early Greek geometry', *Historia mathematica* 22/2 (1995), p.119-37.

Sale, George, *Observations historiques et critiques sur le mahométisme, ou traduction du discours préliminaire mis à la tête de la version anglaise de l'Alcoran, publiée par George Sale* (Genève, 1751, BV3076).

– *L'Alcoran de Mahomet, traduit de l'arabe, par André Du Ryer, sieur de La Garde Malezair, avec la traduction des observations historiques et critiques sur le mahométisme mises à la tête de la version anglaise de M. George Sale. Nouvelle édition qu'on a augmentée d'un discours préliminaire extrait du nouvel ouvrage anglais de Mr. Porter* (Amsterdam et Leipzig, 1775).

Salluste, *De la conjuration de Catilina, et de la guerre de Jugurtha contre les Romains* (Paris, 1717, BV3079).

Sarpi, Paolo, *Traité des bénéfices* (Amsterdam, 1699, BV3093).

Scarron, Paul, *Œuvres de Monsieur Scarron*, 7 vol. (Amsterdam, 1752).

Segrais, Jean Regnault de, *Segraisiana ou mélange d'histoire et de littérature. Recueilli des entretiens de Monsieur de Segrais de l'Académie française*, éd. Antoine Galland, Bernard de La Monnoye et autres (Paris, 1721).

Seguin, M. S., *Science et religion dans la pensée française du dix-huitième siècle: le mythe du déluge universel* (Paris, 2001).

Shakespeare, William, *The Works of Shakespeare in eight volumes*, éd. Alexander Pope et William Warburton (Londres, 1747, BV3161).

Simon, Jean-Baptiste, *Le Gouvernement admirable, ou la république des abeilles* (Paris, 1742, BV3168).

Simon, Richard, *Critique de la Bibliothèque des auteurs ecclésiastiques et des prolégomènes de la Bible publiez par M. Elies Du Pin*, 4 vol. (Paris, 1730).

- *Histoire critique du Vieux Testament* (Rotterdam 1685, BV3173).
- *Histoire des matières ecclésiastiques*, 2 vol. (La Haye, 1690).
Song, Shun-Ching, *Voltaire et la Chine* (Aix-en-Provence, 1989).
Stafford, Fiona J., *The Sublime Savage: James Macpherson and the poems of Ossian* (Edimbourg, 1988).
Steele, Richard, et Joseph Addison, *Le Spectateur ou le Socrate moderne* [...] *traduit de l'anglais* (Bâle, 1737).

Temple, William, *Les Œuvres mêlées de Monsieur le chevalier Temple*, 2 vol. (Utrecht, 1693).
Théâtre françois, ou recueil des meilleures pièces de théâtre, 12 vol. (Paris, 1737, BV3270).
Thibault, John C., *The Mystery of Ovid's exile* (Berkeley, CA, 1964).
Thomas d'Aquin, saint, *Summa theologica S. Thomae Aquinatis, divinae voluntatis interpretis, ordinis praedicatorum* (Lyon, 1738, BV3292).
Thou, Jacques-Auguste de, *Histoire universelle de Jacques-Auguste de Thou. Avec la suite par Nicolas Rigault*. 11 vol. (Bâle, 1742, BV3297).
- *Jacobi Aug. Thuani historiarum sui temporis* (Paris, 1604-1620; Londres, 1733).
Tindal, Matthew, *Christianity as old as creation* (Londres, 1730, BV3302).
Tite-Live, *Histoire romaine*, trad. F. Guérin (Paris, 1738-1740, BV2145).
Toghrâ'i, *Elégie du Tograï, avec quelques sentences tirées des poètes arabes*, trad. Pierre Vattier (Paris, 1660).
Tordesillas, Antonio de, dit Herrera, *Histoire générale des voyages et conquêtes des Castillans*, trad. Nicolas de La Coste (Paris, 1660).

Torrey, N. L., *Voltaire and the English deists* (North Haven, CT, 1967).
Tournefort, Joseph Pitton de, *Relation d'un voyage au Levant, fait par ordre du roi* (Paris, 1717).
Toussaint, François-Vincent, *Les Mœurs* (Amsterdam, 1748, BV3323).
Traité des droits et libertés de l'Eglise gallicane, éd. J.-L. Brunet (Paris, 1731).
Trousson, R., *Socrate devant Voltaire, Diderot et Rousseau: la conscience en face du mythe* (Paris, 1967).
Tucoo-Chala, Suzanne, *Charles-Joseph Panckoucke et la librairie française, 1736-1798* (Pau et Paris, 1977).

Ulfilas, éd. F. Wrede, 12e éd. (Paderborn, 1913).

Van Lennep, Jacques, *Alchimie* (Bruxelles, 1984).
Van Runset, Ute, 'Voltaire et l'Académie: émulation et instrument sociopolitique', dans *Voltaire en Europe: hommage à Christiane Mervaud*, éd. M. Delon et C. Seth (Oxford, 2000).
Van Tieghem, Paul, *Ossian en France*, 2 vol. (Paris, 1917).
Varillas, Antoine, *Histoire de Louis XI* (La Haye, 1689).
Vauban, Sébastien Le Prestre de, *Testament politique de Monsieur de Vauban, maréchal de France et premier ingénieur du roi, dans lequel ce seigneur donne les moyens d'augmenter considérablement les revenus de la couronne, par l'établissement d'une dîme royale, et suppression des impôts, sans appréhension d'aucune révolution dans l'Etat* (s.l., 1707).
Velly, Paul-François, abbé, *Histoire de France depuis l'établissement de la*

monarchie jusqu'au règne de Louis XIV (Paris, 1755-1774, BV3409).

Vercruysse, Jeroom, 'Jeanne d'Arc au siècle des Lumières', *SVEC* 90 (1972), p.1659-1729.

– 'Joseph-Marie Durey de Morsan, chroniqueur de Ferney (1769-1772) et l'édition neuchâteloise des *Questions sur l'Encyclopédie*', *SVEC* 230 (1985), p.323-91.

Véron de Forbonnais, François, *Recherches et considérations sur les finances de la France depuis 1595 jusqu'à l'an 1721* (Liège, 1758).

Versini, L., *Laclos et la tradition* (Paris, 1968).

Viennot, Eliane, *Marguerite de Valois: histoire d'une femme, histoire d'un mythe* (Paris, 1995).

Vies des saints et des bienheureux, selon l'ordre du calendrier, avec l'historique des fêtes, par les RR. PP. bénédictins de Paris (Paris, 1935-1959).

Vigouroux, Fulcran, *Dictionnaire de la Bible, contenant tous les noms de personnes, de lieux, de plantes, d'animaux mentionnés dans les Saintes Ecritures, les questions théologiques, archéologiques, scientifiques, critiques, relatives à l'Ancien et au Nouveau Testament*, 6 vol. (Paris, 1905-1912).

Villaret, Claude, *Histoire de France depuis l'établissement de la monarchie jusqu'au règne de Louis XIV* (Paris, 1765).

Virgile, *Bucoliques*, trad. E. de Saint-Denis (Paris, 1970).

– *L'Enéide*, trad. Jacques Perret (Paris, 1977; 1981).

– *Géorgiques*, trad. Jacques Delille (Paris, 1770, BV3420).

– *Opera* (Lyon, 1653, BV3419).

– *Opera omnia* (Francfort, 1629, BV3418).

Volpilhac-Auger, Catherine, 'L'historien et ses masques: Voltaire théoricien de l'anecdote', *Elseneur* 19 (octobre 2004), p.215-29.

Voltaire, *A Monsieur Du M***, membre de plusieurs académies, sur plusieurs anecdotes*, M, t.30.

– *A Warburton*, éd. José-Michel Moureaux, *OCV*, t.64 (1984).

– *L'A. B. C.*, M, t.27.

– *Les Adorateurs*, M, t.28.

– *André Destouches à Siam*, éd. John Renwick, *OCV*, t.62 (1987).

– *Anecdotes sur Fréron*, M, t.24.

– *Anecdotes sur le czar Pierre le Grand*, éd. Michel Mervaud, *OCV*, t.46 (1999).

– *Annales de l'empire*, M, t.13.

– *Apologie de la fable*, M, t.9.

– *Arbitrage entre M. de Voltaire et M. de Foncemagne* (s.l.n.d. [Genève, 1764]).

– *Articles pour le Dictionnaire de l'Académie*, éd. Jeroom Vercruysse, *OCV*, t.33 (1987).

– *Articles pour l'Encyclopédie*, éd. Jeroom Vercruysse, *OCV*, t.33 (1987).

– *La Bible enfin expliquée*, M, t.30.

– *Les Cabales*, éd. Nicholas Cronk, *OCV*, t.74B (2006).

– *Le Café, ou l'Ecossaise*, éd. Colin Duckworth, *OCV*, t.50 (1986).

– *Candide, ou l'optimisme*, éd. René Pomeau, *OCV*, t.48 (1980).

– *Carnets [Notebooks]*, éd. Theodore Besterman, *OCV*, t.81-82 (1968).

– *Catéchisme de l'honnête homme*, M, t.24.

– *Ce qu'on ne fait pas et ce qu'on pourrait faire*, M, t.23.

– *Charlot ou la comtesse de Givry* (Genève et Paris, 1767).

– *Colimaçons du révérend père l'Escarbotier*, M, t.27.
– *Collection d'anciens évangiles*, éd. Bertram E. Schwarzbach, *OCV*, t.69 (1994).
– *Commentaires sur Corneille*, éd. David Williams, *OCV*, t.54 (1975).
– *Commentaire sur le livre Des délits et des peines*, M, t.25.
– *La Connaissance des beautés de Durand* (texte attribué à Voltaire), éd. Nicholas Cronk, *OCV*, t.32B (2007).
– *Conseils à un journaliste*, éd. François Moureau, *OCV*, t.20A (2003).
– *Conseils raisonnables à M. Bergier*, M, t.27.
– *Conversation à M. l'intendant des menus*, M, t.24.
– *Corpus des notes marginales de Voltaire* (Berlin et Oxford, 1979-).
– *Correspondence and related documents*, éd. Theodore Besterman, *OCV*, t.85-135 (1969-1977).
– *Cosi-Sancta*, éd. Christiane Mervaud, *OCV*, t.1B (2002).
– *Le Cri des nations*, M, t.27.
– *La Défense de mon oncle*, éd. José-Michel Moureaux, *OCV*, t.64 (1984).
– *Défense du Mondain, ou l'apologie du luxe*, *OCV*, t.16 (2003).
– *De l'Alcoran et de Mahomet*, éd. Ahmad Gunny, *OCV*, t.20B (2002).
– *De la magie*, M, t.20.
– *De l'âme, par Soranus, médecin de Trajan*, M, t.29.
– *De la mort de Louis XV et de la fatalité*, M, t.29.
– *De la paix perpétuelle par le docteur Goodheart*, M, t.28.
– *Dernières Paroles d'Epictète à son fils*, M, t.25.
– *Dernières Remarques sur les Pensées de Monsieur Pascal*, M, t.31.

– *Des embellissements de la ville de Cachemire*, éd. Mark Waddicor, *OCV*, t.31B (1994).
– *Des mensonges imprimés*, éd. Mark Waddicor, *OCV*, t.31B (1994).
– *Des singularités de la nature*, M, t.27.
– *Des titres*, M, t.18.
– *Dialogue de Pégase et du vieillard*, M, t.10.
– *Dialogue du douteur et de l'adorateur*, M, t.25.
– *Dialogue entre un philosophe et un contrôleur-général des finances*, M, t.23.
– *Dialogues d'Evhémère*, M, t.30.
– *Diatribe du docteur Akakia*, M, t.23.
– *Dictionnaire philosophique*, éd. Christiane Mervaud, *OCV*, t.35-36 (1994).
– *Dictionnaire philosophique portatif* (Amsterdam [Genève], 1765).
– *Dieu et les hommes*, éd. Roland Mortier, *OCV*, t.69 (1994).
– *Le Dimanche, ou les filles de Minée*, M, t.10.
– *Le Dîner du comte de Boulainvilliers*, éd. Ulla Kölving, *OCV*, t.63A (1990).
– *Discours aux confédérés catholiques de Kaminieck*, M, t.27.
– *Discours aux Welches*, M, t.25.
– *Discours de l'empereur Julien contre les chrétiens*, éd. José-Michel Moureaux, *OCV*, t.71B (2005).
– *Discours de l'empereur Julien contre les chrétiens*, éd. José-Michel Moureaux, *SVEC* 322 (1994).
– *Discours de Monsieur de Voltaire à sa réception à l'Académie française, prononcé le 9 mai 1746*, éd. Karlis Racevskis, *OCV*, t.30A (2003).
– *Discours en vers sur l'homme*, éd. Haydn T. Mason, *OCV*, t.17 (1991).
– *Dissertation sur la mort de Henri IV*, dans *Œuvres diverses* (Londres [Trévoux], 1746).

– *Dissertation sur la mort de Henri IV*, éd. O. R. Taylor, *OCV*, t.2 (1970).
– *Dissertation sur les changements arrivés dans notre globe*, éd. Jean Mayer, *OCV*, t.30C (2004).
– *Dissertation sur les principales tragédies, anciennes et modernes, qui ont paru sur le sujet d'Electre, et en particulier sur celle de Sophocle*, éd. David Jory, *OCV*, t.31A (1992).
– *Doutes nouveaux sur le Testament politique du cardinal de Richelieu*, M, t.25.
– *Les Droits des hommes et les usurpations des papes*, M, t.27.
– *Du fanatisme*, M, t.19.
– *Du polythéisme*, M, t.20.
– *Eléments de la philosophie de Newton*, éd. Robert L. Walters et W. H. Barber, *OCV*, t.15 (1992).
– *Entretiens chinois*, M, t.27.
– *Epître à Horace*, éd. Nicholas Cronk, *OCV*, t.74B (2006).
– *Epître au roi de la Chine*, M, t.10.
– *Epître aux Romains*, M, t.27.
– *L'Equivoque*, M, t.28.
– *Essai sur la nature du feu, et sur sa propagation*, éd. W. A. Smeaton et Robert L. Walters, *OCV*, t.17 (1991).
– *Essai sur la poésie épique*, éd. David Williams, *OCV*, t.3B (1996).
– *Essai sur les mœurs et l'esprit des nations et sur les principaux faits de l'histoire depuis Charlemagne jusqu'à Louis XIII*, éd. R. Pomeau, 2 vol. (Paris, 1990).
– *L'Evangile du jour* (Londres, 1769).
– *L'Examen important de Milord Bolingbroke*, éd. Roland Mortier, *OCV*, t.62 (1987).
– 'Exposition du livre des Institutions physiques', *Mercure de France* (1739), p.1320-28.
– *Extrait des sentiments de Jean Meslier*, éd. Roland Desné, *OCV*, t.56A (2001).
– *Extrait du décret de la sacrée congrégation de l'inquisition de Rome*, M, t.23.
– *Fragment des instructions pour le prince royal de* *** (Genève, 1767).
– *Fragments historiques sur l'Inde*, M, t.29.
– *Fragment sur l'histoire générale*, M, t.29.
– *Les Guèbres, ou la tolérance*, éd. John Renwick, *OCV*, t.66 (1999).
– *La Henriade*, éd. O. R. Taylor, *OCV*, t.2 (1970).
– *Histoire de Charles XII*, éd. Gunnar von Proschwitz, *OCV*, t.4 (1996).
– *Histoire de l'empire de Russie sous Pierre le Grand*, éd. Michel Mervaud, *OCV*, t.46 (1999).
– *Histoire de l'établissement du christianisme*, M, t.31.
– *Histoire du parlement de Paris*, éd. John Renwick, *OCV*, t.68 (2005).
– *Homélie du pasteur Bourn*, M, t.27.
– *Homélies prononcées à Londres*, éd. Jacqueline Marchand, *OCV*, t.62 (1987).
– *L'Homme aux quarante écus*, éd. Brenda M. Bloesch, *OCV*, t.66 (1999).
– *Les Honnêtetés littéraires*, dans *Mélanges* (Paris, 1981); M, t.26.
– *L'Indiscret*, éd. John Dunkley et Russell Goulbourne, *OCV*, t.3A (2004).
– *L'Ingénu*, éd. Richard A. Francis, *OCV*, t.63C (2006).
– *Instruction du gardien des capucins de Raguse à frère Pédiculoso partant pour la Terre Sainte*, M, t.27.
– *Journal de la cour de Louis XIV depuis 1684 jusqu'à 1715, avec des notes intéressantes*, éd. Nicholas Cronk, *OCV*, t.71A (2005).

627

– *Lettre à l'évêque d'Annecy*, M, t.28.
– *Lettres à son altesse Monseigneur le prince de ****, M, t.26.
– *Lettre civile et honnête à l'auteur malhonnête de la critique de l'histoire universelle de M. de Voltaire qui n'a jamais fait d'histoire universelle, le tout au sujet de Mahomet*, M, t.24.
– *Lettre de M. de Voltaire à M. le duc de la Vallière* (s.l.n.d. [1760]).
– *Lettre d'un ecclésiastique*, M, t.29.
– *Lettre écrite de Munich aux auteurs de la Gazette littéraire, sur la bataille d'Azincourt et sur la Pucelle d'Orléans, à l'occasion des tomes 13 et 14 de l'Histoire de France, par M. de Villaret*, M, t.25.
– *Lettres chinoises, indiennes et tartares*, M, t.29.
– *Lettres de Memmius à Cicéron*, M, t.28.
– *Lettres philosophiques*, éd. G. Lanson, rév. André M. Rousseau, 2 vol. (Paris, 1964).
– *Lettre sur les panégyriques*, M, t.26.
– *Lettres sur Œdipe*, M, t.2.
– *Le Marseillais et le lion*, éd. Sylvain Menant, *OCV*, t.66 (1999).
– *Mémoire du sieur de Voltaire*, éd. Olivier Ferret, *OCV*, t.20A (2003).
– *Mémoire sur un ouvrage de physique de Madame la marquise Du Châtelet*, éd. Robert L. Walters, *OCV*, t.20A (2003).
– *La Mort de César*, éd. D. J. Fletcher, *OCV*, t.8 (1998).
– *Œuvres* (Dresde, 1748).
– *Œuvres historiques*, éd. R. Pomeau (Paris, 1957).
– *Omer de Fleury étant entré, ont dit*, M, t.24.
– *Le Pauvre Diable*, M, t.10.
– *Les Pélopides*, M, t.14.

– *Le Philosophe ignorant*, éd. Roland Mortier, *OCV*, t.62 (1987).
– *La Philosophie de l'histoire*, éd. J. H. Brumfitt, *OCV*, t.59 (1969).
– *Poème sur la loi naturelle*, M, t.9.
– *Le Président de Thou justifié contre les accusations de Monsieur de Bury, auteur d'une Vie de Henri IV*, M, t.25.
– *La Princesse de Babylone*, éd. Jacqueline Hellegouarc'h, *OCV*, t.66 (1999).
– *La Profession de foi des théistes*, M, t.27.
– *La Pucelle*, éd. Jeroom Vercruysse, *OCV*, t.7 (1970).
– *Le Pyrrhonisme de l'histoire*, M, t.27.
– *Les Questions de Zapata*, éd. Jacqueline Marchand, *OCV*, t.62 (1987).
– *Questions sur les miracles*, M, t.25.
– *Relation du bannissement des jésuites de la Chine*, M, t.27.
– *Relation touchant un Maure blanc*, M, t.23.
– *Réponse au Pauvre Diable* (Genève, 1760).
– *Romans et contes*, éd. F. Deloffre et J. van den Heuvel (Paris, 1979).
– *Le Russe à Paris*, M, t.10.
– *Sermon des cinquante*, M, t.24.
– *Stances à Madame Lullin de Genève*, M, t.8.
– *Sur L'Anti-Lucrèce de Monsieur le cardinal de Polignac*, éd. Adrienne Mason, *OCV*, t.30C (2004).
– *Le Temple de l'amitié*, éd. O. R. Taylor, *OCV*, t.9 (1999).
– *Le Temple du goût*, éd. O. R. Taylor, *OCV*, t.9 (1999).
– *Testament de Jean Meslier*, éd. Roland Desné, *OCV*, t.56A (2001).
– *Le Tombeau de la Sorbonne* (texte attribué à Voltaire), éd. Olivier Ferret, *OCV*, t.32B (2007).

– *Traité de métaphysique*, éd. W. H. Barber, *OCV*, t.14 (1989).
– *Traité sur la tolérance*, éd. John Renwick, *OCV*, t.56c (2000).
– *Le Triumvirat*, *M*, t.6.
– *Un chrétien contre six Juifs*, *M*, t.29.
– *Vers à feue Madame la marquise Du Châtelet sur les poètes latins*, éd. Sylvain Menant, *OCV*, t.14 (1989).
– *La Vie de Molière*, éd. Samuel S. B. Taylor, *OCV*, t.9 (1999).
– *Zadig*, éd. Haydn T. Mason, *OCV*, t.30B (2004).
– *Zaïre*, éd. Eva Jacobs, *OCV*, t.8 (1998).
Vouglans, Pierre-François Muyart de, *Institutes au droit criminel, ou principes généraux sur ces matières, suivant le droit civil, canonique, et la jurisprudence du royaume* (Paris, 1757, BV2541).

Wagnière, Jean Louis, *Mémoires sur Voltaire, et sur ses ouvrages*, 2 vol. (Paris, 1826).
Warburton, William, *The Divine Legation of Moses demonstrated, on the principles of a religious deist, from the omission of the doctrine of a future state of rewards*, 2ᵉ éd., 2 vol. (Londres, 1742).
– *The Divine Legation of Moses*, 4ᵉ éd., 2 vol. (Londres, 1755, BV3826).
– *Julian, or a discourse concerning the earthquake and fiery eruption, which defeated that emperor's attempt to rebuild the temple at Jerusalem, in which the reality of a divine interposition is shown* (Londres, 1751, BV3828).
Watts, George B., 'The *Supplément* and the *Table analytique et raisonnée de l'Encyclopédie*', *French Review* 28 (octobre 1954), p.4-19.
Wild, Francine, *Naissance du genre des ana, 1574-1712* (Paris, 2001).
Wilson, Arthur M., *Diderot: sa vie et son œuvre*, trad. Gilles Chahine, Annette Lorenceau et Anne Villelaur (Paris, 1985).
Woodbridge, Homer E., *Sir William Temple: the man and his work* (New York, 1940).
Woodbridge, John, 'Censure royale et censure épiscopale: le conflit de 1690', *Dix-huitième Siècle* 8 (1976), p.333-55.

Yilmaz, Levent, *Le Temps moderne* (Paris, 2004).

INDEX

631